Do mel às cinzas

Claude Lévi-Strauss

Do mel às cinzas
Mitológicas 2

Coordenação da tradução:
Beatriz Perrone-Moisés

Tradução:
Carlos Eugênio Marcondes de Moura

Copyright © 1967 by Éditions Plon

Grafia atualizada segundo o Acordo Ortográfico da Língua Portuguesa de 1990, que entrou em vigor no Brasil em 2009.

Título original
Mythologiques II: Du miel aux cendres

Capa
Bloco Gráfico

Imagem de capa
Jaider Esbell, *A dimensão humana*, 2014, acrílica sobre tela, 100 × 150 cm.
Acervo do Prêmio PIPA/MAM-RJ

Tradução das passagens em latim
José Eduardo Lohner

Índice remissivo
Gabriella Russano

Revisão
Angela das Neves
Bonie Santos

Dados Internacionais de Catalogação na Publicação (CIP)
(Câmara Brasileira do Livro, SP, Brasil)

Lévi-Strauss, Claude, 1908-2009
Do mel às cinzas : mitológicas 2 / Claude Lévi-Strauss ; coordenação da tradução Beatriz Perrone-Moisés ; tradução Carlos Eugênio Marcondes de Moura. — 1ª ed. — Rio de Janeiro : Zahar, 2022.

Título original: Mythologiques II: Du miel aux cendres.
Bibliografia
ISBN 978-65-5979-066-1

1. Antropologia 2. Indígenas da América do Norte 3. Indígenas da América do Sul 4. Mitologia indígena I. Título.

22-105027   CDD: 398.2

Índice para catálogo sistemático:
1. Mitologia indígena   398.2

Eliete Marques da Silva — Bibliotecária — CRB-8/9380

[2022]
Todos os direitos desta edição reservados à
EDITORA SCHWARCZ S.A.
Praça Floriano, 19, sala 3001 — Cinelândia
20031-050 — Rio de Janeiro — RJ
Telefone: (21) 3993-7510
www.companhiadasletras.com.br
www.blogdacompanhia.com.br
facebook.com/editorazahar
instagram.com/editorazahar
twitter.com/editorazahar

Sumário

Prefácio, por Oscar Calavia Sáez 7

PREÂMBULO 29

PARA O ACORDE 31

PARTE I **O seco e o úmido** 69

1. Diálogo do mel e do tabaco 71

2. A besta árida 91

3. História da moça louca por mel, de seu vil sedutor
e de seu tímido esposo 129
   A) No chaco 129
   B) Nos cerrados do Brasil central 145

PARTE II **O banquete da rã** 179

1. Variações I, II, III 181

2. Variações IV, V, VI 248

PARTE III **Agosto na quaresma** 301

1. A noite estrelada 303

2. Ruídos na floresta 339

3. A volta do desaninhador de pássaros 380

PARTE IV **Os instrumentos das trevas** 409

1. A algazarra e o mau cheiro 411
2. A harmonia das esferas 479

Bibliografia 537
Tabela de símbolos 551
Índice de mitos 552
Índice de figuras 561
Índice remissivo 562
Sobre o autor 571

Prefácio

MAIS DE UMA VEZ, apresentando as *Mitológicas* a um grupo de estudantes, tenho cedido à tentação de comparar essa obra não a outros clássicos da antropologia, mas a escritos como a *Odisseia*, o *Mahabharata* ou as *Eddas*, epopeias que evocam toda uma civilização — obras vastas e digressivas em que um autor, ou vários autores, se esforçou por reunir e costurar o que antes se perdia numa miríade de narrações.[1] Isso poderia ser entendido como um elogio envenenado, bem pouco apropriado a um prefácio como este; a um projeto científico, o do estruturalismo, que se propunha revolucionar a antropologia com o concurso da linguística, da matemática e da cibernética modernas, restaria afinal a glória de ter dado lugar à versão ameríndia das *Mil e uma noites*.

Mas foi o próprio Lévi-Strauss quem, ao longo de sua obra, a definiu mais de uma vez como um mito de mitos. E se por vezes se lamenta que a sua análise dissolve os mitos que a fundamentam, o efeito global de uma leitura das *Mitológicas* — de uma leitura integral, ressalte-se — é exatamente o contrário: é a análise que se dissolve, deixando no lugar um surpreendente edifício, o desse universo narrativo que se conseguiu articular. Não creio que essa constatação suponha a derrota dos teoremas de Lévi-Strauss: antes creio que lhes serve como prova.

---

1. Durante muito tempo, pensei ter tomado essa ideia de uma nota de James Clifford no livro *Writing Cultures*; comprovei depois que se tratava de uma brincadeira da minha memória. É Michael J. Fischer, nesse mesmo livro, quem compara as *Mitológicas* não às velhas epopeias mas ao Talmude, afirmando que o trabalho de Lévi-Strauss "sobre mitologias indígenas das Américas pode ser compreendido como um ato de reparação por um mundo destruído, comparável à criação do Talmude — ou seja, preservação juntamente com um aparato crítico que permite às gerações futuras um uso regenerativo" (p. 200). As transformações estão à solta.

Permitam-me aludir à minha experiência pessoal como leitor das *Mitológicas*. Quando abri pela primeira vez, muitos anos atrás, o seu primeiro volume, estava habituado a entender por mitologia um relato sobre tempos muito remotos ou sobre a origem dos tempos, algo como os poemas de Homero, ou o *Popol Vuh*, relatos superlativos e estranhos nos quais, no entanto, reconhecem-se as formas de um mundo. Não por acaso: por muito que imitem o modo de expressão de um velho declamador, trata-se de obras escritas, e escritas por autores que cuidaram que as histórias que contam transmitissem ao leitor uma mensagem bem armada. Como aponta Marcel Detienne,[2] por mitologia sempre se entendeu isso mesmo, um ramo da literatura que reunia tudo aquilo que, apesar de irracional, constituía ainda um passado venerável, até que Lévi-Strauss conseguiu impor uma nova acepção: a do mito como narração oral, e mais ainda, "popular", anônima por definição, não domesticada, fixada nem depurada. Coletados assim, em estado "bruto", os mitos poderiam revelar algo além das ideias de teólogos e poetas, algo ao mesmo tempo mais diverso — porque os poetas selecionam e unificam — e mais universal, porque sob essa heterogeneidade resgatada pode surgir um modo básico de ação da mente humana. Foi esse o propósito original da análise mitológica de Lévi-Strauss: se uma ordem pode ser identificada nesse caos de narrações em que aparentemente qualquer coisa pode acontecer, se padrões podem ser detectados na imaginação humana, então o projeto estruturalista conseguirá provar sua relevância.

Porém, ler mitos "de verdade" é árduo; porque o conto, anotado e traduzido, está segregado de seu contexto narrativo original, privado de tudo que lhe dá graça e sentido. É bom lembrar que, antes que a psicanálise e o surrealismo alterassem decisivamente a sensibilidade moderna, o exame dos mitos recolhidos pelos etnógrafos era visto como uma tarefa penosa, sem mais recompensa que extrair dessa balbúrdia algumas informações filológicas ou históricas.

O mito de referência, M1, a história do desaninhador de pássaros bororo que dá início às *Mitológicas*, surpreende por seu nonsense e pela sua

---

2. Marcel Detienne, *L'invention de la mythologie*. Paris: Gallimard, 1992.

Prefácio

impenetrabilidade: por que iniciar por aí? Lévi-Strauss diz claramente que não há nenhum motivo para tal, e, embora matize várias vezes essa opinião, continua a afirmar que a empreitada poderia ter começado em qualquer outro ponto, com os mesmos resultados.

Bernard Juillerat, um melanesianista de orientação psicanalítica, sugere[3] que Lévi-Strauss principiou com a história do desaninhador porque esta remetia a outra bem mais conhecida — e já antes usada pelo autor como ilustração de sua teoria —, a de Édipo. Mas se assim foi, nesse caso o fez precisamente para renunciar acintosamente a essa via, a de aproximar um mito ameríndio a outro mito já conhecido pelo leitor. Em vez disso, começa a tecer ligações entre essa narração e outras de povos vizinhos que coincidem com ela em algum detalhe, ou que desenvolvem um argumento contrário, ou que surgem em relação com estes últimos, e assim até abranger nessa revisão toda a extensão do continente americano. O autor se comporta como esse narrador sem pressa que, em lugar de se encaminhar logo a uma conclusão, passa a um novo relato, e a outro, e a outro, concedendo de vez em quando uma pausa reflexiva que apenas servirá de prelúdio à enésima narração. Perto de oitocentas, nos quatro volumes das Mitológicas, aos quais ainda se seguiriam os três volumes do que tem sido chamado de "as pequenas Mitológicas" (A oleira ciumenta, A via das máscaras e História de Lince).

A quem queira seguir o jogo, e acompanhe com atenção essa cadeia vertiginosa de variações e inversões, aguarda mais cedo ou mais tarde uma estranha recompensa: essas mutações começam a fazer sentido, ou melhor dito, a orientar-se umas em relação às outras, a se entrelaçar mediante fios que o leitor percebe já mesmo sem a supervisão do autor. E quando, em outro volume da tetralogia, já muito longe do cerrado brasileiro, o desaninhador de pássaros volta a aparecer mais uma vez, em uma fria paisagem do noroeste norte-americano, isolado em uma falésia à beira do oceano, a sua história já não mais parece um sonho sem nexo: sua trama envolve e pode mesmo emocionar. Lévi-Strauss costurou uma epopeia

---

3. Bernard Juillerat, Oedipe chasseur. Paris: PUF, 1991.

ameríndia, mas não o fez, como outros fizeram, acomodando os mitos dentro de uma armação narrativa tomada da épica arcaica ou da Bíblia, e sim usando como arcabouço a ciência do século xx e também, é claro, o exemplo da ópera wagneriana.[4] Nessa grande tragédia em quatro atos, *Do mel às cinzas* se ocupa de contar o momento do pecado original.

À DIFERENÇA DO PRIMEIRO VOLUME da série, que começa surpreendendo o leitor com uma audaz comparação entre mito e música, para depois mergulhá-lo de chofre numa barafunda exótica de queixadas e jaguares, *Do mel às cinzas* abre com uma breve dissertação sobre as conotações do mel e do tabaco nas línguas europeias. Especialmente na francesa, embora a maior parte desses jogos de palavras se deixe traduzir facilmente ao português. Essa introdução poderia se estender indefinidamente pelas referências à mitologia e à poesia da Antiguidade clássica ou do cristianismo, e até mesmo tirar suas conclusões da tabacofobia que se instalou bem mais tarde no cenário global. O leitor tem a sensação de caminhar num ambiente conhecido, de que o autor retornou a um modo mais clássico de abordar os mitos, apontando a variação dos significados dentro de um quadro permanente: doçura e amargor, duas categorias do sensível de cujos valores somos bem conscientes. Mas essa ilusão dura pouco: logo a seguir, Lévi-Strauss retoma o caminho traçado em *O cru e o cozido*, examinando o papel que a fumaça desempenha em alguns mitos de origem da carne.

Os mitos do mel e do tabaco tratam do entorno da cozinha. Do entorno, entenda-se, material, sociológico e ético. Situam-se em extensões do famoso triângulo culinário de Lévi-Strauss (cru, cozido, podre), aquém e além dos seus vértices. De um lado, um alimento, o mel, naturalmente elaborado. De outro uma elaboração, a do tabaco, que desemboca além da alimentação. Queimado, ele pode ser, porém, alimento dos deuses, um

---

4. Ver a abertura de *O cru e o cozido*. Rio de Janeiro: Zahar, 2021.

Prefácio

modo de ampliar a eles a comensalidade humana.[5] O mel deve ser doce na mesma medida em que o tabaco deve ser picante ou amargo, mesmo se essa oposição só define os limites de um campo em que podemos encontrar muitas posições intermediárias. Mas esse duo entre os termos que dão nome ao livro desaparece logo, porque o volume se refere na maior parte de suas páginas ao mel, e o tabaco fica relegado a um segundo plano quase invisível até perto da conclusão.

Isso porque o doce e o amargo são qualidades polares que o mel por si só é capaz de representar. À diferença do mel do Velho Mundo, sempre doce, o mel nativo americano pode ser também amargo, ou mesmo venenoso; fermenta com facilidade, e em muitos casos é consumido assim, embriagante, na forma de hidromel. As bebidas fermentadas — derivadas do milho, da mandioca, de diversos tubérculos ou de frutos de palmeiras — são assimiláveis ao mel, de modo que o vasto mundo dos fermentados ameríndios, sempre presentes nas festas e em contraponto com a carne de caça, entra aqui em jogo. Eles, como o mel, trazem para o primeiro plano o erotismo. Lévi-Strauss poderia ter feito bom uso da fala de um velho yawanawa que, décadas atrás, me descrevia com entusiasmo o prazer de tomar a caiçuma picante com a saliva das jovens que a tinham preparado mastigando a macaxeira; mais uma variante dessa equivalência, tão explícita em muitas línguas ameríndias e no próprio português do Brasil, entre o consumo oral e a relação sexual. Se o mel é infraculinário, isto é, elaborado por um corpo, sem ajuda do fogo, é também porque nos evoca uma condição prévia da cozinha, isto é, a sexualidade que serve de base da economia doméstica. Mas que também pode destruí-la se for levada além dos limites.

Loucos pelo mel ou pelo sexo, os personagens dos mitos abrem na mitologia uma área de perigo, porque do fermentado, e de uma elaboração corporal do alimento, passa-se com facilidade à podridão e ao excremento,

---

5. É bom notar que em *Do mel às cinzas* Lévi-Strauss não inclui outros modos de usar o tabaco — inalado, mascado ou comido em forma de mingau — que se encontram igualmente na América do Sul.

se não se guardam as formas. E nunca faltam esses heróis mal-educados — sobretudo, essas heroínas mal-educadas — dispostos à transgressão. Os mitos do mel invertem o caminho dos mitos de origem da cozinha, que tratavam da obtenção dos bens culturais, para ilustrar sua perda, e a degradação paulatina das categorias e das normas. De um modo um tanto sibilino — pois "rousseauniano" é um adjetivo perigoso, mesmo para ele —, Lévi-Strauss sugere aqui um paralelo com aquilo que Rousseau expôs no seu tratado sobre a origem da desigualdade entre os homens, uma desigualdade, aliás, que se inicia entre homens e mulheres dando a pauta para futuras exações do poder.

Nesse discurso, aliás, reconhece-se bem o Lévi-Strauss que, numa entrevista concedida na década de 1980, se declarava como "um velho anarquista de direita".[6] Anarquista, porque na sua obra o poder aparece sempre como um fator destruidor, não criador, como um agente de entropia que dissolve uma ordem primitiva — a mais alta expressão da ordem humana, essa que foi posta em pé pelos "selvagens". De direita, porque essa ordem depende da norma, das boas maneiras, do respeito às diferenças discretas, à boa distância e, enfim, de tudo aquilo que o desejo (aliado objetivo do poder) tende a obliterar. Velho porque essa ordem é a de um mundo irrecuperável, definitivamente perdido por uma humanidade que, entregue ao excesso, cresceu demais. Lévi-Strauss, que ainda viveria mais de vinte anos após a entrevista, sentia-se já estranho num mundo superpovoado e confuso, e não mostrava interesse por parecer mais jovem escondendo o seu desagrado.

Voltemos aos mitos. O tabaco, nos anuncia Lévi-Strauss, será a única salvação, tendendo, sobre toda essa balbúrdia em que se degradou o universo da cultura, uma ponte em direção à sobrenatureza — numa espécie de reparação da cultura pela religião. Mas tal conclusão se fará esperar: desse ponto até o final do livro, o argumento passa do código alimentar ao acústico. Os mitos de *O cru e o cozido* já tinham estabelecido uma correlação entre a boa cozinha e a boa comunicação, e entre a má cozinha e

---

6. "Sou um velho anarquista de direita". *O Estado de S. Paulo*. Suplemento Cultura, 7 mar. 1987.

Prefácio

a algazarra, mas agora esse quadro se detalha muito mais. Lévi-Strauss examina os signos sonoros que surgem nos mitos: os efeitos da percussão na madeira, do silvo, do zumbido. Eles lhe inspiram um breve ensaio sobre as correspondências entre esses sinais e um sistema articulado de signos: em comparação à língua, eles podem ser alternativamente, ou ao mesmo tempo, uma supralinguagem ou uma infralinguagem. Essa digressão dá continuidade, de certo modo, àquela que dedicara, em *O cru e o cozido*, à exposição de um sistema das artes, em que examinava as relações da música, da poesia e do mito com o signo linguístico. Mas, deixando de lado essas ideias, a análise se volta para a capacidade de unir e separar que se atribui aos diferentes sons. O texto vai dos golpes nos paus ocos que marcam a tarefa dos coletores de mel aos "instrumentos das trevas" de que se ocuparam outrora os folcloristas europeus e, muito especialmente, Van Gennep, cujas ideias Lévi-Strauss em parte assume. No ritual cristão, que nesse ponto recolhia sem dúvida tradições bem anteriores, os "instrumentos das trevas", em geral utensílios de percussão feitos de madeira, substituíam os sinos emudecidos durante o período litúrgico que rememorava a morte de Cristo, um período em que imperava o jejum, as imagens sagradas eram cobertas com panos e, em conjunto, os humanos viam cortada a sua comunicação com o domínio celestial. Nessa ação sonora, que evoca outros costumes muito estendidos em vários continentes, como o charivari ou a algazarra com que se recebem os eclipses (de tudo isso já tinha tratado em *O cru e o cozido*), Lévi-Strauss encontra claves que lhe permitem organizar todo um código auditivo das conjunções e disjunções: entre os sexos, entre os fenômenos astronômicos — especialmente o dia e a noite, que separam ou unem os casais —, e as estações, que, marcando a diferença entre períodos de abundância e escassez, entre um modo de viver segundo a agricultura e um modo de sobreviver graças à coleta, retornam ao fio condutor das *Mitológicas*, que é a cozinha. Os sinos têm na América indígena um equivalente organológico e simbólico: o chocalho, o maracá que identifica o pajé. Nos mitos, a origem do tabaco aparece vinculada ao uso do maracá, e ambos compartilham a capacidade de estabelecer e manter as relações com o mundo além do humano.

Essa leitura ideográfica do conjunto de mitos, que coloca uma legenda explicativa ao pé de cada um dos elementos principais do livro — o mel, a bebida fermentada, o tabaco, o chocalho, a algazarra — e a enriquece com algumas glosas sobre o destino da humanidade, não é, porém, a espinha dorsal do livro, nem dos quatro volumes das *Mitológicas*. Nela se expressa a filosofia de Lévi-Strauss e, quem sabe — a questão não tem, provavelmente, resposta — a dos povos em cujas narrações se baseia. Tem sido uma fonte contínua de inspiração para a etnologia, assim como para filósofos, historiadores ou artistas; é, enfim, um bom pretexto para prefácios ou quartas-capas onde é preciso fixar a identidade do livro. Mas o essencial está alhures, nesse tecido combinatório que põe em relação os mitos, mostrando como cada um deles pode ser reduzido a uma transformação de outros porque, como Lévi-Strauss repete várias vezes aqui, a terra dos mitos é redonda — ou, o que seria mais exato, esférica.

Isso significa que qualquer ponto de um mito, por marcante ou sutil que possa parecer à primeira vista, pode se transformar no centro de outro; que a partir de qualquer um deles é possível identificar trilhas que nos levem longe, de mutação em mutação, até voltar por outro caminho ao ponto de partida. Ou seja, à diferença do que acontece num romance — onde cada detalhe pode se perder, uma vez feita sua contribuição à trama, onde basta algum mínimo retorno para que o argumento feche —, no mito cada detalhe pode ser transcendente, e transcende "em rede". Cada mito, e cada elemento de um mito, tem um significado que apenas se revela quando é posto em relação com outros. Não, entenda-se bem, da maneira pela qual uma parte é compreendida quando inserida num todo. Lévi-Strauss não cita aqui a noção de fractalidade, que hoje se tornou muito comum nas ciências humanas, mas é isso precisamente o que ele descreve ao dizer que essas relações significativas descobertas na comparação entre mitos vizinhos ou distantes costumam reaparecer como significativas também dentro de cada mito. Por isso, analisar um mito exige dar voltas e mais voltas a essa "terra redonda", andar em círculos — traçar uma rosácea, para usar uma imagem também apresentada pelo autor: muitas vezes serão as relações percebidas na longa distância que nos permitirão perceber o microtecido de um mito local.

Prefácio

Esse argumento não é fácil de seguir. As *Mitológicas* não são uma obra que se deixe ler "como um romance", pois isso — por tudo que já foi dito aqui — deturparia completamente o plano proposto. É uma leitura muito exigente; seria necessária uma memória prodigiosa para se poupar de um constante ir e vir pelas suas páginas, refazendo caminho para voltar àquele mito — dentre as centenas anotadas — do qual se encontra agora uma transformação. É necessário também imaginação para reconhecer os movimentos dessa transformação. E, além disso, a leitura pode se tornar inviável por incredulidade: mais de um leitor a abandonará, receoso, porque o discurso de Lévi-Strauss evoca o modo de atuar dos prestidigitadores. O autor apresenta um problema, ou uma contradição presente nos mitos, e quando o leitor espera que ele a aborde indo ao âmago dos termos apresentados — toda a nossa tradição filosófica nos predispõe a buscar as respostas "no âmago" —, ele chama a sua atenção para qualquer detalhe aparentemente banal, e daí a outro, seguindo um caminho tortuoso ao final do qual encontramos de novo a carta de baralho desaparecida no bolso de um espectador no meio da plateia. Ou, no caso, os termos iniciais, transformados em outros que segundo Lévi-Strauss dão razão aos primeiros. O leitor coça a cabeça, suspeitando dessa conclusão obtida por um caminho tão artificioso, e então o prestidigitador tira um novo coelho da cartola, dessa vez sem preâmbulos, na forma, por exemplo, de um provérbio ou de uma figura de linguagem que nos mostra, intuitivamente, o mesmo que antes nos foi mostrado mediante um longo desvio.

As expressões "lua de mel" e "lua de fel" resumem o argumento de uma boa parte de *Do mel às cinzas*. A primeira refere-se ao momento em que um novo casal vive praticamente isolado, concentrado num vínculo erótico em toda a sua potência; a segunda — a expressão é bem menos popular —, ao tempo em que essa relação íntima vai sendo ressituada no contexto social a que os cônjuges pertencem. A lua de mel é necessária para cimentar a união, mas se torna disruptiva ao prolongar-se em excesso. É algo que já sabíamos intuitivamente, que se encontra exposto em contos, em provérbios ou em giros habituais da língua, às vezes mesmo a grande distância do terreno etnográfico em pauta.

Do mel às cinzas, aliás, é um livro pródigo nesse tipo de viagem planetária: muitas páginas são dedicadas aos rituais da quaresma cristã com seus instrumentos das trevas, ao festival chinês do Ano Novo, a um mito japonês, e não desprezemos o fato de quase todas as epígrafes serem tiradas de poetas latinos, como Virgílio e Tíbulo. Lévi-Strauss propõe mesmo um paralelo entre sua abordagem dos mitos e aquela que Plutarco pôs em prática para tratar dos mitos sobre os deuses egípcios — uma premissa da avaliação superlativa desse autor antigo que consta no final do quarto volume. O objeto de Lévi-Strauss é a mitologia ameríndia, por motivos de especialização, mas não um pensamento ameríndio distintivo: de uma ponta a outra sua obra permanece universalista. E por isso mesmo se defende preventivamente da suspeita de dar continuidade a esse tipo de comparatismo, muito desprestigiado como marca principal da antropologia de gabinete, que grassava na antropologia do final do século XIX. Aqui, insiste, o que permite a comparação é a generalização estrutural, e não o inverso; não é que símbolos universais organizem e, revelados por um cruzamento de dados, possam resumir as variações menores das culturas: é um modo comum de operar da mente humana o que dá lugar a essas coincidências entre conjuntos que de outro modo seriam irredutíveis.

O espírito das *Mitológicas* não é de modo algum multiculturalista: não aponta à diferença entre as culturas, que é etnograficamente óbvia; nem, a rigor, à sua unidade de base, que o é filosoficamente — todas as culturas são produto de uma única espécie. Precursor de muitas coisas, Lévi-Strauss com certeza não prefigura a virada ontológica. O que lhe interessa é a mediação entre ambos os polos, o efeito de diversificação de um pensamento que só pode operar através das diferenças. É por isso, em resumo, que o autor não pode simplificar seu argumento glosando símbolos, aproximando diretamente, mediante uma hermenêutica vulgar, os mitos ameríndios às noções familiares ao leitor, por mais que aqueles e estas estejam em verdade bem mais próximos do que parece à primeira vista. Todo esse difícil circunlóquio, diz ele, dá a essa aproximação a solidez científica de uma demonstração. Poderíamos acrescentar: os significados últimos são, em soma, triviais, o que vale é o modo como se chega a eles.

Se o leitor ainda desconfia do método — há demasiadas coisas no discurso acadêmico que não parecem ter mais função que abrumar o público para ganhar autoridade sobre ele —, a pedra de toque pode estar em algo de que já se falou em páginas anteriores: no limite, deixando-se enganar pelo mágico aprende-se muito de sua magia, e seguindo as circunvoluções dessa estranha estrutura atribuída aos mitos talvez o leitor já esteja em condições de, mais que entendê-los, inventá-los.

Porque — essa é uma tese das *Mitológicas* menos comentada que outras — todo esse percurso serve para pôr o leitor numa situação análoga à do narrador dos mitos, que, é claro, chegou a essa condição como ouvinte, e como um ouvinte em média muito mais aberto e ativo do que imagina quem o considera como um simples intermediário na transmissão de um corpus arcaico. Os mitos conversam entre si, como disse o próprio Lévi-Strauss, mas é obvio que essa conversa não acontece em algum etéreo país das ideias, e sim na comunicação entre os narradores. E esta de modo algum se encerra nas fronteiras étnicas.

A mitologia é muito mais horizontal do que supunha a tradição romântica. Ela não está voltada para a reprodução fiel de uma mensagem recebida em herança dos ancestrais — essa ideia de permanência, essa suposta vocação arcaizante que motivou durante muito tempo o interesse nos mitos (que seriam uma espécie de mensagem preservada desde tempos imemoriais) e que embasava a maior parte das hipóteses difusionistas. As *Mitológicas* são uma obra marcadamente difusionista, mas num sentido bem mais sofisticado: uma obra que abandona a ideia dos mitos como relatos estáveis e fechados, para entendê-los como frutos mutantes de uma comunicação intensa. Suas inferências "difusionistas" não se referem tanto às rotas que os motivos podem ter seguido, mas ao sentido das suas transformações, à sucessão lógica — as transformações são frequentemente assimétricas, um mito b pode ser uma transformação de a, mas não o contrário —, e não cronológica.

DO MEL ÀS CINZAS É UM LIVRO menos programático que *O cru e o cozido*. As propostas de método que aparecem no volume anterior dão-se aqui por sabidas, e o autor limita-se a pô-las em prática. Em compensação é um livro reflexivo, que se interroga sobre os efeitos dessa metodologia. Quando se pode entender que duas narrações são versões de um mesmo mito, mais ou menos ricas ou fortes, e quando constituem mitos diferentes? Em outras palavras, quando é legítimo completar um mito com elementos de outro em lugar de confrontar presenças e ausências? Que parte dessa geografia dos mitos descrita pelo autor pode ser uma propriedade objetiva do seu conjunto ou um efeito da sequência da análise? Lévi-Strauss percebe que, ao analisar os primeiros mitos, saltam nitidamente as relações com outros mitos ou com seu contexto etnográfico, enquanto os mitos examinados mais tarde — de natureza não diferente da dos primeiros — começam a aparecer como metanarrativas que nos dizem mais sobre o conjunto dos relatos que sobre significados mais locais já conhecidos.

Essas reflexões são bem-vindas, também, porque a interpretação dos mitos se torna aqui bem mais abstrata que no primeiro volume. Se em *O cru e o cozido* tratava-se de qualidades sensíveis, em *Do mel às cinzas* essas qualidades sensíveis (a doçura e o amargor) conduzem a contrastes de formas, crescentemente refinadas: por exemplo de tipo retórico, entre o sentido próprio (do lado da natureza) e o figurado (do lado da cultura) ou entre a conjunção e a disjunção, ou entre ambas e um terceiro termo, a mediação — um papel que o código acústico reserva aos sinos, aos choca-lhos e ao tabaco. Oco, meio cheio ou maciço, interno ou externo, central ou periférico... O que começa com oposições totêmicas muito simples desemboca em toda uma álgebra ou numa topologia contida, segundo o autor, dentro de contos à primeira vista bem alheios a tais abstrações.

Sem dúvida, muitos críticos — Lévi-Strauss se adianta a eles — enten-derão que essa arquitetura intelectual está na mente do autor, e não nos mitos, que ele analisa com um notável dom para a sobreinterpretação. Já em *O pensamento selvagem* tinha ele se manifestado contra o pressuposto de que a abstração seja patrimônio exclusivo de uma civilização — a ociden-tal, a partir do que veio a ser chamado de "milagre grego". Muito antes de Lévi-Strauss, a antropologia tinha se mostrado disposta a conceder que os "primitivos" possuíam um conhecimento próprio, muitas vezes certeiro e

Prefácio 19

valioso mas sempre empírico, contextual, nunca desenvolvido à margem da prática. Mais adiante nas *Mitológicas*, Lévi-Strauss radicalizará essas ideias num sentido, a rigor, anti-humanista. O humanismo, afinal, é esse credo que começou limitando aos humanos todas as potências que entendia como nobres — o pensamento, a capacidade de abstrair ou simbolizar — para acabar excluindo dessa excelsa humanidade a maior parte dos membros da espécie. Em *O homem nu*, as formas dos mitos serão comparadas à das simetrias que podem ser encontradas — uma homenagem à biologia heterodoxa de D'Arcy Thompson — nas asas das borboletas ou nos esqueletos dos moluscos. Se a geometria é um saber limitado aos humanos, ou em rigor a esses humanos que herdaram a obra de Euclides, quem poderá, afinal, explicar os vertiginosos conjuntos de hexágonos das abelhas?

Mas em *Do mel às cinzas* a discussão permanece no âmbito humano e retoma os argumentos de um texto bem anterior, *Raça e cultura*, em que Lévi-Strauss já tinha enfrentado as noções de progresso e evolução. O desenvolvimento de um pensamento filosófico separado da mitologia — é isso o "milagre grego" — e, posteriormente, a aliança entre esse pensamento científico e a técnica têm levado a essa civilização que os humanos (quase todos) entendem como a culminação da história. Isso não é o triunfo fatal de um gênio singular que seguiu com clarividência a trilha necessária, mas uma jogada afortunada (ou talvez não) que o Ocidente fez com as cartas que a humanidade tinha em mãos desde muito tempo atrás — incluindo nessa humanidade, é claro, esses "selvagens" aos quais se negou durante muito tempo a capacidade de raciocínio porque, por muito que dispusessem — nos seus mitos, no caso — de cartas iguais às dos seus semelhantes, o seu jogo era outro. Nesse ponto, requalificando a utopia do progresso como um acidente histórico, Lévi-Strauss conclui *Do mel às cinzas*.

EM PÁGINAS ANTERIORES, fiz a respeito das *Mitológicas* alguns comentários que parecem moldados naquela cínica formulação italiana: *"Se non é vero, é ben trovato"*. Ou, em outros termos, mesmo que as conclusões possam estar sujeitas a debate, o caminho seguido para chegar a elas tem um interesse que as ultrapassa. Talvez seja necessário dizer de um modo menos elusivo. Ao longo das *Mitológicas*, a tese saussureana da arbitrariedade do signo goza de um estatuto ambíguo. Numa página de *Do mel às cinzas*, Lévi-Strauss faz questão de proclamar sua fidelidade a ela; a análise dos mitos respeita a tese da arbitrariedade do signo e a eleva a um novo patamar: o significante e o significado, nos mitos, não só são arbitrariamente definidos como podem trocar de lugar entre si.

A conclusão do parágrafo é, no entanto, paradoxal: praticamente em todo o mundo o zunidor tem como função privilegiada expulsar as mulheres. Ou seja, a arbitrariedade do signo é um desses princípios gerais — algo assim como "Todos os homens nascem livres e iguais" — que devem ser proclamados e respeitados na sua condição de princípios, mas não têm grande aplicação na prática. Primeiro, porque todo detalhe de um mito está já em parte determinado pelos outros mitos que ele transforma. Depois, porque na hora de conjugar dois mitos Lévi-Strauss sempre procura alguma motivação nos seus elos, e essa motivação pode ser de teor muito diferente: às vezes trata-se de uma exegese nativa, outras é sugerida pelo contexto etnográfico; outras, decorre de algum elemento técnico ou de algum detalhe que só um observador muito intuitivo conseguiria identificar. Demasiado intuitivo, aliás. Uma cabaça meio cheia d'água se aproxima do chocalho, e um remo se aproxima dos instrumentos das trevas; o peido é um antialimento e a audição é o equivalente da defecação na parte superior do corpo; a trovoada e a tempestade, que podem apagar o fogo, valem como anticozinha.

Essas correspondências tiradas de contexto, junto com uma infinidade de outras menos ou mais surpreendentes, devem ser reinseridas no argumento lévi-straussiano antes de serem julgadas. Mas ao longo das *Mitológicas* as decisões interpretativas do autor podem suscitar avaliações que vão da admiração pela erudição ou pela perspicácia que foram postas em jogo até o escândalo, quando se suspeita que a arbitrariedade passou de um atributo do signo a um privilégio do intérprete. Lévi-Strauss discorre como se estivesse a descobrir conexões semânticas, mas a um olhar

Prefácio

cético pode parecer que as está impondo. Essas conexões levam também ao conceito de conjunção disjuntiva, apresentado em *Do mel às cinzas*, que parece prefigurar o conceito de síntese disjuntiva que Eduardo Viveiros de Castro[7] tem tornado uma das expressões centrais de sua reflexão mais recente. Mas não extrapolemos: conjunção e síntese não são a mesma coisa, e em *Do mel às cinzas* o conceito tem um uso muito limitado, ao lado do seu inverso, a disjunção conjuntiva, aplicados ambos a uma questão sociológica menor. Mas esse ar de família sugere que as melhores superações da obra de Lévi-Strauss podem surgir dessa grande fábrica de conceitos que ele mesmo instalou sobre a combinatória dos mitos.

Lévi-Strauss tem sido surpreendentemente capaz de sobreviver a si mesmo, e não me refiro à sua longevidade física ou editorial, da qual esta nova edição brasileira é um bom exemplo. Com o passar dos anos, a maior parte das infinitas críticas desferidas contra as *Mitológicas* tem se revelado fruto de leituras ineptas, ou picuinhas de especialistas ciumentos que não suportavam intromissões no seu feudo, quando não de argumentos ad hominem. Um preconceito muito difundido, desses que não vale sequer refutar, pretende que as *Mitológicas* substituem o concreto-etnográfico por um discurso abstrato e formalista.

Mas, convenhamos, dedicar páginas a fio ao exame dos artefatos formados por duas varetas amarradas e às suas diversas conotações, bem como às condições técnicas dos instrumentos musicais de que um mito fala, não é um bom exemplo de especulação abstrata. Especulação abstrata é reunir sob o título de "Mitos de criação" uma série de narrações que nos lembrem o Gênesis, e sob o rótulo "mitos messiânicos" tudo que nos lembre o Apocalipse. Era precisamente isso o que a maior parte dos trabalhos sobre mitologia prévios a Lévi-Strauss fazia, e não poucos posteriores e surdos a ele: arranjar dentro de uma sequência predeterminada, tomada dos nossos livros sacros, um outro universo narrativo cujos detalhes ninguém chegaria nunca a investigar.

---

7. Eduardo Viveiros de Castro, *Metafísicas canibais*. São Paulo: Cosac Naify/n-1, 2015. O conceito está tomado de Deleuze.

As *Mitológicas* expõem protocolos mais ou menos formais de análise, e recolhem mesmo uma "fórmula canônica" do mito herdada de trabalhos anteriores, uma equação que na verdade tem sido empregada num sentido propriamente formalista por outros autores que não seu inventor. Mas a todo momento está claro, para quem queira ver, o valor propedêutico desses esquemas: as fórmulas são meios, não resultados finais — se é que não são, antes, ilustrações sintéticas de uma análise que na realidade acaba sendo feita de um modo mais artesanal. Na prática, as *Mitológicas* têm sido um marco permanente e decisivo de localização da pesquisa etnológica, e não por acaso: a obra expõe o seu leitor a uma dose maciça de pensamento indígena, redundando uma e outra vez nos mesmos motivos, abordados por todos os seus lados, até obrigar o mais relutante a deixar de entender o mundo indígena em função de suas próprias obsessões e compreendê-lo a partir das obsessões deles. Ou mesmo repensar seu entendimento: foi o caso, por exemplo, dos helenistas franceses, que só a partir das *Mitológicas* começaram a assimilar que, para os antigos gregos, o fogo que Prometeu roubou dos deuses não era a luminária celebrada desde os primórdios do Renascimento, mas um modesto fogo de cozinha.

As *Mitológicas* fizeram muito para resgatar o pensamento ocidental da abstração inflacionária que durante séculos grassou no seu meio intelectual: postularam que a concretude não é incompatível com a sofisticação, e que de fato não deve haver muitas coisas realmente interessantes que não possam ser ditas nos termos dessa lógica das qualidades sensíveis. Se Lévi-Strauss mereceu em alguma medida a reticência de colegas que liam com ressalvas as filigranas de um autor demasiado francês, não foi por sua fidelidade aos círculos intelectuais da França dos *philosophes*, e sim porque ele tem raízes profundas na França dos artesãos.

Mas as Mitológicas não saem incólumes de seus próprios achados. É notável que, como assinalou Viveiros de Castro,[8] uma obra escrita para maior glória das diferenças discretas, dos contrastes totêmicos, acabe sendo um

---

8. Idem.

Prefácio 23

panorama impressionante da transformação serial, esse enorme interstício confuso que Lévi-Strauss encarava com tanta severidade. Em sua longa entrevista a Didier Eribon,[9] o antropólogo francês apontava a mitologia como uma dessas escassas ilhas de ordem que podem ser resgatadas do oceano caótico da experiência humana. Mas essa alegoria é enganadora: sugere ilhas flutuantes, cristalizadas quase milagrosamente sobre uma base líquida, e como bem sabemos as ilhas não flutuam: são manifestações de uma massa subaquática que emerge, cá e lá, numa multiplicidade de formas. Arquipélagos, mas também galáxias, arvorescências, adensamentos, buracos negros, comarcas onde os mitos derivam ao romance e à história, alephs nos quais um mito resume todos os mitos. Isso lembra uma imagem estranha ao amplo leque das alegorias lévi-straussianas: a do rizoma. A terra redonda das *Mitológicas*, apesar de sua parafernália geométrica, não se apresenta ordenada segundo meridianos e paralelos: é um monstro num sentido já antigo do termo, que aludia a seu caráter compósito, irregular e revelador. E o que ele revela é uma façanha criativa mais pragmática que semântica — a de unir numa rede de sínteses disjuntivas, de traduções arbitrárias mas poderosas, os elementos de um mundo. A façanha dos narradores dessas histórias que aí aguardam, nas páginas a seguir.

Oscar Calavia Sáez

---

9. Claude Lévi-Strauss, *De perto e de longe* (entrevistas a Didier Eribon). São Paulo: Cosac Naify, 2005.

Oscar Calavia Sáez, graduado pela Universidade Complutense de Madri, é doutor em antropologia social pela Universidade de São Paulo (usp) e tem pós-doutorado pelo Centre National de la Recherche Scientifique (cnrs). Leciona na Universidade Federal de Santa Catarina (ufsc) e na Universidade Complutense de Madri, é pesquisador associado do cnrs e professor titular da École Pratique des Hautes Études.

para Monique

Scriptorum chorus omnis amat nemus et fugit urbem,
*rite cliens Bacchi somno gaudentis et umbra.**

HORÁCIO, *Epístolas*, II, 2, v. 77-8 (a Julius Florus)

* Em tradução livre: "O coro todo de poetas ama os bosques e foge da cidade,/ fiéis adeptos de Baco, deus que no sono e na sombra se compraz". (N. T.)

Preâmbulo

Estas *Mitológicas*, as segundas do título, prolongam a investigação inaugurada em *O cru e o cozido*. Ao contribuir com novos aportes, tomamos o cuidado de recapitular no início as informações indispensáveis para que se possa, sem conhecer o volume anterior, incursionar com destemor neste aqui, o qual pretende demonstrar que a terra da mitologia é redonda; ele, portanto, não remete a um ponto de partida obrigatório. Começando por qualquer lugar, o leitor tem a garantia de completar o itinerário, contanto que direcione seus passos sempre no mesmo sentido e que avance com paciência e regularidade.

Na França, como no exterior, o método adotado e os resultados enunciados no primeiro volume suscitaram muitas discussões. Ainda não chegou o momento de responder. Em vez de deixar o debate assumir um contorno filosófico, que rapidamente o tornaria estéril, preferimos prosseguir em nossa tarefa e enriquecer a documentação. Os adversários e os defensores terão mais evidências à sua disposição. Quando o empreendimento se aproximar de seu termo e quando tivermos apresentado todas as nossas testemunhas, exibido todas as nossas provas, o processo poderá entrar na fase de julgamento.

No momento nos contentaremos em agradecer às pessoas que nos prestaram ajuda. Jesus Marden dos Santos, diretor do Serviço de Meteorologia do Brasil, Djalma Batista, diretor do Instituto Nacional de Pesquisas da Amazônia, Dalcy de Oliveira Albuquerque, diretor do Museu Paraense Emílio Goeldi, e Claudine Berthe, do Museu Nacional de História Natural, proporcionaram valiosas informações meteorológicas ou botânicas. Jacqueline Bolens ajudou-nos a reunir as fontes em língua alemã e as traduziu.

Nicole Belmont assistiu-nos quanto à documentação, às ilustrações, ao estabelecimento do índice e à correção das provas, que minha mulher e I. Chiva também releram. O serviço de datilografia do Collège de France encarregou-se da digitação do manuscrito. Henri Dubief, conservador do departamento de manuscritos da Biblioteca Nacional, localizou a ilustração utilizada na capa [da edição original, ver abaixo].

"*L'enfumage des abeilles*", in Oppien, *Livre de la chasse*, copiado em 1554 por Ange Vergèce, proveniente da biblioteca do castelo de Fontaine bleau (Bibliothèque Nationale, fonds grecs 2737, fol. 56).

PARA O ACORDE

E ainda estendeu o anjo sua mão pela terceira vez e tocou o mel, e o fogo saiu sob a mesa e usou o mel sem dano algum causar à mesa, e o odor que se desprendeu do mel e do fogo foi muito agradável.

"De l'*Ystoire Asseneth*", in *Nouvelles Françoises en prose du XIVe siècle*. Paris: Bibliothèque Elzévirienne, 1858, p. 10.

As metáforas inspiradas pelo mel se incluem entre as mais antigas de nossa língua e de outras que a precederam. Os hinos védicos associam frequentemente o leite e o mel, os quais, segundo a Bíblia, fluirão pela Terra prometida. "Mais doces do que o mel" são as palavras do Senhor. O mel era a oferenda por excelência que os babilônios faziam aos deuses, pois estes exigiam um alimento que não tivesse sido tocado pelo fogo. Na *Ilíada*, as jarras de mel servem de oferenda aos mortos. Em outros contextos elas foram usadas para abrigar seus despojos.

Há milênios, locuções como "puro mel", "doce como o mel" são empregadas em nossa civilização. As metáforas inspiradas pelo uso do tabaco, ao contrário, são recentes e facilmente datáveis. Littré registra apenas duas: *"cela ne vaut pas une pipe de tabac"*,* isto não vale nada; e *"tomber dans le tabac"* ou, dito de outra forma, cair na miséria. Essas locuções, que pertencem à gíria e das quais poderíamos citar muitas variantes (cf. Vimaître), se fazem igualmente presentes em outras línguas: no inglês, *"not to care a tobacco for..."*, preocupar-se muito pouco com alguém ou com alguma coisa; no português, "tabaquear", ridicularizar ou caçoar de alguém (Sébillot, 1893). Entre os marinheiros, as expressões *"il y aura du tabac"*, *"coup de tabac"*, conotam o mau tempo. *"Coquer; fourrer, foutre, donner du tabac"* e, mais recentemente, *"passer à tabac, tabasser"* significam maltratar, brutalizar, cobrir de pancadas (Rigaud, Sainéan, Lorédan-Larchey, Delvau, Giraud, Galtier-Boissière e Devaux).

---

* Em tradução literal: "Isto não vale um punhado (do volume de um cachimbo) de tabaco" e "cair no tabaco". (N. T.)

O mel e o tabaco são substâncias comestíveis, mas nem um nem outro dizem propriamente respeito à cozinha. Pois o mel é elaborado por seres não humanos, as abelhas, que o entregam pronto para o consumo, ao passo que a maneira mais comum de consumir o tabaco o situa, à diferença do mel, não *aquém* mas *além* da cozinha. Não é absorvido cru, como o mel, ou exposto previamente ao fogo para cozer, como se faz com a carne. Ele é incinerado, para que se possa aspirar sua fumaça.

Ora, a linguagem de todos os dias (recorremos sobretudo aos exemplos em francês, convictos de que se poderá fazer em relação a outras línguas observações análogas, de maneira direta ou simplesmente transposta) atesta que as locuções "de mel" e "de tabaco" formam pares e servem para exprimir ideias antitéticas que se situam em vários planos. E sem esquecer de modo algum que as locuções "de mel" compreendem casos limites em que a conotação se torna pejorativa: "discurso meloso", "palavras melífluas" e até mesmo a interjeição "mel!". Essa conotação não se baseia simplesmente numa homofonia cômoda para aquelas senhoritas que acreditam ser bem-educadas (com o particípio derivado: melado).[1] Temos aí um desvio do sentido e, longe de o ignorar, mostraremos qual é sua razão. Não parece duvidoso que, em nossa civilização, as locuções "de mel" e "de tabaco" se oponham. Apesar de certas sobreposições, aquilo que chamaríamos de seus pontos de equilíbrio semântico estão situados diversamente: umas são sobretudo laudatórias e as outras são antes depreciativas. Tais locuções conotam respectivamente a abundância e a carência, o luxo e a pobreza; a doçura, a afabilidade de e a serenidade — *"Manare*

---

1. "É um mel. Frase da gíria dos moradores de bairros elegantes, que a empregam a propósito de tudo e sobretudo despropositadamente. Se algo lhes parece bom ou belo: '*É um mel*'. Entram em um lugar que cheira mal: '*É um mel*'. Duas pessoas se atracam diante deles, dão murros ou facadas e o sangue escorre: '*É um mel*'" (Delvau, 1883). "*É um mel*: é muito agradável e (ironicamente) é muito desagradável" (Lorédan-Larchey, 1889). Esta ampla oscilação semântica está presente, pelo menos implicitamente, na crença grega e latina, sem dúvida de origem egípcia, segundo a qual um enxame de abelhas será irrevogavelmente gerado pelo cadáver apodrecido de um bezerro, asfixiado em um lugar fechado — para isso tapam-lhe as vias respiratórias — e cuja carne é pisada para que se possa separá-la sem prejudicar o couro" (Virgílio, *Geórgicas*, IV, v. 299-314, 554-58). [No Brasil, poderíamos mencionar a expressão "Que melda!" no mesmo sentido. (N. C. T.)]

Para o acorde 35

poética mella" — ou a turbulência, a violência e a desordem. Talvez, se dispuséssemos de outros exemplos, fosse necessário dizer que algumas se situam em relação ao espaço ("tout *miel*") e outras em relação ao tempo ("toujours *le même tabac*").*

A frase que usamos como epígrafe a esta introdução mostra que a relação de oposição de que aqui se trata é, de certo modo, anterior às coisas opostas. Antes mesmo de o tabaco ser conhecido no Ocidente, o "fogo de mel", atiçado pelo poder sobrenatural do anjo, abre espaço para o termo ausente e antecipa suas propriedades, que devem ser as de um termo correlativo e antitético do mel fluido, que lhe corresponde ponto por ponto no registro complementar do seco, do queimado e do aromático. O fato de que a *Ystoire Asseneth*, onde esse exemplo se encontra, seja provavelmente obra de um autor judeu do final da Idade Média torna ainda mais curiosa a interpretação medieval, no entanto também judaica, da proibição do Levítico, relativa à oferenda de mel nos altares, devido ao cheiro desagradável do mel queimado. Em todo caso, tal divergência mostra que, em relação à fumaça e seu cheiro, que constituirão essencialmente a condição do tabaco, desde a Idade Média e talvez antes, o mel era, conforme dizem os linguistas, um termo fortemente "marcado".

Essa prioridade da relação de oposição sobre as coisas opostas ou, pelo menos, sobre uma delas permite compreender que o tabaco, tão logo se tornou conhecido, tenha-se unido ao mel para com ele formar um par dotado de soberanas virtudes. Em uma peça de teatro inglesa, datada do fim do século XVI (1597), de autoria de William Lilly e cujo título (*The Woman in the Moone*) não deixa de ecoar na mitologia do Novo Mundo, conforme veremos no próximo volume, a heroína, chamada Pandora, fere seu amante com um golpe de espada e, tomada de remorso, manda buscar ervas para tratar dele:

> *Gather me balme and cooling violets,*
> *And of our holy herb nicotian*

---

* "Todo o mel" e "sempre o mesmo tabaco". (N. T.)

And bring withall pure honey from the hive
To heale the wound of my unhappy hand.[2]

Esse texto só poderia nos agradar, já que sublinha de maneira imprevista a continuidade da ligação que, através de *O cru e o cozido* — do qual ele é a sequência —, une o presente livro a *O pensamento selvagem*... E atesta também a antiga existência, em terras inglesas, de uma associação entre o mel e o tabaco que nos parece existir sempre no plano técnico. Para nós, franceses, os tabacos ingleses parecem mais próximos do mel que os nossos. Explicamos frequentemente tal afinidade supondo, com ou sem razão, que as douradas folhas de um foram postas para macerar no outro.

À diferença da Europa, a América do Sul sempre conheceu e consumiu o mel e o tabaco. Ela oferece, assim, um terreno privilegiado para o estudo semântico de sua oposição, pois que ao mesmo tempo de maneira sincrônica e diacrônica, o mel e o tabaco são ali observáveis lado a lado na duração. Sob esse ponto de vista, a América do Norte parece ocupar uma situação simétrica à do Velho Mundo, pois é possível que, numa época recente, ela possuísse apenas o tabaco, tendo perdido quase completamente o mel, enquanto a Europa se encontrava em plena posse do mel no momento de adquirir o tabaco. O problema será retomado alhures (*Mitológicas* 3). É portanto na América tropical, onde uma obra anterior permitiu-nos estudar a oposição das duas categorias fundamentais da cozinha — a do cru e a do cozido, constitutivas de uma refeição —, que convém também nos colocarmos para analisar uma segunda oposição: a do mel e do tabaco, na medida em que esses preparados apresentam caracteres complementares: um é infraculinário, o outro é metaculinário. Assim, daremos prosseguimento a nossa investigação sobre as representações míticas da passagem da natureza à cultura. Desenvolvendo a primeira e alargando o campo das outras, teremos agora, após a investigação anterior que se referia à origem

---

2. Citado por B. Laufer (1924, p. 23). ["Bálsamo trazei-me e refrescantes violetas/ E nicotiana, nossa erva sagrada/ E trazei-me também puro mel da colmeia/ Para curar a ferida por minha infeliz mão provocada". (N. T.)]

Para o acorde

mítica da cozinha, condição de refletir sobre o que poderíamos chamar de *os acompanhamentos da refeição*.

Assim procedendo, nos limitaremos, como sempre, a seguir um programa que nos é imposto pela própria matéria mítica. Nem o tabaco, nem o mel, e tampouco a ideia de colocá-los em conexão nos planos lógico e sensível surgem aqui como hipóteses especulativas. Ao contrário, tais temas nos são fornecidos explicitamente por certos mitos com que nos havíamos deparado em nosso caminho e que foram parcialmente estudados em obra anterior. Para dispensar o leitor da obrigação de consultá-la, nós os recapitularemos brevemente.

O PONTO DE PARTIDA DAS considerações que abriam *O cru e o cozido*, primeiro volume destas *Mitológicas*, era uma narrativa dos índios Bororo do Brasil Central, que evocava a origem da tempestade e da chuva (M_1). Começamos mostrando que, sem postular uma relação de prioridade entre esse mito e outros, podíamos reduzi-lo a uma transformação, por inversão, de um mito do qual se conhecem muitas variantes, provenientes de tribos do grupo linguístico Jê, geográfica e culturalmente próximas dos Bororo, que dão conta da origem do cozimento dos alimentos (M_7-M_{12}). Com efeito, todos esses mitos têm por motivo central a história de um desaninhador de pássaros, preso na copa de uma árvore ou no alto de um rochedo, após um desentendimento com um aliado por casamento (cunhado — marido de irmã — ou pai, em uma sociedade matrilinear). Num dos casos, o herói castiga seu perseguidor enviando-lhe a chuva, que apaga as fogueiras que se fazem no interior das casas. Nos outros, ele traz para seus pais a madeira em brasa, que pertencia ao jaguar e, portanto, obtém para os homens o fogo de cozinha, em vez de tirá-lo deles.

Notando então que, nos mitos jê e num mito de um grupo vizinho (Ofaié, M_{14}), o jaguar, dono do fogo, ocupa a posição de um aliado por casamento, já que recebeu sua esposa dos homens, estabelecemos a existência de uma transformação ilustrada, sob sua forma regular, por mitos provenientes de tribos tupi limítrofes dos Jê: Tenetehara e Mundurucu (M_{15}, M_{16}).

Como no caso precedente, os mitos colocam em cena um (ou, dessa vez, vários) cunhado(s), que são "tomadores" de mulheres. No entanto, em vez de se tratar de um cunhado animal, protetor e provedor do herói humano que personifica o grupo de seus aliados, os mitos de que tratamos agora narram um conflito entre um ou vários heróis sobre-humanos (demiurgos e similares) e seus aliados humanos (maridos de irmãs), que lhes recusam a comida; em consequência disso eles são transformados em porcos-do-mato, mais precisamente em taiaçuídeos da espécie queixada (*Dicotyles labiatus*), que ainda não existiam e que os índios consideram a caça suprema, representando a carne na mais elevada acepção do termo.

Passando de um grupo de mitos a outro, nota-se, em consequência, que eles envolvem ora um herói humano e seu aliado (por casamento), o jaguar, animal dono do fogo de cozinha, ora heróis sobre-humanos e seus aliados (por casamento): os caçadores humanos, donos da carne. Embora *animal*, o jaguar se comporta *com civilidade*: alimenta seu cunhado humano, protege-o da maldade de sua mulher, deixa que ele se apodere do fogo de cozinha. Embora *humanos*, os caçadores comportam-se *com selvageria*: conservam toda a carne para uso próprio e se apossam imoderadamente das esposas recebidas, sem oferecer nenhuma contrapartida, sob a forma de prestações alimentares:

a) [Herói humano/animal] ⟶ [Heróis sobre-humanos/humanos]
b) [Animal, cunhado civilizado → come-cru] ⟶ [Humanos, cunhados selvagens → comidos-cozidos]

Essa dupla transformação repercute também no plano etiológico, já que um dos grupos de mitos diz respeito à origem do cozimento dos alimentos e o outro, à origem da carne, isto é, respectivamente o *meio* e a *matéria* da cozinha:

c) [fogo] ⟶ [carne]

Ao mesmo tempo que apresentam construções simétricas, os dois grupos se encontram relacionados dialeticamente: é preciso que a carne exista para que o homem possa assá-la; essa carne, evocada pelos mitos sob a forma privilegiada

Para o acorde

de carne de queixada, será cozida pela primeira vez graças ao fogo obtido do jaguar, que os mitos têm o cuidado de apresentar como caçador de porcos.

Tendo chegado a esse ponto de nossa demonstração, quisemos verificá-la através de uma de suas consequências. Se um mito bororo (M_1) era transformável em mitos jê (M_7-M_{12}) no mesmo eixo e se esses mitos jê eram, por sua vez, transformáveis em mitos tupi (M_5, M_{16}) noutro eixo, esse conjunto somente poderia constituir um grupo fechado, conforme havíamos postulado, sob a condição de que existissem outras transformações, situadas eventualmente num terceiro eixo, que permitissem retornar de mitos tupi a mitos bororo que fossem a transformação daquele mito do qual partimos no início. Fiéis a uma regra de método que aplicamos de maneira sistemática, seria portanto preciso submeter os dois mitos tupi a uma espécie de filtragem, a fim de recolher os resíduos de matéria mítica não utilizados no decorrer das operações precedentes.

Ficou imediatamente patente que esse resíduo existia e consistia no conjunto de procedimentos acionados pelo demiurgo para transformar seus cunhados malvados em porcos-do-mato. No mito M_{15}, ele manda o sobrinho confinar os culpados em uma prisão feita de penas, que ele queima, e a fumaça asfixiante daí resultante provoca a transformação deles. Tudo começa da mesma maneira em M_{16}, só que nele o demiurgo é assistido por seu filho, e é a fumaça do tabaco, lançada sobre o cercado de penas, que exerce o papel determinante. Um mito kayapó-kubenkranken sobre a origem dos porcos-do-mato (M_{18}) que, como demonstramos anteriormente, é necessariamente derivado dos outros dois ou de um deles, oferecia uma variante fraca da transformação mágica, explicada dessa vez pelo emprego de um talismã feito de penas e de espinhos. Propusemos então (*cc*, p. 151) ordenar os meios mágicos como se segue:

[1](fumaça de tabaco, M_{16}), [2](fumaça de penas, M_{15}), [3](amuleto de penas, M_{18})

Além de essa disposição ser a única logicamente satisfatória, pois leva em consideração ao mesmo tempo o caráter derivado de M_{18} em relação a M_{15} e M_{16} e a presença simultânea da fumaça em M_{15}, M_{16} e das penas em M_{15}, M_{18}, ela encontra sua confirmação em um célebre mito dos Kariri, recolhido no final do século XVII pelo missionário francês Martim de Nantes. Esse mito (M_{25}) explica também a origem dos porcos-do-mato, atribuída por ele à gula dos primeiros homens, que suplicavam ao demiurgo que lhes desse para provar aquela caça até então desconhecida. O demiurgo leva as crianças para o céu e as transforma em porquinhos. A partir de então, os homens poderão caçar porcos-do-mato, mas serão privados da companhia do demiurgo. Este decide permanecer no céu e deixa o tabaco na terra em seu lugar. Assim, nesse mito, o tabaco também desempenha um papel determinante, mas sob uma forma ainda mais forte do que na versão mundurucu (M_{16}): em vez de mera substância mágica, torna-se a hipóstase de uma divindade (cf. M_{338}). Existe, portanto, uma série na qual a fumaça do tabaco é a forma fraca do tabaco personificado; a fumaça das penas, a forma fraca da fumaça do tabaco; e o talismã de penas é a forma fraca da fumaça destas.

Isto posto, como os Bororo narram a origem dos porcos-do-mato? Um de seus mitos (M_{21}) explica que esses animais antigamente foram homens cujas mulheres, para se vingarem de uma ofensa, fizeram-nos consumir uma compota de frutas espinhentas. Os homens, com a goela arranhada pelos espinhos, gemeram: "ú, ú, ú...", transformando-se em porcos-do--mato, que grunhem assim.

Esse mito merece nossa atenção por dois motivos. Em primeiro lugar, o papel mágico dos espinhos remete ao talismã feito de penas e *de espinhos*, que aparecia em M_{18}. Encarado sob esse aspecto, situa-se na sequência de M_{18}, na série das transformações mágicas, enriquecendo-a com uma nova variante, sem modificar a ordem na qual as outras haviam sido dispostas. Contudo, sob uma outra perspectiva, o mito bororo opera um movimento pendular: em vez de o acontecimento remontar a uma briga entre aliados, como ocorre em M_{15}, M_{16}, M_{18}, decorre de uma briga entre cônjuges. Para a discussão dessa transformação, veja-se o volume anterior (*CC*, pp. 140-1), onde mostramos que ela é típica da mitologia bororo. No caso que aqui abordamos, essa transformação resulta, portanto, da aplicação da lei canônica que a rege:

a) *Para uma mensagem invariante* (aqui, a origem dos porcos-do-mato):

$$\text{Mundurucu etc. } \left[(\overset{\ulcorner \# \urcorner}{\triangle \ \ O} = \triangle) \right] \longrightarrow \text{Bororo } \left[O \ \# \ \triangle \right]$$

Para o acorde 41

Dando um passo adiante, era então necessário indagar se existia entre os Bororo um mito que reproduzisse a conjuntura familiar ilustrada pelos mitos mundurucu etc. sobre a origem dos porcos-do-mato e que transmitisse, se não a mesma mensagem, pelo menos a mensagem transformada. Localizamos esse mito (M_{20}). Seus protagonistas são ancestrais que viviam outrora em cabanas de penas, a uma certa distância do cunhado (marido de sua irmã) do qual obtinham tudo o que desejavam, enviando-lhe um irmão mais novo como mensageiro (comparar: M_{15}, *sobrinho* [na verdade, afilhado (N. C. T.)] *hóspede*/ M_{16}, *filho encarregado de tarefas*).

Os ancestrais um dia quiseram mel, mas obtiveram apenas uma substância espessa, cheia de espuma, imprópria ao consumo, devido ao fato de que, durante a coleta, o cunhado tinha copulado com sua mulher, violando os interditos. A própria mulher acrescenta outra afronta à primeira, quando espiona seus irmãos que estão criando e confeccionando pendentes e contas de conchas. Os heróis, ofendidos, acendem uma fogueira e se atiram nas chamas, de onde renascem sob a forma de aves portadoras de penas ornamentais. Mais tarde, suas cinzas engendrarão o algodão, a cabaceira e o urucum (*cc*, pp. 141-2).

As funções etiológicas desse mito são ao mesmo tempo mais restritas e mais amplas que as dos mitos tupi, que também têm como ponto de partida uma briga entre aliados por casamento. São mais restritas porque, conforme se observa frequentemente entre os Bororo, o mito se propõe a explicar a origem, não de uma ou de várias espécies vegetais ou animais, mas de variedades ou de subvariedades. No início do mito, as aves já existiam. Caso contrário, os heróis não poderiam morar nas cabanas de penas e plumas. As aves que nascem de seu sacrifício somente terão penas de cores "mais vivas e mais belas". Da mesma forma, precisa o mito, as plantas que brotam nas cinzas pertencem a variedades de qualidade superior: como o urucum, cujo vermelho será inigualável para tingir fios de algodão. Essa primeira restrição do campo etiológico é acompanhada de outra. O mito bororo não pretende explicar como uma espécie animal ou vegetal tornou-se disponível para toda a humanidade, nem mesmo para o conjunto da tribo, mas por que tais variedades ou subvariedades são exclusividade de um determinado clã ou subclã.

A esse respeito, o mito mostra-se particularmente eloquente, não somente a respeito das plantas, como também dos adornos inventados pelos heróis, os quais, antes de morrer, eles repartem entre as linhagens que compõem seu clã.

Mais restrito nesses dois aspectos, o mito bororo pode se permitir ser mais amplo em outro, pois sua função etiológica é, de certa forma, reduplicada. Os mitos tenetehara e mundurucu, com que pretendemos compará-lo, dizem respeito a uma única origem, a dos porcos-do-mato, isto é, da carne boa, enquanto o mito bororo diz respeito, por um lado, à origem de certas aves de belas plumagens e, por outro lado, à de vários produtos vegetais, igualmente excepcionais pela qualidade.

Isso não é tudo. A espécie animal cuja origem os mitos tupi descrevem, é qualificada exclusivamente do ponto de vista do alimento. Os animais e vegetais evocados pelos mitos bororo são, ao contrário, qualificados exclusivamente do ponto de vista da técnica. As novas aves distinguem-se das outras pela riqueza ornamental de suas penas, e nenhuma das novas plantas possui valor alimentício — servem somente para confeccionar objetos utilitários e adornos. Embora os três mitos M_{15}, M_{16} e M_{20} apresentem, incontestavelmente, o mesmo ponto de partida, eles se desenvolvem de maneira contrapontística (tabela, p. 43), em conformidade com a segunda lei, complementar à da página 40 que agora podemos formular:

b) *Para uma armação invariante* [aqui: $(\triangle \overset{\ulcorner \# \urcorner}{\bigcirc} = \triangle)$]:

Mundurucu etc. $\left[\text{origem da carne}\right] \longrightarrow$ Bororo $\left[\text{origem dos bens culturais}\right]$

Podemos resumir o conjunto de nossos procedimentos. Os mitos sobre a origem dos porcos-do-mato referem-se a uma carne que o pensamento indígena classifica como caça de categoria superior e que, consequentemente, fornece a matéria-prima por excelência da cozinha. De um ponto de vista lógico, é portanto legítimo tratar esses mitos como funções dos mitos sobre a origem do fogo doméstico, que evocam o meio da atividade culinária, ao passo que os primeiros evocam sua matéria-prima. Ora, assim como os Bororo transformam o mito sobre a origem do fogo de cozinha em mito sobre a origem da

Para o acorde

chuva e da tempestade — isto é, da água —, verificamos que, entre eles, o mito sobre a origem da *carne* torna-se um mito sobre a origem dos *bens culturais*. Em um caso, trata-se de uma matéria bruta e natural que se situa *aquém* da cozinha; no outro, de uma atividade técnica e cultural que se situa *além* dela.

M_{15}:	Doador(es) de mulher residentes a alguma distância do(s) cunhado(s)	Papel de intermediário confiado ao	M_{15}: sobrinho [afilhado, ver acima] do doador,	maltratado pelos tomadores de...
M_{16}:			M_{16}: filho do doador,	os tomadores recusam-lhe a carne,
M_{20}:			M_{20}: irmão caçula dos doadores	obtém mel ruim do tomador,

M_{15}:			M_{15}: (homens) que então os confinam a uma *prisão* de penas,
M_{16}: previamente ao	abuso sexual da(s) mulher(eres) recebida(s) de...		M_{16}:
M_{20}: consecutivamente ao			M_{20}: homens que antes viviam em um *palácio* de penas,

M_{15}:	cenário de uma conduta bestial:	copulação imoderada com as esposas.	M_{15}: Culpados, enfumaçados passivamente pelo fogo das penas,	transformados em porcos-do-mato *comestíveis*,
M_{16}:			M_{15}: Culpados, enfumaçados passivamente pelo tabaco projetado,	
M_{20}:	cenário da invenção das artes da civilização	espionada indiscretamente pela irmã.	Vítimas que se lançam voluntariamente nas chamas de uma fogueira,	transformadas em aves de penas *ornamentais*,

M_{15}:
M_{16}: } origem da carne, *alimento* de origem ANIMAL.

M_{20}: origem: 1º dos adornos de origem animal;
2º de produtos *não alimentares* de origem VEGETAL.

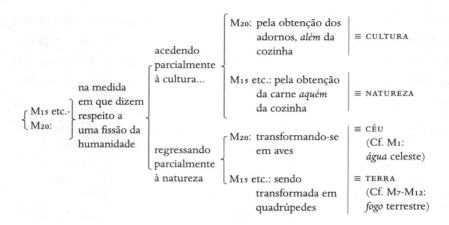

É fácil demonstrar que, com essa transformação, o encadeamento se fecha e o grupo de mitos até agora abordados apresenta, sob esse aspecto, um caráter cíclico. Com efeito, no início, transformamos:

a) Jê [Origem (fogo de) cozinha] ⟶ Bororo [Origem anti(fogo de) cozinha = água]

Transformamos em seguida:

b) Jê [Origem do fogo (= *meio*) da cozinha] ⟶ Tupi [Origem da carne (= *matéria*) da cozinha]

Finalmente, a terceira transformação que acabamos de obter pode ser descrita da seguinte maneira:

c) Tupi [Origem da carne (*matéria* da cozinha)] ⟶ Bororo [Origem dos adornos (*antimatéria* da cozinha)]

pois vimos também que os adornos provêm das partes animais não comestíveis (conchas, penas) e das plantas (cabaça, algodão, urucum) que não desempenham papel algum na alimentação. A oposição inicial, que se dava entre o meio (da cozinha) e seu contrário, apenas transformou-se, portanto, em uma oposição entre a matéria (da cozinha) e seu contrário.

Para o acorde   45

Em relação a essas duas oposições, os mitos bororo sempre se situam do mesmo modo.

Tudo o que evocamos até agora já havia sido demonstrado em *O cru e o cozido* pela mesma via ou por vias diferentes. Agora, concentraremos nossa atenção em outro aspecto desses mitos, que não tinha sido necessário considerar ou que consideramos apenas incidentalmente. Ficou estabelecido acima que, na série de meios mágicos ilustrados pelos mitos kariri, mundurucu, tenetehara e kubenkranken que explicam a transformação dos humanos em porcos-do-mato, o tabaco constituía o termo pertinente. O fato de não haver nenhuma referência ao tabaco no mito bororo sobre a origem dos bens culturais não nos deve surpreender, já que, semelhante aos mitos tupi quanto à armação, ele transmite uma mensagem inversa, que supõe outro léxico. Vemos assim surgir um novo termo, ausente alhures: o mel, cuja recusa ou, mais exatamente, a oferta sob a forma de mel de baixa qualidade, atua como fator determinante na transformação dos heróis em aves, juntamente com a indiscrição "incestuosa" da *irmã* deles, e da qual o mito mundurucu oferece uma imagem simétrica, sob a forma de um coito imoderado dos maridos com suas mulheres (que são as *irmãs* do herói).

Lembremos igualmente que no mito bororo sobre a origem dos porcos-do-mato, simétrico ao outro — pois que dessa vez, e quando o comparamos com o do grupo tupi-jê sobre o mesmo tema, a mensagem se apresenta idêntica e a armação invertida —, uma compota ruim (cheia de espinhos) ocupa o lugar do mel ruim (grumoso, em vez de fluido). Os meios mágicos dos mitos bororo, que se situam do lado do molhado, se opõem, assim, aos meios mágicos da série jê-tupi (fumaça de tabaco ou de penas, talismã de penas e de espinhos), que se situam do lado do seco, oposição essa congruente à que nos serviu como ponto de partida, entre o mito bororo sobre a origem da água e os mitos jê-tupi sobre a origem do fogo.

Na realidade as coisas são um pouco mais complexas, pois apenas um dos dois mitos bororo é integralmente "úmido": M21, no qual o conflito entre os cônjuges surge a propósito da pesca (peixes — caça aquática —, que forma um triângulo com as aves — caça celeste de M_{20} — e os porcos--do-mato — caça terrestre de M_{16} etc.) para se resolver a favor das mulheres, graças a uma compota feita de frutas (compota = *vegetal* $\cup$ *água*/peixe = *animal* $\cup$ *água*). Em compensação, o seco exerce um papel essencial em M_{20}, com a fogueira em que os heróis se incineram voluntariamente e que parece ser o homólogo (embora seja ainda mais fortemente marcado) do braseiro de penas de M_{15} e do braseiro de tabaco de M_{16}. No entanto, se os termos são efetivamente homólogos, eles se opõem pelas respectivas finalidades de sua utilização. A incineração em uma fogueira — e dos próprios heróis, no lugar de um produto destinado ao seu consumo — constituiu um procedimento duplamente "ultraculinário", que mantém, assim, uma relação *suplementar* com seu resultado: o surgimento dos adereços e adornos, igualmente "ultraculinários", pois estão do lado da cultura, enquanto a cozinha é uma atividade técnica que faz a ponte entre a natureza e a cultura. Ao contrário, em M_{15} e M_{16}, a incineração das penas e do tabaco, também de tipo "ultraculinário", se bem que em menor grau, intervém como um procedimento *complementar* ao seu resultado, que é o aparecimento da carne, objeto duplamente "infraculinário", como condição ao mesmo tempo natural e prévia da existência da cozinha.

Resolvida essa dificuldade, podemos enfatizar com maior liberdade a oposição entre o mel e o tabaco, que aqui, pela primeira vez, surge dos mitos e que nos ocupará até o fim deste livro. A pertença desses dois termos a um mesmo par de oposições já resultava da presença exclusiva de um ou do outro termo nos mitos (M_{20} e M_{16}) que, por razões independentes, já havíamos estabelecido serem inversos no plano da mensagem. Agora convém acrescentar que um termo correlativo do mel ruim — a compota ruim — aparece em M_{21}, idêntico a M_{16} (origem dos porcos-do-mato) quanto à mensagem, mas invertido quanto à armação $(O \neq \triangle / \overset{\ulcorner \# \urcorner}{\triangle} \, O = \triangle)$ e duplamente invertido (quanto à armação e quanto à mensagem) em relação a M_{20}. O mel e a compota são substâncias classificadas como vegetais (no caso da compota isso é evidente; será demonstrado posteriormente no caso do mel) e ambas se inserem na categoria do molhado. O mel ruim é definido por sua espessura e por sua textura

Para o acorde 47

grumosa, em oposição ao mel bom, que seria, por conseguinte, fluido e liso;[3] a compota ruim, pela presença de espinhos, que a tornam igualmente densa e áspera. Mel e compota são, portanto, análogos; e sabemos, aliás, que a compota cheia de espinhos se situa, na série dos meios mágicos, em seguida ao talismã de penas e espinhos de M_{18}, transformação enfraquecida da fumaça de penas de M_{15}, que mantém a mesma relação com a fumaça de tabaco de M_{16}. Finalmente, acabamos de ver que, ao alargar esta série, verificam-se a correlação e a oposição entre mel e tabaco.

Confirma-se assim, de um modo novo, o papel central que cabe ao tabaco no sistema. Apenas o tabaco digno desse nome reúne atributos geralmente incompatíveis. Um mito bororo (M_{26}) relativo à origem do tabaco ou, mais exatamente, das diferentes espécies de folhas perfumadas que os índios fumam, conta que estes, ao experimentá-las pela primeira vez, declaravam algumas como boas e outras como más, dependendo de sua fumaça ser "picante" ou não. Os termos da série de meios mágicos que transformam os homens e os animais estão, portanto, ligados. A fumaça de tabaco e a fumaça de penas têm em comum o fato de serem picantes, mas uma delas cheira mal e a outra é perfumada; as compotas são saborosas (já que são sempre consumidas), porém são mais ou menos bem preparadas: podem ser macias na garganta, se os espinhos tiverem sido retirados das frutas, ou podem picar; o mel também pode ser fluido ou grumoso. E assim, existem duas fumaças, duas compotas, dois méis. Finalmente, nos mitos homomorfos (que possuem a mesma armação), o mel e o tabaco encontram-se em relação de simetria invertida.

Confrontamo-nos então com um problema interessante. A América tropical nos forneceu inicialmente um sistema mitológico relativo à origem da cozinha o qual, dependendo do grupo, se nos apresentou sob forma reta (origem do fogo) ou sob forma invertida (origem da água). Convenhamos chamar de S_1 a forma reta desse primeiro sistema e de S_{-1} sua forma in-

---

3. A invocação ao mel dos Umutina, primos próximos dos Bororo, sublinha que a fluidez é uma das principais qualidades requeridas: "Para dar muito mel... mel mole, suave, líquido... como a água. Para dar mel que escorre como a água de um ribeirão, suave como a água argilosa, para não dar mel pastoso (pólen)" (Schultz, 1961-62a, p. 174).

vertida, que deixaremos provisoriamente de lado. Revirando S₁ sobre si mesmo a partir de um de seus elementos (aparição episódica de um porco-do-mato), restituímos, em *O cru e o cozido*, um segundo sistema mitológico relativo à origem dos porcos-do-mato, isto é, da carne: matéria e condição da cozinha, como o fogo do primeiro mito era seu meio e instrumento. Esse segundo sistema, que designaremos S₂, será arbitrariamente colocado à direita do outro (para respeitar uma disposição esquemática já adotada em *O cru e o cozido*, fig. 6, p. 148). Será então necessário colocar à esquerda de S₁ um terceiro sistema, relativo à origem dos bens culturais, e simétrico a S₂ em relação a S₁ (já que a carne e os adornos estão respectivamente aquém e além da cozinha, cuja origem S₁ explica). Esse sistema inverso de S₂ será chamado S₋₂:

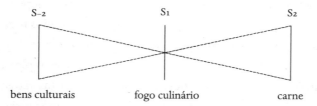

Limitemo-nos, por um instante, a examinar o que se passa no campo mítico "à direita" de S₁. Ali vemos S₂, que caracterizamos anteriormente de duas maneiras: é um sistema mítico que tem por *fim* explicar a origem dos porcos-do-mato e que recorre, como *meio*, a diversas substâncias, que mostramos serem variantes combinatórias da fumaça de tabaco. O tabaco surge portanto em S₂ sob a forma de termo instrumental. No entanto, assim como S₁ (nascimento da culinária) supõe necessariamente S₂ (existência da carne) — pois que uma é a matéria da outra —, o uso do tabaco na qualidade de meio em S₂ supõe necessariamente sua existência prévia. Dito de outra maneira, deve existir à direita de S₂ um sistema mitológico S₃, no qual o tabaco desempenha o papel de fim e não mais apenas de meio; que consiste, por conseguinte, num grupo de mitos sobre a origem do tabaco; e que, sendo a transformação de S₂, assim como S₂ era a transfor-

Para o acorde

mação de S_1, esse sistema deverá, ao menos num eixo, reproduzir S_1, para que, desse lado, o grupo possa ser considerado fechado. Caso contrário, será necessário reiterar a operação e procurar um sistema S_4, em relação ao qual nos interrogaremos da mesma forma, e assim sucessivamente, até obtermos uma resposta positiva ou até que, perdendo toda esperança de sucesso, nos resignemos a ver na mitologia um gênero desprovido de redundância. Qualquer esforço para dotá-la de uma gramática decorreria, nesse caso, da ilusão.

Na verdade, já isolamos o sistema S_3 em nossa obra anterior e verificamos que ele reproduzia S_1. Lembremos simplesmente que se trata de um grupo de mitos do Chaco (M_{22}, M_{23}, M_{24}), relativos à origem do jaguar (problema colocado por S_1, no qual o jaguar aparece como dono do fogo culinário) e do tabaco (problema colocado por S_2). Por si só, a união desses dois termos em um mesmo campo etiológico já seria reveladora. Porém, e mais importante, S_3 reproduz efetivamente S_1, pois que a fabulação é idêntica nos dois casos: história de um desaninhador de pássaros (araras ou papagaios) que se vê às voltas com um jaguar, macho ou fêmea (ou inicialmente macho, em seguida fêmea); amistoso ou hostil; e finalmente, cunhado ou esposa, isto é, aliado(a) pelo casamento. Além do mais, os mitos de S_1 têm por finalidade a cozinha, por meio do fogo "construtor", cuja função é tornar a carne própria para o consumo humano. Paralelamente, os mitos de S_3 têm por finalidade o tabaco, por meio de um fogo destruidor (a fogueira onde perece o jaguar, de cujas cinzas nascerá a planta). Esse fogo somente é construtor em relação ao tabaco, que, à diferença da carne, deve ser incinerado (= destruído) para que se possa consumi-lo.

Vemos portanto que S_2 está ladeado à direita por um sistema S_3, que o transforma e o explica ao mesmo tempo que reproduz S_1, e que, consequentemente, a cadeia se fecha desse lado. O que acontece à esquerda de S_1? Ali encontramos S_{-2}, cujo *fim é* explicar a origem dos adornos, utilizando como *meio* o mel, termo que, como estabelecemos de maneira independente, é simétrico ao tabaco. Se o grupo for realmente fechado, podemos postular não apenas que existe, à esquerda de S_{-2}, um sistema S_{-3}, que funda a existência do mel, como S_3 já fazia em relação ao tabaco na outra extremidade do campo, como também que, no que diz respeito ao conteúdo, este deverá reproduzir S₁ — ainda que em outra perspectiva — de modo simétrico ao modo como S₃ reproduzia S₁. De maneira que S₃ e S₋₃, ao reproduzirem S₁ — cada qual por conta própria —, se reproduzirão entre si:

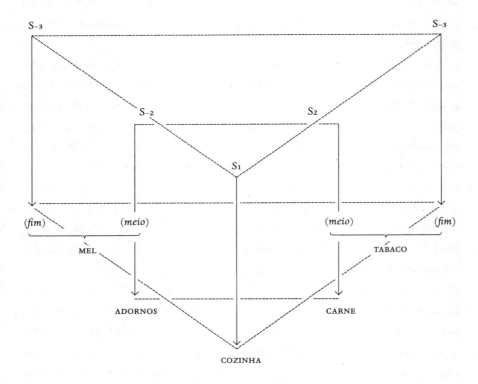

Partamos, portanto, em busca de S₋₃. Até onde se sabe, é entre certos Tupi setentrionais que o mel parece ter ocupado o lugar mais importante na vida cerimonial e no pensamento religioso. Como seus parentes Tembé, os Tenetehara do Maranhão dedicavam ao mel a mais importante de suas festas. Ela acontecia a cada ano no fim da estação seca, isto é, no mês de setembro ou outubro. Embora já não seja realizada há muitos anos, os índios visitados por Wagley e Galvão (1949, p. 99) entre 1939 e 1941 se recu-

Para o acorde 51

saram categoricamente a entoar para eles os cantos da festa do mel pois, diziam, era o tempo das chuvas e cantar fora da estação podia provocar um castigo sobrenatural.

A festa propriamente dita durava apenas alguns dias, mas começava-se a prepará-la com seis ou oito meses de antecedência. A partir de março ou abril era preciso coletar o mel selvagem e deixá-lo reservado em recipientes de cabaça, suspensos nas traves de uma cabana cerimonial, especialmente construída para a ocasião. Testemunhos mencionam de 120 a 180 cabaças, cada uma delas com mais de um litro de mel, amarradas uma ao lado da outra, formando de seis a oito fileiras. Durante todo o tempo de duração da coleta, os moradores da aldeia se reuniam toda noite para cantar: as mulheres na cabana cerimonial, "debaixo do mel" e os homens fora, no terreiro de dança. Consta que as cantigas se referiam a diferentes tipos de animais e às técnicas de caça prescritas para cada um. O principal objetivo da festa do mel era, de fato, garantir uma caça abundante para o resto do ano.

A iniciativa da coleta e da festa cabia a algum membro importante da comunidade, que assumia o título de "dono da festa". Tendo-se certificado de que a quantidade coletada era suficiente, ele, através de mensageiros, convidava as aldeias vizinhas. Para alimentar esses visitantes, preparava-se muito caldo de mandioca e fazia-se grande provisão de caça. A acolhida era ruidosa, de um e de outro lado, mas tão logo os recém-chegados entravam na cabana cerimonial, um silêncio absoluto tomava o lugar dos gritos e sons das trompas. Então os homens se agrupavam por aldeia e cantavam sucessivamente. Os homens da aldeia anfitriã encerravam o ciclo. As cabaças eram então despenduradas e seu conteúdo era diluído em água, num grande pote, antes de ser consumido. A festa durava até que o mel acabasse. Na manhã do último dia realizava-se uma caçada coletiva, seguida de um banquete de carne assada (Wagley & Galvão, 1949, pp. 122-5).

Um mito explica a origem da festa do mel:

M188 TENETEHARA: ORIGEM DA FESTA DO MEL

Um célebre caçador, chamado Aruwê, localizou uma árvore cujas sementes as araras tinham acabado de comer. Trepou nela, construiu um esconderijo e ficou de tocaia. Após matar muitas aves, quis descer, mas teve de voltar precipitadamente a seu abrigo porque os jaguares se aproximavam. Estes frequentavam a árvore, onde coletavam mel selvagem. Quando terminaram, Aruwê regressou à aldeia com sua caça. No dia seguinte, foi caçar no mesmo lugar, tomando a precaução de ficar oculto em seu esconderijo até que os jaguares chegassem e partissem novamente.

Certo dia, o irmão de Aruwê subiu na árvore, pois precisava das penas da cauda da arara-vermelha para um adereço de festa. Tinham-no avisado para ser prudente, por causa dos jaguares, mas ele resolveu matar um. Sua flecha errou o alvo e revelou sua presença. A fera visada deu um pulo e matou o desastrado caçador.

Aruwê esperou em vão seu irmão até o dia seguinte. Certo de que ele tinha sido morto pelos jaguares, foi até o local, onde observou os vestígios da luta. Guiado pelo sangue do irmão, aproximou-se de um formigueiro, onde conseguiu penetrar — pois era um xamã — transformando-se em formiga. Lá dentro viu a aldeia dos jaguares. Após retomar a forma humana, começou a procurar pelo irmão. Mas acabou gostando de uma das moças jaguares. Casou-se com ela e instalou-se na casa do sogro, que era o jaguar assassino e que conseguiu convencê-lo de que seu ato fora justificado.

Durante sua permanência entre os jaguares, o herói assistiu aos preparativos e à celebração da festa do mel; aprendeu todos os detalhes do ritual, os cantos e as danças. Sentia, porém, saudades de casa, de sua mulher humana e de seus filhos. Os jaguares, penalizados, permitiram-lhe ir ao encontro dos seus, com a condição de que levasse a nova esposa. Quando chegaram bem perto da aldeia, Aruwê aconselhou-a a esperar do lado de fora, até ele pôr sua família a par do que tinha acontecido. Mas foi recebido de modo tão caloroso que demorou muito tempo para retornar. Quando finalmente se decidiu, a mulher-onça tinha desaparecido no formigueiro e tapado a entrada. Apesar de seus esforços, Aruwê nunca mais conseguiu encontrar o caminho que levava à aldeia dos jaguares. Ele ensinou aos Tenetehara os ritos da festa do mel, que desde então se realiza exatamente como ele a observou (Wagley & Galvão, 1949, pp. 143-4).

Antes de passarmos à discussão desse mito, apresentaremos a versão tembé (os Tembé são um subgrupo tenetehara):

Para o acorde

M189 TEMBÉ: ORIGEM DA FESTA DO MEL

Existiam outrora dois irmãos. Um deles fez um esconderijo na copa de uma árvore /azywaywa/ cujas flores as araras tinham acabado de comer. Ele já tinha matado muitas aves quando apareceram dois jaguares, trazendo cabaças que encheram com o néctar das flores da árvore espremidas. Durante muitos dias, o caçador observou os animais sem ousar matá-los mas, apesar de seus conselhos, seu irmão foi menos prudente. Ele flechou os jaguares, sem saber que eles eram invulneráveis. As feras provocaram uma tempestade que sacudiu a árvore até fazer caírem o esconderijo e seu ocupante, que morreu na hora. Em seguida os jaguares levaram o cadáver para o mundo subterrâneo, cuja entrada era tão pequena quanto um buraco de formiga, e colocaram-no sobre uma cruz de madeira erguida em plena luz do sol.

Transformado em formiga, o herói chegou até a cabana dos jaguares, onde estavam suspensos recipientes repletos de mel. Ele aprendeu os cantos rituais e, a cada noite, recuperava sua forma humana para dançar com os jaguares; de dia voltava a ser formiga.

De volta a sua aldeia, contou para seus companheiros tudo o que vira (Nim., 1915, p. 294).

As duas versões quase não se diferenciam, a não ser pela desigual riqueza de detalhes e pela proveniência do mel que, em M189, não é tomado das abelhas mas espremido diretamente das flores amarelas da árvore /azywaywa/, talvez /aiuuá-iwa/?, sendo nesse caso uma laurácea. Seja qual for sua essência, essa lição é ainda mais instrutiva na medida em que, à diferença dos méis europeus, os da América tropical não parecem ser tirados principalmente das flores. Os índios sul-americanos, que encontram o mel sobretudo nos ocos das árvores, onde várias espécies de abelhas fazem seus ninhos, o classificam por esse motivo no reino vegetal. Vários mitos tacana (M189B etc.) evocam a desdita de um macaco, cruelmente picado por ter dado uma mordida em um ninho de vespas, que ele havia tomado por uma fruta (H&H, 1961, pp. 255-8). Um mito karajá (M70) narra que os primeiros homens, ao emergirem das profundezas da terra, coletaram "frutos em quantidade, abelhas e mel". Segundo os Umutina, a primeira humanidade foi criada a partir de frutos selvagens e mel (Schultz, 1961-62a, pp. 172, 227, 228). Encontramos a mesma assimilação na Europa, entre os antigos, conforme provam uma passagem de Hesíodo — "O carvalho tem em sua copa glandes e, em seu meio, abelhas" (*Trabalhos*, v. 232-3) — e diversas crenças latinas — na Idade do Ouro, as folhas das árvores secretavam mel e, ainda hoje, as abelhas nascem da folhagem e das ervas por geração espontânea (Virgílio, *Geórgicas*, I, v. 129-31; IV, v. 200).

1. O caçador de araras (desenho de Riou, segundo J. Crevaux, 1883, p. 263).

Isso talvez explique por que os Tupi designam a abelha por uma locução /iramanha/ a que, seguindo Ihering, Nordenskiöld (1929, p. 170; 1930, p. 197) atribui o sentido de "guardiã do mel" (e não produtora). No entanto, segundo Chermont de Miranda (1942), o termo /ira-mya/ significaria "mãe do mel". Barbosa Rodrigues registra, sem comentários, /iramaña/, que também Tastevin e Stradelli relacionam a /ira-maia/, embora considerem que o segundo termo vem do português /mãe/. Stradelli, contudo, hesita a esse respeito (cf. art. "maia, manha"), e seu *Vocabulário* menciona uma raiz /manha(na)/ com o mesmo sentido daquele proposto por Ihering.

Para o acorde

Retornaremos a essa questão. No momento é preciso enfatizar o parentesco dos mitos tenetehara e tembé com os mitos do grupo S_1, que confirma nossa hipótese de que os mitos que têm por tema principal o mel devem reproduzir aqueles que dizem respeito à origem do fogo de cozinha, eles mesmos reproduzidos pelos mitos sobre a origem do tabaco (S_3). Nesses três casos, estamos diante de um desaninhador (aqui, um caçador) de araras ou de papagaios, o qual constata que um ou vários jaguares se encontram no pé da árvore ou do rochedo em que ele subiu. O jaguar é, sempre, um aliado pelo casamento: marido de uma mulher humana em S_1, esposa inicialmente humana em S_3, pai de uma esposa-onça no caso que abordamos no momento. Em S_1 e S_3, o jaguar come as araras; em S_{-3}, é o homem quem as come. Os *dois* jaguares de S_1, um deles macho e protetor, o outro, fêmea e hostil, adotam condutas diferenciadas em relação ao *mesmo* homem. O jaguar *único* de S_{-3} adota, em relação a *dois* homens, condutas igualmente diferenciadas: come um deles e dá a filha ao outro. Em S_3, onde existem um único jaguar e um único homem, a dualidade se restabelece no plano diacrônico, pois o jaguar era inicialmente uma esposa humana, que se transforma em seguida em fera canibal. Os três sistemas possuem portanto a mesma armação, que consiste na tríade: homem(ns), araras, jaguar(es), cujos tipos de conduta contrastados (+, –) unem dois a dois os termos:

$$
\begin{array}{lll}
S_{-3} & S_1 & S_3 \\
\text{homens/araras: } (-) & \text{jaguar 1/} \begin{cases} \text{araras: } (-) \\ \text{homem: } (+) \end{cases} & \text{(esposa humana)/homem: } (+) \\
\text{jaguar/} \begin{cases} \text{homem 1: } (-) \\ \text{homem 2: } (+) \end{cases} & \text{jaguar 2/homem: } (-) & \downarrow \\[1em]
& & \text{jaguar/} \begin{cases} \text{araras: } (-) \\ \text{homem: } (-) \end{cases}
\end{array}
$$

Cada sistema mitológico inspira-se numa oposição, poder-se-ia dizer, dietética: entre cru e cozido em S_1 (mas sempre em relação à alimentação carnívora); entre canibalismo e um outro regime carnívoro (os papagaios devorados pela mulher) em S_3; finalmente, em S_{-3}, entre regime carnívoro (sendo o homem definido como um matador de araras) e regime vegetariano (pois vimos que o mel é classificado entre as substâncias vegetais). Sob esse ponto de vista, os três sistemas se ordenam do seguinte modo:

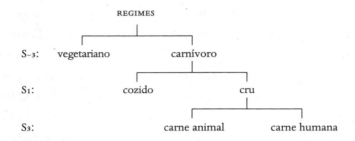

Apesar dessa estrutura aparentemente "aberta", o grupo se fecha em S₃ e S₋₃. Com efeito, desses três sistemas, apenas S₁ apresenta um caráter estático. No início, o homem é um "come-cru" e o jaguar, um "come-cozido". No fim, eles simplesmente trocam de papéis. No início de S₋₃, ao contrário, o homem é carnívoro e o jaguar é vegetariano, e se este consegue iniciar o homem em seu regime alimentar, é com a condição de transformar-se ele próprio de vegetariano em canibal, como a mulher que se transformou em onça, em S₃. Simetricamente, em S₃, o "canibalismo" da mulher (devoradora de pássaros vivos) antecipa e anuncia sua transformação em onça; e, como compensação por ter feito do homem uma comida (em vez de um consumidor de comida), esse jaguar sofre sua própria transformação em tabaco, isto é, comida vegetal (posição congruente à de consumidor de comida vegetal que ele ocupa em S₋₃) que deve ser *incinerada* para ser consumida, portanto antissimétrica em relação ao mel que o jaguar de S₋₃ consome *molhado*. O fechamento se realiza, mas subordina-se a três transformações, situadas em três eixos: uma transformação idêntica: *jaguar canibal → jaguar canibal*; duas transformações não idênticas, ambas relativas ao regime vegetariano: *comida consumida → consumidor de comida* e: *queimado → molhado*.

Tendo estabelecido a unidade do metassistema constituído pelo conjunto {S₁, S₃, S₋₃} podemos nos permitir considerar mais especificamente as relações entre S₁ e S₋₃. Com efeito, era nossa proposta inicial descobrir um S_{-3} que reproduzisse S_1. Adotando essa perspectiva restrita, faremos três observações:

1. É próprio do homem ser ao mesmo tempo vegetariano e carnívoro. Sob o aspecto vegetariano, ele é congruente às araras, sempre definidas nos mitos como aves vegetarianas e que, a esse título, formam um par de oposições com as aves de rapina (cf. *CC*, p. 412). Sob o aspecto carnívoro, o homem é congruente ao jaguar. Dessa dupla relação de congruência, S_{-3} deduz uma terceira, que une diretamente os jaguares e as araras, semelhantes quanto à relação com o mel, pois ambos procuram a mesma árvore, seja para diferentes finalidades (forma fraca da competição em M_{188}), seja para a mesma finalidade em M_{189}, no qual as araras comem as flores cujo néctar os jaguares espremem. Essa congruência direta entre as araras e os jaguares (derivada de duas outras congruências entre homens e araras, homens e jaguares, pela aplicação de um raciocínio do tipo: nossos amigos são os amigos de nossos amigos)[4] poderia, em teoria, estabelecer-se de duas maneiras, seja transformando as araras míticas em carnívoras, seja transformando os jaguares míticos em vegetarianos. A primeira transformação estaria em contradição com a posição unívoca mantida pelas araras em outros mitos. A segunda só estaria em contradição com a posição mantida pelos jaguares se, em S_{-3}, estes fossem simplesmente apresentados como donos e originadores de um alimento vegetal: o mel. Mas, justamente, os mitos desse grupo não dizem nada disso. M_{189} empenha-se até em distinguir duas maneiras antitéticas de consumir o mel: a das araras, que é *natural*, já que elas se contentam em comer as flores (de certo modo, completamente "cruas"), enquanto os jaguares coletam o mel para fins *culturais*: a celebração da festa do mel. Os jaguares não são,

---

4. Vemos assim que o pensamento mítico se vale simultaneamente de duas formas distintas de dedução. A congruência entre o homem e a arara, sob o ponto de vista vegetariano, e aquela entre o homem e o jaguar, quanto ao regime carnívoro, são deduzidas a partir de dados fornecidos pela observação. Por outro lado, a congruência entre a arara e o jaguar, que é inferida das outras duas, apresenta um caráter sintético, pois não se funda na experiência — chega até a contradizê-la. Muitas anomalias aparentes, em etnozoologia e em etnobotânica, se esclarecem se prestarmos atenção no fato de que esses sistemas de conhecimento justapõem conclusões tiradas daquilo que se poderia denominar, inspirando-se nessas observações, uma dedução empírica e uma dedução transcendental (cf. nosso artigo "The deduction of the crane", *American Anthropologist*, no prelo). [Cf. Lévi-Strauss, 1971. (N. E.)]

portanto, os "donos do mel", que as araras consomem igualmente (e que os homens, sem dúvida, também consomem, embora de modo ainda não ritual, naquele tempo). São, antes, os "donos da festa do mel", iniciadores de um modo da cultura (ligado à caça ao excedente), o que não contradiz, mas confirma o papel do jaguar como dono de um outro modo da cultura — o fogo culinário — em S_1.

2. Do ponto de vista das relações de parentesco, surge uma transformação quando passamos de S_1 a S_{-3}:

$$S_1 \begin{bmatrix} \underset{\text{jaguar}}{\triangle} = \overset{\frown}{\underset{\text{humanos}}{\bigcirc \ \triangle}} \end{bmatrix} \longrightarrow S_{-3} \begin{bmatrix} \underset{\text{humano}}{\triangle} = \overset{\frown}{\underset{\text{jaguares}}{\bigcirc \ \triangle}} \end{bmatrix}$$

Dito de outra maneira, os homens se encontram na posição de doadores de mulheres em S_1 e na posição de tomadores em S_{-3}.

Essa transformação se faz acompanhar de uma outra, que diz respeito às atitudes. Uma característica notável de S_1 consiste na indiferença ostensiva com a qual o jaguar recebe a notícia da morte ou do ferimento provocado em sua mulher pelo jovem herói que adotou como filho (cc, pp. 127-30). Essa "profissão de indiferença" encontra seu exato paralelo em S_{-3}, no qual o herói se deixa convencer facilmente de que o jaguar, assassino de seu irmão, encontrava-se numa situação de legítima defesa (M_{188}), ou ainda se deixa cativar pelos cantos e danças da festa do mel, a ponto de esquecer o motivo de sua visita aos jaguares, que era encontrar seu irmão ou vingá-lo (M_{189}):

$$S_1 \begin{bmatrix} \underset{\text{indiferente}}{\text{jaguar}} \quad \text{vítima} \\[1em] \triangle \quad = \quad \overset{\frown}{\bigcirc} \\[1em] \underset{\underset{\text{assassino}}{\text{homem}}}{\triangle} \end{bmatrix} \longrightarrow S_{-3} \begin{bmatrix} \qquad \qquad \underset{\text{assassino}}{\text{jaguar}} \\[0.5em] \overset{\frown}{\triangle \qquad \triangle} = \overset{\triangle}{\underset{}{\overset{|}{\bigcirc}}} \\[0.5em] \underset{\text{vítima}}{} \quad \underset{\text{indiferente}}{\text{homem}} \end{bmatrix}$$

3. Existe, enfim, entre S₁ e S₋₃, uma última semelhança que, também nesse caso, vem acompanhada de uma diferença. O jaguar sempre desempenha o papel de iniciador da cultura, seja sob a forma da cozinha que exige fogo, seja sob a forma da festa do mel, que exige água. À primeira corresponde o alimento cozido, consumido no modo profano e, à segunda, o alimento cru, consumido no modo sagrado. Também se pode dizer que com a cozinha (acompanhada, em S₁, do arco, das flechas e dos fios de algodão), o jaguar dá aos homens a cultura material. Com a festa do mel que, entre os Tupi setentrionais, é a mais importante e mais sagrada das cerimônias religiosas, o jaguar lhes dá a cultura espiritual. Passagem decisiva em ambos os casos — vale notar que, em um deles, se dá do cru ao cozido (movimento que constitui definitivamente a cultura) e, no outro, do cru profano ao cru sagrado (superando, portanto, a oposição entre natural e sobrenatural, mas de modo não definitivo, pois a celebração dos ritos deve ser renovada a cada ano) —, que corresponde à superação de intervalos mais ou menos grandes:

Resta-nos considerar um último aspecto do metassistema, que aparecerá com mais clareza se procedermos antes a uma breve recapitulação.

Após termos obtido S₂ pela torção de S₁, constatamos que ocorria em S₂, dependendo do grupo, uma cisão da armação sociológica que, para uma mensagem invariante (origem dos porcos-do-mato), assume a forma: $\overset{\frown{/\!/}}{\triangle\ \ \bigcirc} = \triangle$ entre os Tenetehara e os Mundurucu, ao passo que entre os Bororo, tem a forma $\bigcirc \#\triangle$. Procurando então a qual mensagem corresponde a armação sociológica: $\overset{\frown{/\!/}}{\triangle\ \ \bigcirc} = \triangle$ nesse último grupo, verificamos que era a origem dos cocares e adornos, isto é, dos bens culturais (S₋₂).

Deixando provisoriamente de lado esse resultado, abordamos uma terceira etapa, notando que o jaguar, como animal e como cunhado benevolente em S₁, era a contrapartida dos porcos-do-mato de S₂ — cunhados (transformados em) animais (por serem) malevolentes. S_2, porém, reportava-se à origem dos porcos-do-mato: existiria assim um sistema S_3, que desse conta da origem dos jaguares, protagonistas de S_1? Mitos do Chaco (S_3) satisfaziam essa exigência e era particularmente significativo que eles confundissem na mesma história a origem do jaguar e a origem do tabaco, pois assim fechava-se o círculo: em S_1, o jaguar é o meio do fogo de cozinha ("fogo construtor"); em S_2, o fogo do tabaco é o meio dos porcos-do-mato (pois determina seu surgimento); finalmente, em S_3, a pira crematória (fogo destruidor) é o meio do tabaco, que provém do corpo do jaguar e do qual ele é — sem trocadilho — o "fim". Ora, o fogo do tabaco ocupa um lugar exatamente intermediário entre o fogo da cozinha e a pira crematória: produz uma substância consumível, mas por incineração (*cc*, pp. 130-60).

Ao mesmo tempo que se verificava a transformação de S_2 em S_3, fazíamos três constatações. Em primeiro lugar, S_3 reproduzia S_1 quanto ao código (história do desaninhador de pássaros; tríade homem, araras e jaguar). Em segundo lugar, S_3 transformava S_1 quanto à armação, que se tornou: $\triangle \overset{\#}{\frown} \bigcirc = \triangle$ em vez de $\bigcirc \# \triangle$; finalmente, essa transformação era idêntica àquela que havíamos observado quando passamos dos mitos tupi ao mito bororo que também trata da origem dos porcos-do-mato.

Nesse ponto, coloca-se um problema. Se, entre os Bororo, a armação $\bigcirc \# \triangle$ já está mobilizada em S_2, e a armação $\triangle \overset{\#}{\frown} \bigcirc = \triangle$ em S_{-2}, a qual tipo de relações familiares esses índios deverão recorrer para dar conta da origem do tabaco? Na realidade, vemos entre eles uma nova cisão, pois conhecemos deles dois mitos diferentes, relativos à origem de diferentes espécies de tabaco.

Já analisados (*cc*, pp. 155-60), esses mitos serão aqui simplesmente evocados. Em um deles (M_{26}), uma variedade de tabaco (*Nicotiana tabacum*) nasce das cinzas de uma cobra, a qual uma mulher deu à luz, após ter sido acidentalmente fecundada pelo sangue de uma sucuri que seu marido tinha matado durante uma caçada e cuja carne ela ajudara a carregar. O outro mito (M_{27}) refere-se a uma anonácea, cujas folhas os Bororo também fumam e que designam pelo mesmo nome do verdadeiro tabaco. Essas folhas foram descobertas por um pescador na barriga de um peixe; inicialmente ele as fumou à noite e às escondidas, mas seus companheiros o obrigaram a compartilhá-las. Como castigo por terem engolido a fumaça em vez de exalá-la, privando assim os Espíritos da oferenda que lhes é devida, estes transformaram os homens gulosos de tabaco em ariranhas. No que diz respeito a M26, demonstramos (*CC*, pp. 154-5) que ele apresentava uma rigorosa simetria com os mitos do Chaco sobre a origem do tabaco (M23, M24). Não menos significativas são as relações que unem esse mito àquele que os Bororo dedicam à origem dos porcos-do-mato (M21) e do qual se conhecem duas versões: a que já foi resumida e outra mais antiga, recolhida em 1917. Apesar da obscuridade e das lacunas, narra essa versão que as mulheres, ciumentas do sucesso de seus maridos na pesca, aceitaram prostituir-se às ariranhas em troca da promessa de serem abastecidas de peixe. Assim, as mulheres puderam alegar que pescavam melhor do que os homens (Rondon, 1948, pp. 166-70). O enredo é idêntico ao da outra versão, só que esta última cobre com um véu pudico a relação entre as mulheres e as ariranhas, que parecem ser movidas por objetivos menos depravados.

Se o tema do animal sedutor é frequente na mitologia sul-americana, não se conhecem casos em que esse papel seja confiado às ariranhas; normalmente ele cabe ao tapir, ao jaguar, ao jacaré ou à cobra. Os Bororo utilizam o tapir sedutor, mas o humanizam (homem cujo epônimo clânico é o tapir, M2) e constatamos que, em M26, eles utilizam a cobra, mas enfraquecendo ao extremo seu caráter sedutor, pois trata-se de uma cobra morta e não viva, de um pedaço e não de um animal inteiro. A fecundação da mulher realiza-se acidentalmente e à sua revelia, devido ao sangue (líquido que suja e não é fecundante), que escorre do pedaço de carne transportada. Portanto, aqui, um animal normalmente sedutor é desvirilizado e, paralelamente, sua vítima feminina é desculpada de um erro que, nesse mito, parece ser imputável à fatalidade. Ao contrário, em seu mito sobre a origem dos porcos-do-mato, os Bororo recorrem a um sedutor excepcional — a ariranha — cujo papel é eminentemente ativo em relação às mulheres, as quais dão uma dupla prova de perversidade, concluindo um negócio condenável com os animais para triunfar sobre os homens na pesca, quando, numa sociedade policiada, são os homens que pescam e as mulheres se contentam em carregar os peixes.

Por que as ariranhas? O grupo de mitos bororo que estamos examinando as faz intervir duas vezes. Segundo M_{27}, uma pescaria, masculina, desemboca na descoberta do tabaco, por meio de um peixe escondido dos outros homens; e a ingestão da fumaça do tabaco acarreta a transformação dos homens em ariranhas. Segundo M_{21}, a transformação das ariranhas em homens (= sedutores das esposas humanas; a versão de Rondon denomina--as efetivamente "homens") acarreta uma pescaria, feminina, que subtrai os peixes dos homens e que determina a transformação dos homens em porcos-do-mato, consecutivamente à ingestão de uma compota cheia de espinhos. Existe assim uma relação entre o *sentido* de uma transformação — seja a dos homens em ariranhas ou das ariranhas em homens (em um dos casos, metonímica: uma *parte* dos homens; no outro caso, metafórica: as ariranhas copulam com as mulheres *como* homens) — e o *conteúdo* da outra transformação, relativo a uma substância engolida, quando deveria ter sido expelida, tabaco ou compota, seja com um objetivo metafórico (para que a fumaça do tabaco desempenhasse o *papel* de oferenda aos Espíritos), seja de maneira metonímica (cuspindo os espinhos que faziam *parte* da compota).

Se nos lembrarmos agora que, no mito mundurucu (M_{16}) sobre a origem dos porcos-do-mato, a fumaça do tabaco ingerida (que, entre os Bororo, transforma os homens em ariranhas) é o operador de sua transformação em porcos-do-mato (enquanto entre os Bororo a compota espinhenta preenche essa segunda função), compreenderemos o motivo da intervenção das ariranhas, donas dos peixes, assim como os porcos-do-mato são donos da caça terrestre (para essa demonstração, cf. *cc*, pp. 158-60). As duas espécies são simétricas, ressalvando as transformações, homólogas entre si, do *seco* em *molhado*, do *tabaco* em *compota*, da *caça* em *pesca* e, finalmente, do *fogo* em *água*. Tudo o que antecede pode, portanto, ser resumido nas duas fórmulas a seguir:

Para o acorde 63

a) M_{16} $\left[\text{homens} \longrightarrow \text{porcos}\right]$, M_{27} $\left[\text{homens} \longrightarrow \text{ariranhas}\right]$ $\overset{f}{=}$ $\left[\text{fumaça ingerida}\right]$;

b) M_{21} $\left[\text{homens} \longrightarrow \text{porcos}\right]$ $\overset{f}{=}$ $\left[\text{fumaça} \longrightarrow \text{compota}\right]$, $\left[\text{ariranhas} \longrightarrow \text{homens}\right]$.

Depois de termos, graças a M_{16}, reduzido os códigos de M_{27} e M_{21} à unidade, utilizando suas propriedades comuns que são, para M_{16} e M_{21}, a de serem mitos sobre a origem de uma mesma espécie animal (os porcos-do-mato), e para M_{16} e M_{27}, a de recorrerem a um mesmo operador (a fumaça de tabaco ingerida para efetuar a transformação dos homens em espécies animais diferentes), podemos empreender a mesma redução a partir de M_{26} que, como M_{27}, é um mito de origem do tabaco. Esse mito transforma evidentemente M_{27} e M_{21} em relação ao seco e ao molhado: nele, o tabaco provém de um cadáver de animal *lançado no fogo*, em vez de ser, como em M_{27}, *tirado da água*. E a substância resultante consiste numa *fumaça*, boa contanto que *pique*[5] e que, portanto, contrasta com a *bebida* de M_{21}, que os homens cometeram o erro fatal de acreditar que fosse boa, porque, justamente, não desconfiavam que fosse *picante*.

Essa dupla transformação: [*fora-água*] $\longrightarrow$ [*em-fogo*] e: [*bebida*] $\longrightarrow$ [*fumaça*] inverte manifestamente, no âmago da mitologia bororo, a transformação que rege a passagem dos mitos jê e tupi sobre a origem do fogo ao mito bororo correspondente (M_1), que, como sabemos, é um mito sobre a origem da água. Para nos limitarmos ao conjunto bororo $\{M_{21}, M_{26}, M_{27}\}$, objeto da presente discussão, são sobretudo as transformações correlativas da armação sociológica que devem prender nossa atenção. M_{21} evoca um conflito entre cônjuges a propósito da pesca. As mulheres se recusam a colaborar com seus maridos no papel de carregadoras de peixe, que lhes é normalmente destinado pelas regras da divisão sexual do trabalho, e pretendem pescar por conta própria, como os homens e melhor do que

---

5. Maravilhosamente explícito quanto a este ponto, M_{26} precisa que, colocados pela primeira vez na presença do tabaco, "os homens colheram as folhas, as puseram para secar e depois as enrolaram em charutos, que acenderam e começaram a fumar. Quando o tabaco era forte, diziam: 'Este aqui é forte, é bom!'. Mas quando não era forte, diziam: 'Não presta! Não pica!'" (Colb. & Albisetti, 1942, p. 199).

eles, o que as leva a se tornarem amantes das ariranhas. Tudo se passa ao inverso em M26: trata-se de caça, não de pesca, e as mulheres apressam-se em colaborar com seus maridos, pois respondem aos chamados e assobios dos caçadores, detidos a uma certa distância da aldeia, e acorrem para ajudá-los a carregar os pedaços de carne. Conforme dissemos, essas esposas dóceis não têm perversidade alguma. Unicamente a fatalidade será responsável pelo fato de que uma delas, em circunstâncias que excluem todo erotismo, seja contaminada, e não seduzida, pela carne.[6] O fato de essa carne provir de uma cobra, animal fálico e sedutor ativo em inúmeros mitos da América tropical, reforça ainda mais a neutralização dessas características, à qual M26 se dedica cuidadosamente.

Ora, observamos em M27 a mesma neutralização do conflito entre esposos que forma a armação de M21, ainda que ela se exprima de outra maneira. Digamos que se, em M26, os esposos subsistem e o conflito desaparece, dá-se o contrário em M27, no qual o conflito subsiste, enquanto os esposos desaparecem. Com efeito, trata-se, sim, de um conflito, mas entre companheiros do mesmo sexo — homens — cujos papéis na pesca são semelhantes, em vez de complementares. No entanto, um deles procura reservar para si o produto milagroso de um empreendimento coletivo e só se decide a compartilhá-lo quando é descoberto e não pode mais agir de outra maneira:

$$
\begin{bmatrix} M_{16}: & \text{colaboração} \\ \\ M_{21}: \\ M_{27}: \end{bmatrix}
\begin{matrix} \\ \text{entre maridos e mulheres} \\ \text{antagonismo} \begin{cases} M_{21}: \\ \\ M_{27}: & \text{entre companheiros} \end{cases} \end{matrix}
\begin{cases} M_{26}: & \text{na caça} \\ \\ M_{21}: \\ & \text{na pesca} \end{cases}
$$

Eis-nos capacitados para responder à pergunta formulada há pouco. Para dar conta da origem do tabaco, os Bororo a quem, por assim dizer, "falta" uma armação, voltam a empregar aquela que já lhes serviu para a ori-

---

6. Em relação à repulsa que os Bororo sentem pelo sangue, cf. cc, p. 211, n. 6.

Para o acorde   65

gem dos porcos-do-mato e que é a mesma de que se servem as tribos do Chaco para a origem do tabaco, isto é, $O \# \triangle$, a qual pode ser generalizada sob a forma $O / \triangle$ que se opõe a $O \cup \triangle$. Mas, como essa armação já desempenha entre eles outro papel, eles a fazem variar, levando-a ao limite nas duas direções possíveis: ou mantêm os termos e anulam a relação: $(O / \triangle) \longrightarrow (O \cup \triangle)$ ou mantêm a relação e anulam a diferença entre os termos: $(O / \triangle) \longrightarrow (\triangle / \triangle)$. Concebem, portanto, ora uma colaboração entre esposos, alterada de fora, pela fatalidade, ora uma colaboração entre indivíduos do mesmo sexo, alterada de dentro, pela perversidade de um deles. Como existem duas soluções, existem dois mitos sobre a origem do tabaco, e como essas soluções são inversas, os mitos também o são no plano do léxico, pois que uma espécie de tabaco provém da água e a outra, do fogo.

Em consequência, a transformação da armação sociológica que caracteriza o conjunto dos sistemas míticos {S_1 (origem do fogo), S_{-1} (origem da água), S_2 (origem da carne), S_{-2} (origem dos bens culturais), S_3 (origem do tabaco), S_{-3} (origem da festa do mel)} não está completamente esgotada por sua expressão canônica: $[\triangle \overset{\#}{\frown} O = \triangle] \longrightarrow [O \# \triangle]$. Para além de $[O \# \triangle]$, ela ainda possui um certo rendimento. Conforme estabelecemos, os mitos encaram a disjunção dos esposos sob dois aspectos: um aspecto técnico-econômico, já que, nas sociedades sem escrita, reina geralmente uma divisão sexual do trabalho que confere seu pleno sentido ao estado matrimonial; e um aspecto sexual. Ao escolher alternativamente um ou outro desses dois aspectos e ao levá-los ao limite, obtém-se uma série de termos sociológicos que se escalonam desde o personagem do *companheiro perverso* até o personagem do *sedutor apático*. Um deles desmente uma relação entre indivíduos, cujo significado é de ordem técnico-econômica; o outro, da mesma forma, desmente uma relação cujo significado se situa no plano sexual, já que, por hipótese, o personagem do sedutor não tem outra qualificação; em consequência, um deles se situa *além* da *aliança* e o outro, *aquém* do *parentesco*.

Ora, essa armação sociológica duplamente refratada e por isso marcada por uma certa imprecisão, que permanece no entanto discernível através dos mitos bororo sobre a origem do tabaco (sem comprometer a relação de transformação que eles mantêm com os mitos do Chaco sobre o mesmo tema), encontra-se igualmente nos mitos situados na outra extremidade do campo semântico, isto é, os mitos dos Tembé e Tenetehara relativos à origem (da festa) do mel (M_{188}, M_{189}). Nas duas versões, o herói tem um irmão, que acaba se revelando um *companheiro perverso*, falha que provoca sua disjunção. Então o herói parte à procura desse irmão, mas ele o esquece quase imediatamente, a tal ponto se torna cativado (= *seduzido*) pelos cantos e danças da festa do mel. Posteriormente *seduzido* pela acolhida que os seus lhe dispensam, ele se esquece de sua *esposa-onça* e não a acha mais quando se põe a procurá-la.

Tendo chegado a esse ponto da análise, poderíamos nos declarar satisfeitos e considerar que conseguimos "acordar" todos os nossos mitos, como instrumentos de música que, após o tumulto inicial da orquestra, passam a vibrar em uníssono, se não fosse uma discordância que perdura no metassistema que adotamos como se fosse uma orquestra, para, à sua maneira, executar a partitura que este livro constitui. Com efeito, em uma extremidade do campo semântico encontramos não um, mas dois grupos de mitos sobre a origem do tabaco. Os mitos do Chaco, com a armação sociológica [○ # △], que contam a origem do tabaco *em geral*, em benefício de *toda a humanidade* (desse ponto de vista, o envio de mensageiros às aldeias vizinhas, a que se referem os mitos, é revelador de uma visão "aberta" para fora). E, para além desses mitos, os dos Bororo, cuja armação sociológica oferece uma imagem duplamente refratada da precedente, e que dizem respeito à origem de *espécies particulares* de tabaco, em benefício de *determinados clãs* de uma sociedade tribal. Consequentemente, a um duplo título, o do objeto e o do sujeito, os mitos bororo estabelecem com os mitos do Chaco uma relação de sinédoque: consideram partes do todo (uma parte do tabaco e uma parte dos fumantes), ao invés de considerar o todo.

No entanto, se nessa extremidade do campo dispomos de mitos demais, a situação inversa prevalece na outra extremidade, onde não dispomos de mitos em quantidade suficiente. Os mitos (M_{188}, M_{189}) de que nos servimos para preencher essa região não são propriamente — como seria de se esperar — mitos sobre a origem do mel. São mitos sobre a origem *da festa* do mel, um rito social e religioso e não um produto natural, ainda que o produto natural esteja necessariamente implicado nele. Falta-nos portanto aqui um grupo de mitos sobre a origem do mel. Lendo da direita para a esquerda o esquema da página 50, o lugar desse grupo de mitos se situaria logo antes de S_{-3} ou ao lado. Se postularmos a existência de um tal grupo, a título de hipótese de trabalho, segue-se que o sistema S_{-3}, que diz respeito ao mel, desdobra-se de maneira simétrica com o sistema S_3, que diz respeito ao tabaco. Finalmente, essa simetria deve recobrir uma dissimetria manifesta em um outro plano: os dois grupos de mitos sobre a origem do tabaco estabelecem, como dissemos, uma relação de sinédoque que, tomando os termos no sentido lato, remete à metonímia. Ao passo que, se existem mitos sobre a origem do mel propriamente dito, eles estabelecerão com os mitos sobre a origem *da festa* do mel uma relação de significado a significante, já que o mel real adquire um significado que lhe falta enquanto produto natural quando é coletado e consumido para fins sociais e religiosos. A relação assim concebida entre os dois grupos de mitos remeteria nesse caso, portanto, à ordem metafórica.

Tais considerações ditam o programa de pesquisa que passamos a empreender.

PARTE I

O seco e o úmido

Si quando sedem augustam seruataque mella
thensauris relines, prius haustu sparsus aquarum
*ora foue fumosque manu praetende sequacis.**

Virgílio, *Geórgicas*, iv, v. 228-30

---

* Em tradução livre: "Se um dia abrires a sagrada morada onde se conserva/ entesourado o mel, depois de aspergi-la com um sorvo de água,/ faz silêncio e, abanando as mãos, envolve-a de espesso fumo". (N. T.)

1. Diálogo do mel e do tabaco

As abelhas, como as vespas, são insetos himenópteros, de que a América tropical possui centenas de espécies, agrupadas em treze famílias ou subfamílias, a maior parte delas solitária. No entanto, apenas as abelhas sociais produzem o mel em quantidades que apresentam um interesse alimentar: "pais-de-mel", diz graciosamente o português; todas elas pertencem à família das meliponídeas, gênero *Melipona* e *Trigona*. À diferença das abelhas europeias, as melíponas, de tamanho menor, são desprovidas de ferrão e de veneno. Podem, no entanto, ser muito incômodas, devido à conduta agressiva; uma espécie é, por essa razão, chamada de "torce-cabelos". Há outra espécie, ainda mais desagradável, que se aglutina às dezenas, quando não às centenas, no rosto e no corpo do viajante, para sugar seu suor e suas secreções nasais ou oculares. Daí a designação vernacular de "*Trigona duckei*: lambe-olhos".

Chega-se rapidamente a um estado de exasperação diante dessa titilação em pontos particularmente sensíveis como o interior das orelhas e das narinas, os cantos dos olhos e da boca, a que não se consegue dar um fim por meio dos movimentos bruscos que geralmente afugentam os insetos. As abelhas, entorpecidas, como que embriagadas de alimento humano, parecem perder a vontade ou quem sabe a capacidade de alçar voo. A vítima, cansada de se agitar em vão, acaba logo dando tapas no próprio rosto. Gesto fatal, pois os cadáveres esmagados e encharcados de suor lambuzam os insetos sobreviventes a seu redor e incitam outros a se juntarem a eles, atraídos por um novo banquete.

Basta essa experiência banal para atestar que o regime alimentar das melíponas é mais variado do que o das abelhas do Velho Mundo e que elas não desdenham as substâncias de origem animal. Há mais de um século, Bates (1892, p. 35) já havia notado que as abelhas das regiões amazônicas obtinham sua nutrição menos das flores do que da seiva das árvores e dos excrementos de aves. Segundo Schwartz (1948, pp. 101-8), as melíponas se interessam pelas mais diversas matérias, desde o néctar e o pólen até a carniça, a urina e os excrementos. Não é, portanto, de surpreender que seus méis sejam consideravelmente diferentes dos fabricados pela *Apis mellifica* quanto a cor, consistência, sabor e composição química.

Os méis de melíponas são frequentemente muito escuros, sempre fluidos e cristalizam mal, devido a seu elevado teor de água. Se não forem fervidos, o que pode garantir sua conservação, fermentam e acidificam-se rapidamente.

Ihering, a quem recorremos para obter essas informações (art. "abelhas sociais indígenas"), especifica que a sacarose, encontrada nos méis da *Apis mellifica* numa proporção média de 10%, está completamente ausente nos méis da melípona, nos quais a levulose e a dextrose a substituem em proporções muito mais elevadas (30 a 70% e 20 a 50%, respectivamente). Como a capacidade adoçante da levulose ultrapassa consideravelmente a da sacarose, os méis das melíponas, cujos perfumes são muito variados, mas sempre de uma riqueza e de uma complexidade indescritíveis para quem não os experimentou, possuem sabores tão marcados que se tornam quase intoleráveis. Um gozo mais delicioso do que qualquer um daqueles proporcionados habitualmente pelo paladar e pelo odor perturba os limiares da sensibilidade e confunde seus registros. Já não sabemos mais se degustamos ou se ardemos de amor. Esses laivos eróticos não passaram despercebidos ao pensamento mítico. Em um plano mais terra a terra, o vigor, quanto ao açúcar e ao perfume, dos méis das melíponas, que lhes confere um status incomparável aos de outros alimentos, obriga praticamente a diluí-los na água para que se possa consumi-los.

Alguns méis com composição alcalina são, aliás, laxantes e perigosos. É o caso de méis produzidos por algumas espécies de melíponas que pertencem ao subgênero *Trigona* e, sobretudo, dos méis de vespas (vespídeos), que dizem ser "embriagantes", como os de uma abelha *Trigona*

Diálogo do mel e do tabaco

que, por esse motivo, é chamada no estado de São Paulo de "feiticeira" ou "vamo-nos embora" (Schwartz, 1948, p. 126). Outros méis são definitivamente venenosos, como o de uma vespa chamada "siçuíra" na Amazônia (*Lecheguana colorada, Nectarina lecheguana*), à qual provavelmente se pode atribuir a intoxicação de que padeceu Saint-Hilaire (1830-51, III, p. 150). Essa toxidade ocasional se explica certamente pelo contato com espécies florais venenosas, conforme foi sugerido no caso da *Lestrimelitta limão* (Schwartz, 1948, p. 178).

Seja como for, o mel selvagem apresenta para os índios um atrativo que não se compara com o de nenhum outro alimento e que, como notou Ihering, assume um caráter verdadeiramente passional: "O índio... (é) fanático pelo mel-de-pau". Também na Argentina

> a maior distração e o mais extremo prazer que o peão dos campos conhece consiste na coleta de mel. Para obter uma quantidade de mel que caberia numa colher, ele está sempre pronto a explorar uma árvore durante um dia inteiro, muitas vezes arriscando a própria vida. Pois não se pode[m] imaginar os perigos a que ele se expõe nas montanhas, por causa do mel. Se acaso notar em um tronco um pequeno invólucro de cera ou uma fenda, vai correndo buscar um machado para abater ou danificar uma árvore soberba e de essência preciosa (Spegazzini apud Schwartz, 1948, p. 158).

Antes de partir para a coleta do mel, os Ashluslay do Chaco se fazem sangrar acima dos olhos, com a finalidade de aumentar suas chances (Nordenskiöld, 1912b, p. 49). Os antigos Abipones, que habitavam os confins do Paraguai e do Brasil, e dos quais os Kadiwéu do sul do Mato Grosso são descendentes longínquos, explicaram outrora a Dobrizhoffer (1822, v. 2, p. 15) que depilavam cuidadosamente os cílios para que seu olhar não fosse perturbado e eles pudessem seguir até seu ninho o voo de uma abelha isolada. É uma técnica de detecção "à vista", que em breve voltaremos a encontrar em um mito de um povo vizinho (p. 92).

A observação de Ihering refere-se mais especialmente ao mel-de-pau, encontrado sob duas formas: em ninhos colados na superfície do tronco

2. Abelha mandaçaia (*Melipona anthidioides quadrifasciata*) e seu ninho (cf. Ihering, 1940, art. "mandaçaia").

ou pendurados em um galho, designados pitorescamente segundo seu aspecto: "biscoito de mandioca", "carapaça de tatu", "vulva de mulher", "pênis de cachorro", "cabaçá" etc.), (Rodrigues 1890, p. 308, n. 1); ou então no oco das árvores, onde certas espécies, sobretudo a abelha mandaçaia (*Melipona quadrifasciata*), fabricam com a cera que segregam e a argila que recolhem para essa finalidade espécies de "potes" arredondados, cuja capacidade varia de 3 a 15 cm^3, em número suficiente para possibilitar uma coleta que pode atingir muitos litros de um mel deliciosamente perfumado (fig. 2).

Essas abelhas e talvez algumas outras passaram, em certos lugares, por um início de domesticação. O método mais simples e mais frequente consiste em deixar mel no oco de uma árvore para incitar o enxame a voltar. Os Pareci recolhem o enxame numa cabaça que colocam na proximidade da cabana e muitas tribos da Guiana, Colômbia e Venezuela agem da mesma forma ou cortam a árvore oca, carregam-na e a suspendem na horizontal, numa viga, quando não preparam um tronco com essa finalidade (Whiffen, 1915, p. 51; Nordenskiöld, 1929, 1930).

Menos abundante do que o mel-de-pau, o mel dito "de terra" ou "de sapo" (*Trigona cupira*) encontra-se em ninhos subterrâneos, dotados de uma entrada tão pequena que apenas um inseto pode penetrar nela de cada vez e que é frequentemente muito distante do ninho. Após horas e dias de observação paciente para detectar essa entrada, ainda é preciso cavar durante várias horas para obter uma coleta reduzida, de cerca de meio litro.

Resumindo todas essas observações, constata-se que os méis da América tropical encontram-se em quantidades insignificantes ou apreciáveis (e sempre muito desiguais), conforme provenham de espécies terrícolas ou arborícolas; que as espécies arborícolas compreendem abelhas e vespas,

Diálogo do mel e do tabaco 75

estas produzindo um mel geralmente tóxico; finalmente, que os méis das abelhas podem ser suaves ou embriagantes.[1]

ESSA TRIPLA DISTINÇÃO, certamente demasiado simples para traduzir fielmente a realidade zoológica, apresenta a vantagem de refletir categorias indígenas. Como outras tribos sul-americanas, os Kaingang-Coroado opõem as abelhas, criadas pelo demiurgo, e as vespas, obra de um enganador, juntamente com as serpentes venenosas, a suçuarana e todos os animais hostis ao homem (Borba, 1908, p. 22). Não se deve esquecer, com efeito, que se as melíponas não picam (mas algumas vezes mordem), as vespas da América tropical incluem espécies muito venenosas. Porém, no interior dessa oposição maior entre méis de abelha e méis de vespa, existe uma outra, menos absoluta, pois compreende toda uma série de intermediários, entre méis inofensivos e méis embriagantes, quer se trate de méis de espécies distintas ou do mesmo mel, dependendo de ser consumido fresco ou fermentado. O sabor do mel varia com a espécie e a época da coleta, do açucarado mais intenso até o ácido e o amargo (Schultz, 1961-62a, p. 175).

Como veremos mais tarde, as tribos amazônicas empregam sistematicamente os méis tóxicos com finalidades rituais, para provocar o vômito. Os Kaingang do sul do Brasil atribuem ao mel dois valores fortemente contrastados. Para eles, o mel e os vegetais crus são alimentos frios,[2] os únicos permitidos às viúvas e viúvos, que, se comerem carne ou qualquer outro alimento cozido, correm o risco de padecer de um aquecimento interno, seguido de morte (Henry, 1941, pp. 181-2). No entanto, outros grupos do mesmo povo distinguem e opõem duas variedades de cauim: uma simples, chamada /goifa/, e outra denominada /quiquy/, à qual se acrescenta o mel (sendo este, entre eles, o único uso que se dá ao mel). "Mais embriagante" do que o primeiro, é bebido em jejum e provoca vômitos (Borba, 1908, pp. 15 e 37).

---

1. Talvez devêssemos dizer entorpecentes, paralisantes e depressores, em contraste com os méis das vespas, que provocariam uma excitação nervosa de caráter alegre (Schwartz, 1948, p. 113). Mas os problemas colocados pela toxidade dos méis sul-americanos estão longe de serem definitivamente resolvidos.

2. Diferentemente dos mexicanos, que classificam o mel entre os alimentos "quentes" (Roys, 1943, p. 93).

Essa bipartição dos méis, que em quase todos os lugares se distinguem em doces e azedos, inofensivos ou tóxicos, até mesmo em grupos que ignoram as bebidas fermentadas ou que não utilizam o mel para o seu preparo, é claramente exposta por um mito mundurucu já resumido e discutido (*CC*, p. 353), mas em relação ao qual já havíamos indicado que reservávamos uma versão, para examiná-la em outro contexto. Eis aqui essa versão:

M157B MUNDURUCU: A ORIGEM DA AGRICULTURA

Antigamente, os Mundurucu não conheciam a caça e as plantas cultivadas. Eles se alimentavam com tubérculos selvagens e cogumelos que cresciam nas árvores.

Foi então que chegou Karuebak, a mãe da mandioca, que ensinou aos homens a arte de prepará-la. Certo dia, ela mandou o sobrinho derrubar um trecho da mata e anunciou que em breve ali nasceriam bananas, algodão, carás (*Dioscorea*), milho, as três espécies de mandioca, melancias, tabaco e cana-de-açúcar. Ela mandou cavar uma fossa no chão desmatado e ordenou que a enterrassem ali, mas que tomassem o cuidado de não andar em cima dela.

Daí a alguns dias, o sobrinho de Karuebak constatou que as plantas enumeradas por sua tia cresciam no lugar onde ela jazia, mas, por inadvertência, andou sobre o solo consagrado. Imediatamente, as plantas pararam de crescer. Ficou assim fixado o tamanho que elas atingem desde então.

Um xamã, descontente por não ter sido informado daquele prodígio, fez a velha morrer em seu buraco. Privados de seus conselhos, os índios comeram a /manicuera/ crua, ignorando que, sob aquela forma, essa variedade de mandioca era emética e tóxica. Todos eles morreram. No dia seguinte, subiram para o céu, onde se transformaram em estrelas.

Outros índios, que tinham comido a /manicuera/ primeiro crua, em seguida cozida, transformaram-se em moscas de mel. Aqueles que lamberam os restos da /manicuera/ viraram as abelhas cujo mel é azedo e provoca vômitos.

Os primeiros Mundurucu que comeram melancias também morreram, pois aqueles frutos tinham sido trazidos pelo diabo. É por isso que elas são chamadas "plantas do diabo". Os outros guardaram as sementes e as plantaram. As melancias que amadureceram mostraram-se inofensivas.

Desde então, elas são consumidas com muito gosto (Kruse, 1946-49, pp. 619-21. Variante quase idêntica em Kruse, 1951-52, pp. 919-20).

Diálogo do mel e do tabaco

A versão recolhida por Murphy em 1952-53 e que utilizamos no volume precedente, oferece, em relação às de Kruse, uma analogia e uma diferença notáveis. A analogia consiste na oposição entre dois tipos de alimento, um que compreende as plantas consumíveis pura e simplesmente e outro que diz respeito a uma ou duas plantas consumíveis somente após passarem por uma transformação. Na versão de Murphy, essa segunda categoria está reduzida ao timbó, isto é, ao veneno empregado na pesca, que os Mundurucu cultivam em suas roças e que, sem ser diretamente consumível, o é indiretamente e a seu modo, sob a forma dos peixes que permite capturar em quantidades enormes. As versões de Kruse citam o timbó na lista de plantas cultivadas que nascem do corpo da velha Karuebak, mas nelas está ausente o desenvolvimento particular que se encontra na versão de Murphy. Por outro lado, surge um duplo desenvolvimento, relativo às melancias que só se tornarão comestíveis na segunda geração, depois de os próprios homens plantarem suas sementes e as cultivarem, e relativo à manicuera, que também só é consumível num segundo estado, tendo passado pelo cozimento, a fim de que seja eliminada sua toxidade.

Deixemos provisoriamente de lado as melancias, que voltaremos a encontrar mais tarde, e façamos como se a manicuera de M157B substituísse o timbó de M157. Os primeiros homens consumiram essa manicuera sob três formas: crua, cozida e no estado de sobra de cozinha, isto é, sem que precisemos recorrer ao texto, rançosa e que se encaixa na categoria das coisas podres. Aqueles que comeram a mandioca crua transformaram-se em estrelas. É preciso saber que, naquela época, "não existiam nem o céu, nem a Via Láctea nem as Plêiades", mas unicamente a neblina e quase nenhuma água. Devido à ausência de céu, as almas dos mortos vegetavam sob o telhado das cabanas (Kruse, 1951-52, p. 917).

Faremos duas observações em relação a essa questão. Primeiramente, o consumo da mandioca crua e venenosa acarreta simultaneamente o surgimento do céu e a primeira disjunção entre mortos e vivos. Essa disjunção, sob a forma de estrelas, resulta de um ato de gulodice, pois, para não morrerem, os homens deveriam ter adiado sua refeição, em vez de precipitá-la. Nesse ponto, reencontramos um mito bororo (M34) que explica a origem das estrelas pela transformação de crianças que se mostraram gulosas. Ora — e essa é a segunda observação — fornecemos alhures (*cc*, pp. 319-22) alguns motivos para acreditar que essas estrelas são as Plêiades. A expressa menção às Plêiades, no início do mito mundurucu, reforça essa hipótese, que a sequência deste trabalho acabará por confirmar. Veremos, com efeito, que se as Plêiades aparecem como primeiro termo de uma série, na qual os dois outros são representados pelo mel doce e pelo mel azedo, certos mitos amazônicos associam diretamente às Plêiades o mel tóxico, que aqui ocupa um lugar intermediário (o de envenenador), entre o avatar dos consumidores de mandioca crua (envenenada) e o dos consumidores de mandioca cozida, que não representam perigo nem para eles mesmos nem para outros, e que ocupam assim uma posição neutra entre duas posições marcadas.[3]

Como o veneno usado na pesca, portanto, o mel ocupa no sistema geral dos alimentos vegetais uma posição ambígua e equívoca. O timbó é simultaneamente veneno e meio de alimentação, diretamente inconsumível sob uma forma, mas consumível indiretamente sob a outra. Essa distinção, que M_{157} enuncia de maneira explícita, é substituída, em M_{157B}, por uma outra mais complexa, na qual o mel é, ao mesmo tempo, associado e oposto ao veneno. Essa substituição do mel pelo veneno de pesca, em duas variantes muito próximas do mesmo mito, poderia ter um fundamento empírico, pois que em uma região do Brasil — o vale do rio São Francisco — o ninho triturado de uma melípona agressiva que produz um mel raro e de gosto desagradável (*Trigona ruficrus*) serve como veneno de pesca, com excelentes

---

3. A ordem adotada pelo mito, envenenados > neutros > envenenadores, deixa de parecer problemática se notarmos a dupla oposição que respeita:

$$\begin{cases} cru\text{:} & \text{mortífero} \\ cozido\text{:} & \text{não mortífero} \begin{cases} \text{fresco} & (+) \\ \text{rançoso} & (-) \end{cases} \end{cases}$$

É no entanto notável que, neste sistema, o podre surja como um *terminus ad quem* do cozido, em vez de, conforme ocorre na maior parte dos mitos da América tropical, o cozido ser seu *terminus a quo*. Em relação a essa transformação, indubitavelmente correlativa a certas técnicas de preparo de bebidas fermentadas, cf. *cc*, pp. 220-2.

Diálogo do mel e do tabaco

resultados (Ihering, art. "irapoan"). Porém, além do fato de essa técnica não ser verificada entre os Mundurucu, não temos necessidade de supor que tenha sido outrora mais difundida para compreendermos que o valor atribuído ao mel pelos mitos flutua constantemente entre dois extremos: num deles, um alimento que, por sua riqueza e suavidade, encontra-se acima de todos os demais, próprio para inspirar uma vivida concupiscência; no outro, um veneno, tanto mais pérfido na medida em que, conforme a variedade, o lugar e o momento da coleta e as circunstâncias do consumo, a natureza e a gravidade dos acidentes que ele pode provocar jamais são previsíveis. Ora, os méis sul-americanos não são os únicos a ilustrar essa passagem quase insensível da categoria do delicioso à do venenoso, pois o tabaco e outras plantas, cuja ação é igualmente entorpecente, podem ser caracterizados da mesma maneira.

Começaremos por notar que os índios sul-americanos incluem o tabaco, juntamente com o mel e o veneno de pesca, entre os "alimentos". Colbacchini (1925, p. 122, n. 4) observa que os Bororo "não utilizam um verbo especial para designar a ação de fumar um charuto; eles dizem /okwage mea-ği/ "comer o charuto" (literalmente, "com os lábios saborear o charuto"), ao passo que o próprio charuto é denominado /ké/ "alimento". Os Mundurucu possuem um mito cujo episódio inicial sugere a mesma aproximação:

M190 MUNDURUCU: O PAJEM INSUBORDINADO

Um índio tinha várias esposas e uma delas morava em outra aldeia, onde ele ia visitá-la com frequência. Certa vez, ele chegou a essa aldeia quando todos os homens estavam ausentes. O viajante foi à casa dos homens onde, por acaso, encontrava-se um menino pequeno, a quem ele pediu fogo para acender seu cigarro. O menino recusou com insolência, alegando que os cigarros não eram comida (que ele teria sido obrigado a dar ao hóspede, caso ele a tivesse pedido). O viajante cuidou de explicar-lhe que, para os homens, os cigarros eram, sim, um alimento, mas o menino persistiu em sua recusa. O homem encolerizou-se, pegou uma pedra e atirou-a no menino, que morreu na hora (Murphy, 1958, p. 108; cf. Kruse, 1946-49, p. 318).

Apesar de sua distribuição desigual, as duas espécies de tabaco cultivado — *Nicotiana rustica* (do Canadá ao Chile) e *N. tabacum* (limitada à bacia amazônica e às Antilhas) — parecem ser ambas originárias da América andina, onde o tabaco doméstico teria sido obtido através da hibridação de espécies selvagens. Paradoxalmente, não parece que o tabaco fosse fumado naquela região antes do Descobrimento, e que inicialmente mascado ou aspirado, tenha rapidamente sido substituído pela coca. O paradoxo se renova na América tropical, onde, até mesmo nos dias de hoje, observamos lado a lado tribos apreciadoras do tabaco e outras que ignoram ou proscrevem seu uso. Os Nambikwara são fumantes inveterados e, se não têm um cigarro na boca, trazem-no apagado dentro de um bracelete de algodão ou enfiado no lóbulo furado da orelha. O tabaco, entretanto, inspira uma repulsa tão violenta em seus vizinhos Tupi-Kawahib que eles veem com maus olhos o visitante que ousa fumar em sua presença, chegando até mesmo algumas vezes a agredi-lo fisicamente. Observações como essa não são raras na América do Sul, onde o uso do tabaco foi sem dúvida ainda mais esporádico no passado.

Mesmo onde o tabaco é conhecido, as formas de seu consumo são bastante diversas. É fumado ora em cachimbos, ora como charutos ou cigarros. No Panamá, a extremidade acesa do cigarro era colocada dentro da boca do fumante, que assoprava a fumaça para fora, para que seus companheiros pudessem inalá-la, canalizando-a com suas mãos juntas. Parece que na época pré-colombiana o uso de cachimbos tenha sido periférico ao uso de charutos e cigarros.

O tabaco era igualmente reduzido a pó ou aspirado, sozinho ou a dois, graças a um pequeno instrumento tubular, dobrado, que permitia insuflar o tabaco nas narinas de um companheiro, em estado puro ou misturado com outras plantas narcóticas, como a *piptadenia*. Podia também ser comido em pó, mascado, lambido sob a forma de um xarope pegajoso, que a fervura, seguida de evaporação, tornava espesso. Em muitas regiões da Montana e da Guiana bebe-se o tabaco anteriormente fervido ou simplesmente macerado.

Se as técnicas de utilização do tabaco são muito diversas, isso é igualmente verdadeiro no que se refere aos resultados visados. Consome-se o tabaco de maneira individual ou coletiva: sozinho, a dois ou com várias pessoas; tendo em vista o prazer, ou para fins rituais, que podem ser mágicos ou religiosos, quer se trate de cuidar de um doente, administrando-lhe fumigações de tabaco, ou de purificar um candidato à iniciação, às funções de sacerdote ou de curador, fazendo com que absorva quantidades variáveis de sumo de tabaco para provocar vômitos, seguidos algumas vezes de perda de consciência. Finalmente, o tabaco serve para fazer oferendas de folhas ou de fumaça, graças às quais espera-se chamar a atenção dos Espíritos e comunicar-se com eles.

Em consequência, assim como o mel, o tabaco — que seu uso profano permite classificar entre os alimentos — pode, em suas outras funções, assumir um valor exatamente oposto, de emético e até mesmo de veneno. Já verificamos que um mito mundurucu sobre a origem do tabaco distingue cuidadosamente esses dois aspectos. O mesmo ocorre com um mito sobre a origem do tabaco, proveniente dos Irantxe ou Munku, pequena tribo que vive ao sul dos Mundurucu:

M191 IRANTXE (MUNKU): ORIGEM DO TABACO

Um homem comportou-se mal em relação a um outro, que quis vingar-se. Sob o pretexto de colher frutos, este último fez seu inimigo trepar numa árvore e o abandonou ali, depois de retirar a vara que ele tinha usado para subir.

Faminto, sedento e emagrecido, o prisioneiro percebeu um macaco e pediu socorro. O macaco concordou em trazer água, mas declarou-se fraco demais para ajudá-lo a descer. Um urubu, magro e fedorento, conseguiu tirá-lo de lá e levou-o para sua casa. Ele era o dono do tabaco. Possuía duas espécies, uma boa e a outra tóxica, que presenteou a seu protegido, para que ele aprendesse a fumar a primeira e utilizasse a segunda para vingar-se.

De volta à aldeia, o herói ofereceu o tabaco ruim a seu perseguidor, que ficou tonto e transformou-se em tamanduá. O herói foi caçá-lo, surpreendeu-o adormecido em pleno dia e matou-o. Convidou seu benfeitor, o urubu, a fartar-se com o cadáver decomposto (Moura, 1960, pp. 52-3).

Esse mito, do qual possuímos apenas uma versão obscura e elíptica, apresenta considerável interesse por várias razões. Trata-se de um mito sobre a origem do tabaco que, conforme havíamos postulado (e verificado no caso dos mitos do Chaco sobre o mesmo tema), reflete os mitos de origem do fogo: o herói é um coletor de frutos (homólogo do desaninhador de pássaros), abandonado na copa de uma árvore e salvo por um animal temível (feroz como o jaguar ou repugnante como o urubu), em quem o herói ousa, contudo, confiar e que lhe dá um bem cultural, do qual até então era o dono, e que os homens ignoravam, fogo de cozinha, num caso, e aqui tabaco que, como sabemos, é um alimento, como a carne cozida, embora o modo como é consumido o situe além do cozimento.

No entanto, os mitos do Chaco que tínhamos utilizado para construir o sistema S3 (origem do tabaco) reproduziam principalmente os mitos de S1 (origem do fogo), ao passo que M191 vem enriquecer nossa demonstração, refletindo ainda com maior fidelidade S-1, isto é, o mito bororo sobre a origem da água (M1).

Comecemos por estabelecer esse ponto. Vimos que, diferentemente dos mitos jê sobre a origem do fogo, o mito bororo sobre a origem do vento e da chuva (M1) inicia-se com um incesto cometido por um adolescente que violenta a mãe e cujo pai quer vingar-se. O mito irantxe não fala explicitamente em incesto, mas a fórmula empregada pelo informante em seu português tosco: "Um homem fez desonestidade, o outro ficou furioso" parece referir-se a uma transgressão de ordem sexual, pois essa é, no interior do Brasil, a conotação corrente da palavra "desonestidade", que qualifica sobretudo um ato contrário à decência.

O episódio do macaco prestativo, em M191, não corresponde a nada nos mitos jê sobre a origem do fogo; por outro lado, evoca a série dos três animais prestativos que, em M1, ajudam o herói a ser bem-sucedido na expedição ao reino aquático das almas. Essa correspondência se confirma ao observarmos que, em M1, tratava-se de vencer a presença da água (conseguindo atravessá-la) e, nesse caso, trata-se de vencer a ausência da água, pois o macaco traz para o herói sedento um fruto partido e repleto de um suco refrescante. Comparando M1 com um mito xerente (M124) cujo herói é precisamente um homem sedento e no qual também intervêm animais prestativos, mostramos alhures (cc, pp. 274-6) que existe uma transformação que permite passar do macaco ao pombo, que ocupa um lugar central entre os três animais prestativos de M1.

O jaguar, que desempenha o principal papel no sistema S1 (M7-M12), está ausente de M1 e de M191. Nos dois casos é substituído pelo urubu ou pelos urubus que vêm em socorro do herói.

Aqui, no entanto, as coisas se complicam. Os urubus de M1 adotam uma conduta ambígua: inicialmente incompassivos (chegam mesmo a comer a carne do herói) e, em seguida, apenas compassivos (levando-o de volta para o chão). Essa conduta ambígua também está presente em M191, mas é atribuída ao macaco, inicialmente compassivo (mata a sede do herói), em seguida incompassivo (recusa-se a ajudá-lo a descer). Simetricamente, o urubu de M191 evoca ainda mais o pombo de M1 (um em relação ao ar, o outro, em relação à água), devido à ausência de ambiguidade de suas respectivas condutas, pois se o urubu dá o tabaco ao herói, o pombo lhe dá de presente um maracá, e, como demonstraremos na sequência deste trabalho, há uma ligação entre o tabaco e o maracá.

Existe, portanto, uma passagem entre os dois mitos, mas ela se realiza graças a uma série de quiasmas:

I.

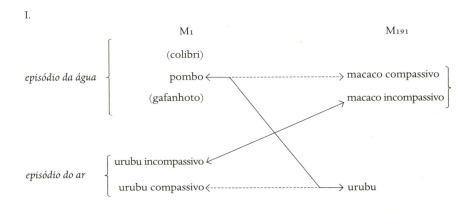

II.

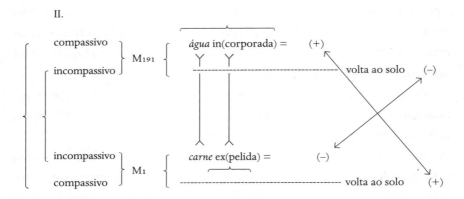

Note-se, finalmente, uma última semelhança entre M₁₉₁ e M₁: nesses dois mitos (e diferentemente dos mitos do sistema S₁), o herói se vinga de seu perseguidor transformando a *si mesmo* em animal (cervídeo, M₁) ou transformando o *outro* em animal (tamanduá, M₁₉₁). É uma metamorfose assumida ou infligida, mas que acaba sempre na morte do adversário e em sua devoração — fresco ou podre — por um /canibal/aquático/ (M₁) ou por um /carniceiro/aéreo/ (M₁₉₁). Muito se poderia dizer sobre a oposição cervídeo/tamanduá, pois estabelecemos de modo independente que essas duas espécies formam par com o jaguar (que substitui uma ou outra em S₁), seja na diacronia (pois os cervídeos míticos eram jaguares canibais), seja na sincronia (pois o tamanduá é o contrário de um jaguar). Para essa dupla demonstração, ver *cc*, pp. 196-8 e 258-60.

O fato de a versão irantxe de S₃ e a versão bororo de S₋₁ apresentarem estruturas tão próximas coloca problemas etnográficos que nos contentaremos em esboçar. Até muito recentemente, a vasta região que se estende a noroeste do antigo território bororo, entre as cabeceiras do Tapajós e do Xingu, era uma das menos conhecidas do Brasil. Em 1938-9, época em que nos encontrávamos nas cabeceiras do Tapajós, era impossível ter acesso ao território dos Irantxe, pouco distante dos Nambikwara — embora se dissesse que eles tinham disposições pacíficas —, devido à hostilidade de uma outra tribo, a dos Beiços de Pau, que impedia sua aproximação (Lévi-Strauss, 1955, p. 285). Desde então, o contato foi retomado, não apenas

Diálogo do mel e do tabaco

com os Irantxe, mas também com várias tribos — Kayabi, Canoeiro, Cinta Larga[4] (Dornstauder, 1960; Saake, 1960), cujo estudo, caso possa ser realizado com êxito antes que elas se extingam, provavelmente modificará de modo radical as ideias que hoje podemos ter sobre as relações entre a cultura dos Bororo e a dos Jê e, sobretudo, a dos Tupi mais ao norte. Acostumamo-nos a encarar os Bororo exclusivamente sob o ângulo de suas afinidades ocidentais e meridionais, sobretudo porque as culturas estabelecidas em suas fronteiras setentrionais nos eram desconhecidas. Nesse sentido, a afinidade entre seus mitos e os dos Irantxe, que acabamos de comprovar, sugere que a cultura bororo possuía também uma abertura em direção à bacia amazônica.

Já que, infelizmente, precisamos nos contentar com uma análise formal, apenas colocaremos ainda em evidência duas propriedades comuns à armação de M_1 e M_{191}, que contribuem para explicar por que elas se desenvolvem do mesmo modo. Os dois mitos apresentam manifestamente um caráter etiológico. Eles dizem respeito seja à origem da água celeste que apaga as fogueiras domésticas, fazendo portanto com que os homens regressem a um estado *pré-culinário* ou, ainda melhor, *infraculinário* (já que o mito não pretende dar conta da origem da culinária); seja à origem do tabaco, isto é, de um alimento queimado para poder ser consumido, e cuja introdução

---

4. Atualmente os Cinta Larga chamam a atenção do noticiário, conforme evidencia este artigo, publicado em três colunas no jornal *France-Soir* (edição de 14-15 de março de 1965): "120 BRASILEIROS SITIADOS POR ÍNDIOS APRECIADORES DE CARNE HUMANA — *(DE NOSSO ENVIADO ESPECIAL PERMANENTE JEAN-GÉRARD FLEURY).* Rio de Janeiro, 13 de março (via cabo submarino). Alerta no Brasil: armados com flechas, índios da temível tribo antropófaga dos 'cinta-larga' cercam os 120 moradores do povoado de Vilh Na [sic; Vilhena?], à beira da estrada Belém-Brasília [?]. Um avião da Força Aérea sobrevoou a região para lançar de paraquedas antídotos contra o curare, com o qual os índios impregnam a ponta de suas flechas. Apreciadores, por 'tradição', de carne humana, os índios 'cinta-larga' provaram recentemente uma nova receita culinária. Tendo capturado um gaúcho, untaram-no com mel selvagem e o assaram". Essa fábula, quer seja de origem local ou não, enfatiza admiravelmente o caráter de alimento extremo que o mel ocupa no pensamento nativo (seja o dos habitantes do interior do Brasil, seja o dos índios), pois sua conjunção com este outro alimento extremo que é a carne humana exacerba o horror que o canibalismo banal talvez não bastasse para inspirar. Os Guayaki do Paraguai, que são antropófagos, declaram que existem dois alimentos fortes demais para serem comidos puros: o mel, que eles misturam com água, e a carne humana, obrigatoriamente cozida num ragu com palmitos (Clastres, 1965).

implica, consequentemente, um uso *ultraculinário* do fogo de cozinha. Se, portanto, M_1 situa a humanidade *aquém* do lar doméstico, M_{191} a situa *além*.

Descentrados em relação à instituição do fogo doméstico, os dois mitos assemelham-se também de um outro modo, que, da mesma forma, os distingue dos mitos agrupados em S_1. Com efeito, suas respectivas trajetórias etiológicas seguem caminhos paralelos e complementares. M_1 explica simultaneamente como o herói se torna *dono do fogo* (sua fogueira é a única que a tempestade não apaga) e como seu inimigo (assim como todos os outros moradores da aldeia) torna-se *vítima da água*. M_{191}, por sua vez, explica simultaneamente como o herói torna-se *dono do tabaco bom* e seu inimigo, *vítima do tabaco ruim*. Entretanto, nos dois mitos, apenas o surgimento e as consequências do termo negativo são comentados e desenvolvidos (sempre acarretando a morte do adversário), pois, em M_1, o lago das piranhas é função da estação chuvosa, assim como em M_{191} a transformação do culpado em tamanduá é função do tabaco enfeitiçado, ao passo que o termo positivo praticamente não é evocado.

Há mais. Pois se a oposição *água*(–)/*fogo*(+) de M_1 corresponde, como acabamos de ver, à oposição *tabaco*(–)/*tabaco*(+) de M_{191}, já sabemos que esta última oposição também existe entre os Bororo, pois eles, em seus mitos, distinguem um tabaco bom e um tabaco ruim, embora essa distinção se fundamente não na natureza do produto, mas na técnica de seu consumo.[5] O tabaco cuja fumaça é exalada estabelece uma comunicação benéfica com os Espíritos (enquanto em M_{191} ele resulta de uma tal comunicação); o tabaco cuja fumaça é *ingerida* acarreta a transformação dos homens em animais (ariranhas de olhos minúsculos, em M_{27}), que é precisamente o destino reservado por M_{191} ao consumidor do tabaco ruim (transformado em tamanduá, animal que, em todo o Brasil, costuma ser descrito pelos mitos como um animal "tapado": sem boca ou ânus). Ora, nos mitos bororo, o tabaco bom está ligado ao fogo (provém das cinzas de uma cobra) e o tabaco ruim, à água (descoberto na barriga de um peixe, ocasiona a

---

5. Cf. *O cru e o cozido*, onde sublinhamos mais de uma vez (pp. 202, 263-4) que a mitologia bororo tende para o lado da cultura.

transformação de suas vítimas em ariranhas, animais aquáticos). A correspondência entre os mitos encontra-se, portanto, verificada integralmente:

Irantxe $\left[\text{tabaco } (+) : (-)\right]$ :: Bororo $\left[(M_1, \text{fogo } (+): \text{água } (-)) :: (M_{26}\text{-}M_{27}, \text{tabaco } (+) : \text{tabaco } (-))\right]$

Finalmente, se nos lembrarmos da distinção, congruente às precedentes, que o mito bororo M_{26} estabelece subsidiariamente entre o tabaco bom, que pica, e o tabaco ruim, que não pica, obteremos uma última confirmação de que o tabaco, assim como o mel, ocupa uma posição ambígua e equívoca entre o alimento e o veneno:

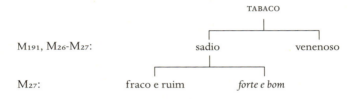

No início deste livro, assinalamos a natureza duplamente paradoxal, no entanto real, da oposição entre o tabaco e o mel em nossas sociedades ocidentais. Entre nós, de fato, um dos termos é autóctone e o outro, exótico, um é muito antigo, o outro tem pouco mais de quatro séculos. Ora, se na América do Sul também o mel e o tabaco se encontram em correlação e em oposição, isso se deve, segundo parece, a razões exatamente inversas: ali, o mel e o tabaco são nativos e a origem tanto de um como do outro se perde em um passado longínquo.[6] Assim, o mel e o tabaco não foram aproximados, como ocorre entre os europeus, em razão de um contraste

---

6. No momento, nossas considerações limitam-se à América tropical. A posição do mel no pensamento e nos mitos dos índios da América do Norte suscita problemas que serão abordados em outro contexto. Quanto à América central e ao México, onde a apicultura era extremamente desenvolvida antes do Descobrimento, tudo está por se fazer no que concerne a observação e análise de ritos ainda existentes, que se podem pressentir na riqueza e na complexidade de algumas raras indicações esparsas na literatura antiga ou contemporânea.

externo que faz ressaltar ainda mais seus valores complementares, mas em razão de um contraste interno entre valores opostos, que o mel e o tabaco conjugam cada um deles por sua conta e independentemente um do outro. Pois, em diferentes registros e planos, cada um deles parece oscilar perpetuamente entre dois estados: o de um alimento supremo e o de um veneno extremo. Além disso, entre esses estados há toda uma série de formas intermediárias, e as transições são ainda menos previsíveis na medida em que se devem a diferenças mínimas, muitas vezes impossíveis de serem detectadas, resultantes da qualidade do produto, da época da colheita, da quantidade ingerida ou do tempo transcorrido antes do consumo.

Outras incertezas vêm acrescentar-se a essas incertezas intrínsecas. A ação fisiológica do tabaco situa-se entre a de um estimulante e a de um narcótico. Os diferentes tipos de mel, por sua vez, podem ser estimulantes ou entorpecentes. Na América do Sul, o mel e o tabaco compartilham tais propriedades com outros produtos naturais ou com alimentos preparados. Consideremos primeiramente o mel. Já observamos que os méis sul-americanos são instáveis e que, depois de misturados com a água, podem chegar naturalmente ao estado de bebida fermentada se não forem consumidos dentro de poucos dias ou, em certos casos, algumas horas. Um observador fez essa observação durante uma festa do mel entre os Tembé: "O mel, misturado com a cera dos favos e molhado com água, fermenta ao calor do sol... Fizeram-me provar (essa bebida embriagante); apesar de minha repugnância inicial, encontrei nela um sabor açucarado e acidulado, que me pareceu muito agradável" (Rodrigues, 1882, p. 32).

Consumido fresco ou fermentado espontaneamente, o mel aparenta-se, portanto, com as inúmeras bebidas fermentadas que os índios sul-americanos sabem preparar, à base de mandioca, milho, seiva de palmeiras ou frutos de espécies bastante variadas. A esse respeito, é significativo que o preparo intencional e metódico de uma bebida fermentada à base de mel — digamos, para simplificar, um hidromel — parece ter existido apenas a oeste e ao sul da bacia amazônica, entre os Tupi-Guarani, Jê meridionais, Botocudo, Charrua e quase todas as tribos do Chaco. Com efeito, essa zona, em forma de crescente, abrange aproximadamente os limites meridionais da preparação do cauim de mandioca e de milho, ao passo que

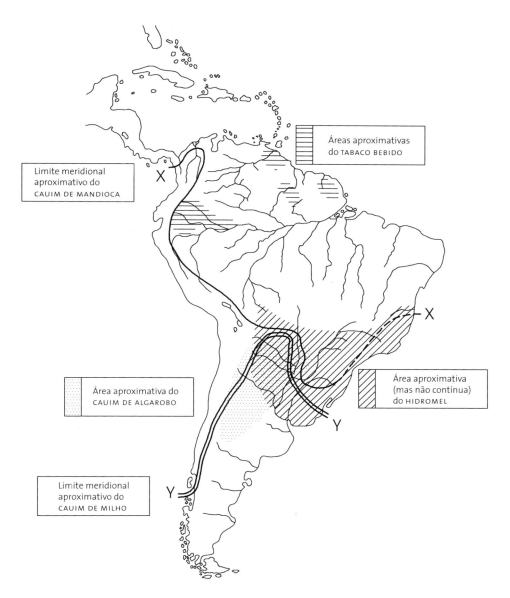

3. Cauim, hidromel e bebida de tabaco na América do Sul (redesenhado a partir de *Handbook of South American Indians*, v. 5, pp. 533 e 540).

no Chaco ela coincide com a área do cauim de algarobo (*Prosopis* sp.), que constitui uma variação local (fig. 3). Portanto, pode ser que o hidromel tenha aparecido como uma solução de substituição do cauim de mandioca e, em menor grau, de milho. Por outro lado, o mapa torna aparente um outro contraste entre a área meridional do hidromel e as áreas descontínuas, mas todas elas setentrionais, do que poderíamos chamar os "méis" de tabaco, isto é, tabaco macerado ou fervido para ser consumido sob a forma líquida ou de xarope. Com efeito, assim como é preciso distinguir dois modos de consumo do mel, no estado fresco ou no estado fermentado, podemos reduzir a duas formas principais os modos de consumo do tabaco, apesar de sua grande diversidade: aspirado ou fumado, o tabaco é consumível sob a forma seca e então se aparenta com vários narcóticos vegetais (com alguns dos quais ele às vezes é misturado), *Piptadenia, Banisteriopsis, Datura* etc.; ou então, sob a forma de geleia ou de poção, ele é consumido no estado úmido. Resulta daí que as oposições a que recorremos no início para definir a relação entre o mel e o tabaco (*cru/cozido, molhado/queimado, infraculinário/supraculinário* etc.) exprimem apenas uma parte da realidade. Na verdade, as coisas são muito mais complexas, pois o mel é passível de duas condições, fresco ou fermentado, e o tabaco, de várias: queimado ou molhado e, nesse último caso, cru ou cozido. Pode-se portanto prever que, nas duas extremidades do campo semântico que constitui o objeto de nossa investigação, os mitos sobre a origem do mel e do tabaco que, como já postulamos e verificamos parcialmente, se desdobram em função de uma oposição entre o mel "bom" e o mel "ruim", o tabaco "bom" e o tabaco "ruim", sofrem uma segunda clivagem, situada em outro eixo e determinada dessa vez não por diferenças relativas às *propriedades naturais*, mas por diferenças que evocam *usos culturais*. Finalmente e porque, por um lado, o mel "bom" é *doce*, enquanto o tabaco "bom" é *forte* e, por outro lado, o "mel" (de mel) é consumível *cru*, enquanto na maioria dos casos o "mel" (de tabaco) resulta de ter sido previamente *cozido*, é de esperar que as relações de transformação entre os diversos tipos de mitos "de mel" e "de tabaco" assumam o aspecto de um quiasma.

2. A besta árida

Venit enim tempus, quo torridus aestuat aer,
*incipit et sicco fervere terra Cane.**

PROPÉRCIO, *Elegias*, II, 28, v. 3-4

TAL COMO O CONSTITUÍMOS PROVISORIAMENTE, o conjunto S₋₃ compreende apenas mitos sobre a origem *da festa* do mel. Para um mito que se refira explicitamente à origem *do mel* enquanto produto natural é preciso reportar-se a uma população do sul do Mato Grosso, os Ofaié-Xavante, que, no início do século, contava com cerca de mil indivíduos, reduzidos a algumas dezenas em 1948, os quais tinham perdido quase completamente a lembrança de seus costumes e crenças tradicionais. Narrados em um português rústico, seus mitos apresentam inúmeros pontos obscuros.

M192 OFAIÉ: ORIGEM DO MEL

Outrora o mel não existia. O guará era o dono do mel. Seus filhos viviam lambuzados de mel, mas o guará o recusava aos outros animais. Quando eles o pediam, ele lhes dava os frutos do araticum e alegava que não tinha outra coisa.

Certo dia, o jabuti anunciou que queria apoderar-se do mel. Depois de ajeitar bem sua carapaça sobre o ventre, entrou na toca do guará e pediu mel. O guará começou negando que o tivesse, mas como o jabuti insistia, permitiu-lhe deitar-se de costas, com a boca aberta, e beber o mel que escorria de uma cabaça dependurada em cima dele até se saciar.

---

* Em tradução livre: "Chega o tempo em que arde tórrido o ar,/ e a terra, sob a ressecante Canícula, começa a ferver." (N. T.)

Aquilo não passava de uma artimanha. Aproveitando a distração do jabuti, que estava entregue a seu banquete, o guará mandou seus filhos juntarem lenha. Amontoaram a lenha em torno do jabuti e tocaram fogo nela, na intenção de comê-lo quando ele estivesse assado. Foi tudo em vão, pois o jabuti continuava a empanturrar-se de mel. Somente o guará ficou incomodado com aquele braseiro. Quando a cabaça ficou vazia, o jabuti levantou-se tranquilamente, espalhou as brasas e disse ao guará que agora ele deveria dar mel a todos os animais.

O guará fugiu. Comandados pelo jabuti, os animais o cercaram e o preá pôs fogo em torno do matagal onde o guará tinha se refugiado. O círculo de fogo se fechava e os animais começaram a se perguntar se o guará estava de fato ali, pois apenas uma perdiz tinha saído das chamas. Mas o jabuti, que não tinha tirado o olho do lugar para onde o guará fugira, sabia que era ele que tinha se transformado em perdiz.

Por isso, continuou de olho na perdiz até ela desaparecer. Obedecendo às ordens do jabuti, os animais correram na direção seguida pela perdiz. A perseguição durou vários dias. A cada vez que alcançavam a perdiz, ela voltava a voar. O jabuti subiu na cabeça de um outro animal para enxergar melhor e percebeu que a perdiz se transformava em abelha. O jabuti fincou uma estaca no chão, para marcar a direção que ela havia seguido. A caçada começou, mas sem maiores resultados. Os animais estavam completamente desanimados. "Nada disso", declarou o jabuti, "caminhamos apenas três meses e ainda nem chegamos à metade do caminho. Olhem a estaca lá longe, atrás de vocês. Ela está mostrando o caminho certo". Os animais olharam para trás e viram que a estaca tinha se transformado na palmeira pindó (*Cocos* sp.).

Eles andaram e andaram sem parar. Finalmente, o jabuti anunciou que, no dia seguinte, chegariam ao final. Com efeito, no outro dia, os animais viram a "casa" das abelhas, cuja entrada era protegida por vespas venenosas. Uma após outra, as aves tentaram aproximar-se, mas as vespas as atacavam, "espirrando nelas aquelas águas que elas têm"; as aves caíam tontas e morriam. A menor delas, um pica-pau (ou beija-flor) conseguiu, porém, evitar as vespas e colheu o mel. "E então, meu filho", disse o jabuti, "agora temos mel, mas é muito pouco; se o comermos acabará logo em seguida." O jabuti pegou o mel e deu uma muda a cada animal, para que a plantasse. Quanto houvesse mel em quantidade, os animais voltariam.

Passado muito tempo, os animais começaram a ficar preocupados com suas plantações de mel e pediram para a maritaca ir ver o que estava acontecendo. O calor que reinava no local era tão intenso que a maritaca não conseguiu se aproximar. Os animais que concordaram em se aventurar em seguida acharam mais cômodo parar no meio do caminho: o periquitinho num pé de mangaba (*Hancornia speciosa*), a arara-azul em uma mata agradável e, para explicar seu fracasso, eles invocaram a temperatura tórrida. Finalmente, o periquitinho voou tão alto, quase alcançando o céu, que conseguiu chegar até as roças, que regurgitavam de mel.

Assim que foi informado, o chefe dos animais resolveu ir até lá para ver com seus próprios olhos. Inspecionou as casas. Muita gente havia comido o mel que tinha recebido para plantar e, assim, não tinha mais; outros tinham mel em quantidade suficiente, enterrado não muito fundo e portanto fácil de extrair. "Isto não vai durar muito tempo", disse o chefe. "Vamos ficar sem mel, pois tem muito pouco ou nada, por assim dizer. Esperem durante um tempo e haverá mel para todo mundo." Enquanto isso ele soltou as abelhas na mata.

Mais tarde, ele juntou os moradores, disse-lhes que pegassem suas machadinhas e fossem procurar mel: "Agora a mata está cheia, tem de tudo: mel de abelha borá, mandaguari, jati, mandaçaia, caga-fogo, tem de tudo, enfim. Basta vocês se porem a caminho. Se não quiserem uma qualidade de mel, passem para a próxima árvore e terão outra qualidade. Podem tirar o quanto quiserem, pois o mel não acabará nunca, contanto que peguem a quantidade que possam levar nas cabaças e nas outras vasilhas, que terão de providenciar. No entanto, aquilo que não conseguirem levar deve ser deixado no lugar, depois de tapar muito bem a abertura (feita no tronco da árvore com o machado) para esperar até a próxima vez".

Desde então, e por causa disso, temos mel em quantidade suficiente. Quando o povo vai derrubar a mata, encontra mel. Numa árvore tem mel da abelha borá, na outra, da mandaguari, numa outra, da jati. Tem de tudo (Ribeiro, 1951, pp. 124-6).

Reproduzimos esse mito quase literalmente, embora seja longo, não só devido ao seu caráter obscuro — se quiséssemos abreviá-lo imediatamente ele se tornaria incompreensível — mas também devido a sua importância e riqueza. Ele constitui o cânone da doutrina indígena em matéria de mel e rege, por isso, a interpretação de todos os mitos que serão examinados depois dele. Assim, não devemos estranhar se sua análise mostrar-se difícil, o que nos obrigará a deixar provisoriamente de lado certos aspectos e a realizar uma abordagem por aproximações sucessivas, um pouco como se fosse necessário sobrevoar o mito bem do alto e reconhecê-lo sumariamente antes de explorar cada detalhe.

Vamos imediatamente ao essencial. De que fala o mito? De uma época em que os animais, ancestrais dos homens, não possuíam o mel, da forma como o obtiveram no início, e de sua renúncia a essa forma, em benefício daquela que os homens conhecem atualmente.

Não há por que nos surpreendermos com o fato de a aquisição do mel remontar ao período mítico em que os animais não se distinguiam dos homens, pois o mel, produto selvagem, pertence à natureza. Por esse motivo, ele deve ter ingressado no patrimônio da humanidade enquanto esta ainda vivia no "estado de natureza", antes que se introduzisse a distinção entre natureza e cultura e, ao mesmo tempo, entre o homem e o animal.

É também normal que o mito descreva o mel original como uma planta que germina, cresce e amadurece. Vimos, com efeito, que a sistemática indígena situa o mel no reino vegetal; M_{192} nos oferece, em relação a isso, uma nova confirmação.

No entanto não se trata aqui de um vegetal qualquer, pois o primeiro mel era cultivado e o progresso que o mito descreve consistiu em torná-lo selvagem. Aqui tocamos em algo essencial, pois a originalidade de M_{192} está no fato de seguir uma trajetória exatamente inversa à dos mitos relativos à introdução das plantas cultivadas, cujo grupo constituímos e estudamos em *O cru e o cozido*, sob os números M_{87}-M_{92} (ver M_{108} e M_{110}-M_{118}). Esses mitos evocam o tempo em que os homens ignoravam a agricultura e se alimentavam de folhas e cogumelos que crescem em árvores e de madeira podre, antes que uma mulher celeste, transformada em sarigueia, lhes revelasse a existência do milho. Esse milho tinha a aparência de uma árvore e crescia em estado selvagem, na mata. Os homens, porém, cometeram o erro de derrubar a árvore e foram obrigados a repartir as sementes, desmatar e semear, pois a árvore morta não bastava para satisfazer suas necessidades. Foi assim que surgiram, de um lado, a diversidade das espécies cultivadas (originalmente todas estavam reunidas na mesma árvore) e, do outro, a diversidade dos povos, línguas e costumes, resultado da dispersão da primeira humanidade.

Em M_{192}, tudo acontece do mesmo modo, mas ao inverso. Os homens não têm necessidade de aprender a agricultura, pois já a possuem em sua condição animal, e sabem aplicá-la na produção do mel assim que ele cai em suas mãos. Porém, esse mel cultivado apresenta duas desvantagens: ou os homens não resistem à tentação de devorar seu mel ainda "imaturo" ou este último cresce tão bem e é coletado tão facilmente — ao modo das plantas cultivadas na roça — que um consumo imoderado esgota a capacidade de produção.

Como o mito se propõe a demonstrar metodicamente, a transformação do mel cultivado em mel selvagem suprime esses inconvenientes e proporciona aos homens uma tripla segurança. Em primeiro lugar, as abelhas, que se tornaram selvagens, vão se diversificar: haverá várias espécies de mel no lugar de uma só. Em seguida, o mel será mais abundante. Finalmente, a gula dos coletores será limitada pelas quantidades que é possível obter. Um excedente de mel permanecerá na colmeia, onde se conservará até que alguém volte para procurá-lo. O benefício se manifestará, portanto, em três planos: qualidade, quantidade, duração.

Percebemos onde está a originalidade do mito: ele se situa, por assim dizer, numa perspectiva "antineolítica" e advoga em favor de uma economia de coleta, à qual atribui as mesmas virtudes de variedade, abundância e longa preservação que a maior parte dos outros mitos credita à perspectiva inversa que, para a humanidade, resulta da adoção das artes da civilização. E é o mel que proporciona a ocasião dessa notável reviravolta. Nesse sentido, um mito sobre a origem do mel também se refere à sua perda.[7] Voltando a ser selvagem, o mel está quase perdido, mas é preciso que ele se perca para ser recuperado. Seu atrativo gastronômico é tão poderoso que o homem abusaria dele até esgotá-lo se ele estivesse a seu alcance com excessiva facilidade. "Você não me encontraria", diz o mel ao homem por intermédio do mito, "se antes não tivesse me procurado."

---

7. Compare-se com a seguinte passagem (M192B) do mito de criação dos Kadiwéu: "Quando o caracará (um falconídeo, encarnação do enganador) viu o mel que se formava nas grandes cabaças, onde bastava enfiar a mão para obtê-lo, ele disse ao demiurgo Gô-noêno-hôdi: 'Não, não está bom, não se deve fazer assim, não! Ponha o mel no meio da árvore para que os homens sejam obrigados a cavoucar, se não estes preguiçosos não trabalharão'" (Ribeiro, 1950, p. 143).

Fazemos aqui uma curiosa constatação, que se repetirá a propósito de outros mitos. Com M_{188} e M_{189}, dispúnhamos de verdadeiros mitos de origem, mas que não nos satisfizeram, pois diziam respeito à festa do mel e não ao próprio mel. Eis-nos agora diante de um novo mito, que se refere ao mel propriamente dito mas que, apesar das aparências, é menos um mito de origem do que de perda ou, mais exatamente, que se empenha em transformar uma origem ilusória (pois a primeira posse do mel equivalia à falta de mel) numa perda vantajosa (o mel fica garantido aos homens desde que eles concordem em renunciar a ele). A sequência deste livro esclarecerá esse paradoxo, no qual se deve ver uma propriedade estrutural dos mitos que têm o mel por tema.

Voltemos ao texto de M_{192}. As roças onde os animais primordiais cultivavam o mel apresentam um aspecto notável: ali reinava um calor intenso, que proibia sua aproximação, e foi somente após algumas tentativas infrutíferas que os animais conseguiram penetrar nelas. Para interpretar esse episódio, seríamos tentados a proceder por analogia com os mitos de origem das plantas cultivadas, os quais explicam que os homens, antes de conhecerem o uso dos alimentos vegetais, cozidos segundo a cultura, se nutriam de vegetais podres segundo a natureza. Se o mel cultivado dos tempos heroicos é o contrário do mel selvagem atual e se, conforme já estabelecemos, o mel atual conota a categoria do molhado em correlação e oposição com o tabaco, que conota a categoria do queimado, não seria preciso inverter a relação e situar o mel de outrora do lado do seco e do queimado?

Nada existe nos mitos que exclua essa interpretação, mas cremos que ela é imperfeita, pois negligencia um aspecto do problema para o qual, pelo contrário, os mitos do mel não cessam de chamar a atenção. Como já enfatizamos, o mel é um ser paradoxal em vários sentidos. E não é o menor de seus paradoxos o fato de que, possuindo em relação ao tabaco uma conotação úmida, seja constantemente associado pelos mitos à estação seca, pela simples razão de que, na economia indígena, é sobretudo durante essa estação que o mel, como a maior parte dos produtos selvagens, é coletado e consumido no estado fresco.

A besta árida

Não faltam indicações nesse sentido. Como os Tupi setentrionais, os Karajá celebravam uma festa do mel que acontecia na época da coleta, isto é, no mês de agosto (Machado, 1947, p. 21). Na província de Chiquitos, na Bolívia, a coleta do mel silvestre durava de junho a setembro (d'Orbigny, 1839-43, apud Schwartz, 1948, p. 158). Entre os Siriono da Bolívia meridional, o mel "é abundante sobretudo durante a estação seca, após a florada das árvores e das plantas; assim, as festas com bebidas (hidromel, misturado com chicha), são realizadas durante os meses de agosto, setembro, outubro e novembro" (Holmberg, 1950, pp. 37-8). Os índios Tacana coletam a cera das abelhas durante a estação seca (H&H, 1961, pp. 335-6). O território dos Guayaki, no Paraguai oriental, não tem uma estação seca bem marcada. Trata-se antes de uma estação fria, no início da qual, em junho-julho, a abundância do mel é anunciada por uma coloração especial de uma liana (o timbó), da qual se diz então que está "grávida de mel" (Clastres, 1965). Para realizar sua festa Oheokoti no início de abril, os Terena do sul do Mato Grosso coletavam durante um mês grandes quantidades de mel (Altenfelder Silva, 1949, pp. 356, 364).

Vimos que, para sua festa do mel, os Tembé e os Tenetehara começavam a fazer provisões em março ou abril, isto é, no fim da estação chuvosa, e que a coleta durava todo o tempo da estação seca (acima, pp. 50-1). O presente mito é menos explícito, mas contém duas indicações no mesmo sentido. Ele diz, no final, que é no momento em que as pessoas vão fazer o desmatamento que elas encontram o mel. Ora, no interior do Brasil, a roçagem é feita depois das chuvas, para que as árvores e arbustos abatidos possam secar durante dois ou três meses antes de serem queimados. Semeia-se e planta-se logo em seguida, para aproveitar as primeiras chuvas. Por outro lado, a temperatura tórrida que reina no lugar onde cresce o mel cultivado é descrita em termos de estação seca: "lá tem seca brava". Assim, somos levados a conceber o mel passado e o mel presente menos como termos contrários do que como termos de intensidade desigual. O mel cultivado era um supermel: abundante, concentrado num único lugar, fácil de coletar. E assim como essas vantagens acarretam os inconvenientes correspondentes — come-se mel demais, depressa demais, e ele acaba —

aqui, do mesmo jeito, a evocação do mel sob uma forma hiperbólica acarreta condições climáticas igualmente hiperbólicas: sendo o mel algo que se coleta durante a estação seca, o supermel exige uma hiperestação seca que, como sua hiperabundância e sua hiperacessibilidade, praticamente impede que se possa aproveitá-lo.

Para argumentar em favor dessa segunda interpretação, pode-se invocar o comportamento do papagaio e da arara. Enviados por seus companheiros à procura do mel, eles preferem deter-se, um num pé de mangaba (fruto do cerrado, que amadurece na estação seca) e o outro na sombra refrescante da mata. Em consequência, os dois se atrasam para aproveitar os últimos benefícios proporcionados pela estação chuvosa. Assim, a atitude dessas aves evoca a do corvo no mito grego sobre a origem da constelação do mesmo nome, no qual uma ave também se retarda, junto aos grãos ou frutos (que amadurecerão somente no fim da estação seca) em vez de levar a água pedida por Apolo. Resultado: o corvo será condenado a uma sede eterna; antes, possuía uma bela voz e, a partir de então, apenas um crocitar desagradável escapará de sua goela enrugada. Ora, não nos esqueçamos de que, segundo os mitos tembé e tenetehara sobre a origem (da festa) do mel, outrora as araras se nutriam de mel, e que o mel é uma "bebida" da estação seca, como a água do poço (ctônica) no mito grego, em oposição à água celeste que se reporta a um outro período do ano. Assim, pode ser que, nesse episódio, o mito ofaié explique, por preterição, por que o papagaio e a arara, que são aves frugívoras, não consomem (ou não consomem mais) o mel, embora este seja considerado uma fruta.

Se não hesitamos em fazer uma aproximação entre o mito indígena e o mito grego é porque, em *O cru e o cozido*, estabelecemos que este último era um mito da estação seca, e porque, sem invocarmos contatos antigos entre o Velho e o Novo Mundo, dos quais não existe prova alguma, pudemos demonstrar que o recurso a uma codificação astronômica sujeitava o pensamento mítico a restrições tão severas que, no plano puramente formal, era compreensível que os mitos do Velho e do Novo Mundo devessem, segundo os casos, reproduzir uns aos outros sob uma forma direta ou invertida.

Antes do fracasso do papagaio e da arara, o mito ofaié refere-se ao fracasso da maritaca. O sentido dessa palavra é problemático, pois po-

A besta árida

deria ser uma abreviatura de "maritacaca", que designa o cangambá, ou uma deformação tosca de "maitaca", pequeno papagaio do gênero *Pionus*. Nossa hesitação aumenta na medida em que existe uma forma amazônica do nome do cangambá: "maitacáca" (Stradelli, 1929), idêntica ao nome do pássaro, a não ser pela reduplicação da última sílaba. Em favor de uma deformação de "maitaca" pode-se advogar que, para designar o cangambá, os Ofaié parecem utilizar um termo próximo, mas ligeiramente diferente: "jaratataca" (M75), bastante corrente no Brasil (cf. Ihering, art. "jaritacaca, jaritataca"), e que os outros animais que aparecem na mesma sequência também são papagaios. Como veremos em seguida, a interpretação em favor do cangambá não seria inconcebível, mas a passagem maitaca > maritaca explica-se melhor, do ponto de vista fonético, do que a queda da sílaba redobrada, e é essa lição que não perderemos de vista.

Admitamos então que se trata de quatro papagaios. Percebemos imediatamente que podemos classificá-los de quatro maneiras. O mito enfatiza que o periquito, que cumprirá sua missão, é o menor de todos: "Aí foi o periquitinho, este pequeno, voou bem alto para cima, quase chegou no céu...". Portanto, é graças a seu corpo pequeno e à ligeireza que o periquito voa mais alto do que seus congêneres e consegue evitar o calor tórrido que reina nas roças. Por outro lado, a arara que o precede imediatamente é, indica o texto, uma "arara-azul" (*Anodorhynchus hyacinthinus*). Ela pertence, portanto, ao maior gênero de uma família que compreende os maiores psitacídeos (cf. Ihering, art. "arara-una"). O papagaio que, por sua vez, antecede a arara, lhe é inferior quanto ao tamanho e a maitaca, a primeira a intervir, é menor do que o papagaio, sendo porém maior do que o periquito, que fecha o ciclo. Assim, as três aves que fracassam são as maiores, a que triunfa é a menor. As três primeiras ordenam-se em ordem crescente, quanto ao tamanho, de tal modo que a oposição maior se dá entre a arara e o periquito:

maiores: *menor:*

maitaca < papagaio < arara / periquito (< maitaca)

Observemos agora que, na série das aves maiores, o papagaio e a arara formam um par funcional: eles nem sequer tentam cumprir sua missão e preferem refugiar-se, um no *cerrado* e o outro na *mata*, junto às provas da estação das chuvas que terminou — frutos suculentos e sombra fresca —, enquanto as duas outras aves são as únicas a enfrentarem decididamente a estação seca e a testemunharem seu aspecto "seco" — o calor insuportável — num caso e seu aspecto "úmido" — a abundância de mel — no outro.

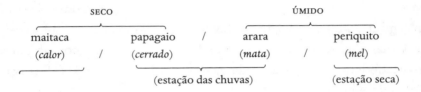

Finalmente, ao nos colocarmos em um terceiro ponto de vista, o do resultado da missão das aves, percebemos outro princípio de classificação. Com efeito, apenas a primeira e a última ave trazem informações reais, embora uma informação ofereça um caráter negativo (o fogo ardente que impede a aproximação das roças) e a outra, um caráter positivo (a abundância de mel, que deve incitar os animais a enfrentar o obstáculo). Por outro lado, as duas aves cuja posição é média (quanto ao tamanho e à ordem da narrativa) não se dão ao trabalho de proceder a uma verificação e contentam-se em repetir o que foi dito; não trazem, portanto, nenhuma informação:

```
maitaca / papagaio    arara / periquito
  (–)      (0)         (0)     (+)
         informação nula   informação real
```

Demoramo-nos na sequência das quatro aves tendo em vista um objetivo preciso. Com efeito, sua análise permite definir uma questão de método. Ela mostra que uma sequência na qual a antiga mitografia teria visto apenas redundância semântica e artifício retórico deve ser, como todo o

A besta árida

mito, levada completamente *a sério*. Não se trata de uma enumeração gratuita, da qual podemos nos livrar evocando rapidamente o valor místico da cifra 4 no pensamento americano. Esse valor existe, sem dúvida, mas é explorado metodicamente para construir um sistema multidimensional que permite integrar atributos sincrônicos e diacrônicos, uns da ordem da estrutura e os outros da ordem do evento, propriedades absolutas e propriedades relativas, essências e funções. A demonstração que acabamos de empreender não esclarece apenas a natureza do pensamento mítico e o mecanismo de suas operações, fazendo ressaltar a maneira como ela procede para integrar modos de classificação dos quais alguns se inspiram numa ideia de continuidade e progresso (animais classificados por ordem de tamanho, informação maior ou menor etc.) e outros na descontinuidade e na antítese (oposição entre maior e menor, seco e úmido, cerrado e floresta etc.). Essa demonstração verifica e também ilustra uma interpretação. Com efeito, a sequência que nos propusemos decifrar revelou-se mais rica do que parecia à primeira vista, e tal riqueza permitiu compreender que aves da mesma família, que seria equivocado considerar como distintas simplesmente pelo tamanho e apenas para criar um efeito dramático um tanto banal (a menor e a mais fraca triunfa onde as maiores e mais fortes fracassaram), também são encarregadas de traduzir oposições que, como já demonstramos, apoiados em outras bases, pertencem à própria armação do mito.

É, portanto, com a mesma preocupação de proceder a uma análise exaustiva que encararemos o papel dos dois outros protagonistas, o preá e o jabuti. Antes, porém, de resolver o problema que eles colocam, convém chamar a atenção para uma questão.

O episódio das quatro aves, que diz respeito à *coleta* do mel *cultivado*, reproduz o roteiro de um episódio anterior que concernia ao *plantio* do mel *selvagem*: aqui e lá, uma ou várias tentativas, inicialmente infrutíferas, são finalmente coroadas de sucesso. "Tudo que é passarinho", aves também, portanto, tentaram conquistar o mel selvagem, mas foram impedidas pelas vespas que o defendiam e que os matavam com ferocidade. Apenas o último e o menor dos passarinhos, "esse... bem pequeno, esse menorzinho deles", conseguirá, mas, infelizmente, é impossível nos pronunciarmos sobre sua identidade, pois a única versão de que dispomos hesita entre o pica-pau e o beija-flor. De qualquer modo, os dois episódios são manifestamente paralelos.

Ora, no segundo episódio, a aproximação ao mel cultivado é passivamente impedida pelo calor, assim como no primeiro episódio, o do mel selvagem, a aproximação era ativamente impedida pelas vespas. No entanto, a disposição belicosa das vespas assume uma forma bastante singular no mito: "Elas atacavam, largavam aquela água delas e os animais caíam tontos e morriam". Esse episódio pode parecer paradoxal por duas razões. Por um lado, destacamos (*cc*, pp. 408-9) que a oposição entre vermes e insetos peçonhentos é congruente à oposição entre podre e queimado e, sob esse ponto de vista, as vespas não deveriam aparecer em modo de água, mas de fogo (cf. o termo vernacular "caga-fogo", que corresponde ao tupi *tataíra*, "mel de fogo", nome de uma abelha agressiva, sem ferrão, mas que segrega um líquido cáustico: *Oxytrigona*, Schwartz, 1948, pp. 73-4). Por outro lado, essa maneira particular de descrever o ataque das vespas evoca diretamente a maneira pela qual os mitos da mesma região descrevem a conduta de um animal muito diferente, o cangambá, que lança sobre seus adversários um fluido empesteado, e ao qual os mitos atribuem uma nocividade mortal (*cc*, p. 214, n. 9 e M75, que é um outro mito ofaié; cf. também M5, M124).

Recordemos algumas conclusões às quais chegamos em O *cru e o cozido* em relação ao cangambá. 1) Tanto na América do Sul como na do Norte, esse mustelídeo forma com o sariguê um par de oposições. 2) Os mitos norte-americanos associam expressamente o sariguê ao podre e o cangambá, ao queimado. Por outro lado, neles o cangambá apresenta uma afinidade direta com o arco-íris e é dotado do poder de ressuscitar os mortos. 3) Na América do Sul, ao contrário, é o sariguê que tem uma afinidade com o arco-íris (a ponto de ser, na Guiana, designado pelo mesmo nome); e assim como, na América do Sul, o arco-íris detém um poder letal, uma das funções míticas atribuídas ao sariguê é abreviar a duração da vida humana.

A besta árida 103

De modo que, passando de um hemisfério ao outro, parece que as respectivas funções do sariguê e do cangambá se invertem. Nos mitos sul-americanos, ambos aparecem como animais podres ou em processo de apodrecimento. Mas o sariguê é associado à estação seca e ao arco-íris (que instaura uma estação seca em miniatura, já que ele anuncia o fim da chuva), de onde deveria resultar, se o sistema global é coerente, que as associações sul-americanas do cangambá o colocassem do lado da estação das chuvas.

Seria possível que a mitologia do mel retomasse a seu modo a oposição generalizada entre sariguê e cangambá, remanejando-a sob a forma de uma oposição mais restrita entre a abelha e a vespa que, por razões evidentes, traduziria melhor suas preocupações?

Se essa hipótese fosse exata, deteríamos a chave da anomalia que detectamos no papel que o mito atribui às vespas e que consiste no fato de esse papel ser codificado em termos de água, em vez de sê-lo em termos de fogo. Com efeito, a anomalia resultaria da equação implícita:

a) vespas$^{(-1)}$ ≡ cangambá.

Para que a oposição *sariguê/cangambá* fosse respeitada, seria preciso que a mitologia do mel contivesse implicitamente a equação complementar:

b) abelha$^{(-1)}$ ≡ sariguê,

significando dessa vez — já que as abelhas são *produtoras* ou *guardiãs* do mel (acima, p. 54) — que o sariguê deva ser *consumidor* ou *ladrão* de mel.[8]

---

8. Em *O cru e o cozido* (passim), evidenciamos a posição semântica do sariguê como animal que suja e fede. Segundo alguns testemunhos discutidos por Schwartz (1948, pp. 74-8), várias melíponas, para atacarem ou se defenderem, disporiam de uma técnica de sujar ou lambuzar seus adversários por meio de secreções variavelmente malcheirosas. Em relação ao cheiro das melíponas, sobretudo as do subgênero *Trigona*, cf. id. ibid., pp. 79-81. Notemos finalmente que as melíponas praticam, preferencial ou ocasionalmente, aquilo que os próprios entomólogos denominam "bandidagem". Consta que *Trigona limão* não recolhe o néctar e o pólen das flores, contentando-se em pilhar o mel das outras espécies (Salt, 1929, p. 461).

Conforme veremos mais tarde, essa hipótese, a que chegamos após um raciocínio dedutivo e apriorístico, será integralmente verificada pela mitologia. Desde já, ela permite compreender por que, em M_{192}, as abelhas são situadas do lado do seco (sua aproximação "queima") e as vespas do lado do úmido (sua aproximação "molha").

Esses resultados provisórios eram indispensáveis sobretudo para que pudéssemos progredir na análise do conteúdo de M_{192}. Nele, o sariguê não figura em pessoa, mas o papel de ladrão de mel que, se nossa hipótese estiver correta, o mito deveria atribuir-lhe por preterição é desempenhado por dois outros animais: a) o preá (*Cavia aperea*), que toca fogo no mato (cf. M_{56}) e cuja função, como já sugerimos a partir de outros dados, poderia ser reduzida a uma variante combinatória do sariguê (*CC*, pp. 235, 263 n. 29) pois que ambos se situam do lado do fogo e da estação seca, mas um ativamente, como incendiário, e o outro, passivamente, como incendiado (*CC*, pp. 184-5 e 292, n. 8); b) o jabuti, que desmascara o guará dono do mel, percebe seus sucessivos disfarces e, graças à tenacidade, consegue alcançá-lo naquele lugar onde, transformado em abelha, ele escondeu todo o mel.

É o momento de lembrar que um grupo importante de mitos, de proveniência sobretudo amazônica, coloca em correlação e oposição o jabuti [tartaruga] e o sariguê como imputrescível e putrescível, respectivamente dono e vítima da podridão (*CC*, pp. 239-42). Enterrado no solo lamacento devido às primeiras chuvas, privado de alimento, o jabuti pode sobreviver durante vários meses em um calor úmido, ao qual o sariguê não resiste, tenha sido ele enterrado no chão ou no ventre de um peixe, de onde sai definitivamente impregnado de fedor. Em consequência, assim como o preá, o jabuti ocupa o polo ativo de uma oposição cujo polo passivo é ocupado pelo sariguê. Em relação ao seco, o preá é incendiário e o sariguê, incendiado; em relação ao úmido, o jabuti triunfa da podridão, à qual o sariguê sucumbe e da qual ele tornar-se-á, pelo menos, um veículo. Um detalhe de M_{192} também vem confirmar essa relação ternária pois, qualificando o jabuti em relação ao seco, o mito utiliza, para essa finalidade, uma nova transformação: o jabuti *não pode ser* incendiado (ou seja, o triângulo *incendiário/incendiado/não incendiável*). E a etnografia confirma essa propriedade de maneira objetiva, pois a tática do guará, ao tentar cozinhar o jabuti deitado de costas, inspira-se num método corrente no interior do Brasil, apesar de sua crueldade: o jabuti é tão resistente que se costuma colocá-lo de costas, vivo, no meio das brasas, fazendo com que ele cozinhe em sua própria carapaça, como se fosse uma panela natural; a operação pode levar várias horas até que o pobre animal morra.

Esgotamos pouco a pouco a matéria de nosso mito. Resta apenas elucidar o papel do guará, dono do mel e dos frutos do araticum. Essa anonácea (*Anona montana* e espécies vizinhas, a menos que se trate da *Rollinia exalbida*, conhecida pelo mesmo nome) dá grandes frutos de polpa farinhenta e sabor acidulado, que se incluem, como o mel, entre os produtos selvagens da estação seca, o que torna compreensível que possam desempenhar no mito o papel de *ersatz* do mel. Quer se trate dos mesmos frutos ou de outros, esse dobrete menor constitui um traço frequente da mitologia do mel e veremos que, quanto a isso, sua interpretação não oferece maiores dificuldades. Infelizmente não se pode dizer o mesmo do guará.

O ANIMAL QUE APARECE como lobo-do-mato parece ser, quase sempre, uma espécie de raposa de pernas compridas e pelos longos: *Chrysocion brachiurus jubatus*; *Canis jubatus* [*guará*]. No Brasil sua área de distribuição é central e meridional, incluindo portanto o território dos Ofaié, que atribuem ao guará um papel central em seu mito sobre a origem do mel. Se levarmos em conta a observação de Gilmore (1950, pp. 377-8), segundo a qual "todos os canídeos da América tropical são raposas, com exceção do cachorro selvagem (*Icticyon venaticus*)", devemos ficar mais atentos a mitos em que uma raposa é o dono do mel e àqueles mitos que, quase nos mesmos termos, confiam esse papel a outros animais, mas preservando quase sempre uma relação de oposição entre o dono do mel e o sariguê:

4. O lobo-do-mato ou guará (cf. Ihering, 1940, art. "guará").

M97 MUNDURUCU: O SARIGUÊ E SEUS GENROS (TRECHO)

O sariguê tem um aborrecimento após outro com os sucessivos genros que escolheu. Certo dia, o mais recente deles, que é o "raposa comedor de mel", convida sua mulher a pegar uma cabaça e acompanhá-lo. Ele trepa numa árvore onde existe uma colmeia e chama: "Mel, mel!". O mel escorre da colmeia e enche as cabaças. O sariguê tenta fazer o mesmo, mas fracassa e manda o raposa embora (Murphy, 1958, p. 119). Em outra versão, a pomba e em seguida o colibri substituem a raposa (Kruse, 1946-49, pp. 628-9).

M98 TENETEHARA: O SARIGUÊ E SEUS GENROS (TRECHO)

O "macaco-de-mel" passeava na floresta, onde se entupia de mel. De volta à sua casa, ele pediu um facão a seu sogro e furou seu próprio papo, de onde escorreu o mel, que encheu uma cabaça. O sariguê quis imitar o genro e morreu na hora, pois, diferentemente dos "macacos-de-mel", os sariguês não têm uma bolsa no papo (Wagley & Galvão, 1949, p. 153).

M99 WAPIXANA: O SARIGUÊ E SEUS GENROS (TRECHO)

O mosquito sugou o mel e em seguida mandou sua mulher furar seu corpo com uma agulha. O mel escorreu de sua pança. Mas, da barriga do sariguê, só saiu sangue... (Wirth, 1950, p. 208).

Contentemo-nos com esses exemplos de um tipo de narrativa extremamente difundida. Eles são de fato suficientes para evidenciar três aspectos. Em primeiro lugar, a personalidade do animal dono do mel é muito variável: vai do guará ao mosquito, passando pelo macaco e pelas aves. Em segundo lugar, a posse do mel apresenta frequentemente um caráter tautológico, pois os animais são definidos como funções do mel, em vez de ser o contrário, de onde resultam dificuldades de identificação: não há como saber exatamente quem é o "raposa comedor de mel", ao passo que o "macaco-de-mel", dotado de um receptáculo no papo, pode ser um alter ego do guariba, cujo osso hioide, oco, se parece com uma taça. Assim, qualquer animal parece ser apto a desempenhar o papel de dono do mel, contanto que se reconheça nele a capacidade de fartar-se — nos mitos, a pomba bebe água até não mais poder (*cc*, p. 274) e a observação mostra que o colibri [beija-flor] suga o néctar das flores, o mosquito, o sangue dos outros animais e o guariba possui um reservatório (na verdade, uma caixa de ressonância) no papo. Assim, a pomba, o colibri e o mosquito enchem a barriga e o macaco enche o colo. Em todos os casos, o órgão real ou suposto cria a função (de dono do mel). Somente o guará (raposa), do qual partimos, constitui um problema, pois que não se percebe qual poderia ser a base anatômica de sua função. O mito se organiza, entretanto, para justificar essa função, recorrendo a um meio externo em vez de interno, cultural no lugar de natural: as cabaças que o raposo põe debaixo da colmeia e que se enchem sob suas ordens.

A dificuldade suscitada pelo papel dos canídeos como donos do mel aumenta ainda devido à ausência, nos mitos até agora considerados, de um animal ao qual conviria bem melhor esse papel, entendendo-o no sentido próprio e não mais, como em todos os casos que passamos em revista, no sentido figurado. Pensamos na irara (*Tayra barbara*) cujos nomes vernaculares falam por si mesmos: papa-mel, em português, e *melero*, "vendedor de mel", em espanhol. Esse animal da família dos mustelídeos é noctívago e vive na mata. Embora carnívoro, é um grande apreciador de mel, como indica seu nome em língua geral, derivado do tupi /irá/, mel; ele preda as colmeias instaladas no oco das árvores, penetrando pelas raízes ou estraçalhando o tronco com suas garras. Uma planta que os Bororo chamam "da irara" é usada por eles para fins mágicos, a fim de garantir uma boa coleta de mel (EB, I, p. 644).

A irara tem um lugar de destaque nos mitos dos Tacana da Bolívia. Em uma de suas narrativas (M193), opõem a irara a uma raposa que rouba o mel. Esta arranca um pedaço de carne da irara, provocando assim o nascimento da mancha amarela que sobressai em sua pelagem negra (H&H, 1961, pp. 270-6).[9] Como essa "raposa" acaba de ter o rabo arrancado, ela poderia ser confundida com o sariguê, frequentemente denominado raposa, em relação ao qual vários mitos norte e sul-americanos narram como seu rabo ficou pelado. Um grupo de mitos (M194-M197) diz respeito às aventuras dos Edutzi, um par de dióscuros, entre os demônios animais com cujas mulheres eles se casam. A irara desempenha um papel, ou de pai das duas mulheres que são irmãs, ou de segundo marido de uma delas, sendo a outra um vampiro. Para proteger suas filhas da vingança dos Edutzi, o *melero* as transforma em araras (H&H, 1961, pp. 104-10). Esses mitos serão retomados em outro contexto. Antes concluiremos em relação aos Tacana, assinalando um grupo de mitos (M198-M201) que repartem os animais em dois campos: *lagarta/grilo, macaco/jaguar, grilo/jaguar, raposa/ jaguar, grilo/melero*. Apesar da instabilidade dos termos que exigiria uma organização prévia, nos planos sintagmático e paradigmático, do enorme corpus reunido por Hissink, para que esses mitos fossem corretamente interpretados, parece que as oposições pertinentes situam-se entre ani-

---

9. Em relação a uma variedade de cabeça clara (*Tayra barbara senex*), diziam os antigos mexicanos que, caso a cabeça fosse amarela, sua visão anunciaria ao caçador a morte, mas, sendo branca, pressagiaria uma vida longa e miserável. Era um animal de mau augúrio (Sahagun, 1950-63, L. XI, cap. I, em "Tzoniztac").

mais respectivamente grandes e pequenos, terrestres e celestes (ou ctônicos e celestes). Geralmente o jaguar domina no primeiro campo e o grilo, no segundo. O *melero* intervém duas vezes nesse grupo de mitos, seja como aquele que parlamenta entre os dois campos, seja como antagonista principal do grilo (no lugar do jaguar). Então ele é o chefe dos animais ctônicos. Salvo contra a lagarta, o grilo é sempre vitorioso, graças à ajuda das vespas que ferram cruelmente seu rival ávido de mel.[10] Entre os adversários do jaguar, temos, além do grilo e do macaco, a raposa e a jaguatirica; esses dois últimos possuem um pequeno tambor de xamã que, no grupo M_{194}-M_{197}, também desempenha um papel por ocasião do conflito entre os dióscuros e o *melero*. Sahagun (1950-63) aproxima uma variedade mexicana de *melero* e a jaguatirica.

A presença da irara ou *melero* em muitos mitos da Bolívia oriental é tanto mais digna de atenção na medida em que os mitos brasileiros e guianenses mostram-se bastante discretos em relação a esse animal. Se excetuarmos um mito taulipang (M_{135}) sobre a origem das Plêiades, em cujo final um pai e seus filhos decidem transformar-se em um animal /araiuag/: "quadrúpede semelhante a uma raposa, mas de pelagem negra, brilhante e macia, com um corpo delgado, cabeça redonda e focinho comprido" (K.G., 1916, pp. 57-60), que poderia muito bem ser a irara, pois "gosta de mel e não teme as abelhas", as outras referências são raras. Descendo para o sul, pararemos inicialmente na Amazônia. Um pequeno mito (M_{202}) opõe o curupira, espírito das matas e canibal, à irara comedora de mel. A irara salva um índio das garras do curupira, depois que a rã cunauaru (cf. CC, pp. 349-50) fez o mesmo por uma índia, a qual, como seu congênere, tinha roubado a comida do ogro. A partir de então, este não comeria mais peixe e tatu. Comeria carne humana, ao passo que a irara continuaria a alimentar-se com mel (Rodrigues, 1890, pp. 68-9).

Em relação à irara, os Botocudo do rio Doce, no Brasil oriental, narram dois mitos:

---

10. Cf. no *Popol Vuh* os inimigos derrotados pelas vespas e marimbondos.

M203 BOTOCUDO: ORIGEM DA ÁGUA

Outrora o colibri era dono de toda a água do mundo e os animais só podiam beber mel. Todo dia o colibri ia tomar banho e os animais invejosos mandaram o mutum (*Crax* sp.) espioná-lo, mas ele fracassou.

Certo dia todos se reuniram em torno de uma fogueira. A irara chegou atrasada porque tinha ido coletar mel. Em voz baixa, pediu água. "Água não tem", responderam-lhe. Então a irara ofereceu seu mel ao colibri, em troca da água, mas este recusou e anunciou que ia tomar banho. A irara o seguiu e chegou quase ao mesmo tempo que ele na água, contida no buraco de um rochedo. O colibri pulou na água, a irara fez o mesmo e agitou-se tanto que a água espirrou em todas as direções, dando origem aos riachos e rios (Nim., 1946b, p. 111).

O autor a quem devemos esse mito nota que a mesma história é encontrada entre os Yamana da Terra do Fogo, com a inversão do papel do colibri, que descobre a água, guardada ciosamente pela raposa.

M204 BOTOCUDO: ORIGEM DOS ANIMAIS

Outrora, os animais eram como os humanos e todos eram amigos. Eles tinham o suficiente para comer. Foi a irara quem teve a ideia de jogá-los uns contra os outros. Ela ensinou a cobra a morder e matar suas vítimas e disse ao mosquito para sugar o sangue. A partir daquele momento, todos se transformaram em bichos, inclusive a irara, para que ninguém pudesse reconhecê-la. Sem conseguir pôr as coisas em ordem, o xamã que fornecia comida aos animais transformou-se em pica-pau e seu machado de pedra transformou-se em seu bico (Nim., 1946b, p. 112).

Esses mitos suscitam várias observações. O primeiro deles opõe a irára, dona do mel, ao colibri, dono da água. Ora, já notamos que, na América do Sul, mel e água estão sempre juntos, pois o mel sempre é diluído antes de ser consumido. A situação primordial evocada pelo mito, no qual aqueles que possuem o mel não possuem a água e vice-versa, é portanto uma situação "contra a natureza" ou, mais exatamente, "contra a cultura". Um mito dos Kaiowá [Kayuá] do sul do Brasil (M62) conta que os animais apostaram uma corrida:

A irara também quis correr. Dizem que ela leva o mel nas costas. A ema (*Rhea americana*) disse a ela: "Mas você vai morrer! Você come mel e quer correr. Aqui não há água. Você vai morrer de sede... Eu não bebo água, todos os meus companheiros podem correr, não darei água para eles". Depois de correr e quase morrer de sede, o cão quebrou o pote que a irara carregava e todo o mel se esparramou. A irara ficou furiosa. A ema lhe disse: "Não adianta ficar brava, era uma brincadeira. Ninguém aqui vai brigar. Vá embora". E pegou todo o seu mel (Schaden, 1947, p. 117).

De modo que aqui também a irara é um animal raivoso e insatisfeito, porque tem o mel, mas falta-lhe a água. É, portanto, uma dona do mel incompleta, ora ansiosa por conquistar de um adversário que detém a água que ela não tem (M$_{203}$), ora exposta a perder o mel que tem em favor de um rival capaz de privar-se daquela água que tanta falta lhe faz (M$_{62}$). De todo modo, para a irara as coisas não podem permanecer como estão: daí seu papel de demiurgo enganador em M$_{204}$.[11]

5. A irara (*Tayra barbara*) (cf. Brehm [1891], s.d., v. I, p. 601).

---

11. Que somos tentados a comparar a Júpiter, no mesmo papel de deus enganador pródigo de veneno e avarento de mel: "*Ille malum uirus serpentibus addidit atris/ praedarique lupos iussit pontumque moueri,/ mellaque decussit foliis ignemque remouit*" (Virgílio, Geórgicas, IV, v. 129-31). [Em tradução livre: "Júpiter atribuiu um veneno maligno às serpentes negras,/ ordenou que fossem predadores os lobos e que o mar se agitasse,/ sacudiu das folhas o mel e removeu o fogo." (N. T.)]

NOSSA SEGUNDA OBSERVAÇÃO SE refere precisamente a esse último mito, no qual a irara dá o veneno às cobras, resultado que os mitos do Chaco (M205, M206) atribuem à operação do fogo ou da fumaça de pimenta (Métraux, 1939, pp. 19-20; 1946a, p. 68). Encorajados pela observação de Cardus (1886, p. 356), segundo a qual, entre os Guarayo, o tabaco é um contraveneno para as mordidas de cobra, proponhamos, a título de hipótese, a equação:

pimenta fumada = tabaco fumado$^{(-1)}$

Se agora admitirmos que o mel sem água (= forte demais) possui, em relação ao mel diluído, o mesmo valor de limite que a fumaça de pimenta em relação ao tabaco, compreenderemos que a irara, dona do mel sem água, pode desempenhar, no mito botocudo, um papel que tende a confundir-se com aquele que os mitos do Chaco atribuem a uma fumaça que queima no sentido próprio (fogo) ou no sentido figurado (pimenta), em um sistema global que podemos representar da seguinte maneira:

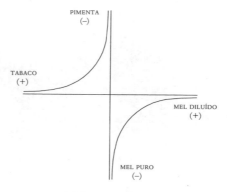

6. Tabaco, pimenta, mel.

Esse modelo analógico[12] é indiretamente confirmado por uma oposição amazônica entre o mel ruim, conhecido por provocar vômitos e utilizado

---

12. Se enfatizamos essa característica é porque Leach (1964) nos censurou por ignorarmos os modelos deste tipo e por utilizarmos exclusivamente esquemas binários, como se o próprio

A besta árida

ritualmente para essa finalidade, e o tabaco bom, que os Tukano da Colômbia dizem ser originário de vômitos divinos. Assim, o primeiro surge como *causa* dos vômitos destinados a estabelecer uma comunicação entre os homens e os deuses, enquanto o segundo surge como o *resultado* de vômitos que já são eles mesmos uma comunicação entre os deuses e os homens. Recordemos finalmente que em M202, constituído de dois episódios que podem ser superpostos, a irara intervém como variante combinatória da rã cunauaru, dona de um veneno empregado na caça, isto é, de uma substância não comestível que, como o timbó (acima, p. 77), "transforma-se" em caça, substância comestível, enquanto a irara detém o mel puro, não comestível, mas também transformável (por diluição) em substância comestível.

No final dessa discussão, a posição mítica da irara tornou-se um pouco mais clara. Dona do mel no sentido próprio, a irara é incapaz de assumir plenamente essa função aos olhos dos homens, pois se diferencia deles por comer mel sem água. Isto a deixa marcada por uma carência que explica por que se prefere escolher outros animais para essa função nos mitos, embora eles só possam pretender a ela de modo figurado. À frente desses animais encontram-se canídeos. Agora é o momento de evocar um mito bororo (M46), cujo episódio inicial coloca a irara em correlação e em oposição com outros quadrúpedes, alguns dos quais canídeos. Esse mito trata da origem dos heróis Bakororo e Itubore, nascidos da união entre um jaguar e uma humana. Ao dirigir-se para a toca da fera, a mulher encontra sucessivamente vários bichos que tentam se fazer passar pelo marido ao qual seu pai a prometeu, em troca de ter a vida salva. Esses animais são,

---

conceito de transformação que tomamos emprestado de Arcy Wentworth Thompson, do qual fazemos um uso tão constante, não dependesse inteiramente da analogia... Na verdade recorremos constantemente aos dois tipos, como se pode notar em relação a uma outra análise (p. 100), onde inclusive tentamos integrá-los. *O cru e o cozido* já oferecia exemplos inequívocos de modelos analógicos, como gráficos e diagramas (fig. 5, fig. 6, fig. 7, fig. 8, fig. 20 e as fórmulas das pp. 225, 267-8, 330, 332 etc.). O mesmo se pode dizer de todos os quadros em que os signos + e – não conotam a presença ou a ausência de certos termos, mas o caráter *mais* ou *menos* marcado de certas oposições que variam, no interior de um grupo de mitos, em razão direta ou inversa umas das outras.

pela ordem, a irara, o gato selvagem, o lobo pequeno, o lobo grande, a jaguatirica e a suçuarana. Após desmascarar cada um deles, a mulher chega finalmente à toca do jaguar.

À sua maneira, esse episódio proporciona uma lição de etnozoologia, pois nele sete espécies estão dispostas por ordem de tamanho e em função de sua maior ou menor semelhança com o jaguar. Do ponto de vista do tamanho, fica claro que:

1) gato selvagem < jaguatirica < suçuarana < jaguar;
2) lobo pequeno < lobo grande.

Do ponto de vista da semelhança, a irara e o jaguar são os que se opõem mais fortemente, e a irara também é muito menor do que o jaguar. O que há de mais notável nessa série é sua constituição heteróclita em relação à taxionomia moderna, pois ela junta um mustelídeo, dois canídeos e quatro felídeos, isto é, famílias muito diferentes quanto à anatomia e ao modo de vida. Para nos atermos à mais superficial dessas diferenças, notemos que certas espécies têm a pelagem malhada, outras apresentam o pelo liso e, neste último caso, claro ou escuro.

Mas uma classificação que nos parece heteróclita não o é forçosamente do ponto de vista indígena. A partir do radical /iawa/ o tupi forma, por sufixação, os substantivos: /iawara/ "cachorro", /iawaraté/ "jaguar", /iawacaca/ "ariranha", /iawaru/ "lobo", /iawapopé/ "raposa" (Montoya, 1876), agrupando assim em uma mesma categoria felídeos, canídeos e um mustelídeo. Os Karib da Guiana conhecem uma classificação das espécies animais cujo princípio está longe de ser claro, mas na qual parece que o nome jaguar /arowa/, completado por um determinante: — de jabuti — de jacamim — de cutia — de rato — de cervídeo etc., servia para denominar várias espécies de quadrúpedes (Schomburgk, 1922, II, pp. 65-7). Em consequência e como mostramos em O *cru e o cozido*, a propósito dos ungulados e dos roedores, aos quais o pensamento indígena aplica o mesmo princípio de classificação baseado na oposição relativa entre comprido e curto (*animais "com rabo"/animais "sem rabo"; focinho comprido/focinho curto*

A besta árida

etc.), parece que um mustelídeo como a irara não deve ser separado radicalmente de animais de outras ordens zoológicas. Em tais condições, a atribuição, pelos mitos, do papel de dono do mel a canídeos se faria menos por referência a uma espécie determinada e a seu comportamento empírico do que a uma categoria etnozoológica muito ampla e que inclui não somente a irara — que, como mostra a observação, é efetivamente a dona do mel — mas também canídeos. Em relação a eles, resta-nos demonstrar que, colocando-se do ponto de vista semântico, eles são ainda mais aptos do que a irara para desempenhar esse papel, ainda que as confirmações empíricas — que, sem dúvida, não estão totalmente ausentes — não os qualifiquem de maneira tão decisiva como no caso da irara. Mas é preciso também levar em conta que, nos mitos, o mel não intervém apenas como produto natural: carrega significados múltiplos que lhe são, de certo modo, acrescentados. Para mandar nesse mel que se tornou sua própria metáfora, um dono real, mas incompleto, convém menos do que um dono tanto mais apto a desempenhar seu papel com toda a autoridade desejável, na medida em que os mitos conferem a esse papel uma acepção figurada.

Para elucidar a posição semântica dos canídeos é incontestavelmente para o Chaco que convém nos voltarmos. Nos mitos daquela região, a raposa ocupa uma posição de destaque como encarnação animal de um deus enganador, que algumas vezes também assume a forma humana. Existe no Chaco um grupo de mitos, nos quais Raposo mantém com o mel uma relação positiva ou negativa, mas sempre fortemente marcada. Passaremos a examinar esses mitos, ainda não encarados sob esse ângulo.

M207 TOBA: O CASAMENTO DE RAPOSO

No final de várias aventuras, Raposo morre mas ressuscita assim que começa a chover. Então, sob a aparência de um belo rapaz, ele chega a uma aldeia. Uma jovem enamora-se dele e torna-se sua amante, mas, em seus transportes amorosos, ela o unha tanto que Raposo geme e grita. Seus urros revelam sua natureza animal e a jovem o abandona.

Então ele seduz outra jovem, mais meiga. Nasce o dia e Raposo vai aprovisionar-se. Enche sua bolsa com frutos selvagens /sachasandia/ e favos de cera vazios, oferecendo-os a sua sogra, como se eles contivessem mel. Muito alegre, esta anuncia que irá diluir o mel na água, deixando-o fermentar, para fazer hidromel para a sua família. Diz ao genro que poderá beber o que sobrar. Raposo foge antes que os sogros descubram o que está na bolsa, bem como a identidade do sedutor (Métraux, 1946a, pp. 122-3).

M208 TOBA: RAPOSO EM BUSCA DE MEL

Conta-se que, um dia, o raposo foi à procura de mel de vespa /lecheguana/. Caminhou durante muito tempo, sem resultado, e encontrou a ave /celmot/ que também procurava mel e que concordou em acompanhá-lo. A ave encontrava muito mel. Subia nas árvores, acompanhava com o olhar o voo das vespas isoladas para detectar o ninho delas e depois esvaziá-los. Raposo tentava fazer o mesmo, mas sem sucesso.

Então, a ave resolveu enfeitiçar seu lastimável parceiro. Murmurou palavras mágicas: "Que apareça uma lasca de madeira na qual Raposo se machuque e não possa mais andar!". Nem bem tinha terminado, Raposo, pulando para o pé da árvore onde tinha trepado, acabou empalando-se em uma estaca pontiaguda. Ele morreu. A ave /celmot/ foi matar a sede num brejo e voltou para casa sem contar para ninguém o que havia acontecido.

Caiu uma chuva fraca e Raposo ressuscitou. Após livrar-se da estaca, conseguiu encontrar mel, que guardou em sua bolsa. Como tinha sede, dirigiu-se até um brejo e pulou dentro dele sem olhar. O brejo estava seco e ele quebrou o pescoço. Bem perto dali, uma rã cavava um poço. Seu estômago estava cheio de água. Passado muito tempo, apareceu um homem que queria beber. Ele notou que o brejo estava seco, que Raposo tinha morrido e que o estômago da rã estava cheio de água. Furou-o com um espinho de cacto, a água jorrou e espalhou-se a sua volta, molhando Raposo, que ressuscitou novamente.

Um dia em que Raposo esperava convidados e preparava cauim de algarobo, viu Lagarto dormindo na copa de uma árvore /yuchan/ (*Chorisia insignis*). Raposo deixou o cauim de lado e pediu a Lagarto que se afastasse um pouco. Explicou que gostava de trepar nas árvores e que se não costumava morar em sua copa era porque preferia encontrar ali gente amiga. Lagarto lançou uma maldição: "Que Raposo fique estripado, quando pular da próxima vez!". Raposo saltou na direção dele e destripou-se nos espinhos do tronco do /yuchan/. Caiu, ficou pendurado pelas tripas, que se agarraram na árvore.

A besta árida

"Vamos fazer essas entranhas crescerem", disse Lagarto, "para que os homens as colham e comam". Essa é a origem de um cipó chamado "tripas de raposa", que os índios consomem (Métraux, 1946a, pp. 126-7).

7. Uma raposa sul-americana (cf. Ihering, art. "cachorro-do-mato").

Na versão mataco do mesmo mito (M209A), o enganador, que se chama Takjuaj (Tawk'wax) pendura ele mesmo os seus intestinos nos galhos das árvores, onde eles se transformam em cipó. Ele enterra, quase na superfície da terra, seu estômago, que se transforma numa espécie de melão cheio de água. De seu *reyuno*[13] e de seu coração nascem o /tasi/ liso e o /tasi/

---

13. Métraux (1946a, p. 128) desistiu de traduzir este termo e nós tampouco conseguimos descobrir o sentido dado a esta palavra espanhola pela linguagem local. Ele designa claramente uma parte do corpo, mas a anatomia do enganador mataco reserva surpresas, como mostra esta outra versão (M209B) do mesmo mito: "Tawkxwax quis subir no alto de uma árvore /yuchan/ e caiu de cabeça para baixo. Durante a queda, os espinhos do tronco estraçalharam seu corpo. Ele arrancou seu estômago e enterrou-o; dele nasceu uma planta /iletsáx/, cuja raiz, muito grossa, é cheia de água. Seu intestino transformou-se em cipó. Como as vacas, Tawkxwax tem dois estômagos; com o outro ele fez uma planta chamada /iwokanó/" (Métraux, 1939, p. 19). Note-se que, na América do Norte, mitos muito próximos dos mitos do Chaco associam do mesmo modo ao enganador, personificado pela Marta ou pelo Coyote, o uso imoderado ou das partes do corpo ou das árvores, plantas e frutos selvagens e a origem destes últimos (Menomini: Hoffman, 1893, p. 164; Pawnee: Dorsey, 1906, pp. 464-5; Kiowa: Parsons, 1929, p. 42). Entre os Iroqueses (Hewitt, 1910, p. 710), diversas trepadeiras que dão frutos comestíveis nascem do intestino de Tawiskaron, deus do inverno. Os Ojibwa atribuem o mesmo avatar ao irmão malfazejo do demiurgo. Na própria América do Sul, o personagem de Raposo como pretendente incompetente e glutão aparece entre os Witoto (Preuss, 1921-23, pp. 574-81) e também se encontra entre os Uro-Cipaya do planalto andino (Métraux, 1935).

espinhento. Na terra, seu intestino grosso transforma-se em mandioca (Palavecino, 1936-41, p. 264).

Métraux decompõe esse grupo de mitos em três narrativas distintas, mas basta sobrepô-las para ver surgir um esquema comum. Um empreendimento de ordem alimentar, a procura de mel (sem dúvida para fazer hidromel, cf. M$_{207}$) ou preparo de uma outra bebida fermentada, fracassa porque Raposo não sabe subir nas árvores ou então só é bem-sucedido depois que Raposo caiu da árvore. Mas nesse caso, porque tudo isso o deixou sedento e o enganador, agindo sempre de maneira imprudente, vai espatifar-se no fundo de um brejo sem água, água que é sempre indispensável para que ele volte a viver. A Raposo *empalado* no primeiro episódio corresponde, no segundo (mas com efeito inverso: terra molhada em vez de terra ressecada), uma rã com a barriga *jurada* e, no terceiro episódio, um Raposo *estripado*, que não cai mais de *cima para baixo*, como nos dois primeiros episódios, mas que, dessa vez, tenta saltar de *baixo para cima*. Quando Raposo cai de cima para baixo, ele está *sem mel* (primeiro episódio). Quando ele cai do baixo para um nível ainda mais baixo (o fundo do brejo ressecado), está *sem água* (segundo episódio). Finalmente, quando salta de baixo para cima (terceiro episódio), ele determina o aparecimento, a *meia altura*/num *ponto intermediário*, não do mel ou da água, mas de coisas que deles se aproximam singularmente, no sentido de que, não sendo absolutamente nem uma coisa nem outra, ilustram de maneira aproximativa a conjunção de ambas, que se encontravam anteriormente separadas: o mel no alto, nas árvores, a água embaixo, no brejo ou na barriga de uma rã cavando um poço. Essa conjunção assume a forma de legumes ou de frutos selvagens, que são vegetais como o mel (segundo a classificação indígena) e que, diferentemente do mel, contêm água.

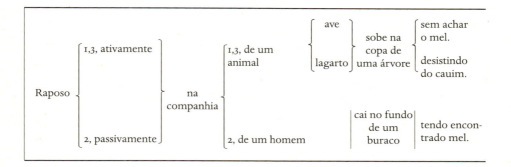

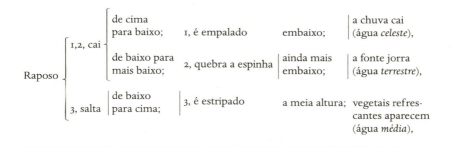

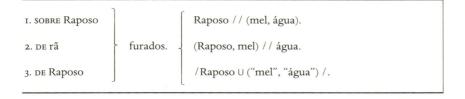

Em favor dessa redução, pode-se invocar o fato de que certos motivos que aparecem nos três episódios se correspondem exatamente. É sobretudo o caso daquilo que chamaríamos de motivo da "furação": Raposo é empalado num galho pontiagudo, o estômago da rã é furado por um espinho de cacto, Raposo é estripado pelos espinhos salientes do tronco da árvore /yuchan/. Verificaremos, na sequência, que estamos diante de um motivo fundamental nos mitos do mel, cuja razão será evidentemente preciso procurar. No momento nos limitaremos a enfatizar três aspectos.

Em primeiro lugar, a "furação" sempre diz respeito a um receptáculo natural: corpo do raposo ou corpo da rã, isto é — já que o raposo é o herói do mito — um *corpo próprio* ou um *corpo alheio*. No primeiro episódio, o corpo próprio é um *continente sem conteúdo*: nada sai do corpo do Raposo empalado, pois ele está em jejum (sem mel) e sedento (sem água). Ressuscitado pela chuva que umedece de fora seu corpo ressecado, sempre vazio e em busca de água, Raposo quebra a espinha, introduzindo assim, por meio de seu *próprio corpo*, o segundo termo de uma oposição — *vísceras furadas/ ossos quebrados* — cujo primeiro termo é representado por um *corpo alheio* — o da rã — que, ao contrário de Raposo, surge então sob a forma de *continente dotado de conteúdo*: ela está repleta de água. Essa realização externa do continente, a partir do momento em que sua realização interna está excluída, fornece uma nova ilustração de um esquema para o qual já chamamos a atenção (p. 107), ao nos referirmos ao episódio do mel no ciclo "Sariguê e seus genros", no qual, enquanto o macaco, o beija-flor e o mosquito enchem ativamente de mel a goela ou a barriga (corpo próprio *continente ∪ conteúdo*), o raposo contenta-se em assistir passivamente ao preenchimento dos recipientes, isto é, as cabaças (corpo próprio *continente//conteúdo*).

Em consequência, nos dois primeiros episódios de M208, o corpo próprio (o do raposo) é seco, o corpo alheio (o da rã) é úmido. A função do terceiro episódio consiste em resolver essa dupla antinomia: ao se transformar de corpo próprio em corpos outros (legumes e frutos), Raposo opera a conjunção entre seco e úmido, pois os frutos e os legumes, repletos de água, são secos por fora e úmidos por dentro.

Nossa segunda observação toca num detalhe cuja importância será melhor ressaltada em seguida. Se, no segundo episódio de M208, a rã é dona da água, é porque ela a obteve cavando um poço. Essa técnica foi de fato verificada entre os índios do Chaco, região onde a água pode ser rara: "Durante a estação seca, o problema da água é um dos que apresentam para os índios uma importância vital. Os anciãos Lule e Vilela, estabelecidos ao sul do Bermejo, cavavam poços profundos ou construíam grandes cisternas. Os atuais Lenga têm poços profundos, com 4,5 a 6 metros e por volta de 75 cm de diâmetro. São feitos de tal modo que um homem pode

A besta árida

descer neles apoiando os pés nos entalhes feitos nas faces opostas da parede" (Métraux, 1944, p. 8).

Finalmente, não é possível evocar o motivo da "furação" sem remeter à sua forma invertida, que outros mitos do Chaco, todos a propósito do Raposo, provenientes dos Toba e dos Mataco, ilustram. Tais mitos (discutidos em *cc*, pp. 397-404) narram como o enganador Tawkxwax ou seu equivalente toba, Raposo, teve todos seus orifícios corporais tapados por uma vespa ou abelha que, como demonstramos então, por vias muito diferentes, é uma rã transformada pela inversão de conotações respectivamente seca e úmida que esses dois animais possuem. Ora, fica claro que, a esse respeito, o segundo episódio de M_{208} é uma retransformação de M_{175}, por meio de uma tripla oposição: *seco/úmido, fechado/aberto, ativo/passivo*, que se pode condensar na seguinte fórmula:

$$M_{175}\left[1/\text{ABELHA}^2/\text{tapa}^3/dora\right] \longrightarrow M_{208}\left[1/\tilde{\text{R}}\tilde{\text{A}}^2/\text{fura}^3/da\right]$$

que corresponde ao fato de que, em M_{175}, Raposo tem toda a água que pode desejar (exteriorizada pela abelha: em jarras) mas a desdenha, enquanto em M_{208} vê-se privado da água que cobiça porque essa água é interiorizada pela rã (em seu corpo).

Um outro mito toba propõe uma variante do último episódio de M_{208}-M_{209}:

M210 TOBA: RAPOSO ENTUPIDO DE MEL

Raposo pesca na lagoa, enquanto Carancho procura mel de vespa /lecheguana/. Encontra muito mel, mas Raposo não pega nenhum peixe. Sua contribuição para o almoço se limita a dois pássaros ruins /chumuco/.[14] Aborrecido com o fato de seu amigo não apreciar essa caça, Raposo recusa o mel, alegando que ele é ruim. Carancho o enfeitiça: "Que o estômago do Raposo secrete mel!". Com efeito, Raposo constata que seu excremento está

---

14. Em relação às aves como forma inferior de caça cf. *cc*, p. 273.

repleto de mel, que sua saliva, que ele mal acaba de expectorar, transforma-se em mel e que transpira mel por todos os poros.

Então Carancho, que pescou bastante, convida Raposo para comer os peixes. No começo Raposo tem grande apetite, mas Carancho revela que aquilo que ele imagina serem peixes é, na verdade, mel disfarçado magicamente. Raposo fica tão enojado que acaba vomitando. Constata, com certo orgulho, que a matéria vomitada transforma-se em melancias: "Dir-se-ia que sou um feiticeiro: as plantas crescem onde eu vomito!" (Métraux, 1946a, pp. 138-9).

Essa variante apresenta duplo interesse. Em primeiro lugar, ela ilustra uma conexão já observada entre os Mundurucu, que se dá entre o mel e as melancias (acima, p. 76). Lembremos que, para esses índios, as melancias provêm "do demônio" e que, inicialmente venenosas, foi preciso que os homens as domesticassem, cultivando-as para poderem consumi-las sem perigo. Ora, o Raposo, divindade enganadora, desempenha de fato o papel de um "demônio" na mitologia dos Toba. Os Goajiro, que vivem no extremo norte da América tropical, na Venezuela, também consideram o melão como um alimento "diabólico" (Wilbert, 1959, p. 171). Ocorre o mesmo entre os Tenetehara (Wagley & Galvão, 1949, p. 145). Verificada

8. O carancho (*Polyborus plancus*) (cf. Ihering, 1940, art. "carancho").

A besta árida

várias vezes em tribos distanciadas e diferentes pela língua e pela cultura, essa natureza diabólica das melancias coloca um problema cuja solução será preciso encontrar.

Por outro lado, M210 restitui, sob uma forma mais nítida e mais vigorosa, a oposição já presente em M208-M209, entre o raposo sem sorte e um companheiro mais talentoso, que então era o pássaro /čelmot/ e, em seguida, o lagarto. Com efeito, o companheiro de que agora se trata não é outro que não Carancho, isto é, o demiurgo (em oposição ao Raposo enganador), encarnado, entre os Toba, por um falconídeo predador e carniceiro, que aprecia larvas e insetos, o *Polyborus plancus*: "O carancho prefere as regiões de campo ou de pouco mato; seu andar é um tanto solene e quando levanta o topete não lhe falta certa imponência que, no entanto, não condiz com seu modo de vida de verdadeiro plebeu" (Ihering, art. "carancho").[15]

No mito, o demiurgo é um dono da pesca e da busca do mel, na qual Raposo se mostra incapaz de igualar-se a ele, o que o deixa raivoso. Enjoado com o mel, como o curupira do mito amazônico M202, o raposo terá de contentar-se em ser dono das melancias.

Está claro que aqui as melancias são um *ersatz* do mel e do veneno. O que existe, então, de comum e de diferente entre essas três fontes de alimentação? Por outro lado, o que há de comum entre as melancias (*Citrullus* sp.) nascidas dos vômitos de Raposo e as plantas engendradas por suas vísceras em M208-M209 (cipós comestíveis, /tasi/, mandioca e entre as quais já se encontra a melancia)? Finalmente, qual é a relação com os frutos de *sacha sandía*, de que o Raposo é dono em M207?

Nesse conjunto, convém dar um espaço especial à mandioca, que é a única planta cultivada. No entanto, entre todas as plantas cultivadas, ela também é aquela que exige menos cuidados e não possui um tempo de maturação bem definido. Planta-se a mandioca recorrendo ao estaqueamento, no início da estação chuvosa. Basta uma mondadura intermitente para que as plantas alcancem a maturidade, daí a alguns meses, de oito a

---

15. O carancho é maior do que o carcará, outro falconídeo (*Milvago chimachima*), que desempenha o papel de enganador na mitologia kadiwéu, cf. acima, p. 95, n. 7.

dezoito, dependendo dos modos de plantio. A partir de então e até se esgotarem, elas fornecerão tubérculos comestíveis em qualquer época do ano.[16] Rústica, capaz de prosperar nos terrenos mais pobres, sempre disponível, inclusive, e junto com as plantas selvagens, naqueles períodos em que as outras plantas cultivadas já foram colhidas e até mesmo consumidas, a mandioca representa uma fonte de alimento não marcada e que aparece citada junto com as plantas selvagens que oferecem um valor alimentício, na medida em que seu consumo, ainda possível na estação das frutas selvagens, assume maior importância prática, na dieta indígena, do que sua inclusão teórica entre as plantas cultivadas.

9. O carcará (*Milvago chimachima*).

---

16. Pode-se generalizar a observação de Whiffen (1915, p. 193) no noroeste da Amazônia: "Via de regra, planta-se a mandioca pouco antes das grandes chuvas, mas não existe época do ano em que não se possam colher algumas raízes". Em apoio às considerações precedentes, citemos também algumas observações de Leeds (in Wilbert, 1961, pp. 23-4): "Assim, a mandioca não apresenta periodicidade definida, sua produção é regular no decurso dos anos [...] Pode-se conservá-la em estado cru ou preparado [...] ela não exige esforço especial nem concentração de mão de obra numa época determinada, mesmo para a colheita, que se faz de tempos em tempos e em pequenas quantidades. Em consequência, as características deste cultivar e suas exigências quanto à mão de obra não implicam nenhuma organização centralizada, que não seria necessária nem para a produção nem para a distribuição. Pode-se, no conjunto, dizer o mesmo da caça, da pesca e da coleta de produtos selvagens".

Quanto à *sacha sandía* (*Capparis salicifolia*), ao menos em relação aos Mataco, sobre os quais estamos bem-informados, esses frutos possuem uma conotação sinistra, pois propiciam um meio habitual de suicídio a pessoas que parecem ser particularmente inclinadas a encurtar suas vidas. O envenenamento com a *sacha sandía* provoca convulsões, a boca se enche de espuma, o coração bate irregularmente, com interrupções curtas, seguidas de retomadas, a garganta se contrai, a vítima emite sons estrangulados, o corpo é tomado por sobressaltos, ocorrem contrações bruscas e intermitentes, bem como uma forte diarreia. Finalmente, a vítima entra em coma e morre relativamente depressa. Uma intervenção rápida, sob a forma de injeções de morfina e administração de um emético, permitiu salvar muitas vítimas que, mais tarde, descreveram os sintomas experimentados: profunda depressão, seguida de vertigens, "como se o mundo ficasse de ponta-cabeça", obrigando-as a deitar-se (Métraux, 1943).

Entende-se, portanto, o motivo pelo qual os frutos da *sacha sandía* só constam da dieta do Chaco em períodos de escassez. Mesmo assim, é preciso submetê-los a cinco fervuras sucessivas, mudando sempre de água, para eliminar sua toxidade. Mas o mesmo acontece, embora em menor grau, com a maior parte das plantas selvagens que enumeramos.

Vários autores (Métraux, 1944, pp. 3-28; 1946b, pp. 246-7; Henry, 1951; Susnik, 1962, pp. 20-1, 48-9, 87, 104) descreveram detalhadamente o ciclo da vida econômica no Chaco. Desde o mês de novembro e até janeiro ou fevereiro, os índios do Pilcomayo consomem sob a forma de um cauim, ligeiramente fermentadas, as vagens de algarobo (*Prosopis* sp.) e os frutos nutritivos do chanar (*Gourleia decorticans*) e do mistol (*Zizyphus mistol*). É a época que os Toba denominam /kotap/, assimilada ao "bienestar", durante a qual a carne de pecari e de quati é gordurosa e abundante. É o tempo das festas e do divertimento, das visitas intertribais, das bolsas repletas de carne, com que um noivo presenteia sua futura sogra.

Em fevereiro-março, outros produtos selvagens substituem os precedentes: *poroto del monte* (*Capparis retusa*), *tasi* (*Morrenia odorata*), figos-da-índia (*Opuntia*) são acrescentados, nas tribos agrícolas, ao milho, à abóbora e à melancia. Tão logo terminam as chuvas, em abril, os excedentes dos frutos selvagens são postos para secar ao sol, para fazer provisões para o inverno, e as roças são preparadas.

Desde o início de abril até meados de junho, cardumes de peixes sobem os rios, anunciando um período de abundância. Em junho e julho, os cursos de água secam progressivamente, a pesca torna-se difícil e é preciso recorrer novamente aos frutos selvagens: /tasi/, já citado, e /tusca/ (*Acacia aroma*) que amadurecem entre abril e setembro.

Agosto e setembro são os verdadeiros meses de escassez, durante os quais recorre-se às reservas de frutas secas, completadas pela *naranja del monte* (*Capparis speciosa*), cucurbitáceas, bromeliáceas, tubérculos selvagens, um cipó comestível (*Phaseolus?*) e, finalmente, os frutos da *sacha sandía*, que já mencionamos. Devido a seu sabor amargo, várias outras frutas citadas anteriormente, como o *poroto* e a *naranja del monte*, também devem ser fervidas em diversas águas, em seguida piladas, e então postas para secar ao sol. Quando a água começa a escassear, recolhe-se aquela que fica estagnada na base das folhas do /caraguatá/, uma bromeliácea, e mastiga-se o tubérculo polpudo de uma euforbiácea.

Durante os meses de seca, os grandes ajuntamentos de pessoas, que marcam o tempo das festas em torno do cauim de algarobo e da pesca nos rios, dão lugar a uma vida nômade e dispersa. As famílias se separam e perambulam pela mata, à procura de plantas selvagens e de caça. Todas as tribos caçam, sobretudo os Mataco, que não têm acesso aos rios. As grandes caçadas coletivas, auxiliadas frequentemente pelo fogo que se toca na vegetação ressequida, ocorrem principalmente durante a estação seca, mas caça-se também durante o resto do ano.

Os Toba, que denominam esse período /káktapigá/, enfatizam, em suas narrativas, que então os animais ficam magros e desprovidos da gordura tão necessária à alimentação dos caçadores. É o tempo da "doença da fome": a boca ressecada não tem mais saliva e a carne da ema /ñandu/ dificilmente garante a subsistência. A gripe então começa a grassar, matando bebês de colo e velhos; comem-se tatus e dorme-se juntinho das fogueiras, todos bem cobertos...

Percebe-se, pelo que foi dito, que embora não exista uma verdadeira estação chuvosa no Chaco, onde fortes precipitações podem ocorrer em qualquer momento do ano, as chuvas tendem a concentrar-se entre outubro e março (Grubb, 1911, p. 306). Todas as plantas da raposa aparecem, portanto, como alimentos da estação seca, assim como o peixe e o mel, coletado principalmente durante o período de nomadismo. No entanto, essa estação seca apresenta-se alternativamente sob dois aspectos: o da abundância e o da escassez. Todos os nossos mitos se referem à estação seca, ora encarada sob seu aspecto mais favorável, caracterizado pela abundância de peixe e de mel (que, como Métraux (op. cit., p. 7) observa, é especialmente apreciado pelos índios do Chaco), ora sob seu aspecto mais precário e angustiante, pois a maior parte dos frutos selvagens da estação seca é venenosa ou amarga; eles exigem um tratamento complicado para que se possa consumi-los sem perigo. As melancias, produto do início da estação seca, pelo fato de serem cultivadas, deixaram de ser venenosas. Na grande quantidade de água que conservam sob sua casca grossa elas perpetuam, até a estação seca, as derradeiras dádivas das últimas chuvas, ilustrando assim de modo extremo e sob uma forma paradoxal o contraste entre continente e conteúdo: um seco, o outro, úmido,[17] e podem servir como emblema de um deus enganador, ele também paradoxalmente diferente por fora e por dentro.

Aliás, a árvore /yuchan/, cujos espinhos duros estripam Raposo, não é comparável, a seu modo, às melancias e a outros frutos suculentos da estação seca? Na mitologia dos Mataco e dos Ashluslay (M111), o /yuchan/ é a árvore que outrora continha em seu tronco regurgitante toda a água do mundo e que fornecia peixes aos homens durante o ano todo. O /yuchan/ interioriza, portanto, a água terrestre e neutraliza a oposição entre a estação da pesca e a estação sem peixes, assim como os frutos selvagens interiorizam a água celeste e neutralizam assim, ainda que de maneira relativa, mas empiricamente verificável, a oposição entre a estação seca e a estação chuvosa. Voltaremos a

---

17. A versão de Kruse do mito M157 (acima, p. 76) é eloquente a esse respeito: "Quando os frutos ficarem duros, anuncia a mãe das plantas cultivadas, estarão bons para comer".

encontrar, nos mitos da Guiana, árvores que, como o /yuchan/, pertencem à família das bombacáceas, e quase não há necessidade de lembrar que seu papel de árvore da vida encontra-se inclusive na mitologia dos antigos Maia. Mas o fato de o tema também existir no Chaco, e sob a forma particular de uma árvore repleta de água e de peixes, mostra que, nessa região, ele mantém uma ligação original com a infraestrutura técnico-econômica: de forma alegórica, a secura espinhenta do tronco encerra a água e a água dos peixes, assim como a estação seca encerra o período privilegiado em que os peixes se tornam abundantes nos rios e assim como ela encerra a duração do período de maturação dos frutos selvagens, que encerram a água no espaço circunscrito por sua dura casca.

Finalmente, assim como os peixes, o mel pressupõe ao mesmo tempo a água (na qual ele é diluído, para se fazer hidromel) e a seca. Constituem uma mediação entre o seco e o úmido e, ao mesmo tempo, entre o alto e o baixo já que, durante a estação seca, o seco é de ordem atmosférica, portanto celeste, e que, na ausência da chuva, a água só pode provir da terra, na realidade, dos poços. A mediação que o mel e o peixe ilustram é, portanto, a mais ambiciosa, quanto a seu alcance, devido ao distanciamento dos termos que devem ser aproximados, e a mais rentável quanto às consequências, sejam estas qualificadas em relação à quantidade (os peixes que constituem o alimento mais abundante) ou à qualidade (o mel, que é o mais requintado dos alimentos). O raposo consegue operar a mesma mediação, ainda que num nível medíocre: mesmo sendo suculentos, os frutos selvagens não substituem a água e exigem muito trabalho para serem colhidos e preparados para o consumo. Finalmente, o raposo realiza essa mediação improvisada a uma igual distância do alto e do baixo, à meia altura da árvore e mediante o sacrifício de suas partes médias, já que, no plano anatômico, as vísceras também se situam a meio caminho entre alto e baixo.

3. História da moça louca por mel, de seu vil sedutor e de seu tímido esposo

A) No chaco

O primeiro mito "de mel" do Chaco que discutimos (M207), no qual Raposo desempenha o papel principal, deixa entrever a intervenção de uma parceira feminina: a jovem que Raposo seduz, após ter assumido a aparência de um belo rapaz que parece estar disposto a desposá-la. Um pequeno mito retoma esse detalhe; de forma concisa, ele antecipa um grupo importante de mitos que se torna possível isolar a partir do momento em que neles se reconhece, diversamente transformado, o esquema fundamental cujos delineamentos são evocados por M211:

M211 TOBA: RAPOSO DOENTE

Voltando de uma abundante coleta de mel, de que participou com outros moradores da aldeia, Raposo foi picado por uma aranha venenosa. Sua mulher convocou quatro célebres curandeiros para cuidarem dele. Naquela época, Raposo tinha forma humana. Como desejava sua cunhada, que era mais bonita do que sua mulher, exigiu e obteve que ela lhe servisse de enfermeira. Contava com o fato de ficarem a sós para seduzi-la, mas ela não quis saber de Raposo e o denunciou à irmã, que, de raiva, abandonou o marido. Uma conduta tão pouco condizente com o mal de que Raposo dizia sofrer acabou por despertar suspeitas e ele foi desmascarado (Métraux, 1946a, pp. 139-40).

Eis agora variantes do mesmo mito, mas sob uma forma muito mais desenvolvida:

M212 TOBA: A MOÇA LOUCA POR MEL

Sakhê era filha do senhor dos espíritos aquáticos e gostava tanto de mel que o pedia sem parar. Aborrecidos com tamanha insistência, os homens e as mulheres lhe diziam: "Case-se!". Até mesmo sua mãe, quando ela a importunava, querendo mel, dizia-lhe que era melhor ela se casar.

Então a jovem decidiu desposar Pica-pau, afamado buscador de mel. Certo dia, ele se encontrava na mata, com outras aves muito ocupadas, como ele, a furar os troncos das árvores com bicadas, para atingir os ninhos das abelhas. Raposo fingia ajudá-los, mas apenas batia nas árvores com sua borduna.

Sakhê informou-se sobre o lugar onde se encontrava Pica-pau. Indo na direção indicada, encontrou Raposo, que tentou se fazer passar pelo pássaro. Mas seu papo não era vermelho e sua bolsa, em vez de mel, continha apenas terra. A moça não se deixou enganar, continuou andando e chegou finalmente até Pica-pau, a quem propôs casamento. Pica-pau manifestou pouco entusiasmo, discutiu, declarou que tinha certeza de que os pais da moça não concordariam. Então a moça insistiu e ficou zangada: "Minha mãe mora sozinha e não quer mais saber de mim!". Felizmente, Pica-pau tinha mel e Sakhê deixou de impacientar-se ao comê-lo. Finalmente, Pica-pau disse: "Se for verdade que sua mãe enviou você com essa intenção, casarei sem receio, mas se estiver mentindo, como é que poderíamos nos casar? Não sou louco!". Dito isto, o Pica-pau desceu da árvore onde tinha subido, carregando sua bolsa cheia de mel.

Raposo, o preguiçoso, enquanto isso tinha enchido sua bolsa com frutos de *sacha sandía* e tasi, que se comem na falta de outra coisa. No entanto, nos dias que se seguiram, Raposo não quis voltar a procurar o mel junto com os outros, que não tinham ficado satisfeitos com a primeira coleta. Ele preferia roubar o mel que comia.

Certo dia, Pica-pau deixou sua mulher sozinha no acampamento e Raposo quis aproveitar-se da ocasião. Alegou que tinha um estrepe no pé que o impedia de seguir seus companheiros e voltou sozinho para o acampamento. Mal chegou, tentou violentar a mulher, mas esta, que estava grávida, fugiu para a mata. Raposo fingiu que estava dormindo. Sentia-se terrivelmente humilhado.

Quando Pica-pau voltou, ficou preocupado com a mulher e Raposo mentiu, dizendo que ela tinha acabado de sair junto com sua mãe. Pica-pau, que era chefe, ordenou que fossem procurá-la, mas a mãe não estava em casa e a mulher tinha desaparecido. Então

Pica-pau disparou flechas mágicas em várias direções. Aquelas que nada viram voltaram para ele, mas quando a terceira flecha não retornou, Pica-pau sabia que ela tinha caído no lugar onde sua mulher estava e pôs-se a caminho para encontrá-la.

Entrementes, o filho de Pica-pau (supõe-se que, nesse meio-tempo, ele tivesse nascido e crescido) reconheceu a flecha de seu pai. Foi ao encontro dele com a mãe. Eles se abraçaram e choraram de alegria. A mulher contou para o marido o que tinha acontecido.

A mulher e o menino foram os primeiros a chegar ao acampamento. Distribuíram comida para todos e a mãe apresentou o filho. A avó, que ignorava o casamento da filha e sua maternidade, ficou espantada. "Pois é", explicou a mulher, "você me repreendeu, eu fui embora e me casei". A velha não disse uma palavra. A filha também estava ressentida com ela, pois tinha sido censurada e expulsa quando pediu mel. O menino interveio: "Meu pai é Pica-pau, um grande chefe, um hábil caçador e sabe onde encontrar mel... Não me repreenda jamais, caso contrário irei embora". A avó declarou que isto jamais lhe passaria pela cabeça, que estava encantada com o menino. Este consentiu em ir buscar seu pai.

A avó mostrava-se extremamente amável, mas Pica-pau declarou que não precisava de nada, que não queria cauim de algarobo e que sabia cuidar de si. Pediu à avó que fosse boa com o neto. Ele haveria de ser herdeiro de seu pai, que prometeu a si mesmo ter outros filhos.

Então Pica-pau foi vingar-se. Acusou Raposo de ter mentido sobre seu problema físico. Por causa dele, sua mulher quase tinha morrido de sede na mata! Raposo protestou e pôs a culpa no pudor excessivo de sua vítima que, segundo ele, tinha-se assustado sem motivo. Ofereceu presentes, que Pica-pau recusou. Ajudado por seu filho, ele amarrou Raposo e o menino encarregou-se de cortar-lhe a garganta com o facão de seu avô. Pois o filho era mais corajoso do que o pai (Métraux, 1946a, pp. 146-8).

Em seguimento a esse mito, Métraux assinala muitas variantes obtidas de seus informantes. Algumas delas reproduzem M207, enquanto outras aproximam-se da versão publicada por Palavecino. Nessa versão, a heroína reconhece Raposo pelo seu mau cheiro característico (cf. M103). Raposo fede, portanto, como um sariguê mas, a julgar pelos mitos toba, fede menos do que o cangambá, que caça e mata porcos-do-mato com seus peidos empesteados, ao passo que Raposo, ao querer imitá-lo, fracassa (M212B,

Métraux, 1946a, p. 128). Casada com Pica-pau e abundantemente abastecida de mel, a heroína não quer dar nem um pouco à sua mãe. Surpreendida por Raposo enquanto se banhava, ela prefere transformar-se em capivara a ceder a seus desejos. A partir desse momento, a versão de Palavecino segue uma trajetória nitidamente diferente:

M213 TOBA: A MOÇA LOUCA POR MEL (2)

Diante do fracasso de suas investidas amorosas, Raposo não sabe como escapar da vingança do marido ofendido. Já que a mulher desapareceu, por que não se fazer passar por ela? Assim, assume o aspecto de sua vítima e quando Pica-pau lhe pede para catar seus piolhos, ele o faz, já que é algo que as mulheres geralmente fazem por seus maridos. Mas Raposo é desajeitado, e machuca Pica-pau com sua agulha ao tentar matar os piolhos. Muito desconfiado, Pica-pau pede a uma formiga que morda a perna de sua pretensa mulher. Raposo solta um urro pouco feminino que faz com que ele seja reconhecido. Pica-pau mata-o e em seguida procura descobrir o lugar onde sua mulher se refugiou, com o auxílio de flechas mágicas. Uma delas revela que sua mulher se transformou em capivara e ele desiste de procurá-la, achando que, de agora em diante, nada lhe faltará. Ressecado e mumificado pelo sol, Raposo ressuscita com a chuva e segue seu caminho (Palavecino, 1936-41, pp. 265-7).

ANTES DE PASSAR EM REVISTA as variantes mataco da história da moça louca por mel, abordaremos um mito sobre a origem, não do mel, mas do hidromel, que mostra a importância dessa bebida fermentada entre os índios do Chaco.

M214 MATACO: ORIGEM DO HIDROMEL

No tempo em que ainda não se conhecia o hidromel, um velho teve a ideia de diluir o mel com água e deixar o líquido fermentar durante toda a noite. Quando o dia nasceu, ele bebeu um pouco e achou-o delicioso, porém mais ninguém quis experimentar, receando que fosse veneno. O velho disse que faria a experiência pois, na sua idade, a morte teria pouca importância. Ele bebeu e caiu como se tivesse morrido. No entanto, durante a noite,

História da moça louca por mel, de seu vil sedutor e de seu tímido esposo

voltou a si e explicou a todos que aquilo não era veneno. Os homens cavaram um cocho ainda maior no tronco de uma árvore e beberam todo o hidromel que conseguiram preparar. Foi um pássaro que fez a primeira barrica; construiu-a durante toda a noite e, no dia seguinte, transformou-se em homem (Métraux, 1939, p. 54).

O interesse desse pequeno mito está no fato de estabelecer uma dupla equivalência entre o mel fermentado e o veneno, de um lado, e entre o cocho com hidromel e a barrica, do outro. A primeira equivalência confirma nossas observações anteriores; a importância da segunda surgirá muito mais tarde e a deixaremos de lado provisoriamente. Notaremos que a invenção do cocho-barrica acarreta a transformação de um animal em humano e, consequentemente, a invenção do hidromel opera uma passagem da natureza à cultura, como já indicava nossa análise dos mitos sobre a origem (da festa) do mel (M_{188}, M_{189}). Por outro lado, um mito botocudo já discutido (M_{204}) imputa à irara, dona do mel sem água (anidromel, portanto), a responsabilidade pela transformação inversa: dos humanos em animais. Um outro mito mataco (M_{215}) confirma que quem come muito mel sem beber engasga e corre o risco de morrer. O mel e a água implicam-se mutuamente: dá-se um em troca da outra (Métraux, 1939, pp. 74-5). Tendo sublinhado a importância dessa correlação no pensamento mataco, podemos abordar os mitos essenciais.

M216 MATACO: A MOÇA LOUCA POR MEL (1)

A filha do Sol adorava mel e larvas de abelhas. Como ela tinha a pele clara e era bonita, resolveu que se casaria somente com um homem que fosse extremamente hábil na coleta de mel da variedade /ales/, que é muito difícil de extrair das árvores ocas. Seu pai lhe disse que Pica-pau seria um marido ideal. Ela então partiu à sua procura e penetrou na mata, onde se ouvia o barulho de machadadas.

Inicialmente, ela encontrou um pássaro que não conseguiu cavar fundo o suficiente para encontrar mel e ela foi em frente. No momento em que ia encontrar-se com Pica-pau, ela pisou sem querer num galho seco e quebrou-o. Assustado, Pica-pau refugiou-se na copa de uma árvore que ele estava furando. Lá de cima, ele perguntou à moça o que ela queria. Ela se explicou. Apesar de ela ser bonita, Pica-pau sentia medo dela. Quando ela pediu algo para beber (pois sabia que Pica-pau sempre tinha uma cabaça cheia de água) ele começou a descer mas, sentindo medo novamente, voltou para seu esconderijo. A moça declarou que o admirava e que gostaria de tê-lo como marido. Finalmente, ela conseguiu convencer Pica-pau a juntar-se a ela; matou a sede e comeu todo o mel que queria. Aconteceu o casamento. Tawkxwax ficou enciumado, pois cobiçava a moça, que o desprezava, e disse isso a ele. Toda noite, quando Pica-pau regressava ao domicílio conjugal, ela catava delicadamente seus piolhos com a ajuda de um espinho de cacto.

Certo dia, ela estava menstruada e permaneceu na aldeia. Tawkxwax surpreendeu-a tomando banho. Ela fugiu, deixando suas roupas para trás. Tawkxwax vestiu-as e assumiu o aspecto de uma mulher, que Pica-pau acreditou ser a sua. Pediu-lhe, assim, que catasse seus piolhos, como sempre, mas, a cada movimento, Tawkxwax esfolava a cabeça dele. Aquilo deixou Pica-pau encolerizado e despertou suas suspeitas. Ele chamou uma formiga e pediu-lhe que subisse entre as pernas de Tawkxwax: "Se você vir uma vulva, tudo bem, mas se vir um pênis, então morda". Surpreendido com a dor, Tawkxwax levantou a saia e expôs-se; levou uma boa sova. Em seguida Pica-pau partiu à procura de sua mulher.

Mas ele não voltava e Sol ficou inquieto. Seguiu as pegadas do genro até um brejo, onde elas desapareciam. Sol arremessou sua lança no brejo, que secou imediatamente. No fundo, havia dois peixes /lagu/, um pequeno e o outro grande. Sol conseguiu fazer o pequeno vomitar, mas seu estômago estava vazio. Fez o mesmo com o grande, que vomitou Pica-pau. Este ressuscitou e transformou-se em pássaro. Quanto à filha do Sol, nunca mais ninguém a viu (Métraux, 1939, pp. 34-6).

Uma outra variante da mesma coletânea (M217) relata que o Sol tem duas filhas e que se alimenta de animais aquáticos /lewo/, semelhantes a jacarés, donos do vento, da tempestade e do temporal, e que são os arco-íris encarnados. A narrativa prossegue, quase idêntica à versão anterior, exceto pelo fato de Sol aconselhar sua filha a casar pois era ele mesmo incapaz de lhe fornecer o mel da qualidade que ela preferia. Após desmascarar o enganador, Pica-pau o mata e em seguida encontra a mulher na casa do pai dela, onde, nesse meio-tempo, ela deu à luz. Daí a dois dias, Sol pede ao genro que vá pescar os /lewo/ na água de um lago. Pica-pau atende o pedido, mas um dos monstros aquáticos o engole. A mulher suplica ao seu pai que

História da moça louca por mel, de seu vil sedutor e de seu tímido esposo

lhe devolva o marido. Sol descobre o culpado e lhe ordena que devolva a vítima. Pica-pau escapa voando da boca do monstro (id. ibid., pp. 36-7).

Uma terceira versão, também proveniente dos Mataco, diferencia-se sensivelmente das anteriores.

M218 MATACO: A MOÇA LOUCA POR MEL (3)

Nos primórdios, os animais eram homens e alimentavam-se exclusivamente de mel de abelha.

A filha caçula do Sol estava ressentida com o pai, que era um grande chefe e que morava na beira de um lago, porque ele não lhe dava larvas em quantidade suficiente para comer. Seguindo seu conselho, ela partiu à procura de Pica-pau que, dentre todas as aves, era o que melhor sabia procurar o mel. A aldeia de Pica-pau era muito distante da aldeia do pai da moça. Quando chegou à morada de Pica-pau ela se casou com ele.

No início da terceira lua, Takjuaj (= Tawkxwax) apareceu na aldeia de Pica-pau dizendo que queria participar da coleta de mel. Certo dia em que os coletores trabalhavam a pouca distância da aldeia, ele se feriu no pé com um espinho e pediu à filha do Sol que o carregasse nas costas até a aldeia. Montado nela, tentou copular com a moça por detrás. Furiosa, ela o deixou cair no chão e foi ao encontro de seu pai, o Sol.

Takjuaj ficou perplexo. O que diria Pica-pau quando não encontrasse mais sua mulher? Quem sabe haveria de querer vingar-se dele e matá-lo? Decidiu então assumir a aparência de sua vítima [variante: fabricou seios e uma vulva de argila]. Pica-pau voltou, deu todo o mel que havia coletado àquela que acreditava ser sua mulher mas, ao reparar no jeito diferente como Takjuaj comia as larvas de abelhas (enfiando-as numa agulha) [variante: o jeito como Takjuaj catava seus piolhos], Pica-pau reconheceu o embuste e mandou uma formiga verificar as partes da falsa esposa [variante: mordido pela formiga, Takjuaj deu um pulo e perdeu seus atributos postiços]. Então Pica-pau matou Takjuaj a porretadas e escondeu seu cadáver no oco de uma árvore. Em seguida partiu à procura de sua mulher.

Encontrou-a na casa do Sol, que pediu ao genro que fosse buscar para ele um /lewoo/, pois era seu único alimento. O monstro devorou o pescador. A mulher exigiu que seu marido lhe fosse devolvido. Sol se aproximou do /lewoo/, obrigou-o a vomitar, a alma de Pica-pau escapou voando; desde então, Pica-pau tornou-se uma ave. Essa é a origem dos pica-paus que vemos hoje em dia (Palavecino, 1936-41, pp. 257-8).

136   *Parte I*

O motivo do enganador aprisionado no oco de uma árvore, cuja importância ficará mais clara em seguida, encontra-se em outro mito da mesma
coletânea:

M219 MATACO: O ENGANADOR TAPADO E APRISIONADO

Durante suas peregrinações, Takjuaj percebeu um mistol (*Zizyphus mistol*), cujos frutos
caídos se espalhavam pelo chão. Começou a comê-los e constatou que o alimento saía
intacto de seu ânus; deu um jeito nesse inconveniente com uma rolha feita de "pasto"
(pasta? palha? — cf. M1). Após engordar um pouco, Takjuaj encontrou-se com a abelha
/nakuó/ [= moro moro, cf. Palavecino, 1936-41, pp. 252-3] e pediu-lhe mel. A abelha fingiu
que concordava e o fez entrar no oco de uma árvore que, efetivamente, estava cheia de
mel, mas rapidamente tapou a abertura com argila. Takjuaj ficou preso durante uma lua,
até que um vento violento despedaçou a árvore e o libertou (Palavecino, 1936-41, p. 247).

Esse mito evoca um outro (M175; cf. *CC*, pp. 398-404), no qual o mesmo
enganador também se vê às voltas com uma abelha ou vespa que tapa
todos os seus orifícios corporais. Seja sob aparência humana (mataco) ou
animal (toba), o raposo dos mitos do Chaco é apresentado como um personagem cujo corpo fornece o argumento de uma dialética da abertura e do
fechamento, do continente e do conteúdo, do fora e do dentro. A furação
pode ser externa (adjunção de atributos femininos) e a obturação, interna
(obturação dos orifícios, por excesso em M175, por falta em M219). Raposo
é furado antes de ser tapado (M219) ou tapado antes de ser furado (M175);
ora é continente sem conteúdo próprio (quando o alimento escapa de seu
corpo), ora é conteúdo e um outro continente (o oco da árvore, onde é
aprisionado). Voltamos assim a nos deparar com reflexões anteriores, relativas a um mito mundurucu (M97; cf. acima, p. 106) e a outros mitos do
Chaco (M208; cf. pp. 116-7).

Não há dúvida que, quanto a isso, os mitos mundurucu e os do Chaco
se esclarecem mutuamente. Nos primeiros, os canídeos desempenham
igualmente um papel: como herói mundurucu (M220), Raposo amarra seu
inimigo, Jaguar, no tronco de uma árvore, sob o pretexto de *protegê-lo contra*

História da moça louca por mel, de seu vil sedutor e de seu tímido esposo

um vento violento (comparar com M219: Raposo é ele próprio aprisionado num tronco de árvore — árvore = *prisão interna/prisão externa* — do qual será *libertado* por um vento violento); uma vespa *fracassa em libertar* Jaguar (M219: uma abelha *consegue prender* Raposo). Em seguida, Jaguar, para pegar Raposo, esconde-se numa *árvore oca*, mas Raposo consegue fazer com que ele se revele, convencendo-o de que a árvore oca fala quando está vazia, mas se cala quando abriga um ocupante; ou seja, uma transposição, em código acústico, da oposição entre continente próprio sem conteúdo (caso da árvore falante) e conteúdo outro em continente (caso da árvore muda). Essa simetria entre mitos do Chaco e um mito mundurucu prolonga-se, de maneira significativa, no uso que este último faz do motivo bem conhecido do "bicho enfolhado": o raposo consegue enganar definitivamente o jaguar lambuzando-se de mel (*uso externo/uso interno*) e depois rolando nas folhas mortas, que grudam em seu corpo. Assim disfarçado, ele consegue chegar ao rio cujo acesso o jaguar queria proibir-lhe (Couto de Magalhães, 1940, pp. 260-4; Kruse, 1946-49, pp. 631-2). Graças ao mel (mas do qual ele faz um uso não alimentar), Raposo mundurucu consegue, portanto, beber, enquanto nos mitos do Chaco, Raposo, que tem muita sede (porque consumiu mel demais), fracassa, porque os brejos estão secos. Um outro mito mundurucu (M221), cujos protagonistas são o raposo e o urubu (isto é, come-cru versus come-podre), transforma o motivo do "bicho enfolhado": vítima em vez de perseguidor, Raposo lambuza o corpo com *cera (/mel)* para colar nele penas (*/folhas*). Assim trajado, pretende *voar pelos ares (/nadar na água) para seguir o urubu (/para fugir do jaguar)*. No entanto, o sol derrete a cera e Raposo morre, espatifando-se no chão, ao passo que, em M220, a água dissolve o mel e Raposo consegue sobreviver, ao fugir nadando (cf. Farabee, 1916-17, p. 134). Todas essas transformações mostram que estamos diante de um sistema coerente, cujas fronteiras lógicas recobrem as fronteiras geográficas da bacia do Amazonas e do Chaco, apesar da distância que separa as duas regiões.

Mas se assim for, talvez seja legítimo tentar esclarecer um dos mitos do Chaco através de um detalhe de um mito mundurucu que lhe corresponde. Vimos que uma variante mataco da história da moça louca por mel (M₂₁₆) a descreve "de pele clara e muito bonita". Ora, na cosmogonia mundurucu, a lua é a metamorfose de uma jovem virgem de pele muito alva (Farabee, 1916-17, p. 138; outras versões in Kruse 1951-52, pp. 1000-3 e Murphy, 1958, p. 86). A aproximação é ainda mais sugestiva na medida em que existe uma crença guianense segundo a qual o mel falta no período da lua cheia (Ahlbrinck, art. "nuno", § 5 e "wano", § 2). A história da moça louca por mel pode, portanto, ser lida em termos de código astronômico, no qual a heroína (que, como já sabemos, é filha do Sol) encarnaria a lua cheia e seria ainda mais ávida por mel na medida em que, em sua presença, o mel escasseia completamente.

Em apoio a esse antecedente negativo, citaremos uma variante de M₂₁₈, sem dúvida muito distante, pois provém dos Pima do Arizona (M₂₁₈ʙ): Coiote finge que se machucou e exige que sua cunhada o carregue nas costas; aproveita para copular por trás. Esse atentado provoca a prisão de todos os animais, isto é, *caça perdida*, em vez de *mel perdido*, como ocorre na América do Sul. No entanto, a versão norte-americana parece conservar tão bem a lembrança da afinidade entre os dois temas que ela utiliza metaforicamente um deles para descrever o outro. Libertador da caça, Coiote escancara a porta da prisão, "e os cervídeos e outros animais que se caçam enxamearam para fora (*swarmed out*), do mesmo modo que as abelhas escapam de uma colmeia que acaba de ser aberta" (Russell, 1908, pp. 217-8). Com ou sem referência ao mel, os mitos do Chaco que acabamos de passar em revista ressurgem na América do Norte, desde a Califórnia até as bacias dos rios Columbia e Fraser.

É o momento de fazer outra observação. Em M₂₁₃, a moça louca por mel transforma-se em capivara. Outra versão mataco (M₂₂₂) narra a transformação de uma moça louca por mel de vespa /lecheguana/ em um roedor noturno não identificado (Métraux, 1939, p. 57 e n. 1). Sabe-se que a capivara (*Hydrochoerus capibara*), que também é noturna (Ihering, art. "capivara"), é o maior roedor conhecido. Um outro roedor, menor, mas que ainda assim tem bom tamanho e os mesmos hábitos (viscacha, segundo o informante: *Lagostomus maximus*?) poderia ser uma variante combinatória da capivara. Ainda mais considerando que a língua bororo, por exemplo, forma o nome de outros roedores a partir do modelo do nome da capivara: /okiwa/ que dá /okiwareu/ "parecido com a capivara" = rato.

A capivara tem um papel bastante apagado nos mitos da América tropical. No final deste livro discutiremos um mito tacana (M302), que atribui a origem das capivaras à gula de uma mulher ávida por carne, em vez de mel. Segundo os Warrau da Venezuela (M223), essa origem remontaria à transformação de mulheres insuportáveis e desobedientes (Wilbert, 1964, pp. 158-60), qualificativos igualmente aplicáveis à moça louca por mel, que não para de importunar os seus para obter a guloseima que ela tanto cobiça.

No próprio Chaco, um mito cosmológico termina com a transformação de uma mulher em capivara:

M224 MOCOVI: ORIGEM DAS CAPIVARAS

Outrora uma árvore chamada Nalliagdigua ia da terra até o céu. As almas a escalavam de galho em galho e, assim, chegavam até lagos e a um rio, onde pescavam muito peixe. Certo dia, a alma de uma velha não conseguiu pescar nada e as outras almas se recusaram a dar-lhe um peixe, por menor que fosse. Então a alma da velha ficou zangada. Transformada em capivara, ela começou a roer o pé da árvore até ela cair, para grande prejuízo de todos (Guevara, 1908, p. 62, apud L.N., 1927, pp. 156-7).

Consequentemente, aqui também se trata de uma mulher frustrada. Porém, sob esse último avatar, reconhece-se facilmente a heroína de um mito mataco sobre a origem das Plêiades (M131A): uma velha responsável pela perda dos peixes *e do mel*, outrora disponíveis durante o ano inteiro, cuja estação será a partir de então anunciada pelo surgimento das Plêiades (*cc*, pp. 319ss.). É, portanto, do caráter sazonal da coleta de mel que a heroína de nossos mitos se encarrega, por assim dizer, assumindo também sua responsabilidade.

Nessas condições, não poderíamos deixar de notar que os Wapixana [Vapidiana], estabelecidos na fronteira entre a Guiana e o Brasil, denominam a constelação de Áries — isto é, Carneiro — "a Capivara" e que sua aparição anuncia, para eles, o tempo do plantio, que é também o dos gafanhotos e da caça à capivara (Farabee, 1918a, pp. 101, 103). Essa região setentrional é certamente muito distante do Chaco, possui um clima diferente e o calendário das atividades não é o mesmo nas duas regiões. Voltaremos a isto quando procurarmos mostrar que, apesar dessas diferenças, os ciclos da vida econômica têm algo em comum.

A aparição de Áries antecede em duas ou três semanas a aparição das Plêiades, cuja importância na vida econômica e religiosa das tribos do Chaco é bem conhecida. Entre os Wapixana, a tripla conotação de Áries sugere também a estação seca, que é a do desmatamento, dos grandes bandos de gafanhotos e também da caça às capivaras, mais facilmente detectáveis quando as águas estão baixas, pois esses animais vivem praticamente submersos durante o dia e esperam a noite para pastar nas margens.

Não encontramos referências à constelação de Áries na astronomia das tribos do Chaco, no entanto minuciosamente estudada por Lehmann-Nitsche. Porém, se pudéssemos admitir, baseados numa afinidade muitas vezes verificada entre os mitos do Chaco e os da Guiana, que a metamorfose em capivara contém uma alusão implícita a uma constelação anunciadora da estação seca, tornar-se-ia possível integrar os dois aspectos, astronômico e meteorológico, que reconhecemos nos mitos do Chaco relativos à coleta do mel. Nessa perspectiva, a oposição *diurno/noturno* de M222 apenas transporia, na escala de uma periodicidade ainda mais curta do que as outras duas (isto é, cotidiana, em vez de mensal ou sazonal), a oposição fundamental entre as duas estações que é, afinal de contas, a oposição entre seco e úmido:

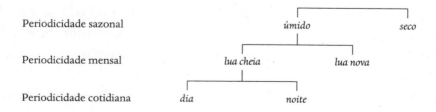

*História da moça louca por mel, de seu vil sedutor e de seu tímido esposo*141

Por outro lado, entre os Toba, a viscacha (que propomos ver como uma variante combinatória da capivara) dá seu nome a uma constelação não identificada (L.N., 1924-5b, pp. 195-6), de modo que seria possível que cada nível preservasse as características dos outros dois e se diferenciasse unicamente pela ordem hierárquica que impõe aos outros três tipos de periodicidade. Esses estariam presentes em cada um dos níveis, um deles de maneira patente e os outros dois sob uma forma dissimulada.

Podemos então tentar ter uma visão sintética do conjunto dos mitos do Chaco cuja heroína é uma moça louca por mel. Essa heroína tem por pai o senhor dos Espíritos aquáticos (M212) ou o Sol (M216), que se alimenta de animais aquáticos, originadores da chuva e da tempestade (M217, M218) e que se confundem com o arco-íris (M217). Essa oposição inicial evoca um célebre motivo mitológico da região do Caribe (América Central, Antilhas e Guiana): o conflito entre o Sol e o furacão, representado de dia pelo arco-íris e à noite pela Ursa Maior. Esse também é um mito de caráter sazonal pois, naquela região do mundo, os furacões ocorrem entre meados de julho e meados de outubro, período durante o qual a Ursa Maior desaparece quase completamente no horizonte (L.N., 1924-25a, passim).

Apoiados nessa aproximação, coloquemos que, no início de nossos mitos, o seco, na pessoa do Sol, leva vantagem sobre o úmido, representado pelos animais aquáticos, donos da chuva, dos quais o Sol se alimenta. Assim, estamos inteiramente no modo do seco, daí a dupla insatisfação da heroína. Falando diacronicamente, ela é a lua cheia, isto é, o úmido no seco, a ausência do mel em sua presença. Mas além disso, de um ponto de vista sincrônico, a presença do mel, ligada à estação seca, não basta; é preciso ter também a água, já que o mel se bebe diluído e, desse ponto de vista, embora presente, o mel está igualmente ausente. Com efeito, o mel é um misto: remete diacronicamente ao seco e exige sincronicamente a água. Isto, que é verdadeiro de um ponto de vista culinário, também o é em relação ao calendário: nos tempos míticos, dizem os Mataco (M131A), os homens alimentavam-se exclusivamente de mel e de peixe, associação que se explica pelo fato de que, no Chaco, o período de pesca abundante vai do início de abril até por volta de 15 de maio, isto é, ela situa-se em plena estação seca. Porém, como vimos acima (p. 128), houve um tempo em que toda a água e todos os peixes do mundo estavam permanentemente disponíveis no tronco oco da árvore da vida. Assim estariam neutralizadas, ao mesmo tempo, a oposição entre as estações e a união paradoxal, durante a estação seca, dos alimentos "úmidos" (mel e frutos selvagens) com a ausência de água.

Em todas as versões, a heroína pode escolher entre dois cônjuges potenciais. Um deles é o pica-pau, noivo envergonhado, mas que detém o segredo da conjunção entre seco e úmido, já que, mesmo durante a busca de mel na estação seca, ele continua sendo dono de uma água inesgotável, que enche a cabaça da qual ele jamais se separa; na verdade, ele oferece a água até mesmo antes do mel.[18] Em tudo o raposo se opõe ao pica-pau: é um sedutor descarado, desprovido de mel (que ele tenta substituir por terra ou pelos frutos selvagens da estação seca) e privado de água. Mesmo quando consegue obter o mel, falta-lhe água e essa carência acarreta seu fim. A relação de oposição entre o raposo e o pica-pau pode, portanto, ser formulada de maneira simplificada: (seco – água)/(seco + água).

Entre os dois, a moça louca por mel ocupa uma posição ambígua. Ela, por um lado, é raposa, pois privada de mel, e mendiga, quando não ladra; mas, por outro lado, poderia ser pica-pau, abundantemente provida de mel e de água, se conseguisse estabilizar seu casamento com o pássaro. O fato de ela fracassar coloca um problema, que será resolvido na sequência desse trabalho. Por enquanto, nós nos limitaremos a assinalar uma aproximação entre nossa heroína e a de um pequeno mito amazônico de origem incerta,

---

18. A posição do pica-pau como dono do mel tem base empírica: "Mesmo quando a casca da árvore está perfeitamente sadia e, portanto, não poderia conter larvas, os pica-paus a atacam, não longe do buraco por onde saem as abelhas. Bastam algumas bicadas para provocar a saída em massa dos insetos, com os quais o pássaro satisfaz seu apetite. Existe até uma espécie de abelha que foi identificada graças a vários indivíduos encontrados no estômago de um pica-pau (*Ceophloeus lineatus*) e essa nova espécie foi batizada a partir do nome do pássaro: *Trigona (Hypotrigona) ceophloei*. Diz-se que a abelha jati (*Trigona (Tetragona) jaty*) tampa a entrada de seu ninho com resina, para que os pica-paus e outras aves não possam ter acesso a ele" (Schwartz, 1948, p. 96). O pica-pau aparece como dono do mel na mitologia dos Apinayé (Oliveira, 1930, p. 83), dos Bororo (Colb. & Albisetti, 1942, p. 251), dos Kaingang (Henry, 1941, p. 144) e, certamente, em muitas outras mitologias.

que esclarece um aspecto dos mitos que acabamos de considerar. Nesse mito (M_{103}), uma bela jovem, premida pela fome, parte em busca de um marido. Chega inicialmente à casa do sariguê, e o descarta porque ele fede; repele também o corvo (urubu) comedor de vermes, pelo mesmo motivo. Finalmente chega à casa de um pequeno falconídeo, o inajé, que a alimenta com pássaros e com quem ela se casa. Quando o urubu vem reclamar a moça, o inajé arrebenta-lhe o crânio e a mãe dele lava o ferimento com água quente demais, que o deixa chamuscado. Desde então, os urubus são carecas (Couto de Magalhães, 1940, pp. 253-7).

Nesse mito, como nos do Chaco, a fome de uma jovem solteira desempenha, de algum modo, um papel propulsor. É a carência inicial de que fala Propp, na qual se encadeia a sequência da narrativa. A conclusão também é a mesma: ferimento, mutilação ou morte infligida ao sedutor descarado e fedorento (cf. M_{213}). É verdade que, em M_{103}, os cônjuges potenciais são três e não dois; mas isso também ocorre em M_{216}, no qual um pássaro incompetente, que em mataco recebe o nome de /čitani/, é o primeiro pretendente da heroína; e em M_{213}, no qual o mesmo papel é desempenhado por uma ave chamada, em toba, /ciñiñi/ e, em espanhol, *gallineta* (Palavecino, 1936-41, p. 26), talvez uma galinha selvagem.[19] Apoiando-nos nessa base frágil, tentaremos levar mais longe a comparação:

			Sariguê	Urubu	Inajé
M_{103}:	CRU / PODRE		–	–	+
	AR / TERRA:		–	+	+

			Raposa	Gallineta	Pica-pau
M_{212}:	MEL ($\equiv$ CRU) / FRUTOS SELVAGENS ($\equiv$ PODRE)		–	–	+
	AR / TERRA:		–	+	+

Nas tabelas acima, os signos + e – são respectivamente atribuídos ao primeiro e ao segundo termo de cada oposição. Para justificar a congruência

---

19. A interpretação que se segue é feita com grande reserva, pois o dicionário toba de Tebboth dá, para /chiñiñi/, o termo "carpinteiro (ave)". Seria portanto preciso ver nesta ave um pica-pau de uma outra espécie, que se oporia a seu congênere por razões desconhecidas.

frutos selvagens ≡ podre, bastará observar que o raposo não trepa nas árvores (exceto em M208, mas morre por isso) e nos mitos ele aparece comendo frutos selvagens caídos no chão (cf. M219), portanto já estragados, que devem ser também o alimento da ave *gallineta*, já que os galináceos (supondo que se trate de um) vivem sobretudo no solo e aquela, em particular, é incapaz de coletar mel, portanto semelhante à raposa, no que se refere à coleta de alimentos (mas diferente dela por ser ave capaz de voar, em vez de quadrúpede grudado ao solo).

A comparação entre M103 e M213 confirma que, sobre dois novos eixos — o do cru e do podre, o do alto e do baixo —, o raposo e o pica-pau também se encontram em oposição diametral. Ora, o que acontece em nossos mitos? A história do casamento da heroína se desenvolve em três episódios. Colocada, como vimos, numa posição intermediária entre as dos dois pretendentes, ela tenta envolver um deles e depois é objeto de tentativa idêntica da parte do outro. Finalmente, depois que ela desaparece ou se metamorfoseia, é Raposo, usurpando o papel da heroína, que tenta envolver Pica-pau; ou seja, uma união ridícula e não mediatizada, que deve fracassar necessariamente. A partir de então, as oscilações entre os termos polares adquirem amplitude. Posta em fuga por Raposo, que é o seco em estado puro, a heroína — pelo menos em uma versão — se transforma em capivara, o que significa que passa para o lado da água. Num movimento inverso, Pica-pau vai para o lado do Sol (*alto + seco*), que o manda pescar monstros subaquáticos (*baixo + úmido*), dos quais ele só escapará perdendo sua forma humana e assumindo definitivamente sua natureza de pássaro. Trata-se, porém, de um pássaro que é o pica-pau, isto é, como já foi mostrado (em *cc*, pp. 272-7) e como transparece de seus hábitos, um pássaro que procura seu alimento debaixo da casca das árvores e vive, portanto, a meio caminho entre o alto e o baixo: não é uma ave terrestre, como as galináceas, nem frequentadora do céu empíreo, como os predadores, mas ligada ao céu atmosférico e ao mundo médio, onde se realiza a união entre o céu e a água (*alto + úmido*). Resulta, porém, dessa transformação, que é também uma mediação, que não haverá mais dono humano do mel. Acabaram-se aqueles tempos em que "os animais eram

Hist020ria da moça louca por mel, de seu vil sedutor e de seu tímido esposo

homens e alimentavam-se exclusivamente de mel de abelha" (M218). Verifica-se novamente a observação já feita a propósito de outros mitos: mais do que à sua origem, a mitologia do mel se refere à sua perda.

B) Nos cerrados do Brasil central

Se já não tivéssemos constituído, com a ajuda de exemplos provenientes do Chaco, o grupo dos mitos nos quais a heroína é uma moça louca por mel, seríamos provavelmente incapazes de encontrá-lo em outras regiões. No entanto, ele também existe no interior do Brasil e particularmente entre os Jê centrais e orientais, mas sob uma forma curiosamente modificada e empobrecida, de sorte que certas versões mal permitem adivinhar o motivo da moça louca por mel, reduzido a uma breve alusão. Ou então ele aparece em um contexto tão diferente que hesitamos em reconhecê-lo, enquanto uma análise mais detida não atingir, por detrás de intrigas superficialmente divergentes, um mesmo esquema fundamental, graças ao qual essas intrigas recuperam sua unidade.

Em *O cru e o cozido*, evocamos a primeira parte de um mito conhecido dos Apinayé e dos Timbira, que bastará evocar brevemente, pois é com sua sequência que passaremos a tratar. O mito se refere a duas águias gigantes e canibais que perseguem os índios e que dois irmãos heroicos se encarregaram de destruir. Uma versão apinayé, em que aparece apenas uma águia, apresenta esse final feliz (Oliveira, 1930, pp. 74-5).[20] Uma outra versão, porém, não para por aí.

M142 APINAYÉ: A AVE ASSASSINA (CONTINUAÇÃO; CF. CC, PP. 342-3)

Depois de matarem a primeira águia, os dois irmãos Kenkutã e Akreti perseguem a segunda. Tentam a mesma tática, que consiste em se exporem alternadamente a fim de cansar a ave que investe repetidamente, em vão, sobre uma presa esquiva e é obrigada a

---

20. O mesmo ocorre com as versões mehin (Pompeu Sobrinho, 1935, pp. 192-5; cf. CC, p. 342).

retomar altitude para se preparar para o ataque seguinte. Mas Kenkutã, desajeitado ou exausto, não se esquiva com suficiente rapidez e, com um golpe de asa, a ave corta-lhe a cabeça. Então, volta para o seu ninho e fica lá.

Obrigado a abandonar o combate, Akreti pega a cabeça do irmão, coloca-a sobre um galho de árvore e parte à procura de seus compatriotas, que fugiram para escapar das águias canibais. Perambula pelo cerrado, onde encontra primeiramente a tribo das seriemas (*Cariama cristata*), que incendiou os campos para caçar lagartos e ratos. Depois de se apresentar, ele segue seu caminho e encontra as araras-pretas[21] quebrando e comendo coquinhos de tucum (*Astrocaryum tucuman*) no cerrado incendiado. Aceitando o convite que elas lhe fazem, ele compartilha sua refeição e segue em frente. Então penetra na floresta, onde os macacos colhem sementes de sapucaia (*Lecythis ollaria*) e lhes dão algumas. Após matar a fome com os macacos e informar-se com eles do caminho que deve seguir até a sua aldeia, Akreti chega finalmente até a fonte onde os aldeães vão buscar água.

Escondido atrás de um pé de jatobá (*Hymenea courbaril*), ele surpreende a linda Kapakwei saindo do banho. Apresenta-se, conta sua história e os dois jovens decidem se casar.

À noite, Kapakwei afasta a palha lateral da casa, perto de seu leito, para que seu amante possa ir ter com ela em segredo, mas ele é tão grande e tão forte que destrói quase completamente a parede. Descoberto pelas companheiras de Kapakwei, Akreti revela publicamente sua identidade. Ele anuncia que irá caçar passarinhos para sua sogra, mas na verdade mata quatro "avestruzes" e as traz segurando-as pelo pescoço, como se fossem perdizes.

Certo dia, acompanhado de sua mulher, ele foi tirar mel de um ninho de abelhas selvagens. Akreti cavou o tronco e disse a Kapakwei que extraísse os favos. Mas ela enfiou tanto o braço que ele ficou entalado. Sob o pretexto de alargar a abertura com um machado, Akreti matou a mulher, cortou-a em pedaços e assou-os. De volta à aldeia, ofereceu a carne a seus aliados. Um de seus cunhados percebeu de repente que estava comendo a irmã. Convencido de que Akreti era um criminoso, seguiu suas pegadas até o lugar do assassinato e encontrou os restos de sua irmã, que juntou para sepultar como exigiam os ritos.

---

21. Nimuendaju, certamente traduzindo seus informantes, designa assim a arara-azul (*Anodorhynchus hyacinthinus*); cf. Nim., 1944, p. 187.

> No dia seguinte, aproveitando-se do fato de que Akreti queria assar Cissus (uma vitácea cultivada pelos Jê orientais) nas brasas de uma grande fogueira coletiva,[22] as mulheres o empurraram e fizeram-no cair dentro dela. De suas cinzas saiu um cupinzeiro (Nim., 1939, pp. 173-5).

À primeira vista, essa história parece incompreensível, pois não se sabe por que o recém-casado trata com tamanha selvageria sua linda esposa, por quem se apaixonara pouco antes. Do mesmo modo, o triste fim que seus compatriotas lhe reservam revela muita ingratidão da parte deles, se pensarmos que foi o protagonista do mito quem os livrou dos monstros. Finalmente, parece tênue o elo com os mitos cuja heroína é uma moça louca por mel, restrito ao pequeno papel que o mel desempenha no desenrolar da narrativa.

Atentemos, porém, para a existência da história de uma mulher que fica presa por um braço que não consegue retirar de uma árvore cheia de mel, e que morre nessa desconfortável posição, também na região do rio Beni (Nordenskiöld, 1929, p. 171), não muito distante do Chaco, e entre os Quechua do noroeste da Argentina (L.N., 1930, pp. 262-6), onde a mulher, abandonada na copa de uma árvore cheia de mel, transforma-se em engole-vento, ave que algumas vezes substitui a águia em versões do mito jê (M227).

Mas a aproximação torna-se ainda mais evidente se nos reportarmos a uma outra versão do mito, proveniente dos Krahô, subgrupo dos Timbira orientais, vizinhos próximos dos Apinayé. Com efeito, entre os Krahô os dois episódios consolidados em um único mito pelos Apinayé — o da destruição das águias e o do casamento do herói — pertencem a mitos distintos. Seria a confusão acidental dos dois mitos a explicação para a contradição entre o importante serviço prestado pelo herói a seus compatriotas e a falta de piedade destes? Isto significaria não dar importância alguma a uma regra absoluta da análise estrutural: um mito não se discute, sempre deve ser recebido *tal como é*. Se o informante apinayé de Nimuendaju junta,

---

22. "Diversamente dos Xerente e dos Canela, os homens apinayé participam do ato de assar pedaços de carne" (Nim., 1939, p. 16).

em um único mito, episódios que noutros contextos pertencem a mitos diferentes, é porque entre esses episódios existe uma ligação que nos cabe descobrir e que é essencial à interpretação de cada um deles.

Eis o mito krahô que corresponde claramente à segunda parte de M_{142}, mas ao mesmo tempo descreve a heroína como uma moça louca por mel:

M225 KRAHÔ: A MOÇA LOUCA POR MEL

Um homem vai procurar mel com a mulher. Mal acaba de ser cortada a árvore onde está a colmeia, a mulher, tomada por uma vontade incontrolável de comer mel, se lança sobre a colmeia. O marido diz "Espera aí, deixa eu acabar de tirar", mas ela não lhe dá ouvidos. Enfurecido, ele mata a gulosa e esquarteja o cadáver e moqueia os pedaços. Em seguida, faz um cesto de palha, põe os pedaços da carne dentro dele e volta à aldeia. Chega à noite e convida a sogra e as cunhadas para comerem o que ele diz ser carne de tamanduá-bandeira. O irmão da vítima aparece, experimenta a carne e imediatamente descobre sua origem. No dia seguinte, pela manhã, os pedaços assados da jovem são enterrados e, em seguida, o assassino é levado para o cerrado. Fazem um fogo debaixo de uma árvore e mandam o homem subir para tirar um ninho de abelhas arapuã (*Trigona ruficrus*). Então, o cunhado dispara uma flecha e o fere. O homem cai e é morto a bordunadas. É "enterrado no fogo" (Schultz, 1950, pp. 155-6).

Começamos a compreender por que o herói de M_{142} matou sua mulher durante uma expedição de coleta de mel. Ela, sem dúvida, também tinha se mostrado excessivamente ávida e exasperou o marido por sua gulodice, mas há um outro ponto que merece atenção. Nos dois casos, os parentes da mulher comem, sem o saber, a carne de sua filha ou irmã, sendo que esse é exatamente o castigo reservado, em outros mitos (M_{150}, M_{156}, M_{159}), à mulher ou às mulheres seduzidas por um tapir e obrigadas a comer a carne de seu amante. Só nos resta deduzir que, no grupo da moça louca por mel, é o mel, ser vegetal e não animal, que desempenha o papel de sedutor.

Sem dúvida, o andamento da narrativa não pode ser exatamente igual nos dois casos. O grupo do tapir sedutor joga com o duplo sentido do consumo alimentar: tomado em sentido figurado, evoca o coito, isto é, a trans-

História da moça louca por mel, de seu vil sedutor e de seu tímido esposo   149

gressão, mas tomado em sentido próprio, conota o castigo. No grupo da moça louca por mel, essas relações são invertidas. Trata-se, por duas vezes, de consumo alimentar, mas o primeiro deles — de mel — possui ao mesmo tempo uma conotação erótica, conforme já sugerimos (p. 72) e como confirma, por uma outra via, a comparação a que nos dedicamos no momento. A culpada não pode ser condenada a comer seu "sedutor" metafórico, pois isto significaria satisfazê-la plenamente, já que é tudo o que ela mais deseja; e ela não pode, evidentemente, copular com um alimento (ver, no entanto, M269, que leva a lógica até esse limite). É, portanto, preciso que a transformação *sedutor propriamente* $\longrightarrow$ *sedutor metafórico* acarrete duas outras: *mulher* $\longrightarrow$ *pais* e *mulher que come* $\longrightarrow$ *mulher comida*. O fato de os pais serem castigados através da pessoa de sua filha não resulta, entretanto, de uma simples operação formal. Veremos, mais adiante, que o castigo é diretamente motivado e que, desse ponto de vista, a forma e o conteúdo da narrativa implicam-se mutuamente. Limitemo-nos, no momento, a enfatizar que essas inversões sucessivas acarretam uma outra: as esposas seduzidas pelo tapir e ridicularizadas por seus maridos (que as obrigam a comer a carne do amante) vingam-se, transformando-se voluntariamente em peixes (M150); os pais da esposa seduzida pelo mel, ridicularizados por seu genro (que os obriga a comer a carne da própria filha), vingam-se transformando-o, contra sua vontade, em cupinzeiro ou em cinzas, isto é, deslocando-o para o lado do seco e da terra, em vez do lado do úmido e da água.

Como veremos na sequência, essa demonstração da posição semântica do mel como sedutor, feita por meio dos mitos, constitui uma aquisição essencial. No entanto, antes de prosseguirmos, convém juntar à versão krahô do segundo episódio do mito apinayé a outra versão krahô que remete diretamente ao primeiro episódio e encarar as três versões em suas relações recíprocas de transformação.

M226 KRAHÔ: A AVE ASSASSINA

Para escapar das aves canibais, os índios decidiram outrora refugiar-se no céu que, naquele tempo, não era tão distante da terra. Somente um velho e uma velha, que perderam o momento da partida, ficaram na terra com seus dois netos. Temendo as aves, decidiram morar na roça.

Os dois meninos chamavam-se Kengunã e Akrey. O primeiro logo mostrou seus poderes mágicos, que lhe permitiam metamorfosear-se em todo tipo de animal. Certo dia, os dois irmãos decidiram morar no rio, até que se tornassem fortes e ágeis o bastante para destruir os monstros. Seu avô construiu para eles um jirau submerso, no qual podiam deitar e dormir; todo dia, levava batatas para os dois heróis comerem [numa versão kayapó muito próxima da versão krahô, porém mais pobre, a reclusão também ocorre no fundo das águas (Banneri, 1957, p. 52)].

Após um isolamento prolongado, eles voltaram a aparecer grandes e fortes, enquanto seu avô celebrava os ritos que marcariam o fim da reclusão dos rapazes. Ele entregou a cada um dos netos uma lança afiada. Assim armados, os dois irmãos se mostraram caçadores prodigiosos. Naquele tempo, os animais eram muito maiores e mais pesados do que hoje, mas Kengunã e Akrey os mataram e carregaram sem dificuldade. Quando pegavam emas, arrancavam-lhes as penas e as transformavam em pássaros [id. versão kayapó, Banner, 1957, p. 52].

Situa-se aqui o episódio da guerra contra as aves canibais, que pouco se diferencia do resumo já feito a propósito de M_{142}, salvo que é Akrey e não seu irmão que é decapitado pela segunda ave, e sua cabeça, depositada da mesma forma na forquilha de uma árvore, transforma-se em colmeia de abelha irapuã (cf. M_{225}).

Kenkunã vinga o irmão matando a ave assassina. Decide não mais voltar para junto de seus avós e sair pelo mundo, até ser morto por algum povo desconhecido... No caminho, depara sucessivamente com a tribo das emas (*Rhea americana*, pequeno avestruz de três dedos) que incendeiam a chapada para colher mais facilmente os coquinhos caídos da palmeira pati (*Orcus* sp.; *Astrocaryum*, segundo Nim., 1946a, p. 73) e, em seguida, com a tribo das seriemas (*Cariama cristata*: ave menor do que a anterior), que age da mesma forma para caçar gafanhotos. Então, o herói deixa a chapada e entra no mato,[23] onde a tribo dos coatis (*Nasua socialis*) acende fogueiras para fazer saírem da terra as minhocas de que se alimentam. As fogueiras seguintes são as dos macacos, que limpam o chão para pegar as frutas do pati e do jatobá (*Hymenea courbaril*); vêm em seguida as fogueiras das antas, em busca das favas do jatobá e de folhas comestíveis.

---

23. A oposição entre *chapada* e *mato*, enfatizada pelo informante, é, mais precisamente, aquela que ocorre entre terreno descampado e densa vegetação arbustiva.

História da moça louca por mel, de seu vil sedutor e de seu tímido esposo

Finalmente, o herói percebe uma pista que o conduzirá até uma cacimba do povo Kakon-kóm-meho-yê (chamado povo do coati — os Mehin — assim como o nome dos Krahô significa povo da paca). Escondido, assiste a uma corrida de toras. Um pouco mais tarde surpreende uma moça que veio buscar água e mantém com ela um diálogo que evoca curiosamente o encontro entre Golaud e Mélisande: "Você é um gigante! — Sou um homem como os outros..." Kenkunã conta a sua história: agora que vingou seu irmão, só lhe resta esperar a morte nas mãos de algum povo inimigo. A moça o tranquiliza quanto às intenções de sua gente e Kenkunã a pede em casamento.

Após o episódio da visita noturna que, como em M$_{142}$, evidencia o grande tamanho e a força do herói, este é descoberto pelos moradores da aldeia, que o acolhem bem. Melhor para eles: armado apenas com uma lança, Kenkunã demonstra suas qualidades como caçador. Mais adiante retornaremos a essa passagem da narrativa.

Sozinho, Kenkunã também expulsa um povo inimigo que invadiu os territórios de caça de sua aldeia adotiva. Respeitado por todos, viveu tanto que não se sabe se morreu de doença ou de velhice... (Schultz, 1950, pp. 93-114).

Nessa versão, há várias comparações entre a infância de Akrey e Kenkunã e os ritos de iniciação dos rapazes. O informante chega inclusive a explicar que, nos dias de hoje, os adolescentes passam seu período de reclusão em cabanas e não mais no fundo das águas, mas que a irmã e a mãe cuidam deles. Lavam-nos com água tirada do rio, quando faz calor, e alimentam-nos copiosamente com batata-doce, cana-de-açúcar e inhame, para que engordem (op. cit., pp. 98-9). Entre os Apinayé e os Timbira, a íntima conexão entre o mito e o ritual ressalta do comentário de Nimuendaju, que chega a observar que o ritual timbira dos /pepyê/, isto é, a iniciação dos jovens, é o único explicado por um mito de origem. Nesse mito, encontramos quase que textualmente os contornos essenciais da versão krahô; assim, notaremos apenas as divergências.

M227 TIMBIRA: A AVE ASSASSINA

Antes de mais nada, o mito é mais explícito quanto às relações de parentesco. O velho e a velha são o pai e a mãe de uma mulher, devorada por uma ave canibal junto com o marido. Os avós passaram a criar os órfãos, enquanto os outros fugiam para longe.

Akrey e Kenkunã não ficam isolados no fundo da água, mas numa passarela natural formada por dois troncos de árvore grandes que caíram por sobre um riacho. O avô constrói, em cima dos troncos, uma plataforma e uma cabana bem fechada, onde os dois meninos ficam reclusos (nesse ponto, a versão timbira reproduz, portanto, a versão apinayé). Quando eles reaparecem, depois de o velho ter realizado sozinho todas as cerimônias, inclusive a corrida ritual de toras, os cabelos deles estão tão compridos que chegam até os joelhos. Armados com bordunas, os irmãos matam a primeira ave, mas a segunda (que é um engole-vento ou curiango, *Caprimulgus* sp.), decapita Akrey, cuja cabeça é depositada pelo irmão na forquilha de uma árvore, perto de um ninho de abelhas borá (*Trigona clavipes*), que o constroem no oco de árvores de pouca altura (Ihering, art. "vorá, borá").

Kenkunã volta para junto dos avós e lhes conta o fim dramático do irmão. Em seguida, parte em busca dos que foram embora. Os animais que encontra indicam-lhe exatamente o caminho. São, pela ordem, as emas que caçam gafanhotos, lagartos e cobras incendiando a chapada, as seriemas, que lhe oferecem um prato de lagarto pilado com mandioca, que o herói recusa; finalmente, outras seriemas que pescam com veneno e cuja comida ele concorda em compartilhar.

Escondido perto da nascente onde os moradores da aldeia vêm buscar água, Kenkunã reconhece a jovem de quem estava noivo desde pequeno. Oferece-lhe carne de veado e ela retribui dando-lhe batatas.

Após o incidente da visita noturna, durante a qual o herói arrebenta a parede da cabana, devido ao seu tamanho e força, ele escapa à hostilidade dos homens da aldeia graças a sua nova sogra, que o reconheceu.

Durante todo esse tempo, os avós, que ficaram sós, perambulavam pela chapada. Detidos por uma montanha, decidiram contorná-la, o homem pela direita e a mulher pela esquerda, indo juntar-se do outro lado. Mal se separaram, os dois se transformaram em tamanduás. Caçadores matam o velho, a quem não reconhecem sob sua nova aparência. A mulher, em prantos, fica esperando. Finalmente, ela segue em frente e desaparece (Nim., 1946a, pp. 179-81).

Se compararmos todas essas versões de um mesmo mito, constataremos que elas são variavelmente ricas no conjunto, e também que se contradizem quanto a alguns pontos precisos. Isso nos dá a oportunidade de resolver uma questão de método que talvez já tenha ocorrido ao leitor. Com efeito, ainda há pouco evocamos uma regra da análise estrutural, ao afirmar que um mito deve sempre ser tomado *tal como é*. Mas será que não infringimos essa regra já naquela página, quando nos propusemos a preencher o que dizíamos ser uma lacuna da versão apinayé (M142) recorrendo ao texto mais explícito da versão krahô (M225)? Para sermos coerentes não deveríamos ter aceitado a versão apinayé *"tal e qual"* e deixar o episódio — inexplicável no contexto — do assassinato da jovem esposa por seu marido com seu caráter abrupto? Para afastar essa objeção, devemos distinguir duas eventualidades.

Acontece de mitos provenientes de diferentes grupos transmitirem a mesma mensagem sem serem igualmente ricos em detalhes ou sem apresentarem a mesma clareza. Encontramo-nos então numa situação comparável à da pessoa que recebe sucessivos telefonemas de alguém que sempre diz a mesma coisa, temendo que uma tempestade ou outras conversas tenham interferido na primeira chamada. Algumas dessas mensagens serão relativamente mais claras e outras, relativamente mais confusas. O mesmo ocorre se, na ausência de qualquer interferência, uma mensagem for desenvolvida, enquanto outra for abreviada, num estilo telegráfico. Em todos esses casos, o sentido geral das mensagens permanecerá o mesmo, embora cada uma delas contenha um número variável de informações, e a pessoa que receber muitas terá meios de corrigir ou completar as mensagens menos completas ou claras com a ajuda das boas.

A situação é completamente diferente se, em vez de mensagens idênticas contendo um número variável de informações, tratar-se de mensagens intrinsecamente diferentes. Nesse caso, a quantidade e a qualidade da informação contarão muito menos que sua substância e cada mensagem deverá ser tomada *tal e qual*. Pois correríamos o risco de cometer graves equívocos se, alegando a insuficiência quantitativa ou qualitativa de cada mensagem, acreditássemos resolver o problema consolidando mensagens distintas sob a forma de uma mensagem única, desprovida de todo sentido, fora aquele que conviria ao receptor lhe dar.

Retornemos aos mitos. Quando e como podemos decidir se eles representam mensagens idênticas, divergindo unicamente em relação à quantidade ou qualidade da informação que transmitem, ou de mensagens carregadas de informações irredutíveis e que não podem ser substituídas? A resposta é difícil e não podemos deixar de reconhecer que, no estágio atual da teoria e do método, muitas vezes é preciso decidir empiricamente.

Mas, no caso particular que estamos considerando, dispomos, felizmente, de um critério externo que elimina a incerteza. Com efeito, sabemos que os Apinayé, de um lado, e o grupo Timbira-Krahô, do outro, ainda muito próximos pela língua e pela cultura, não são povos realmente distintos, pois sua separação data de um período suficientemente recente para que os Apinayé conservem sua lembrança em suas narrativas lendárias (Nim., 1939, p. 1; 1946, p. 6). Em consequência, os mitos desses Jê centrais e orientais não são apenas passíveis de um tratamento formal que permite descobrir entre eles propriedades comuns. No que lhes diz respeito, essas afinidades estruturais têm um fundamento objetivo na etnografia e na história. Se os mitos jê formam logicamente um grupo, é antes de mais nada porque pertencem a uma mesma família e porque podemos traçar uma rede de relações reais entre eles.

É, portanto, legítimo completar certos mitos com outros que, há apenas alguns séculos, ainda constituíam um só. Mas, inversamente, aumentam o valor e o significado das divergências que se manifestam entre eles. Pois se fossem os mesmos mitos em uma data historicamente recente, perdas e lacunas poderiam ser explicadas pelo esquecimento de certos detalhes ou por confusões; se esses mitos se contradizem, alguma razão há de haver.

Após termos completado nossos mitos uns aos outros por meio de suas semelhanças, dediquemo-nos agora a detectar os pontos em que eles divergem.

Todos esses mitos concordam em reconhecer a superioridade de um irmão sobre o outro: um é mais forte, mais talentoso, mais rápido; em M_{226} ele possui até poderes mágicos, que lhe permitem metamorfosear-se em diversos animais. Nas versões krahô e timbira, o irmão superior chama-

História da moça louca por mel, de seu vil sedutor e de seu tímido esposo 155

-se Kengunã ou Kenkunã e o que por cansaço ou incompetência é morto pela segunda ave tem o nome de Akrey. A versão apinayé é a única que inverte os papéis: desde o início do mito, Akreti demonstra ser um caçador prodigioso e bom corredor; é ele quem sobrevive ao combate contra os monstros, enquanto Kenkutã é decapitado.

Essa inversão resulta de uma outra, por sua vez decorrente do fato de que somente os Apinayé identificam o herói do mito como marido de uma mulher louca por mel, que não aparece entre os Timbira, e à qual os Krahô dedicam um mito inteiramente distinto (M225). Assim, se os Apinayé invertem os papéis dos dois irmãos é porque entre eles, diferentemente dos Krahô e dos Timbira, o vencedor das aves canibais tem um fim lamentável — assassino de sua mulher, assassinado e queimado por seus aliados, transformado em cupinzeiro — em completa oposição com o que ocorre entre os Krahô, em cujo mito o herói goza de uma velhice longa e gloriosa… — "enfim, tal como em si mesmo" — diríamos de bom grado, para melhor sublinhar que essa velhice, cujo termo o mito não pode sequer descrever concretamente, constitui uma transformação idêntica (a si mesma) — e também em completa oposição (mas sobre um outro eixo) com o que ocorre entre os Timbira, entre os quais existe, sim, uma transformação diferente (como entre os Apinayé), que afeta não o próprio herói, mas seus ascendentes, transformados em tamanduás (que comem cupins) em vez de cupinzeiro (comido pelos tamanduás). Entre essas duas transformações, uma idêntica e a outra diferente, uma passiva e outra ativa, situa-se a pseudotransformação da mulher assassinada de M225, oferecida a sua mãe e a suas irmãs *como se fosse* carne de tamanduá.

Sempre que os mitos especificam a posição genealógica dos avós, situam-nos na linhagem materna. Mas em relação a tudo o mais, as versões seguem sistematicamente trajetórias contrastadas.

Na versão apinayé (M142), após a morte do irmão, o herói abandona seus avós e não volta a vê-los; parte em busca dos seus e, ao encontrá-los, desposa uma compatriota, que acaba se revelando uma esposa calamitosa.

Na versão krahô (M226), o herói também abandona os avós para nunca mais revê-los, mas é para partir em busca de inimigos, entre os quais espera encontrar a morte; e embora acabe se casando com uma moça inimiga, esta se mostra uma companheira perfeita.

Finalmente, na versão timbira (M_{227}), o herói toma o cuidado de voltar para junto dos avós para se despedir, antes de partir à procura dos seus, entre os quais voltará a encontrar e desposará aquela que, desde a infância, era sua noiva. Consequentemente, sob todos os pontos de vista, essa versão é a mais "familiar" das três:

	M_{142}	M_{226}	M_{227}
avós: revisitados (+) / abandonados (–)	–	–	+
casamento com: compatriota (+) / estrangeira (–)	+	–	+
esposa: boa (+) / má (–)	–	+	+

Concomitantemente, um destino variável aguarda os despojos do irmão do herói, isto é, sua cabeça: posta na forquilha de uma árvore em M_{142}; posta na forquilha de uma árvore e transformada em ninho de abelhas irapuã em M_{226}; posta na forquilha de uma árvore, perto de um ninho de abelhas borá em M_{227}. É difícil interpretar M_{142} quanto a esse aspecto, pois nada permite decidir se se trata aqui de uma divergência ou de uma lacuna: a cabeça não passa por metamorfose alguma ou o informante omitiu ou negligenciou deliberadamente esse detalhe? Contentar-nos-emos, assim, em comparar as variações M_{226} e M_{227}, cujas inter-relações podemos caracterizar de duas maneiras. Em primeiro lugar, a transformação em ninho de abelhas é um tema mais fortemente marcado do que poderia indicar uma simples proximidade entre uma cabeça e uma colmeia. Em seguida, o ninho das irapuãs é diferente do ninho das borás: um é suspenso e, portanto, encontra-se na parte externa da árvore; o outro está dentro, no tronco oco; além disso, o ninho das irapuãs ocupa uma posição relativamente mais alta que o ninho das abelhas borá, também denominadas "abelhas-de-pé-de-árvore", pois nidificam perto do chão. Finalmente, as irapuãs são uma espécie agressiva, que fabrica um mel raro, de qualidade inferior e gosto desagradável (Ihering, art. "irapoã", "vorá").

Consequentemente, sob todos os aspectos, M_{226} configura-se como uma versão mais dramática do que M_{227}. Aliás, é também nessa versão, em

História da moça louca por mel, de seu vil sedutor e de seu tímido esposo

que todas as oposições parecem amplificadas, que os índios fogem até o céu, os dois irmãos se isolam no fundo da água e o herói demonstra possuir poderes mágicos excepcionais. Note-se ainda que, em M_{225}, o ninho de irapuã possui uma função intermediária: *meio* da morte do próprio herói, em vez de ser *resultado* da morte de seu irmão. No subgrupo formado pelos dois mitos da "moça louca por mel", esse meio fatal faz par com aquele que M_{142} utiliza:

$$\text{Meio da morte do herói:} \quad M_{142}\left[\text{Cissus}\left\{ \begin{array}{l} \text{cultivado,} \\ \text{cozido} \end{array} \right\} \right] \longrightarrow M_{225}\left[\text{Irapuã}\left\{ \begin{array}{l} \text{selvagem,} \\ \text{cru} \end{array} \right\} \right]$$

Finalizemos esse inventário das divergências examinando rapidamente o episódio dos encontros do herói, que podem ser vistos sob diversos ângulos: animais encontrados, produtos de que eles se alimentam, aceitação ou recusa do alimento deles pelo herói, finalmente afinidade (frequentemente precisada pelos mitos) entre as espécies animais e seu habitat que pode ser o cerrado ou a floresta:

	habitat	*animais encontrados*	*alimentação*	*atitude do herói*
1) M_{142}		seriema	lagartos, ratos;	0
	cerrado	arara-azul	coco de tucum;	+
	floresta	macaco	semente de sapucaia;	+
2) M_{226}		ema	coco de pati	0
	cerrado	seriema	gafanhotos	0
	floresta	quati	minhocas;	0
		macaco	pati, jatobá;	0
		tapir	jatobá, folhas;	0
3) M_{227}		ema	lagartos, cobras, gafanhotos;	–
		seriema (1)	lagartos de mandioca;	–
		seriema (2)	peixes.	+

158   *Parte I*

Parece ser constante a oposição entre o cerrado e a floresta e entre alimento animal e alimento vegetal, salvo em M227, no qual ela se situa entre alimento terrestre e alimento aquático:

$$M_{142}, M_{226} : \frac{\text{cerrado}}{\text{floresta}} \quad M_{142}, M_{227} : \text{terra} \quad \Big| \quad \text{água}$$
$$\text{(cerrado)}$$

Essa divergência nos leva ao fundo, isto é, à transformação que ocorre em M227 (e unicamente em M227): a dos avós em tamanduás, apesar dos excepcionais cuidados que o herói lhes dispensa. De modo que, mesmo quando o jovem iniciado não quer romper com seus avós, são eles que se separam dele. O fato de só a avó sobreviver, sob a aparência de um tamanduá, explica-se, sem dúvida, pela crença verificada desde o Chaco (Nino, 1912, p. 37) até o noroeste da bacia amazônica (Wallace, 1889, p. 314), segundo a qual os tamanduás de grande porte (*Myrmecophaga jubata*) são todos do sexo feminino. Mas o que significa a aparição, em nosso grupo, de um ciclo que se fecha, de maneira tão curiosa, em torno do tamanduá? Com efeito, os tamanduás alimentam-se de cupim, no qual transforma-se o herói de M142; em M225, esse mesmo herói oferece a seus sogros a carne de sua mulher, dizendo ser carne de tamanduá, e assim os transforma em consumidores do animal em que foram transformados seus próprios ascendentes, em M227.

Para resolver esse enigma, convém introduzir um pequeno mito:

M228 KRAHÔ: A VELHA TRANSFORMADA EM TAMANDUÁ

Certo dia, uma velha levou os netos para colher frutos /puçá/ (não identificado; cf. Nim., 1946a, p. 73).[24] Ela pegou seu cesto e mandou-os subirem na árvore. Depois de comerem todos os frutos maduros, as crianças começaram a colher os verdes, que jogaram para a avó, apesar de seus protestos. Levaram uma bronca e se transformaram em periquitos. A velha, que não tinha mais dentes, ficou sozinha ao pé da árvore e perguntou a si mesma:

---

24. De acordo com Corrêa (1926-31, v. II), *pussá* designa, no estado do Piauí, a *Rauwolfia bahiensis*, uma apocinácea.

História da moça louca por mel, de seu vil sedutor e de seu tímido esposo   159

"O que vai ser de mim? E agora, o que farei?". Ela se transformou em tamanduá e foi embora, começando a cavoucar os cupinzeiros. Depois, desapareceu na mata (Schultz, 1950, p. 160; cf. Métraux, 1939, p. 60 e Abreu, 1914, pp. 181-3).

Esse mito situa-se em relação de transformação manifesta com o mito dos Xerente (M_{229}) sobre a origem dos tamanduás e da festa /padi/ (frutos selvagens generosamente oferecidos pelos tamanduás, em vez de lhes serem recusados; cf. Nim., 1942, pp. 67-8). Retornaremos mais adiante à festa /padi/ e examinaremos agora outros aspectos.

Como ocorre em M_{227}, a velha transformada em tamanduá é uma avó abandonada pelos netos. Por outro lado, os meninos gulosos que abusam dos frutos e colhem-nos ainda verdes apresentam notável analogia com a esposa louca por mel, que também consome com antecipação, pois devora o mel antes que seu marido tenha acabado de coletá-lo. Os meninos glutões também fazem pensar nos que são punidos, em um mito bororo (M_{34}), por terem cometido o mesmo pecado. Nesse mito, os meninos fogem para o céu e se transformam em estrelas, não em periquitos. Mas as estrelas, ao que tudo indica, são as Plêiades, às vezes denominadas "Periquitos" pelos índios sul-americanos. O destino dos meninos krahô é, aliás, idêntico ao que um mito bororo (M_{35}) reserva a um outro menino guloso, transformado em papagaio por ter comido frutos quentes demais, "cozidos demais", portanto, em vez de verdes = "crus demais". Finalmente, M_{228} indica que a avó é desdentada, o que parece ser também o caso dos velhos de M_{229} antes de se transformarem em tamanduás. Com efeito, eles dão a sua filha todos os cocos da palmeira que coletaram e explicam-lhe que não podem mastigá-los porque são duros demais. A avó de M_{35}, por sua vez, tem a língua cortada, o que a torna muda como um tamanduá.[25]

Isso não é tudo. A velha, vítima da gulodice de seus descendentes, e que se transforma em tamanduá, pode ser colocada em paralelo com a heroína dos mitos do Chaco que estudamos na primeira parte deste

---

25. Os Kaingang-Coroado dizem que os tamanduás grandes e pequenos são velhos mudos (Borba, 1908, pp. 22, 25).

capítulo: jovem em vez de velha, transformada em capivara e não em tamanduá, vítima de sua própria gula por mel, que é preciso entender no sentido próprio, e da gula metafórica (pois transposta para o plano sexual) de um pretendente rejeitado. Se, como sugerimos, o mito krahô M228 é uma forma fraca de um mito de origem das estrelas, cuja forma forte é ilustrada por M35, podemos considerar demonstrativo o fato de que M228 existe no Chaco, mas dessa vez como forma forte de um mito de origem das estrelas e, mais particularmente, das Plêiades, como ressalta M131A e, sobretudo, M224, no qual a velha heroína, ela também vítima da gula dos seus, transforma-se em capivara. O ciclo das transformações se fecha com um outro mito do Chaco, proveniente dos Toba (M230), que conta como os homens tentaram fugir para o céu a fim de escapar de um incêndio universal. Alguns conseguiram e transformaram-se em estrelas, outros caíram e conseguiram abrigar-se em grutas. Quando o fogo apagou, eles saíram para fora transformados em diversos animais: um velho tornou-se jacaré, uma velha, tamanduá etc. (L.N., 1924-25b, pp. 195-6).

Com efeito, resulta, do exposto acima, que a transformação em tamanduá e a transformação em capivara funcionam como um par de oposições. O primeiro animal é, de fato, desdentado, ao passo que o outro, o maior de todos os roedores, possui dentes grandes. Em toda a América tropical, os poderosos incisivos da capivara servem como plainas e buris, ao passo que, na falta de dentes, a língua do tamanduá-bandeira serve de ralador (Susnik, 1962, p. 41). Não é de surpreender que uma oposição baseada na anatomia e na tecnologia se preste a uma exploração metódica. A transformação num ou noutro animal é função de uma gulodice imputável a si mesmo ou a outrem, cujos culpados são parentes ou aliados. Ela também provoca uma tripla disjunção nos eixos do alto e baixo, do seco e úmido, da juventude e velhice. Quanto a esse último aspecto, a versão timbira traduz admiravelmente o que ocorre no momento de cada iniciação: a nova classe de idade ocupa o lugar daquela que a precedeu imediatamente e as outras fazem o mesmo, de modo que a classe mais velha fica definitivamente fora do jogo, sendo obrigada a instalar-se no centro da aldeia, onde perde seu papel ativo, restando-lhe apenas o de conselho (Nim., 1946a, pp. 90-2).

A oposição entre a capivara e o tamanduá confirma-se ao notarmos que, para os Mocovi, a Via Láctea representa as cinzas da árvore do mundo, queimada depois que a velha transformada em capivara a derrubou (os Bororo chamam a Via Láctea de "Cinzas das Estrelas"). E os Tukuna [Tikuna] têm um mito (M231) no qual o tamanduá aparece sob o aspecto de um "saco de carvão" na Via Láctea, isto é, uma Via Láctea em negativo: escuro sobre fundo claro, em vez de claro sobre fundo escuro. Sem dúvida, o território dos Tukuna é muito distante do território dos Jê e mais ainda do Chaco, mas os Kayapó setentrionais, que são Jê centrais, e os Bororo, de um lado vizinhos dos Kayapó e do outro, das tribos do Chaco, conhecem o mesmo mito sobre a luta entre o tamanduá e o jaguar, com os mesmíssimos detalhes (M232A,B; Banner, 1957, p. 45; Colb. & Albisetti, 1942, pp. 252-3) — apenas a codificação astronômica está ausente. No entanto, se por detrás da história da luta entre o tamanduá e o jaguar pode-se supor que continue operando um código astronômico latente onde as duas zonas da Via Láctea desprovidas de estrelas correspondem aos animais que se enfrentam —, o jaguar fica por cima pouco após o pôr do sol e as posições se invertem durante a noite, de forma que ele leva a pior antes da alvorada, debaixo do tamanduá —, não podemos excluir a possibilidade de o mito irantxe sobre a origem do tabaco (M191), no qual o urubu substitui o jaguar como adversário do tamanduá, ser interpretado de modo análogo. O mesmo se aplica ao mito timbira (M227), que descreve o velho e a velha transformados em tamanduás enquanto contornam uma montanha por lados opostos, sendo um morto por caçadores, enquanto o outro prossegue em sua vida errante. Com efeito, também nesse caso pode-se pensar numa evolução noturna, que modifica a visibilidade e a respectiva posição de objetos celestes. Finalmente, se pudéssemos generalizar a assimilação feita pelos Wapixana entre a constelação de Áries e uma capivara, pareceria ser ainda mais significativo que o tamanduá celeste seja uma "não constelação", próxima de Escorpião, a três horas da oposição de fase com Áries.

Essa discussão mostra que os mitos jê relativos à ave assassina, ainda que pertençam historicamente à mesma família, prendem-se, do ponto de

10. A luta entre o jaguar e o tamanduá
(redesenhado a partir de Nim., 1952, p. 142, fig. 13).

vista lógico, a um grupo do qual ilustram diversas transformações. Esse grupo, por sua vez, constitui um subconjunto, em um sistema mais amplo, em que se encontram igualmente os mitos do Chaco relativos à moça louca por mel. Com efeito, verificamos que, nos mitos jê, a moça louca por mel exerce uma função lógica; quando ela aparece, é para personificar o *mau casamento* do herói, embora ele tenha escolhido sua esposa *entre os seus*, isto é, uma combinação particular no seio de uma permutação cujos outros fatores são um *bom casamento* realizado *entre os seus*, e um casamento ainda *melhor*; embora se realize *entre estranhos*, mais do que estranhos até, prováveis inimigos. Essa combinatória repousa portanto em noções de endogamia e exogamia local e sempre implica uma disjunção.

Malcasado entre os seus (M_{142}, M_{225}), o herói sofre uma disjunção provocada por aqueles que o assassinam para vingar a morte da moça louca por mel e que provocam a transformação do culpado em cinzas ou em cupinzeiro, comida de tamanduá, ou seja, um /*objeto/terreno/*. E se, em M_{226}, o herói parte à procura de inimigos, dos quais espera unicamente a morte, é porque os seus operaram a disjunção em relação a ele fugindo para o céu, onde se transformaram, consequentemente, em

História da moça louca por mel, de seu vil sedutor e de seu tímido esposo 163

/sujeitos/celestes/. Finalmente, em M227, o herói faz todo o possível para *evitar* a disjunção em relação aos seus: comporta-se como neto atencioso, fiel a seus compatriotas e à jovem de que era noivo desde menino. Mas isso de nada vale, pois então são seus avós, aos quais provou sua afeição com uma conduta respeitosa, que se separam dele, transformando-se em tamanduás, isto é, em */sujeitos/terrestres/.* O fato de o eixo da disjunção ser assim definido pelos polos "céu" e "terra" explica que as versões mais fortes situem a iniciação no mais profundo das águas e as mais fracas (dessa perspectiva) no nível da água. É, com efeito, a iniciação que deve dar aos jovens a força necessária, não para se oporem a uma disjunção inelutável em sociedades nas quais a iniciação é um prelúdio ao casamento e à residência matrilocal, mas para se acomodarem a ela, sob a condição de se casarem bem, pois é essa a lição dos mitos, como veremos mais adiante.

Comecemos por esboçar os contornos do metagrupo ao qual se prendem os mitos jê consagrados à ave assassina e os mitos do Chaco relativos à moça louca por mel. Nestes últimos, deparamo-nos com uma heroína ávida de mel, que é a filha do Sol, senhor dos Espíritos das águas. Os polos de disjunção são, portanto, o céu e a água e, mais particularmente (já que mostramos que se trata de uma mitologia da estação seca), o seco e o úmido. A heroína se encontra entre dois pretendentes: Raposo e Pica-pau, um ardoroso demais, o outro reticente demais, e que se tornarão, respectivamente, sedutor pérfido e esposo legítimo. Do ponto de vista da busca alimentar, situam-se, contudo, do mesmo lado: o da coleta dos produtos selvagens, mas um deles ilustra-lhe o aspecto generoso — mel e água; e o outro, o aspecto miserável — frutos tóxicos e falta de água. O mito termina com a neutralização (temporária) de Raposo, a disjunção de Pica-pau para o lado do céu (onde ele assume definitivamente sua natureza de ave) e a da heroína, que desaparece não se sabe onde em plena juventude, ou se transforma em capivara, que se situa do lado da água.

Os mitos apinayé (M142) e krahô (M225) oferecem uma imagem transposta desse sistema. A mulher louca por mel troca seu papel de heroína pelo de comparsa do herói. Este último concilia as funções antitéticas de Raposo e Pica-pau, pois os dois personagens do *sedutor desavergonhado* e do *esposo tímido* acabam fundindo-se num só, o do *marido audacioso*. A dualidade se restabelece, porém, em dois planos: o das funções econômicas, pois os mitos jê fazem intervir simultaneamente a caça e a busca do mel; e o das relações de parentesco, pois, aos dois aliados matrimoniais de M213 etc., um tímido, o outro descarado, correspondem agora dois parentes: um irmão tímido e um irmão audacioso.

À heroína transformada em capivara (sujeito aquático de dentes grandes) corresponde um herói transformado em cupinzeiro (objeto terrestre de um desdentado), do qual sobrevive um parente, o irmão (simétrico ao marido da heroína, aliado), após ter sido devorado por um monstro celeste (ao passo que o marido foi devorado por um monstro aquático), sob a forma de um corpo esférico (sua cabeça) colocado na forquilha de uma árvore, onde evoca um ninho de abelhas (alimento, situado à meia altura, de um pássaro — o pica-pau dos mitos do Chaco — que, por sua vez, pertence ao mundo médio).

Entre essas duas versões simétricas e igualmente catastróficas, o mito krahô (M226) define um ponto de equilíbrio. Seu herói é um caçador perfeito, bem-sucedido em seu casamento e que atinge uma idade avançada. Sua "não metamorfose" é testemunhada por sua longa velhice e pela incerteza que o mito deixa pairar sobre o verdadeiro fim do herói: "E quando Kengunã andava aí toda a vida nessa aldeia, até que não estava mais sentindo as cousas nada, nada, nada. Daí acabou-se. Daí mesmo nessa aldeia mesma, a notícia do Kengunã não apareceu mais, se ele morreu de doença ou de velho. E acabou, e a aldeia ficou lá" (Schultz, 1950, p. 112). Essa permanência indeterminada opõe-se, assim, às transformações irrevogáveis que afetam a heroína (M213) ou o herói (M142) ou ao desaparecimento prematuro da heroína, antes, portanto, de ela atingir uma idade avançada.

A versão timbira (M227), por sua vez, constitui a articulação entre o mito krahô (M226) e os mitos apinayé-krahô (M142, M225):

O eixo de disjunção é vertical em M₂₁₃ etc. (*céu/água*). É horizontal em M₁₄₂ (busca dos índios que fugiram para longe), vertical em M₂₂₅, porém muito fracamente marcado (ninho de irapuã na árvore, fogueira embaixo) e invertido em relação a M₂₁₃ (sol no alto, monstros subaquáticos embaixo). Enquanto M₂₂₆ se vale de dois eixos, um vertical (disjunção dos índios no céu, permanecendo os protagonistas na terra), o outro horizontal (disjunção horizontal do herói à procura de um povo distante e inimigo), em M₂₂₇, resta apenas um eixo horizontal de disjunção, pois o eixo vertical passa ao estado latente (se, conforme acreditamos, a transformação dos avós em tamanduás remeter a uma codificação astronômica) e em posição final, ao passo que se encontra em posição inicial em M₂₂₆. Confirma-se, assim, que a versão timbira ocupa no subconjunto jê uma posição intermediária entre as outras versões, o que explica o destino particular que reserva à cabeça do irmão decapitado. Lembremos que a cabeça é depositada em um galho baixo, perto de um ninho de abelhas borá, diferentemente das outras versões, nas quais um ninho de abelhas irapuã, suspenso bem mais no alto, é posto em conexão com o próprio herói (M₂₂₅) ou com seu irmão (M₂₂₆), como meio da morte de um deles ou resultado da morte do outro, conforme já explicamos.

Os MITOS DO CHACO relativos à moça louca por mel e os do Brasil Central, onde o mesmo personagem intervém mais discretamente, fazem parte, portanto, de um mesmo grupo. Se, como já sabemos, os primeiros apresentam um caráter sazonal, no sentido de que evocam certos tipos de atividade econômica e um período do ano, esse deve ser também o caso dos outros. É o que convém agora demonstrar.

O território ocupado pelos Jê centrais e orientais constitui, no Brasil Central, uma área praticamente contínua, que se estende aproximadamente de 3° a 10° de latitude sul e de 40° a 55° de longitude oeste. Nessa vasta região, as condições climáticas não são rigorosamente homogêneas. A parte noroeste confina com a bacia amazônica e a parte nordeste com o famoso "triângulo da seca", onde chega a não chover. Em termos gerais, entretanto, o clima é o do planalto central, caracterizado pelo contraste entre a estação das chuvas e a estação seca, mas as diversas tribos jê não se adaptam a ele sempre da mesma maneira.

Dispomos de algumas informações sobre as atividades sazonais dos Kayapó setentrionais. Entre eles, a estação seca vai de maio a outubro. No início da estação, eles fazem a derrubada e, no final, a queimada, com a madeira já seca. Como os Kayapó só pescam com veneno, eles dependem do período em que as águas estão baixas: entre o fim do mês de julho e as primeiras chuvas. E "como a operação [...] destrói de uma só vez quase todos os peixes, só pode ser realizada uma vez por ano no mesmo rio. Assim, o peixe tem uma participação muito pequena em sua alimentação e sua raridade faz com que ele seja ainda mais apreciado" (Dreyfus, 1963, p. 30). A caça também é rara: "às vezes é preciso ir muito longe para achar a carne que os Kayapó tanto apreciam e da qual são privados" (id. ibid.).

No fim da estação seca, a caça torna-se ainda mais rara e os produtos agrícolas chegam a faltar. É a coleta que fornece o alimento suplementar. Em novembro e dezembro, a população da aldeia dispersa-se para a coleta do pequi, que amadurece nessa época. Os meses secos (julho a setembro) correspondem, portanto, a uma vida nômade que avança pela estação das chuvas com a coleta do pequi. Mas essa vida nômade não anuncia necessariamente a escassez. A expedição anual, que sempre se realiza em agosto-setembro, tem por finalidade "juntar os víveres necessários para as grandes festas de encerramento dos rituais que ocorrem antes das primeiras chuvas e da retomada dos trabalhos agrícolas". Quando uma epidemia se abate sobre a aldeia, os índios consideram que o melhor remédio é o retorno à vida errante e que um período na mata afastará a doença: "como a comida é mais abundante... eles recuperam as forças e retornam em melhor condição física" (id. ibid., p. 33).

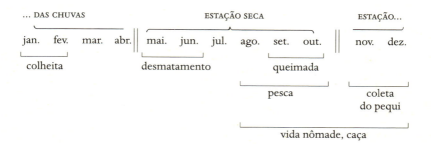

Quanto ao clima que reina em terras timbira, Nimuendaju observa que "é notavelmente mais seco do que o das regiões amazônicas adjacentes. Diferentemente dos territórios a leste e a sudeste, a região não é ameaçada pela seca, embora possua uma verdadeira estação seca, que dura de julho a dezembro" (Nim., 1946a, p. 2). Tais indicações não coincidem exatamente com as do calendário cerimonial, que divide o ano em duas metades: uma delas corresponde teoricamente à estação seca, desde a colheita do milho, em abril, até setembro; a outra começa com os trabalhos agrícolas que precedem as chuvas e ocupa o resto do ano (cf. Nim., 1946a, pp. 62, 86, 183). Todas as festas importantes ocorrem durante o período ritual, dito da estação seca, que é portanto também o da vida sedentária. Por essa razão, e embora as informações disponíveis nem sempre sejam claras, parece que expedições coletivas de caça acontecem durante as chuvas (id. ibid., pp. 85-6). No entanto, faz-se também menção à caça às aves do cerrado (ema, seriema, falconídeos) durante a estação seca e a caçadas coletivas no final de cada grande cerimônia (id. ibid., pp. 69-70). Sabe-se pouquíssimo acerca das antigas condições de vida, mas é possível que a oposição espacial entre o cerrado seco e a mata ciliar nas margens dos rios (onde se pesca e onde também estão as roças) tenha ocupado, no pensamento indígena, um lugar igual ao da oposição entre as estações no tempo. Em todo caso, a primeira parece ter impressionado bastante os observadores (id. ibid., p. 1). Isso talvez explique por que a oposição entre os animais da floresta e os do cerrado, simplesmente registrada pelos mitos apinayé e krahô, oculta-se na versão timbira por detrás de uma outra, mais complexa, em função da qual os respectivos alimentos dos animais encontrados tornam-se:

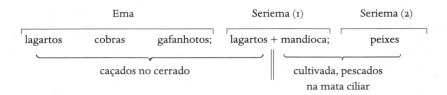

Vejamos agora os Apinayé. "Outrora, assim que terminava o trabalho nas roças, os Apinayé iam para o cerrado, onde viviam da caça e da coleta, até o tempo da colheita. Uma ou outra família voltava à aldeia apenas de maneira intermitente" (Nim., 1939, p. 89). Durante esse período, sacerdotes especializados zelavam pelo crescimento das plantas, que chamavam de "seus filhos". Se alguma mulher ousasse colher qualquer coisa em sua roça, estaria exposta a um castigo severo. Quando as plantas amadureciam, os sacerdotes convocavam os moradores errantes da aldeia. Após uma última caçada coletiva, as famílias regressavam à aldeia e podiam finalmente explorar suas roças. Esse momento marcava a abertura do período cerimonial (id. ibid., p. 90).

Se essa reconstituição de antigos costumes estiver correta, estaríamos diante de um nomadismo da estação das chuvas pois, no Brasil Central, planta-se no final da estação seca e as plantas amadurecem após algumas semanas ou meses. Assim, os Xerente desmatam em junho-julho e realizam a queimada e o plantio em agosto-setembro, para que a germinação se beneficie das primeiras chuvas, que não tardam a cair (Oliveira, 1930, p. 394). Esse nomadismo da estação das chuvas, de que há sinais também entre os Timbira, não exclui o nomadismo de estação seca, durante o qual a caça é igualmente importante, mas a pesca é bem menos importante do que no Chaco. Tudo isso sugere que a oposição, tão fortemente marcada nas tribos do Chaco, entre o período de abundância e o período de escassez (bem mais do que entre dois tipos de estações) é formulada pelas tribos do Brasil Central em termos socioeconômicos: seja como período sagrado (cerimonial) e período profano (sem cerimônias), seja como período nômade — dedicado tanto à caça quanto à coleta — e como período sedentário, colocado sob o signo do trabalho nas roças. Entre os

Apinayé, onde, ao que parece, as operações agrícolas e as da vida nômade ocorriam durante os mesmos meses, elas ainda assim se opunham, pois enquanto algumas, sagradas, incumbiam a um colegiado religioso, outras, profanas, ocupavam a massa da população. As plantações cresciam e amadureciam durante o tempo dedicado à coleta e à caça, mas os dois tipos de atividade permaneciam separados.

No entanto, não parece duvidoso que, assim como os mitos correspondentes do Chaco, nossos mitos jê estejam relacionados à estação seca. O inventário dos alimentos colhidos pelos animais encontrados pelo herói fornece uma primeira indicação. Quer se trate de cobras, lagartos e gafanhotos, animais do cerrado, de peixes pescados na vazante, de cocos de palmeira, de sementes da sapucaia ou de favas de jatobá, todos esses produtos animais ou vegetais são típicos da estação seca. Sabe-se, por exemplo, que para os Botocudo do leste do Brasil, essa era a estação da coleta das sementes da sapucaia, que ocupava um lugar considerável em sua alimentação.

Tanto no pensamento dos Timbira como no dos Apinayé, a coleta de produtos selvagens era associada ao período da vida nômade no cerrado. No entanto, uma transformação marca a passagem entre os mitos do Chaco e os mitos jê. No primeiro caso, mel e frutos selvagens são os alimentos da vida nômade, e o mesmo papel cabe à caça e ao mel no segundo caso. Mas a razão dessa substituição é facilmente perceptível: a coleta dos frutos selvagens era uma ocupação sobretudo feminina entre os Jê, com exceção do mel, coletado pelos homens (Nim., 1939, p. 94; 1930, pp. 72-5). Na hierarquia das ocupações masculinas, pode-se então dizer que, no Chaco, a coleta do mel prevalecia sobre a dos frutos selvagens assim como, no Brasil Central, a caça prevalecia sobre a coleta de mel:

$$\left\{ \begin{array}{l} \text{CHACO} \\ M_{213} \text{ etc.:} \\ mel > frutos\ selvagens \end{array} \right\} \longrightarrow \left\{ \begin{array}{ll} \text{BRASIL CENTRAL} \\ M_{226}: \quad M_{142}: \\ caça \quad\ caça > mel \end{array} \right\}$$

Abordamos a estrutura do grupo de um ponto de vista formal e ligamos certas transformações que ali ocorrem às características ecológicas de cada região e a vários aspectos da cultura material das populações envolvidas. Nesses dois planos, pudemos assim resolver duas dificuldades já notadas por Nimuendaju a propósito da versão apinayé (M_{142}): "/Pebkumre'dy/ (segunda fase da iniciação) representa a verdadeira iniciação dos guerreiros... Os Apinayé localizam sua origem no mesmo motivo tradicional que os Canela (= Timbira) associam a seu próprio ritual de iniciação dos /pepyé/: a luta de dois irmãos contra um falcão gigante. Entretanto, os papéis dos dois irmãos parecem estar invertidos e creio que o episódio final — a história do homem que assou a esposa — difundiu-se até os Apinayé a partir do norte e que constitui um acréscimo posterior" (Nim., 1939, p. 56). Sabemos, porém, que essa história pertence ao patrimônio jê, pois existe entre os Krahô no estado de mito isolado. Na verdade, onde Nimuendaju via dois problemas distintos, demonstramos que existia apenas um, cujas faces se esclarecem mutuamente. É porque o herói apinayé (diferentemente do herói krahô e do herói timbira) está destinado a um fim lastimável que seu papel deve ser desempenhado pelo irmão que as outras versões escolhem para morrer em seu lugar. Resta compreender por que essa variante requer a intervenção de uma moça louca por mel, que se tornou esposa do irmão condenado. Tendo procedido a uma análise formal desses mitos e, em seguida, à sua crítica etnográfica, devemos agora encará-los sob uma terceira perspectiva: a de sua função semântica.

Afirmamos várias vezes, e acabamos de lembrar novamente, que os Jê centrais e orientais veem, no combate dos dois irmãos contra as aves assassinas, a origem da iniciação dos rapazes. Essa iniciação possuía um caráter duplo. Por um lado, marcava o acesso dos adolescentes masculinos ao status de caçadores e guerreiros; assim, entre os Apinayé, no final do período de reclusão, os iniciados recebiam de seus padrinhos as bordunas cerimoniais, em troca de caça (Nim., 1939, pp. 68-70). Por outro lado, a iniciação também servia de prelúdio ao casamento. Ao menos em princípio, os iniciados ainda eram solteiros. A jovem que tivesse uma queda por um deles, antes da iniciação, recebia um castigo severo: os homens adultos sub-

História da moça louca por mel, de seu vil sedutor e de seu tímido esposo 171

metiam-na a uma violação coletiva, no dia em que seu amante entrava em reclusão e, a partir de então, a moça era reduzida à condição de prostituta. No final da iniciação, todos os rapazes se casavam no mesmo dia, tão logo terminada a cerimônia (Nim., 1939, p. 79).

Para os homens, o acontecimento era especialmente marcante, na medida em que, como a maior parte dos Jê, os Apinayé praticavam a residência matrilocal. No dia do casamento, os futuros cunhados arrastavam o noivo para fora de sua casa materna e conduziam-no até sua própria casa materna, onde sua prometida o aguardava. O casamento era sempre monogâmico e considerado indissolúvel se a jovem esposa fosse virgem. Cada família se encarregava de admoestar o cônjuge que manifestasse a intenção de recuperar sua liberdade. Assim, o ensino dispensado toda noite aos noviços, durante toda a iniciação, tinha um nítido aspecto pré-marital: "Tratava-se sobretudo do casamento — os instrutores explicavam como se devia escolher uma mulher, para não correr o risco de unir-se a uma preguiçosa ou a uma infiel..." (Nim., 1939, p. 60).

O mesmo ocorria entre os Timbira: "Outrora um jovem não podia se casar antes de ter cumprido o ciclo dos ritos de iniciação, alcançando assim o status de /penp/ (guerreiro). No final da última cerimônia, as futuras sogras desfilavam, puxando por uma corda os jovens guerreiros destinados a se tornarem seus genros" (Nim., 1946a, p. 200 e prancha 40a). Uma celebração coletiva de todos os casamentos acontecia no final da iniciação (id. ibid., p. 122). As exortações dirigidas aos noviços enfatizavam constantemente a dupla finalidade dos ritos. Reclusos e muito bem alimentados, os rapazes adquiriam força para as competições esportivas, a caça e a guerra; treinados constantemente durante todo o período de reclusão, com competições de corrida e expedições de caça coletivas, eles também recebiam, pela primeira vez, o /kopó/, instrumento intermediário entre a lança e a borduna que, em todo o Brasil Central, representa a arma de guerra por excelência.

O outro aspecto do ensino se referia ao casamento: evitar as discussões e brigas que dão mau exemplo às crianças, mas também saber detectar os defeitos femininos, como a frivolidade, a preguiça e o gosto pela mentira.

Enumeravam-se finalmente os deveres de um homem para com seus sogros (Nim., 1946a, pp. 185-6).

Os mitos oferecem, por assim dizer, um comentário em ação desses aspectos do ritual. Mas cada versão privilegia certos aspectos, tratados em função de determinadas eventualidades. Consideremos inicialmente o mito krahô sobre o combate com a ave assassina (M_{226}). Ele gira inteiramente em torno da caça e da guerra. Seu herói, Kengunã, é mestre nessas duas artes que se confundem praticamente numa só, já que ele jamais utiliza o arco e as flechas para caçar, mas apenas a borduna /kopó/, que é uma arma de guerra, embora os Timbira a empreguem excepcionalmente para a caça ao tamanduá (Nim., 1946a, p. 69), um costume bem condizente com a conclusão original de seu mito (M_{227}).

Com efeito, a maior parte da versão krahô consiste numa enumeração lisonjeira das virtudes do bom caçador. Sem arco e sem cachorro, encontra a caça onde ninguém mais consegue; mata animais em quantidade prodigiosa e, embora a caça seja pesada, ele a carrega sem a menor dificuldade. No entanto, comporta-se com modéstia, dizendo que não matou nada ou então que a caça foi insignificante, para deixar a surpresa e o mérito da descoberta a seus aliados. E unicamente a seus aliados, já que se casou e mora numa aldeia que não é a sua e onde não tem parentes. Acima de tudo Kenkunã mostra, com seu exemplo, a importância do respeito às proibições, de que dependem as caçadas bem-sucedidas. O caçador não deve comer a caça que ele mesmo abateu e, caso o faça, deve pelo menos adiar o ato do consumo, por meio de duas ações que se completam: no tempo, deixando inicialmente a carne esfriar; e no espaço, tomando o cuidado de não pegá-la com as mãos: "Os Krahô, comenta o informante, não comem do bicho que matam da primeira vez, só quando já mataram muitos bichos daquela qualidade (= espécie), e mesmo assim não pegam com a mão, só espetam com um pau e deixam antes ficar fria" (Schultz, 1950, p. 108).

Consequentemente, entre os Jê, os ritos de caça ensinados aos noviços durante a iniciação consistem essencialmente na prática da moderação. O caçador casado pensa, antes de tudo, em prover seus aliados, seus anfitriões, devido à residência matrilocal. Ele o faz com generosidade e modéstia, tomando o cuidado de depreciar sua caça, que não come, ou que come com parcimônia, mantendo a carne à distância, pela interposição de um intervalo de tempo e de um espaço mediadores.

Já encontramos esse, digamos, adiamento do consumo, que nos parecia caracterizar os ritos das festas do mel entre os Tupi setentrionais, Tembé e Tenetehara, que são vizinhos dos Jê. O mel, em vez de ser consumido imediatamente, é armazenado, e esse mel, que fermenta durante a espera, torna-se, por essa razão apenas, uma bebida *sagrada* e *compartilhada*. Compartilhada com os convidados vindos das aldeias vizinhas, permitindo reforçar a aliança entre os grupos. E também sagrada, já que a festa do mel é uma cerimônia religiosa que tem por objetivo garantir uma caça abundante durante o ano e cuja finalidade é, consequentemente, a mesma que a dos ritos de caça entre os Jê.

É possível que a mesma distinção tenha existido no Chaco, entre o mel coletado durante a estação seca e consumido imediatamente, e o mel destinado ao preparo do hidromel que, como sugerem certas indicações, talvez fosse armazenado, pois segundo o testemunho de Paucke (1942, pp. 95-6), entre os Mocovi a fabricação do hidromel acontecia sobretudo a partir do mês de novembro, quando o calor era intenso. A bebida à base de mel e frutas era consumida tanto de dia como de noite e os índios viviam então em estado permanente de embriaguez. Essas festas reuniam mais de cem participantes e, algumas vezes, degeneravam em brigas.

> Para preparar o hidromel, apenas suspendiam pelos cantos um couro de jaguar ou de veado e derramavam nesse bolsão o mel e a cera misturados, acrescentando água. A mistura fermentava espontaneamente, sob o calor do sol, em três ou quatro dias. A menos que fossem nobres, os rapazes e os solteiros eram excluídos dentre os que bebiam e deviam contentar-se com o papel de escanção (id., 1943, pp. 197-8).

No Chaco faz frio entre julho e setembro. Os textos sugerem, portanto, que o consumo coletivo e cerimonial do hidromel talvez fosse também um consumo adiado. Em todo caso, os ritos excluíam certas categorias de homens que, assim como os caçadores jê, embora de outra maneira, só podiam pretender tomar parte neles depois de um determinado *prazo*: nesse caso, depois de mudarem de status.

Os Kaingang do sul do Brasil oferecem uma ilustração mais direta dessas condutas diferenciais. Um informante descreveu, de modo muito revelador, uma ida à floresta com dois companheiros, em busca de mel. Localiza-se uma árvore, que é cercada de fogueiras para confundir as abelhas, em seguida é derrubada e escavada com um machado. Assim que o ninho de abelhas aparece, "tiramos os favos e, como estamos famintos, comemos seu conteúdo cru: é açucarado, apetitoso, suculento. Em seguida, fazemos pequenas fogueiras para assar os alvéolos cheios de larvas e ninfas. Recebo apenas o que posso comer ali mesmo". Os dois companheiros repartem o ninho e aquele que o descobriu fica com o maior pedaço, pois, comenta o investigador, "o mel constitui uma espécie de comida gratuita (*"free food"*) [...]. Quando descobrimos um ninho, todos os que estão presentes recebem a sua parte. Nem pensaríamos em fazer uma refeição inteira com mel, mas nos regalamos com ele em qualquer momento do dia" (Henry, 1941, pp. 161-2).

Diz-se que os Suyá do rio Xingu consumiam o mel onde o encontravam: "Todos os índios enfiavam as mãos no mel e lambiam; comiam os favos com as larvas e o pólen. Um pouco de mel e de larvas foi reservado e levado para o acampamento" (Schultz, 1961-62b, p. 319).

A esse consumo imediato do mel fresco, compartilhado onde é encontrado e comido sem a menor cerimônia, opõe-se, entre os Kaingang, um consumo adiado, sob a forma de hidromel destinado primeiramente aos aliados: "Um homem decide, com seus irmãos ou seus primos, fazer cauim para seus sogros. Eles abatem cedros, escavam os troncos em forma de cocho e vão procurar mel. Daí a alguns dias obtêm uma quantidade suficiente. Então mandam suas mulheres buscar água para encher os cochos. Despejam o mel na água, que fervem, pondo nelas pedras incandescentes... Em seguida, é preciso macerar na água os talos lenhosos de um feto chamado /nggign/ e derramar nos cochos a infusão vermelha assim obtida, "para o cauim ficar vermelho", pois os Kaingang afirmam que sem /nggign/ o cauim não fermentaria. A operação dura vários dias e em seguida cobrem-se os cochos com placas de casca de árvore, deixando o cauim repousar durante alguns dias a mais. Quando ele começa a borbulhar os índios declaram que está /thô/, isto é, embriagante ou amargo, pronto para ser bebido..." (Henry, 1941, p. 162). Esse longo preparo, cujos detalhes abreviamos, parece ainda mais complexo quando se leva em conta que a fabricação dos cochos requer árvores enormes e abatê-las constitui, por si só, um trabalho demorado e difícil. E, às vezes, era preciso cortar várias dessas árvores, até encontrar um tronco sem rachaduras, que não deixasse escorrer o cauim. Toda uma equipe penava para arrastar esse tronco perfeito até a aldeia. E ainda era preciso escavar o cocho com instrumentos rudimentares, correndo o risco de descobrir vazamentos durante a operação ou, o que era ainda pior, depois de o cauim ter sido posto para fermentar (id. ibid., pp. 169-70).

Entre os Kaingang havia, portanto, duas maneiras de consumir o mel: uma delas imediata, sem alocação preferencial, em estado fresco; a outra, longamente adiada, para obter uma provisão suficiente e reunir as condições necessárias ao preparo, no caso do mel fermentado. Ora, vimos que, segundo o informante, o hidromel é destinado aos aliados. Além do fato de que a mesma destinação prioritária se destaca nos ritos de caça dos mitos jê, certos detalhes dos mitos do Chaco sobre a moça louca por mel sugerem a mesma conclusão.

No dia seguinte ao casamento, o raposo enganador dos Toba traz frutos venenosos e favos vazios, mas sua sogra, pensando que a bolsa está cheia de mel, imediatamente apodera-se dela e declara, como se aquilo fosse natural, que com a coleta de seu genro ela irá preparar hidromel para todos os seus (M207). O Sol responde à filha, que lhe pede uma variedade de mel que ele não sabe coletar, com a mesma naturalidade: "Case-se!" (M216).[26] Esse tema do casamento para obter mel retorna, como um *leit-*

---

26. Também entre os Umutina "o mel coletado sempre era repartido, em conformidade com um sistema baseado no parentesco. A maior parte cabia à sogra do caçador e a menor, a seus filhos; e um pouco de mel era guardado para os ausentes" (Schultz, 1961-62a, p. 175).

motiv, em todos os mitos desse grupo. Consequentemente, distinguem-se também nele dois modos de consumo do mel: de um lado, o mel fresco, que a mulher come à vontade no lugar onde é encontrado; do outro, o mel reservado e transportado, que pertence aos aliados.

Diante disso, compreendemos por que os mitos do Chaco reservam um fim lamentável para a mulher louca por mel, a transformação em animal ou o desaparecimento. Sua gulodice, ou descomedimento, não fornece um motivo suficiente para isso, já que tais defeitos não a impedem de casar-se bem. Mas é após o casamento que ela comete o verdadeiro crime: não dá à própria mãe o mel coletado pelo marido. M_{212} contém implicitamente esse detalhe e M_{213} o enfatiza de maneira muito significativa pois, nessa versão, uma heroína avarenta é transformada em capivara, ao passo que a heroína de M_{224}, velha em vez de jovem, aparece sob essa forma para vingar-se da avareza de sua família. Assim, o erro da moça louca por mel consiste em levar o egoísmo, a gula ou o rancor *a ponto de interromper o ciclo das prestações entre aliados.* Ela retém o mel para seu consumo particular, em vez de deixá-lo fluir, por assim dizer, de seu marido, que o coleta, até seus pais, a quem cabe consumi-lo.

Já sabíamos que, de um ponto de vista formal, todos os mitos que consideramos até agora (quer provenham dos Tupi setentrionais, das tribos do Chaco ou dos Jê centrais e orientais) formam um grupo. Mas agora compreendemos por quê. Com efeito, todos esses mitos transmitem a mesma mensagem, embora não empreguem o mesmo vocabulário nem as mesmas formas gramaticais. Alguns se exprimem no modo ativo e outros no modo passivo. Certos mitos explicam o que acontece quando se faz o que se deve fazer, outros se colocam na hipótese inversa e exploram as consequências de se fazer o contrário do que se deve. Finalmente, embora se trate sempre da educação dos rapazes, o herói da história pode ser um homem ou uma mulher — mulher viciosa que nunca está satisfeita, nem com um bom marido, ou homem virtuoso, que consegue casar bem, até mesmo entre gente inimiga (aliás, não é sempre o que ocorre com um homem, numa sociedade onde a residência é matrilocal?) ou ainda homem educado, que se torna triplamente culpado: por ter escolhido por esposa uma mulher viciosa, por ter-se revoltado contra ela e por ter ofendido seus aliados, aos quais, com a carne de sua filha, ele oferece uma "antiprestação".

Nesse conjunto, os mitos jê se distinguem por um movimento dialético que lhes é próprio, pois cada versão encara sob um ângulo diferente o ensinamento transmitido aos iniciados. O herói da versão krahô, grande caçador e guerreiro, é bem-sucedido em seu casamento graças a isso e, digamos, ainda por cima. Pois se encontrou uma boa esposa, foi porque não temeu encontrar a morte na mão de estranhos, e se conseguiu conservar sua mulher e ter uma vida longa, foi porque conquistou o reconhecimento de seus aliados, fornecendo-lhes muito alimento e destruindo seus inimigos. A versão timbira reproduz aproximadamente o mesmo esquema, mas de maneira muito mais fraca, pois nela a ênfase é deslocada. O motivo pertinente não é a aliança matrimonial instaurada, mas a filiação revogada (avós transformados em tamanduás), sempre em virtude da regra segundo a qual uma aliança matrimonial, mesmo feita desde a infância e com compatriotas, representa um tipo de elo incompatível com aquele que resulta da filiação. A versão apinayé, por sua vez, é quadruplamente pusilânime em comparação com as duas outras. O papel de protagonista principal toca àquele, entre os dois irmãos, que as outras versões colocam numa posição de humilhação. O drama se desenrola por ocasião de uma coleta de mel, forma mais humilde (em relação à caça) da busca de alimentos durante a estação seca; os ensinamentos evocados são os relativos à escolha de uma esposa e não ao comportamento na caça e na guerra; finalmente, e à diferença do que acontece nas outras versões, o herói não sabe tirar proveito desses ensinamentos, pois desposa uma mulher que também é mal-educada.

Seja ou não citado, o mel exerce sempre o papel de uma ocorrência pertinente. Os mitos do Chaco elaboram a teoria do mel contrastando-o com outros alimentos vegetais e selvagens da estação seca. Explicitamente ou por preterição, os mitos jê desenvolvem a mesma teoria a partir de um contraste entre o mel e a caça. Com efeito, entre os Jê, apenas o consumo da caça era submetido a restrições rituais, que o afastavam no tempo e no espaço, enquanto o consumo do mel, segundo parece, não era objeto de nenhuma regulamentação específica. Sem dúvida, os Apinayé possuíam um ritual relativo às plantas cultivadas, mas com exceção da mandioca, cujo caráter sazonal é pouco ou nada marcado, elas não têm lugar em um ciclo mitológico que se define por referência à estação seca.

Entre os Tembé e os Tenetehara, a mesma teoria do consumo adiado funda-se quase inteiramente no mel, porque o consumo adiado do mel aparece como meio do consumo não adiado da caça, já que é a postergação da festa do mel até uma determinada época do ano que garantirá uma caça abundante durante o ano inteiro.

Consequentemente, nos mitos do Brasil Central, o consumo não adiado do mel (por culpa de uma mulher) se opõe ao consumo adiado da caça (que constitui o mérito de um homem). No Chaco, o consumo não adiado do mel (por uma mulher) ao mesmo tempo se assemelha ao consumo não adiado dos frutos selvagens (dito de outra maneira, ainda impregnados de toxidade) pelos dois sexos e se opõe ao consumo adiado do mel por um homem que se priva dele em proveito de seus aliados.

PARTE II

O banquete da rã

Et ueterem in limo ranae cecinere querelam.*

VIRGÍLIO, *Geórgicas*, I, v. 378.

* Em tradução livre: *"E no limo as rãs entoaram um antigo lamento"*. (N. T.)

1. Variações I, II, III

EM RELAÇÃO AO MITO OFAIÉ sobre a origem do mel (M_{192}), colocamos em evidência um procedimento progressivo-regressivo e agora vemos que esse pertence ao conjunto dos mitos considerados até o momento. O mito ofaié pode ser definido como um mito de origem apenas num certo sentido. Pois o mel cuja aquisição ele relata pouco se assemelhava àquele que os homens conhecem hoje. Esse primeiro mel possuía um sabor constante e uniforme e crescia nas roças, à semelhança das plantas cultivadas. Como ele estava ao alcance das mãos, era comido assim que amadurecia. Para que os homens pudessem possuir o mel de maneira durável e gozar de todas as suas variedades, era portanto preciso que o mel cultivado desaparecesse em proveito do mel selvagem, disponível em quantidades muito menores mas que, em compensação, não se consegue esgotar.

De maneira mais discreta e menos explícita, os mitos do Chaco ilustram o mesmo tema. Outrora o mel era o único alimento e deixou de exercer esse papel quando o pica-pau, dono do mel, transformou-se em pássaro e se afastou para sempre da companhia dos humanos. Os mitos jê, por sua vez, transpõem a sequência histórica nos termos de um contraste atual entre a caça, sujeita a todo tipo de regras e que constitui, portanto, uma busca alimentar segundo a cultura, e a coleta do mel, praticada livremente, que evoca, assim, um modo de alimentação natural.

Não devemos, portanto, nos surpreender se, ao passarmos agora para a Guiana, ali nos depararmos, como aconteceu em outros lugares, com mitos sobre a origem do mel, mas que também dizem respeito à sua perda.

M233 ARAWAK: POR QUE O MEL É TÃO RARO NOS DIAS ATUAIS

Outrora, os ninhos de abelhas e o mel eram abundantes no mato e um homem ficou famoso por seu talento em encontrá-lo. Certo dia, enquanto ele escavava um tronco a machadadas para tirar mel, ouviu uma voz que dizia: "Cuidado! Você está me machucando!". Ele prosseguiu com cuidado e descobriu dentro da árvore uma mulher encantadora que disse chamar-se Maba, "mel", e que era a mãe ou Espírito do mel. Como ela estava inteiramente nua, o homem juntou um pouco de algodão, com o qual ela fez uma roupa, e ele a pediu em casamento. Ela consentiu, sob a condição de que seu nome jamais fosse pronunciado. Eles foram muito felizes durante vários anos. Assim como ele era considerado por todos como o melhor buscador de mel, ela ficou famosa pela maneira maravilhosa como preparava o /cassiri/ e o /paiwarri/. Qualquer que fosse o número de convidados, bastava-lhe preparar uma jarra de bebida, e essa única jarra punha todos no estado de embriaguez desejado. Ela era realmente uma esposa ideal.

Porém, certo dia, depois de beberem tudo, o marido, sem dúvida um pouco alterado, achou que precisava desculpar-se perante seus inúmeros convidados. "Da próxima vez", disse ele, "Maba preparará mais". O erro fora cometido e o nome pronunciado. Imediatamente, a mulher se transformou em abelha e voou, apesar dos esforços de seu marido. A partir de então, sua boa sorte desapareceu. Foi desde essa época que o mel tornou-se raro e difícil de ser encontrado (Roth, 1915, pp. 204-5).

O /cassiri/ é um cauim de mandioca e de "batatas vermelhas" previamente cozidas e às quais se acrescenta mandioca mastigada pelas mulheres e crianças, impregnada de saliva e de cana-de-açúcar, para apressar a fermentação, que leva por volta de três dias. O preparo do /paiwarri/ assemelha-se ao anterior, só que essa bebida é feita na base de beijus de mandioca previamente torrados. É também necessário consumi-la mais depressa, pois seu preparo exige apenas vinte e quatro horas e ela começa a azedar em dois ou três dias, a menos que se lhe acrescente mandioca recém-torrada, renovando-se em seguida as outras operações (Roth, 1924, pp. 227-38). O fato de o preparo das bebidas fermentadas ser creditado à mãe do mel é ainda mais significativo na medida em que os índios da Guiana não fabricam hidromel: "O mel selvagem diluído na água pode ser consumido como uma bebida, mas não existe testemunho algum a sugerir que ele fosse deixado para fermentar" (id. ibid., p. 227).

No entanto, os índios da Guiana são peritos em matéria de bebidas fermentadas à base de mandioca, milho ou frutas diversas. Roth descreve nada menos de quinze (1924, pp. 227-32). Não é impossível que mel fresco fosse às vezes acrescentado à bebida para adoçá-la. Porém, como esse costume é registrado sobretudo pelos mitos, como teremos ocasião de demonstrar, a associação entre mel fresco e bebidas fermentadas parece melhor se explicar pelas propriedades embriagantes de certos tipos de mel, que os tornam imediatamente comparáveis a bebidas fermentadas. Considerando as culturas do Chaco ou as da Guiana, constatamos, portanto, a persistência do mesmo esquema de correlação e de oposição entre o mel fresco e as bebidas fermentadas, embora só o primeiro desempenhe o papel de termo constante, sendo o lugar do outro termo preenchido pelos cauins de composições diversas. Permanece apenas a forma da oposição, mas cada cultura a exprime através de meios lexicais diferentes.

Uma obra recente de Wilbert (1964, pp. 90-3) contém variantes warrau (M233B, c) do mito que acabamos de resumir. Aí não se trata de bebidas fermentadas. A esposa sobrenatural dá a seu marido uma água deliciosa, que é, na realidade, mel, com a condição de que mais ninguém a beba. Ele, porém, comete o erro de estender a cabaça a um companheiro sedento que a pede e quando este, estupefato, exclama "mas é mel!", o nome proibido da mulher é pronunciado. Alegando uma necessidade natural, ela se afasta e desaparece, transformada em mel de abelhas /mohorobi/. Em seguida, o homem se transforma em enxame. É muito diferente a versão warrau recolhida por Roth:

M234 WARRAU: ABELHA E AS BEBIDAS ADOÇADAS

Havia duas irmãs que cuidavam da casa do irmão e lhe serviam /cassiri/, mas, por mais que elas se esforçassem, ele era ruim, insípido, sem gosto. O homem não parava de se queixar. Como gostaria de encontrar uma mulher capaz de lhe preparar uma bebida doce como o mel!

Certo dia, enquanto ele se lamentava sozinho na mata, ouviu passos atrás de si. Voltou-se e viu uma mulher que lhe disse: "Onde é que você vai? Você chamou Koroha (a abelha). É meu nome, aqui estou!". O homem falou de seus aborrecimentos e disse o quanto ele e suas irmãs desejavam que ele se casasse. A desconhecida ficou inquieta, pois não sabia se seria aprovada por sua nova família. Finalmente cedeu, diante da insistência e das garantias dadas por seu pretendente. Os moradores da aldeia a interrogaram, e ela tratou de explicar aos sogros que só tinha vindo porque o filho deles pedira.

Quando chegou o momento de preparar a bebida, ela operou maravilhas. Bastava-lhe mergulhar seu dedo mindinho na água e mexê-la e a bebida ficava pronta! E a bebida era doce, doce, doce! Jamais se havia bebido algo tão bom. A partir de então, a jovem mulher forneceu xarope a toda a família do marido. Quando este sentia sede, ela só lhe oferecia água depois de enfiar nela o dedo mindinho, para adoçá-la.

Mas o homem logo enjoou de toda aquela doçura e começou a brigar com a mulher, que retrucou: "Você me fez vir até aqui só para ter bebidas doces e agora não está contente? Pois então arranje-se como puder!". Ditas essas palavras, ela saiu voando. A partir daquela época, os homens têm de penar bastante subindo nas árvores, escavando os troncos, tirando o mel e clarificando-o, antes de poderem utilizá-lo para adoçar suas bebidas (Roth, 1915, p. 305).

Fica claro que esse mito transforma o anterior sob o duplo aspecto dos laços de parentesco e das bebidas evocadas, embora se trate sempre de cauim e de água com mel. Nesses mitos as bebidas são diversamente marcadas: o mel de M_{233} é delicioso e o cauim é perfeito — isto é, muito forte, pois embebeda mesmo quando tomado em quantidades ínfimas; em M_{234} ocorre o inverso, a água com mel é doce demais — e, portanto, forte demais a seu modo, pois chega a enjoar — e o cauim é fraco e insípido. Ora, o bom mel e o bom cauim de M_{233} resultam exclusivamente de uma união conjugal. Provêm respectivamente de um marido e de sua mulher, diante dos quais existem apenas "convidados", isto é, uma coletividade anônima e não qualificada em relação ao parentesco.

Em oposição ao herói de M_{233}, grande produtor de mel, famoso por seus talentos, o herói de M_{234} se define por traços negativos. Consumidor e não produtor, e ainda por cima sempre insatisfeito, ele é de certo modo colocado entre parênteses e a relação familiar realmente pertinente aproxima e opõe as cunhadas produtoras: irmãs do marido, que fazem cauim fraco demais, e a mulher do irmão, que faz um xarope forte demais:

$$M_{233}$$

$$\bigcirc\ =\ \triangle \qquad (\bigcirc)$$

cauim (+)   mel (+)

$$M_{234}$$

$$\bigcirc\ =\ (\triangle) \qquad \bigcirc$$

mel (−)   cauim (−)

Além disso, o mel abundante e o cauim forte são tratados em M_{233} como termos positivamente homólogos: sua coexistência resulta de uma união conjugal e assume o aspecto de uma união lógica, enquanto o mel abundante (demais) e o cauim insosso de M_{234} estão em relação lógica de desunião:

$$M_{233} \left[\text{cauim (+)} \cup \text{mel (+)} \right] \longrightarrow M_{234} \left[\text{cauim (−)} // \text{mel (−)} \right]$$

Recordemos que, entre os Kaingang, onde o hidromel substitui o cauim de mandioca na categoria das bebidas fermentadas, os mesmos termos eram combinados de modo mais simples. Do mesmo modo que M_{233}, o material kaingang ilustra uma união lógica, mas que, dessa vez, se estabelece entre mel fresco e adoçado, de um lado e, do outro, uma bebida fermentada, à base de mel que, segundo os Kaingang, é tão melhor quanto mais "amarga" for, e destinada aos aliados. No lugar dos quatro termos do sistema guianense, que formam dois pares de oposições — *doce/enjoativo* para as bebidas doces, não fermentadas e *forte/fraco* para as bebidas fermentadas, os Kaingang contentam-se com dois termos, que formam um único par de oposições entre duas bebidas, ambas à base de mel fresco ou fermentado — *doce/amargo.*

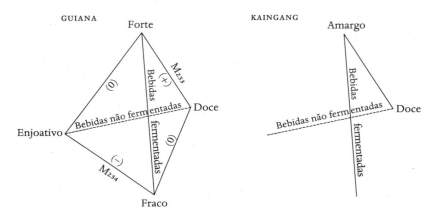

11. Sistema das oposições entre bebidas fermentadas e bebidas não fermentadas.

Melhor do que o francês, o inglês oferece um equivalente aproximado dessa oposição fundamental, com o contraste entre *soft drink* e *hard drink*. Mas, afinal, ela se encontra também entre nós, transposta da linguagem da alimentação para a das relações sociais (que se limita, aliás, a reutilizar termos cuja conotação primeira é alimentar, tomando-os no sentido figurado), quando pomos em correlação e em oposição a "lua de mel" e a "lua de fel" ou de "absinto" e introduzimos assim um triplo contraste entre doce e amargo, fresco e fermentado, união conjugal total e exclusiva e sua reinserção na trama das relações sociais. Na sequência deste livro, mostraremos que essas expressões correntes e figuradas nos aproximam muito mais do sentido profundo dos mitos do que as análises formais, das quais, entretanto, não podemos nos privar, ainda que fosse para legitimar laboriosamente o outro método, cuja ingenuidade bastaria para desacreditar, caso o tivéssemos aplicado imediatamente. Com efeito, essas análises formais são indispensáveis, pois somente elas permitem expor a armação sociológica oculta sob narrativas de aparência esquisita e incompreensível. Só depois de desvendá-la podemos nos dar ao luxo de voltar a "verdades primeiras". Então, e apenas sob essa condição, descobrimos que as duas acepções que se lhes confere podem ser fundamentadas simultaneamente.

Variações I, II, III

A oposição *doce/enjoativo*, característica do mel nos mitos guianenses, existe também em outras partes, pois a encontramos em um mito amazônico (M202), com o motivo do ogro enjoado de mel, e em um mito do Chaco (M210), cujo herói é Raposo farto de mel, que é exatamente a situação do infeliz índio, no final de M234. Essa última aproximação, entre personagens que são ambos incapazes de se definir sem ambiguidade em relação ao mel, aponta outra semelhança entre os mitos guianenses e os do Chaco. Os primeiros representam a criatura sobrenatural, dona do mel, sob os traços de uma moça tímida. Completamente nua em M233, sua primeira preocupação é com o pudor: ela precisa de algodão para vestir-se. E, em M234, ela fica inquieta com o pedido de casamento, perguntando-se como será recebida pela família de seu pretendente, se a ideia será vista com bons olhos. Ora, é exatamente da mesma maneira e quase nos mesmos termos que o pica-pau dos mitos do Chaco responde ao pedido da moça louca por mel. Em consequência, fica claro que essa timidez, na qual a antiga mitografia teria certamente enxergado apenas um floreio romanesco, constitui um traço pertinente do sistema. É o eixo em torno do qual todas as outras relações balançam, quando passamos do Chaco para a Guiana, mas que, no entanto, preserva a simetria do sistema. Com efeito, constatamos que o mito guianense M234, cujo herói é um rapaz louco por mel, oferece a exata contrapartida dos mitos do Chaco relativos à moça louca por mel. A heroína do Chaco compara os respectivos méritos de dois homens, um marido e um pretendente rejeitado. O herói guianense encontra-se na mesma situação diante de uma esposa e de irmãs. O pretendente rejeitado — Raposo, no caso — o é por mostrar-se incapaz de fornecer mel bom e em seu lugar oferece apenas frutas tóxicas ("fortes" demais). As irmãs incentivam o irmão a casar-se por serem incapazes de fazer cauim bom e só conseguem lhe oferecer cauim insípido (fraco demais). Em ambos os casos, o resultado é um casamento, com um esposo tímido, dono do mel, ou com uma esposa tímida, dona do mel. No entanto, esse mel, doravante abundante, é negado aos parentes do outro cônjuge, ou porque a esposa não enjoou dele e quer guardá-lo só para si, ou porque o marido enjoou dele e não quer mais que sua mulher continue a produzi-lo. Em conclusão, a esposa consumidora ou a esposa produtora transforma-se em animal, capivara ou abelha. Entre M_{213} e M_{234}, por exemplo, observam-se, pois, as seguintes transformações:

M_{213}		M_{234}
Raposo	$\longrightarrow$	Irmãs
Pica-pau	$\longrightarrow$	Abelha
Moça louca por mel	$\longrightarrow$	Rapaz louco por mel

É preciso então reconhecer que nossa observação de há pouco coloca um problema. Se o personagem do herói de M_{234} transforma o da heroína de M_{213}, como é que ele pode reproduzir igualmente certos aspectos do personagem de Raposo? Essa dificuldade será resolvida quando tivermos demonstrado que em M_{213}, e em outros mitos do mesmo grupo, já existe uma semelhança entre o Raposo e a moça louca por mel, o que explica que Raposo possa conceber o plano de personificar a heroína junto ao marido dessa (pp. 193, 318).

Para chegar lá é preciso antes de mais nada introduzir uma nova variante guianense. Com M_{233} e M_{234}, estamos longe de termos esgotado o grupo guianense dos mitos sobre a origem do mel, dos quais é possível engendrar todas as transformações, isto é, deduzir os conteúdos empíricos, por meio de um único algoritmo definido pelas duas seguintes operações:

Admitindo que, nos mitos desse grupo, o principal protagonista é um animal, o grupo pode ser ordenado se, e apenas se, ($\longleftrightarrow$)

1) a identidade do animal permanecendo a mesma em dois mitos consecutivos, seu sexo for invertido;

2) o sexo do animal permanecendo o mesmo em dois mitos consecutivos, sua natureza específica for "invertida".

A homologia entre as duas operações implica evidentemente que, a título de axioma, se tenha colocado anteriormente que a transformação ($\longrightarrow$) de um animal num outro sempre ocorre no interior de um par de oposições. Fornecemos, em *O cru e o cozido*, um número suficiente de exemplos disto para que nos concedam que esse axioma possui pelo menos um valor heurístico.

Variações I, II, III 189

Já que, na última versão examinada (M234) o principal protagonista era uma abelha, pela abelha começaremos a série de nossas operações.

a) Primeira variação:

[abelha $\longrightarrow$ abelha] $\longleftrightarrow$ [$\bigcirc \longrightarrow \triangle$]

Eis, antes de mais nada, o mito:

M235 WARRAU: ABELHA VIRA GENRO

Era uma vez um homem que levou seus dois filhos e uma de suas filhas para caçar; as duas outras filhas permaneceram na aldeia com a mãe. Já bem dentro da mata, o caçador e seus filhos construíram um abrigo para acampar.

No dia seguinte, a moça menstruou e avisou o pai que não poderia acompanhá-lo para armar o moquém e cozinhar, pois era-lhe proibido tocar em qualquer utensílio. Os três homens foram caçar sozinhos, mas voltaram de mãos abanando. Aconteceu o mesmo no dia seguinte, como se o estado da moça lhes trouxesse azar.

No outro dia, os caçadores partiram novamente e a moça, que repousava em sua rede no acampamento, ficou surpreendida ao ver um homem aproximar-se e deitar-se com ela, apesar de ela tê-lo avisado do estado em que se encontrava e de ter resistido. O rapaz teve a última palavra e deitou-se ao lado dela, declarando a pureza de suas intenções. Sim, ele a amava havia muito tempo, mas no momento queria apenas descansar e esperaria o retorno do pai da moça para pedi-la em casamento como convinha.

Os dois ficaram então deitados lado a lado, encarando-se e fazendo planos para o futuro. O rapaz explicou que era um /simo-ahawara/, isto é, um membro da tribo das abelhas. Conforme ele previra e anunciara, o pai, ao voltar para o acampamento, não demonstrou surpresa alguma ao ver um homem deitado na rede com sua filha e chegou até mesmo a fingir que não notou nada.

O casamento aconteceu na manhã seguinte, e Simo disse aos três homens que eles podiam ficar deitados, pois ele se encarregaria do abastecimento. Num instante matou uma quantidade prodigiosa de caça, que os três homens não conseguiam carregar, mas que ele transportou sem o menor esforço. Havia ali o bastante para alimentar a família durante meses. Depois de secar toda a carne, puseram-se a caminho da aldeia, cada um levando o quanto podia, e Simo com uma carga cinco vezes maior do que a dos três homens juntos, de tão forte que era! E, mesmo assim, andava muito mais depressa.

O grupo regressou à aldeia e Simo, conforme o costume, foi morar na casa do sogro. Depois que ele acabou de desmatar e plantar, sua mulher deu à luz um belo menino. Foi também nessa época que as duas cunhadas se tornaram fonte de preocupação para Simo. Elas tinham-se apaixonado por ele e ficavam o tempo todo tentando deitar em sua rede; e ele as expulsava imediatamente. Ele não as desejava, nem sequer tinha simpatia por elas e queixou-se à mulher do comportamento das irmãs. No entanto (comenta o informante), nada se podia dizer contra elas, pois entre os Warrau o casamento polígamo com várias irmãs é prática corrente.

Cada vez que as três mulheres tomavam banho no rio, enquanto Simo tomava conta do bebê na margem, as cunhadas tentavam jogar água nele, gesto ainda mais perverso na medida em que Simo lhes tinha avisado que qualquer gota d'água que tocasse em seu corpo o queimaria como se fosse fogo, primeiro o amoleceria e, em seguida, o consumiria. Na verdade, ninguém jamais o tinha visto banhar-se; ele se lavava com mel, como as abelhas, mas sua mulher era a única a saber o motivo, pois ele não contou para mais ninguém quem ele era.

Certo dia em que ele estava na margem do rio, com o bebê nos braços, enquanto as três mulheres se banhavam, as cunhadas conseguiram molhá-lo. Imediatamente ele gritou: "Estou queimando! Estou queimando!" e voou como uma abelha, em direção ao oco de uma árvore, onde derreteu, transformando-se em mel, enquanto o bebê transformou-se em Wau-uta, que é a rã que vive nas árvores (Roth, 1915, pp. 199-201).

Por enquanto, deixaremos de lado a rã: voltaremos a encontrá-la mais tarde. O motivo da água, que queima e faz derreter o corpo do homem-abelha, explica-se manifestamente, como observa Roth, pela ideia de que semelhante personagem deve ser formado de mel e cera, isto é, duas substâncias das quais uma é solúvel em água, ao passo que o fogo derrete a outra. Como reforço, citaremos um pequeno mito amazônico (M_{236}) construído sobre o mesmo tema. Depois de um caçador ter sido despedaçado pelas aves, o Espírito das matas colou os pedaços do corpo com cera e avisou seu protegido que, daí por diante, ele não deveria tomar nada quente. Mas ele se esqueceu da proibição, o calor fez com que a cera derretesse e seu corpo se desagregou (Rodrigues, 1890, pp. 35-8).

Do ponto de vista das relações familiares e da distribuição dos papéis, os personagens de M235 dividem-se em três grupos, que o seguinte diagrama permite detectar facilmente:

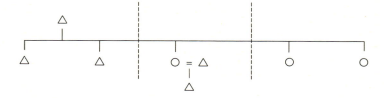

O grupo central compreende a heroína, seu marido que será transformado em mel e seu bebê, igualmente transformado, mas em rã.

O grupo da esquerda, inteiramente masculino, é formado por personagens descritos coletivamente como caçadores sem sorte.

O grupo da direita, inteiramente feminino, é o das cunhadas. Essa distribuição evoca aquela que se pôde observar nos mitos do Chaco, dos quais nos servimos para construir o ciclo da moça louca por mel. Dispomos, assim, de três grupos:

tendo, no centro, Raposo e a jovem com quem ele consegue casar, prometendo fornecer o mel que falta a seus sogros. O grupo da esquerda é, portanto, ocupado por buscadores de mel malsucedidos, que não são abastecidos pelo genro (enquanto, em M235, ele reúne caçadores azarados mas que, ao contrário, são abundantemente abastecidos pelo genro). Nos dois casos, o grupo da direita compreende a ou as cunhadas, mas à custa de outra inversão, pois ora é o marido que abandona sua mulher e quer seduzir uma cunhada pouco disposta a segui-lo, ora são as cunhadas que procuram seduzir um marido obstinadamente fiel.

A inversão do relacionamento erótico que o mito instaura entre os aliados é, assim, ela mesma função de uma dupla inversão do relacionamento alimentar que se estabelece entre eles: negativo num dos casos, positivo no outro, e tendo por objeto ou o mel ou a carne.

Com efeito, é notável que, ao assumir o sexo masculino em M_{235}, Abelha se torne fornecedor de carne (seca, especifica o mito, isto é, a meio caminho entre o cru e o cozido), enquanto em M_{233} e M_{234}, nos quais Abelha era do sexo feminino, ela desempenhava o papel de fornecedora de mel (no âmbito do cru) ou de cauim (no âmbito do cozido). Acontece que, quando se passa de M_{233}-M_{234} para M_{235} (todos eles mitos guianenses), a significação alimentar do mel transforma-se em significação sexual; quer dizer que o mel, sempre considerado "sedutor", aqui o é no sentido próprio e, no primeiro caso, no sentido figurado. Essa transformação interna do grupo guianense se revela igualmente quando se compara M_{235} com os mitos do Chaco, pois fica claro que, partindo destes em direção ao mito guianense, as respectivas funções das mulheres aliadas se invertem, ao mesmo tempo que ocorre, em relação à conotação "sedutora" do mel, uma passagem do sentido próprio para o sentido figurado. Nos mitos do Chaco, a esposa é louca por mel no sentido próprio, isto é, alimentar, e a cunhada exerce involuntariamente sobre seu cunhado, Raposo, uma sedução de ordem sexual. Em M_{235}, dá-se o contrário: nele as cunhadas são loucas por mel, mas no sentido figurado, pois o marido de sua irmã chama-se "Mel" e exerce involuntariamente sobre elas uma sedução de ordem sexual.

Porém, nesse papel, elas se assemelham a Raposo que, como elas e por meio das mesmas investidas amorosas, provoca a transformação dos outros protagonistas em animais. Sob esse ponto de vista, o grupo parece ser sobredeterminado, o que pode introduzir uma confusão no quadro das comutações, em que certos termos parecem estar unidos arbitrariamente por múltiplas relações. Mencionamos acima essa dificuldade e agora chegou o momento de resolvê-la.

Variações I, II, III

Começaremos por notar que, em M235, as cunhadas são duas, quando bastaria uma só para as necessidades da narrativa, como é, aliás, o caso dos mitos toba, nos quais propusemos ver uma transformação inversa do mito guianense. Talvez pudéssemos admitir, a título de hipótese, que tal desdobramento traduz a ambiguidade inerente a uma conduta suscetível de ser evocada de duas maneiras: seja no sentido próprio, como empreendimento alimentar, seja no sentido figurado, como empreendimento sexual, já que se trata da paixão amorosa pelo mel (isto é, no caso, por um personagem denominado Mel). O fato de serem duas as cunhadas de M235 significaria, então, que o papel comum que lhes é atribuído encobre, na realidade, uma dualidade de aspectos. Tudo se passa como se uma das cunhadas tivesse como missão traduzir, no sentido figurado, o papel da heroína do Chaco, ela também louca por mel, mas no plano alimentar, ao passo que a outra preservaria de modo literal a função sedutora que cabe a Raposo no plano sexual, mas com uma troca de papéis, já que, no Chaco, Raposo procura seduzir a irmã de sua mulher e, na Guiana, as cunhadas procuram seduzir Abelha, marido de sua irmã.

Essa interpretação abre perspectivas interessantes quando a encaramos sob o ângulo sociológico. Com efeito, ela implica uma relação de equivalência entre uma transformação retórica e uma transformação sociológica:

$$\textit{Plano retórico} \left[\text{sentido próprio} \longrightarrow \text{sentido figurado} \right] ::$$

$$\textit{Plano sociológico} \left[\begin{array}{l} \text{sedução de uma} \\ \text{mulher por um homem} \end{array} \right] \longrightarrow \left[\begin{array}{l} \text{sedução de um} \\ \text{homem por uma mulher} \end{array} \right]$$

Se outros exemplos verificassem essa relação, poderíamos concluir que, no pensamento indígena, a sedução de uma mulher por um homem pertence à ordem do real e a ação inversa à ordem do simbólico ou do imaginário. Contentemo-nos, no momento, com essa sugestão, até que outros mitos nos obriguem a colocar os problemas da existência e da função de uma codificação retórica (adiante, pp. 199, 202ss, 321ss).

Explicando a dualidade das cunhadas por sua ambiguidade funcional, conseguimos pelo menos afastar a confusão que poderia ocorrer no quadro das comutações, tal como se pode constituí-lo a partir do mito guianense. Não resolvemos, contudo, o problema de conjunto, pois se torna indispensável que um papel desdobrado, nos mitos do Chaco, corresponda às duas cunhadas de M235. Isso é absolutamente imprescindível para que se possa fechar o grupo das transformações.

É o momento de recordar que, nos mitos do Chaco, Raposo interpreta dois personagens: inicialmente o seu próprio, quando tenta desposar ou seduzir a moça louca por mel; e o da mulher louca por mel quando, após seu desaparecimento, tenta seu lugar junto ao marido. Raposo é, portanto, sucessivamente um homem louco (no plano sexual) por mulher, e uma mulher louca (no plano alimentar) por mel, o que, na diacronia, constitui uma boa descrição analítica da atitude sintética atribuída por M235 a um par de mulheres (analiticamente distintas no plano da sincronia), ao mesmo tempo loucas por um homem e loucas por "Mel".

Assim, ao desdobramento diacrônico de Raposo corresponde, de fato, o desdobramento sincrônico das cunhadas.

É necessário proceder a uma última aproximação. Em M235, Abelha, vivo, morre porque foi respingado pela água do rio (água terrestre), que atua sobre ele como se fosse fogo. Ora, vimos que, nos mitos do Chaco, Raposo, morto e ressecado devido ao calor do sol, ressuscita quando é umedecido (= respingado) pela chuva, isto é, pela água celeste. Vemos assim que, se nos mitos do Chaco, Raposo se opõe a Pica-pau e que se Pica-pau, dono do mel nos mitos do Chaco, é congruente a Abelha, dono da caça no mito guianense, o Raposo do Chaco se opõe ao Abelha guianense, como seria de se esperar. Com efeito, cada um deles age diferentemente em relação a uma jovem solitária e menstruada, um tenta se aproveitar de sua condição e o outro evita fazê-lo. Raposo é um buscador de mel sem sorte, Abelha é um caçador milagroso, a meio caminho, portanto (e não somente devido a esse talento, mas também devido a sua força prodigiosa), entre o herói dos mitos do Chaco e o dos mitos jê. Isso não constitui um problema, pois estabelecemos anteriormente que esses últimos mitos também se situam

Variações I, II, III

numa relação de transformação com os mitos "de mel" do Chaco. Vemos, porém, ao mesmo tempo, a multiplicidade de eixos nos quais se situam as transformações que permitem passar dos mitos do Chaco aos mitos guianenses: *mel/caça, macho/fêmea, cru/cozido, cônjuge/aliado, sentido próprio/ sentido figurado, diacronia/sincronia, seco/úmido, alto/baixo, vida/morte.* Essa multiplicidade elimina toda esperança de se poder apreender intuitivamente a arquitetura do grupo, com a ajuda de uma representação por meio de diagramas que, no presente caso, exigiria tantas convenções gráficas que sua leitura mais complicaria do que simplificaria as explicações.

b) Segunda variação:

$$[\triangle \longrightarrow \triangle] \longleftrightarrow [\text{abelha} \longrightarrow \text{rã}]$$

Ao assumir o sexo masculino, Abelha também se transformou de dona do mel em dono da caça. Essa nova função persiste durante sua transformação em rã, que ocorre, por assim dizer, em paridade de sexo. Recordemos que o último mito já esboçava essa transformação, pois ao mesmo tempo que Abelha perdia suas virtudes venatórias e retornava à sua natureza melífera, abandonava um filho — portanto, um indivíduo do sexo masculino — que por sua vez se transformava em rã. Consequentemente, Abelha desdobrava-se em dois personagens, dos quais um regredia a seu ponto de partida (M233, M234: dona do mel) enquanto o outro progredia até a transformação seguinte, cujo herói é uma rã macho:

M237 ARAWAK: A HISTÓRIA DE ADABA

Três irmãos levaram sua irmã à caça. Ela ficava no acampamento enquanto eles andavam pela mata, em busca de caça, mas sem nunca trazer nada, a não ser, de vez em quando, um /powis/, isto é, um mutum (*Crax* sp.). Os dias se sucediam e os irmãos continuavam sem sorte.

Próximo do acampamento, uma rã arborícola /adaba/ morava numa árvore oca, que continha um pouco de água. Certo dia, em que a rã coaxava: "Wang! Wang! Wang!", a jovem interpelou-a: "Por que você está gritando? Faria melhor se parasse com esse baru-lho e me trouxesse carne!". Ao ouvir essas palavras, Adaba calou-se, transformou-se em homem e entrou na mata. Duas horas depois, ele voltou com carne e disse à jovem que a cozinhasse, pois seus irmãos certamente nada trariam. Qual não foi a surpresa deles quando voltaram, de mãos abanando como previsto, e viram a irmã defumando um monte de carne, enquanto um desconhecido descansava numa de suas redes! O homem era muito esquisito: tinha o corpo listrado até a extremidade de suas pernas magras e, como único traje, usava um tapa-sexo de pano. Após trocarem saudações, Adaba pergun-tou como tinha ido a caçada dos três irmãos e quis examinar as flechas deles. Rindo, limpou o bolor que as cobria e explicou que era aquilo que alterava a sua trajetória. Pediu então à jovem que fiasse uma linha de pesca e a estendesse entre duas árvores. Obede-cendo a suas ordens, os irmãos visaram a linha, um após outro, e suas flechas penetra-ram bem no meio. Adaba, porém, caçava de maneira curiosa: em vez de mirar o animal, ele disparava a flecha para o céu e, ao cair, ela se fincava no dorso da caça. Os irmãos aprenderam a técnica e logo conseguiram não errar mais nenhuma flechada. Orgulhosos de suas proezas e de Adaba, decidiram levá-lo para a aldeia e torná-lo seu cunhado. Adaba e sua esposa viveram felizes durante muito tempo.

Certo dia, porém, a mulher quis que seu marido a seguisse até um brejo, onde ela tomava banho. "Não", disse Adaba, "eu nunca me banho em lugares assim, somente nas árvores ocas que contêm água." Então a mulher respingou água em Adaba três vezes e em seguida saltou para fora do brejo e correu atrás dele, mas quando tentou agarrá-lo ele retomou sua forma de rã e foi saltitando até a árvore oca onde se encontra até hoje. Quando a mulher voltou, seus irmãos perguntaram por Adaba e ela disse apenas que ele tinha ido embora. Mas eles sabiam muito bem o que tinha acontecido e castigaram seve-ramente a irmã. De nada adiantou: Adaba não saiu da árvore para lhes dar sorte e os irmãos nunca mais conseguiram tanta caça (Roth, 1915, p. 215).

O termo arawak /adaba/ corresponde ao tupi /cunauaru/ e ao karib /kobono-aru/, que designa uma rã (*Hyla venulosa*) capaz de lançar um fluido cáustico. Uma variante fraca de origem karib (M237B) designa o animal pela forma dialetal /konowaru/. Nessa variante, proveniente do rio Barama, na Guiana, a mulher é solteira e, certo dia, fala do pesar que sente pelo fato de que a rã que ela ouve coaxar no mato não ser um homem, pois ele lhe

Variações I, II, III

traria carne. Dito e feito. O caçador azarado, que aparece mais adiante, é um estrangeiro de passagem, que Konowaru cura, lavando-o com urina. Respingado com água por sua mulher, apesar de seus avisos, Konowaru volta a ser uma rã (Gillin, 1936, pp. 195-6).

Note-se, em relação a essa variante, que em toda a área guianense, as secreções epidérmicas das rãs são utilizadas como unguento mágico pelos caçadores e que seus corpos servem para preparar diversos talismãs (Gillin, 1936, p. 181; Roth, 1915, pp. 278-9, 370; Ahlbrinck, art. "kunawaru"; Goeje, 1943, p. 48). Ahlbrinck, que fornece uma variante kalina que examinaremos mais adiante, informa que a rã kunawaru vive habitualmente no oco das árvores e que "se houver água nesse oco, ela solta um grito semelhante ao de um bebê: wa… wa…". É esse de fato o som que M237 e M237B transcrevem foneticamente.

A etnozoologia da rã cunauaru foi discutida em *O cru e o cozido* (pp. 349-50, 403). Limitar-nos-emos, portanto, a enfatizar dois pontos. Em primeiro lugar, essa rã constrói no oco das árvores um ninho composto de células cilíndricas, onde deposita seus ovos. Essas células são moldadas pelo animal com resina de breu branco (*Protium heptaphyllum*). A água que se junta na cavidade da árvore sobe pelas células, que são abertas na parte de baixo como um funil, e envolve os ovos da rã. Segundo a crença popular, a resina é segregada pelo corpo da rã e serve de talismã para a pesca e a caça (Tastevin, 1922, art. "cunawaru"; Stradelli, 1929, art. "cunuaru-icyca").

A zoologia e a etnografia explicam, assim, por que a abelha e a rã são convocadas para formar um par de oposições e por que pudemos supor acima, ainda que a título de axioma, que a transformação de uma na outra deve assumir o aspecto de uma inversão. Com efeito, ambas, a abelha e a rã, fazem seus ninhos nos ocos das árvores. Os ninhos são constituídos de forma semelhante, de células onde o animal põe seus ovos, e essas células são moldadas a partir de uma substância aromática, cera ou resina, que o animal segrega ou que se acredita que ele segregue. É sem dúvida falso afirmar que a rã produza uma resina que apenas junta e molda, mas isto se aplica a um grande número de melíponas, que moldam suas células com uma mistura de cera e argila, sendo que essa última também é coletada.

Comparáveis em todos esses aspectos, a abelha e a rã diferenciam-se, entretanto, quanto a um ponto essencial, que constitui o traço pertinente de sua oposição. A abelha está do lado do seco (cf. *cc*, p. 403 e M237, para ela, a água é como o fogo), enquanto a rã está do lado do úmido: a água lhe é indispensável no interior de seu ninho, para garantir a proteção dos ovos. Então ela coaxa, quando a encontra, e em toda a América tropical (assim como no resto do mundo) o coaxar da rã anuncia a chuva. Pode-se portanto propor a equação:

(abelha : rã) :: (seco : úmido)

Em seguida, é necessário sublinhar que os mitos e ritos estabelecem uma conexão entre a rã e a caça abundante: "Conexão incompreensível, salvo talvez em função de uma antiga crença na divindade desses batráquios, verificada em outras regiões da Guiana" (Roth, 1915, pp. 278-9). Esperamos ter demonstrado, em *O cru e o cozido*, que essa conexão se explica pela capacidade do cunauaru de expelir um fluido tóxico, assimilado pelo pensamento indígena ao veneno de caça, que às vezes inclui o veneno dos batráquios dendrobatas (Vellard, 1965, pp. 37, 146). Emergência da natureza no seio da cultura, o veneno de caça ou de pesca apresenta, assim, uma afinidade particularmente estreita com o personagem sociológico do sedutor, o que explica por que certos mitos fazem do veneno o filho do animal a quem cabe esse papel (*cc*, pp. 362-70).

Ora, ao longo deste livro estabelecemos várias vezes que o mel também deve ser incluído na categoria dos sedutores, seja em sentido figurado, como alimento que inspira uma concupiscência quase erótica, seja no sentido próprio, sempre que o mel serve para qualificar um personagem inteiramente definido em relação a ele (como *carência de mel* ou como *abundância de mel*, isto é, a moça louca por mel dos mitos jê e do Chaco, ou Abelha dos mitos guianenses).

Em M237, Adaba, caçador prodigioso, utiliza uma técnica particular de manipular o arco: visa no ar e a flecha cai na caça, perfurando-lhe a espinha. Esse não é um procedimento puramente imaginário, pois seu

Variações I, II, III

emprego é verificado nas tribos mais peritas no manejo do arco. A competência dos arqueiros da América tropical é muito variável. Tivemos frequentemente a oportunidade de notar a eficiência mediana dos Nambikwara, enquanto os Bororo que conhecemos exibiam um virtuosismo que chamou a atenção de outros observadores que nos antecederam: "Um índio traça um círculo no chão com cerca de um metro de diâmetro, e se coloca a uma pernada de seu contorno. Então dispara verticalmente oito ou dez flechas, que caem todas dentro do círculo. Todas as vezes que tivemos a oportunidade de assistir a esse exercício tivemos a impressão de que as flechas não poderiam deixar de cair na cabeça do arqueiro, mas ele, seguro quanto a sua destreza, permanecia imóvel em seu posto" (Colb. & Albisetti, 1942, p. 75). Por volta de 1937-8, encontramos, no vale do rio Paraná, um pequeno grupo de índios Guarani muito aculturados que, pela demonstração que nos fizeram, pareciam caçar da mesma maneira, mas no caso deles devido ao peso de suas flechas, armadas com uma ponta de ferro ou com um pedaço desse metal grosseiramente afiado. Essas engenhocas mal equilibradas precisavam ser atiradas a curta distância e imprimindo-lhes uma trajetória fortemente encurvada.

Não está excluído que a experiência forneça o bastidor no qual o mito borda, mas esse bastidor poderia no máximo servir de pretexto, pois o arqueiro do mito não é tão hábil, mas sim dotado de um poder mágico. Ele não calcula a trajetória de suas flechas e as dispara ao acaso, como observa uma variante, da qual já evocamos um aspecto. Nessa variante (M_{236}), o Espírito das matas torna um caçador capaz de flechar os pássaros sem errar e sem visá-los, mas com a condição de jamais atirar na direção de uma revoada, caso contrário os companheiros da ave ferida a vingariam. É o que sucede quando o herói viola a proibição. Estraçalhado pelas aves, ele ressuscita graças a seu protetor sobrenatural, que cola com cera o corpo despedaçado (pp. 190-1, *supra*).

O interesse dessa variante está na distinção muito clara que ela estabelece entre duas maneiras possíveis de entender a noção de "atirar a esmo", isto é, em um sentido absoluto — atirar onde não existe nada — ou em um sentido relativo — atirar na direção geral de um bando. Neste último caso, a incerteza não diz respeito à *espécie* do animal que será morto, como no primeiro, mas sim ao *indivíduo* que será morto entre vários outros, cuja espécie já é conhecida e que é a mesma para todos. Ora, já se viu que seria possível reduzir M_{236} a M_{235}, baseando-se na homologia entre as oposições: *água/fogo, mel/cera*. A comparação com M_{237}, ele mesmo transformação de M_{235}, impõe agora uma outra aproximação entre M_{235} e M_{236}, dessa vez no plano retórico. Com efeito, a oposição entre sentido próprio e sentido figurado, que a análise de M_{235} permitiu detectar, oferece um modelo adequado do contraste entre as duas técnicas de tiro a esmo em M_{236}, uma delas prescrita e a outra, proibida. Unicamente a primeira corresponde à definição do tiro a esmo entendido no sentido próprio, pois na ausência de qualquer alvo, trata-se aqui de um verdadeiro acaso. No entanto a segunda, em que o alvo é simultaneamente presente e indeterminado, não remete ao acaso no mesmo grau. Se a chamamos pelo mesmo nome que a outra, só pode ser de modo figurado.

Outros aspectos do mito de Adaba serão discutidos de modo mais proveitoso depois que tivermos introduzido os mitos que ilustram a etapa seguinte da série das transformações.

c) Terceira variação:

$$[\text{rã} \longrightarrow \text{rã}] \longleftrightarrow [\triangle \longrightarrow \triangle]$$

A essa terceira variação, ilustrada por vários mitos de primeira importância, dedicaremos um espaço maior do que o que foi dispensado às anteriores.

M238 WARRAU: A FLECHA PARTIDA

Um caçador sem sorte tinha dois cunhados que todo dia traziam muita caça. Cansados de alimentar a ele e à esposa, eles decidiram fazer com que ele se perdesse num caminho que levava ao antro do Jaguar-Negro. Ao avistar o monstro o homem saiu correndo, mas o jaguar o perseguiu e os dois começaram a correr em torno de uma árvore enorme.

Variações I, II, III

201

O homem, que corria mais depressa, conseguiu aproximar-se do ogro por detrás e cortou os tendões de suas pernas. O Jaguar-Negro não podia mais andar; sentou-se. O homem disparou uma flecha no pescoço dele e em seguida liquidou-o com um facão.

Seus dois cunhados, que tinham dele o pior conceito, estavam certos de que ele tinha encontrado a morte e comemoravam. Por isso, ficaram muito surpresos quando ele voltou e se desculparam por tê-lo abandonado, alegando um mal-entendido. No começo não queriam acreditar que ele tinha matado o Jaguar-Negro, mas o homem tanto insistiu que eles concordaram em segui-lo até o lugar da luta, em companhia de seu velho pai. Quando viram o ogro, os três homens sentiram tamanho medo que foi necessário que o vencedor pisoteasse a carcaça para que seu sogro concordasse em aproximar-se dela. Como recompensa por tal proeza o velho deu ao genro outra de suas filhas, os cunhados construíram para ele uma casa maior e ele foi proclamado chefe da aldeia.

O homem, porém, também queria ser reconhecido como grande caçador de todas as outras espécies de animais. Então resolveu pedir ajuda a Wau-uta, a rã arborícola. Foi à procura da árvore onde ela morava e ficou embaixo dela, chamando-a e suplicando. O dia chegava ao fim e a rã não respondia. Ele continuou pedindo e quando a noite caiu, começou a entremear suas palavras de lágrimas e gemidos, "pois ele sabia muito bem que se chorasse durante bastante tempo, ela desceria como uma mulher que começa por recusar-se a um homem mas que, diante de suas lágrimas, acaba sentindo pena dele".

Ele continuava a gemer ao pé da árvore quando apareceu um bando de aves, alinhadas por ordem de tamanho, da menor à maior. Uma após outra elas deram bicadas nos pés do homem para torná-lo hábil na caça. Sem que ele soubesse, Wau-uta começou a interessar-se por ele. Depois das aves vieram os ratos, por ordem de tamanho, e em seguida a cutia, a paca, o veado, o porco-do-mato e, por último, o tapir. Ao passar diante do homem, cada animal punha a língua para fora e lambia-lhe os pés, para lhe dar boa sorte quando ele caçasse a espécie à qual o animal pertencia. Em seguida, os felinos fizeram o mesmo, do menor ao maior e, finalmente, vieram as cobras que desfilaram, rastejando.

Isso durou a noite inteira e quando o dia nasceu o homem parou de gemer. Um ser desconhecido se aproximou. Era Wau-uta, que trazia uma flecha de aparência esquisita. "Então foi você quem fez todo aquele barulho a noite passada e não me deixou dormir? Pois então olhe seu braço, do ombro até a mão!" O braço estava coberto de bolor e o outro encontrava-se no mesmo estado. O homem raspou todo o bolor, pois este era a causa de sua falta de sorte. Em seguida, Wau-uta lhe propôs que trocassem de flechas; a

sua estava lascada em vários lugares e tinha sido consertada. Contudo, ao experimentá-
-la, o homem conseguiu flechar um cipó muito fino, que pendia longe de lá. Wau-uta
explicou-lhe que, a partir daquele momento, bastaria que ele disparasse a flecha para o
ar, em qualquer direção. O índio percebeu que, ao cair, a flecha sempre atingia algum
bicho: primeiramente as aves, da menor à maior, em seguida um rato, uma cutia etc., até
chegar ao tapir e depois aos felinos e às cobras, por ordem de tamanho, exatamente
como os animais tinham desfilado durante a noite. Quando ele acabou de passar pela
série toda, Wau-uta lhe disse que podia ficar com a flecha, contanto que nunca revelasse
quem o tinha tornado um bom arqueiro. Depois disso, eles se separaram.

Nosso herói voltou para sua casa e suas duas mulheres. E sua fama de fornecedor de
carne ficou tão grande quanto a que devia à coragem que demonstrara ao matar o Jaguar-
-Negro. Todos tentavam desvendar seu segredo, mas ele não dizia nada. Então, seus
companheiros o convidaram para uma grande festa de bebedeira. Bêbado, ele falou. No
dia seguinte, ao ficar sóbrio, procurou a flecha que Wau-uta lhe dera, mas em lugar dela
só encontrou sua velha flecha. E toda a sua sorte desapareceu (Roth, 1915, pp. 213-4).

Existe uma longa variante kalina (grupo karib da Guiana) desse mito,
que se situa exatamente na passagem entre M237 e M238. Nessa variante
(M239) a rã protetora é um cunauaru macho, isto é, da mesma espécie e
sexo que Adaba, protagonista de M237. Esse cunauaru, entretanto, desempenha, como em M238, o papel de protetor de um caçador azarado e que
escapou do Jaguar canibal (em vez de matá-lo). O cunauaru remove o bolor
maléfico das flechas do caçador (como Adaba e diversamente de Wau-uta,
que percebe o bolor no próprio corpo do caçador) e o torna um arqueiro
excepcional (mas nesse caso não se trata de uma flecha mágica).

A sequência da narrativa nos leva a M237: o herói retorna à aldeia, mas
dotado de uma natureza de rã, adquirida entre os batráquios. Por isso,
toma banho exclusivamente na "água das rãs", que é encontrada no oco
das árvores. Por culpa de sua mulher, entra em contato com a água onde
os humanos se lavam e, por causa disto, ele e seu filho se transformam em
rãs (Ahlbrinck, art. "awarupepe", "kunawaru").

O motivo dos animais enfileirados por ordem crescente de tamanho
persiste nessa variante, mas está deslocado. Ele se situa durante a perma-

nência do herói junto ao Jaguar canibal. Este lhe pergunta para que usa suas flechas e o homem responde que mata animais, que vai listando, família após família, apresentando suas flechas uma após outra e indo sempre do animal menor ao maior. Conforme vai aumentando o tamanho do animal citado, a risada do Jaguar vai ficando cada vez mais forte (cf. Adaba rindo, ao descobrir o bolor que cobre as flechas), pois ele espera que seu interlocutor finalmente cite o jaguar e lhe dê assim o pretexto para devorá-lo. Ao chegar à última flecha, o homem cita o tapir[1] e o jaguar cai na gargalhada durante duas horas, dando ao homem tempo de fugir.

Abordemos o mito por esse viés. Todo o grupo do qual ele faz parte evoca alternativa ou concomitantemente dois tipos de condutas: uma conduta verbal, relativa a um nome que não se deve pronunciar ou um segredo que não deve ser traído; e uma conduta física em relação a corpos que não devem ser aproximados. M_{233}, M_{234}, M_{238}, M_{239} (primeira parte) ilustram o primeiro caso: não se deve pronunciar o nome de Abelha ou censurar sua natureza, trair o segredo de Wau-uta, dizer o nome do Jaguar. M_{235}, M_{236}, M_{237}, M_{239} (segunda parte) ilustram o segundo caso: não se deve molhar o corpo da abelha ou da rã com a água que os humanos utilizam para lavar-se. Trata-se sempre de uma aproximação maléfica entre os dois termos. Um desses termos é um ser vivo e, de acordo com o caráter verbal ou físico da conduta evocada, o outro termo é ou uma coisa ou uma palavra. Pode-se então afirmar que a noção de aproximação é tomada no sentido próprio, no primeiro caso, e no sentido figurado, no segundo.

O termo ativamente aproximado do outro pode, por sua vez, se apresentar sob dois aspectos. Como palavra (o nome próprio) ou como proposição (o segredo), ele é compatível com o ser individual ao qual é aplicado. "Abelha" é, com efeito, o nome da abelha, "Jaguar" é o nome do jaguar e é igualmente verdadeiro que Maba e Wau-uta são responsáveis pelos benefícios que proporcionam. Mas quando se trata de uma coisa (nesse

---

1. No texto holandês está *buffel*, "búfalo", mas é o termo que Ahlbrinck emprega para designar o tapir, conforme observa o tradutor da versão francesa, em nota ao artigo "maipuri".

caso, a água), ela é incompatível com o ser do qual a aproximam: a água dos humanos não é compatível nem com a abelha nem com a rã.

Em terceiro lugar, a aproximação desses dois termos (seja ela física ou verbal) apresenta, dependendo do caso, um caráter aleatório ou ordenado. Em M_{233} e M_{238}, o herói pronuncia o nome proibido involuntariamente e por descuido. Em M_{235} e M_{239}, as cunhadas ou a mulher não sabem por que lhes é proibido respingar água no herói. Por outro lado, em M_{239}, o herói enumera animais cada vez maiores, progressivamente e na ordem, e somente nesse caso a aproximação maléfica é evitada. Nossa combinatória deve, portanto, admitir essa possibilidade e também deve levar em consideração as consequências desastrosas da aproximação, mas que aqui se traduziriam por uma conjunção (o jaguar comeria o homem) e não por uma disjunção (transformação da mulher ou do homem sobrenaturais em animal):

	M_{233}	M_{234}	M_{235}	M_{237}	M_{238}	M_{239}
real/verbal	–	–	+	+	–	+
compatível/incompatível	+	+	–	–	+	–
ordenado/aleatório	–	–	–	–	–	+
aproximação: produzida/evitada	+	+	+	+	+	+
conjunção/disjunção	–	–	–	–	–	–

Essa tabela (na qual os sinais + e – conotam respectivamente o primeiro e o segundo termo de cada oposição) serve apenas como resumo provisório. É incompleta, porque nela incluímos parcialmente certos mitos. Tendo chegado a esse ponto da análise, é preciso agora introduzir outros aspectos, pois as observações precedentes não esgotaram os recursos da oposição entre sistema ordenado e sistema aleatório. Quando se percorre a série de mitos, constata-se que seu campo de aplicação é mais vasto do que aquele que exploramos até o momento e que uma outra oposição lhe deve ser igualmente creditada. No início, estamos diante de sistemas de dois termos: um personagem e seu nome, um indivíduo e uma coisa que ele não suporta e, a partir de M_{238}, dois indivíduos que não suportam um ao outro (o herói e o jaguar). Portanto, até aqui, a relação negativa é polar, assim como é polar (e subjetivamente aleatória) a relação positiva que se instaura, a partir de M_{236}, entre um caçador e sua caça, *contanto que dispare para o ar*, isto é, sem que se apresente uma conexão previsível entre essa conduta e seu resultado; um animal será certamente morto, mas a espécie a que pertence só poderá ser conhecida quando o resultado for obtido. Já chamamos a atenção para o caráter semialeatório da conduta limite que M_{236} toma o cuidado de proibir: caso se dispare na direção de uma revoada de aves, a incerteza se aplicará à identidade do indivíduo que será morto, mas não à espécie, e as condições exigidas pela hipótese não estarão mais reunidas. Assim, as demais aves se lançam sobre o responsável e o estraçalham.

Por outro lado, um caçador que dispara de modo certeiro, mas sem saber exatamente o que irá atingir, não pode ser um caçador perfeito. Não basta que ele sempre mate alguma coisa, sua competência deve afirmar-se em relação a todo o universo da caça. A conduta do herói de M_{238} traduz admiravelmente essa exigência. Ainda que mate o jaguar canibal, caça suprema, isso não basta para consagrar um caçador: "Ele desejava ardentemente tornar-se famoso por sua habilidade em caçar todos os outros animais, além da glória que adquirira por ter livrado aquela terra do Jaguar-Negro" (Roth, 1915, p. 213). Como M_{236} demonstra a impossibilidade de escapar subjetivamente, e por vias quantitativas, das insuficiências de um sistema polar, é preciso que o desfecho seja ao mesmo tempo objetivo e qualitativo, isto é, que o caráter subjetivamente aleatório do sistema (do qual, como prova M_{236}, não se pode escapar) seja compensado por sua transformação objetiva, de sistema polar em sistema ordenado.

Essa transformação do sistema polar já se esboça no primeiro episódio de M_{238}. Os termos opostos ainda são apenas dois: de um lado o jaguar, que é um ogro, do outro o caçador malsucedido, destinado a servir-lhe de presa. O que acontece então? O primeiro persegue o segundo, girando em torno de uma árvore, e suas respectivas posições, antes precisamente definidas, tornam-se relativas, pois já não se sabe mais quem corre atrás de quem, quem é o caçador e quem é o caçado. Fugindo na frente de seu perseguidor, o fugitivo o alcança por detrás e fere-o de modo inesperado;

resta-lhe apenas liquidá-lo. Embora o sistema esteja ainda reduzido a dois termos, não é mais um sistema polar, tornou-se cíclico e reversível: o jaguar é mais forte do que o homem, o homem é mais forte do que o jaguar.

Resta observar a transformação, no estágio posterior, desse sistema de dois termos, cíclico e não transitivo, em um sistema transitivo, que compreende vários termos. Essa transformação ocorre ao se passar de M_{238} (primeira parte) para M_{239} (primeira parte), em seguida para M_{238} (segunda parte), imbricação que não deve surpreender, pois vimos que M_{239} se situa entre M_{238} e M_{237}, que precede a ambos no ciclo das transformações.

O primeiro ciclo transitivo e ordenado aparece em M_{239} (primeira parte) sob a forma duplamente amortecida de uma conduta verbal cujo resultado suscita uma expressão negativa: o herói *não é* comido pelo jaguar, embora este o tenha obrigado a enumerar todos os tipos de caça, família após família, começando pelos animais menos importantes e, em cada família, indo do animal menor ao maior. Como o herói não cita o jaguar (não se sabe se de propósito ou por sorte), o jaguar não matará o homem, apesar do fato, aqui não declarado, de que os homens matam jaguares frequentemente. A essa conduta verbal do herói e à caçada figurada que ele encena diante do jaguar, apresentando sucessivamente todas as suas flechas, sucedem-se em M_{238} (segunda parte) uma conduta real dos animais e uma caçada em sentido próprio, ambas evocando um sistema zoológico ao mesmo tempo total e ordenado, já que, nos dois casos, os animais são dispostos em classes, essas classes são hierarquizadas, partindo das mais inofensivas para as mais perigosas, e os próprios animais são hierarquizados no interior de cada classe, do menor ao maior. A antinomia inicial, que era inerente à fatalidade (negativa, quando termos que não deveriam ser aproximados o são por acaso, ou positiva, na caçada mágica durante a qual o caçador atinge sempre, mas por acaso, uma caça que não tinha a intenção particular de matar), é assim superada, graças ao surgimento, *em resposta a uma intenção subjetivamente aleatória, de uma natureza objetivamente ordenada*. A análise dos mitos confirma que, como sugerimos em outro escrito (Lévi-Strauss, 1962a, pp. 18-9, 291-3), a crença na eficácia da magia pressupõe um ato de fé na ordem do mundo.

Voltando à organização formal de nosso grupo de mitos, percebe-se agora que as indicações já fornecidas devem ser completadas por outras. De M_{233} a M_{235}, estamos diante de um sistema de dois termos, cuja conjunção — figurada, se um dos termos for um nome ou um julgamento predicativo, real, se for uma coisa — provoca a disjunção irreversível do outro termo, acompanhada de consequências negativas. Para superar essa antinomia da polaridade, M_{236} considera momentaneamente uma solução que reconhece como falsa, pois que acarreta uma conjunção negativa: entre o caçador e as aves, de que resulta a morte do herói. Assim, esse mito se apresenta como um impasse ou um beco sem saída, no qual vêm chocar-se simultaneamente o sentido próprio e o sentido figurado, que os mitos anteriores utilizavam alternadamente. Com efeito, em M_{236} a conjunção entre o homem e as aves se realiza fisicamente e deve portanto ser entendida no sentido próprio mas, como demonstramos (pp. 199-200), ela resulta do fato de que o herói decidiu entender a proibição que lhe foi feita numa acepção figurada.

A primeira parte de M_{238} transforma o sistema polar em sistema cíclico, sem introduzir novos termos; essa transformação ocorre no sentido próprio, pois os dois adversários se perseguem materialmente, correndo em volta de uma árvore, que é uma coisa. Essa perseguição desemboca numa conjunção positiva, de alcance ainda restrito: o homem vence o jaguar. O sistema cíclico e ordenado surge inicialmente sob uma forma verbal e figurada em M_{239} (primeira parte), onde é sancionado por uma disjunção positiva (o homem escapa do jaguar), em seguida em sentido próprio e sob forma real em M_{238} (segunda parte), tendo por sanção uma conjunção positiva, cujo alcance agora é geral: o homem tornou-se dono de todas as caças.

Resta examinar uma última dimensão: aquela em que se inscreve o motivo do bolor que cobre as flechas (M_{237}, M_{239}) ou os braços (M_{238}) do caçador malsucedido. Como sabemos que, na verdade, M_{239} ilustra uma transformação intermediária entre M_{237} e M_{238}, é preciso admitir que o bolor que diz respeito às flechas, instrumentos do caçador, constitui uma primeira aproximação do que afeta diretamente seu corpo e que a transição entre um e outro se dá de modo correlato àquela entre o sistema ainda aleatório de M_{237} e o sistema integralmente ordenado de M_{238}.

Indicamos acima que os caçadores guianenses untam habitualmente os braços com as secreções de certas espécies de rãs. Os Tukuna do rio Solimões observam uma prática análoga por ocasião das curas xamanísticas. Para isto utilizam as secreções espumosas, solúveis em água, de uma rã arborícola, de dorso verde vivo e ventre branco (*Phyllomedusa*). Esfregadas nos braços, essas secreções induzem vômitos purificadores. Como veremos adiante, diversas tribos também amazônicas recorrem a variedades tóxicas de mel para obter o mesmo resultado. Por esse viés, já se concebe que os bolores de que se trata nos mitos poderiam ser uma representação invertida das secreções da rã: essas garantem o sucesso na caça e aqueles a impedem, a rã remove os bolores e dá as secreções. Além disso, percebemos também uma ligação indireta, por uma série de transformações, entre o mel que aparece no início do grupo e os bolores mencionados no final. Vimos como, dos mitos do Chaco aos mitos jê, por um lado, e através da série dos mitos guianenses por outro lado, o mel podia se transformar em caça; e agora compreendemos que, a partir da caça, cujo meio são as unções de rã, estas possam se transformar em bolor, que constitui um obstáculo à perseguição da caça.

Façamos uma observação. Nos ritos, a rã é o meio da caça no sentido próprio; ela desempenha esse papel devido a uma aproximação física entre seu corpo e o do caçador. Nos mitos, o papel da rã se mantém, mas é evocado sob forma figurada, pois suas virtudes são morais e não físicas. Nessas condições, o sentido próprio subsiste, mas se aplica ao bolor que afeta fisicamente o corpo do caçador e que constitui, de certo modo, uma rã invertida. Essa transformação é importante, pois ela nos permite ligar indiretamente a nosso grupo um mito tukuna, cujo único ponto em comum com o grupo parece ser o motivo do bolor corporal:

M240 TUKUNA: O CAÇADOR LOUCO

Um caçador de aves armou suas arapucas, mas cada vez que ia espiá-las encontrava nelas apenas um sabiá (Turdídeo). No entanto, seus companheiros pegavam aves de grande porte, como mutuns (*Crax* sp.) e jacus (*Penelope* sp.). Todos zombavam do caçador azarado, que essas caçoadas mergulhavam numa profunda melancolia.

Variações I, II, III

No dia seguinte, voltou a pegar apenas um sabiá e ficou enraivecido. Abriu à força o bico do pássaro, peidou dentro dele e soltou o bichinho. Quase que imediatamente, o homem enlouqueceu e começou a delirar. Seu falatório não fazia o menor sentido: "falava sem parar de cobras, de chuva, do pescoço do tamanduá[2] etc.". Ele também dizia a sua mãe que sentia fome e quando ela lhe trazia comida ele recusava, afirmando que mal tinha acabado de comer. Morreu cinco dias depois, sem parar de falar. Esticado numa rede, seu cadáver ficou coberto de bolor e de cogumelos e continuava dizendo insanidades. Quando vieram para enterrá-lo, ele disse: "Se vocês me enterrarem, as formigas venenosas vão atacá-los!". Mas ninguém aguentava mais ouvi-lo e ele foi sepultado, embora não parasse de falar (Nim., 1952, p. 154).

Transcrevemos quase literalmente esse mito devido ao interesse do quadro clínico da loucura que ele apresenta. Essa se manifesta no plano de uma conduta verbal, através de um falatório destemperado e de declarações desordenadas, que antecipam de modo figurado o bolor e os cogumelos que cobrirão, no sentido próprio, o cadáver do alienado. Trata-se de um caçador sem sorte, como os heróis dos mitos guianenses que estamos discutindo, mas enquanto estes últimos se colocam como vítimas e fazem queixas verbais aos animais, nosso caçador adota em relação aos animais uma conduta fisicamente agressiva, que um bolor figurado sanciona: a loucura, que é a *consequência* de seu gesto insensato, ao passo que seus congêneres guianenses se livram de um bolor real, que era a *causa* de sua inatividade forçada.

Em *O cru e o cozido* precisamos, em várias passagens, o significado que a sistemática indígena atribui ao bolor e aos cogumelos. São substâncias vegetais que se incluem na categoria do podre e com as quais os homens se alimentavam antes da introdução das artes da civilização: agricultura e culinária. Enquanto vegetal, o bolor se opõe, portanto, à caça, alimento animal; além do mais, um deles é podre, enquanto a outra é destinada ao cozimento; finalmente, o vegetal podre diz respeito à natureza e a carne

---

2. A explicação deste detalhe está certamente no fato de que os tamanduás parecem não ter pescoço: sua cabeça se encaixa diretamente no prolongamento do corpo.

cozida, à cultura. Em todos esses planos, amplifica-se a oposição entre termos que os mitos guianenses tinham começado por aproximar. Com efeito, M_{233} evocava a união (mas no registro dos alimentos vegetais exclusivamente) de um alimento cru e natural, o mel, e de um alimento cozido e cultural, o cauim. Ora, no caso do mel, pode-se dizer que a natureza se antecipa à cultura, pois oferece esse alimento inteiramente preparado; no caso do cauim, é a cultura que ultrapassa a si mesma, pois o cauim não é apenas cozido, mas fermentado.

Passando da oposição inicial *cru/fermentado* à oposição subsequente *podre/cozido*, os mitos obedecem, portanto, a um procedimento regressivo: o podre está aquém do cru assim como o cozido está aquém do fermentado. Ao mesmo tempo, cresce a distância entre os termos, pois a oposição do início se referia a dois termos vegetais e a oposição à qual chegamos agora diz respeito a um termo vegetal e a um termo animal. Em consequência, a mediação da oposição também regride.

ABORDAREMOS AGORA O ESTUDO de um extenso mito guianense de que se conhecem várias versões. Apesar de um enredo muito diferente, é assimilável aos anteriores na perspectiva que adotamos, pois a rã assume nele, com nitidez ainda maior, o aspecto de um personagem feminino.

M241 WARRAU: A HISTÓRIA DE HABURI

Havia certa vez duas irmãs que se sustentavam sem ajuda de homem algum e assim ficaram muito surpreendidas ao descobrir um dia, inteiramente preparado, o miolo da palmeira /ité/ (*Mauritia*) que elas tinham apenas derrubado na véspera. Como o mesmo incidente se repetiu nos dias seguintes, elas decidiram ficar de tocaia. No meio da noite, viram uma palmeira /manicole/ (*Euterpe*) inclinar-se, até suas folhas tocarem no tronco de outra palmeira, na qual elas simplesmente tinham feito um talho. Então, as duas deram um salto, pegaram uma folha e suplicaram que ela se transformasse em homem. Inicialmente reticente, a folha acabou consentindo. A mais velha das irmãs o tomou como marido e logo deu à luz um lindo menino, a quem deu o nome de Haburi.

Variações I, II, III

O território de caça das mulheres era perto de dois brejos, mas apenas um deles lhes pertencia e era ali que elas pescavam. O outro pertencia a Jaguar e elas recomendaram ao homem que não se aproximasse dele. Ele, porém, foi até lá, pois o brejo da fera tinha mais peixe do que o das irmãs. Jaguar não gostou e, para vingar-se, matou o ladrão, tomou sua aparência e foi até o lugar onde as duas irmãs acampavam. Já era quase noite. Jaguar carregava o cesto de sua vítima, que continha os peixes roubados. Com uma voz que as surpreendeu por sua força e rudeza, o falso marido disse às mulheres que elas podiam cozinhar o peixe e comê-lo, mas que estava muito cansado para compartilhar a refeição; queria apenas dormir com Haburi em seus braços. As mulheres lhe deram a criança e enquanto elas jantavam, ele começou a roncar tão forte que se podia ouvi-lo da outra margem do rio. Enquanto dormia, pronunciou várias vezes o nome do homem que tinha matado e que fingia personificar. O homem se chamava Mayara-kóto. Isso deixou as mulheres inquietas e elas ficaram desconfiadas. "Jamais", disseram, "nosso marido ron-cou tão ruidosamente e nunca ele chamou a si mesmo por seu nome". Com muito jeito, elas tiraram Haburi dos braços do adormecido, colocando no lugar dele um embrulho feito com cortiça. Em seguida fugiram com o bebê e, precavidas, levaram uma tocha de cera e um tição.

Enquanto caminhavam, ouviram Wau-uta, que naquele tempo era uma feiticeira, e que cantava, acompanhando-se com seu chocalho ritual. As mulheres apertaram o passo em direção ao barulho, pois sabiam que, junto a Wau-uta, estariam a salvo. Entrementes, Jaguar acordou e ficou muito bravo ao perceber que estava sozinho, abraçando um pacote de cortiça, no lugar de um filho. Ele reassumiu sua forma animal e começou a perseguir as fujonas. Estas o ouviram de longe e apertaram ainda mais o passo. Finalmente, bateram na porta da casa de Wau-uta. "Quem é? — Somos nós, as duas irmãs." Wau-uta, porém, se recusou a abrir. Então a mãe beliscou as orelhas de Haburi para que ele chorasse. Interes-sada, Wau-uta indagou: "Essa criança, o que é? Menina ou menino? — É o meu Haburi, um menino", respondeu a mãe e Wau-uta foi logo abrir a porta, convidando-as a entrar.

Quando Jaguar chegou, Wau-uta disse que não tinha visto ninguém mas, pelo cheiro, a fera percebeu que ela mentia. Wau-uta lhe propôs que ele verificasse por si mesmo, enfiando a cabeça pela porta entreaberta. A porta era coberta de espinhos. Wau-uta só teve de fechar a porta no pescoço de Jaguar para matá-lo. As irmãs, porém, começaram a chorar e lamentar a morte do marido e como elas não paravam, Wau-uta disse-lhes que era melhor elas irem buscar mandioca na roça e preparar cauim para afogar suas mágoas.

Elas quiseram levar Haburi, mas Wau-uta disse que não valia a pena e que ela tomaria conta da criança.

Enquanto as irmãs estavam na roça, Wau-uta fez o menino crescer magicamente, até ele tornar-se um adolescente. Ela lhe deu uma flauta e flechas. No caminho de volta da roça, as mulheres ouviram a música e ficaram espantadas, pois não lembravam de homem nenhum na casa. Entraram timidamente e viram um rapaz tocando flauta. Mas onde estava Haburi? Wau-uta disse que o menino tinha saído correndo atrás delas, quando elas se afastaram da casa, e que pensou que Haburi estivesse com elas. Ela mentia, pois tinha feito Haburi crescer para que ele pudesse ser seu amante. Chegou até mesmo a fingir que ajudava as duas irmãs a procurar o menino, não sem antes ordenar a Haburi que dissesse que ela era sua mãe, explicando-lhe como ele devia se comportar em relação a ela.

Haburi era um flecheiro excepcional que não deixava de acertar uma ave sequer. Wau-uta exigiu que ele lhe entregasse todas as aves de grande porte que matasse e que desse as menores às duas mulheres, depois que ela mesma as poluísse e sujasse. Esperava com isto que a mãe e a tia de Haburi, magoadas e humilhadas, acabassem indo embora. Elas, porém, em vez de partirem, teimaram em continuar procurando a criança desaparecida. Essa situação durou muito tempo. Todos os dias, Haburi trazia para Wau-uta as aves grandes e, para as duas mulheres, passarinhos muito sujos.

Certo dia, porém, Haburi errou o alvo, pela primeira vez, e a flecha foi se fincar num galho que se estendia por sobre o remanso em que as ariranhas, tias do caçador, vinham pegar peixe e comer. O lugar era belo, amplo, e Haburi aliviou-se ali, tomando o cuidado de cobrir seus excrementos com folhas. Depois, subiu na árvore para recuperar sua flecha. Naquele exato momento, as ariranhas chegaram e, sentindo o mau cheiro, desconfiaram imediatamente daquele seu sobrinho maroto. Localizaram-no na árvore, ordenaram-lhe que descesse, se sentasse e disseram-lhe umas boas verdades: que ele levava uma vida depravada, que sua mãe não era a velha, mas a mulher jovem, cuja irmã era, portanto, sua tia. Que ele não deveria nunca mais repartir as aves como costumava fazer. Ao contrário, as aves grandes deviam ser entregues a sua mãe, que era a mais velha das duas irmãs e ele tinha de lhe pedir perdão, por ter cometido uma maldade involuntária.

Haburi confessou-se a sua mãe e deu os passarinhos sujos a Wau-uta, que ficou furiosa, disse a Haburi que ele tinha enlouquecido e assoprou seu rosto [para expulsar os maus espíritos, cf. Roth, 1915, p. 164]. Estava tão furiosa que não conseguiu comer nada e durante a noite inteira ficou recriminando Haburi. No entanto, no dia seguinte, Haburi

Variações I, II, III 213

distribuiu da mesma maneira o produto da caça para as três mulheres e Wau-uta não o deixou em paz. Então ele decidiu fugir com a mãe e a tia.

Haburi moldou uma canoa com cera de abelha mas, durante a noite, um pato negro a roubou. Fez uma outra de argila, que foi roubada por um pato de outra espécie. Ao mesmo tempo, tinha aberto uma roça numa velocidade prodigiosa, para que as mulheres pudessem plantar a mandioca necessária para a viagem. De tempos em tempos, Haburi desaparecia e construía canoas com madeiras sempre diferentes e variando a forma mas, toda vez, um pato de uma nova espécie vinha roubá-las. A última que ele fez era de madeira de uma bombacácea e essa não foi roubada. Foi portanto Haburi quem construiu a primeira canoa e quem ensinou os patos a nadar, pois no início eles não sabiam manter-se na superfície da água sem o auxílio das canoas: "Na verdade", comenta o informante, "nós, Warrau, dizemos que cada espécie de pato possui uma canoa de um determinado modelo".

O mais surpreendente é que, no dia seguinte, a última canoa tinha aumentado de tamanho. Haburi pediu às mulheres que pusessem as provisões nela, enquanto continuava plantando mandioca com Wau-uta. Na primeira oportunidade, voltou escondido para casa, pegou seu machado e suas flechas e foi para a margem do rio, mas antes ordenou aos pilares da casa que ficassem calados — naquela época, os pilares falavam e podiam informar um visitante quando o dono da casa estava ausente. Infelizmente, Haburi esqueceu de fazer a mesma recomendação a um papagaio que estava lá, e quando Wau-uta voltou, a ave lhe contou a direção que ele havia tomado.

Wau-uta foi correndo até a margem e chegou no exato momento em que Haburi punha o pé na canoa, em que já estavam sua mãe e sua tia. A velha segurou a embarcação gritando: "Meu filho! Meu filho! Não me deixe! Sou sua mãe!". Ela não largava da canoa, apesar dos golpes de remo que as outras lhe davam nos dedos, tão fortes que a borda da canoa corria o risco de se despedaçar. Assim, Haburi não teve escolha, e foi embora com Wau-uta. Os dois foram até uma grande árvore onde havia um ninho de abelhas. Haburi cavou uma abertura no tronco com o machado e disse à velha senhora que entrasse nela para beber mel. Ela era, de fato, louca por mel e mesmo soluçando sem parar, ao pensar que quase tinha perdido Haburi, entrou na fenda, que o rapaz apressou-se em tapar. E é lá que até hoje se encontra Wau-uta, a rã, que coaxa somente no oco das árvores. Olhem bem e verão seus dedos com as pontas esmagadas pelos golpes de remo quando ela se agarrava na borda da canoa. Escutem-na: ela chora seu amante perdido: "Wang! Wang! Wang!" (Roth, 1915, pp. 122-5).

Existem outras variantes desse mito, que examinaremos mais adiante. Se utilizamos e traduzimos quase literalmente a de Roth, é porque nenhuma outra valoriza tanto a estonteante criação romanesca que o mito constitui, nenhuma outra ressalta melhor sua originalidade, seu poder de invenção dramática, sua riqueza psicológica. Na verdade, seria preciso esperar as *Confissões* para que nossa literatura ousasse abordar uma história como esta, de um menino acolhido por uma protetora cheia de segundas intenções, que começa posando de mãe antes de assumir o papel de velha amante, mas deixando sempre pairar um certo equívoco em seus sentimentos ambíguos. E Madame de Warens é uma mulher bem jovem, em comparação com a rã guianense, à qual a idade e a natureza animal conferem um aspecto triste e repugnante que, como mostra o texto do mito, se encontra presente no espírito do narrador. São narrativas desse tipo (pois, na tradição oral americana, este não constitui um exemplo único, embora talvez nenhum outro se expresse com tanto brio) que podem nos proporcionar, numa breve e fulgurante iluminação, o sentimento pleno de uma evidência irresistível: a de que esses primitivos, cujas invenções e crenças manipulamos com uma desenvoltura que conviria somente a obras grosseiras, sabem dar prova de uma sutileza estética, de um requinte intelectual e de uma sensibilidade moral que deveriam inspirar em nós escrúpulo e devoção. Seja como for, deixaremos ao historiador das ideias e ao crítico a tarefa de se dedicar a essas reflexões sobre o aspecto propriamente literário de nosso mito e nos voltaremos para seu estudo etnográfico.

1. A narrativa inicia evocando a vida solitária de duas irmãs que se tornarão as esposas ("nosso marido", dizem elas) do homem sobrenatural que teve pena delas. Recordemos que as piores infelicidades do herói de M_{238} começam depois de ele obter uma segunda esposa, que as do herói de M_{235} decorrem de ele ter duas cunhadas e, finalmente, que a heroína dos mitos do Chaco era assediada por dois pretendentes, cuja rivalidade acarreta consequências desastrosas.

Já chamamos a atenção para a importância dessa duplicação que reflete, no plano formal, uma ambiguidade que nos parece ser uma propriedade intrínseca da função simbólica (Lévi-Strauss, 1949, p. 216). Nos mitos, tal

Variações I, II, III

ambiguidade se exprime por meio de um código retórico, que joga perpetuamente com a oposição entre a coisa e a palavra, o indivíduo e o nome que o designa, o sentido próprio e o sentido figurado. Uma versão, que infelizmente não nos foi possível consultar em Paris e que citamos de segunda mão, enfatiza essa dualidade das esposas, pois o mito — reduzido, aliás, a seu episódio inicial — pretende explicar a origem do casamento de um homem com duas mulheres:

M242 ARAWAK: ORIGEM DA BIGAMIA

Duas irmãs eram sozinhas no mundo. Um homem, o primeiro que elas viram, a não ser em sonhos, desceu do céu e ensinou-lhes a agricultura, a culinária, a tecelagem e todas as artes da civilização. É por esse motivo que cada índio tem hoje duas esposas (Dance, 1881, p. 102).

Ora, em quase toda a Guiana (e sem dúvida também em outros lugares) a bigamia implica uma diferenciação dos papéis. A primeira mulher, que em geral é a mais velha, tem deveres e privilégios particulares. Mesmo que sua companheira seja mais jovem e desejável, ela continua sendo a verdadeira dona da casa (Roth, 1924, pp. 687-8). O texto de M_{241} não qualifica a segunda mulher. Ela nada mais é do que uma esposa, enquanto a outra desempenha papéis bem definidos de cultivadora, de cozinheira e de mãe. Em consequência, na bigamia a dualidade das mulheres não é um simples duelo, mas um sistema polar e orientado. A segunda mulher não reproduz a primeira. Quando ela faz sua entrada, dotada de atributos sobretudo físicos, é a primeira mulher que se transforma e se torna uma espécie de metáfora da função de esposa: o emblema das virtudes domésticas.

Discutiremos adiante o papel civilizador do herói.

2. O esposo sobrenatural surge por ocasião do corte das palmeiras, para delas se extrair a fécula. Na época em que a *Mauritia flexuosa* [buriti] começa a frutificar, os Warrau cortam a árvore e entalham longitudinalmente o tronco para expor o miolo fibroso que preenche o interior. O tronco, assim escavado, serve de cocho. Derrama-se água nele, triturando

216   *Parte II*

a polpa, que libera uma considerável quantidade de amido. Retira-se então a fibra e quando o amido se deposita no fundo, ele é moldado em pães, que são postos a secar no fogo (Roth, 1924, p. 216). A outra espécie de palmeira citada no início do mito e cuja folhagem se transforma em homem é a *Euterpe edulis*, que os índios derrubam para colher mais facilmente os frutos maduros. Esses são amolecidos num cocho cheio de água morna (se for muito quente, eles endurecem) e esmagados no pilão. A compota é bebida fresca, adoçada com mel e diluída com um pouco de água (id. ibid., pp. 233-4).

Em se tratando de um mito em cujo final o mel desempenhará um papel determinante, essa associação habitual entre os frutos de palmeira e o mel evoca ainda mais os mitos "de mel" do Chaco na medida em que se trata, em ambos os casos, de alimentos selvagens e vegetais. Embora o miolo esteja disponível durante a maior parte do ano, a escolha do momento em que a árvore começa a frutificar[3] para ser derrubada sugere o final da estação seca. Esta é bem marcada no delta do Orinoco, onde as precipitações rareiam entre setembro e novembro, chegando ao máximo em julho (Knoch, 1930, G70-5). Na Guiana, aliás, as palmeiras conotam a presença da água apesar da seca, assim como os frutos selvagens do Chaco, mas não da mesma maneira: os índios consideram a *Mauritia* e a *Euterpe* um sinal seguro de água a pouca profundidade; quando ela não é encontrada em lugar algum, escava-se aos pés dessas palmeiras (Roth,

---

3. Com respeito à frutificação sazonal da *Mauritia flexuosa* [buriti]: "As tribos [...] da região amazônica saúdam alegremente a aparição dos frutos maduros. Elas aguardam ansiosamente essa época do ano para celebrar suas maiores festas e, nessa mesma ocasião, os casamentos previamente combinados" (Corrêa, 1926-31, art. "buriti do brejo"). Consultado sobre a época de frutificação de várias espécies de palmeiras selvagens, Paulo Bezerra Cavalcante, chefe da Divisão de Botânica do Museu Paraense Emilio Goeldi, informou gentilmente (e muito lhe agradecemos) que "pelas observações realizadas ao longo de vários anos, a maturação dos frutos ocorre sobretudo no fim da estação seca ou no início das chuvas". Segundo Le Cointe (1934, pp. 317-32), na Amazônia brasileira, a maior parte das palmeiras selvagens começa a frutificar em fevereiro. Paulo Bezerra Cavalcante indica, no entanto, o mês de dezembro para os gêneros *Astrocaryum* e *Mauritia*, o de novembro para o *Attalea* (julho, afirma Le Cointe, 1934, p. 332) e setembro para o *Oenocarpus*. De todo modo, tais indicações não podem ser automaticamente aplicadas ao delta do Orinoco, onde reina um clima muito diferente.

Variações I, II, III 217

1924, p. 227). Finalmente, e como nos mitos do Chaco sobre a origem do hidromel, a ideia do cocho situa-se em primeiro plano. O tronco da *Mauritia* fornece naturalmente um cocho, onde se prepara a substância mole e úmida contida no invólucro fibroso, suficientemente duro para que os Warrau possam fazer os pilares de suas casas com os troncos da *Mauritia flexuosa* (Gumilla, 1791, v. 1, p. 145). Os frutos da *Euterpe* também são preparados num cocho, mas trata-se então de um *outro* cocho e não de um cocho *próprio*, isto é, são despejados num cocho já fabricado, em vez de o próprio cocho expor seu conteúdo no decorrer da fabricação. Deparamo-nos portanto com uma dialética do continente e do conteúdo, da qual os mitos "de mel" do Chaco nos haviam proporcionado uma primeira ilustração. Ora, seu reaparecimento nesse novo contexto é ainda mais significativo na medida em que, se a heroína do Chaco desempenha, desde o início, o papel de uma moça louca por mel, a do mito de Haburi é uma velha que se mostra louca por mel no fim, e ficará presa no oco de uma árvore, ou seja, de um cocho natural.

As versões recentemente publicadas por Wilbert (1964, pp. 28-44) permanecem espantosamente próximas da versão de Roth nas partes que possuem em comum. Notaremos entretanto que, nas duas versões de Wilbert, é a mais jovem das duas irmãs que é a mãe de Haburi, enquanto a irmã mais velha evoca um personagem masculino: o texto insiste em sua força física e em sua aptidão para os trabalhos que normalmente cabem aos homens, tal como a derrubada das palmeiras (ver acima, pp. 210-11).

Nenhuma das versões de Wilbert atribui uma origem sobrenatural ao marido das duas irmãs, presente desde o início da narrativa. A identidade do ogro tampouco é especificada, nem o motivo pelo qual, nessas versões, ele mata o índio, o assa e oferece a carne às duas mulheres, que reconhecem o corpo desmembrado do marido pelo pênis colocado em cima do pacote. Apesar dessas divergências, a vocação paternal do ogro é igualmente enfatizada: nas duas versões de Wilbert, assim como na versão de Roth, o ogro pede imediatamente que o deixem cuidar do bebê. As duas irmãs garantem sua fuga graças a obstáculos gerados magicamente por seus pelos púbicos, que elas vão jogando para trás. A rã mata o ogro com golpe de facão (M243) ou atravessando-o com uma lança, do ânus até o topo da cabeça (M244). O episódio dos excrementos ocorre na aldeia dos Siawana, em cuja panela Haburi faz suas necessidades (M243), ou na casa da "tia" dele, cuja comida ele emporcalha igualmente (M244).

A partir daí, as versões de Wilbert divergem nitidamente. A transformação de Wau-uta em rã continua sendo consecutiva à ingestão de mel, mas este provém de um genro da velha, marido de sua filha, personagens de quem se ouve falar pela primeira vez. M243 começa então a narrar outras aventuras de Haburi, que logo assumem um caráter cosmológico. O herói encontra um crânio que o persegue (esse episódio se encontra também num mito da coletânea de Roth, que examinaremos num próximo volume; mostraremos então que esse episódio consiste numa reduplicação da história da rã), depois atira uma flecha que atravessa o solo e lhe revela a existência de um mundo inferior, onde reina a abundância, sob a forma de ricos palmeirais e varas de porcos-do-mato. Haburi e seus companheiros tratam de descer para esse mundo, mas uma mulher grávida fica entalada na passagem. Empurram-na, seu ânus afrouxa e torna-se a estrela d'alva. Aqueles que estavam atrás da mulher grávida não puderam ter acesso ao mundo inferior e, como eles eram os melhores xamãs, hoje a humanidade se vê privada de sua ajuda, que teria melhorado muito seu destino. É dessa época que datam o preparo do miolo da palmeira e a aquisição, pelos animais, de suas características específicas. A outra versão (M244), mais breve, termina com a transformação de Wau-uta em rã (ver também Osborn, 1956-57, pp. 164-6; 1958, pp. 158-9; Brett, 1868, pp. 389-90).

Tanto na versão de Roth como nas versões de Wilbert, a extração do miolo da palmeira desempenha, portanto, um papel central. Na verdade, M243 apresenta-se como um mito sobre a origem desse preparo culinário, que coincide com a descida dos ancestrais dos Warrau para a terra e a organização definitiva do reino animal. Esse aspecto ainda seria reforçado se os Siawana, de que se trata nessa versão, se confundissem com os

Siawani aos quais se refere outro mito (M₂₄₄в), povo canibal subsequentemente transformado em árvores ou em torpedinhos* e cuja destruição torna os índios senhores das artes da civilização, na qual figuram em primeiro plano a técnica e os utensílios que lhes permitirão preparar o miolo da palmeira (Wilbert, 1964, pp. 141-5). A preponderância que se atribui a esse alimento se explica ao se levar em conta que "a palmeira *moriche* merece realmente ser chamada a 'árvore da vida' dos Warrau pré-agrícolas. Eles utilizam dez partes diferentes, desenvolveram uma arboricultura muito eficaz e, sobretudo, consideram o miolo o único alimento verdadeiramente próprio para o consumo humano, e até digno de ser ofertado em sacrifício aos deuses. O miolo da *moriche* e o peixe são associados sob o nome de /nahoro witu/ 'a comida verdadeira'" (Wilbert, 1964, p. 16).

3. As mulheres, quando estão sós, se alimentam com o miolo vegetal. Ao se casarem, passam a ter também peixe, o que significa — acabamos de ver no parágrafo anterior — que sua alimentação, a partir de então, será completa. O conjunto warrau: {amido — peixe — mel} restitui, num contexto diferente do ponto de vista ecológico, o conjunto {frutos selvagens — peixe — mel} que, como vimos, inspirava os mitos do Chaco.

Ora, esse peixe provém de dois brejos. Como nos mitos anteriormente estudados do mesmo grupo, temos portanto aqui duas águas, semelhantes sob o ponto de vista hidrológico — são águas paradas — mas, no entanto, desigualmente marcadas sob o aspecto alimentar, pois um brejo contém muito peixe e o outro, pouco. Podemos, portanto, construir "o grupo das duas águas" e escrever:

---

* Torpedinho: peixe teleósteo, da família dos caracídeos (*Nannostomus anamalus* Steind.) da Amazônia. Mantém na água posição oblíqua, com a cabeça voltada para cima, donde o nome popular (Aurélio Buarque de Holanda Ferreira, *Novo Dicionário Brasileiro da Língua Portuguesa*, 2ª ed. Rio de Janeiro: Nova Fronteira, s. d., p. 1401). (N. T.)

$$M_{235} \left[\left(\begin{array}{c} \text{"água" de abelha} \\ (= mel) \end{array} \right) : \left(\begin{array}{c} \text{água das mulheres} \\ (corrente) \end{array} \right) \right] :: M_{237} \left[\left(\begin{array}{c} \text{água da rã:} \\ (parada,\ alta) \end{array} \right) : \left(\begin{array}{c} \text{água da mulher} \\ (parada,\ baixa) \end{array} \right) \right]$$

$$:: M_{239} \left[\left(\begin{array}{c} \text{água da rã:} \\ (parada,\ alta) \end{array} \right) : \left(\begin{array}{c} \text{água da mulher} \\ (?,\ baixa) \end{array} \right) \right]$$

$$:: M_{241} \left[\left(\begin{array}{c} \text{água das mulheres} \\ (parada,\ peixe\ -) \end{array} \right) : \left(\begin{array}{c} \text{água do jaguar} \\ (parada,\ peixe\ +) \end{array} \right) \right]$$

O mel não é água (exceto para Abelha), mas fica parado. O mito sublinha indiretamente esse traço pertinente, ao precisar que a água adversa é corrente, diferentemente de todas as outras variantes, nas quais as duas águas são definidas como paradas e opostas quanto à relação do alto e do baixo ou de seu teor relativo em peixes. Então é possível simplificar e escrever:

[parada : corrente] :: [alto : baixo] :: [peixe (–) : peixe (+)]

ou seja, uma oposição horizontal, uma oposição vertical e uma oposição de natureza, digamos, econômica.

A oposição *água parada/água corrente* é fortemente marcada em todo o continente americano e especialmente entre os Warrau. No tempo antigo, contam, os homens obtinham suas esposas dos Espíritos das águas, aos quais davam suas irmãs em troca. Mas eles exigiram que as mulheres ficassem isoladas durante o período menstrual, contrariamente à opinião de seus parceiros sobrenaturais; desde então, estes não pararam de persegui-los (Roth, 1915, p. 241). Decorre daí um grande número de proibições, entre as quais a de lavar colheres na água corrente; mesmo em viagem, é preciso limpá-las dentro da canoa, caso contrário se desencadearia uma tempestade (id. ibid., pp. 252, 267, 270). Note-se aqui que se atribui ao Jaguar-Negro dos mitos a capacidade de provocar o trovão através de seus rugidos. Mais ao sul, os Mundurucu estabeleciam uma distinção ritual entre a água corrente e a água parada. A primeira era proibida à mulher do índio proprietário de uma cabeça-troféu e aos membros da confraria dos

Variações I, II, III

tapires. Em consequência, essas pessoas não podiam tomar banho no rio e levava-se água a sua casa para elas se lavarem (Murphy, 1958, pp. 56, 61).

A proibição guianense de lavar os utensílios de cozinha ou de lavá-los na água corrente também se encontra no noroeste da América do Norte, entre os Yurok, entre os quais devem-se lavar os utensílios de madeira e as mãos engorduradas na água parada, jamais na água corrente (Kroeber, in Elmendorf, 1960, p. 138, n. 78). O resto do texto sugere que a proibição poderia ser uma aplicação particular de uma relação geral de incompatibilidade, concebida entre a comida e os seres sobrenaturais. Nesse caso, o paralelismo com as crenças guianenses seria ainda mais nítido e pareceria menos arriscado recorrer a exemplos americanos de origens diversas para tentar esclarecer a natureza da oposição entre as duas águas.

Entre os Twana de Puget Sound, as meninas púberes deviam lavar-se obrigatoriamente na água corrente, para anular o perigo de contaminação inerente a seu estado (id. ibid., p. 441). Por outro lado, os viúvos e viúvas "deveriam banhar-se cotidianamente numa piscina que se providenciava fazendo uma barragem num riacho ou ribeirão [...] Essa prática durava pelo menos um mês lunar após o enterro do cônjuge falecido. Ela não tinha como principal objetivo lavar a sujeira contagiosa, mas impedir que o sobrevivente fosse levado pelo defunto para a terra dos mortos" (id. ibid., p. 457). Os Toba do Chaco proibiam que as mulheres que tinham acabado de dar à luz tomassem banho nos rios; só podiam fazê-lo em lagoas (Susnik, 1962, p. 158). Assim como os Mandan opunham a água corrente e a água parada, uma delas "pura" e a outra "impura", pois impossibilitada de escoar (Beckwith, 1938, p. 2), os Guarani do Paraguai reservavam à água corrente o epíteto de água "verdadeira" (Cadogan, s.d.).

À diferença da água parada, que é uma água neutralizada, a água corrente constitui, portanto, o termo marcado. É mais poderosa e mais eficaz, mas também mais perigosa, habitada pelos Espíritos ou em relação direta com eles. No plano metafórico, dizemos mais ou menos a mesma coisa quando opomos a "água viva" e a "água morta". Se os Yurok da Califórnia determinam que as meninas púberes se alimentem perto das cachoeiras, onde o barulho do rio abafa todos os demais (Kroeber, 1925, p. 45), talvez seja porque eles compartilham com os Cherokee do sudeste dos Estados Unidos a crença de que a água barulhenta é uma água "falante", veículo de um ensinamento sobrenatural (Mooney, 1898, p. 426).

Se essa problemática também for válida para os mitos sul-americanos, como sugere o paralelismo entre as crenças dos dois hemisférios, resulta daí que a água corrente é proibida porque poderia romper o tênue elo estabelecido entre um personagem sobrenatural e um ser humano. Ora, vimos que, a partir de M_{237}, a oposição entre água parada e água corrente se transforma numa outra: entre água relativamente alta (pois a rã a procura dentro das árvores) e água relativamente baixa, os brejos onde os humanos se banham. Finalmente, em M_{242}, essa transformação prossegue. Em vez de duas águas de altura desigual, trata-se de duas águas idênticas em relação ao eixo vertical, mas uma delas é inofensiva e pobre em peixes, a outra é perigosa e rica nesse sentido. Os termos da primeira oposição se invertem ao mesmo tempo que se opera essa transformação. Com efeito, de M_{235} a M_{239}, a água inicialmente parada, depois alta, era congruente a um personagem sobrenatural e benéfico; a água inicialmente corrente e depois baixa era congruente a um personagem humano e maléfico. Em M_{241}, dá-se o contrário, devido à inversão de signo do parceiro sobrenatural, que aqui é o Jaguar-Negro, monstro canibal. Simetricamente, o personagem humano recebe um papel benéfico. É, portanto, a água pobre em peixes, fracamente marcada como recurso alimentar, que corresponde à água relativamente alta, na qual a abelha e a rã deveriam ter continuado a banhar-se e onde o homem deveria ter continuado a pescar. Assim, as coisas teriam permanecido como estavam.

Essa discussão não parece levar a lugar algum. Sem ela, entretanto, jamais teríamos chegado à hipótese anterior que, tudo bem considerado, é a única que permite descobrir a armação comum à grande versão de Wilbert e à de Roth, as mais ricas que possuíamos do mito de Haburi. Em que consiste sua aparente diferença? A versão Roth não contém a parte cosmológica. Em compensação, as versões Wilbert não contêm o episódio dos dois brejos. Ora, acabamos de mostrar que esse episódio transforma outros mitos guianenses, que fazem parte do mesmo grupo que o que estamos discutindo.

Variações I, II, III

Na verdade, esse episódio e o sistema de suas transformações não passam de um disfarce falsamentè anedótico, que mal dissimula o motivo cosmológico ao qual a grande versão de Wilbert confere toda a sua amplitude. Nesse episódio, o marido das duas irmãs desiste de pescar mediocremente e sem riscos num brejo que, como acabamos de ver, corresponde à água parada e relativamente alta dos mitos examinados anteriormente, porque prefere a pesca abundante, mas perigosa, de um outro brejo, o qual corresponde, nos mesmos mitos, à água corrente e relativamente baixa. Ora, no final da versão Wilbert, Haburi e seus companheiros, antepassados dos índios atuais, fazem a mesma escolha, mas em maior escala: renunciam a uma vida modesta e tranquila no mundo superior, sob a conduta espiritual de seus sacerdotes, porque os ricos palmeirais e as varas de porcos-do-mato percebidos no mundo inferior lhes prometem um alimento mais abundante. Eles ainda não sabem que deverão conquistar este último ao preço de grandes perigos representados pelos Espíritos das águas e das matas, sendo precisamente o Jaguar-Negro o mais temível dentre eles.

O personagem sobrenatural da versão Roth apenas reproduz essa conduta ancestral, quando, na esperança de uma pesca mais abundante, é atraído em direção a uma água que conota o baixo no sistema de transformações a que se liga, embora M$_{241}$ a situe no mesmo nível que a outra, que conota o alto segundo o mesmo raciocínio. Uma versão antiga mostra-se perfeitamente explícita a esse respeito: no mundo inferior existe muita caça, mas, por outro lado, a água ali é rara e o criador Kanonatu tem de provocar a chuva para engrossar os rios (Brett, 1880, pp. 61-2). Em consequência, em todas as versões, o ou os protagonistas tornam-se culpados de um erro moral que assume o aspecto de uma queda. A do protagonista de M$_{241}$, que caiu nas garras do Jaguar-Negro, transpõe metaforicamente a queda física e cósmica da qual resulta o surgimento da primeira humanidade. Uma significa a outra, assim como o personagem sobrenatural dos primeiros mitos do grupo é significado por seu nome (que não deveria ter sido pronunciado) e assim como a água espirrada (declaração de amor na maior parte das tribos sul-americanas e notadamente entre os Warrau) significa o desejo físico das cunhadas, ao mesmo tempo que possui um valor de metáfora para o principal envolvido, que a água queima *como se fosse fogo*.

4. Ter-se-á certamente observado que as duas irmãs de M241 estão colocadas na mesma situação que a heroína dos mitos do Chaco (que também tem uma irmã), isto é, entre um marido e seu rival. No Chaco, o papel do marido cabe a Pica-pau, que é um herói provedor. O marido warrau também é um provedor, mas de peixe e não de mel. Assim como o mel, no Chaco, o peixe é, na Guiana, um alimento da estação seca (Roth, 1924, p. 190): pesca-se melhor quando as águas estão baixas. Além disso, o mel surgirá no final da narrativa.

O rival do marido é Raposo entre os Toba e Jaguar-Negro entre os Warrau, isto é, num caso trata-se de um enganador e no outro de um ogro aterrorizante. A essa diferença de natureza corresponde uma outra no plano psicológico. Raposo, como vimos, é "louco por mulher"; o que o move é a lascívia. Em relação a Jaguar-Negro, o mito nada afirma de semelhante. Na verdade, Jaguar-Negro começa tendo um comportamento inverso ao de Raposo, pois traz muita comida para as mulheres: peixes, na versão Roth, pedaços assados do corpo do marido delas, nas versões Wilbert. Este último detalhe torna Jaguar-Negro mais próximo do herói jê, que assa o cadáver de sua mulher e o oferece como carne aos pais dela, porque a infeliz mostrou-se excessivamente ávida por mel, assim como o homem vítima do mesmo destino mostra-se aqui por demais ávido por peixes. Voltaremos a esse ponto.

Acima de tudo, Jaguar-Negro difere de Raposo pela ausência de qualquer motivação amorosa. Assim que chega à casa das mulheres, ele se declara cansado e só pensa em dormir depois que, atendendo a seu pedido, puseram o bebê em seus braços. Essa é a conduta habitual do bom pai indígena que, ao voltar da caçada, só quer deitar na rede para acariciar seu bebê. Essa característica é essencial, pois a encontramos em todas as versões. O motivo não seria o fato de que esse detalhe desvenda o objetivo do jaguar, em oposição diametral ao do raposo? Assim como este último era "louco por mulher", o jaguar acaba se revelando "louco por criança"; o que o anima não é a lascívia, mas a sede de paternidade. Após manifestar

Variações I, II, III

seus dons de provedor em relação às duas mulheres, ele assume o papel de ama-seca do bebê.

Tal atitude, paradoxal num ogro, requer evidentemente uma explicação. Ela será fornecida num outro capítulo, no qual estabeleceremos definitivamente aquilo que os mitos jê já nos tinham sugerido, isto é, que o campo do grupo engloba um duplo sistema de transformações: aquele cujo desenvolvimento acompanhamos desde o início deste livro e um outro, que lhe é de certo modo transversal e que cruza com ele precisamente no ponto a que chegamos. Compreenderemos então que o jaguar se comporta aqui como um pai provedor porque ele desempenha o papel inverso, no grupo perpendicular ao nosso, o de um sedutor, que priva os filhos de suas mães. Outro mito guianense que utilizaremos mais adiante (M_{287}) oferece um exemplo perfeito dessa inversão, pois nele os maridos enganados assassinam Jaguar-Negro. Se, portanto, em M_{241}, o jaguar mata o marido e não o contrário, é preciso que ele não seja um sedutor, mas o contrário (ver adiante, pp. 339-53).

Como ainda não dispomos dos elementos necessários para levar adiante essa demonstração e para construir o metassistema que integra os dois aspectos, preferimos nos contentar provisoriamente com uma demonstração diferente, baseada no paralelismo que começamos a estabelecer entre o raposo do Chaco e o jaguar guianense, e que será conduzida *a contrario*.

Raposo é um enganador. Em *O cru e o cozido* (p. 402), indicamos que os mitos que têm esse tipo de personagem como herói são frequentemente construídos como um mosaico, por meio de encadeamentos recíprocos de fragmentos de cadeias sintagmáticas provenientes de mitos distintos, quando não opostos. Resulta daí uma cadeia sintagmática híbrida, cuja própria construção traduz, por sua ambiguidade, a natureza paradoxal do enganador. Se assim for no caso que nos interessa, podemos interpretar o caráter de *sedutor ineficaz* demonstrado por Raposo como um resultado da justaposição de dois caracteres antitéticos, cada um deles atribuível a um personagem que é o inverso de Raposo num aspecto: um *sedutor eficaz*, ou o contrário de um sedutor, portanto um *pai*, mas que — por hipótese — deve então mostrar-se *ineficaz*:

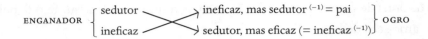

Com o mito warrau, descobrimos uma das duas combinações que definem o ogro por oposição ao enganador e, como dissemos, encontraremos mais adiante a outra, e verificaremos, então, que a primeira é uma transformação desta. Desde já, fica claro que Raposo do Chaco e Jaguar-Negro da Guiana se opõem simetricamente enquanto personagens que procuram encarnar sua vítima junto ao cônjuge desta. Raposo se disfarça como a mulher que ele fez desaparecer e Jaguar assume a aparência do homem que ele matou. Mordido por uma formiga que certificou-se, *de visu*, de seu verdadeiro sexo, Raposo revela fisicamente *aquilo que é*, berrando com uma voz que não consegue mais disfarçar ou levantando a saia. Embora Jaguar se mostre bom pai e bom marido (ao contrário de Raposo, tão desajeitado em seu papel de esposa), ele revela moralmente *aquilo que ele não é*, quando pronuncia o nome de sua vítima. Assim, esse incidente do nome transpõe um episódio dos mitos do Chaco e lhe confere uma acepção figurada. E também reflete, mas invertendo-o, um incidente já encontrado em outros mitos guianenses do mesmo grupo (M_{233}, M_{238}), em que o personagem sobrenatural se separava de seu companheiro humano quando se pronunciava seu nome. Aqui, os humanos se separam de seu pretenso companheiro sobrenatural quando este pronuncia aquilo que (já que ele mesmo o enuncia) *não pode ser* seu nome.

5. A rã se chama Wau-uta. Era esse o nome da rã protetora do caçador em M_{238} e, em M_{235}, da rã arborícola na qual se transformava o bebê do herói. De um bebê transformado em animal (sob o aspecto de uma rã) passamos então, por intermédio de uma rã macho e caçadora, a uma rã fêmea e belicosa (ela mata o jaguar), que transforma um bebê em adulto. Nos casos anteriores, essa rã era um cunauaru e Roth propõe a mesma identificação para a protetora libidinosa de Haburi, cujo coaxar é, aliás, foneticamente o mesmo que outros mitos atribuem ao cunauaru.

A fuga de uma mulher com seu filho, ambos perseguidos por monstros

Variações I, II, III

canibais e que encontram refúgio e proteção junto a uma rã, constitui o tema de um mito mundurucu (M_{143}), no qual essa fuga também é motivada pelo reconhecimento do cadáver assado do marido. Examinaremos em outro volume os paralelos norte-americanos.

O mito warrau e o mito mundurucu assemelham-se igualmente no sentido de que a rã desempenha neles o papel de xamã. Um mito tukuna atribui ao cunauaru a origem dos poderes xamânicos. Mereceria portanto ser citado, ainda que fosse apenas para justificar retroativamente o emprego que fizemos de observações relativas a essa tribo no intuito de elucidar certos costumes guianenses:

M245 TUKUNA: ORIGEM DOS PODERES XAMÂNICOS

Uma menina de dois anos chorava sem parar todas as noites. Exasperada, sua mãe a pôs para fora de casa e a menina continuou a chorar sozinha. Finalmente, apareceu uma rã cunauaru, que a levou embora. A menina ficou morando com a rã até tornar-se uma adolescente e aprendeu com sua protetora todas as artes mágicas, as que curam e as que matam.

Em seguida, ela retornou ao convívio dos homens, entre os quais a feitiçaria era então desconhecida. Quando ela ficou muito velha e incapaz de se sustentar, pediu a algumas jovens que lhe preparassem o que comer. Mas elas não gostavam da velha e recusaram. Durante a noite, a velha pegou os ossos das pernas delas. Incapazes de se levantar, as jovens a viram comer o tutano dos ossos, que era seu único alimento.

Quando se soube do crime, cortaram o pescoço da feiticeira. Ela recolheu o sangue que escorria nas mãos, assoprou para projetá-lo em direção ao sol e disse: "A alma também entra em você!". A partir de então, a alma da vítima penetra no corpo de quem a matou (Nim., 1952, p. 100).

Com o motivo do bebê chorão (ver adiante, p. 430), esse mito tukuna remete a um grupo no qual uma sarigueia ou uma raposa desempenham o papel do animal raptador (*cc*, pp. 358-9, n. 35). O bebê chorão, que não se consegue "socializar", permanece obstinadamente do lado da natureza e desperta a concupiscência de animais com orientação semelhante, loucos por mel, alimento natural, ou loucos por mulher ou por rapaz, "alimentos" sexuais. Por esse viés e a partir da rã, louca por um rapaz mas ainda mais louca por mel, poderíamos chegar à moça louca por mel do Chaco, que é, à sua maneira, uma raposa (caso contrário, o raposo não poderia pretender personificá-la); mas é também uma mulher, pela qual um raposo é louco. Voltaremos a essa reciprocidade.

6. Na versão Roth (M241), a rã mata o jaguar fechando sobre ele a porta coberta de espinhos que dá acesso ao oco da árvore onde ela mora. Essa manobra lembra aquela utilizada pelos protagonistas de certos mitos do Chaco para se livrarem também de um jaguar canibal, depois de terem eles mesmos se refugiado numa árvore oca, passando lanças através das fendas do tronco, nas quais o ogro se fere mortalmente (M246; Campana, 1913, p. 320), ou ainda, por uma reversão do tema, é o jaguar que, cravando suas garras no tronco, não consegue mais desprender-se dele e, indefeso, fica exposto aos golpes de suas vítimas (Toba, M23). Nos dois casos trata-se de um jaguar fêmea, em que se metamorfoseou uma mulher assassina de seu marido, enquanto o jaguar macho do mito guianense assumiu, perante as mulheres, a aparência do marido delas, que ele matou.

Os mitos do Chaco que acabamos de evocar dizem respeito à origem do tabaco, que nascerá do cadáver da mulher-onça incinerada. Tendo partido da oposição entre o mel e o tabaco e seguido passo a passo o ciclo das transformações ilustradas pelos mitos sobre a origem do mel, eis que descobrimos a esfericidade de nosso globo pois, tendo atingido uma distância já considerável de nosso ponto de partida, começamos a discernir os contornos que sabemos serem característicos dos mitos sobre a origem do tabaco.

Isso não é tudo. A árvore oca que, nos mitos do Chaco, serve de refúgio contra o jaguar, é um /yuchan/ (*Chorisia insignis*), árvore da família das bombacáceas. É igualmente nos espinhos que cobrem o tronco do /yuchan/ que o raposo é estripado em outros mitos do Chaco (M208-M209). Embora, segundo as fontes de que dispomos, o cunauaru aparentemente sempre escolha para moradia uma árvore de outra espécie (*Bodelschwingia macrophylla* Klotzsch — uma tiliácea de flores perfumadas, cujo tronco fica oco quando a árvore atinge certas dimensões; Schomburgk, 1922, II, p. 334), tudo se passa como se o mito warrau reconstituísse simultaneamente o aspecto físico e a função semântica da bombacácea do Chaco.

Antecipando o andamento da narrativa, é oportuno sublinhar que as bombacáceas desempenharão um papel em nosso mito. Depois de ter tentado construir uma canoa de cera e, em seguida, de argila, e experimentado várias espécies de árvores, o herói alcança seu objetivo utilizando a "silk-cotton tree" [árvore-da-lã ou barriguda], uma bombacácea (*Bombax ceiba, B. globosum*). Os Warrau empregavam efetivamente essa madeira pouco durável, mas que se prestava à construção de enormes canoas capazes de levar de setenta a oitenta passageiros (Roth, 1924, p. 613). Uma figura do jogo de fios evoca o aspecto vigoroso e parrudo dessa árvore de tronco roliço.

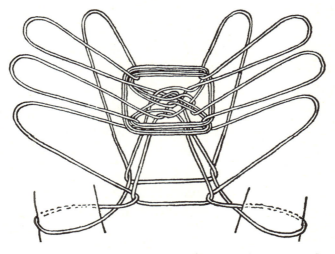

12. Bombacácea. Figura do jogo de fios, índios Warrau (segundo Roth, 1924, p. 533, fig. 300).

É particularmente notável que a mitologia do Chaco reflita, no plano do imaginário, um aspecto real da cultura de certos índios guianenses. O mito mataco (M246), a que já aludimos, conta que um povo perseguido pelo jaguar canibal procurou refúgio numa arca do tamanho de uma casa, escavada no tronco do /yuchan/. Mas se o mito mataco imagina, nesse caso, uma realidade warrau, essa realidade (e sua origem mítica proposta por M241), por sua vez, inverte a função original da bombacácea, tal como a descrevem os mitos do Chaco. No início dos tempos — como evocamos acima, esboçando uma discussão a que se dará prosseguimento em outro capítulo —, uma grande árvore /yuchan/ continha em seu tronco oco toda a água e todos os peixes do mundo. A água, portanto, estava na árvore, enquanto a operação técnica que transforma o tronco em canoa engendra a situação inversa, pois então é a árvore que está na água. Deparamo-nos, nessa ocasião, com a dialética entre continente e conteúdo, interno e externo, cuja complexidade se manifesta de maneira particularmente nítida na série de contrastes (mítico e mítico, mítico e real, real e mítico) ilustrada pelo papel das bombacáceas. Com efeito, ou bem a água e os peixes estão na árvore e os humanos fora da árvore, ou bem os humanos estão na árvore, a água, fora e os peixes, na água. Entre esses casos extremos, o modo de vida da rã cunauaru ocupa um lugar intermediário: para ela, e unicamente para ela, "toda a água do mundo" (já que ela não utiliza nenhuma outra) ainda está na árvore. Se M241 coloca em oposição diametral a canoa de cera de abelha e a de madeira de bombacácea, talvez seja porque para a abelha, homóloga da rã arborícola no eixo do seco e do úmido (acima, p. 198), a cera e o mel substituem a água no interior da árvore e não podem portanto ser permutados com a árvore em sua relação com a água.[4]

7. Não há nada de particular a dizer sobre a flauta e as flechas que Wau-uta dá ao rapaz que se tornou adolescente, a não ser que são os atributos normais de seu sexo e de sua idade — as flechas para a caça e a flauta para o amor, instrumento que serve para cortejar as jovens. É, portanto,

---

4. Cf. o facão de cera de abelha, homólogo da "água que queima como fogo" (M235), in Goeje, 1943, p. 127. Em M243, a oposição maior se dá entre uma canoa de ossos, que tem um vazamento no fundo, e uma canoa feita de uma variedade de árvore /cachicamo/; em M244, entre uma canoa feita de madeira "de bolo de mel" (*sweet mouth wood*), que vaza, e uma canoa de madeira de /cachicamo/. O /cachicamo/ (*Calophyllum callaba*) é uma gutífera ou clusiácea, de tronco corpulento (como as bombacáceas) e cuja madeira é considerada imputrescível. Nas versões Wilbert, Haburi experimenta também a madeira de *peramancilla*, em warrau /ohori/, /ohoru/, portanto (Roth, 1924, p. 82) *Symphonia* sp., *Moronobea* sp., igualmente uma gutífera cuja resina, coletada em quantidades enormes e frequentemente amassada com cera de abelha, servia, entre outras coisas, para calafetar canoas.

Variações I, II, III

compreensível que as mulheres, que a ouvem de longe, concluam que um homem que não conhecem se encontra na casa. O episódio das ariranhas coloca problemas de uma outra complexidade.

O nojo que os excrementos de Haburi provocam nas ariranhas por seu cheiro traz à memória uma crença dos Tlingit do Alasca, que no entanto estão muito distantes dos Warrau: "A lontra terrestre, dizem eles, tem horror ao cheiro dos dejetos humanos" (Laguna, 1954, p. 188). Contudo, não pode se tratar da mesma espécie, devido à distância entre as duas regiões e suas diferenças climáticas. É assim provável que as ariranhas de M241, que fazem no mito uma aparição coletiva, sejam a *Lutra brasiliensis*, que vive em bandos de dez a vinte indivíduos, e não a *Lutra felina* (Ahlbrinck, art. "aware-puya"), que é uma espécie menor e solitária, à qual os antigos mexicanos atribuíam poderes e inclinações maléficas como encarnação de Tlaloc, sempre espreitando aqueles que se banhavam para afogá-los (Sahagun, 1950-63, XII parte, pp. 68-70, art. "auitzotl").

Não se pode, entretanto, deixar de aproximar as crenças mexicanas e guianenses. Um trecho de Sahagun nos obriga a isso: "Quando a lontra ficava descontente por não ter agarrado alguém, nem afogado nenhum de nós, gentinha, então ouvia-se algo como o choro de uma criança. E aquele que o ouvia dizia a si mesmo que talvez fosse uma criança em prantos, quem sabe até mesmo um bebê abandonado. Penalizado, ele ia a sua procura e caía nas garras do /auitzotl/, que o afogava" (id. ibid., p. 69).

Esse bebê chorão, que se comporta como um sedutor pérfido, é evidentemente simétrico ao insuportável resmungão que aparece em M245 e em outros mitos. Além disso, a crença mexicana encontra ecos curiosos em regiões americanas nas quais a confluência de ideias em relação às lontras já nos havia surpreendido. Os índios Tagish da Colúmbia Britânica, próximos dos Tlingit pela língua e pelo habitat, associam na mesma lembrança a corrida ao ouro, no Klondyke, em 1898, e um mito relativo a uma "Dama-Riqueza" que é também uma mulher-rã. Algumas vezes, à noite, ouve-se o choro do bebê que ela segura nos braços. É preciso pegá-lo e não devolvê-lo à mãe, sobre quem se derrama urina, até que ela segregue ouro (McClellan, 1963, p. 123). Os Tlingit e os Tsimshian falam, em seus mitos, de uma "Dama do Lago", que desposa um índio cuja irmã recebe um "traje de riqueza", e que tornará rico quem quer que ouça seu bebê chorar (Boas, 1916, p. 746; cf. Swanton, 1909, pp. 173-5, 366-7). Lontras ou rãs, essas sereias maternais, cujo bebê entoa uma cantiga, afogam suas vítimas, como as lontras mexicanas, e partilham com suas irmãs guianenses o mesmo horror aos dejetos. Até a associação com as riquezas metálicas tem seu equivalente na Guiana: surpreendida, a "Dama da Água" dos Arawak abandona na margem o pente de prata com o qual se penteava (Roth, 1915, p. 242); nas crenças do Brasil meridional, Mboi-tatá, a cobra de fogo, adora objetos de ferro (Orico, 1930, p. 109).

Na Guiana e em toda a região amazônica, esses sedutores aquáticos, machos ou fêmeas, assumem muitas vezes a forma de um cetáceo, geralmente o boto-branco (*Inia geoffrensis*). Segundo Bates (1892, p. 309), o boto era objeto de superstições tão fortes que era proibido matá-lo (cf. Silva, 1962, p. 217, n. 47). Acreditava-se que o animal assumia algumas vezes o aspecto de uma mulher maravilhosamente bela, que atraía os rapazes para a água. Se um deles se deixasse seduzir, ela o agarrava pela cintura e o arrastava para o fundo. Segundo os Shipaya (M247B), os botos descendem de uma mulher adúltera e de seu amante, assim transformados pelo marido — outrora criança maltratada — quando os descobriu colados um no outro, em consequência de um coito prolongado (Nim., 1919-22, pp. 387-8). Mais próximos dos Warrau, os Piapoco do baixo Guaviare, afluente do Orinoco, acreditavam em Espíritos maléficos que, durante o dia, ficavam no fundo das águas, e à noite saíam para perambular por aí "chorando como criancinhas" (Roth, 1915, p. 242).

Essa variação do significado zoológico é especialmente interessante na medida em que o próprio boto oscila entre a função de sedutor e uma função diametralmente oposta, que ele assume a par com a ariranha. Um célebre mito baré (arawak do rio Negro) sobre a gesta do herói Poronominaré (M247) narra, em um episódio, como o boto reduziu a proporções mais modestas o pênis do herói, exageradamente inchado pelas mordidas dos pequeninos vermes que tinham escolhido como domicílio a vagina de uma sedutora senhora (Amorim, 1928, pp. 135-8). Ora, segundo um mito

Variações I, II, III 233

mundurucu (M₂₄₈), são as ariranhas que prestam esse mesmo serviço a um homem cujo pênis uma rã tinha alongado durante o coito (Murphy, 1958, p. 127). A transcrição fonética do coaxar dessa rã no mito sugere que poderia ser um cunauaru. Outro mito mundurucu (M₂₅₅) que analisaremos adiante (p. 237) relata que o sol e a lua, no papel de donos dos peixes, fizeram regredir ao estágio infantil um homem cujo pênis permanecia flácido, apesar de todos os estímulos (Murphy, 1958, pp. 83-5; Kruse, 1951-52, pp. 1000-2).

Tudo se passa como se M₂₄₁ apenas consolidasse essas duas narrativas, dando-lhes uma expressão metafórica: para que ele se torne mais depressa seu amante, a rã acelera magicamente o crescimento do bebê Haburi, alonga-lhe o pênis, portanto. Caberá em seguida às ariranhas "infantilizar" o herói, restituindo-lhe sua infância esquecida e fazendo com que ele volte a ter sentimentos mais filiais. Ora, as lontras são também donas do peixe. Esses animais, diz Schomburgk (apud Roth, 1924, p. 190), "costumam ir até a água e trazer um por um os peixes para o lugar onde comem habitualmente. Só se instalam para comer quando consideram que a quantidade é suficiente. Os índios se aproveitam da situação. Ficam de tocaia perto do lugar onde elas pescam, aguardam pacientemente e apoderam-se dos peixes quando a lontra retorna ao rio". Assim, defecar num lugar assim, como faz Haburi, não significa apenas mostrar-se mau pescador. É também se aliviar simbolicamente na "panela" dos animais, ou seja, um ato que o herói executa realmente entre os Siawana ou na casa de sua "tia" (M₂₄₃, M₂₄₄).

Acima de tudo, a técnica de pesca descrita por Schomburgk e comentada por Wilbert (1956a, p. 124) talvez tenha alguma relação com o modo como Ahlbrinck (art. "aware-puya") explica o nome kalina da lontra: "a lontra é o animal doméstico do Espírito da água; o que o cachorro é para os homens, a ariranha é para o Espírito". Se, juntando todas essas indicações, pudéssemos admitir que os índios guianenses veem na ariranha uma espécie de "cão de pesca", seria extraordinariamente instrutivo o fato de um mito ojibwa da América do Norte, que conta quase que palavra por palavra a história de Haburi — e que discutiremos no próximo volume —, atribuir ao cachorro o mesmo papel infantilizador.

234 Parte II

De tudo que antecede resulta que, apesar da diversidade das espécies envolvidas, certas crenças relativas às lontras persistem nas regiões mais afastadas do Novo Mundo, desde o Alasca e a Colúmbia Britânica até o litoral atlântico da América do Norte e, em direção ao sul, até a região guianense, passando pelo México. Sempre adaptadas às espécies — e até mesmo aos gêneros — locais, essas crenças devem ser muito antigas. Mas pode ser que observações empíricas tenham feito com que elas recuperassem sua vitalidade em algumas regiões. Quer se trate de lontras-do-mar ou terrestres, chama a atenção o fato de que não apenas os mitos mas também os naturalistas reconheçam nesses animais hábitos extremamente delicados. Ihering observa (art. "ariranha") que a grande lontra sul-americana (*Ptoneura brasiliensis*) não come a cabeça e as espinhas dos peixes maiores, e existe um mito guianense (M346) que explica por que a lontra rejeita a pata dos caranguejos. A lontra dos mares árticos, por sua vez, se caracteriza por uma grande sensibilidade olfativa e por uma intolerância a qualquer espécie de sujeira, por menor que seja, que comprometeria as qualidades de isolante térmico de sua pele (Kenyon, 1963).

Talvez seja necessário seguir essa pista para explicar a origem da sensibilidade aos odores que os índios das duas Américas atribuem às lontras. No entanto, ainda que os progressos da etologia animal reforçassem essa interpretação, o fato é que, no plano dos mitos, a conexão negativa, empiricamente verificada entre as lontras e a sujeira, é encampada por uma combinatória que opera de maneira soberana e que se arroga o direito de comutar diversamente os termos de um sistema de oposições, em relação ao qual a experiência verifica um único estado entre outros que o pensamento mítico se concede o privilégio de criar.

Um mito tacana (M249) conta que a ariranha, dona dos peixes, ajudou pescadores sem sorte, ao revelar-lhes a existência de uma pedra mágica enterrada nos seus excrementos, que fediam muito. Para obter uma boa pesca, os índios deveriam lamber a pedra e esfregar todo o seu corpo com ela (H&H, 1961, pp. 210-1). Aos homens que não devem ficar enojados com os fétidos excrementos da ariranha se opõe, na mitologia tacana, o povo subterrâneo dos anões sem ânus que jamais defecam (alimentam-se ex-

Variações I, II, III 235

clusivamente de líquidos e sobretudo de água) e que ficam extremamente enojados com seu primeiro visitante humano quando o veem satisfazer suas necessidades (M250; H&H, 1961, pp. 353-4). Esses anões sem ânus são um povo de tatus que vivem debaixo da terra, assim como as ariranhas vivem debaixo da água. Em outras regiões, as ariranhas são objeto de crenças semelhantes. Outrora, contam os Trumai (M251), as ariranhas eram animais sem ânus, que defecavam pela boca (Murphy & Quain, 1955, p. 74). Esse mito do Xingu remete a um dos mitos bororo sobre a origem do tabaco (pela segunda vez no decorrer da análise do mesmo mito, surge assim em nosso horizonte a questão da origem do tabaco): os homens que não exalavam a fumaça do tabaco (personagens *tapados* por cima, em vez de *tapados* por baixo) foram transformados em ariranhas (M27, *CC*, p. 156), animais que têm os olhos bem pequenos, esclarece o mito, consequentemente tapados e privados de abertura para fora.

Juntando agora todas essas indicações, podemos perceber os contornos de uma sistemática, na qual as lontras ocupariam um lugar especial na série mítica dos personagens furados ou tapados por cima ou por baixo, pela frente ou por trás, e cuja imperfeição positiva ou negativa se relaciona ora ao ânus, ora à vagina, ora à boca, olhos, narinas ou orelhas. Talvez pelo fato de terem sido tapadas antigamente e desconhecerem as funções de excreção, as lontras de M241 demonstrem atualmente horror aos excrementos humanos. No entanto, a lontra tapada vira lontra furada num mito waiwai (M252), no qual os gêmeos, ainda sozinhos no mundo, tentam copular com uma lontra *per oculos*. O animal, indignado, protesta, afirmando não ser mulher, e ordena aos dois irmãos que pesquem mulheres (congruentes, portanto, aos peixes) que têm, então, vaginas dentadas, das quais eles devem livrá-las para que elas não sejam mais impenetráveis (Fock, 1963, p. 42; cf. Derbyshire, 1965, pp. 73-4), isto é, impossíveis de furar. Tapada por baixo entre os Trumai, por cima entre os Bororo, furada por cima entre os Waiwai, graças a uma quarta transformação, a lontra torna-se perfurante entre os Yabarana, e por baixo: "Nossos informantes lembravam-se de que a lontra era responsável pela menstruação, mas não conseguiam explicar o porquê" (M253; Wilbert, 1953, p. 145):

	Trumai	Bororo	Waiwai	Yabarana
tapado / furado	+	+	–	–
agente / paciente	–	–	–	+
alto / baixo	–	+	+	–
anterior / posterior	–	+	+	+

Uma pesquisa metódica pela mitologia sul-americana revelaria, sem dúvida alguma, outras combinações ou, para combinações idênticas, permitiria definir diferentemente o "alto" e o "baixo", o "posterior" e o "anterior" (cf. *CC*, p. 193). Por exemplo, um mito yupa (M254A) diz respeito a uma lontra que um pescador adotou e que lhe fornece peixes grandes. Mas ela se recusa a pescar para as mulheres. *Ferida na cabeça* por seu pai adotivo, sangra abundantemente. Para vingar-se, abandona os homens e leva todos os peixes (Wilbert, 1962, pp. 880-1). Segundo um mito catio (M254B), um miocastor (?) *fura* um homem e o fecunda (Rochereau, 1929, pp. 100-1). Por enquanto, basta-nos ter colocado o problema; passaremos imediatamente a um outro, do qual também apenas esboçaremos os contornos.

Se os informantes yabarana se lembram vagamente de que seus mitos estabeleciam uma relação de causa e efeito entre a lontra e a menstruação, eles conservaram de modo preciso a recordação de uma narrativa, na qual um irmão incestuoso, subsequentemente transformado em lua, assume a responsabilidade pelo surgimento dessa função fisiológica (M253; Wilbert, 1953, p. 156). Poder-se-ia ver nisto apenas uma contradição entre duas tradições, uma local e outra muito difundida nas duas Américas, se não existissem inúmeras provas de que o pensamento indígena comuta frequentemente a lua e as lontras na mesma posição. Já comparamos (p. 232) o episódio das ariranhas do mito de Haburi a vários mitos mundurucu, sobre os quais agora convém nos determos. Em M248, um caçador deixa-se seduzir por uma rã cunauaru metamorfoseada numa bela jovem mas que, no momento do orgasmo, retoma sua forma de batráquio e estica o pênis de seu amante, que ela mantém apertado em sua vagina. Quando finalmente ela libera o infeliz, ele recorre às ariranhas que, sob o pretexto de cuidar dele, o afligem com um incômodo inverso: reduzem seu pênis a

Variações I, II, III

dimensões ridículas. Como mostramos, essa história exprime no sentido próprio aquela que M241 relata, dando-lhe um sentido figurado: de um lado, a velha rã dota Haburi de um órgão e de um apetite fora de proporção com sua verdadeira idade; do outro, as ariranhas restabelecem a situação e vão ainda mais longe, quando fazem com que a consciência do herói remonte à sua primeira infância, no que pode ser considerado como a primeira cura psicanalítica da história...[5]

O mito mundurucu a que aludimos brevemente mostra-se notavelmente explícito em relação a todos esses pontos:

M255 MUNDURUCU: ORIGEM DOS SÓIS DO VERÃO E DO INVERNO

Um homem chamado Karuetaruyben era tão feio que sua mulher repelia suas investidas e o enganava. Certo dia, após uma pescaria coletiva com veneno, ele ficou sozinho à beira da água, a pensar com tristeza em seu destino. O Sol e sua esposa, a Lua, apareceram. Eles eram muito peludos, sua voz assemelhava-se à do tapir e o índio solitário os viu jogar no rio as cabeças e espinhas dos peixes, que ressuscitavam imediatamente.

As duas divindades pediram a Karuetaruyben que lhes contasse sua história. Para ver se ele dizia a verdade, o Sol ordenou a sua mulher que o seduzisse. Karuetaruyben, além de feio, era impotente e seu pênis permaneceu desesperadamente mole... Então o Sol transformou magicamente Karuetaruyben num embrião, que ele colocou no útero de sua mulher. Três dias depois, ela deu à luz um menino que o Sol fez crescer e a quem concedeu grande beleza. Terminada a operação, ele o presenteou com um cesto cheio de peixes e disse para voltar à sua aldeia e se casar com outra mulher, abandonando aquela que o tinha enganado.

O herói tinha um cunhado bem-apessoado chamado Uakurampê, que ficou muito espantado com a transformação do marido de sua irmã e não sossegou enquanto não descobriu seu segredo, para imitá-lo. No entanto, quando a Lua se dispôs a seduzi-lo, Uakurampê teve com ela relações normais. Para puni-lo, o Sol o fez renascer feio e corcunda [ou, segundo outra versão, o enfeou puxando-lhe o nariz, as orelhas "e outras par-

---

5. Sem esquecer, na outra extremidade do Novo Mundo, o papel didático da lontra por ocasião da iniciação do xamã, ilustrado pela união das línguas do homem e do animal, representada em muitos chocalhos haida.

tes do corpo"]. Isto feito, mandou-o de volta à mulher dele sem lhe dar peixes. Dependendo da versão, a mulher conformou-se com aquele marido feio ou não quis mais saber dele. "Foi culpa sua, tocou Karuetaruyben em sua flauta, você ficou curioso demais em relação à vagina de sua mãe..."

Os dois heróis tornaram-se respectivamente o sol resplandecente da estação seca e o sol fraco da estação das chuvas (Kruse, 1951-52, pp. 1000-2; Murphy, 1958, pp. 83-6).

Esse mito, do qual retivemos apenas os aspectos que interessam diretamente à nossa análise (os outros serão retomados em outro momento), suscita muitas observações. Em primeiro lugar, o sol e a lua nele aparecem como os peludos donos da pesca, congruentes, sob esse aspecto, às lontras e, como elas, respeitosos das cabeças e das espinhas dos peixes, que esses animais não comem e que o sol e a lua ressuscitam. Em segundo lugar, eles reconhecem o herói não pelo fedor de seus excrementos, como Haburi, mas devido a um outro inconveniente fisiológico: sua impotência, de que é testemunho um pênis que permanece mole e pequeno, apesar de todos os estímulos. Em relação a M_{241}, observamos aqui uma dupla modificação do código orgânico: na categoria anatômica do baixo, o anterior substitui o posterior e as funções de reprodução suplantam a de eliminação; por outro lado, e comparando dessa vez M_{255} e M_{248}, nota-se uma dupla e notável inversão. Em M_{248}, um pênis por demais alongado pela rã era transformado pelas ariranhas em pênis por demais encurtado, enquanto em M_{255} um pênis que permanece curto na presença de uma suposta amante, logo transformada em mãe (em contraste com a rã de M_{241}, uma suposta mãe logo transformada em amante), será razoavelmente alongado pelo sol, diversamente do que acontecerá com o segundo herói do mesmo mito, cujo pênis, razoavelmente longo no início, tornar-se-á longo demais no fim (é pelo menos o que deixa supor o texto da versão Kruse, citada acima).[6] Essas considerações precedentes ficam mais claras no quadro que apresentaremos em seguida.

---

6. Seria interessante pesquisar se o mito mundurucu não permitiria esclarecer a oposição manifesta, no panteão figurativo dos antigos Maia, entre o belo e jovem deus solar e o deus velho e feio de nariz comprido.

A homogeneidade do grupo verifica-se igualmente pelos nomes do herói de M255. Karuetaruyben significa "o macho da arara-vermelha de olhos sanguinolentos", mas o herói também se chama Bekit-tare-bê, "a criança macho que cresce depressa" (Kruse, 1951-52, p. 1001), devido a seu crescimento induzido magicamente, que cria uma ligação suplementar entre ele e Haburi.

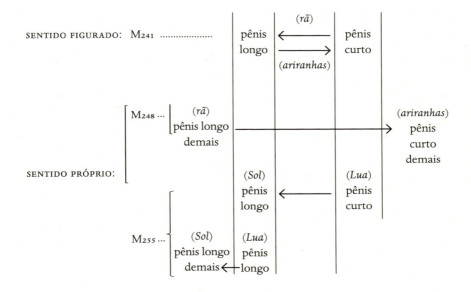

Um mito da Bolívia oriental, conhecido por muitas variantes, liga-se manifestamente ao mesmo grupo:

M256 TACANA: O AMANTE DA LUA

A roça onde uma mulher plantava algodão era saqueada toda noite. O marido dela surpreendeu as ladras. Eram duas irmãs celestes, a lua e a estrela d'alva.

O homem enamorou-se da primeira, que era muito bonita, mas ela o rejeitou, aconselhando-o a interessar-se pela irmã. Finalmente acabou cedendo, não sem recomendar ao homem, antes de dormir com ele, que tivesse o cuidado de trançar um grande cesto. Durante o coito, o pênis do homem alongou-se enormemente e tornou-se tão grande que seu proprietário precisou enfiá-lo no cesto, onde o membro enrolou-se como uma cobra, chegando mesmo a ultrapassar sua borda.

O homem voltou com sua carga para a aldeia e contou o que lhe tinha acontecido. À noite, seu pênis saiu do cesto e começou a vagar em busca de mulheres, com quem copulava. Todo mundo tinha muito medo dele e um homem, cuja filha tinha sido atacada, ficou de guarda. Quando viu o pênis entrar em sua casa, decepou a extremidade, que se transformou em cobra. O homem de pênis comprido morreu e a cobra tornou-se a mãe dos cupins, que hoje a gente ouve assobiar. Em outras versões, o pênis é cortado por seu proprietário, pela lua ou pelas mulheres atacadas (H&H, 1961, pp. 81-3).

Existe, portanto, correlação e oposição entre o par *lontra/rã* e outros pares homólogos: *sol/lua, sol de verão/sol de inverno* (em M255, no qual a lua é, aliás, mulher do segundo), *estrela d'alva/lua* (em M256) etc.

ABORDEMOS AGORA A QUESTÃO sob um novo ângulo. Vimos, em M241, que o herói prepara sua fuga inventando a canoa. As primeiras embarcações que ele fabrica são roubadas pelos patos que, naquela época, ainda não sabiam nadar e que, justamente, iriam adquirir essa capacidade utilizando — incorporando, pode-se dizer — as canoas feitas por Haburi. Ora, no Chaco há mitos cujos protagonistas são, por um lado, os patos e, por outro, o sol e a lua, e que também contêm o motivo do personagem desmascarado pelo fedor de seus excrementos, ou seja, sob três aspectos diferentes, mitos que reproduzem o conjunto amazônico-guianense que acabamos de examinar:

M257 MATACO: ORIGEM DAS MANCHAS DA LUA

O sol caçava os patos. Transformado em pato, armado com uma rede, mergulhava na lagoa e submergia as aves. Cada vez que capturava um, matava-o sem que os outros patos percebessem. Quando terminou, distribuiu seus patos entre todos os moradores da aldeia e deu um pato velho a seu amigo Lua. Descontente, este resolveu caçar por conta própria, usando a mesma técnica que Sol. Mas, entrementes, os patos tinham ficado desconfiados. Fizeram suas necessidades e obrigaram Lua, disfarçado de pato, a fazer o mesmo. Diversamente dos excrementos dos patos, os de Lua eram muito fedorentos. As aves reconheceram Lua e o atacaram em bandos. Arranharam e esfolaram seu corpo, de tal modo que a vítima ficou quase estripada. As manchas da Lua são as cicatrizes azuis que as garras dos patos deixaram em sua barriga (Métraux, 1939, pp. 14-5).

Métraux (1946a, pp. 141-3) cita duas variantes desse mito. Uma delas, chamacoco, substitui os patos por "avestruzes" (*Rhea*); a outra, de proveniência toba, substitui o pato enganador pela lua. Apesar de suas diferenças, todos esses mitos formam um grupo cuja armação pode ser definida sem trair sua complexidade. Certos mitos dão conta da origem das manchas da lua ou da própria lua: corpo celeste que, sobretudo sob seu aspecto masculino, a filosofia natural dos índios da América torna responsável pela menstruação. Os outros mitos também dizem respeito a um processo fisiológico, que consiste no alongamento ou encurtamento do pênis, entendido no sentido próprio ou figurado e associado semelhantemente à lua, dessa vez tomada sob seu aspecto feminino.

Portanto, trata-se sempre de um acontecimento que se define por referência à maturidade fisiológica, relativo ora ao sexo feminino, ora ao masculino, e que os mitos descrevem, nesse último caso, no sentido normal ou invertido. Impotente ou dotado de um pênis demasiado curto, o homem está simbolicamente na infância ou retorna a ela. Quando se afasta dela de maneira excessiva ou precipitada, o caráter abusivo desse distanciamento manifesta-se ou por um pênis longo demais ou por excrementos fétidos (demais). O que pode querer dizer isto, a não ser que, no homem, a evacuação malcheirosa[7] cor-

---

7. Muito haveria a dizer acerca da semântica dos excrementos. Em páginas memoráveis, Williamson (1912, pp. 280-1) colocou em evidência uma oposição presente no espírito dos Mafulu da Nova Guiné, entre os restos de cozinha e os excrementos. Os polos dessa oposição se invertem dependendo de a pessoa em questão ser um adulto ou uma criança muito nova. Os adultos não se preocupam com seus excrementos, mas os restos de sua cozinha, impróprios ao consumo, devem ser cuidadosamente conservados, por medo de que um feiticeiro se apodere deles; em seguida são jogados na água, para garantir sua inocuidade. Quando se trata de crianças novas, ocorre o contrário: não se presta atenção aos restos incomestíveis do preparo da comida que se lhes dá, mas toma-se o cuidado de recolher seus excrementos e pô-los num lugar seguro. Observações mais recentes deram a conhecer as construções especiais onde os nativos das montanhas da Nova Guiné conservam os excrementos dos bebês (Aufenanger, 1959). Portanto, tudo se passa como se, aquém e além do alimento assimilável, os resíduos fossem parte integrante do consumidor, mas *ante* ou *post factum*, dependendo da idade. O que nos leva a nossa interpretação

242   *Parte II*

responde ao mesmo tipo de fenômeno que a menstruação ilustra mais normalmente, em se tratando da mulher?

Se essa hipótese estiver correta, segue-se que Haburi, herói de M241, percorre um ciclo inverso àquele percorrido por uma menina, desde o nascimento até a puberdade. Patologicamente adulto, Haburi será devolvido pelas ariranhas à normalidade de sua infância, enquanto uma meninazinha deve à intervenção da lua o fato de atingir uma maturidade normal, mas

---

de certos costumes dos Penan de Bornéu, que parecem considerar que a alimentação de uma criancinha é parte integrante de sua pessoa (Lévi-Strauss, 1962b, pp. 262-3, nota):

	ADULTO	
partes não assimiláveis	partes assimiladas	partes não assimiladas
	CRIANÇA	

Certas indicações sugerem que os índios sul-americanos concebem uma oposição do mesmo tipo, mas que a deslocam da criança ao moribundo, o qual, em relação ao adulto na força da idade, é um simétrico do "nascituro". Os Siriono da Bolívia recolhem num cesto os vômitos e excrementos dos doentes em estado grave durante toda a duração de sua agonia. Quando se enterra o morto, o conteúdo do cesto é esvaziado perto da sepultura (Holmberg, 1950, p. 88). Pode ser que os Yamamadi, que vivem entre os rios Purus e Juruá, tenham observado prática inversa, pois construíam uma espécie de rampa que ia da cabana até a mata que talvez fosse o caminho das almas, mas talvez também fosse uma ajuda dada ao doente, para que ele se arrastasse para fora da cabana, onde faria suas necessidades (Ehrenreich, 1891, p. 109).

O problema da semântica dos excrementos deveria ser abordado para a América, a partir do contraste entre mitos setentrionais sobre um bebê prodigioso, capaz de comer seus próprios excrementos, e as versões meridionais, nas quais um bebê não menos prodigioso se alimenta de sangue menstrual (catio, in Rochereau, 1929, p. 100). Por outro lado, se os excrementos dificilmente são separáveis do corpo da criança, o mesmo sucede com o barulho: em termos de código acústico, o berreiro insuportável de um bebê, que fornece o tema de mitos anteriormente resumidos (p. 225) equivale aos excrementos malcheirosos no plano do código olfativo. Eles, portanto, são mutuamente substituíveis, devido à congruência fundamental entre alarido e fedor, já demonstrada em *O cru e o cozido* e que teremos ocasião de invocar outras vezes.

Essa aproximação contribui com uma indicação suplementar sobre a posição semântica da lontra: porque um falso adulto elimina excrementos fedorentos, a lontra o manda de volta para a mãe; porque uma criança "falsa" (grita sem motivo) emite berros estridentes, a rã, o sariguê ou a raposa a afastam da mãe. Já sabíamos, graças a M241, que a lontra e a rã estavam em oposição diametral, e a observação precedente permite generalizar esta relação. Para levar a análise mais adiante, conviria comparar a lontra com outros animais (em geral aves) que, tanto na América do Sul como na América do Norte, revelam sua verdadeira origem a uma criança transportada para longe dos seus e criada por seres sobrenaturais que dizem ser seus pais.

assinalada pela chegada da menstruação, que possui intrinsecamente um caráter patológico, pois o pensamento indígena considera o sangue menstrual como sujeira e veneno. Essa trajetória regressiva do mito confirma uma característica que reconhecemos desde o início, presente em todos os mitos que se ligam ao mesmo grupo e que agora iremos verificar de uma nova maneira.

Com efeito, ainda não tratamos dos patos. Essas aves ocupam um lugar particularmente importante nos mitos da América do Norte e, para fazer as coisas direito, deveríamos construir o seu sistema baseados na mitologia dos dois hemisférios. No ponto em que nos encontramos, seria um empreendimento prematuro e nós nos contentaremos, exclusivamente no contexto sul-americano, em apresentar dois tipos de reflexões.

Em primeiro lugar, M_{241} faz de um herói protegido por uma rã o ordenador involuntário de um setor do reino animal. Cada tipo de canoa que ele inventa lhe é roubado por patos de uma determinada espécie, os quais adquirem, ao se apropriarem da embarcação, a capacidade de nadar, bem como suas características distintivas. Percebemos aí um laço de parentesco direto entre M_{241} e M_{238}, em que outro caçador, igualmente protegido por uma rã, tornava-se o autor involuntário da organização do reino animal, tomado dessa vez em sua totalidade. Do conjunto dos animais em M_{238}, hierarquizado por tamanho e por família, passamos em M_{241} para uma família animal particular, diversificada em espécies. Assim, entre um mito e o outro, a ambição taxonômica se empobrece e se pulveriza. Resta ver por que e como.

A organização zoológica e natural fornecida por M_{238} resulta de uma carência cultural: ela nunca teria ocorrido se o herói não fosse um caçador incapaz. Ao contrário, em M_{241}, ela resulta de uma conquista cultural: a da arte da navegação, cuja invenção era indispensável para que os patos pudessem incorporar a si mesmos objetos técnicos — as canoas — às quais devem seu aspecto atual. Essa concepção implica que os patos não fazem originariamente parte do reino animal. Derivados de obras culturais, eles testemunham, no seio da própria natureza, uma regressão local da cultura.

Podem suspeitar de que estamos forçando o mito. No entanto, essa mesma teoria se encontra em um mito tupi originário do baixo Amazonas

(M326A), que será resumido e discutido mais tarde e do qual bastará extrair provisoriamente um motivo. Após a transgressão de um interdito, as coisas se transformaram em animais: o cesto engendrou o jaguar, o pescador e sua canoa transformaram-se em pato — "da cabeça do pescador nasceram a cabeça e o bico, da canoa nasceu seu corpo e dos remos, suas patas" (Couto de Magalhães, 1940, p. 233).

Os Karajá (M326B) contam que o demiurgo Kanaschiwué deu ao pato uma canoa de argila, em troca de um barco metálico com motor, que a ave lhe cedeu (Baldus, 1950b, p. 33). No mito do dilúvio dos Wapixana (M115) um bico de pato transformado em canoa permite a uma família boiar (Ogilvie, 1940, p. 66).

Do mesmo modo, um mito taulipang (M326C) transforma um homem em pato, depois de ele ter sido despojado dos instrumentos mágicos que trabalhavam a terra sozinhos (self-working agricultural implements). Se os cunhados não tivessem causado o desaparecimento daqueles instrumentos maravilhosos, os homens não teriam necessidade de penar nas roças (K.G., 1916, pp. 124-8). O paralelismo com M241 é manifesto: em um caso, o herói faz os patos, em seguida desaparece com as artes da civilização; no outro, o herói torna-se pato quando desaparecem as artes de uma "supercivilização", termo que, conforme veremos, qualifica perfeitamente as artes negadas aos índios por Haburi, pois que tais artes são as dos Brancos.[8] A aproximação desses mitos evidencia que não é fortuitamente e por um capricho do narrador que, nos dois primeiros, os patos figuram como canoas que degeneraram em animais.[9] Compreendemos ao mesmo tempo por que, num mito em cujo procedimento regressivo insistimos muitas vezes, o papel do herói enquanto ordenador da criação se restringe a um domínio limitado: aquele no qual, segundo as ideias indígenas, essa criação assume, justamente, a forma de uma regressão. O fato de tal regressão ocorrer da

---

8. Para a retransformação do motivo dos utensílios agrícolas que trabalham sozinhos para seu dono no motivo da revolta dos objetos, limite negativo da missão ordenadora da lua, cf. cc, p. 390, n. 11.

9. A assimilação dos patos às canoas também se encontra na América do Norte, entre os Iroqueses e os índios do grupo Wabanaki.

Variações I, II, III 245

cultura em direção à natureza coloca outro problema, cuja solução adiaremos momentaneamente, para encerrarmos em relação aos patos.

Com efeito, se os patos são congruentes às canoas em relação à cultura, na ordem da natureza eles são correlatos e opostos para com os peixes. Estes nadam sob a água, enquanto os mitos que estamos discutindo explicam por que os patos, em sua qualidade de ex-canoas, nadam sobre a água. Pescadores de peixe nos mitos mundurucu, o sol e a lua são pescadores de patos nos mitos do Chaco. Pescadores e não caçadores, pois os mitos tomam o cuidado de descrever a técnica empregada: os patos são pescados na rede por um personagem que assumiu sua aparência e nada no meio deles. Ainda mais, essa pesca se faz do alto para baixo: as aves capturadas são arrastadas para o fundo, enquanto a pesca dos peixes e, mais precisamente, aquela que as lontras praticam, se faz de baixo para cima: retirando os peixes da água para depositá-los na margem.

M_{241} descreve Haburi como um caçador exclusivamente de aves. É quando não consegue acertar uma delas pela primeira vez que ele se agacha e deixa seus excrementos caírem no lugar onde as lontras comem. Essa "antipesca" aos peixes, produtora de excrementos no lugar de alimentos, é feita, portanto, do alto para baixo, como a pesca aos patos, e não de baixo para cima, e ofende as ariranhas, na medida em que elas são pescadoras de peixes.

Importa, assim, saber se existe um termo que mantenha com os peixes uma relação correlativa àquela que os patos mantêm com as canoas. Um mito já evocado (M_{252}) nos fornece esse termo e, justamente, por intermédio da ariranha. Quando os gêmeos, que não conheciam as mulheres, pretenderam satisfazer seu apetite sexual nos olhos da lontra, esta explicou-lhes que não era mulher, mas que as mulheres se encontravam na água, onde os heróis culturais deveriam pescá-las. Primeiras mulheres que foram peixes ou que, tendo brigado com seus maridos, decidiram transformar-se em peixes, são temas ilustrados por tantos mitos que os leitores nos dispensarão de fazer seu inventário. Assim como os patos são ex-canoas, as mulheres são ex-peixes. Se eles constituem uma regressão da cultura em direção à natureza e elas são uma progressão da natureza em direção à cultura, a distância entre os dois reinos, contudo, sempre é muito pequena.

Assim se explica que as lontras, que se alimentam de peixes, mantenham com as mulheres relações marcadas pela ambiguidade e o equívoco. Em um mito bororo (M21), as ariranhas tornam-se cúmplices das mulheres contra seus maridos e lhes fornecem peixes, com a condição de que elas cedam a seus desejos. Inversamente, um mito yupa já resumido (M254A) precisa que a ariranha pescava para o índio que a adotara, mas que se recusava a prestar o mesmo serviço para as mulheres. Em todos os mitos, portanto, as ariranhas são homens ou do partido do homem; daí a indignação da ariranha do mito waiwai, quando dois tolos querem servir-se dela como de uma mulher. E ainda por cima tentam fazê-lo pelo lado inverso.

Vimos que, ao inventar a canoa, Haburi diferencia as espécies de patos. Assim, ordena a natureza retroativa e parcialmente. Mas, ao mesmo tempo, contribui de maneira decisiva para a cultura e poder-se-ia ter a impressão de que o caráter regressivo do mito é desmentido por esse viés. As antigas versões de Brett ajudam a resolver tal dificuldade. Na transcrição desse autor, Haburi tem o nome de Aboré e é apresentado como o "pai das invenções". Se ele não tivesse precisado fugir de sua velha esposa, os índios teriam gozado de muitos outros frutos de seu engenho, entre os quais as roupas tecidas. Uma variante assinalada por Roth chega mesmo a contar que a fuga do herói terminou no país dos Brancos (na Ilha de Trinidad, diz M244), que a ele devem, portanto, suas artes (Roth, 1915, p. 125). Se identificássemos Haburi ou Aboré dos Warrau com o deus que os antigos Arawak chamavam Alubiri ou Hubuiri, atribuiríamos o mesmo tipo de significado a uma observação de Schomburgk: "Esse personagem não se preocupava muito com os homens" (1922, p. 120). Com exceção da navegação, única arte da civilização que os indígenas parecem atribuir a si mesmos, trata-se, na verdade, da perda da cultura, ou de uma cultura superior à sua.

As versões de Brett (M258), mais pobres em todos os sentidos do que as de Roth e Wilbert, apresentam o grande interesse de serem, de certo modo, transversais ao grupo dos mitos guianenses e ao dos mitos jê cuja

Variações I, II, III

heroína é uma moça louca por mel, como no Chaco. Aboré era casado com uma velha rã, Wowtã, que tinha assumido a aparência de uma mulher para capturá-lo quando ele ainda era um menino bem novo. Mandava-o procurar mel, pelo qual tinha paixão, o tempo todo. Farto, ele acabou livrando-se dela, prendendo-a numa árvore oca. Depois disso, ele fugiu numa canoa de cera que tinha fabricado às escondidas. Sua partida privou os índios de muitas outras invenções (Brett, 1868, pp. 394-5; 1880, pp. 76-83).

Ao chegarmos ao termo dessa longuíssima variação, convém assinalar que, em suas duas partes sucessivas (ilustradas por M_{237}-M_{239} e M_{241}-M_{258}, respectivamente), ela mantém uma relação de transformação, que mereceria um estudo especial, com um importante mito karajá (M_{177}), no qual caçadores sem sorte são presas dos guaribas, com exceção do jovem irmão deles, que tem o corpo coberto de úlceras, rejeitado pela mãe (cf. M_{245}) e alimentado com imundícies por seu avô. Curado por uma cobra, ele obtém a proteção de uma rã em troca de carícias ilusórias e torna-se um caçador milagroso, graças a zagaias dadas por ela, uma para cada tipo de alimento, e cuja força é preciso atenuar besuntando-as com um unguento, que equivale, portanto, a uma espécie de veneno de caça invertido. Embora o herói tivesse proibido que tocassem em suas armas mágicas, um de seus cunhados apoderou-se da zagaia de mel (cuja coleta aqui é assimilada a uma caça, contrariamente ao mito ofaié M_{192}, que a assimilava à agricultura) e provocou, por sua inabilidade, o aparecimento de um monstro que massacrou toda a aldeia (Ehrenreich, 1891, pp. 84-6). Discutiremos esse mito em outro contexto e a propósito de outras versões (abaixo, pp. 450-1).

2. Variações IV, V, VI

d) Quarta variação:

$$[O \longrightarrow O] \longleftrightarrow [r\tilde{a} \longrightarrow jaguar]$$

Agora nos familiarizamos com o personagem e com os hábitos da rã arborícola cunauaru. No entanto, resta saber que, segundo os Tupi do vale do Amazonas, essa rã pode se transformar em jaguar, /yawárété-cunawarú/ (Tastevin, 1922, art. "cunawarú"). Outras tribos compartilham a mesma crença (Surára, in Becher, 1959, pp. 114-5). Os Wayana da Guiana denominam o jaguar mítico — azul, segundo os Tupi, preto, na Guiana (cf. M238) — /Kunawaru-imõ/ "Grande Cunauaru" (Goeje, 1943, p. 48).

Os mitos permitem analisar, em várias etapas, essa transformação.

M259 WARRAU: A NOIVA DE MADEIRA

Nahakoboni, cujo nome significa "aquele que come muito", não tinha filha e, quando ficou velho, começou a preocupar-se. Sem filha, nada de genro. Quem iria cuidar dele? Assim sendo, esculpiu uma filha no tronco de um taperebá. Como ele era muito hábil, a jovem era extremamente bela e todos os animais vieram cortejá-la. O velho rejeitava um após o outro, mas quando Yar, o Sol, se apresentou, Nahakoboni achou que um tal genro merecia ser testado.

Impôs-lhe então diversas tarefas, cujos detalhes dispensaremos, com exceção de uma delas, que inverte a técnica mágica da caça ensinada pela rã em M238, pois aqui o herói deveria atingir seu alvo, apesar de ser instruído a mirar acima dele (ver p. 201). Seja como for, o Sol passa o teste com brilho e obtém em casamento a bela Usi-diu (literalmente, em inglês, "*seed-tree*"). Porém, quando o Sol quer provar-lhe seu amor, descobre que isso é impossível, pois seu criador, ao esculpir a jovem, esqueceu um detalhe essencial, que ele agora confessa ser incapaz de acrescentar-lhe. Yar consulta o pássaro bunia, que promete ajudá-lo. O bunia se deixa pegar pela jovem, é mimado por ela e aproveita uma ocasião favorável para furar a abertura que faltava, da qual é preciso, em seguida, tirar uma cobra que ali se alojava. A partir de então, nada mais se opõe à felicidade do jovem casal.

O sogro ficou muito irritado pelo genro ter-se permitido criticar sua obra e também por ter chamado o bunia para retocá-la. Aguardou pacientemente o momento de se vingar. Quando chegou o tempo do plantio, destruiu magicamente várias vezes o trabalho do genro, mas este conseguiu cultivar sua roça com a ajuda de um Espírito. Tendo também conseguido construir uma cabana para o sogro, apesar dos malefícios do velho, pôde finalmente dedicar-se a seu lar e, durante muito tempo, sua mulher e ele viveram muito felizes.

Certo dia, Yar decidiu viajar para o oeste. Como Usi-diu estava grávida, ele a aconselhou a fazer a viagem por pequenas etapas. Bastava que ela seguisse suas pegadas, tomando o cuidado de seguir sempre pela direita; ele, aliás, espalharia penas nas pistas que dobravam à esquerda para evitar a confusão. No início tudo correu bem, mas a mulher ficou perplexa ao chegar a um lugar onde o vento tinha varrido as penas. Então, a criança que ela trazia no ventre começou a falar e lhe indicou o caminho; também pediu que ela colhesse flores. Enquanto ela se abaixava, uma vespa picou-a acima da cintura. Ela tentou matá-la, errou o alvo e atingiu o próprio corpo. A criança dentro dela pensou que o golpe lhe era destinado. Zangada, recusou-se a guiar a mãe, que ficou completamente perdida. Acabou chegando a uma grande cabana, cujo único morador era Nanyobo (nome de uma grande rã), que lhe apareceu sob o aspecto de uma mulher muito velha e muito corpulenta. A rã deu comida à viajante e depois pediu-lhe que catasse seus piolhos, mas tomando cuidado para não esmagá-los com os dentes, porque eles eram venenosos. A mulher foi ficando muito cansada e esqueceu a recomendação, procedendo como de hábito. Caiu morta imediatamente.

A rã abriu o cadáver e tirou dele não um, mas dois meninos magníficos, Makunaima e Piá, que ela criou com toda a ternura. Os meninos cresceram, começaram a caçar as aves,

250 *Parte II*

em seguida os peixes (flechando-os) e a caça de grande porte. "Sobretudo não esqueçam", recomendava-lhes a rã, "de secar o peixe ao sol e não sobre o fogo." No entanto, ela mandava os meninos irem buscar lenha e, quando eles voltavam, o peixe estava sempre cozido no ponto. Na realidade, a rã vomitava as chamas e voltava a ingurgitá-las antes da volta dos dois irmãos, de modo que estes jamais viam fogo. Tomado de curiosidade, um dos meninos transformou-se em lagarto e espionou a velha. Viu-a vomitar o fogo e extrair de seu pescoço uma substância branca, que se assemelhava ao amido do *Mimusops balata*. Enojados com aquelas práticas, os irmãos decidiram matar a mãe adotiva. Desmataram um trecho da floresta, amarraram-na numa árvore que tinham deixado no meio, juntaram lenha em volta dela e tocaram fogo. Enquanto a velha queimava, o fogo que estava em seu corpo passou para os gravetos da fogueira, que eram da madeira /hima-heru/ (*Gualtheria uregon*? Cf. Roth, 1924, p. 70), com a qual hoje se obtém o fogo por fricção (Roth, 1915, pp. 130-3).

Wilbert apresenta uma versão curta desse mito (M_{260}), reduzido ao episódio da mulher esculpida, filha de Nahakoboni, cujo hímen várias aves tentam sucessivamente romper. Algumas fracassam porque a madeira é dura demais; sua tentativa resulta num bico torto ou quebrado. Uma delas consegue e o sangue da jovem enche um pote, onde várias espécies de aves vêm untar-se com o sangue, inicialmente vermelho, em seguida branco e finalmente preto. É assim que elas adquirem sua plumagem característica. O "pássaro-feio" foi o último a chegar e por isso suas penas são pretas (Wilbert, 1964, pp. 130-1).

Algumas observações sobre essa variante. O motivo da noiva esculpida no tronco de uma árvore é encontrado em regiões muito distanciadas do continente, desde o Alasca, entre os Tlingit (M_{261}, no qual a mulher permanece muda, portanto tapada em cima e não embaixo; cf. Swanton, 1909, pp. 181-2),[10] até a Bolívia, onde é objeto de um mito tacana (M_{262})

---

10. Citamos os Tlingit apenas a título de exemplo. Por motivos que acabarão de ser desvendados no quarto volume desta série (se um dia for escrito), desejamos desde agora chamar a atenção para as afinidades particulares que os mitos da América tropical apresentam com os do litoral do Pacífico, na América do Norte. Na verdade, o motivo da estátua ou da imagem

Variações IV, V, VI

que termina de maneira dramática: a boneca animada pelo diabo arrasta seu marido humano para o além (H&H, 1961, p. 515). Entre os próprios Warrau, encontramos esse mito (M263A,B) sob a forma da história de um rapaz solteiro que esculpe uma mulher num tronco de buriti. Ela lhe fornece comida, que ele alega ser sujeira, mas seus companheiros descobrem a estátua e a destroem a machadadas (Wilbert, 1964, pp. 127-9). A espécie vegetal mencionada nestes últimos mitos remete evidentemente ao "marido de madeira" mencionado no início de M241, instaurando assim uma primeira ligação com os outros mitos do grupo.

Além disso, aparece uma analogia, pelo menos no plano semântico, entre o "pássaro feio" de M260 e o bunia de M259, designado comumente pelo nome de "pássaro fedido" ["catingueiro"] (*Opisthocomus, Ostinops* sp., Roth, 1915, pp. 131 e 371). A posição desse pássaro nos mitos já foi discutida (CC, pp. 252-3, 275, 356) e não retornaremos a ela. Em compensação, notaremos o modo como M260 desenvolve o motivo do pássaro introduzido por M259, a ponto de a versão Wilbert se apresentar como um mito sobre a diferenciação das aves por espécie, amplificando assim o episódio de M241, dedicado à diferenciação dos patos. Finalmente, a versão Wilbert se liga a um grupo de mitos sobre a origem da cor das aves (sobretudo M172, no qual a última ave a chegar, que é o alcatraz, torna-se igualmente preta) que, como mostramos em *O cru e o cozido*, pode ser gerado por transformação dos mitos de origem do veneno de caça ou de pesca. Encontramos aqui a mesma armação, mas gerada por uma série de transformações em cujo ponto de partida se encontram mitos sobre a origem do mel. Daí resulta que deve existir no pensamento indígena uma homologia entre o mel e o veneno, confirmada, aliás, pela experiência, pois os méis sul-americanos algumas vezes são venenosos. A natureza da conexão no plano propriamente mítico será desvendada mais tarde.

---

que se anima tem, na América do Norte, uma distribuição intermitente, que vai desde os Esquimós do Estreito de Bering até os Micmac e os Iroqueses e que, passando pela região das Pradarias, estende-se em direção ao sul, até os Pueblo.

Convém igualmente aproximar a versão Wilbert de um mito do Chaco já estudado (M175; CC, p. 398), que segue uma trajetória notavelmente paralela, pois, nesse mito, as aves adquirem sua plumagem distintiva pelo fato de terem destapado o corpo do enganador, de que jorra sangue e depois dejetos. Como ocorre na versão Wilbert, esses dejetos enegrecem as penas de um pássaro feio, no caso um corvo.

Esse paralelismo seria incompreensível se não refletisse uma homologia entre o enganador toba ou o raposo mataco e a noiva de madeira do mito guianense. Não percebemos como se introduziria essa homologia, a não ser por intermédio da moça louca por mel que, como sugerimos várias vezes (e demonstraremos definitivamente), é ela mesma homóloga do raposo ou do enganador. É preciso, portanto, que a noiva de madeira seja uma transformação da moça louca por mel. Resta explicar como e por quê. Por enquanto, é melhor introduzir outras variantes do mito guianense, sem as quais seria difícil abordar problemas essenciais.

M264 KARIB: A RÃ, MÃE DO JAGUAR

Havia outrora uma mulher que estava grávida dos gêmeos Piá e Makunaima. Antes mesmo de nascerem, eles quiseram visitar seu pai, o Sol, e pediram à mãe que seguisse o caminho que levava ao oeste. Eles se encarregariam de guiá-la, mas também era preciso que ela colhesse para eles belas flores. A mulher se pôs a fazê-lo, mas um obstáculo a fez tropeçar, ela caiu e se machucou, pondo a culpa nos meninos. Zangados, eles se recusaram a lhe indicar o caminho, a mulher se perdeu e chegou exausta à cabana de Kono(bo)-aru, a rã que anuncia a chuva, cujo filho jaguar era temido por sua crueldade.

A rã sentiu pena da mulher e a escondeu em um pote de cauim, mas o jaguar farejou a carne humana, descobriu a mulher e matou-a. Ao despedaçar o cadáver, encontrou os gêmeos e os entregou a sua mãe. Inicialmente enrolados em algodão, os meninos cresceram depressa e atingiram a idade adulta em um mês. Então a rã lhes deu arcos e flechas, dizendo-lhes que fossem matar a ave /powis/ (*Crax* sp.) que, conforme explicou, era culpada pela morte de sua mãe. Os meninos massacraram então os /powis/ e em troca de

Variações IV, V, VI

ter a vida salva, a última ave lhes revelou a verdade. Furiosos, os irmãos fabricaram armas mais eficazes, com as quais mataram o jaguar e sua mãe, a rã.

Puseram-se a caminho e chegaram a um pequeno bosque de *cotton trees* (certamente bombacáceas), no centro do qual havia uma cabana onde morava uma velha que, na realidade, era uma rã. Eles ficaram morando com ela. Todos os dias iam caçar e, quando voltavam, encontravam mandioca cozida, mas não se via roça alguma nos arredores. Então, os irmãos espionaram a velha e descobriram que ela extraía o amido de uma placa branca que tinha entre os ombros. Os irmãos recusaram toda a comida e convidaram a rã a deitar-se num leito de algodão, no qual puseram fogo. A rã ficou gravemente queimada e é por isso que sua pele apresenta hoje uma aparência pregueada e rugosa.

Piá e Makunaima saíram novamente à procura de seu pai. Passaram três dias com uma fêmea de tapir, que sempre saía e voltava grande e gorda. Seguiram-na até um pé de taperebá, que eles sacudiram com muita força, fazendo cair todos os frutos, verdes e maduros. Furioso porque seu alimento tinha se estragado, o bicho bateu nos gêmeos e foi embora. Os irmãos o perseguiram durante o dia inteiro. Finalmente, alcançaram--no e combinaram uma tática: Makunaima cortaria o caminho do tapir e dispararia nele uma flecha-arpão, quando o animal voltasse atrás. Makunaima, porém, tropeçou na corda, que lhe cortou uma perna. Em noites claras sempre se pode vê-los: o tapir forma as Híades, Makunaima as Plêiades e, mais embaixo, o cinturão de Orion representa a perna cortada (Roth, 1915, pp. 133-5).

O significado da codificação astronômica será discutido mais tarde. Para ligar imediatamente esse mito ao grupo da moça louca por mel, citaremos uma variante wapixana sobre a origem de Orion e das Plêiades:

M265 WAPIXANA: A MOÇA LOUCA POR MEL

Certo dia, a mulher de Bauukúre cortou-lhe a perna. Ele subiu para o céu, onde tornou-se Orion e o cinturão. Para vingá-lo, seu irmão prendeu a esposa criminosa numa árvore oca. Depois, ele também subiu para o céu, onde tornou-se as Plêiades. Quanto à mulher, ela foi transformada em cobra-comedora-de-mel (Wirth, 1943, p. 260).

Apesar da brevidade dessa versão, percebe-se que ela se situa na interseção de vários mitos: primeiramente o de Haburi, pois pode-se supor que, como a velha rã, a heroína é cheia de ideias lúbricas (que a incitam a livrar-se do marido). Ela também é louca por mel, caso contrário não aceitaria penetrar numa árvore oca e não se transformaria em animal louco por mel. Os dois mitos terminam, aliás, com a disjunção do herói: horizontal em M241, vertical em M243 (mas de cima para baixo) e igualmente vertical em M265 (dessa vez de baixo para cima). Ainda mais diretamente, o motivo da mulher louca por mel remete à versão Brett, relativa ao mito de Aboré (M258), pai das invenções, que oferece uma espécie de atalho para os mitos jê. A história do homem da perna cortada, origem de Orion e das Plêiades, comum a M264 e M265, se liga a um vasto conjunto que *O cru e o cozido* apenas tocou. Se esse conjunto transborda naquele cujo núcleo, parece-nos, é constituído pelos mitos da moça louca por mel, é evidentemente devido a uma equivalência entre a mulher lasciva, pronta a deixar-se seduzir por um amante demasiado próximo (o cunhado) ou demasiado afastado (o tapir, que M264 investe de outra função) e a mulher gulosa de mel, que não respeita a decência em relação a um alimento que também é sedutor. Analisaremos com mais detalhe essa ligação complexa, mas para que possamos mantê-la provisoriamente como hipótese de trabalho é preciso que, pelo menos, pressintamos que as quatro etapas da disjunção dos heróis culturais, separados de um tapir fêmea, após se separarem sucessivamente de duas rãs, e após terem sido separados de sua mãe, explicam-se, afinal de contas, porque os três animais e a própria mulher se ligam a muitas variantes combinatórias do personagem da moça louca por mel. Já havíamos chegado a essa hipótese no que diz respeito à noiva de madeira e não nos esqueceremos que, em M259, a mãe dos dióscuros foi inicialmente uma noiva de madeira.

M266 MACUXI: A NOIVA DE MADEIRA

Furioso porque alguém andava pescando em seus tanques, o Sol mandou o lagarto da água e, em seguida, o jacaré ficarem de guarda. O ladrão era o próprio jacaré, que conti-

Variações IV, V, VI

nuou pescando. Finalmente, o Sol o surpreendeu e talhou seu dorso a golpes de facão, formando assim suas escamas. Em troca de ter a vida salva o jacaré prometeu sua filha ao Sol, mas acontece que ele não tinha filha e teve de esculpir uma no tronco do taperebá. O sáurio deixou ao Sol o cuidado de animá-la, caso isso lhe agradasse, e foi esconder-se na água, onde aguardou os acontecimentos. Desde então, é assim que ele age.

A mulher era incompleta, mas um Pica-pau que procurava comida furou-a, fazendo nela uma vagina. Abandonada por seu marido, o Sol, a mulher partiu à sua procura. A história prossegue como em M_{264}, só que, após o assassinato do jaguar, Piá retira de suas tripas os pedaços do corpo de sua mãe e a ressuscita. A mulher e seus dois filhos se refugiam junto a uma rã, que extrai o fogo de seu corpo e repreende Makunaima quando o vê devorar as brasas que ele tanto aprecia. Então, Makunaima decide ir embora. Escava um canal que se enche de água, inventa a primeira canoa e embarca nela com os seus. Os dois irmãos aprendem com o grou a arte de fazer fogo por percussão e realizam outros prodígios. Foram eles, por exemplo, que provocaram a aparição das cachoeiras, empilhando rochas nos rios para reter os peixes. Tornaram-se também pescadores mais hábeis do que o grou, o que provocou muitas brigas entre Piá, de um lado, e o grou e Makunaima, do outro. Finalmente, eles se separaram e o grou levou Makunaima para a Guiana.

Assim, Piá e sua mãe viveram sozinhos, viajando, colhendo frutos selvagens e pescando, até o dia em que a mãe, cansada, retirou-se para o cume do Roraima. Então, Piá parou de caçar e começou a ensinar aos índios as artes da civilização. É a ele que se deve a existência dos feiticeiros-curandeiros. Finalmente, Piá foi ao encontro da mãe, no Roraima, onde permaneceu durante algum tempo. Antes de deixá-la, disse que todos os seus desejos seriam realizados, contanto que, ao formulá-los, ela inclinasse a cabeça e cobrisse o rosto com as mãos. Ela continua fazendo isso até hoje. Quando ela está triste e chora, a tempestade levanta-se na montanha e suas lágrimas escorrem em torrentes, ao longo das escarpas (Roth, 1915, p. 135).

Essa versão permite fechar o grupo duas vezes. Primeiramente, ela remete a M_{241}:

M241: Jaguar-Negro		"marido de madeira de palmeira"...
	dono dos peixes, roubados pelo	
M266: Sol		jacaré...

M241:		por ele mesmo, pelo Jaguar que o come.
	trocado	
M266:		pela "mulher de madeira do taperebá", pelo Sol que a fecunda.

M241: Jaguar caça		salva pelos gritos	
	uma mulher		de um menino.
M266: Sol abandona		perdida pelo mutismo	

M241:		que transforma alimentos em seus excrementos (pássaros emporcalhados),
	Chegando à morada da rã	
M266:		que transforma seus excrementos em alimentos,

M241:		evacua dejetos fétidos,		de lontras (△),
	o herói		provocando a repreensão	
M266:		ingere brasas ardentes,		de uma rã (○),

M241:	determinando assim a invenção da primeira canoa e das artes da civilização, que são:	recusadas	
			aos homens, enquanto
M266:		concedidas	

M241: a rã fica presa na árvore (água interna):	
	origem da estação das chuvas
M266: a mulher fica isolada na montanha (água externa):	

Variações IV, V, VI

Brett apresenta uma versão arawak (M_{267}), da qual constam explicitamente as ariranhas, cujo papel em M_{241} não esquecemos. Essas ariranhas destruíam as barragens de pesca do Sol; o jacaré quis imitá-las, mas foi pego em flagrante. Para ter a vida salva, ele precisou dar uma mulher àquele que o venceu (Brett, 1880, pp. 27-8). O jacaré, a ariranha e a noiva de madeira são igualmente associados pelos Cubeo.

M268 CUBEO: A NOIVA DE MADEIRA

Kuwai, o herói cultural, esculpiu uma mulher no tronco de uma árvore /wahokakü/ na qual a ave Konéko [outra versão: a avó do herói] furou a vagina. A mulher era encantadora e Kuwai viveu feliz com ela até o dia em que foi raptada por um Espírito /mamüwü/. Kuwai sentou-se no galho de uma árvore e chorou. A ariranha o viu, interrogou-o e levou-o até o fundo das águas, onde o herói pôde reconquistar sua mulher. Perseguido por um Espírito furioso, ele fugiu e nunca mais voltou.

[Em outra versão, a mulher tem um amante sucuri. Kuwai os surpreende e mata o animal, cujo pênis ele corta em quatro e dá de comer a sua mulher, que acredita serem peixinhos. Quando toma conhecimento da morte de seu amante, a mulher volta a transformar-se em árvore.] (Goldman, 1963, p. 148)

A narrativa em que intervém o jacaré (M_{269}) provavelmente diz respeito a uma outra esposa de Kuwai, pois afirma que ela era filha de um ancião da tribo. Certo dia, quando ela dormia em sua rede, Kuwai mandou Jacaré pedir um tição para acender um cigarro. Jacaré viu a mulher e quis copular com ela. A mulher resistiu, mas ele conseguiu montar nela; ela, porém, devorou toda a parte anterior de sua barriga e seu pênis também. Kuwai chegou e disse a Jacaré que o tinha avisado. Pegou uma pequena esteira quadrada, usou-a para arrumar a barriga do animal e jogou-o na água, observando: "Você será sempre comido" (Goldman, 1963, p. 182).

As duas mulheres — a de madeira e a outra — são duas variantes combinatórias do mesmo mito, como fica patente nas equações:

a) F^1 (raptada por um Espírito das águas) $\equiv$ F^2 (atacada por um jacaré);

b) F¹ (seduzida por uma sucuri, à qual ela cede) ≡ F² (seduzida por um jacaré, ao qual ela resiste);

c) F¹ (come o pênis da sucuri) ≡ F² (come o pênis do jacaré).

Por outro lado, o conjunto M₂₆₈-M₂₆₉ permite ligar diretamente M₂₆₆-M₂₆₇ e M₂₄₁:

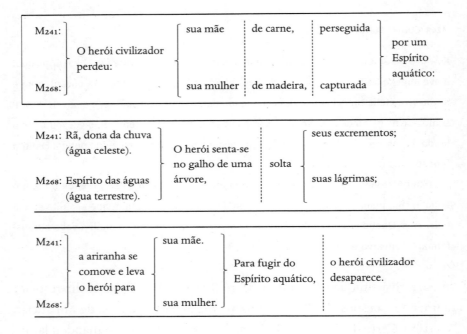

Liguemos agora M266 a M269:

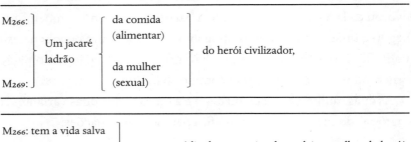

Variações IV, V, VI

O elo que une M241 e M266-M269 é relativamente pequeno, pois tanto do ponto de vista geográfico quanto na série de transformações trata-se de mitos vizinhos. Mais notável é o outro elo que, apesar da distância geográfica e — se assim se pode dizer — lógica, liga o mito macuxi aos mitos do Chaco cuja heroína é uma moça louca por mel, embora essa personagem esteja aparentemente ausente no primeiro mito:

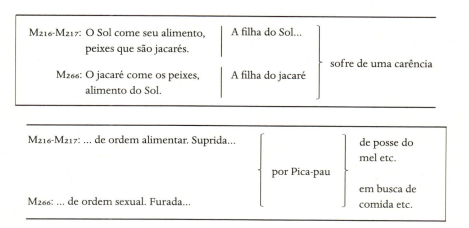

A ligação entre mitos guianenses e mitos do Chaco parecerá ainda mais sólida se levarmos em conta que, nos primeiros, as relações dos dois irmãos Piá e Makunaima são as mesmas que as de Pica-pau e Raposo, nos segundos: Makunaima é, com efeito, o vil sedutor da mulher de seu irmão mais velho (K.G., 1916, pp. 42-6).

Voltamos a nos deparar com a equivalência, invocada várias vezes, entre a noiva de madeira e a moça louca por mel. Se, por um lado, essa equivalência é fácil de conceber, quando esta última é substituída por uma mulher igualmente louca, mas pelo próprio corpo, por outro, parece estar fora de questão no caso da noiva de madeira que, privada de um atributo essencial da feminilidade, deveria possuir um temperamento oposto. Para resolver essa dificuldade e, ao mesmo tempo, progredir na interpretação dos mitos que essa quarta variante tenta pôr em ordem, convém retomar as coisas desde o início.

A moça louca por mel é uma gulosa. Ora, vimos que em M_{259}-M_{260}, o pai e autor da noiva de madeira chama-se Nahakoboni, que significa "o guloso". Guloso de quê? Em primeiro lugar de comida, sem dúvida, pois certas provas que ele impõe ao pretendente consistem em fornecer-lhe quantidades prodigiosas de carne e bebida. No entanto, essa característica não basta para explicar completamente a psicologia do personagem, nem por que ele sente rancor por seu genro, pelo fato de ele ter encarregado o pássaro bunia de completar a jovem que ele mesmo era incapaz de terminar. O texto do mito contribui com grandes luzes para isto, com a condição, como sempre, de ser lido escrupulosamente e de considerar pertinente cada detalhe. Nahakoboni envelhece e precisa de um genro. Com efeito, entre os Warrau matrilocais, o genro mora com os sogros e lhes deve serviços e prestações alimentares, em troca da mulher que recebeu. Mas, para Nahakoboni, esse genro deve ser um prestador, não um esposo. O velho quer *tudo para si*: um genro provedor de uma família doméstica e não fundador de uma família conjugal, pois aquilo que o marido daria a esta última, o genro retiraria inevitavelmente da primeira. Em outros termos, se Nahakoboni é guloso de comida, ele o é ainda mais

Variações IV, V, VI 261

de serviços: é um sogro louco por um genro. Por isso é preciso, primeiramente, que este último nunca consiga quitar suas obrigações e, além disso e sobretudo, que a filha dada em casamento seja vítima de uma carência que não prejudique sua função de mediadora da aliança, mas que impeça que, para ela, o genro de seu pai possa tornar-se um marido. Essa esposa, negativada no início, apresenta uma notável analogia com o esposo da moça louca por mel, com a diferença de que a negatividade dele manifesta-se no plano psicológico (isto é, no sentido figurado), enquanto a dela ocorre no plano físico, no sentido próprio, portanto. Anatomicamente falando, a noiva de madeira não é uma mulher, mas o meio, para seu pai, de ter um genro. Moralmente falando, Pica-pau dos mitos do Chaco não é um homem. Aterroriza-o a ideia do casamento e ele só se preocupa com a acolhida que seus sogros lhe farão. Assim, quer apenas ser um genro mas, como marido — e tomando dessa vez a expressão em seu sentido metafórico —, ele é "de madeira".*

Ora, os mitos do Chaco cuidam de retratar o personagem do Sol sob dois aspectos. É inicialmente um pai incapaz de fornecer à filha o mel de que ela tanto gosta; incapaz, portanto, de "preenchê-la" no sentido alimentar, assim como o pai da noiva de madeira é incapaz de "esvaziá-la" sexualmente. Em segundo lugar, o Sol dos mitos do Chaco é um glutão, obcecado por um alimento exclusivo: os peixes /lewo/ parecidos com jacarés, a ponto de enviar seu genro à morte para pescá-los. Essa dupla e radical inversão dos mitos guianenses, nos quais um sogro glutão põe à prova um sol genro, pode ser representada assim:

---

* Isto é, insensível. O autor remete aqui a uma expressão, *"n'être pas de bois"*, *"não* ser de madeira"*, significando não ser desprovido de sensualidade. (N. C. T.)

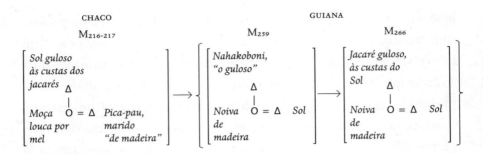

Através dos mitos da Guiana percebe-se, portanto, a imagem dos mitos dos Chaco de onde partimos, porém invertida: o Sol pai torna-se um Sol genro, isto é, a relação de parentesco pertinente passa da filiação à aliança. O Sol examinador torna-se um Sol examinado. A inércia moral do marido transforma-se em inércia física da mulher. A moça louca por mel transforma-se em noiva de madeira. Finalmente, e sobretudo, os mitos do Chaco terminam com a seca dos lagos e com os peixes-jacarés fora da água, enquanto os mitos guianenses mostram, em conclusão, o jacaré jogado, ou que se refugia, na água.

Verificamos, em várias passagens, que o jacaré se opunha às lontras. Essa oposição aparece ainda mais claramente se observarmos que as lontras desempenham o papel de animais eloquentes: elas informam ou ensinam. Por outro lado, os índios da América tropical afirmam que os jacarés não têm língua. Tal crença é verificada entre os Arawak da Guiana (Brett, 1868, p. 383), como diz o texto em verso:

Alligators — wanting tongues —
Show (and share) their father's wrongs.[11]
(Brett, 1880, p. 133)

Os Mundurucu possuem uma narrativa do mesmo tipo (M270). O jacaré era um guloso, que devorava um genro após o outro. Para salvar o último

---

[11]. É uma visão contrária à dos antigos egípcios, que acreditavam que a falta de língua era um sinal positivo nos crocodilos: "Entre todos os animais, é o único que não tem língua, pois a palavra divina não tem necessidade nem de voz nem de língua" (Plutarco, § XXXIX).

deles, os índios jogaram na goela do ogro uma pedra incandescente que lhe consumiu a língua. Desde então, o jacaré não possui esse órgão e tem uma pedra na barriga (Kruse, 1946-49, p. 627).

Por outro lado, as lontras são rivais do Sol nos mitos em que este aparece como dono da pesca ou das barragens de pesca. Tanto na Guiana como no Chaco, a pesca é uma atividade da estação seca, o que, entre várias indicações do mesmo gênero, se verifica no início de um mito arekuna: "Naquele período, todos os rios secaram e houve grande abundância de peixe..." (K.G., 1916, p. 40). Ao contrário, o jacaré, que tem necessidade de água, desempenha nos mitos do Chaco o papel de dono da chuva. Igualmente associadas à água, as duas espécies são também opostas quanto à água; uma delas precisa de muita água e a outra, de pouca.

Nos mitos waiwai em torno da origem da festa Shodewika (M271, M288), trata-se de uma mulher que tem uma sucuri como animal de estimação. Ela, porém, só lhe dá de comer pequenos roedores e guarda para si mesma a caça de grande porte (cf. M241). Furiosa, a sucuri a engole e refugia-se no fundo das águas. O marido obtém a assistência das ariranhas, que prendem a sucuri, obstruindo o rio com corredeiras e cachoeiras (cf. M266). Elas tiram os ossos da mulher da barriga da sucuri e matam-na. Seu sangue deixa o rio todo vermelho. Ao banhar-se nele, as aves adquirem cores vivas que uma chuva subsequente, da qual cada espécie se protege mais ou menos bem, desbota parcialmente. Foi assim que as aves obtiveram sua plumagem característica (Fock, 1963, pp. 63-5; cf. Derbyshire, 1965, pp. 92-3). Assim, o sangue da cobra (≡ pênis, cf. M268) devoradora da mulher desempenha aqui o mesmo papel que o sangue da mulher "devorada" pelo pássaro em busca de comida (M260), quando ele, acidentalmente, a fura, fazendo-lhe uma vagina. Se, portanto, M271, como M268-M269, opõe as ariranhas à sucuri, consumidora, em vez de sedutora da mulher, é digno de nota que os Tacana, que frequentemente invertem os grandes temas míticos da América tropical, situem ariranhas e jacarés mais em correlação do que em oposição: não são adversários, mas aliados (H&H, 1961, pp. 344-8, 429-30).[12]

---

12. O par crocodilo-lontra aparece igualmente no sudeste asiático e essa coincidência é ainda mais curiosa na medida em que se encontra também naquela região do mundo, além de muitos

A discussão precedente possui apenas o valor de um esboço. Não podemos escamotear que a análise exaustiva se choca com obstáculos consideráveis, ligados à multiplicidade e diversidade dos eixos necessários para se tentar ordenar os mitos. Como todos os outros mitos do mesmo grupo, os que estamos examinando recorrem a oposições retóricas. O consumo é entendido ora no sentido próprio (alimentar), ora no sentido figurado (sexual) e, algumas vezes, em ambos os sentidos, como ocorre em M269, no qual a mulher come realmente seu sedutor enquanto este a "come", na acepção que as línguas sul-americanas também conferem a esse termo, isto é, copulando. Além disso, as ligações entre os termos opostos por pares dizem respeito à sinédoque (o jacaré come os peixes que *fazem parte* da alimentação do Sol) ou à metáfora (o Sol tem como única alimentação peixes que são *como* jacarés). Finalmente, essas relações, já complexas, podem ser não reflexivas, mas entendidas todas elas no sentido próprio ou todas elas no sentido figurado; ou reflexivas, mas uma tomada no sentido próprio e a outra no sentido figurado, situação ilustrada pela estranha união erótico--alimentar entre o jacaré e a noiva de madeira em M269. Se, a título de experiência, decidirmos simplificar as equações, negligenciando as oposições de caráter metalinguístico, poderemos integrar os personagens mais característicos dos mitos do Chaco e da Guiana por meio de um diagrama:

$$
\text{GUIANA} \left\{
\begin{array}{l}
\textit{Jacaré:} \quad \Delta \\
\qquad\qquad\quad | \\
\textit{Noiva de madeira:} \quad O = \Delta \qquad : Sol \\
\qquad\qquad\qquad\qquad | \\
\textit{Moça louca por mel:} \quad O = \Delta : Pica\text{-}pau
\end{array}
\right\} \text{CHACO}
$$

No Chaco, o Sol alimenta-se à custa dos "jacarés" e estes, à custa de Pica--pau, genro do Sol. Na Guiana, o jacaré alimenta-se à custa do Sol e o Pi-

---

outros temas que compartilha com a América, a história do casamento de um homem com uma mulher-abelha, perdida porque seu marido violou a proibição, que ela lhe impusera, de mencionar sua presença (Evans, 1953, texto n. 48). Em relação ao par crocodilo-lontra ver também o seguinte texto: "São homens malvados, incestuosos. Eles agem como o cavalo com a cobra, como o crocodilo com a lontra, como a lebre com a raposa..." (Lafont, 1961, texto n. 45).

Variações IV, V, VI

ca-pau à custa (mas na verdade em seu benefício) da mulher dele, a noiva de madeira. Entre os Cubeo, finalmente, o jacaré e a noiva de madeira alimentam-se (ele metaforicamente, ela por sinédoque) um do outro. Do ponto de vista do distanciamento espacial e temporal dos termos, o afastamento é máximo nos mitos do Chaco, mínimo nos dos Cubeo e os mitos guianenses situam-se no meio. Ora, os mitos do Chaco e os mitos cubeo são também aqueles cujas respectivas conclusões se reproduzem mais exatamente, apresentando, uma da outra, uma imagem invertida. No final de M_{216}, o Sol envia seu genro à água para pescar peixes-jacarés, mas estes comem a ave. Então, o Sol seca o lago com fogo, abre a goela do monstro e liberta seu genro, que é de certo modo "descomido". Em M_{269}, o Sol envia o jacaré até o fogo (procurar um tição) e sua mulher o come. Então o Sol tapa novamente o abdômen aberto da vítima e joga o jacaré na água onde, a partir de então, ele será caçado para ser comido.

Não dispomos de informações sobre a caça ao jacaré entre os Cubeo, mas estamos mais bem informados quanto à Guiana, onde as condições meteorológicas (pelo menos na parte oriental) pouco se diferenciam daquelas que reinam na bacia do Uaupés. Na Guiana, o jacaré constitui importante fonte alimentar, pois ali se comem seus ovos e sua carne, sobretudo a do rabo (que é branca e leve, como tivemos diversas vezes a oportunidade de constatar). Segundo Gumilla (1791 apud Roth, 1924, p. 206), a caça ao jacaré ocorria no inverno, quando o peixe era raro devido à subida das águas. Em relação aos Yaruro, do interior da Venezuela, as informações são menos claras: o pequeno jacaré *Crocodilus babu* seria caçado durante o ano inteiro, exceto entre maio e setembro, período das grandes chuvas (Leeds, in Wilbert, 1961). No entanto, o mesmo contraste, enfatizado por Gumilla, entre a pesca aos peixes e a caça ao jacaré, parece ressaltar da observação de Petrullo (1939, p. 200), segundo a qual os Yaruro pescam "quando não encontram nem crocodilos nem tartarugas".

Se pudéssemos generalizar essa oposição,[13] ela talvez nos desse a chave da inversão que ocorre quando passamos dos mitos do Chaco aos mitos

---

13. Não pretendemos, entretanto, estendê-la para além da região guianense. Os Siriono, que são grandes caçadores de jacaré mas pescadores medíocres, exercem estas duas ocupações sobretudo durante a estação seca (Holmberg, 1950, pp. 26-7).

guianenses. Os primeiros dizem respeito ao mel, coleta da estação seca, que é também a da pesca no Chaco, na Guiana e na bacia do Uaupés.

Os mitos guianenses transformam os do Chaco em dois eixos. Dizem no sentido figurado o que os outros dizem no sentido próprio e, pelo menos em seu último estado, a mensagem diz menos respeito ao mel — produto natural cuja existência demonstra a continuidade da passagem da natureza à cultura — do que às artes da civilização, que testemunham a favor da descontinuidade entre as duas ordens, ou ainda a organização do reino animal em espécies hierarquizadas, que instala a descontinuidade no próprio seio da natureza. Ora, os mitos guianenses desembocam na *caça* ao jacaré, ocupação da estação *chuvosa* e, enquanto tal, incompatível com a *pesca*, cujos donos são o Sol (responsável pela estação *seca*) e as ariranhas (homólogas do Sol na relação com a água), os quais podem, portanto, e a duplo título, se opor ao jacaré.

CONTUDO, os primeiros mitos guianenses que examinamos se referiam expressamente ao mel. Portanto, devemos encontrar, no interior dos próprios mitos guianenses, exprimidas de modo ainda mais vigoroso, as transformações que se nos apresentaram quando comparamos os mitos do Chaco com apenas alguns desses mitos guianenses. Desse ponto de vista, convém dedicar particular atenção à espécie de madeira de que é feito o noivo em M241 e, em muitos outros mitos, a noiva. Quando o motivo surgiu pela primeira vez, isto é, em M241 (depois em M263A,B), o noivo ou a noiva provinham de um tronco de palmeira, *Euterpe* ou *Mauritia*. Por outro lado, em M259 e M266, trata-se do tronco do taperebá (*Spondias lutea*). Percebem-se múltiplas oposições entre essas duas famílias.

Uma delas abrange as palmeiras e a outra as anacardiáceas. O tronco da palmeira é mole em seu interior, enquanto o do taperebá é duro. Os mitos insistem muito nessa oposição, particularmente as versões Wilbert, nas quais as aves deformam ou quebram seu bico no tronco da árvore (M260), enquanto os companheiros do marido quebram com facilidade, a machadadas, o tronco da palmeira (M263A,B). Em terceiro lugar e embora os

Variações IV, V, VI

frutos da palmeira *Mauritia* [buriti] também sejam consumidos, é a polpa extraída do tronco que constitui o alimento de base dos Warrau, enquanto, em relação ao taperebá, apenas os frutos podem ser comidos. Em quarto lugar, o preparo da polpa constitui uma atividade complexa, que um mito (M243) descreve com todos os detalhes, pois a aquisição dessa técnica é o símbolo do acesso à cultura. A palmeira *Mauritia flexuosa* cresce, sem dúvida, no estado selvagem, mas os Warrau exploram tão metodicamente os palmeirais que se chegou a falar de uma verdadeira "arboricultura" nesse caso. Lembremos que a polpa da palmeira é o único alimento comum aos deuses e aos homens. Por todos esses atributos, a *Mauritia* se opõe à *Spondias*, pois o taperebá cresce em estado completamente selvagem, e seus frutos servem de alimento aos homens e aos animais, como lembra M264 no episódio do tapir.[14] Finalmente, e sobretudo, a polpa comestível do tronco da palmeira (fácil de abrir) mantém uma oposição de natureza sazonal com os frutos do taperebá, cujo tronco é difícil de furar.

Essa oposição se manifesta de duas maneiras. Em primeiro lugar, o tronco do taperebá não é apenas duro, acredita-se que seja imputrescível. É, segundo se diz, a única árvore que o jabuti teme que caia em cima dele. Se isso acontecesse com outras árvores, bastaria que o jabuti esperasse pacientemente que a madeira apodrecesse para se libertar. Mas o taperebá não apodrece; mesmo desenraizado, ele rebrota e crescem novos galhos que prendem o jabuti (Ihering, art. "jabuti"; Stradelli, 1929, art. "tapereyua--yua"). Spruce (1908, v. I, pp. 162-3), que designa a mesma anacardiácea pelo nome científico de *Mauria juglandifolia* Bth., enfatiza que "ela possui grande vitalidade e que suas mudas quase sempre lançam raízes e tornam-se árvores". Ora, sabemos que palmeiras derrubadas ou simplesmente privadas de seu broto terminal não voltam a brotar.

Em segundo lugar e, no caso da *Mauritia flexuosa* (que é, entre os Warrau, a palmeira mais fortemente "marcada"), Roth (1924, p. 215) indica

---

14. Mais restrita, a oposição entre a *Spondias* e a *Euterpe* resulta da ausência de competição entre os humanos e os animais por esta palmeira, cujos frutos são duros quando colhidos e devem ser amolecidos com água morna, como explicamos.

que a extração da polpa ocorre quando as árvores começam a frutificar. A propósito dessa observação, já notamos (p. 216, n. 3) que as palmeiras sul-americanas dão frutos no início da estação das chuvas e algumas vezes até mesmo durante a estação seca. Wilbert, por sua vez, precisa que a polpa permanece disponível sob a forma de alimento fresco "durante a maior parte do ano" (1964, p. 16), mas essa divergência não afeta necessariamente a posição semântica da polpa da palmeira nos mitos. Recordemos que, a propósito dos mitos do Chaco, deparamos com uma dificuldade do mesmo tipo, resultante da associação preferencial da mandioca, no entanto disponível durante o ano inteiro, aos alimentos da estação seca. É que a mandioca, como dissemos, por estar disponível *mesmo* durante a estação seca, encontra-se mais fortemente marcada em relação a essa estação do que em relação à estação das chuvas, quando são mais fortemente marcados os alimentos disponíveis unicamente durante esse único período do ano. A esse respeito, note-se que os Warrau designam pelo mesmo termo /aru/ a polpa da mandioca e a da palmeira e que M243 e M244 os associam estreitamente.

No que se refere à maturação dos frutos da *Spondia lutea*, dispomos de indicações precisas para a região amazônica, graças ao belo comentário de Tastevin a respeito de vários mitos tupi aos quais retornaremos. A etimologia proposta por esse autor e por Spruce (1908) do nome vernacular do taperebá: /tapiribá/taperebá; tupi /tapihira-hiwa/ "árvore do tapir", parece-nos, devido a sua ressonância mítica (cf., por exemplo, M264), mais verossímil do que a etimologia derivada de /tapera/, "terreno vazio, lugar abandonado". Os frutos da *Spondia* amadurecem no fim de janeiro, isto é, em plena estação das chuvas na Amazônia (Tastevin, 1910, p. 247) e, na Guiana, no final de uma das duas estações chuvosas que vai de meados de novembro a meados de fevereiro.

Assim, ao mesmo tempo que passamos de uma árvore que contém em seu *tronco* um alimento *interno* a uma outra que tem em seus galhos um alimento *externo*, aquilo que se poderia denominar o "centro de gravidade" meteorológico dos mitos desloca-se da estação seca para a estação das chuvas. Trata-se de um deslocamento da mesma natureza daquele que tivemos

Variações IV, V, VI

de conceber para explicar, nos mitos guianenses, a passagem da coleta do mel e da pesca, atividades econômicas da estação seca, para a caça ao jacaré, atividade da estação das chuvas; e também da mesma natureza que o deslocamento que observamos ao compararmos os mitos do Chaco com os mitos da Guiana. Nos primeiros, a *água retirada* dos jacarés (estação seca) transforma, nos segundos mitos, uma *água imposta* (estação das chuvas). É, aliás, a chegada da estação das chuvas que anuncia explicitamente o final da versão macuxi (M266) e, implicitamente, o final da versão karib (M264), pois, em toda a área guianense, a aparição das Plêiades marca o início do ano e a chegada das chuvas.

Outro aspecto da oposição *palmeira/taperebá* deve chamar nossa atenção. Originários de um tronco de palmeira, a noiva ou o noivo são provedores. Abastecem seu cônjuge com polpa (noiva de M263A,B) ou com peixe (noivo de M241) e sabemos que o conjunto polpa/peixe constitui, aos olhos dos Warrau, "a verdadeira comida" (Wilbert, 1964, p. 16). No entanto, quando é originária de um tronco de taperebá, a noiva de madeira desempenha o papel de amante, não de provedora. Além do mais, é uma amante negativa (é impenetrável) em vez de ser uma provedora positiva. Atacada a machadadas, a provedora será destruída e a amante, finalizada. Simetricamente, se o taperebá figura como fonte de alimento (em M264), esse alimento existe apenas para ser recusado (aos dois irmãos, pelo tapir).

Percebe-se imediatamente que, encarada sob essa perspectiva, a série das "noivas de madeira" é incompleta e é preciso recolocá-la no conjunto mais vasto cuja exploração *O cru e o cozido* tinha iniciado. A estrela esposa de um mortal dos mitos jê (M87-M93) acumula em sua pessoa os dois papéis, de amante impenetrável (devido a sua castidade) e de provedora (como introdutora das plantas cultivadas, correlativas da *Mauritia* que é, na ordem das plantas selvagens, o equivalente das plantas cultivadas).[15] Pois bem, mostramos no volume precedente (*cc*, pp. 245-6) que esse grupo de mitos jê era transformável em um grupo de mitos tupi-tukuna, nos

---

15. Brett já havia assinalado que, entre os Warrau, a exploração da *Mauritia flexuosa* constituía uma verdadeira agricultura (1868, pp. 166, 175).

quais a esposa sobrenatural provém do fruto, maduro ou podre, de uma árvore. Existe, portanto, toda uma série de esposas, poder-se-ia dizer, "vegetais":

GUIANA	TUPI-TUKUNA	JÊ
		ESTRELA
		canibal vegetariana
	FRUTO	
	podre maduro	
TRONCO		
mole duro		
(palmeira) (taperebá)		

As personagens centrais são amantes negativas, seja no plano moral, seja no plano físico. Esta será furada para seu bem, as outras, violadas para seu mal. Nos dois casos, o responsável é um deus-sariguê, animal fétido, ou um pássaro chamado, justamente, de "catingueiro". Diante disso, é ainda mais notável que a jovem, que começa sua existência humana dessa maneira, se torne até nos mitos guianenses uma mãe de gêmeos capazes de falar ainda no útero materno e na qual se reconhece a heroína de um célebre mito tupi (M96): aquela que, porque o filho que carrega no ventre recusou-se a guiá-la, fica perdida e vai dar com um indivíduo, subsequentemente transformado em sariguê, sedutor que acabará por fazer-lhe um segundo filho. Assim, as heroínas são defloradas ou violentadas por animais fétidos. As heroínas que ocupam os polos são, por sua vez, elas mesmas sarigueias. Demonstramo-lo em *O cru e o cozido*, a propósito de Estrela, esposa de um mortal, e constatamos agora que a situação se repete no outro extremo do eixo, como Estrela, a noiva de palmeira é uma provedora. As duas heroínas serão destruídas por acólitos de seus esposos: sexualmente, no caso de Estrela, violada por seus cunhados, no plano alimentar, no caso da noiva de madeira, estraçalhada pelos companheiros de seu amante para se apoderarem do alimento que ela contém.

O estudo desse conjunto paradigmático, que simplificamos ao extremo, no qual uma investigação mais aprofundada permitiria descobrir outros patamares, mereceria ser empreendido por si mesmo e de maneira independente.[16] Nós nos contentaremos em chamar a atenção para um ponto. Os mitos guianenses que acabamos de analisar (M_{259}, M_{264}, M_{266}), comparados ao restante da mitologia sul-americana, apresentam uma construção singular no sentido de que sua segunda parte — a viagem da mãe dos gêmeos — reproduz de maneira quase literal a primeira parte do grande mito tupi evocado no parágrafo anterior. Essa transposição nos fornece uma prova suplementar de que o itinerário seguido desde o início deste livro contorna, por assim dizer, a mitologia sul-americana por detrás. Na verdade, sabíamos disto desde que, no término de nossa exploração dos mitos sobre a origem do mel, tinham reaparecido mitos sobre a origem do tabaco dos quais estávamos muito próximos no início. Porém, se a cadeia se fecha no mito dos gêmeos, que encontramos duas vezes no caminho, talvez isso se deva ao fato de que a terra da mitologia é redonda ou, dito de outra maneira, porque ela constitui um sistema fechado. Acontece que, na perspectiva em que agora nos colocamos, percebemos todos os grandes temas míticos pelo avesso, o que torna sua interpretação mais trabalhosa e mais complexa, um pouco como se fosse preciso decifrar o tema de uma tapeçaria a partir dos fios enredados que se veem no avesso e que confundem a imagem mais legível que, em *O cru e o cozido*, contemplamos pelo direito.

Mas o que significam direito e avesso? E o sentido das duas faces não ficaria simplesmente invertido se tivéssemos decidido começar pelo outro lado? Esperamos mostrar que não, e que o direito e o avesso são objetivamente definidos pela problemática indígena, aos olhos da qual a mitologia da culinária se desenvolve no bom sentido, que é o da passagem da natureza à cultura, enquanto a mitologia do mel procede na contracorrente, regredindo da cultura à natureza. Ou seja, são dois trajetos que unem os

---

16. Sobretudo a partir do texto completo de um mito kalapalo (M_{47} in Baldus, 1958, p. 45), no qual se nota uma transformação interessante: *mulher sem vagina* $\longrightarrow$ *mulher com dentes de piranha*, que lhe permitem comer peixes crus.

mesmos pontos, mas cuja carga semântica é muito diferente e entre os quais, consequentemente, não existe paridade.

Juntemos portanto as características fundamentais dessa última mitologia. Ela se refere àquilo que se poderia denominar um *desvio de aliado*, sem que se trate, em todos os exemplos, do mesmo tipo de aliado e sem que o culpado ocupe sempre o mesmo lugar na constelação da aliança. A heroína do Chaco desvia em proveito próprio as prestações (de mel) que seu marido devia antes de mais nada a seus sogros. Inversamente, o sogro glutão do mito guianense (M_{259}) desvia em proveito próprio as prestações que seu genro deveria à sua filha, depois de liberado em relação a ele. Entre os dois, e invertendo o sistema das prestações aos aliados de alimentar em sexual, as cunhadas de M_{235} procuram desviar o amor que o marido tem por sua mulher e a velha rã de M_{241} faz o mesmo, no plano alimentar e no plano sexual, com as prestações sexuais que o herói deveria a uma esposa legítima, que não seria uma amante e não se faria passar por mãe. Por ocasião de uma aliança, consequentemente, o culpado procura efetuar um "curto-circuito" em seus parentes, seu filho ou seu aliado. Esse é o denominador comum sociológico do grupo. Mas existe, ao mesmo tempo, um denominador comum cosmológico, cuja fórmula é mais complexa. Dependendo de o personagem principal ser uma mulher (que enche uma panela com o sangue de sua defloração) ou um homem (que faz o mesmo com seus excrementos malcheirosos) — ambos atestando que o acesso à feminilidade plena ou à masculinidade plena implica uma regressão à sujeira — irrompe uma estrutura de ordem, seja no plano da natureza (mas que vai se esgotando), seja no plano da cultura (mas que vai se afastando). A organização natural se esgota, a descontinuidade que ela apresenta não passa de vestígio de uma continuidade anterior e mais rica, pois todas as aves teriam ficado vermelhas se o sangue da defloração não tivesse deixado em seu rastro um resíduo de bile e de impurezas ou se a chuva não o tivesse desbotado em alguns pontos. E a cultura afasta-se em direção ao alto (M_{243}) ou em direção ao longe (M_{241}, M_{258}), pois os homens estariam mais bem providos de socorro espiritual e das artes da civilização se sua descida do mundo superior não tivesse sido desastradamente interrompida por uma mulher grávida ou se, por causa de uma rã empanturrada de mel, o herói civilizador não tivesse sido obrigado a abandoná-los. Duas fêmeas, cheias no plano sexual ou alimentar, interrompem portanto a mediação que a evacuação sexual do sangue ou a evacuação alimentar dos excrementos, ao contrário, precipitaram.

ENTRETANTO, apesar dessa armação comum, surgem diferenças no interior do grupo e é indispensável elucidá-las.

Comparemos inicialmente, do ponto de vista de sua construção, os três mitos da coletânea de Roth, nos quais se apoia essencialmente nossa quarta variação, isto é, o mito warrau da noiva de madeira (M259), o mito karib da rã mãe do jaguar (M264) e, finalmente, o mito macuxi da noiva de madeira (M266).

No mito warrau, os avatares da heroína sucedem-se segundo um plano de admirável regularidade: completada pelo pássaro bunia (que a perfura), ela é engravidada pelo sol (que a preenche). Em seguida, ela engole imprudentemente vermes (que também a enchem) e a rã esvazia seu cadáver, dele tirando os gêmeos que o enchiam.

O segundo e o terceiro episódio conotam portanto o enchimento, seja por baixo, seja por cima; um é passivo, o outro, ativo e, quanto às consequências, este último é negativo (acarreta a morte da heroína) e o outro é positivo (permite-lhe dar a vida).

Pois bem, seria possível afirmar que os episódios 1 e 4 se opõem aos anteriores, no sentido de que eles conotariam o esvaziamento, em oposição ao enchimento? Isto não parece duvidoso em relação ao quarto episódio, no qual o corpo da heroína é efetivamente esvaziado das crianças que continha. No entanto, o primeiro episódio, que consiste na abertura da vagina ausente, não parece assimilável ao outro stricto sensu.

Tudo se passa como se o pensamento mítico tivesse percebido essa dificuldade e logo se empenhasse em resolvê-la. Com efeito, a versão warrau introduz um acidente que, à primeira vista apenas, pode parecer supérfluo. Para que a heroína se torne uma verdadeira mulher, não basta que o pássaro bunia a tenha aberto. É preciso também que seu pai volte a agir (embora ele tenha proclamado sua incompetência pouco antes), extraindo da vagina recém-furada uma cobra que criava um obstáculo suplementar à penetração. A heroína, portanto, além de tapada, estava cheia, e o incidente da cobra não tem outra função aparente senão a de transformar a perfuração em esvaziamento. Isto admitido, a construção do mito se resume no seguinte esquema:

Se considerarmos, conforme fizemos no esquema, que os episódios 2 e 4 formam um par (pois a rã *esvazia* o corpo da heroína, tirando dele as mesmas crianças com que o Sol o *encheu*), segue-se que os episódios 1 e 3 devem igualmente formar um par, ou seja: *cobra evacuada por baixo, passivamente, com resultado benéfico/verme ingerido por cima, ativamente, com resultado maléfico*. Nessa perspectiva, o mito consiste de duas sequências que podem ser sobrepostas, cada uma delas formada por dois episódios que se opõem entre si (*heroína esvaziada/preenchida; heroína preenchida/esvaziada*); cada um desses episódios se opõe ao episódio da outra sequência, a que corresponde simetricamente.

Por que essa reduplicação? Já conhecemos pelo menos um motivo, pois verificamos várias vezes que a oposição entre sentido próprio e sentido figurado era uma constante do grupo. Ora, aqui, os dois primeiros episódios narram no sentido figurado o que os dois últimos exprimem no sentido

Variações IV, V, VI

próprio: a heroína inicialmente é tornada "comestível" (= copulável) para ser "comida". Em seguida, ela é tornada comestível (morta) para ser, nas outras versões, efetivamente comida.

Uma leitura atenta do mito sugere, porém, que a reduplicação das sequências poderia ter uma outra função. Parece, com efeito, que a primeira parte do mito — não nos esqueçamos de que o Sol é o seu herói — desenvolve-se seguindo um ciclo sazonal cujas etapas — caça, pesca, queimadas, roçados, ereção de uma cabana — são marcadas pelas provas impostas ao Sol-genro; enquanto a segunda parte, que se inicia a propósito da caminhada do Sol em direção ao oeste, antes evoca um ciclo diário. Assim formulada, a hipótese pode parecer frágil, mas a comparação com as outras versões proporcionar-lhe-á um início de confirmação, à espera de que, num volume posterior, demonstremos, com a ajuda de outros mitos, a importância do contraste entre a periodicidade sazonal e a periodicidade diária e a estreita concordância que se verifica entre essa oposição e a dos "gêneros" na construção da narrativa.[17]

Finalmente e ainda em relação a M259, notaremos que, no plano etiológico, o mito parece ter uma, e apenas uma, função: a de explicar a origem da técnica da produção do fogo por fricção.

Examinemos agora o modo como os Karib (M264) narram a mesma história, que, como vimos, eles abordam diretamente pela segunda parte (pp. 252-3). A sequência da jornada (viagem em direção ao sol) passa-se, portanto, no início. Isso não é tudo: correlativamente à supressão da primeira parte, acrescenta-se uma nova parte à segunda, dedicada às aventuras dos dois irmãos na morada de uma outra rã e, em seguida, na morada da anta. Portanto, há sempre duas partes e parece que a parte aqui colocada em último lugar, feita de episódios sucessivos, restitui o ciclo sazonal: caça, queimada, coleta dos frutos selvagens que começam a amadurecer em janeiro. Se essa interpretação estiver correta, a ordem

---

17. Pode-se, desde já, consultar o registro de nosso curso, no *Annuaire du Collège de France, 64º* ano (Paris, 1964, pp. 227-30). Quanto à ligação entre a estação seca e as provas impostas ao genro, ver Preuss, 1921-23, pp. 476-99.

das duas sequências, sazonal e diária, inverte-se ao passarmos da versão warrau à versão karib.

Essa inversão da ordem das sequências é acompanhada de uma reviravolta do sistema de oposições que nos serviram para definir, em suas relações recíprocas, os quatro avatares da heroína. Agora o segundo avatar ocupa o primeiro lugar, pois a narrativa começa quando a heroína está grávida por obra do Sol, enquanto o quarto avatar (corpo da heroína esvaziado das crianças que continha) permanece inalterado. No entanto, entre esses dois episódios extremos, vêm inserir-se dois novos episódios, isto é, um nº 2: a heroína esconde-se num pote (que ela enche) e um nº 3: ela é "esvaziada" para fora desse recipiente. O que quer isto dizer? A versão warrau trata constantemente da heroína como um "continente", alternadamente esvaziado (episódios 1 e 4), e preenchido (episódios 2 e 3). A versão karib, ao contrário, a define por meio de uma relação de oposição *continente/conteúdo*, perante a qual a heroína desempenha o papel de agente ou de paciente, sendo ela mesma ora um continente, ora um conteúdo, com efeitos benéficos ou maléficos:

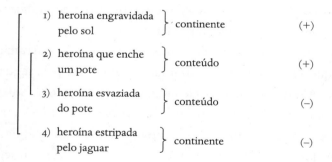

Portanto, no momento, são os episódios 1 e 4, por um lado, e 2 e 3, por outro, que formam par. No interior de cada uma dessas duas sequências, os episódios se reproduzem mediante a inversão do continente e do conteúdo enquanto, entre uma sequência e outra, os episódios que se correspondem formam um quiasma.

Ora, as duas transformações da estrutura mítica que detectamos em níveis diferentes, um formal e o outro semântico, correspondem a uma terceira transformação, que se situa no plano etiológico. A versão karib pretende apenas explicar a origem de certas constelações, Híades, Plêiades e Orion[18], que, como sabemos, pressagiam a mudança da estação naquela região do mundo. Às inúmeras indicações já fornecidas nesse sentido (*cc*, pp. 291-4), acrescentaremos o testemunho de Ahlbrinck (art. "sirito"), que diz respeito a povos guianenses de língua e cultura karib: "Quando *Sirito*, a Plêiade, torna-se visível à noite (no mês de abril), ouvem-se trovoadas. Pois Sirito está encolerizada porque os homens cortaram uma perna de Ipetiman [Orion]. E Ipetiman se aproxima. Ipetiman aparece no mês de maio".

Admitamos, pois, que M264 remeta implicitamente ao início da "grande" estação das chuvas (na Guiana há quatro estações, duas chuvosas e duas secas), que vai de meados de maio a meados de agosto. Essa hipótese oferece duas vantagens. Em primeiro lugar, ela coloca em correspondência a versão karib (M264) e a versão macuxi (M266), que se refere explicitamente à origem das chuvas e das tempestades, provocadas pela tristeza intermitente da heroína, cujas lágrimas escorrem em torrentes pelas escarpas da montanha, depois que ela foi morar no pico do Roraima. Em segundo lugar, podemos verificar objetivamente, por suas referências astronômicas e meteorológicas, nossa hipótese anterior de que os mitos ora examinados narram, mas ao avesso, um itinerário que os mitos jê e bororo, estudados em *O cru e o cozido*, nos tinham feito percorrer pelo direito. Com efeito, a tentativa de integrar os mitos jê e bororo que apresentavam um caráter sazonal levava a uma equação:

a) Plêiades-Orion : Corvo : : estação seca : estação das chuvas.

Ora, agora verificamos que, nos mitos guianenses, o conjunto Plêiades-Orion anuncia a estação das chuvas. O que acontece então com a constelação do Corvo? Quando culmina à noite, no mês de julho, ela é associada a uma divindade responsável pelas violentas tempestades que marcam a estação

---

18. Assim como, mas unicamente para as Plêiades, uma variante tupi (M264B), recolhida por Barbosa Rodrigues (1890, pp. 257-62).

das chuvas, já em declínio (cf. *cc*, pp. 307-8; sobre a mitologia das tempestades entre julho e outubro no Mar do Caribe e a Ursa Maior, cuja ascensão reta é vizinha da do Corvo, cf. L.N., 1924-25a, pp. 126-8); enquanto, também na Guiana, o nascer da Cabeleira de Berenice (mesma ascensão reta que a Ursa Maior e o Corvo) conota a seca. Ou seja, a equação inversa à anterior:

b) Plêiades-Orion : Corvo : : estação das chuvas : estação seca.

Chegamos assim à versão macuxi (M_{266}) e acabamos de ver que ela remete de maneira explícita à origem da estação das chuvas. Isso não é tudo pois, diferentemente dos dois mitos discutidos anteriormente, M_{266} possui uma dupla função etiológica. Enquanto mito de origem da estação das chuvas, ele coincide com M_{264}; enquanto mito de origem de uma técnica de produção do fogo (que o grou ensina ao herói), ele coincide com M_{259}.

Existem, contudo, duas diferenças. A alusão às chuvas que se encontra em M_{266} é *diurna* (veem-se escorrer as lágrimas que formam torrentes), enquanto a que é feita em M_{264} é *noturna* (visibilidade de certas constelações). E se M_{259} evoca a produção do fogo por *fricção* (com dois pedaços de pau), M_{266} se interessa pela produção do fogo por *percussão* (com duas pedras), técnica também conhecida pelos índios guianenses.

Em consequência e como era de esperar, M_{266} consolida num único mito episódios que pertenciam propriamente a cada uma das duas outras versões. Ele começa pela história da noiva de madeira, ausente na versão karib, e acaba pelas aventuras dos gêmeos, posteriores à estada junto à rã, ausentes na versão warrau. Mas, ao fazê-lo, ele inverte todos os detalhes: quem é posto à prova é o sogro, no lugar do genro; a heroína é furada pelo pica-pau, no lugar do bunia. Vítima do jaguar antropófago, a heroína não morre, mas ressuscita. O herói devora as brasas, frustrando assim a rã. Note-se também que o bunia warrau age movido pela lascívia, e o pica-pau macuxi age ao procurar alimento — ele, portanto, come a heroína no sentido próprio. Simetricamente, na segunda parte da versão macuxi, o jaguar a come apenas de maneira figurada, pois sucumbe antes de ter digerido sua presa, e essa ressuscita assim que é tirada da barriga da fera (ver acima, p. 254-5).

Variações IV, V, VI

A síntese das versões warrau e karib, operada pela versão macuxi à custa de muitas reviravoltas, revela que, no caminho de volta, encontramos mitos que se referem simultaneamente a duas origens: a do fogo e a da água, situadas portanto na mesma "latitude" mítica que os mitos bororo (M_1) e xerente (M_{12}) encontrados na ida e em relação aos quais já se afirmara a mesma dualidade etiológica. A versão macuxi oferece, portanto, uma ocasião particularmente favorável para fazer um balanço.

Os três mitos — M_{259}, M_{264} e M_{266} — dizem respeito ou à origem do fogo no plano da cultura (fricção ou percussão) ou à origem da água no plano da natureza (estação das chuvas) ou a ambos.

Ora, antes que surgisse o fogo produzido por técnicas culturais, ele já existia por vias naturais: vomitado por um animal, a rã, ela mesma ligada à água. Simetricamente (e, quanto a esse ponto, a contribuição de M_{266} é fundamental), antes que surgisse a água produzida por um meio natural (a chuva), ela já existia como obra cultural, pois Makunaima, verdadeiro engenheiro de obras públicas, a faz surgir inicialmente num canal aberto por ele e onde ele põe a primeira canoa.[19] Ora, Makunaima, comedor de brasas ardentes, é ligado ao fogo assim como a rã é ligada à água. Os dois sistemas etiológicos são simétricos.

Em nossos mitos, por conseguinte, a estação das chuvas irrompe sob a forma de uma passagem da natureza à cultura. No entanto, o fogo (primitivamente contido no corpo da rã) ou a água (subsequentemente contida no corpo da mãe) sempre *se espalham*: um pelas árvores, de onde se tirarão os paus apropriados para se fazer fogo, a outra pela superfície da terra, na rede hidrográfica natural (opondo-se à rede artificial, criada primeiramente pelo demiurgo). Portanto, trata-se sempre de uma dispersão. O caráter fundamentalmente regressivo de todos os mitos do grupo volta a ser verificado.

Como, então, explicar a ambiguidade de nossos mitos, que, como já se pode ver, decorre de sua dupla função etiológica? Para responder a essa pergunta, é preciso debruçar-se sobre o personagem do grou que, em M_{266}, mostra ao herói a técnica da produção do fogo por percussão.

---

19. Nos mitos de criação dos Yaruro, a escavação dos rios também é a condição prévia do surgimento da água (Petrullo, 1939, p. 239).

A ave designada por Roth pelo termo inglês *"crane"* desempenha um papel importante nos mitos guianenses. Conforme veremos adiante (M327-M328) é o grou que traz para os homens — ou permite que seja trazido pelo colibri — o tabaco que crescia numa ilha considerada inacessível. Ora, outro mito karib da coletânea de Roth (1915, p. 192) se inicia da seguinte maneira: "Era uma vez um homem que gostava muito de fumar. De manhã, à tarde e à noite, ele pegava um chumaço de algodão, batia pedras uma na outra, fazia fogo e acendia seu fumo". Parece, portanto, que por intermédio do grou, a técnica de produção do fogo por percussão e o tabaco estão ligados.

Ao transportar o colibri até a ilha do tabaco, o grou, que o mantém apertado entre suas coxas, o emporcalha com excremento (Roth, 1915, p. 335); é, portanto, uma ave que tem propensão a defecar. Talvez se deva remeter essa conotação de sujeira aos hábitos alimentares das grandes aves pernaltas, que se alimentam de peixes mortos deixados pelas águas quando chega a estação seca (cf. M331 e Ihering, art. "jabiru"). Nos ritos funerários dos Arawak da Guiana, um emblema que representa o grou branco (*white crane*) era carregado solenemente por ocasião da incineração dos ossos pequenos dos defuntos (Roth, 1924, pp. 643-50). Os Umutina dão a um episódio de suas cerimônias funerárias o nome do martim-pescador (Schultz, 1961-62a, p. 262). Finalmente, e porque pelo menos um de nossos mitos (M264) recorre à codificação astronômica, não podemos esquecer que, mais ao sul, entre os Bororo e os Mataco, e outros, uma parte da constelação de Orion tem o nome de um pernalta, enquanto os Karib das Antilhas denominam "Comedora de Caranguejo" (uma espécie de garça pequena) uma estrela que, ao que tudo indica, faz parte da constelação da Ursa Maior e que, segundo se acredita, comanda o raio e os furacões (L.N., loc. cit., p. 129). Se esse encontro não fosse decorrência do acaso, ele proporcionaria uma ilustração suplementar da inversão do sistema das constelações, para o qual já chamamos a atenção (pp. 276-7).

Seja como for, a entrada em cena do grou em M266, na condição de introdutor da produção do fogo por percussão (e, em outro mito, do tabaco), reforça a hipótese segundo a qual os mitos sobre a origem do mel

Variações IV, V, VI

iriam, de algum modo, "adiante" dos mitos sobre a origem do tabaco, cujos temas característicos emergem um após outro na série das transformações: jaguar canibal morto por um tronco coberto de espinhos, lontras que representam personagens "tapados" (M241). Ao mesmo tempo, ficaria esclarecida a ambiguidade de mitos que funcionam simultaneamente como mitos de origem do fogo (por fricção ou percussão) e como mitos de origem da água (estação das chuvas e rede hidrográfica). Pois se for verdade, conforme esperamos ter demonstrado, que o tabaco fumado possui uma afinidade com o fogo e o mel diluído com a água, então se compreenderia por que mitos simultaneamente preocupados com a etiologia do mel e com a do tabaco (transformando-se, com efeito, de um tipo em outro) manifestam essa ambiguidade, deixando perceber a origem do fogo, elemento congruente ao tabaco, através — digamos — da origem da água, elemento congruente ao mel. Nos mitos jê sobre a origem do fogo (M7-M12), o jaguar aparecia como dono do fogo e da carne cozida, numa época em que os homens deviam contentar-se com carne crua; e era a mulher humana do jaguar que manifestava disposições canibais. Os mitos guianenses invertem todas essas proposições, pois as técnicas de produção do fogo (e não mais o próprio fogo) neles são conquistadas ou inventadas por heróis humanos, em consequência da devoração de sua mãe por um jaguar canibal.

Os mitos falam de duas técnicas: fricção, ou giração, e percussão. De acordo com M259, o fogo produzido atualmente por fricção era primitivamente aquele que a rã *vomitava* e M266, por sua vez, relata que o instigador da técnica por percussão era o grou, ave que num outro mito guianense tem uma forte propensão a *defecar*. Ora, entre os dois mitos, um terceiro mito desempenha um papel intermediário:

M272 TAULIPANG: ORIGEM DO FOGO

Outrora, quando os homens ainda ignoravam o fogo, havia uma velha chamada Pelenosamó. Ela juntava lenha em sua cabana e se agachava em cima dela. Então as chamas saíam de seu ânus e a lenha pegava fogo. Ela comia sua mandioca cozida, enquanto os demais a

282   *Parte II*

expunham ao calor do sol. Uma menininha revelou o segredo da velha. Como ela não queria dar o fogo, amarraram seus braços e pernas, puseram-na em cima da lenha e abriram seu ânus à força. Então ela expeliu o fogo e este se transformou em pedras /wató/ = (fogo) que produzem fogo quando são batidas uma na outra (K.G., 1916, p. 76 e v. 3, pp. 48-9).

Se nos ativermos às duas proposições míticas, de que o fogo produzido por fricção era primitivamente vomitado e o fogo produzido pela percussão era excretado, chegamos à equação:

    fricção : percussão : : boca : ânus

Na verdade, há mais o que se extrair dos materiais de que dispomos, pois eles se prestam a uma dedução que, para nosso método, apresenta o valor de um teste.

Sabemos que a técnica de produção do fogo por giração (ou por fricção) possui, em muitos lugares do mundo e certamente na América do Sul, uma conotação sexual: a madeira passiva é chamada fêmea e aquele a que se imprime um movimento de rotação ou de ida e volta é denominado macho. A retórica do mito transpõe esse simbolismo sexual, imediata e universalmente percebido, conferindo-lhe uma expressão imaginária, pois o ato sexual (cópula) é substituído por um movimento que diz respeito ao aparelho digestivo (vômito). Isso não é tudo. A fêmea, passiva no plano simbólico, torna-se ativa no plano imaginário, e os órgãos respectivamente envolvidos são num caso a vagina e no outro a boca, definíveis em função de uma oposição entre baixo e alto, sendo ambos anteriores (sobre um eixo cujo outro polo é ocupado pelos orifícios posteriores):

Plano simbólico		*Plano imaginário*
O, passiva	$\longrightarrow$	O, ativa
anterior	$\longrightarrow$	anterior
baixo	$\longrightarrow$	alto

Quanto à técnica da produção do fogo por percussão, a etnografia não oferece representações simbólicas cuja evidência intuitiva e generalidade

Variações IV, V, VI

sejam comparáveis com aquelas que acabamos de evocar. Porém, M₂₇₂,
reforçado pela posição recorrente que o grou ocupa nos mitos (velha que
defeca, ave que defeca, uma e outra donas do fogo produzido por percussão), capacita-nos a deduzir o simbolismo desconhecido dessa técnica *a
partir apenas de sua expressão imaginária*. Bastará aplicar as mesmas regras
de transformação observadas no caso anterior, em que elas eram verificadas empiricamente. Temos, pois, as equações:

$$\begin{array}{ll} \textit{Plano imaginário} & \textit{Plano simbólico} \\ \text{O, ativa} \longrightarrow & \text{O, passiva} \\ \text{posterior} \longrightarrow & \text{posterior} \\ \text{baixo} \longrightarrow & \text{alto} \end{array}$$

E qual é o órgão que pode ser definido como posterior e alto, num sistema em
que a posição posterior e baixo é ocupada pelo ânus e a anterior e alto, pela
boca? Não temos escolha: só pode ser a orelha, como, aliás, já demonstramos
a respeito de um outro problema (*cc*, p. 193). Resulta que, no plano do imaginário (isto é, no plano do mito), o vômito é o termo correlativo e inverso do
coito e a defecação o termo correlativo e inverso da comunicação auditiva.

Logo se percebe de que maneira a experiência atesta a hipótese obtida dedutivamente: a percussão é sonora e a fricção, silenciosa. Assim se
explica, ao mesmo tempo, que o grou seja o iniciador da primeira. Paira
alguma incerteza sobre a identidade da ave denominada *"crane"* por Roth.
Uma tradução literal sugere o grou, mas diversas indicações de nossa fonte
(Roth, 1915, pp. 646-7; 1924, p. 338) poderiam nos levar a concluir por certas
espécies de garça, notadamente o socó-boi [ou taiaçu] (*Botaurus tigrinus*). No
entanto, ainda que Roth tivesse chamado uma garça de grou, a confusão
seria ainda mais reveladora pois, de um extremo a outro do continente
americano e também em outras regiões, os mitos se comprazem em evocar
o grou, devido a seu grito forte;[20] e os ardeídeos, de que também poderia

---

20. Os grous parecem ser da mesma opinião, pois cita-se o caso de uma destas aves que, privada
de seu congênere, passou a ter uma ligação sentimental com um sino de ferro, cujo som lhe

se tratar, devem seu nome científico, derivado de *botaurus*, a seu grito, o qual, segundo se diz, assemelha-se ao mugido de um boi ou de um touro, quando não até mesmo ao urro de uma fera... A técnica de produção do fogo mais fortemente marcada quanto ao barulho é, portanto, obra de uma ave barulhenta.

Essa ave também é rápida, ao passo que a outra é lenta. A dupla oposição entre *rápido, barulhento* e *lento, silencioso* remete à oposição mais fundamental, que ressaltamos em *O cru e o cozido*, entre aquilo que denominamos o mundo queimado e o mundo apodrecido; então nós a encontramos no próprio interior da categoria do podre, onde ela se reflete em duas modalidades que são, respectivamente, a do mofado (lento, silencioso) e do corrompido (rápido, ruidoso): esta última é sancionada, justamente, pelo charivari. Portanto, ao mesmo tempo que voltamos a encontrar nos mitos a oposição canônica entre a origem da água (congruente ao podre) e a do fogo (congruente ao queimado), vemos surgir simetricamente, no interior da categoria do queimado, duas modalidades culturais, fricção e percussão, cujas respectivas posições simbólicas refletem na linguagem da metonímia (pois trata-se de duas causas reais do mesmo efeito) aquelas posições que, no interior da categoria do podre, eram metaforicamente (então os significados eram de ordem moral) ocupadas pelas modalidades naturais do mofado e do corrompido. Para nos convencermos disto, bastará comparar o esquema de *O cru e o cozido* (p. 437) com este, que lhe é exatamente simétrico:

---

lembrava o grito da ave ausente (Thorpe, 1963, p. 416). Quanto ao grito penetrante do grou nos mitos da América do Norte, cf. Gatschet, 1890, p. 102: "o grou do Canadá é, entre todas as aves, aquela que grita mais e mais forte" e "a crença chippewa de que os membros do clã do grou têm uma voz potente e fornecem os oradores da tribo" (Kinietz, in Lévi-Strauss, 1962b, p. 154). Quanto à China, cf. Granet (1926, p. 504, nº 2): "O som do tambor é ouvido até Lo-yag quando *um grou branco* (itálico no texto) penetra voando pela Porta do Trovão" e a referência à ave Pi-fang, que "se parece com um grou, dança apoiada numa perna só e produz o fogo" (id. ibid., p. 526). Essas aproximações são tão mais legítimas quanto existe uma fundamentação anatômica, portanto objetiva, para a reputação de barulhentos dos gruídeos: "A maior parte das espécies apresenta no macho (nem sempre na fêmea) uma convolação da traqueia; esta penetra atrás das clavículas num vazio da saliência do esterno" (A. L. Thomson, 1964, p. 61).

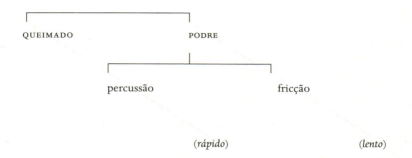

Essa passagem da metáfora à metonímia (ou o contrário), muitas vezes ilustrada nas páginas precedentes e já assinalada em outros escritos (Lévi-Strauss, 1962a, 1962b e 1964) é típica da maneira pela qual se desenvolve uma sequência de transformações por inversão, quando os estágios intermediários são suficientemente numerosos. Em consequência, mesmo nesse caso, é impossível que surja uma paridade real entre o ponto de partida e o ponto de chegada, com exceção da única inversão geradora do grupo: em equilíbrio sobre um eixo, o grupo manifesta seu desequilíbrio sobre um outro eixo. Essa regra inerente ao pensamento mítico resguarda seu dinamismo, ao mesmo tempo que o impede de atingir um estado verdadeiramente estacionário. De direito, senão de fato, o mito não possui inércia.

Assim, deparamo-nos aqui, sob a forma de um caso particular, com uma ilustração da relação canônica que, em 1955, escrevíamos do seguinte modo (Lévi-Strauss, 1958, p. 252):

$$f^x(a) : f^y(b) :: f^x(b) : f^{(a-1)}(y)$$

Convinha mencioná-la pelo menos uma vez, para convencer de que, desde então, ela nunca deixou de guiar-nos.

e) **Quinta variação:**

[jaguar ⟶ jaguar] ⟷ [△ ⟶ ○]

Nos mitos anteriores, a rã aparece como mãe do jaguar. Já contribuímos de dois modos para a solução desse paradoxo etnozoológico, mostrando que a rã e a abelha são entre si correlatas e opostas no eixo cujos polos são a estação das chuvas e a estação seca, e detectando uma outra correspondência, dessa vez entre a abelha e o jaguar, pois esse felino desempenha o papel de dono do mel nos mitos tenetehara e tembé (M_{188}, M_{189}). Se a rã é congruente ao úmido e a abelha ao seco, compreende-se que, na posição de dona da água celeste (= anunciadora das chuvas), a rã possa ser complementar do jaguar, cuja posição de dono do fogo terrestre foi estabelecida independentemente e que é, ele mesmo, comutável com a abelha.

Mas por que os Tupi setentrionais fazem do jaguar um dono do mel? Voltemos atrás e consideremos os quatro animais que os mitos qualificam simultaneamente em relação à água e ao mel:

Ou seja:

	água	mel
raposo	−	−
irara	−	+
rã	+	−
pica-pau	+	+

Pelo fato de a rã (no caso, o cunauaru) possuir o mel, ela deve ser o inverso do jaguar, que tem o fogo, em virtude da equação: água = fogo$^{(-1)}$ (cf. *cc*, pp. 258-60). Consequentemente, se o mito quiser qualificar esses dois animais também na relação com o mel, só pode fazê-lo respeitando essa inversão principal. Daí resulta que se a rã não tem mel, o jaguar tem. Essa dedução restitui a armação, não apenas dos mitos tenetehara e tembé, mas também do mito warrau (M235), que coloca que, em relação ao mel, a água *é* o fogo (acima, p. 190).

Nossa interpretação implica que, nesses mesmos mitos, seja verificável uma correspondência em outro plano entre a rã (dona da água celeste) e o jacaré, cuja posição semântica é a de um dono da água terrestre (*cc*, pp. 256-7). O jacaré aparece em M266 como transformação do velho *glutão* de M259 e é igualmente simétrico à rã *glutona* de M241, que rouba o (futuro) herói civilizador de sua mãe para fazer dele um marido capaz de satisfazê-la sexualmente, ao passo que o primeiro dá sua filha, incapaz de satisfazê-lo sexualmente, ao (futuro) pai do herói civilizador.

Tendo elucidado as regras que presidem a transformação da rã em jaguar, podemos abordar a quinta variação, na qual uma rã (mãe do) jaguar dá lugar a um jaguar macho.

M273 WARRAU: A CRIANÇA ROUBADA

Na ausência de um índio que foi caçar, sua mulher entregou a filha pequenina, que mal começava a andar e cujo choro a incomodava, quando ela tratava de cozinhar, para a velha avó cuidar. Quando ela quis a menina de volta, a avó declarou que ela não lhe tinha sido entregue e a pobre mulher compreendeu que um jaguar, habilmente disfarçado, a tinha levado embora.

Apesar de procurarem muito, os pais não conseguiram encontrar a menina e se conformaram. Decorridos alguns anos, eles começaram a constatar estranhos desaparecimentos: um dia colares, no outro dia, as faixas de algodão, em seguida as provisões de polpa de palmeira, o tapa-sexo, as panelas... Era o jaguar que vinha secretamente durante a noite para equipar a menina, pois gostava dela como se ela fosse de sua raça. Alimentava-a com carne e, assim que ela menstruou, ele se pôs a lamber seu sangue menstrual como costumam fazer os jaguares e os cachorros, que gostam de farejar os órgãos femininos. Os dois irmãos do jaguar faziam o mesmo e a jovem achava aquele comportamento bastante estranho.

Então ela resolveu fugir e perguntou onde estava o caminho que levava a sua aldeia. Como o jaguar ficou desconfiado, ela argumentou que ele estava ficando velho, em breve morreria, e que era melhor ela voltar para junto de seus pais. Convencido, o jaguar lhe indicou o caminho, mesmo porque temia que, após sua morte, seus dois irmãos quisessem devorá-la.

Quando chegou o momento determinado por ela, a jovem fingiu que não conseguia tirar do fogo uma enorme panela cheia de carne e quente demais. O jaguar se ofereceu para ajudá-la e, enquanto mantinha a panela entre as patas, a jovem virou-a em cima dele. A fera, toda escaldada, caiu, urrou de dor e morreu. Os irmãos ouviram seus urros, mas não lhe deram importância. Pensaram apenas que o velho estava se divertindo com sua amante. Nada poderia estar mais longe da verdade pois, de fato, ele jamais a possuíra.

A jovem correu até a aldeia e se apresentou à sua família. Explicou que era preciso fugir, pois os irmãos do jaguar iam chegar para vingar-se e ninguém escaparia deles. Assim, todos se prepararam para a partida e desamarraram as redes. Um primo da jovem pôs dentro de sua rede uma pesada pedra de amolar, de que ele achava que ia precisar. No entanto, no momento de lançar a rede por cima do ombro, como se costuma fazer para transportá-la, ele esqueceu da pedra. O choque inesperado quebrou a coluna vertebral do rapaz e matou-o. Seus companheiros tinham tamanha pressa de fugir que abandonaram seu cadáver (Roth, 1915, pp. 202-3).

Roth faz um comentário divertido a respeito desse mito. Como ele ficara surpreso diante de uma conclusão tão abrupta, sua informante respondeu que, ao chegar na aldeia, os dois jaguares encontraram apenas um cadáver. Ali não havia mais ninguém para observar a sequência dos acontecimentos e relatá-los mais tarde. Então, como ela poderia saber o que aconteceu?

Entretanto, se aprofundarmos esse raciocínio, a conclusão se torna mais clara. Ao chegar na aldeia os dois jaguares encontraram ali pelo menos um cadáver e pode-se supor que eles o comeram no lugar da jovem (que eles teriam comido, como previa o mito, se ela tivesse ficado com eles). Para compreender a importância desse detalhe basta lembrar que, nos

Variações IV, V, VI

mitos jê sobre a origem do fogo (de cozinha), o jaguar dava a carne cozida para os homens, dos quais recebera uma esposa humana. Aqui o jaguar raptou dos homens (e não recebeu deles) uma humana, mas não fez dela sua esposa; correlativamente, em vez de os homens adquirirem a carne animal cozida, são eles que cedem a carne humana crua.

Para nos convencermos de que esse é realmente o sentido da conclusão julgada enigmática por Roth, basta compararmos termo por termo o mito warrau e o grupo dos mitos jê sobre a origem do fogo (M_7-M_{12}), notando que, como a maior parte dos Jê, os Warrau são matrilineares e que, inversamente ao que sucederia numa sociedade patrilinear, a mãe, entre eles, é considerada parente, e não aliada:

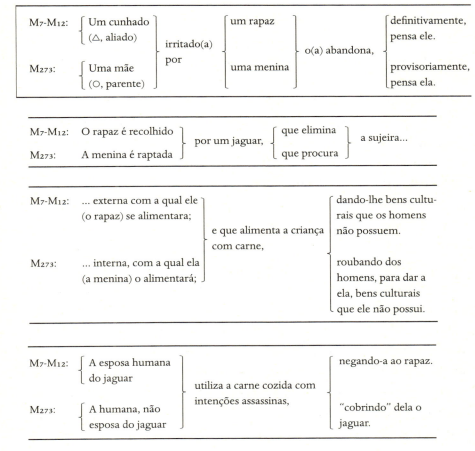

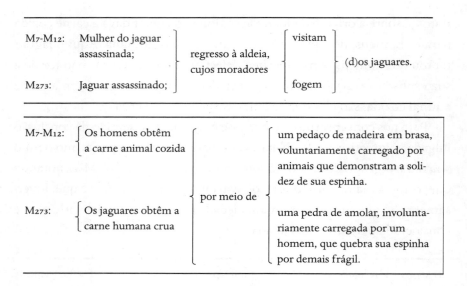

Em relação à última oposição, *pedra/tição*, notaremos que se trata de uma pedra de amolar, que é geralmente utilizada molhada (oposição: *água/jogo*). Além disso, já demonstramos alhures (cc, p. 213) que através de todo esse sistema mitológico a pedra é uma expressão metafórica da carne humana, enquanto o tição é um equivalente metonímico da carne cozida (a causa pelo efeito). Portanto, não apenas a conclusão de M273, mas cada um de seus detalhes, são completamente motivados.

O ESQUEMA PRECEDENTE MOSTRA que M273 está em oposição diametral aos mitos jê sobre a origem do fogo, pelos quais (em *O cru e o cozido*) iniciamos nosso cruzeiro ao redor do globo da mitologia sul-americana. Assim, presentemente, nos encontramos nos antípodas de nosso ponto de partida. Com efeito, se a cozinha desempenhava um papel duplamente conjuntivo nos primeiros mitos (entre o céu e a terra e entre aliados), ela aparece duas vezes em M273 e sempre com um papel disjuntivo. É, inicialmente, responsável pelo abandono de uma criança por sua mãe, excessivamente preocupada em cozinhar para o marido e que, portanto, considera que seus deveres de aliada (esposa e cozinheira) são incompatíveis com os que lhe cabem na condição de parente (mãe e provedora). Em seguida, é responsável pela morte de um jaguar, que não é nem pai nem marido, mas provedor; e que sucumbe escaldado pelo conteúdo de uma panela, vítima da falta de jeito intencional de uma cozinheira.

Mas se, em vez de nos transportarmos idealmente até nosso ponto de partida, tentarmos retornar passo a passo para trás, surgirão outras conexões — *"bretelles"*, como dizem os topógrafos — que permitem ligar diretamente nosso mito a vários outros mitos que examinamos. Tais atalhos passam necessariamente por dentro da esfera; de onde resulta que a terra dos mitos, além de redonda, é oca.

Como M_{273} é um mito warrau, poderíamos nos contentar em explicar o gosto do jaguar pelo sangue menstrual por uma crença própria desse grupo tribal, segundo a qual, à diferença dos homens, os Espíritos sobrenaturais não sentem nojo dele (acima, pp. 220-1). É fato que a mitologia warrau evoca muitas vezes os incômodos femininos; em M_{260}, por exemplo, no qual as aves tingem suas penas com o sangue da defloração, e em M_{235}, no qual — sem ir tão longe quanto o jaguar de M_{273} — um Espírito masculino chamado Abelha não teme o contato com uma moça menstruada; atitude esta que, diga-se de passagem, prova que a comutação entre o jaguar e a abelha não existe apenas entre os Tupi setentrionais (acima, p. 286).

No entanto, o enredo de M_{273} não pode ser completamente explicado a partir das ideias particulares que os Warrau possuem a respeito da menstruação. Encontramos em nossa trajetória um mito tukuna (M_{245}) igualmente relativo a uma menininha chorona e abandonada pela mãe, que uma rã (transformação do jaguar, conforme foi demonstrado ao longo da quarta variação) rapta e cria e a quem ensina os poderes xamânicos. Adulta e de volta a sua família, essa mulher alimenta-se exclusivamente de tutano humano, no qual se pode ver uma transformação do sangue menstrual de M_{273} sob uma dupla condição:

a) M_{273} $\big[$jaguar (animal canibal)$\big]$ $\longrightarrow$ M_{245} $\big[$rã (animal não canibal)$\big]$

b) M_{273} $\big[$heroína "canibalizada"$\big]$ $\longrightarrow$ M_{245} $\big[$heroína "canibalizante"$\big]$

Por outro lado, uma prova suplementar da "transparência" progressiva da mitologia do mel na direção da mitologia do tabaco, acrescentando-se a todas aquelas que já fornecemos, resulta de uma outra aproximação de M_{273}, dessa vez com o mito terena sobre a origem do tabaco (M_{24}). Nesse mito, resumido e discutido alhures (*cc*, pp. 150ss), e do qual já foi necessário invocar uma variante mataco (M_{246}, p. 228) para conectar a mitologia warrau com a do Chaco, uma mulher, posteriormente transformada em jaguar (ao passo que o jaguar warrau se transforma inicialmente em mulher), tenta envenenar o marido alimentando-o com sangue menstrual (ao contrário do jaguar warrau, que se deleita com o sangue menstrual de sua "não mulher").

O mito terena é também (com M_{20}) um dos primeiros em que encontramos o mel, que desempenha aqui (como mostramos na primeira parte deste livro) o papel de operador da origem do tabaco. Esse mel é tóxico em todos os casos, seja por um motivo externo (violação de um tabu pelos coletores, em M_{20}), seja devido a um motivo interno (fetos de cobra incorporados, em M_{24}). Quer seja a causa invocada moral ou física, esse mel é, portanto, uma *sujeira*. Ao contrário, para o jaguar de M_{273}, o sangue menstrual — essa sujeira — é um *mel*. Com efeito, sua conduta como jaguar que rouba uma menina (abandonada porque chorava muito), guloso de seu sangue menstrual, reproduz a conduta da rã de M_{241}, pronta a acolher (pois ele chorava demais) um menino e gulosa do mel que ele lhe propõe. Dependendo do caso, essa gulodice provoca ou facilita a fuga da criança adotada. E estabelecemos, de maneira independente, que na quinta variação o jaguar é uma transformação da rã, heroína da terceira.

Que relação poderá haver entre o mel e o sangue menstrual? Em primeiro lugar, são substâncias elaboradas como o alimento cozido, mas por efeito daquilo que se poderia denominar uma "cozinha natural". Na sistemática indígena, conforme explicamos, o mel provém de uma cozinha

Variações IV, V, VI

natural de ordem vegetal e é claro que a cozinha natural de onde provém o sangue menstrual é de ordem animal. Obtemos assim uma primeira correlação, à qual se acrescenta imediatamente uma segunda. Ao evitar qualquer contato físico com a jovem que raptou a não ser aquele que consiste em saborear seu sangue menstrual, o jaguar de M$_{273}$ transpõe em termos alimentares uma relação sexual. Assim, ele simplesmente inverte a conduta das duas irmãs de M$_{235}$, que queriam "raptar" seu cunhado, porque sentem em termos sexuais (já que estão atraídas por um homem chamado Mel) uma relação que deveria permanecer no plano alimentar. Aliás, o fato de o jaguar, protagonista de M$_{273}$, ter dois irmãos, assim como a protagonista de M$_{235}$ tem duas irmãs, apenas confirma mais uma vez a realidade dessa transformação. Os dois irmãos de M$_{273}$ não se contentam com o sangue menstrual vertido pela heroína; também querem comê-la. As duas irmãs de M$_{235}$ não se contentam com o mel produzido pelo herói; elas também querem "comê-lo", mas num sentido erótico.

Percebe-se, finalmente, uma terceira conexão entre o mel e o sangue menstrual, ligada ao fato, sobre o qual insistimos várias vezes (e ao qual retornaremos), de que os méis sul-americanos são frequentemente tóxicos. No que lhes diz respeito, a distância entre as categorias do delicioso e do venenoso se torna, portanto, muito pequena. Da parte dos Warrau, que cultivam dúvidas metafísicas sobre a fundamentação dos interditos relativos às mulheres menstruadas (acima, pp. 220 e 292), a aproximação com o mel nada tem de surpreendente.

Uma última observação a respeito desse mito. Quando evocamos a problemática do sangue menstrual (da mulher) e dos excrementos malcheirosos (do homem), durante a terceira variação (p. 240), evidenciamos um duplo movimento, cujo paralelismo os mitos enfatizam. Por um lado, a maturação fisiológica implica uma regressão à sujeira que, em termos de código auditivo, é ilustrada pela condição do bebê chorão. Por outro lado, a emergência de uma ordem, seja ela natural ou cultural, resulta sempre da desagregação de uma ordem superior e da qual a humanidade só conserva os fragmentos. Essa interpretação não é desmentida por M$_{273}$? Com efeito, no início, a heroína é um bebê chorão e a puberdade, longe de fazê-la regredir à sujeira, parece, ao contrário, acrescentar-lhe um atributo sedutor. No entanto, essa sedução, devida ao sangue menstrual, se exerce sobre um jaguar, como o mito trata de deixar bem claro: "Ele continuava sendo um jaguar e continuou fazendo o que os jaguares e os cachorros fazem" (Roth, 1915, p. 202). O que quer isto dizer? Em oposição diametral aos mitos jê sobre a origem da cozinha e devido a isto, M273 só pode ser um mito sobre a origem do regime alimentar o mais completamente oposto: aquele no qual o animal come o homem, em vez de ser o homem quem come o animal e no qual o homem é comido cru, enquanto o animal é comido cozido. E é sobre essa horrível cena que o mito baixa discretamente a cortina, antes que ela comece. Portanto, trata-se, para o mito, de explicar não a desintegração de uma ordem que mal acabou de se constituir, mas a formação de uma desordem que pode ser duradouramente integrada, num sistema mitológico em que o personagem do jaguar-canibal desempenha um papel de destaque. Assim, a sequência paralela (a da maturação fisiológica) também deve ser invertida. Sob todos os aspectos, a nova perspectiva em que o mito se coloca não é menos opressiva do que a outra.

f) Sexta variação:

$$[\text{jaguar} \longrightarrow \text{jaguar}] \longleftrightarrow [\triangle \longrightarrow \bigcirc]$$

Vejamos primeiramente o mito:

M274 ARAWAK: O JAGUAR TRANSFORMADO EM MULHER

Outrora, havia um homem que não tinha quem o igualasse na caça aos porcos-do-mato. Matava cinco ou seis animais de cada vez, enquanto o jaguar, que também perseguia a vara de porcos-do-mato, mal conseguia pegar um ou dois. Então o jaguar resolveu transformar-se em mulher e, sob sua nova aparência, abordou o caçador e perguntou-lhe qual era seu segredo. "É o resultado de um longo exercício", respondeu este último. Então a mulher-onça lhe propôs casamento mas, conhecendo sua verdadeira natureza, o homem

Variações IV, V, VI

hesitou. No entanto, ela conseguiu convencê-lo de que, juntos, eles matariam muito mais porcos-do-mato do que separadamente.

Eles foram felizes durante muito tempo. A mulher se mostrava boa esposa pois, além de cozinhar e moquear a carne, ela se destacava na caça. Certo dia, ela perguntou ao marido se ele ainda tinha pais e parentes vivos e, diante de uma resposta afirmativa, sugeriu uma visita à aldeia onde deviam achar que ele tinha morrido. Ela conhecia o caminho e conduziria seu marido, mas sob a condição de que ele lhe prometesse jamais revelar sua origem.

Chegaram à aldeia levando muitos porcos-do-mato. A mãe do homem quis saber ime-diatamente de onde vinha aquela encantadora esposa. Sem entrar em maiores detalhes, ele disse apenas que a tinha encontrado por acaso na mata. Todos os dias, o casal trazia uma quantidade prodigiosa de caça e os moradores da aldeia começaram a desconfiar. Inicialmente, o homem não disse nada, mas sua mãe o atormentava tanto que ele acabou confiando-lhe seu segredo. Os outros moradores da aldeia arrancaram o segredo da velha embebedando-a. A mulher-onça, que tinha ouvido tudo sem ser vista, ficou tão humilhada que fugiu rugindo. Nunca mais ela foi vista. O pobre marido percorreu inutil-mente a savana, chamando-a. Ela não respondeu jamais (Roth, 1915, pp. 203-4).

Duas observações se impõem: uma sobre a forma desse mito, outra sobre seu conteúdo.

Examinemos inicialmente o conjunto das equações que nos serviram para engendrar as seis variações:

1) [abelha $\longrightarrow$ abelha] $\longleftrightarrow$ [$\bigcirc \longrightarrow \triangle$]

2) [$\triangle \longrightarrow \triangle$] $\longleftrightarrow$ [abelha $\longrightarrow$ rã]

3) [rã $\longrightarrow$ rã] $\longleftrightarrow$ [$\triangle \longrightarrow \bigcirc$]

4) [$\bigcirc \longrightarrow \bigcirc$] $\longleftrightarrow$ [rã $\longrightarrow$ jaguar]

5) [jaguar $\longrightarrow$ jaguar] $\longleftrightarrow$ [$\bigcirc \longrightarrow \triangle$]

6) [jaguar $\longrightarrow$ jaguar] $\longleftrightarrow$ [$\triangle \longrightarrow \bigcirc$]

É claro que a última não é do mesmo tipo que as outras. Ao invés de abrir o caminho para uma nova transformação, ela apenas anula a operação imediatamente anterior, de modo que, tomadas em conjunto, as equações

5 e 6 geram uma transformação idêntica: uma delas substitui um jaguar feminino por um jaguar masculino e a outra volta a transformar o jaguar masculino em jaguar feminino. Como uma costureira que, ao terminar seu trabalho, dobra a orla do tecido e o coze por trás, na parte invisível, para que o conjunto não desfie, o grupo é rematado assentando a sexta transformação na quinta, como se fosse uma bainha.

Se agora considerarmos o conteúdo do mito, veremos que ele não se contenta com rematar o grupo em uma de suas extremidades: é na totalidade que ele encerra o grupo sobre si mesmo e faz dele um sistema fechado. Após toda uma série de transformações que nos haviam distanciado progressivamente de seu ponto de partida, agora retornamos a ele. A não ser pela transformação de uma mulher-abelha em mulher-onça, M_{274} narra exatamente a mesma história que M_{233} e M_{234}, os quais tinham fornecido o "tema" das seis variações.

Nesses três mitos, os esposos têm uma vocação idêntica: o marido da abelha é o melhor coletor de mel de sua tribo, o marido da mulher-onça é um caçador sem par, porém unicamente de porcos-do-mato, pois acontece de ser superado nas demais caças. Ora, se o mel é evidentemente o termo mediador entre a abelha e o homem, explicamos alhures (*cc*, pp. 131-60) por que o porco-do-mato (sem dúvida o *Cicotyles torquatus* em M_{274}, no qual a espécie não é especificada; mas o *D. labiatus*, que vive em varas tão numerosas, que cinco ou seis animais não constituiriam uma caçada muito imponente) ocupa um lugar comparável entre o homem e o jaguar. Sem dúvida, o homem de M_{233}, M_{234} solicita a mulher sobrenatural, ao passo que ocorre o inverso em M_{274}. No entanto, em ambos os casos, a heroína manifesta a mesma solicitude para com seus aliados, uma delas antes do casamento e a outra após. Demonstramos o valor tópico desse traço, que permite consolidar em um único grupo os mitos nos quais a heroína é uma mulher marcada em relação ao mel (quer ela seja ávida ou pródiga dele) na Guiana e no Chaco, e que fornece, portanto, uma prova suplementar de que M_{274} também faz parte dele.

No entanto, se a sexta variação conduz pura e simplesmente ao tema, ao mesmo tempo que comprova, por sua função de reduplicação, que é

Variações IV, V, VI

inútil procurar mais longe, e que o grupo, bloqueado em uma de suas extremidades, é, além do mais, um grupo fechado, o caráter estático, assim reconhecido ao grupo, não contradiz o princípio que evocamos no final da quarta variação, segundo o qual toda transformação mítica seria marcada por um desequilíbrio que é, ao mesmo tempo, o penhor de seu dinamismo e o sinal de sua incompletude?

Para resolver essa dificuldade, convém rememorar o itinerário muito particular que as sucessivas transformações do tema nos impuseram. Todos esses mitos, dissemos, remetem menos a uma origem do que a uma perda. A perda do mel, inicialmente, que antes se encontrava disponível em quantidades ilimitadas e que se tornou difícil de encontrar (M_{233}-M_{235}). Em seguida, a perda da caça, outrora abundante e que se tornou rara e dispersa (M_{237}-M_{239}). Perda, em seguida, da cultura e das artes da civilização segundo a história de Haburi (M_{241}, M_{258}), "pai das invenções", que teve de se afastar dos homens para escapar das investidas da rã. E, finalmente, uma perda ainda mais grave do que as demais, a das categorias lógicas, fora das quais o homem não pode mais conceituar a oposição entre natureza e cultura nem superar a confusão dos contrários: o fogo de cozinha é vomitado, o alimento é exsudado ($M_{263A,B}$, M_{264}, M_{266}), é abolida a distinção entre alimento e excremento (M_{273}), entre a busca alimentar do jaguar antropófago e a do homem (M_{273}, M_{274}).

Em consequência, como um crepúsculo dos deuses, os mitos descrevem essa inelutável derrocada: partindo de uma idade do ouro, na qual a natureza era dócil ao homem e pródiga para com ele, passando por uma idade de bronze, quando o homem dispunha de ideias claras e de oposições bem definidas, por meio das quais ainda podia dominar seu meio, até um estado de indistinção tenebrosa, no qual nada pode ser incontestavelmente possuído e menos ainda conservado, porque todos os seres e todas as coisas se misturaram.

Essa marcha universal em direção à confusão, que é também uma queda em direção à natureza, tão característica de nossos mitos, explica sua estrutura afinal de contas estacionária. Esta última atesta, portanto, mas de outro modo, a presença de um afastamento constitutivo entre o conteúdo do mito e sua forma. Os mitos só conseguem ilustrar uma decadência por meio de uma estrutura formal estável, pelo mesmo motivo que mitos que aspiram a manter a invariância através de uma série de transformações são obrigados a recorrer a uma estrutura desequilibrada. O desequilíbrio é sempre dado, mas, dependendo da natureza da mensagem, ele se manifesta pela impotência da forma em dobrar-se às inflexões do conteúdo, em relação ao qual ela se situa ora aquém — constante se a mensagem for regressiva —, ora além — progressiva, se a mensagem for constante.

No início deste livro, partimos da hipótese de que o mel e o tabaco formam um par de oposições e que, por conseguinte, a mitologia do mel e a do tabaco devem corresponder-se simetricamente. Agora pressentimos que essa hipótese está incompleta pois, do ponto de vista de suas respectivas funções míticas, o mel e o tabaco mantêm relações mais complexas. A sequência do trabalho mostrará que, na América do Sul, a função do tabaco consiste em refazer o que a função do mel desfez, isto é, restabelecer entre o homem e a ordem sobrenatural uma comunicação que o poder sedutor do mel (que não é senão o da natureza) a levou a interromper: "O tabaco gosta de escutar as narrativas míticas. É por isto, dizem os Kogi, que ele cresce perto das casas" (Reichel-Dolmatoff, 1949-51, v. 2, p. 60). As mudanças que as seis variações, de alguma forma, operaram diante de nossos olhos, assemelham-se portanto às oscilações rápidas da lâmina de uma mola, da qual uma extremidade é fixa e a outra, bruscamente liberada pela ruptura do cabo que a esticava, vibra nos dois sentidos antes de imobilizar-se. Só que, também aqui, é ao inverso que o acontecimento ocorre: sem o tabaco que a mantém estendida em direção ao sobrenatural, a cultura reduzida a si mesma só pode flutuar indecisa, entre um e o outro lado da natureza. Decorrido certo tempo, seu impulso se amortece e a própria inércia a imobiliza no único ponto em que a natureza e a cultura se encontram, por assim dizer, em equilíbrio natural, e que definimos pela coleta do mel.

Consequentemente, em um certo sentido, tudo estava posto e esgotado desde a primeira variação, já que ela tinha o mel como objeto. As demais variações apenas traçaram, com uma precisão crescente, os limites de um cenário que foi deixado vazio, após o final do drama. Portanto, importaria

Variações IV, V, VI 299

muito pouco que essas variações tivessem sido mais ou menos numerosas. Como os acordes que finalizam as sinfonias de Beethoven, em relação aos quais sempre nos perguntamos por que o autor quis tantos e o que o fez desistir de acrescentar alguns outros, elas não concluem um desenvolvimento em curso. Este já tinha esgotado todos os seus recursos, mas também era preciso que um meio metalinguístico permitisse enviar um sinal de fim de mensagem, obtido pelo enquadramento de sua última frase no sistema, tornado presente por uma vez, dos tons que tinham contribuído, durante toda a duração da transmissão, para comunicar melhor suas nuances, modulando-o de várias maneiras.

PARTE III

Agosto na quaresma

Rura ferunt messes, calidi cum sideris aestu
  deponit flavas annua terra comas.
Rure levis verno flores apis ingerit alveo,
  conpleat ut dulci sedula melle favos.
Agricola adsiduo primum satiatus aratro
cantavit certo rustica verba pede
et satur arenti primum est modulatus avena
carmen, ut ornatos diceret ante deos;
agrícola et minio subfusus, Bacche, rubenti
  *primus inexperta duxit ab arte choros.**

TÍBULO, *Elegias*, II, 1, v. 47-56

---

* Em tradução livre: "Os campos produzem as safras, quando, no ardor do astro estivo,/ a terra em seu ciclo anual gera espigas douradas./ No campo primaveril a abelha ligeira abastece de pólens o alveário,/ para com dulcífero mel, laboriosa, encher os favos./ O lavrador, pela primeira vez, satisfeito do incansável arado,/ cantou palavras rústicas em cadência exata/ e modulou pela primeira vez na flauta franzina/ um canto para expressar louvor diante dos deuses./ O lavrador, tingido o rosto, Baco, de rubro mosto,/ foi o primeiro a chefiar coros nascidos de uma arte inédita". (N. T.)

1. A noite estrelada

DIFERENTEMENTE DE M259 e M266, a versão karib (M264) não alude à origem do fogo. A rã simplesmente extrai a farinha de uma mancha branca que tem entre os ombros; ela não vomita nem excreta o fogo e não morre numa fogueira, mas num leito de algodão em chamas. O fogo não pode, portanto, se espalhar pelas árvores; seus efeitos permanecem inscritos no próprio corpo do batráquio, cuja pele queimada conservará um aspecto áspero e enrugado. Essa ausência de um fator etiológico, que versões paralelas situam em primeiro plano, é, entretanto, compensada pela presença de um outro, que não aparece em M259 e M266: a origem de certas constelações. Vimos que o tapir transformou-se nas Híades, Makunaima nas Plêiades e sua perna cortada, no cinturão de Orion.

Num mito guianense, ao que tudo indica akawai, que resumimos e discutimos alhures (M134, *CC*, pp. 323-4), as Plêiades nascem das vísceras de um homem assassinado pelo irmão, que esperava ficar com a mulher do defunto. Entre essas duas versões, diversos mitos guianenses fornecem uma transição ainda mais plausível na medida em que Orion sempre representa o membro cortado e as Plêiades, o resto do corpo — onde se situam as vísceras, portanto. No mito taulipang (M135), as Plêiades anunciam uma pesca abundante, assim como o fazem as Plêiades reduzidas apenas às vísceras, em M134. Entre os Arekuna (M136), a amputação do herói ocorre depois que ele assassinou sua sogra, a qual, como a rã de M264, lhe servia um alimento excretado. Em *O cru e o cozido* (pp. 319-26), discutimos longamente essa assimilação simbólica das Plêiades às vísceras ou à parte do corpo que as contém, assinalamos sua presença em regiões muito distantes do Novo Mundo e mostramos que, do ponto de vista anatômico, a oposição pertinente se dava entre vísceras (as Plêiades) e osso longo (Orion).[1]

Representadas pelas vísceras ou por uma parte do corpo que contém as vísceras, na região guianense, as Plêiades pressagiam, portanto, abundância de peixes. Não é a primeira vez que encontramos um tema "visceral", já que no ciclo da moça louca por mel ele também tinha seu lugar. Remetemos o leitor à parte II para maiores detalhes e nos contentaremos em evocar os mitos toba e mataco (M_{208}, M_{209}), nos quais o enganador perde suas vísceras, que se transformam em cipó comestível, melancias e frutos selvagens ou então (M_{210}) cujo vômito (saído das vísceras, assim como estas saem da caixa torácica e da cavidade abdominal) dá origem às melancias.

Em M_{134}, a evisceração do herói determina a aparição das Plêiades (no céu) e dos peixes (na água). Em M_{136} (e no mito de referência M_1), a aparição das plantas aquáticas (sobre a água) também resulta de uma evisceração. Por detrás dessas metamorfoses, percebe-se um duplo eixo de oposições: de um lado, entre alto e baixo — pois que as estrelas flutuam no alto, "no ar", assim como as plantas aquáticas flutuam embaixo, na água — e, do outro, entre continente e conteúdo, já que a água contém os peixes, enquanto as melancias (e, de modo geral, os frutos e legumes da estação seca) contêm a água. A evisceração que determina a origem das melancias em M_{208}-M_{210} e a evisceração que determina a chegada dos peixes em M_{134} são ainda mais comparáveis na medida em que a pesca e a coleta dos frutos selvagens ocorrem sobretudo durante a estação seca. Sem dúvida, M_{134} contém apenas uma alusão, quase imperceptível, ao motivo da moça louca por mel: querendo livrar-se da mulher após ter-se livrado do marido, o assassino a convence a introduzir-se numa árvore oca (ou seja, um lugar onde se costuma procurar mel), mas sob o pretexto de capturar uma cutia (Roth, 1915, p. 262).[2] Se M_{134} se limita a associar o motivo das

---

1. Algumas variantes guianenses identificam as Plêiades com a cabeça e não com as vísceras, mas a oposição subsiste sob a forma *arredondado/alongado*.

2. A cutia não aparece aí por acaso. Sabemos que, nos mitos da Guiana (Ogilvie, 1940, p. 65), ela alterna com o tapir no papel de dono da árvore da vida. Mas não do mesmo modo, aparentemente: atual dono dos frutos selvagens, o tapir era, portanto, também o dono das plantas

A noite estrelada   305

vísceras e o motivo da origem das Plêiades, as variações taulipang (M_{135}) e wapixana (M_{265}) — nas quais é a mulher quem se apaixona por seu jovem cunhado, ao inverso de M_{134} —, por sua vez, associam o motivo da origem das Plêiades e o da moça louca por mel: para vingar seu irmão mutilado e transformado em Plêiade, o herói de M_{135} prende a viúva, que se impôs em casamento, numa árvore oca, na qual ela havia imprudentemente enfiado a cabeça para comer o mel diretamente da colmeia. Em seguida, ele e seus filhos se transformam em /araiuág/, animal comedor de mel[3] (cf. acima, p. 108), não sem antes incendiar sua cabana (k.g., 1916, pp. 55-60). Vimos que, num mito do Chaco (M_{219}), o sedutor — que incendiou sua aldeia segundo outro mito (M_{219B}: Métraux, 1946a, p. 138) — sofre o mesmo castigo sofrido aqui pela sedutora.

Finalmente, a versão arekuna (M_{136}) reúne os três motivos das vísceras que boiam (origem das plantas aquáticas), da esposa assassina que mutila o marido (que sobe ao céu e torna-se as Plêiades) e do castigo da mulher aprisionada no oco de uma árvore (por ter se mostrado excessivamente ávida por mel).

A recorrência do motivo das vísceras boiando ou penduradas, nos mitos da Guiana e do Chaco, permite estender ao conjunto do grupo uma conclusão que já havíamos considerado ao compararmos, em outra perspectiva, certos mitos guianenses com os mitos do Chaco. De fato, trata-se sempre da ruptura de um elo de aliança, provocada por uma concupiscência irreprimível, que pode ser de natureza alimentar ou sexual, mas que

---

cultivadas, no tempo em que elas cresciam numa árvore em estado selvagem, ao passo que a cutia, que pilha as plantas cultivadas, parece exercer atualmente sobre elas um direito de prioridade. Os índios do Rio Uaupés iniciam a colheita da mandioca pela periferia da roça para, segundo dizem eles, enganar a cutia que vem do mato vizinho, que tem a impressão de que não há mais nada para ser roubado (Silva, 1962, p. 247). Por outro lado, nos mitos em que a cutia é a primeira dona da árvore da vida, ela esconde um grão de milho em seu *dente oco*, termo que podemos colocar no vértice de um triângulo, cujos outros vértices seriam ocupados respectivamente pela capivara *com dentes* e pelo tamanduá *desdentado*. Tudo se passa, portanto, como se, no pensamento mítico, a cutia servisse para encadear a semivalência semântica do tapir egoísta e glutão a uma outra valência, cujas metades são expressas uma pela capivara e a outra pelo tamanduá.

3. Mas que os homens não comem, isto é, uma "não caça". Em M_{265}, é a mulher que é transformada em animal comedor de mel (uma cobra).

permanece idêntica a si mesma sob esses dois aspectos, pois tem por objeto ora o mel, alimento "sedutor", ora um personagem sedutor, batizado com o nome de "Mel" em vários mitos guianenses.

No Chaco, uma relação entre genro e sogros encontra-se neutralizada por uma esposa ávida demais. É uma situação inversa àquela ilustrada por um mito guianense (M259), no qual é um sogro ávido demais que neutraliza uma relação entre sua filha e seu genro. Em outros mitos guianenses, uma relação entre aliados (respectivamente cunhado e cunhada) é neutralizada devido à eliminação do marido por seu irmão (M134) ou por sua mulher (M135). Finalmente, em M136, que parece aberrante quando é abordado no mesmo espírito, um aliado neutraliza uma relação entre parentes, pois o genro mata a mãe de sua mulher, que o alimenta (ao passo que, normalmente, deveria ser o inverso). Mas essa reviravolta do ciclo das prestações se esclarece ao observarmos que o alimento *é excretado*: é um antialimento que constitui, portanto, por parte da sogra, uma antiprestação. Finalmente, o sistema geral das transformações nos foi dado a partir de um alimento privilegiado, o mel, e de uma situação sociológica igualmente privilegiada, a da mulher, ávida demais, seja por mel (Chaco) ou por uma ligação ilícita (Guiana) ou ainda por ambos (Guiana).

Procurando ter uma visão de conjunto do sistema e relevar seus aspectos fundamentais, podemos dizer que sua originalidade própria está no fato de recorrer simultaneamente a três códigos: um código alimentar, cujos símbolos são os alimentos típicos da estação seca; um código astronômico, que remete à trajetória diária ou sazonal de certas constelações; finalmente, um código sociológico, construído em torno do tema da moça mal-educada, traidora de seus pais ou de seu marido, mas sempre no sentido de que ela se mostra incapaz de exercer a função de mediadora da aliança que lhe foi designada pelo mito.

Os códigos 2 e 3 destacam-se em primeiro plano nos mitos guianenses e vimos que o código 1, ainda que amortecido, ali se manifesta duplamente: de um lado, na conexão entre as Plêiades e a piracema e, do outro, na transformação da heroína, de moça louca pelo cunhado, no início, em moça louca por mel, no final. Nos mitos do Chaco, os códigos 1 e 3 são os mais

A noite estrelada

patentes, mas, além do fato de o código 2 transparecer sob o motivo dos frutos e legumes da estação seca, gerados pelas vísceras do enganador (ao passo que, na Guiana, as vísceras da vítima do enganador geram simultaneamente as Plêiades e os peixes), a hipótese da existência de um código astronômico seria ainda reforçada no caso abordado acima (p. 139), em que a heroína, metamorfoseada em capivara, representaria a constelação de Áries. Com efeito, Áries precede de pouco as Plêiades e estas precedem de pouco Orion. Teríamos, portanto, com uma ligeira defasagem do Chaco em relação à Guiana, dois pares de constelações. Em cada par, a primeira constelação anunciaria a aparição da segunda, que ocuparia sempre a posição fortemente marcada. Orion certamente ocupa um lugar excepcional no código astronômico da Guiana e sabe-se que as tribos do Chaco dão extrema importância às Plêiades e comemoram seu retorno com grandes cerimônias:

CHACO

Orion > Plêiades > Áries

GUIANA

Tudo isso tinha de ser rememorado para que pudéssemos abordar o problema essencial que a análise desses mitos coloca: o da convertibilidade recíproca dos três códigos. Simplificando ao extremo, ele pode ser formulado assim: o que há de comum entre a busca do mel, a constelação das Plêiades e a personagem da mulher mal-educada? Tentaremos conectar o código alimentar e o código astronômico, em seguida o código alimentar e o código sociológico e, finalmente, o código sociológico e o código astronômico. Esperamos que a prova da homologia entre os três códigos resulte dessa tripla demonstração.

São os mitos guianenses que se referem às Plêiades da maneira mais explícita. Convém, portanto, iniciar o trabalho estabelecendo o calendário sazonal daquela região da América, conforme já fizemos em relação ao

Chaco e ao planalto brasileiro. Não é coisa fácil, pois as condições meteo-rológicas e, sobretudo o regime pluvial, variam entre litoral e o interior e entre a parte ocidental e a parte oriental. A simples oposição entre uma estação seca e uma estação chuvosa só existe na Guiana inglesa e no centro da Venezuela, onde as precipitações aumentam até julho e atingem seu ponto mais baixo em novembro. A oeste do delta do Orinoco o contraste é menos marcado e as chuvas, mais tardias. Do outro lado da Guiana in-glesa, observa-se um regime mais complexo, pois cada estação se desdobra. Como esse ritmo de quatro tempos prevalece também no interior, até as bacias dos rios Negro e do Uaupés (embora chova durante o ano inteiro e os contrastes sejam ali menos fortemente marcados),[4] é sobretudo a essa configuração que prestaremos atenção (fig. 13).

Distingue-se geralmente na Guiana uma "pequena estação seca", entre março e maio, uma "grande estação das chuvas", entre junho e setembro, uma "grande estação seca", entre setembro e novembro, e uma "pequena estação das chuvas", entre dezembro e fevereiro. Na verdade, como as chuvas nunca cessam completamente, essa nomenclatura requer algumas reservas. As chuvas aumentam ou diminuem segundo a época do ano, mas, de acordo com a região considerada, é entre os meses de agosto e novem-bro que se situa o período mais seco, que é também o da pesca (Roth, 1924, pp. 717-8; K.G., 1916, p. 40; Bates, 1892, pp. 287-9) e da maturação de diversos frutos selvagens (Fock, 1963, pp. 182-4).

---

4. Em San Carlos de Rio Negro, Keses (1956) distingue uma estação das chuvas (de junho a agosto) e uma estação seca (de dezembro a março), unidas por estações intermediárias que ele denomina "subida" e "baixa" das águas, caracterizadas por chuvas irregulares e tempestades violentas. Ainda no Rio Negro, em São Gabriel, isto é, mais ao sul e em território brasileiro, as chuvas seriam mais fortes em dezembro-janeiro e em maio (*Pelo rio mar*, pp. 8-9; *Normais*, p. 2). A oeste, no vale do Uaupés, elas atingiriam seu ponto mais baixo em dois momentos do ano: entre junho e agosto e entre dezembro e fevereiro (Silva, 1962, p. 245). Em relação ao Rio Demini, afluente da margem esquerda do Rio Negro, Becher (1959) distingue apenas duas estações: as chuvas vão de abril a setembro e a seca, de outubro a março. Chove durante todo o ano na região dos Waiwai, na fronteira entre o Brasil e a Guiana inglesa, mas Fock (1963) menciona ainda assim duas estações das chuvas: uma grande, entre junho e agosto, e uma pequena, em dezembro, interrompidas por uma seca relativa em setembro-novembro e em janeiro-fevereiro (cf. Knoch, 1930). As numerosas indicações fornecidas por autores como Wallace, Bates, Spruce e Whiffen nem sempre são fáceis de interpretar, devido à relativa brevidade de sua estada, que não lhes permitiu estabelecer médias.

A noite estrelada

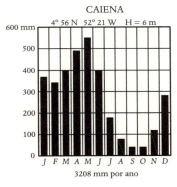

13. Regime pluvial na Guiana e na bacia do rio Negro.

Os índios associam às Plêiades vários momentos desse complexo calendário e atribuem a suas conjunturas observáveis valores igualmente significativos, ainda que opostos. Ainda visíveis em abril, ao crepúsculo, no horizonte ocidental, as Plêiades anunciam os temporais (Ahlbrinck, art. "sirito") e, quando elas desaparecem em maio, pressagiam o recrudescimento da estação chuvosa (K.G., 1916, p. 29). Ao surgirem novamente ao amanhecer, a leste, em junho (ou em julho, às quatro horas da madrugada, Fock, 1963), elas anunciam a seca (K.G., 1916, p. 29; Crevaux, 1883, p. 215) e regem o início dos trabalhos agrícolas (Goeje, 1943, p. 51; Chiara, 1961-62, p. 373). Sua ascensão a leste, em dezembro, após o pôr do sol, anuncia o ano novo e o retorno das chuvas (Roth, 1924, p. 715). As Plêiades conotam, assim, ora a seca, ora a época das chuvas.

Essa ambivalência meteorológica parece refletir-se num outro plano. "Saudadas com alegria" (Crevaux, op. cit.) quando reaparecem em junho, as Plêiades também podem gerar temor: "Os Arawak denominam as Plêiades /wiwa yokoro/, 'Estrela-mãe', e acreditam que, quando elas são muito brilhantes — em outras palavras, 'malvadas' — por ocasião de sua primeira aparição (em junho), as outras estrelas irão segui-las e muita gente morrerá durante o ano" (Goeje, 1943, p. 27). Os homens devem à intervenção de uma cobra celeste (Perseu) o fato de não sucumbirem em massa ao "brilho mortífero" das Plêiades (id. ibid., p. 119). Segundo os Kalina, duas constelações de Plêiades existiram sucessivamente. A primeira foi devorada por uma cobra; outra cobra persegue a segunda e surge no leste, quando ela se põe no oeste. O fim dos tempos ocorrerá quando a cobra a alcançar. Mas as Plêiades, enquanto existirem, impedem que os maus espíritos combatam os homens em formações regulares; elas os obrigam a agir de maneira incoerente e em ordem dispersa (id. ibid., pp. 118, 122-3).

Essa dualidade das Plêiades evoca imediatamente fatos andinos. No grande templo do Sol, em Cuzco, o centro do altar era ladeado por imagens sobrepostas: à esquerda o sol, Vênus enquanto estrela vespertina e as Plêiades de verão sob sua forma visível, portanto "brilhantes"; à direita, a lua, Vênus enquanto estrela d'alva e as Plêiades de inverno, escondidas por detrás das nuvens. A Plêiade de inverno, também denominada "Senhor da maturação", conotava a chuva e a abundância. A do verão, "Senhor das doenças" e mais especialmente da malária humana, pressagiava a morte e o sofrimento. Assim, a festa /oncoymita/, que comemorava a aparição das Plêiades na primavera, compreendia ritos de confissão, oferendas de *cavia* e de lamas e unções sangrentas (L.N., 1928, pp. 124-31).

Por outro lado, as concepções dos kalina reforçam uma hipótese já formulada, relativa ao caráter de significante privilegiado associado ao par Orion-Plêiades na América e em várias regiões do mundo. Sugerimos (cc, pp. 292-302) que, devido a suas respectivas configurações, as duas constelações, solidárias na diacronia, pois seu nascimento ocorre com alguns dias de intervalo, se opõem, entretanto, na sincronia em que elas se situam: as Plêiades do lado do contínuo, Orion do lado do descontínuo. Segue-se que as Plêiades podem apresentar um significado benéfico, na medida em que constituem o signo precursor de Orion, sem perder a conotação ao mesmo tempo maléfica e mórbida que o pensamento sul-americano atribui ao contínuo (*cc*, pp. 368-9), e que só é considerada como característica positiva quando se afirma em contraposição aos maus espíritos.

Contamos com provas mais diretas da afinidade das Plêiades com as epidemias e o veneno. Segundo uma crença amazônica, as cobras perdem seu veneno quando as Plêiades desaparecem (Rodrigues, 1890, p. 221, n. 2). Essa ambiguidade coloca a constelação em pé de igualdade com o mel que, como ela, é dotado de uma dupla valência e pode ser simultaneamente desejado e temido.

No grande mito de origem dos Guarani do Paraguai, a mãe dos deuses diz: "Debaixo das ervas cerradas dos prados eternos, juntei as abelhas /eichú/ (*Nectarina mellifica*), para que eles (os homens) possam lavar a boca com mel quando eu os chamo de volta a mim" (Cadogan, 1958, p. 95). Cadogan salienta que o termo /eichú/ designa ao mesmo tempo uma espécie de abelha e as Plêiades. Na realidade, as *Nectarina* são vespas (Ihering, art. "enchú"), cujo mel costuma ser tóxico; justamente aquele que a heroína do Chaco adora e que seu pai, o Sol, não consegue lhe fornecer sem a ajuda de um marido. Vê-se por aí que, nesses mitos, a codificação astronômica ressalta ainda mais do que tínhamos suposto.

O mel da *Nectarina*, que exerce um papel purificador nos ritos dos Guarani meridionais, desempenhava a mesma função na Amazônia, onde os oficiantes do culto a Jurupari o empregavam para vomitar. Stradelli traduz (1929, p. 416) a expressão /ceucy-irá-cáua/: "espécie de abelhas que picam cruelmente; mel que, em certos períodos do ano, provoca fortes vômitos". O mesmo autor define da seguinte maneira a locução /ceucy cipó/ "cipó de Ceucy": espécie de cipó cujas raízes e caule, macerados no pilão, servem para preparar uma poção que aqueles que tocarão os instrumentos musicais sagrados tomam na véspera da festa, para se purificarem [...] Essa bebida provoca fortes vômitos" (id. ibid., p. 415). Ora, na Amazônia, o termo /ceucy/ (cyucy, ceixu; cf. guarani: eichú) designa a constelação das Plêiades. Assim, desde o Paraguai até as margens do Amazonas, o mel e as Plêiades são associados na língua e na filosofia.

Na Amazônia, porém, trata-se de outra coisa que não um produto natural e uma constelação. Como nome próprio, Ceucy designa também a heroína de um célebre mito que devemos acrescentar à nossa documentação:

M275 AMAZÔNIA (TUPI): ORIGEM DO CULTO DE JURUPARI

Em tempos muito antigos, quando as mulheres mandavam, o Sol, indignado com esse estado de coisas, quis remediar a situação, encontrando numa humanidade reformada e submetida à sua lei uma mulher perfeita, que ele pudesse tomar como companheira. Precisava, porém, de um emissário. Assim, procedeu de tal modo que uma virgem chamada Ceucy fosse fecundada pela seiva de uma árvore cucura ou puruman (*Pourouma cecropiaefolia*, uma morácea), que escorreu sobre seus seios [ou mais embaixo, segundo versões menos castas]. A criança, chamada Jurupari, arrancou o poder das mãos das mulheres e restituiu-o aos homens. Para afirmar a independência destes últimos, Jurupari lhes prescreveu celebrarem festas das quais as mulheres seriam excluídas e ensinou-lhes os segredos que deveriam ser transmitidos de geração em geração. Eles matariam toda mulher que os surpreendesse. Ceucy foi a primeira vítima daquela impiedosa lei, ditada por seu filho, o qual, até hoje, continua a procurar uma mulher suficientemente perfeita para se tornar a esposa do Sol, porém não consegue encontrá-la (Stradelli, 1929, p. 497).

São conhecidas muitas variantes desse mito e algumas dentre elas são consideravelmente desenvolvidas. Não as examinaremos em detalhe, pois parecem pertencer a um outro gênero mitológico, que não o das narrativas populares, relativamente homogêneas quanto ao tom e à inspiração, que aqui reunimos para fornecer a matéria de nossa investigação. Ao que parece, alguns pesquisadores já antigos, em cuja primeira fileira se situam Barbosa Rodrigues, Amorim e Stradelli, ainda puderam recolher, na bacia amazônica, textos esotéricos que se prendiam a uma tradição erudita, e, nesse sentido, comparáveis a textos obtidos mais recentemente por Nimuendaju e Cadogan, entre os Guarani meridionais. Infelizmente, não sabemos nada ou quase nada das antigas sociedades indígenas outrora estabelecidas no médio e baixo Amazonas. O lacônico testemunho de Orellana, que desceu o rio até o estuário, em 1541-2, e, sobretudo, a existência de tradições orais

A noite estrelada

que, por sua extrema complexidade, sua composição engenhosa e seu tom místico, pode-se atribuir a escolas de sábios e eruditos, advogam em favor de um nível de organização política, social e religiosa bem mais elevado do que tudo o que se pôde observar desde aquela época. O estudo desses documentos preciosos, vestígios de uma verdadeira civilização comum ao conjunto da bacia amazônica, pediria por si só um volume e exigiria o recurso a métodos especiais, contando com a contribuição da filologia e da arqueologia (ambas bastante incipientes, no que se refere à América tropical). Talvez isto se torne possível um dia. Sem nos arriscarmos nesse terreno movediço, nós nos limitaremos a extrair de diversas variantes os elementos esparsos que interessam diretamente a nossa demonstração.

Depois que Jurupari ordenou ou aceitou que sua mãe fosse morta por ter olhado para as flautas sagradas, ele a fez subir ao céu, onde ela tornou-se a constelação das Plêiades (Orico, 1937, pp. 65-6). Nas tribos dos rios Branco e Uaupés (Tariana, Tukano: M276A), o legislador, que se chama Bokan ou Izy, revela ele mesmo sua origem sobrenatural por meio de um mito incluso no mito, verdadeiro precursor da "lenda do Graal". Ele explica que seu pai foi um grande legislador chamado Pinon, nascido de uma virgem enclausurada, que tinha fugido da prisão para encontrar um marido e que foi milagrosamente fecundada pelo Sol. Ao retornar para junto dos seus com os filhos, Dinari (o nome da mulher) convenceu o filho a pôr fim ao claustro das mulheres e ele concordou, exceto em relação à sua irmã, Meênspuin, cujos cabelos eram enfeitados com sete estrelas. Como a jovem definhava por não ter marido, Pinon, para curá-la desse desejo e preservar sua virtude, a fez subir ao céu, onde ela se tornou Ceucy, a Plêiade, e ele próprio se transformou numa constelação igual a uma cobra (Rodrigues, 1890, pp. 93-127; texto integral: 1899, v. 2, pp. 13-6, 23-35, 50-71).

Consequentemente, entre os Tupi-Guarani e outros povos expostos à sua influência, o termo /ceucy/ designa: 1) uma vespa cujo mel tóxico provoca vômitos; 2) a constelação das Plêiades vista sob um aspecto feminino, estéril, culpado e até mesmo mortífero; 3) uma virgem subtraída à aliança, fecundada milagrosamente ou que se transformou em estrela, para que não pudesse se casar.

Essa tripla acepção do termo já bastaria para fundamentar a correlação entre os códigos alimentar, astronômico e sociológico. Pois fica claro que a personagem de Ceucy inverte, nos três planos, o da moça louca por mel, tal como os mitos guianenses a ilustram. Esta última, desprezando as conveniências e movida por uma gula bestial, engole um mel alhures vomitado com objetivo de purificação; ela é responsável pelo surgimento das Plêiades sob um aspecto masculino e fecundo (abundância de peixes); finalmente, é uma mãe (em alguns casos de vários filhos, inclusive) que abusa do casamento, cometendo adultério com um aliado.

Na realidade, a personagem de Ceucy é mais complexa. Já vimos que ela se desdobra em mãe, tornada fértil milagrosamente, violadora das proibições e virgem obrigada a tornar-se estrela pelo poder supremo dos interditos que se opõem a seu casamento. Ora, outra tradição amazônica descreve Ceucy sob o aspecto de uma velha gulosa, ou de um Espírito eternamente torturado pela fome:

M277 ANAMBÉ: A OGRA CEUCY

Um adolescente pescava na beirada de um ribeirão. A ogra Ceucy apareceu e percebeu o reflexo do rapaz na água. Ela quis pegá-lo com sua rede, mas isso fez com que o rapaz risse e, assim, ele revelou o lugar onde se escondia. A velha o desalojou por meio de vespas e formigas venenosas e carregou-o em sua rede para comê-lo.

Penalizada, a filha da ogra libertou o prisioneiro. Inicialmente ele tentou apaziguar a velha, tecendo cestos, imediatamente transformados em animais, que ela devorava (cf. M326A); em seguida pescou para ela enorme quantidade de peixes. Finalmente ele fugiu. Perseguido pela ogra, transformada em cancã [*Ibycter americanus*?], o herói procurou sucessivamente refúgio junto aos macacos coletores de mel, que o esconderam numa panela, junto às cobras surucucu [*Lachesis muta*], que quiseram comê-lo, junto ao pássaro macauã [*Herpetotheres cochinans*], que o livrou do perigo e, finalmente, junto à cegonha tuiuiú [*Tantalus americanus*], que o depositou na proximidade de sua aldeia, onde, apesar de seus cabelos encanecidos pelos anos, ele foi reconhecido por sua mãe (Couto de Magalhães, 1940, pp. 270-80).

A noite estrelada

Esse mito apresenta duplo interesse. Nele se reconhece uma variante próxima de um mito warrau (M28), resumido e discutido no início do primeiro volume destas *Mitológicas* (*CC*, pp. 161ss). É significativo o fato de que, tendo-se apresentado novamente em nosso percurso, seja necessário retomá-lo na sequência deste trabalho para resolver um problema que ainda não chegou o momento de abordar (cf. adiante, pp. 511-12). Ora, o mito warrau M28 se referia às Plêiades, cujo nome tupi é o da ogra de M277: ele explicava sua origem, e ao mesmo tempo a das Híades e de Orion. Ou seja, ele preenchia a mesma função etiológica que cabe, entre os Karib da Guiana, a M264, no qual outra glutona, a anta, se empanturra de frutos selvagens sem deixar nenhum para os heróis.

Em segundo lugar, a ogra de M277, que *é* a constelação das Plêiades, realiza a transição entre a primeira Ceucy (a de M275), gulosa metafórica — não de comida, mas de segredos masculinos —, e a heroína taulipang de M135, gulosa de mel no sentido próprio na segunda parte do mito mas que, desde o início, assume ares de uma ogra metafórica, ávida das carícias de seu jovem cunhado e que, mutilando seu marido na esperança de matá-lo, determina o surgimento das Plêiades sob um aspecto masculino e provedor. Com efeito, o homem transformado em constelação promete ao herói alimento abundante: "De agora em diante, você terá muito o que comer!".

Consequentemente, a heroína taulipang intervém como uma metonímia das Plêiades; estas são o efeito, ela é a causa. Assim, ela fornece ao herói, sem querer e sob a forma dos peixes cuja chegada é anunciada pelas Plêiades, o mesmo alimento que, em M277, uma ogra *chamada* "Plêiade" (metáfora)[5] e, em M28, uma ogra *causa* das Plêiades, tiram do herói para que elas próprias o possam comer.

Podem-se ordenar essas transformações em um diagrama:

---

5. Verifica-se, mais uma vez, que para o pensamento indígena o nome próprio constitui uma metáfora da pessoa. Cf. acima, p. 193 e, adiante, p. 373

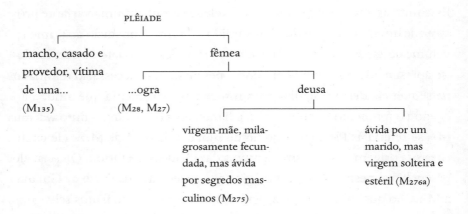

No diagrama, as funções situadas nas duas extremidades (no alto e à esquerda, embaixo e à direita) são simétricas e inversas, enquanto as outras correspondem a estados intermediários com alternância, em cada passagem, entre o sentido próprio e o sentido figurado.

TENTAREMOS AGORA CORRELACIONAR DIRETAMENTE o código alimentar e o código sociológico e começaremos por uma observação. Nos mitos guianenses M_{134}-M_{136}, a posição da heroína parece instável, a ponto de adquirir, segundo o caso, significados diametralmente opostos. Objeto dos avanços condenáveis de seu cunhado em M_{134}, ela se torna, em M_{136}, culpada pelos mesmos avanços em relação a ele. Assim, ora surge como uma vestal, ora como uma bacante, de que o mito faz um retrato vigoroso.

M135 TAULIPANG: ORIGEM DAS PLÊIADES (TRECHO)

... Waiúlale (nome da mulher) estava deitada em sua rede. Levantou-se quando seu jovem cunhado (informado por uma ave sobre o bárbaro destino reservado a seu irmão mais velho) chegou e serviu-lhe cauim de mandioca. Ele perguntou onde estava o irmão; ela respondeu que ele estava colhendo frutos. Muito triste, o rapaz se deitou e a mulher dei-

A noite estrelada

tou em cima dele. Ele quis se levantar, mas ela o prendeu na rede. Anoiteceu. A maldita mulher não o deixava sair nem mesmo para urinar.

Enquanto isso, seu marido urrava de dor na mata, mas ela dizia ao rapaz: "Não se preocupe com seu irmão! Talvez ele esteja pescando. Quando ele voltar, eu sairei da rede!". O rapaz sabia de tudo, pois a ave lhe tinha contado.

No meio da noite, ele alegou estar com fome e pediu à mulher que fosse buscar para ele um guisado apimentado; desejava livrar-se dela, pois queria ter pelo menos tempo para urinar. Então o ferido, que tinha se arrastado até a cabana, gritou: "Oh, meu irmão! Essa mulher cortou minha perna com um machado! Mate-a!". O rapaz perguntou à mulher: "Mas o que foi que você fez com meu irmão?", "Nada", ela respondeu, "ele foi pescar e colher frutos!". Embora o outro continuasse a berrar de dor lá fora, ela voltou para a rede e abraçou o rapaz com tamanho vigor que ele não conseguia se mexer. Enquanto isso, o ferido, caído no chão diante da casa, gritava: "Meu irmão! Meu irmão! Socorra-me, meu irmão!". Este, porém, não conseguia desvencilhar-se. O ferido continuou a gemer até metade da noite. Então seu irmão lhe disse: "Não posso ajudá-lo! Sua mulher não me deixa sair da rede!". Ela tinha até fechado e amarrado a porta com cordas. O rapaz disse ao irmão: "Um dia eu vou vingá-lo! Você está sofrendo aí fora! Um dia, sua mulher também vai ter de sofrer!". Ele bateu nela, mas não conseguiu libertar-se (K.G., 1916, pp. 56-67).

É a mesma mulher, entretanto, nesse mito criminosa e ferozmente lúbrica, que na variante akawai (M134) repele o cunhado assassino e se comporta como mãe diligente e viúva inconsolável. Mas essa versão também trata de desassociá-la do mel: se a heroína consente em penetrar no oco de uma árvore, é apenas para pegar uma cutia. A ambiguidade que reconhecemos no mel, tanto em razão de seu duplo aspecto sadio e tóxico (o mesmo mel pode ser ambos, dependendo das condições e da estação) como em razão de seu caráter de "alimento pronto", que o torna uma dobradiça entre a natureza e a cultura, explica a ambiguidade da heroína na mitologia do mel. Ela também pode ser "toda natureza" ou "toda cultura" e essa ambivalência acarreta a instabilidade de sua personagem. Para nos convencermos disso, basta retornarmos por um instante aos mitos do Chaco relativos à moça louca por mel, que nos serviram como ponto de partida.

Vimos que esses mitos desenvolviam simultaneamente dois enredos e colocavam em cena dois protagonistas. Vimos também que a heroína louca por mel — a ponto de neutralizar seu marido em sua função de aliado — é redutível a uma transformação da heroína guianense, louca pelo cunhado e que neutraliza — destruindo o próprio marido — a relação de aliança que constitui um obstáculo a suas intenções condenáveis. Ora, o outro protagonista dos mitos do Chaco, Raposo ou o enganador, acumula os dois papéis: é, ao mesmo tempo, louco por mel e louco pela cunhada (verdadeira, quando se trata da irmã de sua mulher, metafórica, quando é a mulher de um companheiro). Consequentemente, os mitos do Chaco se ordenam de maneira análoga àquela ilustrada pelo diagrama da página 316, que nos serviu para ordenar os mitos paralelos da Guiana:

Objetar-se-á, talvez, que o termo "louco" designa, no sentido próprio, a alienação mental, de modo que o diagrama o empregaria sempre no sentido figurado. Recordaremos que convencionamos, em toda a nossa discussão, atribuir o sentido próprio ao apetite alimentar e o sentido figurado ao apetite sexual. A oposição *próprio/figurado* não diz respeito à palavra "louco", mas às duas formas de loucura que ele serve para designar. É por isso que ele sempre aparece seguido por uma vírgula.

A comparação entre os dois diagramas sugere várias observações. Eles se completam, pois cada um deles aplica a análise dicotômica a um único dos dois polos de oposição entre os sexos: o polo fêmea para o primeiro diagrama, o polo macho para o segundo. O sentido próprio e o sentido figurado são alternados num deles e consecutivos no outro. Finalmente, a relação que une o polo macho do primeiro diagrama, ou o polo fêmea do segundo, ao termo que é progressivamente o mais próximo, diz respeito à contiguidade, em um caso (relação de causa e efeito), e à semelhança, no outro (mulher e homem igualmente loucos por mel, no sentido próprio).

Resulta dessa análise que, embora antagonistas no relato, a heroína louca por mel e o enganador (com forma humana ou animal) são realmente homólogos: situam-se numa relação de transformação. É essa a razão profunda que explica que o enganador possa assumir o aspecto da heroína e tentar se fazer passar por ela. Examinemos isso mais detidamente.

Toda a diferença entre o enganador (captador de mel e de sua cunhada) e a heroína (captadora de mel e captada pelo enganador) deve-se ao fato de que ele é homem — agente, no tocante ao mel — e ela é mulher — agida, no tocante ao mel — já que o mel se desloca dos tomadores para os doadores (de mulher), por meio da mulher que instaura entre eles essa relação. O enganador não tem mel e a heroína, sim. Um deles exprime o mel negativamente, a outra positivamente, mas apenas em aparência, pois ela reduz a nada o mel para os outros e assume sua presença em proveito próprio.

Se o enganador é a encarnação masculina e negativa de uma conjuntura cujo aspecto positivo requer uma encarnação feminina, compreende-se que ele chegue a assumir um papel de travesti. Como homem, é a causa presente do mel ausente e pode transformar-se em mulher sendo essa a causa da ausência do mel presente. Se, portanto, o enganador assume o lugar da heroína desaparecida, é porque ela, no fundo, é uma enganadora: uma raposa.[6] Longe de constituir um problema, o travesti de Raposo permite ao mito tornar manifesta uma verdade implicada. Essa ambiguidade da heroína do Chaco, mulher seduzida cujo personagem se confunde, em outro plano, com o de seu sedutor, ecoa a ambiguidade de seu homólogo guianense.

---

6. O bebê chorão, recolhido por uma rã em M245 e por uma rã louca por mel em M241, é recolhido por uma raposa em outros mitos guianenses (M144-M145) e também nos mitos da Terra do Fogo (*cc*, pp. 358-9, n. 35).

Pode-se empreender a mesma demonstração a partir dos mitos jê que, como dissemos, também se encontram em relação de transformação com os mitos do Chaco e, assim, devem fazer o mesmo com os mitos guianenses.

Esses mitos suscitavam uma dificuldade: por que um herói que se distingue sobretudo por suas virtudes parece tomado por uma súbita loucura nas versões apinayé (M_{142}) e krahô (M_{225}), matando e assando sua mulher para servir a carne da infeliz a seus parentes enganados? Os paralelos guianenses permitem resolver a questão recorrendo a um método diferente daquele que utilizamos então, mas que confirmará nossas primeiras conclusões:

M278 WARRAU: HISTÓRIA DO HOMEM QUE SE TRANSFORMOU EM AVE

Era uma vez um homem que morava numa casa com sua mulher e os dois irmãos dela. Certo dia em que o céu estava encoberto e ameaçava chover, ele comentou, em voz alta, que a chuva sempre o fazia dormir bem. Deitou-se em sua rede e a chuva começou a cair. Cheia de boas intenções, a mulher pediu aos irmãos que a ajudassem a amarrar o marido e a pô-lo ao ar livre. Eles o deixaram lá a noite toda, debaixo da chuva. Quando ele acordou, ao nascer do dia, o homem declarou que tinha dormido bem e pediu que o desamarrassem. Estava louco de raiva, mas disfarçou. Para vingar-se da mulher, levou-a para caçar, mandou que ela juntasse lenha e preparasse um moquém, dizendo que ele ia matar um jacaré que frequentava o brejo vizinho. Mas, assim que a mulher terminou, ele a matou, degolou-a, cortou o resto do corpo e defumou os pedaços. Pôs a carne num cesto que havia trançado enquanto isso e foi colocá-lo a alguma distância da aldeia, conforme o costume dos caçadores. Ao lado do cesto, fincou uma estaca na qual espetou a cabeça de sua vítima, que tinha um enfeite de prata no nariz. Virou a cabeça de tal modo que os olhos pareciam olhar para a aldeia. Levou apenas o fígado defumado, o que lhe valeu uma calorosa acolhida por parte de seus cunhados, que se apressaram em comê-lo.

O homem os aconselhou a irem ao encontro da irmã, a qual, segundo ele, carregava um fardo muito pesado. Quando eles viram a cabeça, saíram correndo em direção à aldeia. O assassino tinha fugido numa canoa, tomando o cuidado de desamarrar todas as outras canoas para que a correnteza as levasse. Os irmãos conseguiram recuperar uma delas e perseguiram o fugitivo. Quando estavam a ponto de alcançá-lo, ele saltou em

A noite estrelada

terra e trepou numa árvore, gritando: "Sua irmãzinha está lá onde a deixei!". Os irmãos tentaram atingi-lo, mas ele já se havia transformado numa espécie de mutum (uma galinácea, *Crax* sp.) cujo pio parece dizer: "Aqui, irmãzinha!" (Roth, 1915, pp. 201-2).

Conhecem-se muitas variantes desse mito. Na versão kalina que Koch-Grünberg transcreve a partir de Penard (M279A, K.G., 1916, p. 269), o herói é protegido em sua fuga por duas aves, *Ibycter americanus* [carcará] (cf. M277) e *Cassidi oryzivora* [graúna]. Os cunhados alcançam-no, cortam-lhe a perna, e a vítima decide transformar-se numa constelação, Orion, "que chama o sol e o sustém". Ahlbrinck (art. "petï") apresenta outras versões, entre as quais uma (M279B) que identifica as aves prestativas com *Crotophaga ani* [anu, chupim] e *Ibycter americanus*. O episódio de que elas participam será discutido no próximo volume. Para uma comparação geral, veja-se K.G., 1916, pp. 270-7. Uma versão warrau (M279D) termina com um massacre (Osborn, 1960, pp. 22-3).

Não é surpreendente que um galináceo apareça como variante combinatória de uma constelação, dado o caráter "noturno" dessas aves, já apontado anteriormente (*CC*, p. 273). Em M28, o cinturão de Orion tem o nome de "mãe dos tinamídeos" (Roth, 1915, pp. 264-5). Infelizmente não sabemos se a espécie particular à qual M279A se refere é aquela "que canta regularmente à noite a cada duas horas, de tal modo que o mutum representa, para os índios, uma espécie de relógio da floresta" (Orico, 1937, p. 174) ou aquela que se ouve ao alvorecer (Teschauer, 1925, p. 60), hábitos que podem ser todos interpretados como uma súplica do sol. Por outro lado, a ideia sugerida pelas últimas linhas de M279A, de que Orion poderia ser uma contrapartida noturna do sol e seu "suporte", coloca o problema dos fenômenos celestes, respectivamente diurno e noturno, correlacionados pelo pensamento indígena. Já o encontramos em nossa trajetória e o resolvemos parcialmente em um caso particular, o do arco-íris e de uma zona obscura da Via Láctea (*CC*, pp. 326-7). No entanto, nada autoriza, por ora, a estender o mesmo raciocínio ao sol e a toda a constelação de Orion ou a parte dela. Agiremos com a mesma prudência diante da sugestiva observação de Ahlbrinck (op. cit.), segundo a qual o nome do herói de M279B designa um homem pervertido.

Outros mitos da mesma região assimilam o mutum ao Cruzeiro do Sul, no lugar de Orion, porque, diz Schomburgk (in Teschauer, op. cit.; cf. Roth, 1915, p. 261), uma espécie (*Crax tomentosa*) começa a cantar no início do mês de abril, pouco antes da meia-noite, hora em que essa constelação culmina. É por isso que os índios arekuna também a denominam /paui-podolé/, "o pai do mutum" (K.G., 1916, pp. 61-3, 277). Roth (1915, p. 273) também fala de uma constelação em forma de perna de mulher cortada, que os tinamídeos saúdam com seus gritos quando ela se torna visível no horizonte, antes da aurora. Não se trata, contudo, das mesmas aves. De todo modo, na época em que o Cruzeiro do Sul culmina antes da meia--noite, Orion ainda permanece visível no horizonte ocidental, pouco após o pôr do sol. Pode-se, portanto, associar a ave que canta nesse momento a uma ou a outra constelação.

Não introduzimos esse grupo de mitos devido a suas implicações astronômicas, mas por outro motivo. Com efeito, os mitos assumem explicitamente uma oposição gramatical à qual nos pareceu indispensável recorrer para formular uma hipótese que agora constatamos ter fundamento objetivo, já que M_{278} e $M_{279A,B}$ etc. narram ipsis verbis a história de uma mulher que provocou o ódio de seu marido *por ter ouvido em sentido próprio aquilo que ele quis dizer no sentido figurado*. O texto de Ahlbrinck é particularmente claro a esse respeito: "Era uma vez um índio. Um dia, ele declarou: 'Debaixo de uma chuva como esta dormirei bem esta noite'. Sua mulher interpretou mal suas palavras e disse ao irmão: 'Meu marido é um tolo, quer dormir debaixo da chuva'. Quando chegou o crepúsculo, os irmãos amarraram o marido em sua rede e o puseram na chuva. No dia seguinte, pela manhã, ele estava lívido e completamente enfurecido..." (op. cit., p. 362).

Observamos assim, no plano retórico, o supremo avatar de um personagem que inicialmente se manifestou a nós no plano culinário. O erro da moça louca por mel consistia numa avidez excessiva, que provocava a dessocialização de um produto natural, transformado em objeto de consumo imediato, quando esse consumo deveria ter sido adiado, para que o mel pudesse servir de prestação entre grupos de aliados. Também no plano culinário, os mitos jê transpunham essa situação à carne, cujo consumo as tribos desse grupo também adiam, envolvendo-o em vários interditos. A transformação da conduta alimentar em conduta linguística, tal como é operada por M_{278}-M_{279}, implica portanto que, na filosofia indígena, o sentido próprio corresponde a um "consumo da mensagem" imediato, ao modo da natureza, e o sentido figurado, ao modo da cultura, a um consumo adiado.[7]

Isso, porém, não é tudo. A história narrada pelos mitos guianenses confirma a aproximação que já realizamos (pp. 148ss) entre os mitos jê, que lhes são homólogos, e o célebre grupo de mitos nos quais a ou as heroínas, seduzidas por um tapir, devem comer (= consumir no sentido próprio) o pênis ou a carne do animal com o qual elas copulavam (= que elas consumiam no sentido figurado). A comparação com M_{279} prova que a regra de transformação de um grupo no outro é ainda mais simples do que tínhamos sugerido:

	CÓDIGO	ERRO DA MULHER	CASTIGO
M_{156}-M_{160}, (tapir sedutor)	*alimentar*	entender no sentido figurado aquilo que deveria ser entendido no sentido próprio	/comer/... .../um "tomador"/... .../ilegítimo/... .../natural/
M_{279}-M_{278}	*linguístico*	entender no sentido próprio aquilo que deveria ser entendido no sentido figurado	/ser comida por/... .../"doadores"/... .../legítimos/... .../culturais/

---

7. Um pequeno mito cavina (M_{279E}) caminha no mesmo sentido, pois nele uma mulher transforma-se em macaco depois de ter escaldado o irmãozinho, achando que seria bom colocá-lo na panela, já que sua mãe lhe tinha ordenado limpá-lo com água bem quente (Nordenskiöld, 1924, p. 289).

Se ampliarmos esse paradigma para incluirmos nele, de um lado, a heroína jê de M$_{142}$, M$_{225}$, morta por causa de sua gulodice (de mel) e oferecida como carne por um marido a seus aliados e, do outro, a aliada (sogra) de M$_{136}$, que também é morta, embora por motivos exatamente opostos — pois ela é o contrário de uma gulosa: produtora de peixes, mas que são excretados e, portanto, constituem um antialimento —, obteremos um sistema generalizado, no qual a aliança recebe qualificações inversas, dependendo de o aliado matrimonial considerado ser macho ou fêmea. Para uma mulher, o aliado masculino pode ser um humano (segundo a cultura) ou um animal (segundo a natureza); para um homem, o aliado feminino pode ser uma esposa (segundo a natureza) ou uma sogra (segundo a cultura, pois o genro não tem com ela uma relação física, mas apenas moral).[8] Se, nessa filosofia de homem, uma das duas mulheres se esquecer da ausência de paridade entre os sexos, o alimento metafórico da mulher servir-lhe-á de alimento verdadeiro, a filha servirá de alimento para a mãe ou então a mãe "antialimentará" metonimicamente seu genro e, como sua filha, será morta.

Ora, os mitos proclamam que a causa primeira dessa verdadeira patologia da aliança matrimonial provém do mel cobiçado imoderadamente. Desde M$_{20}$ — no qual, devido a seus ardores, um casal por demais apaixonado corrompia o mel e o tornava impróprio para servir como prestação entre cunhados —, passando por M$_{24}$, que inverte essa configuração ao mesmo tempo no plano alimentar e no plano sociológico (um mel poluído de outro modo provoca a ruptura de um casal desunido), é sempre sobre a incompatibilidade do relacionamento entre esposos (isto é, o aspecto natural do casamento) com seu papel de mediadores num ciclo de aliança (que corresponde a seu aspecto social) que os mitos discorrem incansavelmente.

O raposo do Chaco pode muito bem seduzir a moça, mas não conseguiria desempenhar o papel de genro, pois é incapaz de fornecer mel a

---

8. Salvo, é claro, no caso de casamento polígamo com uma mulher e sua filha de um casamento anterior, pois esse costume não é desconhecido na América do Sul (Lévi-Strauss, 1955, p. 379) e notadamente na Guiana. No entanto, os mitos em que nos baseamos provêm de tribos karib e warrau, entre as quais o tabu relativo à sogra era estritamente observado (Roth, 1924, p. 685; Gillin, 1936, p. 76).

seus sogros. A moça louca por mel, do Chaco e do Brasil Central, hábil em encontrar um marido, impede-o de ser também genro e cunhado, ao pretender consumir sozinha o mel por meio do qual ele poderia assumir sua condição de aliado. Em muitos mitos, portanto, a heroína é uma captadora libidinosa das prestações da aliança; e como o mel é um produto natural, que ela impede de desempenhar uma função social, ela, de certo modo, faz com que a aliança matrimonial volte ao nível da união física. Ao evocar seu triste destino, os mitos pronunciam, portanto, a condenação sociológica (mas que eles traduzem em termos de um código alimentar) desse *abuso da natureza* que podemos tolerar se ele for breve, e que nós qualificamos recorrendo ao mesmo código, já que o denominamos "lua de mel".

Existe, entretanto, uma diferença. Em nossa linguagem figurada, a "lua de mel" designa o curto período durante o qual permitimos aos esposos dedicarem-se exclusivamente um ao outro: "O fim do dia e uma parte da noite são consagrados aos prazeres; e de dia o marido repete as juras de amor eterno ou detalha o plano de um delicioso porvir" (*Dictionnaire des proverbes*, 1883, art. "lua de mel"). Por outro lado, denominamos "lua de fel" ou "lua de absinto" a época em que se iniciam os desentendimentos, quando o casal se reinsere na trama das relações sociais. Para nós, em consequência, o mel está inteiramente do lado do doce; situa-se na extremidade de um eixo cujo outro polo é ocupado pelo amargo, simbolizado pelo fel e pelo absinto que, portanto, podem ser vistos como antítese do mel.

No pensamento sul-americano, ao contrário, a oposição entre doce e amargo é inerente ao mel. Em parte devido à distinção, imposta pela experiência, entre mel de abelha e de vespa, respectivamente sadios ou tóxicos, quando frescos; e também devido à transformação do mel de abelha, que se torna amargo quando o fazem fermentar, sobretudo quando essa operação é levada a bom termo (ver acima, pp. 173-5). Essa ambivalência atribuída ao mel encontra-se até mesmo em culturas que ignoram o hidromel. Assim, na Guiana, o cauim de milho, de mandioca ou de frutos selvagens, normalmente amargo, torna-se doce com o acréscimo de mel fresco. Nas culturas meridionais que adotam o hidromel, essa bebida é dita "amarga", mas, nesse caso, por oposição ao mel fresco. Ao polo do "fermentado" corresponde ora a bebida fermentada de mel, amarga, ora o cauim, que é amargo caso não lhe seja adicionado o mel; positiva ou negativamente, de maneira explícita ou por preterição, o mel sempre está implicado.[9]

Consequentemente, dependendo do caso, o mel pode ser elevado acima de sua condição natural de duas maneiras. No plano sociológico, e sem transformação físico-química, o mel recebe uma atribuição privilegiada, que faz dele a matéria por excelência das prestações devidas aos aliados. No plano cultural, e através da transformação físico-química, o mel fresco, imediatamente consumível sem precauções rituais, torna-se, graças à fermentação, uma bebida religiosa destinada a um consumo adiado. *Socializado* num caso, o mel é *culturalizado* no outro. Os mitos escolhem uma ou outra fórmula em função da infraestrutura técnico-econômica ou então eles as sobrepõem, quando essa estrutura lhes dá liberdade para tal. De modo correlativo, a personagem que inicialmente surgiu para nós sob a forma da moça louca por mel define-se graças a uma ou outra dessas duas dimensões: ora socializada regularmente (ela fez um bom casamento) mas culturalmente deficiente (não dá ao mel o tempo de fermentar) e

---

9. Os Machiguenga, tribo peruana da região do rio Madre de Dios, contam com apenas um termo para designar o doce e o salgado. Eles narram (M_{280}) que uma criatura sobrenatural, "doce como o sal", tinha um marido que não parava de lambê-la. Exasperada, ela o transformou na abelha /siiro/ que, ainda hoje, mostra-se ávida por suor humano. A mulher casou novamente com um homem que ela alimentava com peixes fervidos. Espantado diante de tanto alimento, o homem vigiou sua esposa e descobriu que ela evacuava os peixes pelo útero (cf. M_{136}), o que o deixou muito enojado. Ele a censurou e a mulher o transformou em beija-flor, que se alimenta do néctar de flores e de aranhas. Ela própria transformou-se num banco de sal onde, desde então, os índios vão se abastecer (Garcia, 1939, p. 236). Esse mito mostra que, numa cultura cuja língua assimila os respectivos sabores do sal e do mel, 1) a mulher-abelha de M_{233}-M_{234} torna-se uma mulher-sal; 2) a heroína fica exasperada com a avidez de seu marido, em vez de o marido ficar exasperado com a generosidade da mulher; 3) o marido, e não a mulher, transforma-se em abelha; 4) esta é uma consumidora de suor (salgado), em vez de ser produtora de mel (doce). Além disso, a ausência de oposição linguística entre dois sabores, confundidos numa mesma categoria sensível (que, sem dúvida, é a do saboroso), vai de par com a fusão de dois personagens alhures distintos: a mulher-abelha, que alimenta o marido com uma substância positiva que ela segrega (o mel), e a mãe da mulher ávida por mel, que alimenta o genro com uma substância negativa que ela excreta (os peixes). Uma análise da mitologia do sal nas duas Américas permitiria demonstrar facilmente que o sal, substância mineral e no entanto comestível, situa-se, para o pensamento indígena, na interseção entre o alimento e o excremento.

A noite estrelada 327

dessocializando seu marido; ora profundamente associal (enamorada de seu cunhado, assassina de seu marido) mas duplamente em regra com a cultura, pois não se faz hidromel na Guiana e nada se opõe a que o mel seja consumido imediatamente.

O terceiro ponto de nosso programa consistirá em correlacionar diretamente o código sociológico e o código astronômico. Para tanto, começaremos por rever rapidamente os pontos de coincidência entre a história da moça louca por mel do Chaco, entre os Jê e na Guiana, e o mito amazônico de Ceucy.

Através de seus múltiplos avatares a moça louca por mel conserva o mesmo caráter, embora este se manifeste ora em seus modos à mesa, ora em sua conduta amorosa: é uma *mulher mal-educada*. Ora, o mito de Ceucy e suas variantes da região do Uaupés se apresentam todos como mitos fundadores de um *sistema de educação das moças* particularmente severo, já que exige que seja morta a infeliz, culpada voluntária ou acidentalmente de lançar o olhar sob os instrumentos musicais reservados aos ritos masculinos. A versão do rio Uaupés (M276A) ressalta muito bem esse aspecto, pois nela se encontram nada menos que três códigos promulgados por sucessivos legisladores, nos quais são enumeradas as festas que marcam as etapas da puberdade das moças, sua depilação obrigatória, o jejum a que são submetidas após o parto, a estrita fidelidade, a discrição e a reserva que devem observar em relação a seus maridos etc. (Rodrigues, 1899, pp. 53, 64, 69-70).

Por outro lado, não podemos esquecer que, entre os Jê centrais e orientais, a história da moça louca por mel liga-se ao ciclo mitológico relativo à iniciação dos rapazes. Essas narrativas os preparam não apenas para as tarefas econômicas e militares, mas também para o casamento; e preenchem essa função edificante apresentando aos noviços o retrato de uma jovem mal-educada. O mito de Ceucy adota a mesma perspectiva, visto que oferece uma fundamentação única às incapacidades das mulheres e aos ritos que constituem o privilégio dos homens. Quanto ao essencial, tais incapacidades e prerrogativas, na verdade, se complementam.

O terceiro volume destas *Mitológicas* terminará a demonstração de que aí se encontra um aspecto absolutamente fundamental de nossos mitos e que eles nos fazem aceder a um estado decisivo do pensamento humano cuja realidade, pelo mundo afora, é atestada por inumeráveis mitos e ritos. Tudo se passa como se, numa submissão mística das mulheres a seu domínio, os homens tivessem percebido pela primeira vez, mas de maneira ainda simbólica, o princípio que lhes permitirá um dia resolver os problemas que a multiplicação de pessoas coloca à vida em sociedade; como se, subordinando um sexo ao outro, eles tivessem traçado a épura das soluções reais mas ainda inconcebíveis ou impraticáveis para eles, que consistem, tal como a escravidão, na sujeição de homens à dominação por outros homens. O aspecto "As desgraças de Sofia" da história da moça louca por mel não nos deve iludir. Apesar de uma aparente sensaboria que explica a pouca atenção dispensada até agora a seu mito, a personagem assume sozinha o destino de uma metade da espécie humana ao alcançar aquele instante fatal em que é atingida por uma incapacidade, cujas consequências, ainda hoje, não se apagaram mas que — sugerem hipocritamente os mitos — sem dúvida teriam sido evitáveis se uma senhorita destemperada tivesse sabido moderar seu apetite.

Contentemo-nos, no momento, com essa ponta de cortina levantada no cenário do drama e retomemos a comparação. Em um grupo de mitos, a heroína engole alegremente o mel e, em outro, ela tem o nome de um mel tóxico, vomitado assim que é comido. As variantes guianenses descrevem-na como uma criatura malfazeja, que determina, do lado de fora, a aparição das Plêiades, revestidas de um aspecto masculino e provedor. Ao contrário, no ciclo de Ceucy ela mesma é determinada como Plêiade, aspecto feminino ao qual os índios guianenses atribuem um valor sinistro. O caráter benéfico remete aos peixes que os índios sabem pescar em quantidades enormes, com a ajuda de plantas venenosas, o caráter maléfico, às epidemias que matam os homens em grande número. Por esse viés, a conclusão aparentemente aberrante de M_{279D} (acima, pp. 320-1) — que consiste numa luta fratricida, no decorrer da qual "muitos índios morreram" — reencontra seu lugar no grupo, ao mesmo tempo que ela se agrega, como um novo exemplo, a mitos do mesmo tipo (M_2, M_3). Estes nos serviram, em *O cru e o cozido* (cc, pp. 367-70), precisamente para demonstrar a homologia entre a pesca com veneno e as epidemias.

Vimos que os mitos sul-americanos situam o arco-íris, ou a cobra arco-íris, na origem do veneno de pesca e das epidemias, devido ao caráter maléfico que o pensamento indígena atribui ao cromatismo, tomado no sentido de reino dos pequenos intervalos. Por efeito de uma simples variação de afastamento entre seus termos, esse reino gera um outro reino, o dos grandes intervalos, que se manifesta em três níveis de amplitude desigual: a descontinuidade universal das espécies vivas, a devastação provocada pelas doenças, da qual resulta uma população dissipada, e a ação paralela exercida sobre os peixes pela pesca praticada com veneno (cc, pp. 339-70). Ora, a distribuição agrupada, mas aparentemente aleatória, das estrelas que formam a constelação das Plêiades a coloca, juntamente com o arco-íris, do lado do contínuo (cc, pp. 297-301): semelhante a um fragmento da Via Láctea perdido no céu, ela é simétrica do fragmento de céu escuro, perdido no meio da Via Láctea que, como mostramos (cc, p. 327), desempenha o papel de contrapartida noturna do arco-íris, de onde a tripla transformação:

$$
\begin{bmatrix} contínuo \\ diurno \end{bmatrix} 1 \left(\frac{\text{luz cromática}}{\text{luz acromática}} \right) \longrightarrow \begin{bmatrix} contínuo \\ noturno \end{bmatrix} 2 \left(\frac{\text{luminoso}}{\text{escuro}} \right) \longrightarrow 3 \left(\frac{\text{escuro}}{\text{luminoso}} \right)
$$

Vimos, aliás, que existe uma afinidade direta entre o primeiro termo (arco-íris) e o último (Plêiades), considerando-se uma dupla oposição: *diurno/noturno* e *diário/sazonal*. O arco-íris e as Plêiades anunciam a interrupção da chuva, seja durante um momento do dia, seja durante um período do ano. Poder-se-ia quase dizer que, numa escala temporal mais restrita, o arco-íris é uma constelação das Plêiades diurna.

Encerraremos a comparação entre os dois ciclos míticos (moça louca por mel e Ceucy) notando que, nas versões guiano-amazônicas, a primeira é uma mulher casada e mãe de família, sedutora lasciva do irmão de seu marido, enquanto a outra é uma virgem enclausurada, que o próprio irmão transforma em constelação, para resguardar sua virtude.

Ora, dessa perspectiva, impõe-se a ampliação da comparação. Conhecemos um ciclo mítico no qual a heroína situa-se a igual distância das outras duas: casada, porém casta, e violentada pelo irmão ou pelos irmãos de seu marido. Trata-se de Estrela, esposa de um mortal (M87-M92) que, também sob todos os outros aspectos, transforma simultaneamente a personagem da moça louca por mel e a de Ceucy:

1. É uma mulher *bem-educada demais* que concorda em ser uma provedora, não uma esposa.
2. Ela vomita o milho, protótipo das *plantas cultivadas*, no rosto (M88) ou na boca (M87A) de seu marido, em vez de tirar o mel da boca dele (moça louca por mel) ou de ser ela própria um mel destinado a ser vomitado (Ceucy); não nos esqueçamos de que o pensamento indígena assimila o mel a um *fruto selvagem*.
3. Estrela desce voluntariamente do céu para tornar-se a esposa de um humano, ao passo que Ceucy ilustra o caso inverso, de uma heroína feminina transformada contra sua vontade em estrela *para que não possa* tornar-se esposa de um humano, e a moça louca por mel — talvez transformada em estrela, nos mitos do Chaco, *por ter sido a má* esposa de um futuro ser humano (pois lhe permitiu ser apenas um marido e não um genro) — transforma seu marido em estrela, nas versões guianenses, porque, querendo substituí-lo pelo irmão dele, condena o primeiro a ser somente um aliado e não um marido.
4. Enfim, Estrela mostra-se inicialmente provedora, como a Plêiade sob seu aspecto masculino, e em seguida mortífera, como essa constelação sob seu aspecto feminino. Ora, Estrela cumpre a primeira função quando se manifesta pela primeira vez aos homens, e a segunda no momento de abandoná-los, portanto, em certo sentido, em seu "nascente" e em seu "poente". Ela inverte assim o significado das Plêiades para os índios guianenses, pois a constelação provedora, que anuncia a

A noite estrelada

chegada dos peixes, parece ser aquela que é visível ao cair da noite, no horizonte ocidental, de onde resultaria que as Plêiades são mortíferas quando surgem.

Todas essas transformações, que permitem integrar a nosso grupo o ciclo de Estrela esposa de um mortal, acarretam uma consequência importante. Sabemos que Estrela é uma sarigueia, inicialmente de floresta, na qualidade de provedora, em seguida de cerrado, como animal poluído e poluidor, doador de morte, após ter dado a vida aos homens ao lhes revelar as plantas cultivadas (*cc*, pp. 227-56). Ora, a personagem da sarigueia é igualmente codificada em termos de código astronômico e de código alimentar, ao qual retornamos, assim, ao fecharmos o ciclo de nossas demonstrações. Do ponto de vista astronômico, a sarigueia apresenta uma afinidade com as Plêiades já que, segundo um mito do rio Negro (M_{281}; cf. *cc*, p. 291, n. 8), a sarigueia e o camaleão escolheram o primeiro dia da aparição das Plêiades para cauterizar seus olhos com pimentas e se expor à ação benfazeja do fogo. A sarigueia, porém, queimou o rabo, que desde então ficou pelado (Rodrigues, 1890, pp. 173-7). Por outro lado, a sarigueia tem, na Guiana, o mesmo nome que o arco-íris (*cc*, pp. 330ss), o que confirma, por outra via, a equação da página 329.

Em segundo lugar e, acima de tudo, os mitos estabelecem uma ligação entre a sarigueia e o mel. Nós a demonstraremos de duas maneiras.

Pelo menos em uma versão do célebre mito tupi dos gêmeos (Apapocuva, M_{109}), a sarigueia desempenha o papel de mãe nutriz; após a morte de sua mãe, o mais velho não sabe como alimentar seu irmãozinho. Ele recorre à sarigueia, que antes de assumir o papel de nutriz, limpa as secreções fétidas de suas tetas. Para agradecer-lhe, o deus lhe dá a bolsa marsupial e promete-lhe que ela, ao parir seus filhotes, não sentirá dor (Nim., 1914, p. 326; variante mundurucu in Kruse, 1951-52, t. 46, p. 920). Guarani meridionais conhecem uma variante desse mito, na qual o mel substitui o leite suspeito da sarigueia:

M109b GUARANI DO PARANÁ: O MEL NUTRIDOR (TRECHO)

Após o assassinato de sua mãe, o mais velho dos gêmeos, Derekey, não sabia o que fazer com seu irmão mais novo, Derevuy, que nada tinha para comer e chorava de fome. Inicialmente, Derekey tentou reconstituir o corpo da morta, mas seu irmão precipitou-se sobre os seios, que acabavam de ser formados, com tamanha voracidade que destruiu todo o trabalho. Então, o mais velho descobriu mel num tronco de árvore e criou o mais novo com ele.

As abelhas pertenciam à espécie /mandaçaia/ ou /caipotá/ [uma subespécie de *Melipona quadrifasciata*, cujo mel é particularmente apreciado]. Quando os índios encontram uma colmeia dessas abelhas, jamais comem suas larvas e deixam uma quantidade de mel suficiente para nutri-las; fazem-no por gratidão para com as abelhas que alimentaram o deus (Borba, 1908, p. 65; cf. Baré, Stradelli, 1929, p. 759; Kadiwéu, Baldus, 1946, p. 37).

No conjunto, e sobretudo por sua conclusão, o episódio apresenta tamanho paralelismo com M109 que é possível afirmar que a sarigueia nutriz e as abelhas estão em relação de transformação. Isso ressalta ainda mais num episódio anterior do mesmo mito, retomado na maioria das outras versões. Num momento em que se deve supor que a sarigueia ainda era desprovida de bolsa marsupial, a mãe dos gêmeos comporta-se como se tivesse uma, pois conversa com seu ou seus filhos, embora eles ainda estejam em seu ventre. Ora, a comunicação se interrompe — ou, dito de outra maneira, o útero para de desempenhar o papel de bolsa marsupial — em seguida a um incidente que M109b relata nos seguintes termos: "A criança, no ventre, pediu a sua mãe que lhe desse flores. Ela as colhia aqui e acolá quando foi mordida por uma vespa que ali bebia mel..." (Borba, 1908, p. 64). Apesar da distância e da diferença de língua e cultura, uma versão warrau (M259) preserva escrupulosamente essa lição: "A mãe já havia colhido várias flores vermelhas e amarelas, quando uma vespa a picou acima da cintura. Ela tentou matá-la, não a atingiu e bateu em si mesma. A criança, no ventre, recebeu a pancada e acreditou que tinha sido visada; injuriada, recusou-se a continuar a guiar sua mãe" (Roth, 1915, p. 132; cf. Zaparo, in Reinburg, 1921, p. 12).

Por conseguinte, assim como a sarigueia real, boa nutriz, é congruente ao mel de abelha, a mãe, má nutriz, sariguê figurada, é con-

A *noite estrelada*

gruente à vespa, cujo mel, como se sabe, é ácido, quando não tóxico. Essa análise não permite apenas perceber uma primeira ligação entre a sarigueia e o mel. Ela também oferece uma explicação, que se acrescenta àquela que já demos (p. 271), para o reaparecimento do mito dos gêmeos num ciclo aparentemente muito diferente, cujo ponto de partida é a origem (ou a perda) do mel.

Quanto à segunda demonstração, convém nos reportarmos a um conjunto de mitos parcialmente examinados em *O cru e o cozido* (M100-M102), e no presente livro (p. 104), nos quais o jabuti se opõe ora ao tapir, ora ao jacaré ou ao jaguar e, finalmente, ao sariguê. Nessas narrativas, o jabuti, o sariguê, ou ambos, são enterrados por um adversário ou se enterram voluntariamente, para provar sua resistência à fome.

Não é necessário entrar nos detalhes de mitos que nos interessam aqui sobretudo por utilizarem referências sazonais, períodos do ano em que se encontram com abundância determinados frutos selvagens. Aludimos a isso (pp. 266ss) a respeito dos frutos do taperebá, *Spondias lutea*, que amadurecem em janeiro-fevereiro, época em que a terra encharcada pelas chuvas já se encontra suficientemente amolecida para que o tapir possa calcá-la e enterrar o jabuti. Este consegue libertar-se no fim da época das chuvas, quando o solo se tornou um lamaçal (M282; Tastevin, 1910, pp. 248-9). O mesmo autor fornece uma variante do mito que ocupará nossa atenção por mais tempo, pois ela ilustra um tipo de mito que se repete desde o Brasil Central até a Guiana:

M283A AMAZÔNIA (REGIÃO DE TEFÉ): O JABUTI E O SARIGUÊ

Certo dia o sariguê roubou a flauta do jabuti. Este quis inicialmente persegui-lo, mas como não era capaz de correr rápido o bastante, mudou de ideia e foi buscar mel, com o qual lambuzou o ânus, após se esconder, com a cabeça enfiada num buraco.

O sariguê percebeu o mel que reluzia e pensou que fosse água. Enfiou a mão, lambeu e constatou seu engano. O mel, porém, era delicioso e o sariguê enfiou nele sua língua. Nesse momento, o jabuti apertou as nádegas e o sariguê ficou preso. "Solte minha língua!", ele gritava. O jabuti só consentiu após recuperar sua flauta.

Num outro dia, o sariguê desafiou o jabuti: quem ficaria mais tempo enterrado sem comida? O jabuti foi o primeiro e manteve-se enterrado até que os taperebás amadurecessem e caíssem no pé das árvores. Chegou a vez do sariguê, que ficaria enterrado até que os ananases selvagens amadurecessem. Passado um mês, o sariguê quis sair, mas o jabuti lhe disse que os ananases mal começavam a crescer. Passaram-se mais dois meses e o sariguê não respondeu mais. Tinha morrido e somente moscas saíram quando o jabuti abriu o buraco (Tastevin, 1910, pp. 275-86).

Trata-se, nota Tastevin, do jabuti /yauti/ fêmea de *Testudo tabulata* e maior do que o macho, chamado /karumben/.

Em toda a região amazônica, o macho e a fêmea de cada espécie de tartaruga parecem ter nomes diferentes. Assim, para a *Cinosteron scorpioides* (?): yurara (f.)/ kapitari (m.) e para a *Podocnemis* sp.: tarakaya (f.)/ anayuri (m.). A origem da flauta do jabuti é tema de outro mito:

M284 AMAZÔNIA (REGIÃO DE TEFÉ): O JABUTI E O JAGUAR

Depois que o jabuti mata o tapir, mordendo seus testículos (M_{282}), ele não pode evitar que o jaguar venha reclamar sua parte do banquete. A fera se aproveita enquanto ele vai buscar lenha para roubar toda a carne. No lugar dela, deixa apenas seus excrementos.

Então o jabuti vai persegui-lo e encontra macacos que o ajudam a trepar na árvore cujos frutos estão comendo. Em seguida eles o abandonam.

O jaguar passa por lá e convida o jabuti a descer. Este pede ao jaguar que feche os olhos, se joga sobre sua cabeça e arrebenta-lhe o crânio.

Quando o cadáver do jaguar apodrece, o jabuti apodera-se da tíbia, faz com ela uma flauta e canta: "O osso do jaguar é minha flauta. Fri! Fri! Fri!".

Aparece outro jaguar, que acha que o jabuti o está provocando e então o ameaça. O jabuti não consegue convencê-lo de que a letra de sua canção não era a que ele tinha ouvido. O jaguar dá um bote, o jabuti se esconde em um buraco e faz o jaguar acreditar que sua pata, que ficou visível, é uma raiz. O jaguar deixa um sapo de sentinela, o jabuti joga areia em seus olhos, cegando-o, e foge. Ao voltar, o jaguar cavouca em vão e consola-se devorando o sapo (Tastevin, 1910, pp. 265-8; Baldus, 1958, p. 186).

A noite estrelada

Transformando esse mito, retornaríamos facilmente a M$_{55}$ (cf. *CC*, pp. 182-3). Deixaremos a outros essa tarefa, pois nos engajaríamos numa via muito diferente daquela que pretendemos seguir agora e na qual correríamos o risco de nos confrontarmos com um problema imenso: o da origem mítica dos instrumentos musicais. Como veremos mais adiante, não evitaremos completamente o problema. Certamente seria interessante explorar essa via, que nos levaria a M$_{136}$, no qual um herói mutilado, ao subir ao céu, toca uma flauta que produz um som: tin! tin! tin! (K.G., 1916, p. 57), ao passo que alhures o jabuti, comemorando seu triunfo sobre os adversários, faz: weh! weh! weh! batendo as patas (M$_{101}$). Na maior parte dos mitos do ciclo do jabuti, a flauta de osso (que talvez se deva opor à flauta de bambu) parece ser o símbolo de uma disjunção (ver adiante, p. 363). Retornemos a M$_{283}$, que explora outras oposições, entre o jabuti e o sariguê, entre os taperebás e os ananases. Sabemos, por M$_{282}$, que os taperebás amadurecem no tempo das chuvas; consequentemente, o enterro do jabuti dura desde o final da estação seca até a estação chuvosa, durante o período do ano no qual, como especifica o mito, os pés de taperebá florescem, frutificam e perdem seus frutos. É preciso, assim, que o enterro do sariguê aconteça durante a outra parte do ano, e como ele deve cessar quando os ananases estiverem maduros, o fato deve se dar durante a estação seca. Tastevin não fornece indicações a esse respeito, mas lembrando das suculentas colheitas de ananases selvagens que fizemos em agosto-setembro de 1938 nas primeiras vertentes da bacia amazônica (Lévi-Strauss, 1955, p. 344), consideramos tal hipótese bastante verossímil. No noroeste da bacia amazônica, os ananases são particularmente abundantes no mês de outubro, que corresponde ao período mais seco, e é então que se celebra a festa dita "dos ananases" (Whiffen, 1915, p. 193).

Ora, a competição de jejum, inspirada pela oposição dos taperebás e dos ananases, segue um outro episódio, que reproduz parcialmente: o do roubo da flauta durante o qual, narra o mito, o jabuti não consegue lambuzar seu adversário com resina (Tastevin, op. cit., pp. 276, 279, 283) ou com cera (Couto de Magalhães, 1940, p. 20 do *Curso*; o termo tupi é /irati/, cujo sentido etimológico, segundo Montoya, referindo-se ao termo homófono guarani, seria "ninho de mel"), para finalmente conseguir lambuzá-lo com mel. Temos, então, a tabela:

1. cera   mel
2. taperebá   ananás

em que a coluna da esquerda reúne seres em relação aos quais o sariguê encontra-se em posição forte e a da direita, seres em relação aos quais situa-se em posição fraca: incapaz de resistir ao mel ou incapaz de resistir (até) aos ananases. Por que esses termos são agrupados em pares? Como os taperebás, a cera possibilita durar desde a chuva até a estação seca, ela é o veículo associado ao itinerário que leva do úmido ao seco. Sabemos disso desde a história de Haburi ou Aboré, inventor da primeira canoa, que era feita precisamente *de cera*, e que o "pai das invenções" ordenou aos homens que copiassem em madeira (Brett, 1880, p. 82). Pois a canoa não é, afinal, o meio de atravessar o úmido por intermédio do seco? O mel e os ananases permitem efetuar a trajetória inversa, do seco em direção ao úmido, pois são colheitas selvagens da estação seca, conforme especifica, quanto ao mel, a transcrição versificada do mito de Aboré, em seu início:

Men must hunt for wild bees while the sun says they may (Brett, op. cit., p. 76)

Isso não é tudo. Variantes de M_{283}, nas quais o jacaré desempenha o papel de ladrão de flauta, no lugar do sariguê, contêm um detalhe que pode ser superposto com exatidão àquele com o qual se encerra M_{283}: para obrigar o jacaré a devolver a flauta, o jabuti se esconde num buraco, "deixando de fora só o rabo, todo besuntado de mel; de vez em quando soltava uma abelha que saía voando, zum…" (M_{283B}; Ihering, art. "jabuti"). Ao jabuti, cujo corpo, "transformado em mel", solta abelhas, triunfando assim sobre o sariguê, corresponde portanto, na segunda parte do mito, o jabuti que triunfa definitivamente sobre o sariguê, mas porque o corpo deste transformou-se em podridão, da qual saem moscas ("de carne" e não mais "de mel"). Dito de outra maneira, o jabuti torna-se superior ao sariguê pelo mel e este, pela podridão, torna-se inferior ao jabuti. Com efeito, o sariguê é um animal pútrido, enquanto o jabuti, animal que hiberna, é considerado imputrescível(*cc*, pp. 240-3).

O que se pode concluir desses mitos? O grupo que examinamos anteriormente transformava o leite da sarigueia em mel e o marsupial em abelha, mas sob a condição de que a sarigueia se livrasse previamente de uma podridão que seu corpo gera naturalmente. Aqui, o sariguê obedece a uma transformação inversa: é integralmente assimilado à podridão mas, afinal de contas, porque antes deixou-se capturar pelo mel. No entanto, soube resistir à cera, que representa a parte seca e imputrescível do ninho das abelhas, de que o mel constitui (devido à oposição que o mito introduz entre os dois termos) a parte úmida e putrescível. Assim, a ameaça da cera faz com que o sariguê varie num sentido contrário à sua natureza de bicho pútrido e a atração exercida pelo mel o leva a variar num sentido conforme a essa natureza, que ele chega a levar ao cúmulo, assumindo-o como carniça. Por um lado, o mel se firma numa posição intermediária entre as da cera e da podridão, corroborando uma natureza ambivalente sobre a qual insistimos muitas vezes. Por outro lado, essa natureza ambivalente aproxima o mel da sarigueia, ela também ambivalente em sua dupla condição de marsupial, portanto boa nutriz, e de animal fétido. Liberada dessa tara, a sarigueia tende ao mel, com o qual se confunde por semelhança, pois então ela nada mais é do que uma teta maravilhosamente limpa, que verte o leite, doce como o mel. Gulosa de mel e procurando fundir-se nele mas, dessa vez, por contiguidade — ao ponto de enfiar a língua no traseiro do jabuti —, a sarigueia é o contrário de uma nutriz e, devido ao fato de que esse primeiro atributo desaparece, o outro se expande, até tomá-la por inteiro. É isso, aliás, que o ciclo tupi-guarani do mito dos gêmeos exprime a seu modo, pois que nele o sariguê aparece duas vezes. Inicialmente, conforme acabamos de ver, como fêmea e no papel de nutriz; mais tarde, como homem chamado "Sariguê", cujo papel é puramente sexual (cf. M96). Ora, se a sarigueia toma o cuidado de lavar-se, seu homônimo masculino cheira mal (cf. M103).

O grupo que acabamos de examinar em seu conjunto encerra-se, portanto, numa homologia entre o raposo do Chaco e o sariguê tupi-guarani.

À esposa do Sol, abandonada grávida por seu marido e seduzida por Sariguê, corresponde no Chaco a filha do Sol, abandonada por seu marido enquanto está menstruada e que Raposo tenta em vão seduzir. Sariguê é um falso marido que se faz passar por verdadeiro, Raposo é um falso marido que se faz passar por (mulher do) verdadeiro e ambos são desmascarados, um por seu odor animal (quando alega ser um humano ou um animal diferente) e o outro por sua rudeza masculina (quando alega ser uma mulher). Assim, não estavam completamente equivocados os autores antigos que chamaram o sariguê *raposa*, em português. A problemática indígena já sugeria que um deles poderia ser uma variante combinatória do outro. Ambos ligados à estação seca, igualmente gulosos de mel e dotados de semelhante lubricidade sob seu aspecto masculino, eles se diferenciam somente quando são considerados *sub specie feminae*: a sarigueia pode tornar-se boa mãe, contanto que se livre de um atributo natural (seu mau cheiro), enquanto o raposo, mesmo dotado de atributos artificiais (falso sexo e falsos seios), só consegue ser uma esposa grotesca. Talvez isso ocorra porque a mulher, eternamente sarigueia e raposa,[10] é incapaz de ultrapassar sua natureza contraditória e atingir uma perfeição que, se fosse concebível, poria um termo à busca de Jurupari.

---

10. Mostramos (p. 318) que a heroína do Chaco, seduzida por um raposo, é ela mesma uma raposa e acabamos de ver (p. 331) que a heroína tupi-guarani também se revela, digamos, uma sarigueia "por antecipação", posteriormente seduzida por um sariguê.

2. Ruídos na floresta

No PENSAMENTO INDÍGENA, a ideia do mel recobre toda espécie de equívocos. Já de saída, por ser uma iguaria naturalmente "cozinhada"; em seguida, devido a propriedades em função das quais pode ser doce ou azedo, sadio ou tóxico; finalmente, porque pode ser consumido fresco ou fermentado. Vimos como esse corpo, que irradia a ambiguidade por todas as suas facetas, reflete-se em outros corpos igualmente ambíguos: a constelação das Plêiades, alternadamente macho e fêmea, nutriz e mortífera; a sarigueia, mãe fedorenta; e a própria mulher, em relação à qual não se tem jamais certeza se continuará sendo boa mãe e esposa fiel, pois corre-se o risco de vê-la transformar-se em ogra lúbrica e assassina, a menos que seja reduzida à condição de virgem enclausurada.

Constatamos igualmente que os mitos não se limitam a exprimir a ambiguidade do mel por meio de equivalências semânticas. Eles também recorrem a procedimentos metalinguísticos, quando jogam com a dualidade do nome próprio e do nome comum, da metonímia e da metáfora, da contiguidade e da semelhança, do sentido próprio e do sentido figurado. M_{278} constitui uma dobradiça entre o plano semântico e o plano retórico, pois a confusão entre o sentido próprio e o sentido figurado é atribuída explicitamente a um personagem do mito e fornece o móbil da intriga. Em vez de afetar a estrutura, ela se incorpora à matéria do relato. No entanto, quando uma mulher, que acabará sendo morta e comida, comete o erro de tomar no sentido próprio algo que foi dito no sentido figurado, tem um comportamento simétrico ao da amante do tapir, cujo erro consiste em dar o sentido figurado de um coito ao consumo do animal, que normalmente só se pode compreender no sentido próprio: isto é, consumo alimentar, pelo homem, de sua caça. Ela, como castigo, deverá portanto consumir no sentido próprio, isto é, comer o pênis do tapir que ela acreditava poder consumir no sentido figurado.

Mas por que, dependendo do caso, é preciso que a mulher coma o tapir ou que ela própria seja comida? Já respondemos parcialmente essa pergunta (p. 148). A distinção entre os dois códigos, semântico e retórico, permite no entanto abordá-la mais a fundo. Com efeito, se considerarmos que os mitos oscilam constantemente entre dois planos, um deles simbólico e o outro imaginário (acima, p. 282), poderemos resumir a análise acima por meio de uma equação:

$$[plano\ simbólico]\ \text{(ingestão de mel)} : [plano\ imaginário]\ \text{(canibalismo familiar)} ::$$

$$[plano\ simbólico]\ \text{(ingestão de tapir)} : [plano\ imaginário]\ \text{(coito com tapir)} ::$$
$$\text{(sentido próprio)} : \text{(sentido figurado)}.$$

No interior desse sistema global, cada um dos dois subconjuntos míticos — (*a*) para o tapir sedutor, (*b*) para a moça louca por mel — se encarrega de uma transformação local:

a) [consumo *figurado* do tapir] $\longrightarrow$ [consumo *próprio* do tapir]

b) [consumo *próprio* do mel] $\longrightarrow$ [canibalismo familiar, como consumo *figurado*]

Introduzamos agora uma nova oposição, *ativo/passivo*, correspondente ao fato de que, no ciclo do tapir sedutor, a mulher é metaforicamente "comida" pelo tapir (devido a uma exigência de simetria, pois ficou estabelecido que é ela quem o come no sentido próprio) e que, no ciclo da moça louca por mel, a heroína ativamente culpada de uma gulodice empiricamente observável, mas que *simboliza* aqui sua má-educação, torna-se o objeto passivo de uma refeição canibal e familiar, cuja noção é inteiramente *imaginária*. Temos assim:

a) [figurado, passivo] $\longrightarrow$ [próprio, ativo]

b) [próprio, ativo] $\longrightarrow$ [figurado, passivo]

Se, como postulamos, os dois ciclos se encontram em relação de complementaridade, é preciso que, no segundo caso, a mulher, e não algum outro protagonista, seja comida.

É somente entendendo os mitos desse modo que se torna possível reduzir a um denominador comum todas as narrativas cuja heroína é uma moça louca por mel, tanto aquelas em que, como no Chaco, ela se mostra efetivamente gulosa desse alimento, como os mitos que a descrevem inicialmente concupiscente em relação a um aliado por casamento (M_{135}, M_{136}, M_{298}) ou a um filho adotivo (M_{245}, M_{273}) e, algumas vezes, em relação a ambos (M_{241}, M_{243}, M_{244}, M_{258}), levando a seu limite extremo a própria ideia da lua de mel assim como, mais próximos de nós, os versos de Baudelaire a ilustram pela maneira como acumulam os laços de parentesco na pessoa da amada:

> *Mon enfant, ma sœur*
> *Songe à la douceur*
> *D'aller là-bas vivre ensemble!**

Assim unificado, o ciclo da moça louca por mel consolida-se com o do tapir sedutor, o que permite dar conta de sua interseção empírica. Com efeito, ambos contêm o motivo do personagem desmembrado e moqueado, servido traiçoeiramente aos seus, como se fosse uma caça banal.

Entretanto, nesse estágio da argumentação, apresenta-se uma dupla dificuldade, pois de nada serviria ter depurado a matéria mítica, mostrando que certos mitos podem ser reduzidos a outros mitos graças a regras de transformação, se esse trabalho fizesse surgir fissuras no interior dos mitos nos quais, quando se tinha uma visão ingênua, não se detectava tal com-

---

* "Minha filha, minha irmã/ Pense na doçura/ De lá irmos viver juntos!" (N. C. T.)

plexidade. Ora, tudo se passa como se, no próprio decorrer de sua fusão em nosso cadinho, os personagens do tapir sedutor e da moça louca por mel manifestassem, cada um a seu modo, uma dualidade de natureza que não era imediatamente perceptível, de modo que a simplicidade obtida em um plano pode ser comprometida em outro.

Consideremos inicialmente o personagem do tapir. Em suas investidas eróticas, ele encarna a natureza sedutora, congruente ao mel. Com efeito, sua potência sexual, testemunhada por um enorme pênis, sobre cujo tamanho os mitos insistem complacentemente, só tem de comparável, no código alimentar, a potência sedutora do mel, pelo qual os índios sentem verdadeira paixão.

A relação de complementaridade, que descobrimos entre o ciclo do tapir sedutor e o da moça louca por mel, prova que, segundo a teoria indígena, o mel de fato desempenha esse papel de metáfora alimentar, substituindo a sexualidade do tapir no outro ciclo. Entretanto, quando consideramos os mitos em que o tapir é qualificado como sujeito pelo código alimentar (e não mais sexual), seu caráter se inverte: não é mais um amante que satisfaz sua amante humana e, às vezes, a alimenta, dando-lhe frutos selvagens em profusão, mas um egoísta e um glutão. Por conseguinte, em vez de ser congruente ao mel, como no primeiro caso, ele se torna congruente à moça louca por mel que, em relação a seus parentes, manifesta o mesmo egoísmo e a mesma glutonaria.

Em vários mitos da Guiana, o tapir é o primeiro dono da árvore de alimentos, cuja localização ele mantém em segredo (cf. M114 e *cc*, pp. 252-6). Recordemos que, em M264, os gêmeos Piá e Makunaima encontram refúgio sucessivamente junto a dois animais que se pode dizer "antiprovedores". A rã, por excesso, pois fornece em abundância alimentos que, na realidade, são seus excrementos; o tapir, por falta, quando esconde dos heróis a localização do pé de taperebá cujos frutos ele mesmo come.

A amante do tapir manifesta exatamente a mesma divergência. No plano alimentar, é uma má esposa e má mãe que, inteiramente entregue a sua paixão, deixa de cozinhar para o marido e de amamentar o filho (M150). Sexualmente falando, porém, é uma gulosa. Em consequência, longe de complicar nossa tarefa, a dualidade própria ao principal ator de cada ciclo vem apoiar nossa tese; sendo sempre do mesmo tipo, ela mais confirma do que invalida a homologia que havíamos postulado. Ora, essa homologia se manifesta por intermédio de uma relação de complementaridade: no plano erótico, o tapir é pródigo, se sua amante humana for ávida; no plano alimentar, é o tapir que é ávido, enquanto sua amante, pródiga para com ele numa versão (M159), demonstra alhures por seu descuido que, para ela, o domínio alimentar é não marcado.

Consolidados, o ciclo da moça louca por mel e o do tapir sedutor formam, assim, um metagrupo cujos contornos reproduzem, em maior escala, os que havíamos traçado na segunda parte, guiando-nos apenas por um dos dois ciclos. A presença, no nível do metagrupo, das dimensões retórica e erótico-alimentar, já ficou suficientemente patente na discussão acima e não cabe portanto insistir nisto. Mas a dimensão astronômica também se encontra presente e o ciclo do tapir sedutor remete a ela de duas maneiras.

A primeira é, sem dúvida, implícita. Ultrajadas por terem sido obrigadas pelos maridos a consumir a carne de seus amantes, as mulheres decidem abandonar o lar e se transformam em peixes (M150, M151, M153, M154). Trata-se portanto, em versões que são todas amazônicas, de um mito sobre a origem ou a abundância dos peixes, fenômeno que mitos provenientes da área guiano-amazônica creditam às Plêiades. Nesse sentido, o tapir sedutor é, como as Plêiades, responsável pela abundância dos peixes. O paralelismo entre o animal e a constelação é reforçado se levarmos em conta que a constelação das Plêiades, isto é, a Ceucy dos Tupi amazônicos, é uma virgem enclausurada, transformada pelo irmão em estrela *para melhor preservar sua virgindade* (M275). Com efeito, os Mundurucu (que são Tupi amazônicos) fazem do tapir sedutor um avatar de Korumtau, filho do demiurgo, a quem seu pai impôs essa transformação porque ele, rapaz enclausurado, *tinha perdido sua virgindade*. Pelo menos é essa a sequência de M16, cujo início se encontra em CC, pp. 98-9 e 131-2.

A dedução acima é diretamente confirmada por mitos guianenses pertencentes ao ciclo do tapir sedutor, o que mostra, diga-se de passagem, que

Roth foi apressado ao afirmar uma influência europeia ou africana para explicar que no Novo Mundo, assim como no Velho Mundo, Aldebarã seja comparada ao olho de um grande animal, tapir ou touro (Roth, 1915, p. 265):

M285 KARIB (?): O TAPIR SEDUTOR

Uma moça recém-casada encontrou certo dia um tapir que a cortejou insistentemente. Ele declarou que tinha assumido uma forma animal para aproximar-se mais facilmente dela quando ela ia para a roça, mas se ela concordasse em segui-lo em direção a leste, até o ponto onde o céu e a terra se encontram, ele recobraria sua aparência humana e casaria com ela.

Enfeitiçada pelo animal, a moça fingiu que queria ajudar seu marido, que ia colher abacates (*Persea gratissima*). Enquanto ele subia na árvore, ela lhe cortou a perna com uma machadada e fugiu (cf. M136). Apesar de perder muito sangue, o ferido conseguiu transformar magicamente um de seus cílios num pássaro que foi buscar socorro. A mãe do herói chegou a tempo na cena do drama. Cuidou de seu filho e curou-o.

Apoiado numa muleta, o inválido foi procurar a mulher, mas as chuvas tinham apagado todas suas pegadas. Conseguiu, entretanto, alcançá-la, observando os brotos de abacateiro que tinham germinado no lugar onde ela tinha comido os frutos e jogado os caroços. A mulher e o tapir estavam juntos. O herói matou o animal com uma flechada e cortou-lhe a cabeça. Em seguida, suplicou a sua mulher que voltasse com ele, caso contrário ele a perseguiria eternamente. A mulher recusou e prosseguiu seu caminho, indo à frente da alma de seu amante, enquanto o marido corria atrás. Ao chegar à extremidade da terra, a mulher saltou para o céu. Quando a noite está clara, pode-se vê-la (as Plêiades), perto da cabeça do tapir (as Híades, com o olho vermelho: Aldebarã) e, logo atrás, o herói (a constelação de Orion, na qual Rigel corresponde à parte superior da perna sadia) que os persegue (Roth, 1915, pp. 265-6).

A menção ao abacateiro e aos caroços de abacate coloca um problema que será abordado no próximo volume. Limitemo-nos a enfatizar, no momento: 1) o paralelismo entre esse mito e M136, no qual uma esposa dissoluta também corta a perna do marido; 2) o fato de os dois mitos se referirem à origem das Plêiades, sozinhas ou com constelações vizinhas.

Em um dos casos, o corpo do marido mutilado torna-se a Plêiade e sua perna, o cinturão de Orion; em outro caso, é a própria mulher que se torna a Plêiade, a cabeça do tapir, as Híades, e Orion representa o marido (menos a perna cortada) (cf. M28 e M131B). O mito do tapir sedutor recorre, portanto, a um código astronômico para transmitir uma mensagem pouco diferente daquela transmitida pelos mitos de origem das Plêiades, que também provêm da mesma região.

Mas é sobretudo o código sociológico que merece nossa atenção. Ele demonstra, ainda melhor do que os outros, a complementaridade dos dois ciclos, e o recoloca num conjunto muito mais vasto, o mesmo que estas *Mitológicas* empreenderam explorar. A moça louca por mel do mito guianense (M136) e a amante do tapir, que vão aparecer em outros mitos, são ambas esposas adúlteras, mas o são de duas maneiras que ilustram as formas extremas que esse crime pode assumir: com um cunhado, que representa a tentação mais próxima, ou com um bicho da floresta, que representa a tentação mais distante. Com efeito, o animal se prende à natureza, enquanto o cunhado, cuja proximidade resulta da aliança matrimonial e não de um laço de consanguinidade que ainda seria biológico, prende-se exclusivamente à sociedade:

(tapir : cunhado) :: (distante : próximo) :: (natureza : sociedade)

Isso não é tudo. Os leitores de *O cru e o cozido* lembrar-se-ão, sem dúvida, de que o primeiro grupo de mitos que introduzimos (M1-M20), e que, num certo sentido, apenas voltamos a comentar aqui, diziam igualmente respeito ao problema da aliança. No entanto, entre aqueles mitos e os que examinamos no momento, surge uma grande diferença. No primeiro grupo, os aliados eram sobretudo irmãos de mulheres e maridos de irmãs, isto é, respectivamente doadores e tomadores. Na medida em que toda aliança matrimonial implica a presença dessas duas categorias, tratava-se de cunhados mutuamente inevitáveis, cuja intervenção apresenta um caráter orgânico e cujos conflitos constituem, consequentemente, uma expressão normal da vida em sociedade.

346   *Parte III*

No segundo grupo, ao contrário, o aliado não é um parceiro obrigatório, mas um concorrente facultativo. Quer o cunhado da mulher seja seduzido por ela ou desempenhe ele próprio o papel de sedutor, é sempre um irmão do marido, membro do grupo social, certamente, mas cuja existência não é um requisito para a realização da aliança; na constelação doméstica, ele figura como um termo contingente. Entre os ensinamentos que os Baniwa transmitem aos noviços inclui-se o de "não perseguir as mulheres de seus irmãos" (M276B). Uma visão teórica da sociedade implica, com efeito, que todo homem, para ter a garantia de obter uma esposa, deve poder dispor de uma irmã. Mas nada exige que ele tenha um irmão. Como explicam os mitos, isso pode até vir a ser um incômodo.

Sem dúvida o tapir é um animal, mas os mitos fazem dele um "irmão" do homem, pois este o exclui da posse de sua esposa. Com uma única diferença: se, pelo fato de existir, o irmão humano se encontra inserido automaticamente na constelação da aliança, o tapir penetra nela de maneira brutal e imprevista, devido apenas a seus atributos naturais e como sedutor em estado puro, isto é, como um termo socialmente nulo (*cc*, p. 364).[11] No jogo social da aliança, a intrusão do cunhado humano é acidental. A do tapir chega a ser um escândalo. Quer se debrucem sobre as consequências de uma situação de fato ou sobre as consequências da subversão de um estado de direito, esses mitos sempre tratam, como sugerimos, de uma patologia da aliança. Observa-se assim um deslocamento sensível em relação aos mitos que nos serviram de ponto de partida em *O cru e o cozido*. Aqueles primeiros mitos, cujo eixo são os termos fundamentais da cozinha (no lugar desses verdadeiros paradoxos culinários que o mel e o tabaco constituem, cada um a sua maneira), tratavam, com efeito, da fisiologia da aliança. Ora, assim como a cozinha não pode existir sem fogo e sem carne, a aliança não se pode instaurar sem esses cunhados plenos que são os irmãos das mulheres e os maridos das irmãs.

---

11. Ocorre o mesmo quanto à cunhada homóloga, isto é, a irmã da mulher que comparece nos mitos do Chaco (M211) e da Guiana (M235), cuja transformação, como já mostramos, é realizada por mitos nos quais figura o irmão do marido. No ciclo do tapir sedutor, pode-se tratar, igualmente por transformação, de uma fêmea sedutora (M144, M145, M158).

É possível contestar que o fogo e a carne sejam condições necessárias da cozinha na mesma medida, pois se não existe cozinha sem fogo, põem-se numa panela outras coisas além de caça. Entretanto, um fato digno de observação é que a constelação da aliança em que o ou os irmãos do marido aparecem na condição de agentes patogênicos surgiu em nossa investigação com o ciclo de Estrela esposa de um mortal, que trata da *origem das plantas cultivadas* (M_{87}-M_{92}), isto é, uma origem logicamente posterior à da cozinha e que, como chega a precisar um mito (M_{92}), a sucedeu no tempo (*cc*, p. 231.

Com efeito, a cozinha opera uma mediação de primeira ordem entre a carne (natural) e o fogo (cultural), enquanto as plantas cultivadas — que já, no estado cru, resultam de uma mediação entre a natureza e a cultura — sofrem, no cozimento, uma mediação apenas parcial e derivada. Os antigos concebiam essa distinção, pois pensavam que a agricultura já implicava uma cozinha. Antes de semear era preciso cozer, *"terram excoquere"*, os torrões de campos revirados, expondo-os ao calor do sol (Virgílio, *Geórgicas*, II, v. 260). Assim, o cozimento propriamente dito dos cereais constituía uma cozinha em segundo grau. As plantas selvagens também podem, evidentemente, servir para a alimentação mas, à diferença da carne, muitas podem ser consumidas cruas. As plantas selvagens constituem, portanto, uma categoria imprecisa, pouco própria a ilustrar uma demonstração. Conduzida paralelamente, a partir do *cozimento* da carne e do *cultivo* das plantas alimentares, essa demonstração mítica desemboca, no primeiro caso, no advento da cultura e, no segundo caso, no advento da sociedade; os mitos afirmam que esta é posterior àquela (*cc*, pp. 253-6).

O que se pode concluir? Assim como a cozinha encarada em estado puro (cozimento da carne), a aliança encarada em estado puro — isto é, implicando exclusivamente cunhados na relação de doador e de tomador[12] — exprime, para o pensamento indígena, a articulação essencial entre a

---

12. Um deles encarna sempre, a seus próprios olhos, a cultura, ao passo que os mitos lançam o outro na natureza, ou seja, em termos de código culinário, um dono do fogo de cozinha e, segundo o caso, ora um consumidor de carne crua (o jaguar de M_7-M_{12}), ora uma caça destinada ao cozimento (os porcos de M_{16}-M_{19}). A equivalência (*doador* : *tomador*) :: (*fogo de cozinha* : *carne*) foi analisada em *cc*, pp. 130-60.

natureza e a cultura. Por outro lado, é com o nascimento de uma economia neolítica, acarretando a multiplicação dos povos e a diversificação das línguas e dos costumes (M90), que surgem, segundo os mitos, as primeiras dificuldades da vida social, resultantes do crescimento da população e de uma composição de grupos familiares mais aventurosa do que a bela simplicidade dos modelos poderia conceber.[13] Há dois séculos, em seu *Discurso sobre a origem da desigualdade*, era exatamente isso que Rousseau dizia e chamamos muitas vezes a atenção para essas visões profundas e injustamente desacreditadas. O testemunho implícito dos índios sul-americanos, tal como o extraímos de seus mitos, certamente não possui autoridade para restituir a Rousseau o lugar que lhe cabe. No entanto, além de tal testemunho aproximar singularmente da filosofia moderna essas narrativas estranhas, nas quais, baseando-nos em sua aparência, nem pensaríamos em procurar lições tão elevadas, seria um equívoco esquecer que, quando o homem, ao raciocinar sobre si mesmo, se vê restringido a formular as mesmas suposições — apesar das circunstâncias extraordinariamente dessemelhantes nas quais se exerce sua reflexão — é grande a possibilidade de que essa convergência, várias vezes repetida, de um pensamento e de um objeto que é também o sujeito desse pensamento desvende algum aspecto essencial, se não da história do homem, pelo menos de sua natureza, à qual sua história está ligada. Nesse sentido, a diversidade dos caminhos que conduziram Rousseau — conscientemente — e os índios americanos — inconscientemente — a fazerem as mesmas especulações sobre um passado muito distante não prova nada, sem dúvida, em relação a esse passado, mas prova muito em relação ao homem. Ora, se o homem é tal que não pode escapar, apesar da diversidade do tempo e dos lugares, da necessidade de imaginar sua gênese de maneira semelhante, esta última

---

13. Pode-se dizer, portanto, que a inspiração de tais modelos é de essência paleolítica, sem implicar com isso, mas sem excluir, que a teoria indígena da aliança, tal como se exprime nas regras de exogamia e de preferência por certos tipos de parentes, remonte a um período igualmente antigo da vida da humanidade. Evocamos esse problema numa conferência: *"The Future of Kinship Studies"* [O futuro dos estudos de parentesco], *Proceedings of the Royal Anthropological Institute of Great Britain and Ireland for 1965*, pp. 15-6.

Ruídos na floresta 349

não pode ter estado em contradição com uma natureza humana que se afirma através das ideias recorrentes que, aqui e lá, os homens formulam em relação a seu passado.

Retornemos aos mitos. Vimos que, no nível do metagrupo formado pelos ciclos do tapir sedutor e da moça louca por mel, subsiste uma ambiguidade que já aparecia em níveis mais modestos. Visto tratar-se de um caráter estrutural do metagrupo, convém prestar particular atenção a uma de suas modalidades que parece, à primeira vista, presente apenas no ciclo do tapir sedutor, no qual ela recorre aos meios de um código acústico que ainda não tivemos a oportunidade de examinar.

Quase todos os mitos cuja heroína se deixa seduzir por um animal, em geral um tapir, mas às vezes também um jaguar, uma cobra, um jacaré (ou um urso, na América do Norte), descrevem cuidadosamente a maneira pela qual a mulher age para convocar o amante. Desse ponto de vista, podem ser classificados em dois grupos, um no qual a mulher pronuncia o nome próprio do animal e o convoca pessoalmente, e outro em que se contenta com uma mensagem anônima, que consiste muitas vezes em batidas no tronco de uma árvore ou numa cabaça, emborcada e posta na superfície da água.

Como exemplos do primeiro grupo, podemos mencionar alguns mitos. Kayapó-Kubenkranken (M_{153}): o homem-tapir chama-se Bira; Apinayé (M_{156}): as amantes do jacaré gritam: "Minti! Aqui estamos!"; Mundurucu (M_{49}): o nome da cobra sedutora é Tuipasherébé; (M_{150}): o tapir sedutor aparece quando as mulheres o chamam pelo nome, Anyocaitché; (M_{286}): o herói grita para a preguiça fêmea, de que está enamorado: "Araben! Venha para mim!" (Murphy, 1958, p. 125; Kruse, 1946-49, p. 631). As futuras amazonas guianenses (M_{287}) chamam o jaguar sedutor por seu nome, Walyarimé, que se torna, em seguida, seu grito de convocação (Brett, 1880, p. 181). O tapir de M_{285} diz à mulher a quem corteja "que ele se chama Walya" (id. ibid., p. 191). A cobra que, num mito waiwai (M_{271}, M_{288}), uma mulher cria como um animal doméstico, se chama Pétali (Fock, 1963, p. 63). O jacaré sedutor dos Karajá (M_{289}) tem por nome Kabroro e as mulheres lhe fazem um longo discurso ao qual ele replica, pois, naquele tempo, os jacarés falavam (Ehrenreich, 1891, pp. 83-4). O mito ofaié (M159) não menciona o nome do tapir, mas sua amante o chama "benzinho, o benzinho". Os mitos tupari sobre o mesmo tema (M155) dizem que as mulheres dirigiam ao tapir "um chamado enfeitiçador" e que, em seguida, "elas repetiram as mesmas palavras" (Caspar, 1953, pp. 213-4). Algumas vezes, aliás, esses nomes próprios são apenas o nome comum do animal, transformado em apelativo (M156, M289), ou então um apelido (M285, M287).

O segundo grupo compreende mitos que, algumas vezes, provêm das mesmas tribos. Krahô (M152): a mulher chama o tapir batendo num tronco de buriti. Tenetehara (M151): batendo num tronco de árvore ou (M80), em se tratando de uma grande cobra, numa cabaça (Urubu) ou com o pé (Tenetehara). Para convocar o amante, as amantes mundurucu da cobra (M290) batem numa cabaça emborcada e posta na água: punh... (Kruse, 1946-49, p. 640). O mesmo se faz na Amazônia (M183), para que a cobra arco-íris saia da água. Na Guiana (M291) as duas irmãs chamam o amante tapir enfiando os dedos na boca e assobiando (Roth, 1915, p. 245; cf. Ahlbrinck, art. "irritura"). O chamado é igualmente assobiado nos mitos tacana, mas provém do sedutor tapir ou cobra (H&H, 1961, pp. 175, 182, 217), inversão à qual retornaremos (adiante, p. 376).

Seria fácil prolongar a lista com outros exemplos. Os que citamos bastam para estabelecer a existência de dois tipos de chamado relacionados com o animal sedutor. Esses tipos são contrastados nitidamente, pois remetem a uma conduta linguística (nome próprio, nome comum transformado em nome próprio, palavras enfeitiçadoras) ou a uma conduta igualmente sonora, mas não linguística (batidas em cabaça, árvore, chão; assobio).

Seria inicialmente tentador explicar esse dualismo a partir de costumes registrados. Entre os Cubeo do rio Uaupés, o tapir (que os índios afirmam ter começado a caçar somente depois de terem fuzis) representa, por si só, a categoria da caça de grande porte:

> Fica-se de tocaia perto de um ribeirão onde o terreno é salino. O tapir vai
> até lá no final da tarde, seguindo sempre o mesmo caminho, e seu rastro

Ruídos na floresta

fica profundamente marcado no solo lamacento. O rastro antigo forma um labirinto, mas o novo é reconhecido devido ao estrume que se espalha por ele. Quando um índio localiza o rastro novo ele o assinala para seus companheiros. É sempre um determinado tapir que se mata depois de observá-lo bem e fala-se do animal como se fosse uma pessoa (Goldman, 1963, pp. 52, 57).

Na companhia dos Tupi-Kawahib do rio Machado, nós mesmos participamos de uma caçada de que fazia parte o chamado por meio de batidas. Para fazer com que o porco-do-mato, o jaguar ou o tapir acreditassem que as frutas maduras caíam de uma árvore e atraí-los para uma emboscada, batia-se no chão com uma vara, a intervalos regulares: pum... pum... pum... Os lavradores do interior do Brasil dão a esse procedimento o nome de caça de *batuque* (Lévi-Strauss, 1955, p. 352).

Na melhor das hipóteses, tais costumes podem ter inspirado narrativas míticas, mas não permitem interpretá-las de maneira satisfatória. Sem dúvida, os mitos se referem a uma caça (ao tapir, pelos homens), mas seu ponto de partida é diferente; o recurso à cabaça, que constitui a forma mais frequente, não reproduz um costume verificado; finalmente, existe uma oposição entre os dois tipos de chamado e é essa oposição que é preciso explicar, não cada chamado em particular.

Se os dois tipos se opõem, cada um deles mantém, por sua própria conta, uma relação com uma ou outra das duas condutas, igualmente opostas, cujo papel já discutimos, a propósito dos mitos guianenses sobre a origem do mel (M_{233}-M_{234}). Para chamar o animal sedutor (que é também um malfeitor), é preciso pronunciar seu nome ou bater em alguma coisa (no chão, árvore, cabaça na água). Ao contrário, nos mitos que acabamos de evocar, para reter o benfeitor (ou a benfeitora), é preciso abster-se de pronunciar seu nome ou de não bater em alguma coisa (nesse caso, a água que as sedutoras querem respingar sobre ele). Ora, os mitos especificam que o benfeitor ou a benfeitora não são sedutores sexuais, mas seres pudicos e reservados, quando não tímidos. Estamos, portanto, diante de um sistema que compreende duas condutas linguísticas, que consistem respectivamente em dizer e não dizer, e duas condutas não linguísticas, qualificadas positiva ou negativamente. A depender do caso considerado, os valores das duas condutas se invertem no interior de cada par: a conduta homóloga daquela que atrai o tapir repele o mel, a conduta homóloga daquela que retém o mel não atrai o tapir. Ora, não nos esqueçamos de que se o tapir é um sedutor sexual, o mel é um sedutor alimentar:

Para unir-se ao sedutor sexual:	*Para não se desunir do sedutor alimentar:*
1) pronunciar seu nome;	1) não pronunciar seu nome.
2) bater (em alguma coisa);	2) não bater (na água).

Notamos, todavia, que no ciclo do animal sedutor um chamado assobiado substitui algumas vezes o chamado percutido. Para poder progredir na análise convém, portanto, determinar também sua posição no sistema.

Como os índios do Uaupés (Silva, 1962, p. 255, n. 7) e os Siriono da Bolívia (Holmberg, 1950, p. 23), os Bororo se comunicam à distância por meio de uma linguagem assobiada que não se reduz a alguns sinais convencionais, mas que parece realizar uma verdadeira transposição da palavra articulada, de tal modo que ela pode servir para transmitir as mais diversas mensagens (Colb. & Albisetti, 1942, pp. 145-6; *EB*, v. 1, p. 824). Um mito faz alusão a isso:

M292A BORORO: ORIGEM DO NOME DAS CONSTELAÇÕES

Um índio, acompanhado de seu filhinho, caçava na floresta, quando percebeu no rio uma perigosa arraia com ferrão, que ele se apressou em matar. O menino estava com fome e pediu ao pai que a assasse. O pai consentiu a contragosto, pois teria preferido prosseguir na pescaria. Acendeu uma pequena fogueira e tão logo surgiram as brasas, pôs o peixe em cima delas, embrulhado em folhas. Em seguida voltou ao rio, deixando o menino perto da fogueira.

Daí a pouco, o menino achou que o peixe estava assado e chamou o pai. De longe, este lhe disse para ter paciência, mas o incidente se repetiu e o pai, aborrecido, voltou, tirou o peixe do fogo, examinou-o e, ao constatar que ele ainda não estava assado, jogou-o no rosto do filho e retirou-se.

Queimado e cegado pelas cinzas, o menino começou a chorar. Coisa estranha: gritos e rumores fizeram eco a seu pranto, na floresta. O pai, aterrorizado, fugiu, e o menino, chorando cada vez mais, agarrou um broto de /bokaddi/ (= bokuadd'i, bokwadi, jatobá: *Hymenea* sp.), chamando-o de "avô" e suplicando-lhe que crescesse e que o levantasse com ele. Imediatamente, a árvore cresceu, enquanto se ouvia uma terrível algazarra no chão. Eram os Espíritos /kogae/, que jamais se afastavam da árvore, em cujos galhos o menino estava. De seu refúgio, ele observou, durante a noite, que cada vez que uma estrela ou uma constelação aparecia, os Espíritos a saudavam pelo nome, por meio de uma linguagem assobiada. O menino tomou o cuidado de gravar todos os nomes, até então desconhecidos.

Aproveitando-se de um momento de distração dos Espíritos, o menino pediu à árvore que diminuísse de tamanho e assim que pôde saltar no chão ele fugiu. Foi através dele que os homens aprenderam o nome das constelações (Colb. & Albisetti, 1942, pp. 253-4).

14. Arraia com ferrão. Figura do jogo de fios, índios Warrau.

Sabe-se pouco acerca dos Espíritos /kogae/, a não ser que uma planta não identificada, que serve de talismã para a caça, bem como um instrumento musical com palheta, são designados por uma locução da qual consta o termo /kogae/. No segundo caso isso certamente ocorre em virtude de uma ligação entre essa família de Espíritos, a forma particular do instrumento musical em questão e o clã /badegeba cebegiwu/ da metade Ecerae (cf. EB, v. I, pp. 52, 740). Devido a essa incerteza e também para não sobrecarregar a exposição, desistiremos de reconhecer o itinerário que, por meio de um conjunto de transformações bastante simples, permitiria retornar diretamente de M292A a M2, isto é, quase ao nosso ponto de partida[14] (ver quadro na próxima página).

---

14. Para legitimar esse brusco retrocesso, indicaremos que os Bororo veem na arraia com ferrão uma metamorfose de um índio exasperado com as zombarias de que é vítima seu filho, por parte de seus amiguinhos (Colb. & Albisetti, 1942, pp. 254-5). Esse mito (M292B) se inclui, portanto, num grupo do "pai vingador", de que igualmente fazem parte M2 e M15-M16, M18, e no qual a transformação de si mesmo em arraia venenosa corresponde à transformação dos outros em porcos-do-mato e à transformação do tapir num "outro" (cf *cc*, p. 277-83, 360). Ora, pode-se demonstrar que o rabo da arraia representa, tanto na América do Norte quanto na do

Notemos apenas — pois precisaremos dela, na sequência — que a transformação pertinente parece ser M2 (sujeira) ⟶ M292 (algazarra):

Sul, um pênis sedutor invertido. Em relação à América do Sul, veja-se M247 (episódio no qual o tapir *hostil ao herói sedutor* morre empalado num ferrão de arraia, Amorim, 1928, p. 139) e o mito shipaya (M292C) do homem que morre durante o coito com uma mulher-arraia, varado por seus ferrões (Nim., 1919-22, pp. 1031-2). Os Warrau da Venezuela comparam a arraia venenosa a uma moça (Wilbert, 1964, p. 163). Segundo os Baniwa, a arraia se origina da placenta de Jurupari (M276B). Entre os Karajá, a arraia venenosa forma um sistema com a piranha e o boto, estes associados respectivamente à vagina dentada e ao pênis sedutor (cf. Dietschy, 1965). Em relação à América do Norte, cabe mencionar principalmente os Yurok e outras tribos da Califórnia, que comparam a arraia ao aparelho genital feminino (o corpo representa o útero e o rabo, a vagina); um mito (M292D) mostra Dama-Arraia como uma sedutora irresistível, que captura o demiurgo durante o coito, prendendo seu pênis entre suas coxas, com o que consegue afastá-lo definitivamente do mundo dos humanos (Erikson, 1943, p. 272; Reichard, 1925, p. 161), que é também o destino final do demiurgo Baitogogo, herói de M2.

M₂:	Em uma morada aquática que criou,	o pai inventa os ornamentos,	que, assim, são ensinados aos homens.
M₂₉₂ₐ:	Em um refúgio celeste que suscitou,	o menino toma conhecimento dos nomes secretos das constelações.	

Com efeito, o menino de M₂ que, transformado em pássaro, suja seu pai com o excremento que deixa cair em seu ombro (*do alto*), em M₂₉₂ o importuna (*de longe*) com chamados fora de propósito. O jovem herói de M₂₉₂ fornece, assim, uma nova ilustração do bebê chorão que conhecemos, tendo-o encontrado em M₂₄₁, M₂₄₅ e que voltará a cruzar nosso caminho. Por outro lado, o *excremento* (excreção) de um pássaro *pequeno*, caído do *alto*, transforma-se em árvore *enorme*, que faz com que o pai resolva partir para *longe*; simetricamente, as *lágrimas* (secreção) de um menino *pequeno* transformam-se em *enorme* algazarra, que faz com que o pai resolva partir para *longe* e o menino vá para o *alto*. Ora, a sujeira de M₂ desempenha o papel de causa primordial para o surgimento da água, cujo lugar, na cultura bororo, é extraordinariamente ambíguo: a água derramada sobre uma sepultura provisória acelera a decomposição da carne e é, portanto, geradora de corrupção e sujeira; no entanto, os ossos lavados, pintados e decorados serão finalmente imersos num lago ou num rio, que lhes servirão de morada derradeira, pois a água é a morada das almas, condição e meio de sua imortalidade.

No plano acústico, a linguagem assobiada parece participar da mesma ambiguidade. Ela pertence a espíritos autores de uma algazarra aterrorizante (acabamos de mostrar que ela é congruente à sujeira, tendo estabelecido, em *O cru e o cozido*, que, sob a forma de charivari, ela é congruente à "corrupção" moral); e, no entanto, a linguagem assobiada, mais próxima do ruído do que da palavra articulada, transmite uma informação que essa palavra teria sido incapaz de transmitir pois, na época do mito, os homens não conheciam o nome das estrelas e das constelações.

Segundo M₂₉₂ₐ, a linguagem assobiada é, portanto, mais e melhor do que uma linguagem. Outro mito também explica em que é melhor, mas nesse caso, aparentemente, porque é menos:

M293 BORORO: POR QUE AS ESPIGAS DE MILHO SÃO MURCHAS E MIRRADAS

Havia outrora um Espírito chamado Burekoibo cujas roças de milho eram de incomparável beleza. Esse Espírito tinha quatro filhos e encarregou um deles, Bope-joku, de cuidar da plantação. Este fez o melhor que pôde e cada vez que as mulheres vinham colher milho, ele assobiava: "fi, fi, fi", para expressar seu orgulho e sua satisfação. O milho de Burekoibo era realmente digno de inveja, com suas grandes espigas cobertas de grãos...

Certo dia, uma mulher colhia milho enquanto Bope-joku, como de hábito, assobiava alegremente. A mulher, que fazia a colheita com certa brutalidade, machucou a mão numa espiga que ela estava arrancando. Transtornada pela dor, ela injuriou Bope-joku e criticou seus assobios.

Imediatamente, o milho que o Espírito fazia crescer assobiando começou a murchar e a secar no pé. Desde essa época, e por vingança de Bope-joku, o milho não cresce mais espontaneamente na terra e os homens devem cultivá-lo com o suor de sua fronte.

No entanto, Burekoibo prometeu-lhes uma boa colheita, contanto que, no momento da semeadura, eles assoprassem em direção ao céu, implorando-lhe. Também mandou o filho visitar os índios quando eles semeassem e os interrogasse sobre seu trabalho. Os que respondessem com grosseria colheriam pouco.

Bope-joku se pôs a caminho e perguntou a cada roceiro o que ele fazia. Eles responderam, um após outro: "Como você pode ver, estou preparando a minha roça". O último deu-lhe um soco e o injuriou. Por causa daquele homem, o milho não é mais bonito como antes. Mas aquele que espera colher espigas "grandes como cachos de frutos de palmeira" sempre implora a Burekoibo e oferece-lhe as primícias de sua roça (Cruz, 1943, pp. 264-6; *EB*, v. 1, pp. 528, 774).

Os Tembé, que são Tupi setentrionais, possuem um mito muito semelhante:

M294 TEMBÉ: POR QUE A MANDIOCA CRESCE LENTAMENTE

Outrora os índios ignoravam a mandioca. No lugar dela, cultivavam o /camapu/. Certo dia, um índio preparava sua roça, o demiurgo Maíra apareceu e perguntou-lhe o que ele estava fazendo. O homem recusou-se a responder, com certa grosseria. Maíra partiu e todas as árvores que rodeavam a clareira desmatada caíram e cobriram-na com seus galhos. Furioso, o homem foi atrás de Maíra para matá-lo com seu facão. Como não o encontrou e

Ruídos na floresta

tinha de descarregar sua raiva em alguma coisa, jogou uma cabaça para o alto e tentou acertá-la no ar. Mas errou o golpe, o facão furou sua garganta e ele morreu.

Maíra encontrou outro homem, que capinava seus /camapu/ e que respondeu educadamente quando o demiurgo perguntou o que estava fazendo. Então ele transformou todas as árvores que rodeavam a roça em pés de mandioca, e ensinou ao homem como plantá-los. Em seguida, acompanhou-o até sua aldeia. Mal chegaram lá e Maíra disse ao homem que fosse arrancar a mandioca. O homem hesitou, dizendo que tinha acabado de plantar. "Que seja", disse Maíra, "você só terá mandioca daqui a um ano". E foi embora (Nim., 1915, p. 281).

Comecemos por elucidar a questão do /camapu/. Os Guarayo, que são tupi-guarani da Bolívia oriental, contam (M295A) que a mulher do Grande Avô alimentava-se exclusivamente de /cama á pu/, mas essa alimentação não pareceu suficientemente substanciosa e ele criou a mandioca, o milho e a banana-da-terra, *platano* (Pierini, 1910, p. 704). Antes da invenção da agricultura, dizem (M296) os Tenetehara, parentes dos Tembé, os homens viviam de /kamamô/, uma solanácea da floresta (Wagley & Galvão, 1949, pp. 34, 132-3). Não é garantido que /kamamô/ e /camapu/ designem a mesma planta, pois Tastevin (1922, p. 702) cita na sequência, como plantas diferentes, /camamuri/ e /camapu/. No entanto, o /camapu/ (*Psidalia edulis*, Stradelli, 1929, p. 391; *Physalis pubescens*) também é uma solanácea, cuja posição semântica se esclarece através de um mito tukuna (M297), no qual se afirma que os /camapu/ são os primeiros frutos espontâneos que crescem nas orlas das roças (Nim., 1952, p. 141). Trata-se, portanto, de um alimento vegetal, situado na interseção entre as plantas selvagens e as plantas cultivadas, de modo que o homem pode deslocá-lo para um ou outro domínio, segundo ele adote uma conduta verbal violenta ou equilibrada. Da mesma forma, um mito compartilhado pelos Chimane e os Mosetene (M295B) explica que os animais selvagens são antigos humanos que se mostraram mal-educados (Nordenskiöld, 1924, pp. 139-43).

Encarado sob essa perspectiva, o mito tembé compreende três sequências: a das injúrias, que realiza a transformação da roça em terra improdutiva e, portanto, dos /camapu/ em plantas selvagens; a das palavras corteses, que transformam os /camapu/ em mandioca prodigiosa; finalmente, a das palavras que exprimem desconfiança e transformam a mandioca prodigiosa em mandioca comum:

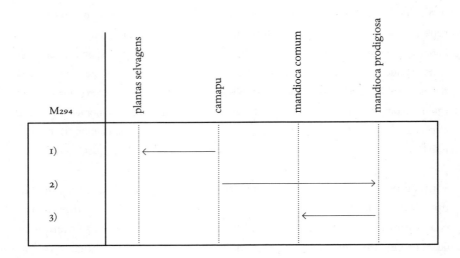

O mito bororo compreende quatro sequências que varrem um campo semântico mais extenso pois que, do ponto de vista dos meios linguísticos, a linguagem assobiada situa-se além das palavras corteses e, do ponto de vista dos resultados agrícolas, a ausência do milho situa-se aquém de uma colheita de /camapu/. No interior do campo semântico comum aos dois mitos, nota-se também uma diferença de recorte: M293 opõe a injúria proferida à injúria que serve de réplica, enquanto M294 opõe dois tipos de respostas injuriosas, uma delas ostensiva e a outra, velada:

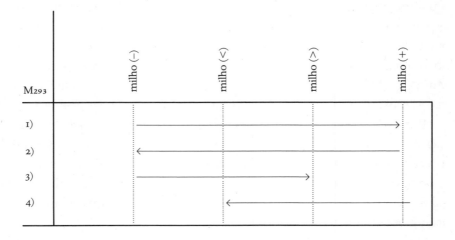

Ruídos na floresta

Apesar dessas nuanças, que mereceriam uma análise mais aprofundada, os dois mitos são estreitamente paralelos, já que correlacionam condutas acústicas e procedimentos agrícolas. Por outro lado, se notarmos que M293 fundamenta-se numa oposição maior entre injúrias e linguagem assobiada, e M294 numa oposição igualmente maior entre injúrias e palavras corteses (enquanto M292A aciona uma única oposição, entre algazarra e linguagem assobiada), obteremos quatro tipos de condutas acústicas que se ordenam da seguinte maneira:

[1]algazarra, [2]palavras injuriosas, [3]palavras corteses, [4]linguagem assobiada

mas que, entretanto, fecham um ciclo, pois já vimos que o assobio ocupa, por outra via, uma posição intermediária entre a linguagem articulada e o ruído.

Notaremos também que todos esses mitos evocam a perda de uma agricultura milagrosa, da qual a agricultura atual constitui o vestígio. Nesse sentido, eles reproduzem a armação dos mitos de origem do mel, que também evocam sua perda, e que a atribuem igualmente a uma conduta linguística imoderada: pronunciar um nome que deveria ter sido calado e, portanto, deslocar a linguagem articulada para o lado do barulho, ao passo que seu uso correto a teria deslocado para o lado do silêncio. Entrevemos assim o esboço de um sistema mais vasto, que a análise de um outro mito permitirá precisar:

M298 MACHIGUENGA: ORIGEM DOS COMETAS E DOS AEROLITOS

Era uma vez um homem que morava com sua mulher e um filho de um casamento anterior. Preocupado com o que poderia acontecer entre o rapaz e a madrasta durante sua ausência, ele decidiu casar seu filho e partiu para uma terra muito distante, a fim de encontrar uma esposa para ele. Essa terra era habitada por índios antropófagos, que o capturaram e arrancaram-lhe as tripas, para comê-las grelhadas. Mas ele conseguiu se safar.

A mulher, por sua vez, tinha a intenção de envenenar seu marido, pois gostava do enteado e queria viver com ele. Assim, preparou um cozido infecto (*menjunje de bazofias*) e entregou-o às formigas, para que elas o impregnassem com veneno. O homem, porém, era um feiticeiro e adivinhou o que ela tramava. Antes de voltar para casa, enviou um espírito mensageiro sob a aparência de um menino, que disse à mulher: "O que você está preparando contra meu pai? Por que o odeia? Por que quer matá-lo? Pois então fique sabendo o que aconteceu com ele: comeram seus intestinos e, embora isto não se veja, ele não tem mais nada na barriga. Para refazer seus intestinos é preciso que você prepare uma poção com um pedaço de /mapa/ [tubérculo cultivado, Grain, 1939, p. 241], fio de algodão e polpa de cabaça". Dito isso, o mensageiro desapareceu.

Alguns dias depois, o homem chegou, exausto devido à viagem. Pediu à mulher que lhe desse de beber e ela serviu-lhe uma bebida de /istéa/ (cauim de mandioca). Imediatamente, ele começou a perder sangue e seu ventre apareceu como uma chaga escancarada. Aterrorizada diante daquilo, a mulher saiu correndo e foi se esconder numa árvore oca /panáro/ (não identificada) que se erguia no meio da roça. O homem, enlouquecido de dor, queria matar a mulher e gritava: "Onde está você? Saia, não vou fazer nada!". Mas a mulher tinha medo e não se movia.

Naquele tempo, as plantas comestíveis falavam, mas articulavam mal. O homem perguntou à mandioca e à /magana/ ["*platano*", Grain, op. cit.] "onde se escondia a mãe deles" e como as plantas não respondiam, ele as arrancou e jogou no mato. A /éa/ [tubérculo cultivado, Grain op. cit.] fez o que estava a seu alcance para informá-lo, balbuciando, mas ele não entendia o que ela lhe dizia. Ele corria para todos os lados, espiado por sua mulher, que não arredava pé de seu abrigo.

Finalmente o homem estripado voltou para sua cabana, pegou um bambu, bateu com ele numa pedra no chão e inflamou-o. Fez com ele uma cauda e contemplando o céu disse: "Para onde vou? Estarei bem, lá no alto!". E saiu voando, transformado em cometa. Os aerolitos são as gotas de sangue incandescente que saem de seu corpo. De vez em quando, ele pega cadáveres e os transforma em cometas iguais a ele (Garcia, 1939, pp. 233-4).

Esse mito fundamental ocupará nossa atenção por vários motivos. Em primeiro lugar, trata-se de um mito de origem dos cometas e aerolitos, portanto de corpos celestes erráticos que, ao contrário das estrelas e das constelações de M_{292A}, não podem, ao ver dos índios, ser identificados e nominados. Ora, mostramos que M_{292} é uma transformação de M_2 e fica claro que M_{298} também pertence ao mesmo grupo. Ele se inicia por um incesto, como M₂, e põe em cena, como M₂₉₂, um herói de "barriga vazia", embora a expressão deva ser entendida ora no sentido próprio ora no sentido figurado: pai estripado (M₂₉₈) ou filho faminto (M₂, M₂₉₂).

O pai de M₂₉₈, que quer matar sua mulher incestuosa, volta de muito longe, aliviado de órgãos vitais que constituem parte integrante de sua pessoa. O pai de M₂, que matou sua mulher incestuosa, parte para longe, sobrecarregado pelo peso de uma árvore que é um corpo estranho. Essa árvore *cheia* é uma *consequência* do assassinato da mulher incestuosa que, em M₂₉₈, escapa do assassinato por *meio* de uma árvore *oca*. M₂₉₈ propõe-se a explicar o escândalo cósmico que é a existência de planetas erráticos. Em compensação, M₂₉₂ e M₂ perfazem a ordem do mundo: M₂₉₂ no plano cosmológico, enumerando e nomeando os corpos celestes; M₂ no plano sociológico, introduzindo os ornamentos graças aos quais os clãs e subclãs poderão ser enumerados e nomeados (cf. *cc*, pp. 89-95).[15]

Finalmente, nos dois casos, a mortalidade humana desempenha um papel, pois ela surge ora como meio, ora como matéria de introdução de uma ordem social (M₂) ou de uma desordem cósmica (M₂₉₈).

Tudo que antecede foi considerado do ponto de vista do herói, mas a heroína de M₂₉₈ também é nossa velha conhecida, pois evoca simultaneamente duas personagens que, como já estabelecemos, constituem uma só. Primeiro, a esposa adúltera e assassina de vários mitos do Chaco que, na versão terena (M₂₄), envenenava o marido com seu sangue menstrual, assim como a mulher machiguenga pretende fazê-lo com detritos culinários embebidos de veneno. Ora, a essa oposição *sujeira interna/sujeira externa* corresponde uma outra nos mitos: a heroína terena é aprisionada num buraco (M₂₄) ou, segundo outras versões, numa árvore oca (M₂₃, M₂₄₆).

---

15. Seguindo outro caminho, já havíamos demonstrado que M₂ pertencia ao ciclo do tapir sedutor (*cc*, pp. 359 e n. 36, p. 353 do presente livro), que, como sabemos, pertence ao mesmo grupo que o ciclo da moça louca por mel. Conviria examinar — mas não é este o nosso objetivo aqui — certos paralelos norte-americanos de M₂₉₈, como um mito pawnee que afirma que os meteoros provêm do corpo de um homem morto e *desmiolado* por seus inimigos (Dorsey, 1906, pp. 61-2), e certos detalhes de mitos diegueño e luiseño relativos aos meteoros. De maneira geral, a teoria dos meteoros se baseia numa série de transformações: *corpo despedaçado* → *cabeça separada* → *crânio desmiolado* → *corpo estripado*, que exigiria um estudo especial.

362   *Parte III*

Uma árvore, igualmente oca, serve não de armadilha, mas de refúgio, para a heroína machiguenga. Em consequência, conforme o corpo da heroína seja ou não um receptáculo de veneno, um outro receptáculo abriga suas vítimas ou a ela própria. Nesse último caso, ela encontra seu fim do lado de fora (M23) ou sua salvação do lado de dentro (M298).

A recorrência do motivo da árvore oca nos serviu anteriormente para conectar a história da mulher-onça que, sob o efeito do mel picante[16] (responsável por sua transformação), dá origem ao tabaco e a história da mulher louca por mel, que vence o jaguar graças a uma árvore oca e espinhenta (que pica por fora), mas que se transforma em rã, devido ao fato de ter sido presa numa árvore oca cheia de mel (e, portanto, doce por dentro).

Ora, essa mulher louca por mel também é incestuosa, seja com um filho adotivo (M241, M243, M244, M258), como a heroína machiguenga, ou com um jovem cunhado (M135-M136). Como a heroína machiguenga, ela sonha em matar seu marido, mas aqui os procedimentos se invertem de maneira notável, e que demonstraria, caso fosse necessário, a pouca liberdade de que dispõe a criação mítica.

A mulher recorre ao facão num dos casos e ao veneno, no outro. Com o facão, a heroína guianense amputa o marido e assim reduz seu corpo à parte que contém as vísceras (quanto a essa interpretação, ver acima, p. 303). Com o veneno ou, pelo menos, essa variante combinatória do veneno já preparado que constitui o não remédio, administrado no lugar do remédio prescrito, a heroína machiguenga faz com que o corpo de seu marido permaneça eviscerado. Nos mitos guianenses (M135, M136), o corpo visceral transforma-se naquela constelação eminentemente significativa que as Plêiades são para os índios daquela região. No mito machiguenga, o corpo eviscerado torna-se cometa ou aerolitos que, por seu caráter errático, se situam numa categoria oposta. Sob seu aspecto masculino, as Plêiades propiciam aos homens os peixes com os quais eles se alimentam. Sob seu

---

16. O mel de M24 é duplamente picante: no sentido próprio, pois o marido misturou nele alguns filhotes de cobra, e no sentido figurado, pois ele provoca coceiras.

Ruídos na floresta 363

aspecto masculino, o cometa priva os homens das plantas comestíveis e alimenta-se com eles, recrutando-os entre os cadáveres.

Um último detalhe porá um ponto-final em nossa reconstrução. Para realizar sua transformação em cometa, o herói machiguenga fixa em seu traseiro um bambu, que ele previamente inflamou, batendo nele com uma pedra. Enquanto se transforma em Plêiade, o herói taulipang leva à boca uma flauta de bambu, que toca sem parar: "tin, tin, tin", enquanto se eleva pelos ares (K.G., 1916, p. 57). Como a flauta é de bambu, ela está em correlação e oposição não apenas com o *bambu* batido do mito machiguenga (cuja importância compreenderemos mais adiante) mas também com a *flauta* de osso de que se orgulha o jabuti de M283-M284[17] e com o assobio — mas sem instrumento musical — do deus agrário de M293; e finalmente, em M292, com a nominação das estrelas por meio da linguagem assobiada.[18]

Existe, entre os Arawak da Guiana, um rito sobre o qual gostaríamos de ter maiores informações, que reúne todos os elementos do complexo que acabamos de inventariar, pois ele invoca simultaneamente a agricultura, a aparição das Plêiades e as duas condutas linguísticas que, de agora em diante, denominaremos, por comodidade, "chamado assobiado" e "resposta percutida": "Quando as Plêiades aparecem, antes da aurora, e a estação seca é iminente, o espírito Masasikiri dá início a sua trajetória para avisar os índios de que eles devem preparar suas roças. Ele assobia e daí vem seu apelido, Masaskiri [sic]. Quando as pessoas o ouvem à noite, elas batem em seus facões com algum objeto, para produzir um som de sino. É seu modo de agradecer ao espírito por tê-las prevenido" (Goeje, 1943, p. 51).[19] Assim, o retorno das Plêiades é acompanhado por um intercâm-

---

17. Como esse segundo aspecto será deixado de lado, apenas indicaremos que conviria interpretá-lo a partir de um episódio de M276A: transformação em instrumentos musicais dos ossos de Uairy, o tamanduá — cf. Stradelli, 1929, art. "mayua" — que revelou às mulheres o segredo dos ritos masculinos (ver acima, p. 312).

18. Note-se que, em M247, o assobio do preguiça no silêncio noturno opõe-se ao canto que o animal, ainda capaz de se exprimir, pretendia dirigir às estrelas (Amorim, 1928, p. 145).

19. Segundo Pierre Clastres (comunicação pessoal), os Guayaki não agrícolas acreditam num Espírito enganador, senhor do mel, armado com irrisórios arcos e flechas feitos de samambaia. Este Espírito anuncia-se por meio de assobios e é desacreditado devido à algazarra que todos fazem.

bio de sinais acústicos, cuja oposição não deixa de evocar formalmente a das técnicas de produção do fogo por fricção e percussão, cuja função pertinente assinalamos em relação a mitos da mesma região (p. 283). A "resposta percutida" é, com efeito, uma percussão sonora, assim como a outra e, em M298, ela provoca a ignição do corpo percutido. Provavelmente não é de maneira arbitrária que os mitos guianenses sobre a origem das Plêiades (concebida inicialmente sob o aspecto de uma partida, que condiciona seu próximo retorno) invertem o chamado assobiado e a resposta percutida em três eixos: facão que bate, em vez de facão batido; e resposta assobiada no lugar de um chamado, mas figurada por uma ária de flauta, na qual o assobio dos deuses agrários bororo e arawak pode desenvolver todos os seus recursos. Se essa hipótese for exata, poderemos estendê-la ao mito tembé (M294), no qual o roceiro mal-educado se mata acidentalmente, ao tentar furar com seu facão que bate (no lugar de ser batido, como entre os Arawak da Guiana, para responder educadamente ao deus) numa cabaça recém-colhida (e portanto cheia, desprovida de sonoridade, por oposição ao objeto sonoro por excelência que seria a mesma cabaça seca e esvaziada). Finalmente, não podemos esquecer que, se nos mitos o tapir em geral responde a um chamado percutido, o pensamento indígena compara seu grito a um assobio (M145, *cc*, pp. 345-7). E às vezes também se assobia para atraí-lo (Ahlbrinck, art. "wotaro", § 3; Holmberg, 1950, p. 26; Armentia, 1906, p. 8).

Tendo encontrado, numa crença dos Arawak da Guiana, um motivo suplementar para incorporar o mito machiguenga ao conjunto dos que estamos examinando, é certamente oportuno lembrar que os próprios Machiguenga pertencem a um vasto grupo de tribos peruanas de língua arawak. Com os Amuesha, Campa, Piro etc., eles formam uma camada da população de aparência arcaica, cuja chegada à região da Montana parece remontar a uma data muito remota.

Voltemos agora ao mito M298, que define uma conduta linguística das plantas em relação aos homens, em vez de uma conduta dos homens em relação às plantas (M293 etc.), e que pode ser completado por um mito machiguenga quanto a esse aspecto. Como o mito é muito longo, nós o resumiremos o máximo possível, com exceção da parte diretamente relacionada à nossa argumentação.

Ruídos na floresta 365

M299 MACHIGUENGA: ORIGEM DAS PLANTAS CULTIVADAS

Antigamente, não havia plantas cultivadas. Os homens se alimentavam de barro de cerâmica, que coziam e engoliam como galinhas, pois não tinham dentes.

Foi Lua quem deu aos homens as plantas cultivadas e os ensinou a mastigar. Na verdade, ensinou todas essas artes a uma jovem menstruada que ele visitava em segredo, com quem acabou se casando.

Lua fez sua mulher ser fecundada por um peixe muitas vezes em seguida e ela deu à luz quatro filhos: o sol, o planeta Vênus, o sol do mundo inferior e o sol noturno (invisível, mas do qual as estrelas obtêm seu brilho). Este último filho era tão abrasador que queimou as entranhas da mãe; ela morreu ao dar à luz.[20]

A sogra, indignada, injuriou o genro e disse-lhe que, após ter matado sua mulher, só lhe faltava comê-la. Lua, entretanto, conseguiu ressuscitá-la mas, desgostosa com a vida na terra, a mulher decidiu deixar seu corpo nela e transportar sua alma para o mundo inferior. Lua ficou profundamente aflito e como sua sogra o tinha desafiado, ele comeu o cadáver, após pintar o rosto de vermelho, instituindo assim um rito funerário até hoje em vigor. A carne humana lhe pareceu deliciosa e assim, por culpa da velha, Lua tornou-se um comedor de cadáveres; decidiu, então, ir para longe.

Seu terceiro filho escolheu como domicílio o mundo inferior. É um sol fraco e maléfico, que envia a chuva quando os índios desmatam, para impedi-los de fazer queimadas. Lua subiu ao céu com os outros filhos, mas o caçula era quente demais: na terra, até as pedras estouravam. Seu pai o instalou no firmamento, tão alto que não conseguimos mais vê-lo. Somente o planeta Vênus e o sol moram agora perto da lua, seu pai.

Este construiu num rio uma armadilha tão aperfeiçoada que todos os cadáveres que ele carrega acabam caindo dentro dela.[21] Um sapo vigia a armadilha e cada vez que um

---

20. Em relação a um "bebê incandescente", filho do sol, cf. Cavina, in Nordenskiöld, 1924, pp. 286-7, e Witoto, in Preuss, 1921-23, pp. 304-14, em que o sol incandescente queima sua mãe adúltera que procura unir-se a ele no céu. Discutiremos este grupo em outro volume, a propósito de paralelos norte-americanos. Sem entrar em detalhes, admitiremos que a mãe que tem as entranhas queimadas (pela criança que dará à luz, isto é, o parente mais próximo que se possa imaginar) transforma o pai de corpo estripado e o homem de crânio desmiolado (por inimigos distantes); cf. p. 361, n. 15. O personagem civilizador de Lua desempenha um papel central no pensamento dos Siriono (Holmberg, 1950, pp. 46-7), cujos mitos, apesar de sua pobreza, remetem claramente aos grandes mitos arawak de área guiano-amazônica, sobretudo M247.

21. Os Machiguenga jogam seus mortos no rio sem cerimônia (Farabee, 1922, p. 12).

cadáver é retido ele alerta Lua por meio de seu coaxar insistente /Tantanaróki-iróki, tantanaróki-iróki/, literalmente "o sapo tantanaróki e seu olho". Então Lua acorre e mata o cadáver [sic] a cacetadas. Ele amputa as mãos e os pés, assa-os e os come. O resto ele transforma em tapir.

Na terra restam apenas as filhas de Lua, isto é, as plantas que os índios cultivam e das quais tiram sua subsistência: mandioca, milho, banana (*Musa normalis*), batata-doce etc. Lua continua vigiando de perto essas plantas que criou e que, por esse motivo, o chamam de "pai". Se os índios desperdiçarem ou jogarem fora a mandioca, espalharem sua casca ou a limparem mal, a moça-mandioca chora e se queixa ao pai. Se comerem a mandioca sem acompanhamento ou simplesmente temperada com pimenta, a moça se zanga e diz a seu pai: "Eles não me dão nada, deixam-me sozinha ou então só me dão pimenta e eu não suporto o ardor". Em compensação, se os índios tomarem cuidado para não perder a mandioca e juntarem todas as cascas num lugar em que é proibido andar, a moça fica contente. E quando se come mandioca com carne ou peixe, que são alimentos de qualidade, ela diz ao pai: "Eles me tratam bem, dão-me tudo o que quero". Porém, acima de tudo, ela gosta que façam dela cauim enriquecido com saliva e bem fermentado.

As outras filhas de Lua reagem do mesmo modo à maneira como os homens as tratam. Estes não ouvem seu choro nem suas manifestações de satisfação, mas esforçam-se por contentá-las pois sabem que, se elas ficarem infelizes, Lua as chamará para junto dele e os homens terão de comer terra, como antigamente (Garcia, 1939, pp. 230-3).

Desde que Rivet descobriu, em 1913, certas semelhanças lexicais entre a língua bororo e os dialetos otuké da Bolívia, admite-se que a cultura bororo poderia ter, na América do Sul, afinidades ocidentais. Uma comparação entre M293 e M299 reforça consideravelmente essa hipótese, pois esses mitos apresentam analogias notáveis. Nos dois casos, trata-se da origem das plantas cultivadas e de ritos que presidem sua produção (Bororo) ou seu consumo (Machiguenga). Cinco divindades agrárias estão na origem desses ritos: um pai e seus quatro filhos. O mito bororo silencia em relação à mãe e o mito machiguenga apressa-se em eliminá-la. Entre os Machiguenga, o pai é a lua, seus filhos são "os sóis"; a *Enciclopédia Bororo* [EB], ao apresentar dois resumos de uma variante de M293, que constará do segundo volume, aguardado com impaciência, especifica que o pai, Burekoibo, não é senão o sol, Meri (*"Espírito denominado também Meri"*, art. "Burékoïbo"; cf. também p. 774). Nos dois mitos, o terceiro filho desempenha o papel de especialista em trabalhos agrícolas, ao favorecê-los (Bororo) ou atrapalhá-los (Machiguenga). Essa ligeira divergência, entretanto, é ainda menos pronunciada do que pode parecer, já que no mito bororo esse filho castiga explicitamente os agricultores desrespeitosos com más colheitas; o mito machiguenga admite implicitamente que as chuvas, que caem na época das queimadas e são responsáveis pelas más colheitas, podem ser o castigo de consumidores desrespeitosos.

Sol do mundo inferior, o terceiro filho do mito machiguenga é um espírito ctônico e maléfico. O do mito bororo chama-se Bope-joku, de Bope: espírito malfazejo (cf. *EB*, art. "maeréboe": "Os primeiros (espíritos malfazejos) são chamados comumente apenas bópe, assim que essa forma, embora possa indicar qualquer espírito, entretanto comumente designa apenas espíritos maus", p. 733). O sentido de /joku/ não é claro, mas notaremos que ao menos um homônimo encontra-se presente em sua composição, no nome de uma espécie de abelha /jokûgoe/ que nidifica debaixo da terra ou em cupinzeiros abandonados (*EB*, v. I, art. "jokúgoe"). Atualmente não parece ser possível explorar o nome dos outros filhos no mito bororo, exceto talvez que o nome do mais velho (Uarudúdoe), correspondente ao do primogênito machiguenga (chamado Puriáchiri, "o que esquenta"), sugere uma derivação análoga de /waru > baru/ "calor" (cf. bororo /barudodu/ "esquentado").

No mito machiguenga, não se trata da linguagem assobiada que, segundo os Bororo, garantia outrora o crescimento espontâneo do milho prodigioso. No entanto, na outra extremidade do campo semântico, os Machiguenga vão mais longe do que os Bororo, ao não excluírem a possibilidade de as plantas cultivadas desaparecerem completamente caso sejam maltratadas:

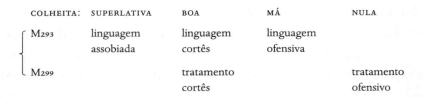

Do mito bororo ao mito machiguenga observamos, portanto, uma notável transformação da linguagem mais ou menos cortês dirigida às plantas em culinária mais ou menos cuidadosa, da qual as mesmas plantas são objeto. Não há melhor modo de dizer que, como já sugerimos várias vezes (Lévi-Strauss, 1958, pp. 99-100; 1965, passim), a cozinha é uma linguagem na qual cada sociedade codifica mensagens que lhe permitem significar ao menos uma parte daquilo que ela é. Demonstramos anteriormente que a linguagem ofensiva constituía, entre as condutas linguísticas, aquela que mais se aproximava da conduta não linguística que é a algazarra, a tal ponto que as duas condutas aparecem como comutáveis em inúmeros mitos sul-americanos e também na tradição europeia, como atestam, também entre nós, o simples bom senso e inúmeras expressões. *O cru e o cozido* nos havia proporcionado a ocasião de estabelecer uma homologia direta entre a má culinária e a algazarra (cc, pp. 383-4):[22] agora vemos que existe também uma homologia entre a linguagem correta e a culinária cuidadosa. É, portanto, fácil determinar o termo problemático designado por x na equação proposta na página 405 do volume anterior. Se o barulho corresponde, nos mitos, a um abuso da comida cozinhada, é porque ele próprio constitui um abuso da linguagem articulada. Poderíamos ter suspeitado disso, e a sequência deste livro irá comprová-lo.

---

22. Veja-se, em francês, o duplo sentido de termos tais como *"gargote"* [lugar de cozinha malfeita e *"gargoter"* = comer ou beber fazendo barulho (N. C. T.)] e *"boucan"* ["moquém" e "barulheira" (N. C. T.)]. Em apoio à equivalência já estabelecida entre o eclipse e a anticozinha (cc, pp. 387-90, 391), pode-se invocar, no presente contexto, a crença botocudo de que os eclipses ocorrem quando o sol e a lua brigam e trocam ofensas. Então eles ficam negros de raiva e de vergonha (Nim., 1946b, p. 110).

Contudo, de certo modo, o mito bororo e o mito machiguenga não se reproduzem, eles se completam. Com efeito, segundo os Bororo, o homem podia falar com as plantas (por meio da linguagem assobiada) num tempo em que elas eram seres personalizados, capazes de compreender essas mensagens e de crescer espontaneamente. Agora essa comunicação está interrompida ou, melhor, ela se perpetua por intermédio de uma divindade agrária que fala com os homens e a quem os homens respondem bem ou mal. Estabelece-se, portanto, um diálogo entre o deus e os homens; as plantas são apenas seu motivo.

Sucede o inverso entre os Machiguenga. Filhas do deus, portanto seres personalizados, as plantas dialogam com o pai. Os homens não dispõem de meio algum para surpreender tais mensagens — *"Los machiguengas no perciben esos lloros y regocijos"* (Garcia, 1939, p. 232) — mas, como é deles que se fala, eles são, de qualquer modo, o seu motivo. No entanto, existia a possibilidade teórica de um diálogo direto nos tempos míticos, quando os cometas ainda não tinham surgido no céu. Mas, naquela época, as plantas não passavam de meias pessoas, dotadas de linguagem, mas prejudicadas por uma dicção defeituosa, que as impedia de empregá-la na comunicação.

Completados um pelo outro, os mitos restituem, portanto, um sistema global com vários eixos. Os salesianos indicam que a linguagem assobiada dos Bororo exerce duas funções principais: garantir a comunicação entre interlocutores distantes demais para manter um diálogo normal ou então eliminar terceiros indiscretos, que compreendem a língua bororo mas não foram instruídos nos arcanos da linguagem assobiada (Colb. & Albisetti, 1942, pp. 145-6; *EB*, v. I, p. 824). Esta oferece à comunicação possibilidades ao mesmo tempo mais amplas e mais limitadas. Superlinguagem para os interlocutores diretos, é uma infralinguagem para terceiros.

A linguagem falada pelas plantas possui características exatamente opostas. Quando é o homem seu interlocutor direto, é um balbucio incompreensível (M_{298}), quando é linguagem clara, o homem fica à parte. Ele não a percebe, embora só se fale dele (M_{299}). A linguagem assobiada e as palavras indistintas formam, portanto, um par de oposições.

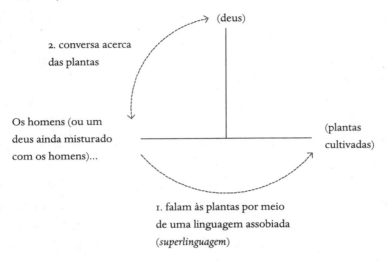

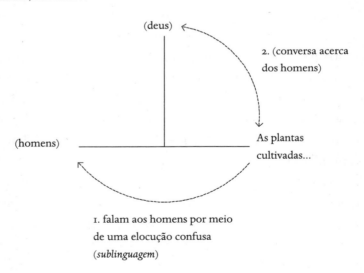

[Nota] Observe-se que a linguagem assobiada dos Bororo é uma *superlinguagem* para os interlocutores, uma *infralinguagem* para terceiros. Simetricamente, a linguagem das plantas de M_{298}-M_{299} é uma infralinguagem para os interlocutores (M_{294}) mas uma superlinguagem para terceiros (M_{299}).

Ruídos na floresta

A inexistência de flauta com orifícios entre os Bororo chama ainda mais a atenção na medida em que esses índios constroem instrumentos de sopro de certa complexidade, notadamente trombetas e clarinetas compostas de um tubo com palheta e ressoador mas que, como suas flautas, produz apenas um som. Deve-se certamente relacionar essa ignorância (ou, o que é mais plausível, essa proibição) ao excepcional desenvolvimento da linguagem assobiada. Em outras regiões, a flauta com orifícios serve sobretudo para transmitir mensagens. Contamos com vários testemunhos a esse respeito, provenientes principalmente do vale do Amazonas, onde os caçadores e pescadores tocavam na flauta verdadeiros *Leitmotiven* para anunciar seu regresso, seus sucessos ou insucessos e o que traziam (Amorim, 1928, passim). Nesses casos, os Bororo recorrem à linguagem assobiada (cf. M_{26}; *CC*, p. 155).

Em tukano, tocar flauta se diz "chorar" ou "queixar-se" por meio desse instrumento (Silva, 1962, p. 255). Entre os Waiwai, "temos todas as razões para crer que as melodias executadas na flauta preenchem um programa [...] e que a música [...] serve para descrever situações variadas" (Fock, 1963, p. 280). Ao se aproximarem de uma aldeia estrangeira, os visitantes se anunciam com assobios breves e fortes, mas é ao som da flauta que os convidados são convocados (id. ibid., pp. 51, 63, 87). Na língua dos Kalina da Guiana, faz-se "gritar a trompa", mas "dá-se a palavra" à flauta: "Quando se toca flauta ou outro instrumento musical que produz sons múltiplos, diz-se /eruto/ buscar a linguagem, a palavra, para alguma coisa... A mesma palavra /eti/ designa o nome próprio de uma pessoa, o grito específico de um animal e o chamado da flauta ou do tambor (Ahlbrinck, *index* e os artigos "eti" e "eto"). Um mito arekuna (M_{145}) denomina "flauta" o grito distintivo de cada espécie animal.

Tais assimilações são importantes, pois mostramos em *O cru e o cozido*, precisamente a propósito de M_{145}, que o grito específico é homólogo, no plano acústico, da pelagem ou plumagem distintivas, que são testemunhos da introdução, na natureza, de um reino de grandes intervalos por desmembramento do contínuo primitivo. Se o emprego dos nomes próprios desempenha o mesmo papel é, portanto, porque ele instaura entre as pessoas uma descontinuidade, que sucede à confusão reinante entre indivíduos biológicos reduzidos a seus atributos naturais. Da mesma forma, o uso da música se acrescenta ao da linguagem, sempre ameaçada de tornar-se incompreensível, caso seja falada a uma distância muito grande ou se o locutor tiver má articulação. Ela remedeia a continuidade do discurso por meio de oposições mais definidas entre os tons e de esquemas melódicos impossíveis de serem confundidos porque são percebidos globalmente.

É claro que sabemos, atualmente, que a natureza da linguagem é descontínua, mas o pensamento mítico não a concebe assim. É notável, aliás, que os índios sul-americanos joguem principalmente com a sua plasticidade. A existência, em certos casos, de dialetos próprios a cada sexo prova que não são somente as mulheres nambikwara que gostam de deformar as palavras para torná-las incompreensíveis e preferem um balbuciar comparável ao das plantas do mito machiguenga a uma expressão clara (Lévi--Strauss, 1955, p. 295). Os índios da Bolívia oriental "gostam de adotar palavras estrangeiras e daí resulta que [...] sua língua se modifica continuamente; as mulheres não pronunciam o /s/, que elas sempre trocam pelo /f/" (Armentia, 1906, p. 11). Há mais de um século, Bates (1892, p. 169) escrevia a respeito de uma estada entre os Mura: "Quando os índios, homens e mulheres, conversam entre si, parecem ter prazer em inventar novas pronúncias e em deformar as palavras. Todo mundo ri dessas gírias e os termos novos são muitas vezes adotados. Observei o mesmo durante as longas viagens por água com tripulações indígenas".

Comparemos, por diversão, essas observações a uma carta, aliás recheada de termos em português, escrita por Spruce numa aldeia do Uaupés e dirigida a seu amigo Wallace, que tinha regressado à Inglaterra: "Não se esqueça de dizer-me os progressos que vem realizando na língua inglesa e se já consegue se fazer entender pelos nativos..."; observação que Wallace comenta assim: "Por ocasião de nosso encontro em São Gabriel [...] percebemos que se tornara impossível conversar em inglês sem recorrer a expressões e palavras portuguesas, que constituíam cerca de um terço de nosso vocabulário. Mesmo quando decidíamos falar somente inglês, só

Ruídos na floresta 373

conseguíamos fazê-lo durante alguns minutos e com grande dificuldade e assim que a conversa se tornava mais animada ou queríamos contar uma anedota, o português retornava!" (Spruce, 1908, v. 1, p. 320). Essa osmose linguística, bem conhecida pelos viajantes e expatriados, deve ter exercido um papel considerável na evolução das línguas americanas e nas concepções linguísticas dos índios sul-americanos. Segundo a teoria dos Kalina, registrada por Penard (in Goeje, 1943, p. 32): "as vogais mudam mais depressa do que as consoantes, pois são mais breves, leves e fluidas que as resistentes consoantes; em consequência, seus /yumu/ se fecham mais depressa, isto é, elas retornam a sua fonte mais rapidamente.[23] Assim, as palavras e as línguas se desfazem e se refazem ao longo do tempo".

Se a linguagem pertence ao reino dos pequenos intervalos, pode-se compreender que a música, que substitui sua própria ordem à confusão da outra, surja como uma *palavra mascarada*, provida da dupla função que as sociedades sem escrita atribuem à máscara: dissimulação do indivíduo que a usa, conferindo-lhe, ao mesmo tempo, um significado mais elevado. Assim como o nome próprio, que desempenha o papel de verdadeira metáfora do ser individual por transformá-lo em pessoa (Lévi-Strauss, 1962b, pp. 284-5), a frase melódica é uma metáfora do discurso.

NÃO PODEMOS NEM QUEREMOS ampliar essa análise, que levanta o problema, por demais vasto, da relação entre a linguagem articulada e a música. As páginas precedentes bastam, aliás, para nos fazer pressentir a economia geral do código acústico, cuja existência e função os mitos tornam manifestas. As propriedades desse código só aparecerão progressivamente mas, para facilitar sua compreensão, cremos ser útil traçar desde agora seu esboço aproximativo, sob a forma de um esquema que poderemos precisar, desenvolver e retificar quando necessário (fig. 15).

---

23. O sentido do termo /yumu/ não fica claro. Foi traduzido ora como "espírito", ora como "pai"; veja-se a discussão acerca de seu emprego em Penard, in Ahlbrinck, art. "sinto". No contexto, /yumu/ parece evocar a ideia de um ciclo. Quanto ao sentido de /yumu/ e seu emprego, ver Goeje, 1943, p. 17.

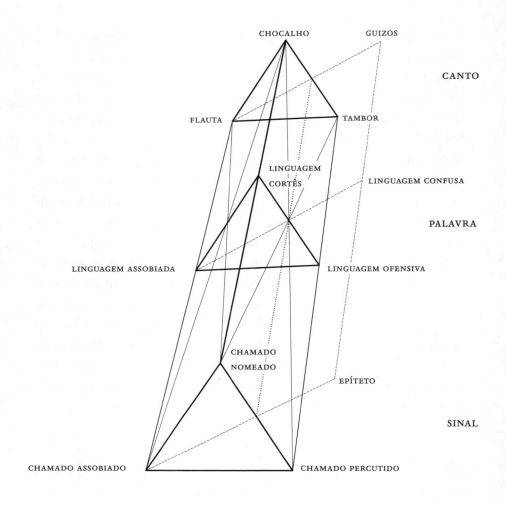

15. Estrutura do código acústico.

Os termos do código se distribuem em três níveis. Embaixo, encontramos os diversos tipos de chamados dirigidos pela ou pelas mulheres adúlteras ao tapir sedutor (ou a outros animais que constituem variantes combinatórias do tapir): chamado nomeado, chamado assobiado e chamado percutido, conectando um ser humano e um outro ser, que se liga exclusivamente à natureza em sua dupla qualidade de animal e de sedutor. Esses três tipos de condutas acústicas apresentam, portanto, o caráter de *sinais*.

Ruídos na floresta 375

O nível intermediário reúne condutas linguísticas: linguagem assobiada, palavras corteses, palavras ofensivas. Essas palavras surgem num diálogo entre um ou vários homens e uma divindade que assumiu a forma humana. Esse não é certamente o caso da linguagem assobiada tal como é comumente empregada, mas nos dois mitos bororo em que desempenha um papel (M_{292}, M_{293}), ela permite a passagem do plano cultural (o da linguagem articulada) para o plano sobrenatural, pois deuses ou espíritos utilizam-na para comunicar-se com plantas sobrenaturais (aquelas que, outrora, cresciam sozinhas) ou com as estrelas, que são seres sobrenaturais.

Finalmente, os três tipos de instrumentos musicais colocados no nível superior se ligam ao canto, ou porque eles mesmos cantam ou porque acompanham o canto, o qual se opõe ao discurso falado, assim como esse se opõe a um sistema de sinais.

Apesar de seu caráter provisório (ou por causa dele), esse esquema exige várias observações.

Em primeiro lugar, colocamos o chocalho e o tambor em correlação e em oposição com a flauta, embora os dois primeiros instrumentos até agora só tenham aparecido nos mitos de maneira discreta e sob uma forma por assim dizer velada. O chocalho, através de sua transformação inversa em M_{294}: cabaça fresca e cheia (em vez de seca e esvaziada), que o herói tenta (mas em vão) encaixar em seu facão como um bilboquê, sendo que o chocalho consiste numa cabaça enfiada num cabo, no qual é fixada de modo permanente. O tambor, que encontramos por ocasião de um comentário linguístico sobre o termo kalina /eti/, que designa o chamado da flauta e do tambor (p. 371), se faz obscuramente presente desde o começo deste livro. Esse tambor é, com efeito, um tambor de madeira, feito com um tronco de árvore esvaziado e fendido de um lado, isto é, um objeto do mesmo tipo que a árvore oca que servia de receptáculo natural para o mel e que desempenha o papel de abrigo ou de armadilha em vários mitos. Um mito mataco (M_{214}) aproxima expressamente o cocho escavado num tronco de árvore, onde se prepara o hidromel, e o tambor de madeira: "Os índios escavaram um cocho ainda maior e beberam todo o cauim. Foi uma ave que fez o primeiro tambor. Ela o tocou durante toda a noite e, quando o dia raiou, transformou-se em homem" (Métraux, 1939, p. 54). Em breve essa aproximação adquirirá pleno sentido. A posição *semântica* do chocalho, por sua vez, ficará clara num estágio posterior de nossa exposição.

Em segundo lugar, foi sugerido acima que a linguagem confusa (dirigida ao herói humano pelas plantas, no mito machiguenga M_{298}) situa-se em oposição diametral à linguagem assobiada (dirigida às plantas pelo deus com forma humana no mito bororo M_{293}, cuja simetria com o outro mito demonstramos). Situamos, portanto, a linguagem confusa num lugar recuado em relação às outras condutas linguísticas, pois trata-se de uma infralinguagem incapaz de garantir a comunicação. Ao mesmo tempo, esse lugar encontra-se a igual distância da linguagem cortês e da linguagem ofensiva, o que convém perfeitamente ao impulso dramático de M_{298}: as plantas, que desempenham o papel de emissor num diálogo impossível, querem ser corteses, mas sua mensagem é recebida por seu destinatário como se fosse ofensiva, pois ele se vinga, arrancando as plantas e expulsando-as do roçado.

Coloca-se imediatamente a questão de saber se os dois níveis extremos podem admitir termos cuja posição seja homóloga à da linguagem confusa no nível médio. De fato parece que os mitos e os ritos fornecem os termos que satisfazem as condições exigidas. No ciclo do tapir sedutor, a heroína às vezes chama o animal por meio de um epíteto que pode ser ou o nome comum do animal, guindado à dignidade de nome próprio, ou um adjetivo qualificativo que exprime somente o estado de alma da locutora. São, portanto, dois tipos de termos, que trazem em si um germe de confusão: num caso, não fica claro se o animal é interpelado como uma pessoa ou denominado como uma coisa; no outro caso, a identidade do destinatário permanece indeterminada.

Essa ambiguidade inerente ao epíteto, qualquer que seja seu tipo, o coloca em oposição ao chamado assobiado, cuja ambivalência apresenta, ao contrário, um caráter icônico (no sentido que Peirce atribui a essa palavra): assobiando para chamar o tapir, reproduz-se fisicamente o chamado desse animal. Vimos (p. 349) que os mitos tacana substituem o chamado assobiado por um anúncio assobiado. Por conseguinte, o epíteto situa-se

Ruídos na floresta

no nível inferior do esquema, entre o chamado nomeado (quando o animal possui um verdadeiro nome próprio) e o chamado percutido, distanciados um do outro devido a sua ambiguidade.

Consideremos agora o nível superior. Observaremos que a organologia sul-americana inclui um instrumento musical cuja posição é igualmente ambígua, os guizos, amarrados nas pernas dos dançarinos ou num bastão percutido no chão. Feitos com coquinhos ou cascos de animais, enfiados numa corda e que produzem um som quando se entrechocam, os guizos são, do ponto de vista tipológico, vizinhos dos chocalhos, cujo som resulta do choque, no interior da cabaça, das sementes ou pequeninas pedras que ela contém contra suas paredes. No entanto, sob o ponto de vista funcional, os guizos se aparentam mais ao tambor, pois sua agitação — além disso menos controlada do que, por exemplo, o chocalho, controlado pela mão — resulta indiretamente de uma batida (da perna ou do bastão). Intencional e descontínuo em sua causa, mas aleatório quanto ao resultado, o soar dos guizos situa-se portanto, assim como a linguagem confusa, em posição de recuo mas também, pelos motivos que acabamos de evocar, a igual distância do tambor de madeira e do chocalho.

Em relação aos guizos, os Witoto possuem ideias que confirmam indiretamente a análise precedente. Esse instrumento de música ocupa um lugar importante em suas danças, ao lado da flauta e do tambor, e é considerado como representação de animais, sobretudo insetos — libélulas, vespas e marimbondos (Preuss, 1921-23, pp. 124-33, 633-44) — emissores de um zumbido ambíguo que, em regiões diferentes, os índios codificam ora em termos de palavras cantadas, ora de chamado percutido (*cc*, p. 386, n. 5).

Entre esses três níveis do esquema, adivinhamos finalmente uma complicada rede de conexões transversais, algumas delas paralelas entre si e outras oblíquas. Vejamos inicialmente as conexões paralelas, cada uma delas correspondente a uma aresta do prisma. Sobre uma das arestas encontramos, de baixo para cima, por ordem de intensidade crescente, o chamado percutido, a linguagem ofensiva, o som do tambor, que são os tipos de conduta acústica que apresentam objetivamente a mais nítida afinidade com a categoria do barulho, embora — é preciso lembrar — o tambor possa ser, ao mesmo tempo, o termo mais sonoro e mais linguístico da série: "Os tambores de madeira dos Boro e dos Okaina [...] servem para transmitir mensagens relativas à data, ao lugar e à razão das festas. Os executantes não parecem utilizar um código; antes tentam representar o som das palavras com a ajuda dos tambores e os índios sempre me disseram que faziam as palavras no tambor" (Whiffen, 1915, pp. 216, 253).

A segunda aresta agrupa, na ordem, o sinal assobiado, a linguagem assobiada e o som da flauta. Essa sucessão assegura a passagem do assobio monótono ao assobio modulado e, em seguida, à melodia assobiada. Trata-se, portanto, de um eixo musical, definido pelo recurso à noção de tonalidade.

Encontramos reunidas na terceira aresta condutas essencialmente linguísticas, pois o chamado nomeado é um sinal emitido por meio de uma palavra (o que o opõe aos dois outros) e a linguagem cortês corresponde, conforme dizem os mitos, ao modo de emprego mais completamente linguístico da linguagem (por oposição à linguagem ofensiva, é claro, mas também à linguagem assobiada que, como vimos, é superlinguagem num plano e infralinguagem em outro). O chocalho é, dentre todos os instrumentos musicais, o que possui a função linguística mais nítida. Sem dúvida, a flauta fala, mas sobretudo a linguagem dos homens que lhe "dão" a palavra (acima, p. 371). Os guizos e o tambor transmitem mensagens divinas aos homens — "o guizo diz suas palavras em voz alta aos homens, aqui na terra" (Preuss, op. cit.) —, mas essa função se exerce conjuntamente com a de um chamado dirigido por homens a outros homens: "Através do som do tambor faz-se com que os outros venham" (id. ibid.). E quão mais eloquente é o discurso divino quando é emitido pelo chocalho, pintado para imitar o semblante do deus! (Zerries, 1953a, passim). Segundo a teoria linguística dos Kalina, a que já nos referimos, os fonemas da língua repousam na superfície do chocalho: "O círculo, com seis raios inscritos, é o símbolo das cinco vogais *a, e, i, o, u*, e além disso o *m*... O chocalho é um globo, dentro do qual as pedrinhas representam as ideias fundamentais e cuja superfície externa exprime a harmonia dos sons da linguagem" (Goeje, 1943, p. 32).

Ruídos na floresta

Passemos agora às conexões oblíquas. Na espessura do prisma representado pelo esquema, quatro diagonais delimitam dois tetraedros isósceles, cujas pontas se compenetram. O tetraedro cuja ponta está dirigida para o alto reúne, em seus ápices, o conjunto dos três chamados e o chocalho, isto é, quatro termos entre os quais veremos que existe um duplo laço de correlação e de oposição. Para não anteciparmos um desenvolvimento posterior, indicaremos apenas que os chamados fazem comparecer no seio da sociedade humana (e para sua grande infelicidade, pois disso resultará a perda das mulheres) um animal, ser natural. Ao contrário, para a felicidade da sociedade, o chocalho faz comparecerem seres sobrenaturais, espíritos ou deuses.

O outro tetraedro, cuja ponta se dirige para baixo, reúne em sua base os três instrumentos musicais e, atravessando o plano da linguagem articulada, seu quarto ápice marca o chamado nomeado, que, com efeito, constitui a forma mais linguística de chamado. Essa configuração remete a observações anteriores (p. 373). A música, dizíamos então, é a transposição metafórica da palavra, assim como o nome próprio serve de metáfora para o indivíduo biológico. São, portanto, os quatro termos com valor de metáfora que se encontram assim reagrupados, enquanto os outros quatro têm um valor de metonímia: o chocalho é o deus reduzido à sua cabeça, falta o lado vocálico à linguagem parcial que ele emite, cujas afinidades são todas elas consonantais, pois tal linguagem consiste em microrruídos; os chamados, por sua vez, também se reduzem, mas de outra maneira, a uma parte ou a um momento do discurso. É apenas no nível intermediário que esses aspectos metafóricos e metonímicos se equilibram. Com efeito, trata-se aqui do discurso entendido no sentido próprio e, sob três diferentes modalidades, sempre presente em sua integralidade.

3. A volta do desaninhador de pássaros

UMA LONGA INVESTIGAÇÃO SOBRE A MITOLOGIA DO MEL levou-nos, no quadro de um sistema mais amplo, cujos contornos apenas esboçamos, a colocar em correlação e oposição aquilo que, por comodidade, chamamos de "chamado percutido" e "chamado (ou resposta) assobiado". Na verdade, o "chamado percutido" deveria ter despertado nossa atenção há muito tempo e precisamente a propósito de um dos primeiros mitos relativos ao mel que nos foi dado discutir.

Retornemos, pois, à página 150 de *O cru e o cozido*. Um mito (M24) dos índios Terena, que são Arawak meridionais estabelecidos no noroeste do Chaco, na fronteira entre a Bolívia, o Paraguai e o Brasil, diz respeito a um homem que descobre que sua mulher o envenena com seu sangue menstrual. Ele parte em busca do mel e o mistura com a carne de embriões de cobra extraídos do corpo de uma fêmea morta ao pé de uma árvore onde também havia abelhas. Após beber essa mistura, a mulher se transforma em jaguar e persegue o marido que, para escapar dela, assume o papel do desaninhador de pássaros de M1, M7-M12. Enquanto a ogra corre atrás dos papagaios que ele joga para ela, o homem desce da árvore e foge na direção de um buraco onde sua mulher cai e morre. De seu cadáver nasce o tabaco.

Introduzimos esse mito e suas variantes mataco (M22) e toba-pilaga (M23) para demonstrar a existência de um ciclo que vai do fogo destruidor (de um jaguar) ao tabaco, do tabaco à carne (através de M15, M16, M25) e da carne ao fogo de cozinha, portanto construtor, obtido do jaguar (através de M7-M12). Esse ciclo define, assim, um grupo fechado, cujos operadores são o jaguar, o porco-do-mato e o desaninhador de pássaros (*cc*, pp. 130-60).

A volta do desaninhador de pássaros

Naquele momento, não fora necessário assinalar um detalhe de M24 o qual, se levarmos em conta as considerações acima, agora deve vir para o primeiro plano: o herói bate suas sandálias uma contra a outra[24] "para achar o mel mais facilmente"; dito de outra maneira, ele dirige ao mel um "chamado percutido", cujo resultado é a obtenção não apenas do mel, mas também de uma cobra. Qual pode ser o significado simbólico dessa prática que outros mitos ecoam, como veremos, embora as observações disponíveis não pareçam permitir corroborá-la diretamente?

Vários mitos dos Tacana da Bolívia oriental, parcialmente utilizados no início deste trabalho (M194-M197), relatam os desentendimentos de dois irmãos divinos, os Edutzi, com *meleros* (no Brasil, irara, *Tayra barbara*), os quais carregam um pequeno tambor que soa cada vez que eles (ou elas) são espancados. Para livrar suas filhas desses maus-tratos (no entanto bem merecidos, pois as mulheres traem seus maridos divinos, seja como esposas, seja como cozinheiras), o *melero* as transforma em araras. Essa é a origem do tambor ritual dos sacerdotes tacana, feito com couro de irara e percutido durante o ritual para estabelecer comunicação com os Edutzi (H&H, 1961, pp. 109-10). Por conseguinte, aqui também surge uma conexão entre a busca do mel, de que os *meleros* são donos,[25] como indica seu nome em espanhol, e uma forma de chamado percutido.

Quer o vasto grupo cultural e linguístico de que fazem parte os Tacana se ligue ou não à família arawak — pois a questão é controversa —, nem por isso sua posição é menos significativa entre vizinhos setentrionais e ocidentais de língua arawak e, ao sul e a leste, os remanescentes de um povoamento antigo, igualmente arawak, dos quais os Terena são os últimos testemunhos. Com efeito, é como se o mito terena, que acaba de ser evocado, constituísse uma ligação entre mitos típicos do Chaco, relativos à origem do tabaco, e um grupo de mitos tacana no qual o herói torna-se desaninhador de pássaros mas que, tanto quanto se possa julgar (pois se

---

24. A maioria dos povos do Chaco usa sandálias com solas de madeira ou de couro.

25. O tamanduá, que em breve retornará, também é denominado, em algumas regiões de língua espanhola, *melero*, "vendedor de mel", ou *colmenero*, "apicultor" (Cabrera & Yepes, 1940, pp. 238-40).

trata de uma mitologia exposta a três séculos de contatos ininterruptos com o cristianismo), refere-se antes à origem de ritos de caça e de cozinha. Por esse aspecto, os mitos tacana remetem aos mitos jê que estudamos na primeira parte (III, *B*), cuja heroína é uma moça louca por mel, papel que cabe à mulher do herói no mito terena. A afinidade entre os mitos tacana e os mitos jê também é confirmada pelo episódio, recorrente em ambos os casos, sobre a origem do tamanduá em substituição à origem do jaguar (Chaco) ou a origem dos costumes alimentares do jaguar (mitos jê sobre a origem do fogo de cozinha, M_7-M_{12}), pois estabelecemos de maneira independente (*cc*, pp. 257-60) que esses animais se encontram invertidos no interior de um par.

M300A TACANA: HISTÓRIA DO DESANINHADOR DE PÁSSAROS

Um homem, mau caçador mas hábil agricultor, vivia com sua mulher, a mãe e os irmãos dela. A família da mulher o maltratava porque ele nunca trazia caça. Ele, entretanto, era o único a fornecer-lhe mandioca, milho e bananas.

Certo dia, seus cunhados o fizeram subir numa árvore para desaninhar ovos de arara. Então, cortaram o cipó pelo qual ele tinha subido e o abandonaram, mas antes bateram nas raízes da árvore para que saísse do tronco oco a /ha acua/ "cobra-papagaio" (*Boa constrictor*), que ali morava, certos de que ela devoraria sua vítima.

Todo encolhido na ponta de um galho (ou dependurado no cipó cortado), faminto e exausto, o homem resistiu durante todo o dia e toda a noite [outras versões: três, oito ou trinta dias] aos ataques da cobra. Ouviu um barulho que *acreditou inicialmente ser o de um coletor de mel* [grifo nosso], mas que, na realidade, provinha do Espírito da mata, Deavoavai, que batia nas raízes das grandes árvores com seus possantes cotovelos (ou com sua borduna), para fazer sair as cobras com que ele se alimentava. O Espírito disparou uma flecha que se transformou em cipó. O homem usou-a para descer, mas ficou inquieto, pois não sabia qual destino seu salvador lhe reservava. Então, Deavoavai matou a cobra e, carregando aquela enorme quantidade de carne, dirigiu-se para sua morada junto com o homem, que tinha convidado a acompanhá-lo. O Espírito morava sob as raízes de uma grande árvore. Sua casa estava cheia de carne e sua mulher [tapir ou rã, dependendo da versão] disse a ele que livrasse seu protegido da indolência que o impe-

A volta do desaninhador de pássaros   383

dia de ser um grande caçador. O Espírito a extraiu do corpo do homem, sob a forma de exalações malcheirosas ou de uma massa mole [dependendo da versão].

Deavoavai presenteou o herói regenerado com provisões inesgotáveis. Acrescentou um prato especialmente destinado a seus malvados aliados, composto de peixes [pescados pelo Espírito com veneno ou batendo nas pernas com o dorso das mãos], misturados com a gordura do coração da cobra. A ingestão dessa comida maléfica provocou a transformação de seus aliados em araras e, em seguida, em /ha bacua/, cobras-araras, que Deavoavai matou e comeu durante os dias seguintes (H&H, 1961, pp. 180-3, segunda versão, pp. 183-5, que restringe o grupo dos aliados aos dois cunhados).

Antes de examinarmos uma terceira versão, mais complexa, acreditamos ser útil limpar o terreno, apresentando algumas observações.

O parentesco entre o mito tacana e o mito terena não deixa dúvidas. Nos dois casos, trata-se de um herói maltratado (física ou moralmente) por um aliado (sua mulher) ou aliados (mãe e irmãos de mulher) e que, em circunstâncias sem dúvida diferentes, encontra-se reduzido ao estado de desaninhador de pássaros perseguido por um ogro (jaguar ou cobra). Em um dos casos, a transformação do aliado em ogro resulta da ingestão de uma mistura de mel e cobras; no outro, a ingestão de uma mistura de peixe e gordura de cobra provoca a transformação dos aliados em cobras da mesma espécie do ogro. O chamado percutido sempre desempenha um papel: para obter o mel, e ainda por cima os filhotes de cobra; para obter os peixes que, misturados com a gordura de cobra, ocuparão o lugar do mel; para obter as cobras grandes. O texto do mito tacana reforça ainda mais a conexão, visto que o chamado percutido do Espírito Deavoavai é inicialmente atribuído pelo herói a um buscador de mel (como é efetivamente o caso no mito terena). No entanto, caso se tratasse de um simples buscador de mel, este não teria podido salvar o herói, devido a sua situação desesperada, que exigia uma intervenção sobrenatural. Daí resulta que Deavoavai, dono da floresta (H&H, 1961, p. 163), iniciador das técnicas e dos ritos (id. ibid., pp. 62-3), é semelhante a um supercoletor de mel e, assim, as cobras-araras que ele procura são elas mesmas da ordem de um mel elevado à potência máxima. Inversa-

384 *Parte III*

mente e com uma potência mais reduzida, o homem que coleta mel está na posição de dono da floresta.

Um mito toba (M301) fala de uma cobra gigante atraída pelo barulho provocado pelos coletores de mel, que abrem árvores a machadadas. A cobra exige deles mel fresco, derramado diretamente em sua goela, e os devora. Ela se faz anunciar por um grande barulho: brrrumbrrummbrum! (Métraux, 1946a, p. 71). Tal como nossa fonte o transcreve, esse barulho evoca o som de um zumbido; voltaremos a isto. Do mesmo modo, as cobras-ogros do mito tacana gritam ou assobiam ao se aproximarem, e ficam excitadas com o barulho das folhas quando o vento se põe a soprar. Mantém-se, portanto, através de todas essas descrições, a oposição entre o chamado percutido e a resposta ou chamado assobiado, no quadro mais amplo de um contraste entre ruído descontínuo e ruído contínuo.

O mito tacana, transformação do mito terena, é também transformação do mito do desaninhador de pássaros (M1), pelo qual manifestamente passamos na vertical, digamos assim, ao abordarmos o outro mito, nesse sobrevoo (ao qual este volume nos obriga) do conjunto mítico que o volume anterior nos fez percorrer no outro sentido. M1 e M300A têm o mesmo ponto de partida: um conflito entre aliados por casamento, pai e filho num caso (a sociedade bororo é matrilinear) e irmãos de mulher e um marido de irmã no outro (respeitando, portanto, as transformações jê de M1, mas à custa de uma inversão dos papéis, pois agora é o marido da irmã, não o irmão da mulher, que ocupa o lugar de desaninhador de pássaros):

	O desaninhador de pássaros	*Seu perseguidor*
BORORO (M1)	filho de mulher	marido de mãe
JÊ (M7-M12):	irmão de mulher	marido de irmã
TACANA (M300A):	marido de irmã	irmão de mulher

A volta do desaninhador de pássaros

Essa "transformação numa transformação" é acompanhada por uma outra no desenvolvimento da narrativa, opondo dessa vez o mito tacana aos mitos bororo e jê, como seria de se esperar, já que os Tacana são patrilineares, diferentemente do conjunto bororo-jê (à exceção dos Xerente, entre os quais a transformação previsível se manifesta em outro eixo, cf. *cc*, pp. 260-4). Por conseguinte, a diferença na codificação sociológica dos mitos bororo e jê, encarada sob esse único ângulo, não traduz uma verdadeira oposição.

Tanto no mito bororo como nos mitos jê, o herói que chegou ao topo de uma árvore ou de um rochedo ou que chegou à metade de uma parede rochosa não pode voltar a descer porque seu companheiro, que ficou embaixo, retirou a vara ou a escada que lhe permitira subir. O que ocorre no mito tacana é muito mais complexo. Graças a um cipó, o herói atingiu a copa de uma grande árvore; seu companheiro sobe então por outro cipó ou numa pequena árvore próxima, para cortar o primeiro cipó alto o bastante para que sua vítima não possa saltar para o chão; isto feito, ele desce e, segundo uma versão, chega mesmo a tomar o cuidado de derrubar a árvore graças à qual executou sua maldade. Uma terceira versão combina as duas fórmulas: o herói primeiro sobe no alto de uma palmeira, para poder agarrar um cipó que lhe permitirá subir até a copa de uma árvore maior. Então, seu cunhado o impede de voltar, derrubando a palmeira.

Parece, portanto, que o mito tacana quer confundir a relação simples que os mitos bororo e jê concebem entre os dois homens — um no alto, outro embaixo — e que, para chegar a isso, esse mito inventa um procedimento complicado, segundo o qual um dos protagonistas permanece no alto, enquanto o outro deve quase alcançá-lo para, em seguida, descer. Não se pode tratar de um acaso e as principais versões mostram-se particularmente minuciosas quanto a esse aspecto. Além do mais, o motivo é retomado e explorado no episódio seguinte, no qual o herói procura evitar a cobra, que sobe na árvore para alcançá-lo, descendo o mais baixo possível pelo cipó cortado, de modo que, dessa vez, o herói se

386   *Parte III*

encontra relativamente mais baixo e seu novo perseguidor relativamente mais alto.[26]

Um conjunto de transformações aparece imediatamente, mas que se diferenciam em relação ao mito bororo e aos mitos jê.

No mito tacana, assim como no mito bororo, o herói deve sua salvação a um cipó do qual, entretanto, faz usos opostos, seja alçando-se até o cume da escarpa rochosa (alto do alto), seja agarrando-se à extremidade inferior (baixo do alto). Apesar dessa diferença, o uso do cipó cria um parentesco evidente entre os dois mitos, aos quais seria inclusive tentador atribuir uma origem comum, com base num episódio que é praticamente idêntico nos dois mitos, sem que a cadeia sintagmática pareça impor-se.

Privado de traseiro, após o ataque dos urubus, incapaz de alimentar--se, o herói bororo se lembra de um conto narrado por sua avó, no qual a mesma dificuldade era superada por meio de um posterior artificial, feito de polpa vegetal. Ora, numa versão que será resumida em breve (M303), o herói tacana recorda as narrativas de sua avó sobre o modo conveniente de solicitar a ajuda do Espírito das matas que virá libertá-lo. Por conseguinte, nos dois casos uma conduta, ora anal ora oral, intervém no mito sob o

---

26. É graças a essa inversão, sem dúvida, que a mitologia tacana consegue encadear o motivo do desaninhador de pássaros ao da visita ao mundo subterrâneo. Uma versão (M300B) relata que um homem era tão preguiçoso que seu cunhado (irmão de mulher), irritado por ter de alimentá-lo, resolveu livrar-se dele. Então o fez descer *por um cipó* na toca de um tatu, sob o pretexto de capturar o animal; em seguida tapou a entrada e retirou-se. Acolhido pelo tatu, o homem conheceu os /Idsetti deha/, povo de anões sem ânus que se alimentam exclusivamente de caldo e do cheiro de comida. Seja porque não conseguiu dotar os anões do orifício que faltava, seja porque estes sentem nojo ao vê-lo defecar e ao sentir o mau cheiro, o homem consegue que o tatu o leve de volta para junto dos seus. Antes o tatu lhe havia ensinado um método de caça, que consistia em jogar-se dentro de uma panela com água fervendo e sair pelo fundo dela, ao mesmo tempo que a água. Então o caçador se viu numa região abundante em caça, onde lhe bastava matar os animais e assar a carne que sua mulher retirava da panela depois de ele ter saído dela. O cunhado malvado quis imitá-lo, mas como não possuía o pente mágico dado pelo tatu, morreu escaldado (H&H, 1961, pp. 351-5). Note-se que o herói do mito bororo M1 é um desaninhador de pássaros, cujo traseiro é devorado por urubus, o que o torna incapaz de conservar a comida ingerida. É um personagem furado (demais), enquanto o herói de M300B, escavador de tatu, é um personagem furador e (bem) furado em comparação com os anões, que são personagens tapados (demais). A transformação do fervido em assado ou, mais exatamente, a mediação do assado pelo fervido coloca problemas que ainda não chegou o momento de abordar.

efeito de um outro mito, narrado por uma avó. O procedimento narrativo é suficientemente raro para sugerir um parentesco não somente lógico, mas real, entre os mitos bororo e tacana.

É possível, aliás, avançar ainda mais nessa direção. Ao compararmos M1 com outros mitos, formulamos a hipótese de que seu herói era um "confinado", isto é, um rapaz que, perto da idade na qual os jovens índios ingressam na sociedade dos homens, se recusa a desligar-se do mundo materno e feminino. Ora, qual é o erro inicial do herói tacana? Numa sociedade em que, segundo consta, a agricultura propriamente dita cabia às mulheres (Schuller, 1922; Farabee, 1922, p. 155, a propósito dos Tiatinagua, que são um subgrupo da família tacana), o herói se revela um caçador incapaz, mas hábil nos trabalhos agrícolas; assume, portanto, um papel feminino. Frustra assim seus aliados que, de um ponto de vista funcional, não ganham com ele nada a mais (e sobretudo nada além) daquilo que obtinham anteriormente da mulher que eles lhe cederam. Ao recorrer à residência matrilocal, contrariando a realidade etnográfica (Farabee, 1922, p. 156), o mito reforça essa interpretação.

Outro mito tacana considera a hipótese simétrica de uma mulher que pretende assumir um papel masculino:

M302 TACANA: A MULHER LOUCA POR CARNE

Havia uma mulher que queria comer carne, mas seu marido, mau caçador, sempre voltava de mãos abanando. Assim, decidiu caçar sozinha e seguiu o rastro de um veado durante vários dias sem conseguir aproximar-se dele, que era um homem transformado. Este tentou convencer a mulher de que, conforme lhe dissera seu marido, ao tentar fazê-la desistir de seu projeto, os veados corriam depressa demais para ela. Propôs-lhe então casamento. Mas a mulher decidiu voltar para casa, embora seu interlocutor lhe tivesse dito que ela jamais chegaria lá.

Ela prosseguiu na caçada que já durava não três dias, como ela acreditava, mas três anos. O homem-veado alcançou-a, trespassou-a com seus chifres e abandonou o cadáver, cuja carne um jaguar comeu, menos a pele, que se transformou numa moita cerrada de plantas do brejo. Os ovos de piolho que estavam em seus cabelos tornaram-se arroz selvagem e seu cérebro deu origem aos cupins e ao cupinzeiro.

No início, o homem tinha achado graça na presunção da mulher, mas finalmente partiu à sua procura. No caminho, encontrou várias aves de rapina que lhe contaram o que tinha acontecido com a infeliz. E disseram que, doravante, toda vez que um ser humano passasse diante de um cupinzeiro rodeado de plantas do brejo ele ouviria os cupins assobiarem. Apesar do conselho das aves, o homem resolveu prosseguir em sua busca. Ao chegar à margem de um grande rio, foi levado pelas águas e morreu soterrado no lodo. De seu corpo nasceram duas capivaras, um macho e uma fêmea, que tinham um cheiro muito forte. É a origem desses animais (H&H, 1961, pp. 58-9).

Esse mito apresenta duplo interesse. Atravessando distâncias bastante consideráveis, ele permite ligar mitos do Chaco (Toba, M_{213}; Mocovi, M_{224}) e da Venezuela (Warrau, M_{223}), relativos a uma ou a várias mulheres frustradas e (ou) desobedientes, transformadas subsequentemente em capivaras. No caso agora considerado, é o marido que sofre essa metamorfose em animal aquático, enquanto a mulher se transforma em plantas aquáticas (às quais se acrescentam, por motivos que ainda precisam ser descobertos, os cupins assobiadores dos brejos).[27] O mito bororo do desaninhador de pássaros (M_1) vem nos socorrer para explicar essa divergência no sistema das transformações.

Com efeito — e é o segundo ponto —, os dois mitos se sobrepõem parcialmente pois, em ambos, um aliado (esposa ou pai) trai sua função, abandonando um marido ou um filho, e sofre um castigo semelhante: é trespassado pela galhada de um veado, devorado por animais canibais (jaguar ou piranhas); os restos (periféricos — pele, ovos de piolho, cérebro — ou centrais — vísceras) dão origem às plantas do brejo. E o mito tacana transforma em capivara o homem disjunto de sua mulher caçadora (mas que procura obstinadamente juntar-se a ela, apesar dos conselhos das aves), como um outro mito bororo (M_{21}), no qual mulheres pescadoras, disjuntas de seus maridos (e que assim querem permanecer), os metamorfoseiam

---

27. Essa metamorfose sempre castiga a desmedida: aqui, de uma mulher que quer agir como um homem, em outro mito (M_{256}), de um homem que procura tirar vantagem de seu longo pênis para agir como super-homem, ou ainda de um menino que manifesta uma crueldade chocante (H&H, 1961, pp. 81-3, 192-3).

em porcos-do-mato. A mulher tacana se recusa a ceder às investidas do homem-veado, embora ele pudesse ter-lhe fornecido carne. Numa versão de M_{21}, as mulheres bororo são abastecidas com peixe pelas ariranhas, que são homens, porque cederam a suas investidas (Rondon, 1948, p. 167).

Quando comparamos, em *O cru e o cozido*, os mitos bororo e jê relativos à origem dos porcos-do-mato, uma transformação de natureza sociológica permitiu-nos reduzir suas diferenças. A linha de ruptura potencial que passa, nos Jê, entre o irmão e a irmã casada, situa-se, nos Bororo, entre a mulher e o marido:

$$\text{[Jê]} \left[(\triangle \overset{\ulcorner\#\urcorner}{\bigcirc} = \triangle) \right] \longrightarrow \text{[Bororo]} \left[\bigcirc \# \triangle \right]$$

Se pudéssemos ir dos mitos tacana para uma estrutura social, de que na verdade pouco se sabe e que aparentemente não é mais possível observar, teríamos diante de nós, entre esses índios, uma situação empírica de um terceiro tipo e que, de fato, estaria entre as duas outras. Na origem dessa situação não encontraríamos um estado de tensão, mas uma vontade de aproximação que neutraliza as distâncias técnicas entre os sexos: o marido quer ser agricultora, como sua esposa; a mulher quer ser caçador, como seu marido. Desse apetite de indistinção resulta sem dúvida uma ruptura, mas derivada, pois dessa vez ela se situa (M_{300A}) entre marido de irmã e irmão de mulher, que se recusa a ter no marido da irmã uma simples duplicação dela:

$$M_{300A} \left[(\triangle \overset{\ulcorner\#\urcorner}{\bigcirc} = \triangle) \right] \longrightarrow M_{302} \left[\text{caça} \ // \ (\triangle) \equiv \bigcirc \right]$$

(Quanto à transformação: *cunhado* $\longrightarrow$ *caça*, cf. CC, pp. 110-9)

A comparação entre os pares animais utilizados respectivamente por M_{21} e M_{302} ressalta admiravelmente a ambiguidade do pensamento tacana em relação à oposição dos sexos, pois os animais que ele emprega são mistos:

BORORO (M21): peixes	porcos-do-mato
TACANA (M302): capivaras	veado

Com efeito, os peixes pescados pelas mulheres bororo de M21 situam-se inteiramente do lado da água, os porcos-do-mato em que se transformam seus maridos, inteiramente do lado da terra ou até mesmo do lado dos animais ctônicos. Mas as capivaras, roedores anfíbios, ilustram a união entre a água (terrestre) e a terra, ao passo que os veados, animais femininos para os Bororo (Colb., 1919, p. 23), os Jivaro (Karsten, 1935, p. 374), os Mundurucu (Murphy, 1958, p. 530), os Yupa (Wilbert, 1962, p. 879), os Guarani (Cadogan, 1959, p. 57) etc. — e, nesse aspecto, também opostos aos porcos-do-mato, animais masculinos[28] — apresentam uma afinidade com o céu atmosférico e ilustram a união entre a água (celeste) e a terra. Talvez se pudesse explicar da mesma maneira o fato de o ogro tacana, que substitui o jaguar jê nos mitos "do desaninhador de pássaros", ser também ele um misto, cobra-papagaio, que realiza a união entre a terra e o ar, e confrontado, como o veado de M302, com um adversário que, ainda que seja ora homem e ora mulher, não pretende renunciar ao outro aspecto.

Todas essas hipóteses apresentam um caráter que poderíamos denominar mítico-dedutivo. Elas se apoiam numa crítica, no sentido kantiano do termo, de um corpo de mitos em relação aos quais nos interrogamos acerca das condições para que uma estrutura social, supostamente desconhecida, seria apropriada para engendrá-los; e sem cedermos à ilusão de que eles poderiam simplesmente refleti-la. Embora não saibamos grande coisa sobre as antigas instituições dos Tacana, é possível encontrar nelas certas corroborações indiretas de nossas hipóteses, que lhes conferem pelo menos uma presunção de verdade.

---

28. A forma da oposição não é, contudo, constante, visto que os Kogi assimilam os porcos-do--mato e os tatus a seres femininos, porque estes animais trabalham a terra (Reichel-Dolmatoff, 1949-51, v. I, p. 270).

A volta do desaninhador de pássaros

As tribos do grupo tacana praticavam uma dupla iniciação dos rapazes e das moças, por meio de ritos de mutilação corporal concebidos, ao que parece, para afirmar uma equivalência entre os sexos, a despeito de sua aparente diversidade. A mesma faca de bambu servia para cortar o freio do pênis dos rapazes e fender o hímen das moças (Métraux, 1946c, p. 446). Uma conduta repreensível acarretava, como sanções paralelas, o suplício das formigas, se a culpada fosse uma mulher, e o das vespas, no caso de um homem (H&H, 1961, pp. 373-4). E embora a visão dos ídolos e dos objetos de culto fosse proibida às mulheres cavina, estas tinham o raro privilégio de tocar flauta, enquanto os homens cantavam (Armentia, 1906, p. 13). Essa preocupação com o igualitarismo perante os ritos tende para uma comutatividade dos sexos à qual os mitos tacana parecem aspirar de maneira confusa.

Pode também ser que essa forma particular de dualismo, tal como se exprime de diferentes maneiras nos ritos e nos mitos, se explique pela posição dos Tacana (e de seus vizinhos do grupo linguístico pano), que os situa na interseção entre as baixas culturas da floresta tropical e as do planalto andino. Se os mitos que consideramos até o momento apresentam muitos pontos em comum com os do Chaco e do Brasil Central, por outro lado, deles se diferenciam pela presença, nas versões tacana, de um protagonista divino, membro de um panteão complexo, no qual certos deuses chegam mesmo a ter nomes quechua, que não têm equivalente entre as tribos das terras baixas. No século XVII, ainda havia objetos de proveniência peruana nos templos quadrados que os Tacana erigiam em lugares isolados (Métraux, op. cit., p. 447).

Devido ao papel que essas divindades são chamadas a exercer, todas as funções míticas se encontram, de certo modo, deslocadas de um nível mas sem que esse deslocamento para o alto implique uma perturbação das funções que devem permanecer garantidas. Os mitos tacana se safam, por assim dizer, fazendo com que dois meios termos correspondam a uma função. Consideremos, por exemplo, a seguinte transformação: as araras comidas pelo jaguar (nos mitos jê: M_7-M_{12}) se transformam em cobras comidas por uma divindade (nos mitos tacana: M_{300A}, M_{303}), a qual ilustra, portanto, a transformação tacana do jaguar jê (enquanto ogro imaginário e salvador real). Esse grupo não é homogêneo, pois a transformação das araras em cobras constitui um *episódio interior* ao mito tacana, enquanto a transformação do jaguar em divindade resulta de uma *operação exterior* realizada sobre esse mito, por intermédio dos mitos jê. Para superar a dificuldade e obter uma real relação de equivalência entre os mitos, é preciso admitir que, devido à irrupção de um protagonista divino na série tacana, a correspondência se estabelece entre três termos tacana e dois termos jê, segundo a fórmula:

Com efeito, na série tacana, a divindade é um comedor de cobras e a cobra, uma comedora de homens, embora os humanos transformados inicialmente em araras e, depois, em cobras, sejam eles próprios comidos pela divindade. Na série jê, o jaguar substitui a cobra (na posição de ogro virtual) e se comporta como a divindade (salvador real), e as araras são comidas pelo jaguar, do mesmo modo que, entre os Tacana, as cobras-araras são comidas pela divindade.

Talvez tenhamos chegado à razão profunda pela qual as cobras tacana devem ser logicamente mistos: cobras e aves. Como cobras, elas invertem um termo dos mitos jê (devido a sua subordinação a um termo de nível superior ao delas); como araras, elas reproduzem o outro termo. Mas, sobretudo, verificamos uma vez mais que a análise estrutural traz uma contribuição às reconstruções históricas. Os especialistas dos Tacana admitem, com efeito, que esses índios poderiam ter uma origem oriental e, por conseguinte, teriam vindo de uma zona de baixas culturas, sendo submetidos tardiamente à influência andina, que teria sobreposto seu pan-

A *volta do desaninhador de pássaros*

teão a um fundo mais antigo. Nossa interpretação caminha exatamente no mesmo sentido. Podemos acrescentar, baseados na primeira diferença que detectamos entre o mito bororo e o mito tacana cujo herói é um desaninhador de pássaros, que o procedimento complicado, ao qual o segundo mito recorre para garantir o isolamento do herói, seria facilmente explicável se resultasse de uma transformação do episódio correspondente dos mitos bororo e jê. Essa complicação, que se torna inevitável por força de uma imposição suplementar, pareceria gratuita e incompreensível, caso fosse o efeito de uma transformação em sentido inverso.

RETORNEMOS A NOSSO PONTO DE PARTIDA, isto é, M_{300A}, que, como já sabemos, transforma três mitos ou grupos de mitos: $\{M_1\}$, $\{M_7\text{-}M_{12}\}$ e $\{M_{22}\text{-}M_{24}\}$, aos quais podemos, desde já, acrescentar um quarto grupo $\{M_{117}, M_{161}\}$, em razão do duplo motivo da transformação em grande caçador de um herói miserável, preso na copa de uma árvore, da qual consegue descer por um cipó (que é também um *Ficus* nos mitos tacana, H&H, 1961, p. 178; cf. *CC*, p. 246, n. 20), cuja aparição foi suscitada magicamente.

Ora, esse último aspecto remete a um quinto grupo de mitos, longamente analisado no decorrer deste trabalho, proveniente da região guianense ($M_{237}\text{-}M_{239}$). O ponto de partida é o mesmo. Um mau caçador vivia em residência matrilocal; seus cunhados procuram livrar-se dele entregando-o a um monstro canibal. Um protetor sobrenatural com forma de rã (como a mulher do protetor sobrenatural entre os Tacana), o livra da podridão (do fedor, entre os Tacana), de onde provinha sua falta de sorte, e presenteia-o com flechas milagrosas (que, na Guiana, são disparadas sem visar, ou que, nos mitos tacana, têm a ponta gasta). Assim, se o desaninhador de pássaros é dono da água entre os Bororo e dono do fogo de cozinha entre os Jê, entre os Tacana e, à semelhança do herói guianense, ele surge sob o aspecto de um dono da caça, da qual depende, tanto quanto da água (no tocante ao fervido) e do fogo (no tocante ao assado), a própria existência da cozinha, que requer a carne como matéria, e a água e o fogo, como meios.

Uma versão do mito tacana do desaninhador de pássaros ressalta bem essa nova função. Passaremos rapidamente pela primeira parte, que reproduz com bastante exatidão M300A, notando que a divindade protetora aqui se chama Chibute. Do ponto de vista que nos interessa, essa diferença pode ser desconsiderada, pois Chibute, filho da irmã de Deavoavai e de um homem-macaco (H&H, 1961, pp. 158-62), forma com seu tio materno um par semidioscúrico, cujos termos são facilmente comutáveis: "Embora figurem como personagens distintos no panteão tacana, Chibute e Deavoavai aqui são complementares e têm a mesma função semântica, o que autoriza a transcrição: Chibute/Deavoavai, para designar esse personagem duplo" (id. ibid., p. 178). Depois que a sogra do herói consumiu o alimento maléfico e transformou-se em cobra /ha bacua/, seu marido parte à sua procura, acompanhado por seus filhos:

M303 TACANA: A EDUCAÇÃO DOS RAPAZES E DAS MOÇAS

Os três homens se perderam na floresta e, ao encontrarem porcos-do-mato, os filhos seguiram os animais e se transformaram em seus semelhantes. O sogro do herói prosseguiu em sua busca. Faminto, comeu seu braço esquerdo. De repente, Chibute apareceu, censurou-o por sua maldade e disse-lhe que ele não voltaria mais para junto dos humanos, que haviam de surrá-lo até a morte. Transformado em tamanduá-bandeira, ele vaguearia sem destino pela terra, viveria sem mulher, geraria e procriaria sozinho seus filhos.

Comovido com as lágrimas de sua mulher, agora o herói parte seguindo as pegadas de seus sogros. Chibute mostra-lhe a velha transformada em cobra, condenada a morrer de fome, e o tamanduá, que ensina a matar, não com arco e flechas, mas a golpes de borduna. Então o herói exprime o desejo de saber caçar e Chibute ensina-lhe como fazer um arco com a parte do tronco da palmeira chima amarela (*Guilielma* sp.), voltada para o nascente,[29], bem como a corda e dois tipos de flechas. Assim, o homem torna-se o melhor dos caçadores.

---

29. Em relação a uma prescrição análoga dos Yurok da Califórnia, que faziam seus arcos unicamente com madeira de teixo e com a parte do tronco voltada para o alto de uma encosta, segundo certos informantes ou, segundo outros, para um rio, Kroeber observa, com divertida condescendência: "Eis o tipo de restrições imprevisíveis que os índios adoram impor a si mesmos" (in Elmendorf, 1960, p. 87, n. 10). Mas mesmo na França, e nos dias de hoje, os cesteiros do Limousin sabem que os ramos da castanheira são mais ou menos fáceis de trabalhar, de-

A *volta do desaninhador de pássaros* 395

Entregam a seus cuidados discípulos atrasados, que ele, por sua vez, instrui, com a ajuda de Chibute. Para essa segunda geração, o deus suspende certas restrições de natureza mágica (limitar-se a fazer duas flechas por ano), mas acrescenta outras, que possuem aspecto técnico. Passa-se, assim, da arte da caça como dom sobrenatural para sua prática secular, submetida a vários tipos de precauções e cuidados que o mito enumera com tão excessiva minúcia que não é possível reproduzi-los em detalhes. Assim, resumamos: banhos noturnos, com água perfumada com folhas do arbusto /emarepana/ (não identificado), cujos eflúvios se espalharão pela floresta,[30] flechada obrigatória na primeira caça que aparecer, estômago dado à mulher do instrutor, o restante da carne destinado aos velhos parentes dos caçadores. Estes últimos jamais oferecerão carne a seu instrutor, mas irão ajudá-lo em sua roça...

Os jovens caçadores tinham duas irmãs, sendo que a mais velha agradava ao filho do herói e ele desejava desposá-la. Mais uma vez convocado ritualmente pelo grito: huu! huu! emitido por entre as mãos em forma de concha, Chibute explicou que o pretendente deveria juntar lenha na porta de seus futuros sogros e que a jovem iria aprovisionar-se com ela, caso consentisse. O casamento realizou-se segundo o ritual prescrito por Chibute, que o mito descreve em detalhes.

Quando a mulher engravidou, seu sogro lhe ensinou como saber com antecedência qual o sexo da criança e quais precauções ela deveria tomar para que o parto fosse fácil e para que o menino fosse forte. Para garantir que a criança não chore sem parar, durma a noite inteira, não tenha inchaços na cabeça etc., o mito enumera outras prescrições ou proibições cuja lista simplificaremos: banhos em água com seiva de cipó /rijina/ (não

---

pendendo de provirem de árvores que crescem no fundo de um vale ou numa encosta e até mesmo em encostas diferentemente expostas ao sol (Robert, 1964, p. 158). Numa outra ordem de ideias, os trabalhadores encarregados da flutuação dos troncos nos rios afirmam que, na lua cheia, os troncos são empurrados para a margem, enquanto, na lua nova, eles permanecem no eixo da corrente (Simonot, 1965, p. 26, n. 4). Um saber não pode ser automaticamente relegado ao campo das superstições simplesmente porque suas razões de ser nos escapam.

30. Os Tunebo empregavam uma raiz perfumada para atrair os veados e os Cuna empregavam com a mesma finalidade uma planta chamada /bisep/ (Holmer & Wassen, 1958, p. 10). Os caçadores indígenas da Virgínia untavam o corpo com a raiz da *Angelica, the hunting root* e, ao contrário do que geralmente ocorre, colocavam-se a favor do vento, convencidos de que seu cheiro atrairia os veados. Nesse caso também parece tratar-se mais de uma técnica positiva do que de uma crença mágica. Não ousaríamos dizer o mesmo do costume xerente que consiste em furar as orelhas dos meninos pequenos para nelas enfiar um bastonete de madeira leve, com a intenção de torná-los bons caçadores e protegê-los das doenças (Vianna, 1928, pp. 43-4).

396 *Parte III*

identificado); proibição de comer carne de macaco guariba vermelho (para a mãe), de jaguar ou rabo de macaco guariba preto (para a criança); tocar nos ovos azuis de uma ave da mata, bem como na sola das patas do quati (para a criança). Seguem-se os preceitos relativos à confecção das flechas, às técnicas da caça, aos indícios que permitem reencontrar seu caminho na floresta, ao cozimento da caça (carne vermelha assada, estômago de porco guisado).[31]

Ainda por intermédio do herói, Chibute ensinou em seguida ao jovem casal as técnicas da fiação, da tecelagem e da cerâmica, desengordurada com a entrecasca calcinada da árvore /caripé/ (uma crisobalanácea; cf. Whiffen, 1915, p. 96 e n. 3).

[Em relação aos cupins assobiadores de M302, é interessante notar que o marido deverá *assobiar* ao cortar a madeira destinada a fazer a haste do fuso e que a prancha que serve de suporte para o fuso, a fim de que este gire depressa, será coberta, pela mulher, com as cinzas de um *cupinzeiro* previamente incendiado por seu marido.]

Depois que Chibute aconselhou a chamarem a aranha para dar lições de fiação à mulher, ele se encarregou de ensinar-lhe como construir um tear com seus acessórios, preparar as tinturas, cortar e cozer as roupas destinadas aos dois sexos. Disse também que o caçador deveria enfeitar-se com certas penas, carregar uma bolsa onde seriam guardadas as pedras de pelos, seixos e gordura encontradas no estômago ou no fígado de vários animais de grande porte, lembrar de sempre enterrar o fígado do porco-do-mato no próprio local em que ele foi abatido (para que os congêneres do animal ali retornem) e oferecer ao Dono dos porcos-do-mato em oferenda uma bolsinha tecida e enfeitada com motivos simbólicos, a fim de que ele não afaste seu rebanho, mas o deixe vir aos lugares salíferos onde os caçadores matarão muitos animais.[32]

O capítulo da caça se encerra com a lista de diversos sinais premonitórios do sucesso ou do fracasso. Depois disso, o deus passa à pesca, que exige um arco e flechas sem penas, confeccionadas com matéria-prima e mediante técnicas apropriadas. As barra-

---

31. Esse tratamento diferencial dado a uma víscera traz à lembrança uma observação de Whiffen sobre as tribos da região entre os rios Içá e Japurá: "Segundo os índios, comer o fígado, os rins e outras entranhas da caça seria agir como um bicho, a menos que eles sejam preparados sob a forma de sopa ou guisado" (1915, p. 130, cf. também p. 134). Portanto, os pedaços indignos de serem assados ou defumados continuam sendo consumíveis, contanto que sejam fervidos.

32. Essa passagem apoia uma dedução de *O cru e o cozido* (p. 159), na qual formulamos a hipótese de que o porco-do-mato era concebido simultaneamente como carne e como dono da carne. Idênticas prescrições de caça existiam entre os Yuracaré.

A *volta do desaninhador de pássaros* 397

gens, as nassas, o preparo do veneno de pesca, o transporte e o cozimento do peixe são longamente discutidos. Finalmente, o mito termina com preceitos esportivos, que o bom caçador deve seguir: banhos cotidianos, exercícios de tiro ao alvo nos cupinzeiros (mas somente na lua crescente); interditos alimentares (miolo de porco-do-mato, fígado de jabuti) ou prescrições (miolo de macacos *Ateles* e *Cebus*, coração de /pucarara/ e de jabuti comidos crus); bons modos (jamais comer os restos das refeições que sobram nas panelas); maneira correta de preparar e de carregar seu material; pinturas corporais etc. O mito conclui dizendo que, a todas essas instruções, Chibute acrescentou muitas outras, que o herói deveria transmitir a seu filho e a seus descendentes (H&H, 1961, pp. 165-76).

Imaginem se a lista fosse completa! Pois, mesmo em sua forma fragmentada, esse mito contém mais etnografia do que um observador poderia registrar depois de meses ou até mesmo anos de permanência numa tribo. Cada rito, prescrição ou proibição mereceria um estudo crítico e comparativo. Daremos apenas um exemplo, escolhido porque interessa mais diretamente do que outros à presente análise.

Para conhecer o sexo de uma criança que ainda se encontra no ventre, o deus diz aos pais que confrontem seus sonhos. Se ambos sonharam com um objeto redondo, como o fruto do jenipapo (*Genipa americana*), do motacu (uma palmeira: *Attalea* sp.) ou do açaí (outra palmeira: *Euterpe oleracea*), terão um filho; e uma filha, se seu sonho evocar um objeto alongado, raiz de mandioca ou banana.

As livres associações de indivíduos pertencentes a nossa cultura certamente teriam um resultado oposto: redondo para uma menina, alongado para um menino. Ora, é fácil verificar que, via de regra, a simbologia sexual dos índios sul-americanos, quaisquer que sejam seus meios lexicais, é sempre homóloga à dos Tacana e, por conseguinte, inverte a nossa. Eis aqui alguns exemplos, que também dizem respeito ao sexo da futura criança. Dizem os Waiwai da Guiana que quando se ouve o assobio do pica-pau /swis-sis/, a criança será um menino; mas ao se ouvir o barulho da bicada do pássaro numa árvore /torororo/ nascerá uma menina (Fock, 1963, p. 122; cf. Derbyshire, 1965, p. 157). No Equador, os Catio provocam o louva-a-deus: as duas patas estendidas para o bote pressagiam uma menina e uma só pata, um menino (Rochereau, 1929, p. 82). Essa simbólica pode ser comparada à classificação por sexo dos tambores de madeira amazônicos: o grande tambor, que emite notas graves, é fêmea: o pequeno, com notas agudas, é macho (Whiffen, 1915, pp. 214-5).[33] Temos, portanto, uma série de equivalências:

fêmea : macho :: longo : redondo :: percutido : assobiado :: inteiro : meio :: grande : pequeno :: grave : agudo

Em *O cru e o cozido*, já havíamos detectado uma oposição entre vulva comprida e vulva arredondada, inerente ao sexo feminino, mas se observarmos que o mito mundurucu (M58) a que nos referimos afirma que as belas vulvas são as mais redondas (Murphy, 1958, p. 78), chegaremos a uma proposição:

(*mulher desejável*) mais : menos :: (*vulva*) redonda : alongada,

que parece estar em contradição com a anterior, a menos que tenhamos em mente a repulsa pelo corpo feminino, latente entre os índios sul-americanos, e que somente se torna desejável para eles, senão tolerável, quando se situa, quanto a seu cheiro e a suas funções fisiológicas, aquém da plena manifestação de todas as suas virtualidades (*CC*, pp. 249-51, 354-8).

É possível, sem dúvida, simplificar a primeira série de equivalências, considerando que a oposição entre assobiado e percutido reduplica a oposição, igualmente de natureza acústica, entre notas agudas e graves. Perdura, no entanto, a questão de saber por que as mulheres são concebidas como

---

33. Menos simbólico e mais racionalizado, o método dos Kaingang-Coroado aproxima-se mais de nossa sistemática. Eles apresentam uma borduna a um tamanduá; se ele aceitar, será um menino, caso contrário, uma menina (Borba, 1908, p. 25). Não pretendemos que essa equação seja aplicável à simbologia de todas as tribos. Os Umutina, por exemplo, parecem constituir uma exceção, ao distinguirem os frutos da bacaba do campo (*Oenocarpus* sp.) em "machos" e "fêmeas", conforme eles sejam longos ou curtos (Schultz, 1961-62a, p. 227; Oberg, 1953, p. 108). Os Baniwa atribuem braços "achatados" aos homens e braços "arredondados" às mulheres (M276B). São precisamente estas diferenças entre os sistemas de representação que mereceriam ser estudadas com mais atenção do que se fez até o momento.

mais "consequentes" do que os homens, como diria a linguagem popular, encampando todas as oposições. Parece que o pensamento sul-americano segue aqui um procedimento análogo ao das tribos das montanhas da Nova Guiné, para as quais a oposição entre os sexos é marcada muito fortemente. Elas a justificam pela ideia de que as mulheres têm a carne disposta "verticalmente" ao longo dos ossos, enquanto os homens a têm "horizontalmente", isto é, no sentido transversal em relação ao eixo dos ossos. Devido a essa diferença anatômica, as mulheres atingem a maturidade mais depressa do que os homens, se casam em média dez anos antes do que eles e, mesmo adolescentes, podem contaminar com seu sangue menstrual os rapazes que, sendo da mesma idade, permanecem particularmente vulneráveis, porque o status social e moral de homens adultos ainda lhes é negado (Meggitt, 1964, pp. 207 e 222, n. 5, 6).

Ora, também na América do Sul uma oposição *longitudinal/transversal*, formulada em outros termos, servia para traduzir diferenças de autoridade e de status. As antigas tribos da região do rio Negro reconheciam os chefes por usarem um cilindro de pedra dura, perfurada no comprimento, isto é, paralelamente ao eixo do cilindro, ao passo que os pendentes das pessoas comuns, igualmente cilíndricos, eram perfurados transversalmente. Voltaremos a encontrar mais adiante essa distinção, que apresenta uma certa analogia com a dos bastões de ritmo, ocos ou cheios, dependendo do sexo do executante, entre os Guarani meridionais. Com efeito, pode-se admitir que um cilindro perfurado no sentido do comprimento é relativamente mais oco do que o mesmo cilindro perfurado no sentido da largura e cuja massa é quase completamente cheia.

Tendo dado um exemplo da riqueza e da complexidade dos comentários que mereceria cada uma das crenças, costumes, ritos, prescrições e proibições arrolados por M_{303}, voltemos ao mito, encarado de um ponto de vista mais geral. Vimos que, além dos grupos {M_1}, {M_7-M_{12}}, {M_{22}-M_{24}}, {M_{117} e M_{161}}, esse mito transformava o grupo guianense {M_{237}-M_{239}}. Isso não é tudo. Tendo notado de passagem a referência fugaz a {M_{15}-M_{18}} (transformação dos cunhados malvados em porcos-do-mato), convém agora examinarmos a última transformação ilustrada pelo mito tacana, a do grupo dos mitos jê {M225-M228 e M232A,B} que, como vimos, também se referem à origem do tamanduá e à educação dos rapazes como caçadores e (ou) como guerreiros.

Em *O cru e o cozido*, pusemos um mito desse grupo (M142) em relação de transformação implícita (por intermédio de M5, ele próprio transformação de M1) com o mito do desaninhador de pássaros, por meio de uma equivalência entre a disjunção horizontal (*montante/jusante*) e a disjunção vertical (*céu/terra*) de seus respectivos heróis (*cc*, pp. 340-3). Passando agora dos mitos jê aos mitos tacana, nos quais voltamos a encontrar a imagem do desaninhador de pássaros sem que ela sofra distorção, continuamos respeitando, portanto, a obrigação de refazer em sentido inverso o itinerário já percorrido.

Após sua disjunção, voluntária ou involuntária, horizontal ou vertical, aquática ou celeste, os heróis jê e tacana enfrentam ogros, falconídeos entre os Jê, cobras-papagaio entre os Tacana. Sendo constante a oposição entre aves de rapina e papagaios na mitologia sul-americana, sob a forma (aves) *carnívoras/frugívoras*, o sistema etnozoológico comum aos dois grupos de mitos seria fechado se, assim como o jaguar jê e o do Chaco são comedores de papagaios, os falcões jê pudessem ser classificados no gênero *Herpetotheres*, que agrupa os comedores de cobras. Entretanto, pelo menos numa versão, uma das aves é um *Caprimulgus*, não um falcão e, alhures, o gênero dos falconídeos permanece indeterminado.

Seja como for, os animais sempre canibais respondem a um chamado percutido, que emana ou dos inimigos do herói (e, em seguida, do deus prestativo) nos mitos tacana ou, nos mitos jê, do próprio herói (cf. também M177 in Krause, 1911, p. 350, no qual o herói bate na água: tu, tu, tu... para provocar a vinda das águias assassinas). Ora um dos avós, ou ambos, se transformam em tamanduás (M227, M228, M230); ora o pai, ou o pai e a mãe, da mulher do herói sofrem o mesmo destino (M229, M303). Discutimos, acima, nas páginas 158-63 as oposições ou transformações:

a) capivara (*dentes compridos*)/tamanduá (*desdentado*);

b) avós $\longrightarrow$ tamanduás (*comedores de cupinzeiros*);

    cabeça do herói $\longrightarrow$ cupinzeiro;

    sogros $\longrightarrow$ comedores de tamanduá;

A volta do desaninhador de pássaros

Encontramos um conjunto comparável entre os Tacana:

sogro $\longrightarrow$ tamanduá (M_{303});

cérebro da mulher $\longrightarrow$ cupinzeiro (M_{302});

pais do herói $\longrightarrow$ comedores de tamanduá (M_{303});

em relação a dois mitos, M_{302} e M_{303}, um relativo à origem da capivara e o outro, à do tamanduá. Finalmente, tanto no grupo tacana como no grupo jê, um mito (M_{226}, M_{303}) se destaca dos demais e caracteriza-se como um verdadeiro tratado sobre a iniciação. Mas, ao mesmo tempo, surge uma diferença, que nos fornecerá a solução de uma dificuldade metodológica e teórica para a qual convém antes chamar a atenção.

A investigação a que nos dedicamos desde o início do volume anterior procede como uma varredura do campo mítico, começando num ponto arbitrariamente escolhido para então prosseguir metodicamente, de um lado para o outro e de alto a baixo, da direita para a esquerda e da esquerda para a direita, a fim de tornar perceptíveis certos tipos de relações entre mitos que ocupam posições consecutivas numa mesma linha ou entre aqueles que se situam em linhas diferentes, estando colocados acima ou abaixo uns dos outros. Entretanto, nos dois casos, subsiste uma distinção entre a própria varredura, que constitui uma operação, e os mitos que ela esclarece sucessivamente ou periodicamente, e que constituem o objeto dessa operação.

Ora, tudo se passa como se, em M_{303}, a relação entre a operação e seu objeto se invertesse e de dois modos. Primeiro, a varredura, primitivamente horizontal, de repente configura-se vertical. Em seguida e, acima de tudo, M_{303} se define por um conjunto de pontos privilegiados no campo e sua unidade como objeto torna-se inapreensível, fora do próprio ato de varredura, cujo movimento indecomponível une os pontos entre si. Assim, a varredura representa agora o corpo mítico M_{303} e os pontos varridos, a série de operações que executamos em relação a ele:

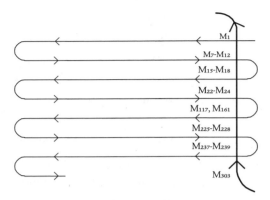

A primeira explicação que vem à mente para dar conta dessa dupla reviravolta, ao mesmo tempo geométrica e lógica, é que um sistema mítico é somente acessível em seu devir, não inerte e estável, mas em perpétua transformação. Portanto, sempre haveria várias espécies de mitos simultaneamente presentes no sistema, sendo algumas delas primitivas (em relação ao momento em que se faz a observação) e outras, derivadas. Enquanto algumas ainda se mantêm intactas em certos pontos, em outros elas só seriam detectáveis por meio de fragmentos. Onde a evolução está mais adiantada, os elementos liberados pelo processo de decomposição dos velhos mitos já se encontrariam incorporados em novas combinações.

Em certo sentido, essa explicação é dispensável, pois invoca fatos dificilmente contestáveis: os mitos se desmantelam e, como dizia Boas, novos mitos nascem de seus restos. No entanto, ela não pode satisfazer completamente, pois é claro que o caráter, primário ou derivado, que seríamos assim levados a atribuir a determinado mito não lhe pertenceria de maneira intrínseca, mas seria em grande medida função da ordem da apresentação. Mostramos, em *O cru e o cozido* (pp. 27-33), que essa ordem é inevitavelmente arbitrária, pois os mitos não se prejulgam, mas explicitam de maneira espontânea o sistema de suas relações recíprocas. Portanto, se tivéssemos escolhido examinar M₃₀₃ em primeiro lugar, por motivos tão contingentes quanto aqueles que valeram ao mito bororo do desaninhador de pássaros o número 1, aquele mito, no lugar do outro, teria manifestado

A volta do desaninhador de pássaros 403

as propriedades singulares nas quais concentramos agora nossa atenção. Não as encontramos aqui pela primeira vez, aliás. Em relação a outros mitos (tal como M139), já havia sido necessário recorrer a conceitos tais como o de interseção, corte transversal e armações justapostas (*cc*, pp. 334-7).

A dificuldade do problema decorre, portanto, da nossa obrigação de levar em conta simultaneamente duas perspectivas. A da história é absoluta e independe do observador, pois devemos admitir que um corte realizado em um momento qualquer na matéria mítica traz sempre com ele uma certa espessura de diacronia, pelo fato de essa matéria, heterogênea na massa em relação à história, ser formada por um conglomerado de materiais que não evoluíram no mesmo ritmo e que, portanto, são qualificados diversamente, no que diz respeito ao antes e ao depois. A outra perspectiva diz respeito a uma análise estrutural que, por onde quer que se inicie, sabe que sempre se chocará, após um certo tempo, com uma relação de incerteza, que faz de qualquer mito examinado tarde ao mesmo tempo uma transformação local dos mitos que o precederam imediatamente e uma totalização global do todo ou de parte dos mitos incluídos no campo da investigação.

Essa relação de incerteza é certamente o preço a pagar por pretender ao conhecimento de um sistema fechado. Inicialmente, aprende-se muito sobre a natureza das relações que unem os elementos de um sistema, cuja economia geral permanece obscura; e, no final, relações que se tornaram redundantes informam mais sobre a economia do sistema do que evidenciam novos tipos de ligações entre os elementos. Parece, portanto, que nunca se poderá conhecer as duas coisas ao mesmo tempo e que será necessário contentar-se com recolher informações que dirão respeito ou à estrutura geral do sistema ou às relações especiais entre determinados elementos que o compõem, porém jamais às duas juntas. Entretanto, um dos tipos de conhecimento precede necessariamente o outro, pois não poderíamos abordar diretamente a estrutura sem dispormos previamente de um número suficiente de relações entre os elementos. Por conseguinte, qualquer que seja o ponto de partida empírico escolhido, os resultados mudarão de natureza à medida que a investigação prosseguir.

Mas, por outro lado, é impossível que esses resultados sejam inteira e exclusivamente submetidos às limitações internas da análise estrutural, pois, se assim fosse, o caráter primário ou secundário de mitos que pertencem a sociedades bem reais só teria um valor relativo, e dependeria da perspectiva escolhida pelo observador. Então, seria preciso renunciar a toda esperança de levar a análise estrutural a desembocar em hipóteses históricas ou, melhor dizendo, estas se reduziriam a ilusões de óptica condenadas a se dissiparem, quando não a se inverterem, sempre que o mitólogo por alguma razão resolvesse dispor seus materiais de outra maneira. Ora, mais de uma vez propusemos interpretações acerca das quais declaramos que, por não serem reversíveis, ou pelo menos não sem um custo muito alto, elas permitiriam afirmar, em relação a dois mitos, não em termos relativos, mas no plano do absoluto, que um deles representava um estado anterior, e o outro, um estado posterior, de uma transformação que não poderia ter se realizado em sentido contrário.

Para tentar superar tal dificuldade, examinemos M_{303} em sua relação com todos os outros mitos ou grupos de mitos cuja transformação ele opera. Esse mito, sem dúvida, se nos apresenta simultaneamente como um membro particular do grupo dessas transformações e como expressão privilegiada do grupo que ele resume em si, tanto e mais do que conseguimos completá-lo graças a ele. Essa situação paradoxal resulta da pluridimensionalidade do campo mítico, que a análise estrutural explora (ao mesmo tempo que o constitui), através de um movimento em espiral. Inicialmente linear, uma série enrolada sobre si mesma se consolida em plano, o qual, por sua vez, gera um volume. Por conseguinte, os primeiros mitos estudados se reduzem quase inteiramente a uma cadeia sintagmática cuja mensagem deve ser decifrada por referência a conjuntos paradigmáticos que, nesse estágio, os mitos ainda não fornecem e que é preciso procurar fora do campo mítico, isto é, na etnografia. Mais tarde, porém, e à medida que, através de sua ação catalisadora, o estudo torna manifesta a estrutura cristalina do campo e seu volume, ocorre um duplo fenômeno. De um lado, as relações paradigmáticas situadas no interior do campo multiplicam-se muito mais depressa do que as relações externas,

A volta do desaninhador de pássaros

que chegam mesmo a atingir um teto, a partir do momento em que todas as informações etnográficas disponíveis foram reunidas e exploradas, de modo que o contexto de cada mito consiste cada vez mais em outros mitos e cada vez menos em costumes, crenças e ritos da população específica de onde provém o mito em questão. Do outro lado, a distinção, clara no início, entre uma cadeia sintagmática interna e um conjunto paradigmático externo, tende a abolir-se teórica e praticamente, pois uma vez gerado o campo mítico, o eixo arbitrário escolhido para sua exploração definirá ao mesmo tempo a série que, no caso em questão, desempenhará o papel de cadeia sintagmática, e as relações transversais em cada ponto da série, que funcionarão como conjuntos paradigmáticos. A depender da perspectiva adotada pelo analista, qualquer série poderá, portanto, servir de cadeia sintagmática ou de conjunto paradigmático e essa escolha inicial determinará o caráter (sintagmático ou paradigmático) de todas as outras séries. É esse o fenômeno posto em evidência no decorrer da análise de M_{303}, já que a cadeia sintagmática formada por esse mito se converteu em conjunto paradigmático para a interpretação de qualquer um dos mitos que ele transforma, mas cujo grupo formaria, por sua vez, um conjunto paradigmático apropriado para esclarecer M_{303}, se tivéssemos iniciado nossa investigação pela outra extremidade.

Tudo isso é verdadeiro mas, no entanto, desconsidera um aspecto de M_{303} que o diferencia em termos absolutos dos outros mitos dos quais o aproximamos, sem que no atual estágio da discussão possamos atribuir a essa diferença uma origem lógica ou histórica e sem que devamos, por conseguinte, nos deixar intimidar pela antinomia entre a estrutura e o evento. Com efeito, todos os mitos que reconhecemos pertencerem ao mesmo grupo que M_{303} se referem à educação dos rapazes ou à educação das moças, porém jamais aos dois juntos (ou se o fazem, como em M_{142}, M_{225}, isto ocorre a partir de uma hipótese especial e, por isso, igualmente restritiva, de uma semelhante *falta* de educação). Desse ponto de vista, M_{303} inova, pois consiste em um tratado de educação mista e que convida para sentarem nos bancos da mesma escola o Emílio da família jê e a Sofia das tribos guiano-amazônicas.

Esse caráter original de M303 confirma antes de tudo a hipótese da reversibilidade dos sexos no pensamento e nas instituições tacana, à qual havíamos chegado de maneira puramente dedutiva.[34] Entre esses índios, a passagem dos rapazes e moças à idade adulta não resulta de um afastamento diferencial ritualmente instaurado entre os sexos, de modo que um deles seja, a partir de então, considerado superior ao outro. Ao contrário, os dois sexos devem ser promovidos juntos, por efeito de uma operação que minimiza suas diferenças anatômicas e graças a um aprendizado transmitido simultaneamente, que enfatiza uma colaboração indispensável (observe-se a intervenção repetida do marido, durante a fabricação e o uso do fuso, embora a fiação seja uma ocupação feminina).

Em segundo lugar, surge um deslocamento entre M303 e os mitos que classificamos no mesmo grupo: ele é ao mesmo tempo como eles e mais do que eles. Em relação a um problema que, em teoria, oferece dois aspectos, esses mitos abordam apenas um, ao passo que M303 se esforça em justapô-los e colocá-los no mesmo plano. Portanto, ele é logicamente mais complexo e transforma mais mitos do que cada um desses mitos em particular. Avancemos: na medida em que a mitologia do mel, que nos serviu de fio condutor, tem como protagonista uma moça mal-educada, a partir do momento em que ela se transforma em mitologia de

---

34. M303 fornece uma ilustração particularmente notável dessa reversibilidade, com o episódio da transformação do sogro em tamanduá que, a partir de então, viverá isolado, será privado de mulher, gerará e procriará sozinho seus filhos. Com efeito, a crença corrente na América do Sul, desde o rio Negro (Wallace, 1889, p. 314) até o Chaco (Nino, 1912, p. 37), afirma que não existem tamanduás machos e que todos os indivíduos pertencentes ao sexo feminino se fecundam sozinhos, sem intervenção de um outro agente. A ligação do mito tacana com a área guianense é ainda reforçada pela transformação dos filhos do sogro em porcos-do-mato, pois os Kalina, devido a uma lista em seu pelo, denominam o tamanduá-bandeira de "pai dos caititus" (Ahlbrinck, 1931, art. "pakira"). O que quer que signifique este último detalhe, a transformação tacana do tamanduá fêmea, que concebe por seus próprios meios, num macho capaz de conceber e parir, mostra muito bem que estes índios atribuem aos sexos um coeficiente de equivalência, que os torna comutáveis nos dois sentidos com a mesma facilidade. Não encontramos a crença no tamanduá unissexuado entre os Toba, mas ela é testemunhada indiretamente pelo fato de que, ainda hoje, estes índios direcionam sua caçada para outros lugares, quando encontram os excrementos do tamanduá-bandeira, convictos de que este animal vive solitário e que sua presença exclui a de todos os outros animais (Susnik, 1962, pp. 41-2).

A volta do desaninhador de pássaros

caça, a heroína passa a ser um herói que é um rapaz bem-educado (ou mal-educado). Obtém-se assim um metagrupo, cujos termos são transformáveis uns nos outros, dependendo da valência masculina ou feminina do personagem principal e do tipo de atividade técnico-econômica evocada. Mas todos esses mitos permanecem, de certo modo, no estado de semimitos, cuja síntese resta a fazer, por meio da imbricação de suas respectivas séries no seio de um único mito, que pretenderia preencher a carência (sob cujo aspecto uma educação, especialmente concebida para um sexo, não poderia deixar de aparecer para o outro) recorrendo a uma terceira solução, a de uma educação igual para todos e transmitida, na medida do possível, em comum. Essa é precisamente a solução tacana, talvez posta em prática nos antigos costumes, em todo caso sonhada em seus mitos e por eles endossada.

Ignoramos qual tipo de evolução histórica pode ser responsável pela coexistência, empiricamente verificada, de princípios opostos de educação em diferentes regiões da América tropical. A solução mista dos Tacana (e, sem dúvida, de seus vizinhos pano, agrupados com eles na mesma família linguística macro-pano, segundo a recente classificação de Greenberg) poderia representar uma forma mais antiga, que teria gerado, por cisão, os ritos de iniciação masculina dos Jê e aqueles ritos, de orientação sobretudo feminina, das tribos da área guiano-amazônica e, em menor grau, do Chaco. Ou talvez se deva conceber a hipótese inversa de uma conciliação ou de uma síntese, realizada pelos Tacana e pelos Pano, com base em tradições opostas entre si, mas que uma migração do oeste para o leste lhes teria permitido conhecer e adotar. A análise estrutural não resolve esses problemas. Pelo menos ela tem o mérito de colocá-los e até mesmo de sugerir que uma solução seja mais verossímil do que a outra, já que a comparação, no plano formal, que fizemos entre um episódio de M_{303} e o episódio correspondente de M_1, M_7-M_{12} nos levou a pensar que o mito tacana poderia derivar dos mitos bororo-jê, ao passo que a hipótese inversa se depararia com enormes dificuldades. Nesse caso, o ideal de educação mista dos Tacana poderia proceder de um esforço para adaptar uma tradição oriental de iniciação masculina a uma tradição ocidental que enfatiza sobretudo a educação das moças. Tal esforço teria levado ao remanejamento — a fim de integrá-los num sistema global — de mitos outrora ligados a uma ou a outra tradição, mas cujo caráter de transformação recíproca comprova que eles já se haviam diferenciado a partir de um fundo mais antigo.

PARTE IV

Os instrumentos das trevas

Nunc age, naturas apibus quas Iuppiter ipse
addidit expediam, pro qua mercede canoros
Curetum sonitus crepitantiaque aera secutae
*Dictaeo caeli regem pauere sub antro.**

VIRGÍLIO, *Geórgicas*, IV, v. 149-52

* Em tradução livre: "Agora, vamos: exporei as virtudes que o próprio Júpiter/ atribuiu às abelhas; por essa mercê, ao seguirem/ os cantos melodiosos dos curetes e o tilintar dos bronzes,/ na gruta de Dicte elas nutriram o rei do céu". (N. T.)

1. A algazarra e o mau cheiro

As considerações gerais que acabamos de fazer não nos devem levar a perder de vista o problema que nos trouxe de volta ao mito terena do desaninhador de pássaros (M_{24}) e que nos fez aproximá-lo dos mitos tacana acerca do mesmo tema (M_{300}-M_{303}). Tratava-se de compreender a recorrência, nesses mitos, de um "chamado percutido", dirigido alhures ao tapir, animal sedutor, e agora ao mel, alimento igualmente sedutor, transformado entre os Tacana (mas sem que a ligação deixe de ser perceptível) num animal devorador, a cobra-arara. Se acaso desejássemos estabelecer uma comparação, externa à mitologia tacana, para confirmar a unidade do grupo, ela seria amplamente proporcionada pelo mito terena, que combina os três termos: mel, cobra e arara, para chegar à noção de um mel destruidor (porque acrescido de carne de cobra), que acarreta a transformação da consumidora em jaguar devorador — justamente de araras e papagaios — e também de homens, enquanto no mito tacana o homem se encontra na posição de comedor (desaninhador de ovos) de araras.

Esse mito terena, em que o mel, elevado a uma potência negativa pelo acréscimo de carne de cobra, desempenha o papel de meio, se propõe a explicar a origem do tabaco, que se situa além do mel, assim como o sangue menstrual (que a mulher usa para envenenar o marido) se situa aquém dele. Já fornecemos inúmeras indicações acerca do sistema polar constituído pelo tabaco e pelo mel e retornaremos a ele mais adiante. Também já encontramos a oposição entre o mel e o sangue menstrual, em mitos que atribuem valores variáveis à relação entre os dois termos. Tais valores podem aproximar-se, quando o dono do mel é um personagem masculino, que não sente repulsa por uma jovem menstruada (M_{235}); e se

412   *Parte IV*

invertem, permanecendo distantes um do outro, ao final de uma série de transformações que nos levou da personagem da moça louca por mel (ou por seu corpo) ao jaguar casto, mas louco por sangue menstrual (M273).

Surge outra ligação entre o mito terena e um grupo de mitos tacana, que evocamos várias vezes (M194-M197). Em M197, as filhas da irara (*melero*, animal dono do mel) alimentam seus maridos com um cauim, ao qual misturaram seus excrementos. Comportam-se, portanto, como envenenadoras de seus maridos, do mesmo modo que a heroína do mito terena. Ao descobrir as manobras criminosas de sua mulher, o índio terena foi buscar mel, instrumento de sua vingança, e bateu as solas de suas sandálias uma na outra para o encontrar mais facilmente. Em situação comparável, os maridos tacana deram uma sova em suas mulheres, fazendo ressoar — pung, pung, pung — os pequenos tambores de madeira que tinham amarrado às costas das esposas (M196).[1] Avisado pelo ruído, o pai das mulheres, para livrá-las daquele mau tratamento, as transformou em araras:

veneno	*chamado percutido*	*consequência da vingança*
M24: sangue menstrual	causa (do meio) da vingança comedor de araras;	mulher transformada em (jaguar)
M197: excrementos	resultado (do meio) da vingança	mulheres transformadas em araras;

Existe uma relação mais direta entre o sangue menstrual, o excremento e o mel. Em M24, o marido dá a sua mulher mel envenenado, em troca — digamos — do sangue menstrual que recebeu dela; em M197, a cozinheira troca (consigo mesma) os excrementos, que mistura no cauim, pelo mel que deveria normalmente empregar.

Consequentemente, e por mais obscuro que ainda seja o episódio do "chamado percutido", sua presença no mito terena, corroborada por outros mitos, não parece ser explicável por causas particulares ou fortuitas.

---

1. Os Kalina da Guiana também utilizam o couro da irara para forrar os tambores pequenos (Ahlbrinck, art. "irara").

A algazarra e o mau cheiro

Tampouco se pode invocar algum vestígio de um procedimento técnico (fazer barulho para afastar o enxame) ou mágico (antecipar, imitando seu barulho, as machadadas do coletor de mel, depois de localizar o enxame), pois tais interpretações, desprovidas de base etnográfica, seriam inaplicáveis ao "chamado percutido" tal como o encontramos descrito entre os Tacana, num contexto mítico transformado.

Se o gesto de um coletor de mel que bate a sola de uma sandália na outra não é redutível a causas acidentais ou a uma intenção técnica ou mágica diretamente relacionada à sua busca, então, que lugar cabe, no mito, à presença de uma espécie de chicote improvisado? Para tentar resolver esse problema, que não coloca em causa apenas um detalhe aparentemente ínfimo de um mito curtíssimo, já que remete a toda a teoria dos chamados e, mais ainda, ao sistema dos instrumentos musicais como um todo, apresentaremos dois mitos dos índios Tukuna, que habitam as margens do rio Solimões entre 67° e 70° de longitude O. Sua língua, atualmente, é classificada com a dos Tukano, mais ao norte.*

M304 TUKUNA: A FAMÍLIA QUE SE TRANSFORMOU EM JAGUARES

Um homem idoso e sua mulher partiram com outros homens não se sabe para onde, talvez para o outro mundo. O velho ensinou a seus companheiros como atirar uma flecha num tronco de /tururi/. Assim que a flecha atingia a árvore, uma tira vertical de sua casca se soltava. Cada um deles escolhia um pedaço de casca, martelava-o para expandi-lo, pintava nele manchas pretas imitando as do jaguar, e vestia-se com ele. Transformados assim em jaguares, os caçadores iam pela floresta massacrando e comendo os índios. Outros, porém, desvendaram seu segredo e resolveram exterminá-los. Mataram o velho quando este os atacava, disfarçado de jaguar. Sua mulher os ouviu pronunciar o nome do assassino; ela o perseguiu, sob a aparência de um jaguar, e o estraçalhou.

O filho da velha tinha dois filhos. Certo dia a velha acompanhou seu filho e outros caçadores até um lugar onde cresciam embiras, árvores que dão frutos apreciados

---

* Segundo as mais recentes investigações linguísticas, pertencem à família Tukano, além do tukano propriamente dito, línguas como o arapaso, o barasana, o desana, o cubeo, o tuyuka e o wanano. A língua tukuna é a única representante da família Tukuna. (N. C. T.)

pelos tucanos. Cada caçador escolheu uma árvore e trepou nela para matar as aves com sua zarabatana. De repente, a velha apareceu sob a forma de um jaguar e devorou as aves mortas, caídas ao pé da árvore em que seu filho estava. Quando ela foi embora, o homem desceu para juntar as aves que tinham sobrado. Pretendia subir novamente na árvore, mas um espinho feriu-lhe o pé e ele se agachou para tirá-lo. Nesse instante, a velha pulou no pescoço dele e o matou. Arrancou-lhe o fígado, embrulhou-o com folhas e levou-o para os netos, dizendo que era um cogumelo. As crianças, desconfiadas da ausência de seu pai, examinaram a panela e reconheceram um fígado humano. Seguiram a avó mata adentro e viram-na transformar-se em onça e devorar o cadáver de seu pai. Um dos meninos enfiou uma lança no ânus da ogra, cuja ponta era feita com um dente de porco-do-mato. A velha fugiu e os meninos enterraram os restos de seu pai numa toca de tatu.

Já estavam novamente em casa quando a velha surgiu, gemendo. Como eles fingiram preocupar-se, a avó explicou que tinha se machucado ao cair em cima de um toco, na roça. Os meninos, porém, examinaram o ferimento e reconheceram o golpe de lança. Montaram uma grande fogueira atrás da cabana e buscaram um tronco oco de embaúba, e cortaram longitudinalmente uma de suas extremidades, de tal modo que as duas linguetas de madeira se entrechocassem, vibrando, quando jogassem o tronco no chão. Provocaram assim um barulho terrível, até que a velha saiu da cabana, furiosa com toda aquela algazarra ao lado de uma doente. Imediatamente eles a agarraram e jogaram-na na fogueira, onde ela morreu queimada (Nim., 1952, pp. 147-8).

Antes de analisar esse mito, prestaremos alguns esclarecimentos de natureza botânica e etnográfica. Em M304 são mencionados três tipos de árvores: /tururi/, embira e embaúba. O primeiro nome, ao qual não corresponde nenhuma espécie bem definida, designa "várias espécies de *Ficus* e de artocarpos" (Spruce, 1908, v. 1, p. 28); utiliza-se a parte interna de sua casca para fazer trajes e receptáculos. A embira (envira) designa, sem dúvida, uma *Xylopia* de casca fibrosa, que serve para confeccionar tipoias, trançados e ligas; elas dão sementes aromáticas, apreciadas pelos tucanos, segundo o mito, e com as quais os Kalina da Guiana fazem colares (Ahlbrinck, art. "eneka", 4, § c). A /ambaúva/ ou embaúba, literalmente "não árvore" (Stradelli, 1929, art. "embayua") ou, como dizem nossos habitantes das florestas, "falsa madeira", é uma *Cecropia*. O nome tupi abrange várias espécies, da qual a citada com maior frequência na literatura é a *Cecropia peltata*, a árvore de tambor (Whiffen, 1915, p. 134, n. 3; p. 141, n. 5). Ela tem esse nome porque seu tronco, naturalmente oco, presta-se à confecção daquele instrumento, bem como à do bastão de ritmo e da trompa (Roth, 1924, p. 465). Finalmente, a casca fibrosa das *Cecropia* produz cordas resistentes (Stradelli, 1929).

O mito introduz, portanto, uma tríade de árvores, todas elas utilizadas para a confecção de roupas e utensílios de casca. Uma delas fornece também a matéria, naturalmente trabalhada, de vários instrumentos musicais. Ora, os Tukuna, que fazem a caixa de seus tambores (de couro) com madeira de embaúba (Nim., 1952, p. 43), associam estreitamente a música com as máscaras de entrecasca batida, que desempenham um grande papel em suas festas; eles levaram essa arte a um grau muito elevado. Já suspeitamos que M_{304} coloca um problema particular (mas que, no momento, permanece obscuro), relacionado com a preparação das máscaras e dos trajes de entrecasca. Esse aspecto sobressairá ainda mais nitidamente após lembrarmos que, no encerramento das festas, os visitantes vestidos com roupas de casca de /tururi/ enfeitados com franjas de /tururi/ ou de /envira/ (embira), que desciam quase até o chão, os deixavam para seus anfitriões, dos quais recebiam, em retribuição, presentes de carne defumada (Nim., 1952, p. 84). No mito também, o uso de uma roupa de casca de árvore que transforma o caçador em jaguar o coloca certamente em posição de adquiridor de carne, no caso dele humana, e não animal. No entanto, a casca, matéria-prima da roupa, também pertence a uma categoria excepcional em seu gênero, já que foi obtida através de um meio mágico: "caçada", em vez de arrancada da árvore, apresenta-se imediatamente sob a forma de tiras compridas, não sendo necessário desprendê-la laboriosamente do tronco (Nim., 1952, p. 81).

Considerando o distanciamento geográfico, é especialmente digna de nota a regularidade das transformações que permitem passar do mito tukuna aos mitos do Chaco (M_{22}-M_{24}) relativos à origem do jaguar e do tabaco:

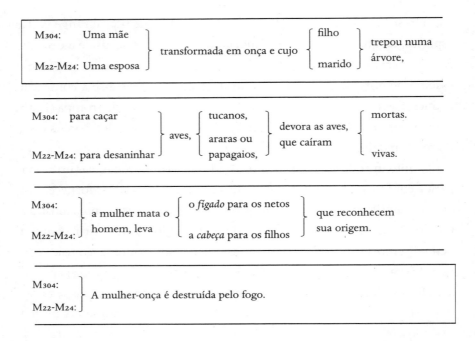

Para interpretar corretamente o episódio de M₃₀₄ no qual o herói, ferido no pé por um espinho, sucumbe ao ataque do jaguar enquanto ele tenta extrair a causa de seu mal, lembraremos que M₂₄₆, que se prende ao mesmo grupo que M₂₂-M₂₄, faz com que a ogra, transformada em onça, morra num tronco de árvore coberto de lanças semelhantes a espinhos (retransformadas, aliás, em espinhos em M₂₄₁, do mesmo modo que a ogra de M₂₄ morre por ter ingerido mel *picante* e que provoca coceiras). Note-se igualmente que, se a heroína de M₂₄ envenena o marido com seu sangue menstrual, a heroína de M₃₀₄ leva para seus netos o fígado do pai deles, isto é, um órgão que os índios sul-americanos acreditam ser formado com sangue coagulado e que, nas mulheres, desempenha o papel de reservatório de sangue menstrual.

Uma interpretação satisfatória das outras transformações exigiria que se elucidasse antes a posição semântica dos tucanos. Tarefa certamente difícil, já que essas aves aparecem muito pouco nos mitos. Assim sendo, apenas esboçaremos uma hipótese, sem pretender estabelecê-la definitivamente.

A algazarra e o mau cheiro

16. Tucanos (desenho de Valette, a partir de Crevaux, 1883, p. 82).

Denominam-se "tucano" várias espécies do gênero *Ramphastos*, caracterizadas por um bico enorme, mas muito leve, devido a sua textura porosa, sob um tegumento córneo. Essas aves mais pulam de galho em galho do que voam. Sua plumagem é quase inteiramente negra, com exceção do papo e do peito cobertos de penas de cores vivas muito procuradas para fins ornamentais. E não apenas pelos índios: o manto usado nos cerimoniais de corte por D. Pedro II, imperador do Brasil, que se pode até hoje admirar no museu [Imperial, Petrópolis] do Rio de Janeiro, é todo feito com sedosas penas amarelas de tucano.

Esse uso ornamental das penas incita a aproximar o tucano do papagaio e da arara, aos quais se opõe parcialmente pela dieta. Enquanto os psitacídeos são frugívoros, o tucano é omnívoro e consome igualmente frutos, sementes e pequenos animais, como ratos e passarinhos. M$_{304}$ evoca uma predileção do tucano por sementes aromáticas, que se pode ligar ao termo em alemão que o designa — *Pfefferfresser*, "comedor-de-pimenta" —, e não nos deve surpreender que Ihering (art. "tucano") se incline a julgá-lo, ainda mais que Thevet (1575, t. II, p. 939a,b) apresenta o tucano como um "come-pimenta", como um propagador das pimentas através dos grãos contidos em seus dejetos.

Até o momento, sempre nos deparamos com uma grande oposição, no registro das aves, entre os psitacídeos e os aquilinos (as águias verdadeiras não existem na América do Sul). As indicações acima sugerem que, entre esses dois termos polares, o tucano ocupa uma posição intermediária: ele pode ser carnívoro como as aves de rapina e tem numa parte de seu corpo penas tão vistosas como as dos papagaios.[2] Mas é evidentemente a oposição menor, entre araras e tucanos, que deve prender nossa atenção, pois só ela intervém no conjunto mítico que estamos considerando no momento. Desse ponto de vista, a predileção do tucano pelas sementes aromáticas da embira parece desempenhar, em M_{304}, o papel de traço pertinente.

Com efeito, um dos mitos sobre a origem do mel, examinados no início deste livro, punha em cena um índio igualmente assediado por jaguares quando desaninhava araras, comedoras de flores de néctar doce (M_{189}). E conhecemos um mito no qual o tucano desempenha um papel de destaque, aparentemente depois de receber seu bico descomunal como punição por sua gulodice (Métraux, 1932, p. 178 e n. 1). Nesse mito (M_{305B}), um coletor de mel consegue, graças aos conselhos do tucano, matar (acendendo uma fogueira em sua nuca) o demiurgo Anatumpa, que oferecia como repasto ao ogro Dyori todos os coletores de mel (Nordenskiöld, 1912a, p. 286). Assim, se M_{188}-M_{189} transformam os jaguares

---

2. Como reforço, podemos citar uma passagem do mito wapixana sobre a origem da morte (M_{305A}). O tucano era a ave de estimação do demiurgo e, quando o filho de seu dono morreu, ele chorou tanto que acabou desbotando: "Se, depois de tantos anos, a tristeza não lhe tivesse provocado abundantes lágrimas, suas vivas cores — laranja, preto, vermelho, verde — não teriam, em grande parte, esmaecido. E ele teria, em torno dos olhos, mais do que um simples anel de um azul pálido, da largura da unha do dedo mindinho" (Ogilvie, 1940, p. 69). No que se refere à plumagem, o tucano é apresentado, pois, como um papagaio descolorido. Na Guiana, o tucano pequeno parece ser objeto de uma proibição comparável àquela relativa à carne do sariguê entre os Jê (cc, p. 233): quem consumir a carne desta ave, dizem os Kalina, morrerá "ainda em seu esplendor" ou, como diríamos nós, na flor da idade (Ahlbrinck, art. "kuyakén").

A algazarra e o mau cheiro

em coletores de mel, M305B transforma um coletor de mel em jaguar (que também ataca o pescoço de seus adversários). Simultaneamente, as araras perseguidas transformam-se em tucano prestativo, transformação cuja chave poderia ser fornecida pela associação da arara a um alimento doce e do tucano a um alimento apimentado. Todos os termos de M304 reproduziriam, consequentemente, os de M22-M24, conferindo-lhes uma expressão mais marcada.

Essas reflexões pouco interesse teriam se não contribuíssem para esclarecer outros aspectos. Na tabela da página 416 colocamos em paralelo apenas a parte central dos mitos, deixando de lado o início de M304, dedicado à origem do poder de transformação em jaguar, e o fim de M23-M24 (M22 não contém esse episódio), dedicado à origem do tabaco. Ora, nestes dois últimos mitos, o tabaco nasce do jaguar, assim como em M304 o jaguar de certo modo nasce da invenção dos trajes de casca de árvore. O uso desses trajes de casca e a absorção do tabaco oferecem dois meios para entrar em comunicação com o mundo sobrenatural. O abuso de um dos meios provoca a morte de uma mulher numa fogueira, em M304. A morte de uma mulher numa fogueira provoca, em M23-M24, a aparição do outro meio mas, segundo M24 (cf. também M27), inicialmente sob a forma de um abuso: os primeiros detentores do tabaco pretendiam fumar sozinhos, isto é, sem compartilhar com os outros, ou sem procurar comunicar-se com os Espíritos.

Se a fumaça do tabaco dirige um convite cortês aos Espíritos benfazejos, é porque, como explica um outro mito tukuna (M318) que examinaremos mais tarde, foi graças à fumaça asfixiante da pimenta que os homens exterminaram um povo de Espíritos maléficos e canibais e, assim, puderam examiná-los à vontade. As fantasias de casca fabricadas desde então se inspiram na aparência desses Espíritos e permitem encarná-los. De fato, a cerimônia de iniciação das moças, à qual os visitantes comparecem fantasiados e durante a qual fingem atacar e destruir as cabanas de seus anfitriões, simboliza um combate travado pelos humanos para proteger a jovem púbere dos Espíritos que a ameaçam durante esse período crítico de sua vida (Nim., 1952, pp. 74, 89). Vemos, assim, qual o caminho a seguir para podermos restabelecer uma correspondência completa entre o mito tukuna M304 e os mitos do Chaco sobre a origem do tabaco. A fumaça da pimenta é o contrário da fumaça do tabaco, e como ela foi, por assim dizer, trocada com os Espíritos pelas fantasias de casca (obtidas graças à utilização da fumaça de pimenta), ela representa também o inverso deles e o uso místico das roupas de casca se situa, ideologicamente falando, do mesmo lado que o uso do tabaco.

Resta a recorrência, menos surpreendente do que poderia parecer à primeira vista, de algo que se parece com um chicote, em M24 e M304. O chicote improvisado com as solas da sandália de couro, em M24, é um instrumento que serve para encontrar o mel, que por sua vez é o instrumento dos sucessivos avatares da ogra, que acabam com a sua destruição numa fogueira. O chicote de M304 conduz diretamente a ogra à mesma fogueira, mas dessa vez trata-se de um instrumento verdadeiro, embora não possua equivalente na organologia tukuna — no entanto uma das mais ricas da América tropical — e que se liga a um tipo tão raro naquela região do mundo que a obra clássica de Izikowitz (1935, pp. 8-9), sob a rubrica *clappers*: "pedaços de madeira batidos um contra o outro", traz somente duas referências, das quais uma é duvidosa e a outra se refere à imitação do grito de uma ave. O mito tukuna parece, portanto, ter concebido um instrumento imaginário, cuja confecção descreve detalhadamente.[3]

O instrumento existe, no entanto, se não entre os Tukuna, pelo menos entre os Bororo, que lhe dão exatamente a mesma forma, só que o fabricam com bambu, em vez do tronco oco da embaúba. Na língua bororo, o instrumento chama-se /parabara/, termo que também designa uma espécie de pequeno ganso selvagem, devido — informa a *Enciclopédia Bororo* (v. 1, pp. 857-8) — à semelhança entre o grasnido da ave e o ruído do choque entre os bambus. A explicação não é convincente, pois interpreta-se também o nome vernacular do *Dendrocygna viaduta* /irerê/ como uma onomato-

---

3. Há registros de um instrumento do mesmo tipo, mas usado para lançar pedras, entre os Tukuna, os Aparai, os Toba e os Xerente (Nim., 1952, p. 123 e n. 23).

A algazarra e o mau cheiro

peia e a comparação do grasnido dessa ave com um assobio (Ihering, art. "irerê") pouco se assemelha a uma série de estalos secos.

Hesita-se também quanto ao lugar e ao papel do /parabara/ no ritual bororo. Segundo Colbacchini (1925, pp. 99-100; Colb. & Albisetti, 1942, pp. 140-1), esses instrumentos, feitos com varas de bambu com fendas longitudinais de trinta a cinquenta centímetros que, quando agitados, produzem sons de diferentes alturas, dependendo do comprimento do entalhe, seriam utilizados nas cerimônias de investidura do novo chefe, que sempre acontece por ocasião dos ritos funerários. O novo chefe encarna o herói Parabara, inventor dos instrumentos do mesmo nome, e senta-se sobre a sepultura, enquanto dançarinos dos dois sexos fazem um círculo em torno dele, sacudindo os tambores que, no final, são depositados sobre o jazigo. O /parabara/ é um dos presentes oferecidos ao novo chefe (que sempre é da metade Ecerae) pelos membros da metade oposta, Tugarege.

A *Enciclopédia Bororo* especifica que a celebração do rito dos /parabara/ é um privilégio do clã apibore da metade Tugarege. Os oficiantes, que personificam os espíritos /parabara/, entram na aldeia pelo oeste, e cada um deles segura uma longa vara de bambu fendida; eles se dirigem à sepultura, contornam-na várias vezes e se sentam, enquanto o chefe do ritual, chamado Parabara Eimejera (e não um chefe de aldeia em processo de entronização como diziam as fontes mencionadas), anuncia sua chegada aos membros das duas metades, acompanhado pelos estalos dos bambus. Quando ele termina, os oficiantes depositam os bambus sobre a sepultura e se retiram (*EB*, v. 1, art. "aroe-etawujedu", p. 159).

Como a *Enciclopédia* não menciona os /parabara/ a propósito da investidura dos chefes, é provável que, devido à concomitância obrigatória entre esse ritual e uma cerimônia funerária, os missionários salesianos tenham inicialmente pensado que deveriam associar ao primeiro o que cabia a esta última. Uma cerimônia funerária, não acompanhada de investidura, foi observada e fotografada numa aldeia do rio São Lourenço (não se trata da aldeia em que estivemos há trinta anos, na mesma região, mas afastada da aldeia controlada pelas missões). Cerca de quinze dias após o enterro provisório na praça central da aldeia, dançarinos fantasiados que perso-

422   *Parte IV*

nificam seres míticos inspecionam o cadáver para ver se a decomposição já está bem adiantada. Várias vezes chegam a uma conclusão negativa, o que permite que as cerimônias prossigam. Um desses personagens, com o corpo coberto de argila branca, gira correndo em torno da sepultura, da qual tenta fazer sair a alma do morto, chamando-o. Enquanto isso, outros homens agitam as varas de bambu fendido e ouvem-se estalos secos (Kozak, 1963, p. 45).[4]

É provável que esse dançarino coberto de argila personifique o /aigé/, monstro aquático de aspecto aterrorizante, cujos gritos são imitados pelos zunidores. Se, como sugere nossa fonte, sua ação tem realmente como objetivo convidar a alma do morto a deixar a sepultura e, portanto, a aldeia, para seguir os seres míticos no além, o estalo dos /parabara/ poderia apressar ou saudar essa disjunção, que é também — dependendo do ponto de vista em que nos situemos — uma conjunção. Não tentaremos avançar na interpretação do ritual bororo antes da publicação do segundo volume da *Enciclopédia*, que talvez inclua o mito, ainda inédito, sobre a origem do /parabara/. Notemos apenas que, segundo uma informação transmitida a Nordenskiöld, os Yanaigua da Bolívia utilizam um instrumento de tipo chicote em certas cerimônias (Izikowitz, 1935, p. 8). Os Terena do sul de Mato Grosso também têm uma dança com bastões que se entrechocam, denominada bate-pau, mas ignora-se seu significado (Altenfelder Silva,

---

4. Assim como os Bororo, vários povos do sul da Califórnia possuem um ritual funerário de extrema complexidade, destinado a impedir o morto de voltar entre os vivos. Fazem parte dele duas danças, denominadas respectivamente "giratória" e "para a extinção dos fogos". Durante esta última, os xamãs abafam os fogos com os pés e as mãos e, nas duas danças, batem bastões (Waterman, 1910, pp. 309, 327-8 e pranchas 26, 27; Spier, 1923, pp. 321-2). A Califórnia, sem dúvida alguma, é a terra dos instrumentos do tipo /parabara/, encontrados desde os Yokut, no sul, até os Klamath, que vivem no Oregon (Spier, 1930, p. 89). Denominado *"clap rattle"* ou *"split rattle"* pelos etnólogos americanos, sua presença também é assinalada entre os Pomo (Loeb, 1926, p. 189), os Yuki e os Maidu (Kroeber, 1925, pp. 149, 419 e prancha 67). Os Nomlaki (Goldschmidt, 1951, pp. 367-8) fabricam-no com um bambu típico das regiões temperadas. Kroeber (1925, pp. 823, 862) declara que esse instrumento é característico da Califórnia central, onde teria sido utilizado somente para as danças, jamais para os ritos de puberdade ou as cerimônias dos xamãs. Entre os Klamath, que o teriam tomado emprestado das tribos do rio Pit, mais ao sul, seu emprego seria limitado à *"Ghost dance"*, culto messiânico que surgiu por volta de 1870 (Spier, 1930).

A algazarra e o mau cheiro

1949, pp. 367-9). Igualmente chamada de bate-pau pelos brancos da região, uma festa dos Kayapó-Gorotire chamada /men uêmôro/ foi observada recentemente: dispostos em fila aos pares, os rapazes giram em círculos e batem bastões com cerca de cinquenta centímetros de comprimento; a dança dura a noite inteira e termina com relações com uma garota muito jovem, "dona da festa", herdeira desse ofício por linha paterna, pelas mulheres — ela o recebe, portanto, de uma irmã de pai e o transmitirá a uma filha de irmão. É evidente que essa mulher não pode mais pretender virgindade. Segundo os costumes kayapó, ela só terá direito a um casamento de segunda classe. No entanto, o rito do bate-pau ocorre por ocasião dos casamentos raros e muito desejados, nos quais a noiva, ainda impúbere, é oficialmente virgem (Diniz, 1962, pp. 26-7).

É possível que os Guarani meridionais tenham empregado o mesmo tipo de instrumento em seus ritos, pois os Mbyá descrevem uma importante divindade que segura em cada mão um bastão, que agita e bate um no outro. Schaden (1963, pp. 191-2), que transmite a informação, sugere que esses dois bastões cruzados talvez estejam na origem da famosa cruz guarani, que tanto impressionou a imaginação dos antigos missionários.

É batendo os pés que os Witoto acreditam estabelecer contato com os ancestrais subterrâneos que sobem ao nível da terra para contemplar as festas dadas em sua homenagem e que eles celebram com palavras "de verdade", enquanto os homens falam por meio de instrumentos musicais (Preuss, 1921-23, p. 126). Um mito mataco (M_{306}) conta que após o incêndio que devastou a terra, um passarinho /tapiatson/ bateu seu tambor perto do toco queimado de uma árvore zapallo (*Cucurbita* sp.) como fazem os índios quando a algarobeira (*Prosopis* sp.) amadurece. O tronco começou a crescer e tornou-se uma bela árvore com muitas folhas, que protegeu com sua sombra a nova humanidade (Métraux, 1939, p. 10; 1946a, p. 35).

Esse mito nos aproxima singularmente de M_{24}, em que a batida da sola das sandálias também tinha como objetivo apressar a conjunção entre o herói e um outro "fruto selvagem", o mel. Na mitologia tacana,

424 Parte IV

uma outra ave, o pica-pau — que, como sabemos, é um dono do mel —, tamborila com o bico o pote de terra de uma mulher, para guiar seu marido perdido (M307; H&H, 1961, pp. 72-4; cf. também Witoto, in Preuss, 1921-23, pp. 304-14). Em M194-M195, o mesmo papel conjuntor cabe ao pica-pau, quando traz um marido de volta para a mulher ou quando ajuda os irmãos divinos a regressar ao mundo sobrenatural. Seria interessante comparar mais de perto a função conjuntiva do tamborilar em M307 com a função que, no mito de origem dos Guarani meridionais (M308), é desempenhada pelo crepitar dos grãos que arrebentam no fogo e cuja força explosiva basta para transportar o caçula dos irmãos divinos para o outro lado da água, onde o mais velho já se encontra (Cadogan, 1959, p. 79; Borba, 1908, p. 67). Aqui iremos apenas assinalar o problema, bem como a tripla inversão do mesmo motivo entre os Bororo (M46): irmãos que ficam cegos após a ruidosa explosão dos ossos de sua avó, jogados no fogo, e que recuperam a visão na água (*disjunção/conjunção; animal/ vegetal; dentro da água/em cima da água*; variante kalapalo (M47): os dois irmãos são, respectivamente, o sol e a lua e o segundo, após ter o nariz arrancado por um dos ossos da avó, que foi projetado para fora do fogo onde "eles dançavam, fazendo tic-tic", decide subir para o céu, cf. *cc*, pp. 178, 235). Um estudo completo desse motivo teria de recorrer às versões norte-americanas, por exemplo, o mito zuni do ritual de inverno, no qual os homens recuperam a caça usurpada pelos corvos, graças à barulhenta explosão de um punhado de sal jogado no fogo (M309; Bunzel, 1932, p. 928).[5]

Sob formas muito diversas portanto, uma sequência de barulhos descontínuos — produzidos pelo tamborilar, pelo choque entre pedaços de madeira, pelo crepitar do fogo ou pelo estalo de varas fendidas — desempenha um papel obscuro no ritual e nas representações míticas. Os Tukuna, cujo mito nos indicou a pista do /parabara/ bororo, embora

---

5. Os Timbira têm uma dança acompanhada por palmas, para afastar as pragas das colheitas (Nim., 1930, p. 62). As mulheres pawnee do alto Missouri batiam os pés na água com muito barulho, por ocasião do plantio e colheita do feijão (Welfish, 1965, p. 248).

A algazarra e o mau cheiro

eles próprios ignorem esse instrumento, utilizam ao menos em uma ocasião bastões que se entrechocam. Sabe-se a grande importância que esses índios atribuem aos ritos de puberdade das moças. Assim que uma menina percebe os sinais de sua primeira menstruação, ela retira todos os seus ornamentos, pendura-os bem à vista nas traves de sua casa e vai se esconder numa moita vizinha. Quando sua mãe chega, ela vê os ornamentos, compreende o que aconteceu e vai procurar a filha. Esta responde ao seu chamado batendo dois pedaços de pau seco. Então faz uma divisória em torno do lugar onde a jovem dorme e a conduz até lá depois do anoitecer. A partir daquele momento, e durante dois ou três meses, a jovem ficará em reclusão, sem ser vista ou ouvida por ninguém a não ser a mãe e a tia paterna (Nim., 1952, pp. 73-5).

Esse retorno aos Tukuna fornece uma ocasião propícia para introduzir um mito sem o conhecimento do qual a discussão de M304 não poderá avançar:

M310 TUKUNA: O JAGUAR DEVORADOR DE CRIANÇAS

Fazia muito tempo que o jaguar Peti matava crianças. Toda vez que ouvia uma criança chorar porque seus pais a haviam deixado sozinha, a fera assumia a aparência da mãe, levava a pequena criatura embora e dizia-lhe: "Cole seu nariz no meu ânus!". Então matava sua vítima com uma emissão de gases intestinais e em seguida a comia. O demiurgo Dyai decidiu assumir a forma de uma criança. Armado com sua funda, foi para a beira de um atalho e começou a chorar. Peti apareceu, colocou-o nas costas e ordenou-lhe que aproximasse o nariz de seu ânus, mas Dyai, precavido, virou o rosto. Por mais que o jaguar peidasse, nada acontecia. Ele corria cada vez mais depressa. As pessoas com quem ele cruzava lhe perguntavam para onde estava levando "nosso pai" (o demiurgo). Então Peti se deu conta de quem carregava e pediu a Dyai que descesse, mas este se recusou. A fera retomou a corrida e, atravessando uma gruta, penetrou no outro mundo, sempre suplicando a Dyai que fosse embora.

Obedecendo às ordens do demiurgo, o jaguar voltou ao lugar onde tinham se encontrado. Lá existia uma árvore /muirapiranga/, com um furo de laterais bem lisas no tronco.

426   *Parte IV*

Dyai enfiou nele os braços do jaguar e amarrou bem. Com as patas que saíam do outro lado, a fera pegou seu bastão de dança, um bambu oco, e começou a cantar. Chamou o morcego para vir enxugar seu traseiro. Outros demônios, igualmente membros do clã do jaguar, acorreram por sua vez e deram-lhe de comer. Ainda hoje de vez em quando se ouve a algazarra que eles fazem no lugar chamado /naimeki/, num pedaço de floresta secundária perto de uma antiga roça... (Nim., 1952, p. 132).

À tríade botânica de M304, esse mito acrescenta uma quarta árvore, a /muirapiranga/ ou /myra-piranga/, literalmente "pau vermelho". Essa árvore, da família das leguminosas e do gênero *Caesalpina*, é o famoso "pau-brasil" ao qual o Brasil deve seu nome. Muito rija e lisa, essa madeira se presta a vários usos. Os Tukuna a empregam, ao lado de ossos, para fabricar a baqueta do tambor (Nim., 1952, p. 43). O tambor de pele tukuna é certamente de origem europeia e outro instrumento musical aparece no mito, correspondendo ao tronco oco fendido de M304, o bastão de ritmo /ba:'/ma/. Reservado ao clã do jaguar e talvez a alguns outros, é uma longa vara de bambu (*Gadua superba*) que chega a medir três metros. A extremidade superior apresenta um entalhe de cerca de trinta centímetros, que representa um focinho de jacaré cheio de dentes ou desdentado, dependendo de o instrumento ser "macho" ou "fêmea". Por cima do focinho do jacaré vê-se uma pequena máscara de demônio; guizos e enfeites com penas de falcão são fixados ao longo do bambu. Esses instrumentos se apresentam sempre formando par, um macho e uma fêmea. Os executantes ficam sempre um diante do outro e batem no chão obliquamente, cruzando seus bambus. Como as divisões internas não são retiradas, a sonoridade é muito fraca (Nim., 1952, p. 45).[6]

---

6. Também deve ser muito fraco o barulho, comparado com um "rumor surdo", por meio do qual os Bororo, ao bater no chão com suas esteiras enroladas, anunciam a partida dos monstros aquáticos /aigé/, para que as mulheres e as crianças possam sair sem receio das casas onde estavam escondidas. Note-se que os atores que representam os /aigé/ procuram empurrar os rapazes que estão sendo iniciados, que são apoiados pelos padrinhos e parentes masculinos, para impedir uma queda, que seria de péssimo augúrio (*EB*, v. I, pp. 661-2). Esse episódio parece ser uma transposição quase literal de certos detalhes de iniciação das moças entre os Tukuna (Nim., 1952, pp. 88-9).

A algazarra e o mau cheiro

Reunimos anteriormente em um único grupo os mitos tembé-tene-tehara sobre a origem (da festa) do mel (M_{188}-M_{189}), os mitos do Chaco sobre a origem do tabaco (M_{23}-M_{24}, M_{246}) e o mito sobre a origem das roupas de casca (M_{304}, que inverte o verdadeiro mito de origem, conforme veremos adiante). Essa operação resultava de uma tripla transformação:

a) jaguares: pacíficos $\longrightarrow$ agressivos;

b) aves: araras, papagaios, periquitos $\longrightarrow$ tucanos;

c) alimento das aves: flores doces $\longrightarrow$ sementes aromáticas.

A relação de transformação que observaremos em breve entre M_{304} e M_{310} permite, sem mais delongas, reforçar o laço que une os mitos do Chaco e os mitos tukuna pois, como já ficou claro, se o instrumento de música de M_{310} transforma o de M_{304}, ambos remetem ao tronco oco (transformado em buraco cavado em M_{24}) que em M_{23} e M_{246} serve de refúgio para as vítimas do jaguar canibal e provoca a sua perda, ou seja, a transformação:

$$M_{23},\ M_{246}\ (\text{árvore oca}) \longrightarrow M_{304}\ (\text{tronco fendido}) \longrightarrow M_{310}\ (\text{bambu oco})$$

Esse grupo de transformações é homogêneo no que se refere aos instrumentos musicais. O tronco fendido e o bambu oco funcionam ambos como chicotes e verificamos independentemente que, nos mitos do Chaco, existe uma homologia entre o tronco esvaziado, o cocho de hidromel e o tambor (acima, p. 132). Retornaremos a esse aspecto.

Agora iremos sobrepor M_{304} e M_{310}. Surge, imediatamente, uma complexa rede de relações, pois se as cadeias sintagmáticas dos dois mitos se reproduzem de maneira habitual, mediante certas transformações, elas geram, em determinado ponto de sua coincidência, um conjunto paradigmático equivalente a uma parte da cadeia sintagmática de um mito bororo (M_5) que, bem no início do volume anterior, mostramos ser uma transformação do mito de referência (M_1). Tudo se passa, portanto, como se nossa pesquisa, enrolando-se em espiral, depois de ter retornado, num movimento retrógrado, a seu ponto de partida, retomasse momentaneamente seu curso progressivo, infletindo sua curva ao longo de um antigo trajeto (ver a tabela da p. 429).

Por conseguinte, dependendo do ponto de vista adotado, M_{304} se articula com M_{310} ou cada um deles se articula separadamente com M_5; ou ainda, os três mitos se articulam em conjunto. Se ousássemos consolidar num "arquimito" (como os linguistas falam de "arquifonemas") o conjunto dos mitos do Chaco sobre a origem do jaguar e (ou) do tabaco, obteríamos uma outra série paralela às precedentes:

| uma esposa e mãe, transformada em onça, | devoradora de marido e de filhos, | envenena o marido com seu sangue menstrual, | perece *dentro de* um buraco ou *sobre* um tronco oco coberto de lanças (ou fica presa por suas garras enterradas) |

Assim, encontramos mais uma vez o problema, já discutido, da reversibilidade recíproca entre uma cadeia sintagmática constituída de um único mito e um conjunto paradigmático obtido ao se praticar um corte vertical através das cadeias sintagmáticas superpostas de vários mitos, unidos entre si por relações de transformação. Entretanto, no presente caso, pode-se ao menos entrever o fundamento semântico de um fenômeno do qual havíamos encarado somente o aspecto formal.

Vimos que M_5, cuja cadeia sintagmática parece recortar aqui a de outros mitos, explica a origem das doenças que, sob uma forma maléfica e privativa, realizam a passagem da vida à morte e colocam em conjunção o aqui e o além.

É esse o sentido dos outros mitos, pois o tabaco desempenha uma função análoga sob uma forma benéfica e positiva, assim como o uso (ou talvez até mesmo a origem), em M_{310}, do bastão de ritmo, o que o ritual tukuna permite verificar, já que nesse caso trata-se de um instrumento real. O instrumento imaginário de M_{304} (mas que de fato existe na or-

A algazarra e o mau cheiro

M5

Uma avó hostil procura matar o neto,

M310: Um jaguar transformado em mãe

que pretende alimentar o menino com anticomida (gases intestinais);

enfia seu braço numa árvore perfurada.

devoradora de criança

M304: Uma avó transformada em jaguar

que pretende alimentar os netos com anticomida (orelha de pau);

recebe um golpe de lança que lhe perfura o ânus.

Os meninos enterram seu pai morto numa toca de tatu.

Morta, ela é enterrada numa toca de tatu.

ganologia americana) preenche uma função inversa, de disjunção, em vez de conjunção. Essa função, entretanto, é benéfica e positiva, como a outra. Ela não se exerce contra demônios dominados graças à imitação de sua aparência física por trajes de casca, como se observa no ritual ou — segundo M_{310} — contra um demônio efetivamente prisioneiro de um tronco de árvore que lhe prende os punhos, como se fosse uma canga, mas contra demônios que, devido ao uso desmedido das árvores com casca, escaparam totalmente do controle: eles não são simulacros de demônios conjurados pelos homens, mas homens transformados em verdadeiros demônios.

Dispomos, portanto, de uma base suficientemente sólida para estender a comparação para além da zona central dos três mitos M_5, M_{304} e M_{310} e para tentar integrar certos aspectos, próprios desse ou daquele mito cuja posição parece marginal, à primeira vista. Vejamos, em primeiro lugar, o episódio inicial do bebê chorão em M_{310}, já que esse pequeno personagem é, para nós, um velho conhecido e porque, tendo já avançado consideravelmente no caminho de sua interpretação, a partir de outros exemplos, talvez nos perdoem mais facilmente pelo fato de cedermos ao capricho de um rápido *ex-cursus* por uma mitologia longínqua, na qual a fisionomia do choramingas é mais discernível, pois ele ali desempenha um papel de primeiro plano. Não procuraremos justificar tal procedimento. Reconhecemos que ele é irreconciliável com a correta utilização do método estrutural. Nesse caso muito particular, sequer invocaremos, em seu favor, nossa íntima convicção de que a mitologia japonesa e a mitologia americana exploram, cada uma a seu modo, um fundo paleolítico muito antigo, que foi outrora patrimônio comum de grupos asiáticos, posteriormente convocados a exercer um papel no povoamento do Extremo Oriente e no do Novo Mundo. Sem aprofundarmos tais hipóteses, que o atual estado da ciência não permitiria controlar, bastar-nos-á invocar circunstâncias atenuantes: raramente nos permitimos desvios desse tipo e se às vezes acon-

A algazarra e o mau cheiro

tece de o fazermos é sobretudo como um artifício e porque esse aparente desvio funciona, na verdade, como um atalho para uma demonstração. Poderíamos fazê-lo de outro modo, que seria, porém, mais lento e mais laborioso, e exigiria do leitor um esforço suplementar.

M311 JAPÃO: O "BEBÊ" CHORÃO

Após a morte de sua esposa e irmã Izanami, o deus Izanagi partilhou o mundo entre seus três filhos. A sua filha Amaterasu, o sol, nascida de seu olho esquerdo, ele entregou o céu. A seu filho Tsuki-yomi, a lua, nascido de seu olho direito, ele entregou o oceano. E entregou a terra a seu outro filho Sosa-no-wo, nascido de seu ranho.

Naquela época, Sosa-no-wo já se encontrava na força da idade e lhe nascera uma barba, que media oito palmos. No entanto ele negligenciava seus deveres, como dono da terra, e não fazia outra coisa a não ser gemer, chorar e espumar de raiva. Seu pai se inquietava com isso e ele explicou que chorava porque queria ir juntar-se a sua mãe no outro mundo. Então Izanagi ficou com ódio do filho e o expulsou.

Pois ele próprio tinha tentado rever a morta e sabia que esta não passava de um cadáver inchado e purulento, sobre o qual se empoleiravam oito deuses-trovão: na cabeça, no peito, no ventre, nas costas, nas nádegas, nas mãos, nos pés e sobre a vulva...

Antes de exilar-se no outro mundo, Sosa-no-wo obteve de seu pai a autorização de subir ao céu para dizer adeus a sua irmã Amaterasu. Uma vez lá, foi logo poluindo os arrozais. Amaterasu, escandalizada, resolveu encerrar-se numa gruta e privar o mundo de sua luz. Como castigo por seus malfeitos, seu irmão foi banido definitivamente para o outro mundo, aonde chegou após inúmeras atribulações (Aston, 1896, v. 1, pp. 14-59).

É interessante comparar esse fragmento muito resumido de um mito considerável com certas narrativas sul-americanas:[7]

---

7. E também norte-americanas, tal como este trecho de um mito dos Dené Peles-de-lebre, que voltaremos a encontrar no próximo volume: "De sua união com sua irmã Kunyan, (o demiurgo) teve um filho, criança desagradável, que chorava sem parar" (Petitot, 1886, p. 145).

432   *Parte IV*

M86A AMAZÔNIA: O BEBÊ CHORÃO

Yuwaruna, o jaguar preto, tinha-se casado com uma mulher que só pensava em seduzir os irmãos do marido. Irritados, estes a mataram e como ela estava grávida, abriram o ventre do cadáver, de onde saiu um menininho que pulou dentro da água.

Capturado a muito custo, o menino não parava de chorar e berrar "como um bebê que acaba de nascer". Todos os animais foram convocados para distraí-lo, mas somente a corujinha conseguiu acalmá-lo, ao revelar-lhe o mistério de seu nascimento. A partir de então, o menino só pensou em vingar a mãe. Matou um por um todos os jaguares e, em seguida, subiu ao céu, onde tornou-se o arco-íris. É porque os homens adormecidos não ouviram seus chamados que a duração de suas vidas ficou, desde então, abreviada. (Tastevin, 1925a, pp. 188-90; cf. *CC*, pp. 223-6).

Os Chimane e os Mosetene possuem um mito (M312) quase idêntico: abandonado pela mãe, um menino não parava de chorar; suas lágrimas transformaram-se em chuva que ele, metamorfoseado em arco-íris, conseguiu dissipar (Nordenskiöld, 1924, p. 146). Ora, também no Nihongi, a expulsão definitiva de Sosa-no-wo para o outro mundo é acompanhada por chuvas torrenciais. O deus pede um abrigo, que lhe é recusado, e para se proteger inventa o chapéu de abas largas e o abrigo impermeável de palha verde. A partir de então não se deve entrar na casa de alguém que esteja paramentado assim. Antes de chegar a sua última morada, Sosa-no-wo mata uma cobra assassina (Aston, op. cit.). Na América do Sul o arco-íris é uma cobra assassina.

M313 CASHINAUA: O BEBÊ CHORÃO

Certo dia, uma mulher grávida foi pescar. Enquanto isso, desencadeou-se uma tempestade e o fruto de seu ventre desapareceu. Daí a alguns meses, a criança apareceu já grandinha: era um chorão teimoso, que não deixava ninguém viver e dormir em paz. Jogaram-no no rio, que secou instantaneamente assim que o menino caiu na água. Quanto a ele, desapareceu e subiu para o céu (Tastevin, 1925b, p. 22).

Baseando-se num mito análogo dos Peba, Tastevin sugere que aqui poderia tratar-se da origem do sol. Vimos que um mito machiguenga (M299)

A algazarra e o mau cheiro

distingue três sóis: o nosso, o do mundo inferior e o do céu noturno. Na origem, este último era um bebê incandescente, que causou a morte de sua mãe quando ela o dava à luz e que seu pai, a lua, teve de afastar da terra para que ela não se incendiasse. O segundo sol foi, como Sosa-no-wo, unir-se a sua mãe morta no mundo inferior, onde tornou-se dono da chuva malfazeja. O cadáver da mãe de Sosa-no-wo é repugnante e o da mãe do sol ctônico é, ao contrário, tão apetitoso que ele constitui o cardápio da primeira refeição canibal.

Japonês ou americanos, todos esses mitos permanecem espantosamente fiéis a um mesmo esquema: o bebê chorão é um bebê abandonado pela mãe, ou póstumo, o que apenas adianta a data do abandono; ou então ele acha que foi abandonado indevidamente, embora tenha chegado a uma idade em que uma criança normal não exige mais a atenção constante dos pais. Esse desejo imoderado por uma conjunção familiar, que os mitos comumente situam no plano horizontal (quando resulta do afastamento da mãe), sempre acarreta uma disjunção de tipo cósmico, e vertical: a criança chorona sobe ao céu, onde gera um mundo *podre* (chuva, sujeira, arco-íris causa das doenças, vida breve); ou, nas variantes simétricas, para *não* gerar um mundo *queimado*. É esse, pelo menos, o esquema dos mitos americanos, que encontramos desdobrado e invertido no mito japonês, no qual é, finalmente, o deus chorão quem se afasta, pois sua segunda disjunção toma a forma de uma peregrinação. Não obstante essa diferença, não é difícil reconhecer, por detrás da personagem do menino choramingas, o do herói associal (no sentido de que não se deixa socializar), tenazmente agarrado à natureza e ao mundo feminino: o mesmo que, no mito de referência, comete o incesto para retornar ao seio materno e que, em M5, embora na idade de ingressar na casa dos homens, permanece enclausurado na casa familiar. Raciocinando de modo inteiramente diverso, tínhamos chegado à conclusão de que M5, mito sobre a origem das doenças, remetia implicitamente à origem do arco-íris, causa das doenças (*cc*, pp. 326-32). Obtemos agora uma confirmação suplementar dessa inferência, graças à equivalência, que acabamos de descobrir, entre o rapaz enclausurado e o bebê chorão, que os mitos situam na origem do mesmo fenômeno meteorológico.

Antes de extrairmos as consequências dessa aproximação, é preciso nos determos um instante num episódio de M310: aquele no qual o morcego vem enxugar o traseiro do jaguar que, como vimos, é apreciador de bebês chorões e os asfixia com seus gases intestinais. Não é fácil elucidar a posição dos morcegos nos mitos, na ausência quase constante de indicações sobre a espécie. Ora, a América tropical conta com nove famílias e uma centena de espécies de quirópteros, diferentes quanto ao tamanho, aspecto e regime alimentar. Algumas são insetívoras, outras frugívoras e, finalmente, outras (*Desmodus* sp.) são sugadoras de sangue.

Podemos, portanto, nos perguntar qual a razão da transformação, ilustrada por um mito tacana (M195), de uma das duas filhas do *melero* (que são mulheres-arara multicoloridas em M197) em morcego: porque a espécie em questão se alimenta de néctar, como às vezes ocorre, ou porque faz ninho no oco das árvores, como as abelhas, ou por alguma razão totalmente diversa. Em apoio a essa conexão, recordamos que um mito witoto (M314), no qual o motivo da moça louca por mel faz uma aparição fugaz, substitui o mel por morcegos canibais (Preuss, 1921-23, pp. 230-70). No entanto, de modo geral, os mitos associam esses animais principalmente ao sangue e aos orifícios corporais. Os morcegos provocam a primeira gargalhada num índio porque ignoram a linguagem articulada e só conseguem se comunicar com os humanos por meio de cócegas (Kayapó-Gorotire, M40). Os morcegos saem da cavidade abdominal de um ogro que devorava os rapazes (Xerente, M315A; Nim., 1944, pp. 186-7). Os vampiros *Desmodus rotundus* nascem do sangue da família do demônio Aétsasa, que os decapitava para fazer cabeças reduzidas, massacrado pelos índios (Aguaruna, M315B; Guallart, 1958, pp. 71-3). Casado com uma humana e furioso porque ela se recusou a lhe dar de beber, um demônio morcego decapita os índios e empilha as cabeças na árvore oca em que mora (Mataco, M316; Métraux, 1939, p. 48).

Os Kogi da Sierra de Santa Marta, na Colômbia, concebem uma associação mais precisa entre o morcego e o sangue menstrual: "Será que o morcego te mordeu?", perguntam as mulheres para saber se uma delas está menstruada. Os rapazes dizem que uma jovem núbil já é mulher porque

A algazarra e o mau cheiro

foi mordida pelo morcego. No alto de cada casa, o sacerdote coloca uma pequena cruz feita com fios, que representa ao mesmo tempo o morcego e o órgão feminino (Reichel-Dolmatoff, 1949-51, v. I, p. 270). O simbolismo sexual se mantém, invertendo-se, entre os Astecas, para os quais o morcego origina-se do esperma de Quetzalcoatl.[8]

E em que tudo isto nos interessa? *Geralmente considerado responsável por uma abertura corporal e por uma emissão de sangue, o morcego se transforma, em* M_{310}, *em responsável por uma oclusão corporal e por uma reabsorção de excrementos.* Essa tripla transformação adquire pleno sentido quando se observa que ela se aplica a um jaguar e sobretudo a um jaguar que rapta crianças choronas, pois conhecemos esse ogro. Ele apareceu pela primeira vez em um mito warrau (M_{273}), no qual, sob a aparência de uma avó (mãe em M_{310}, mas que retransforma a avó-onça de M_{304}), um jaguar rouba uma criança chorona e, quando a menina cresce, come seu sangue menstrual (em vez de ele próprio soltar peidos para matar a criança e então comê-la). Consequentemente, diante de uma humana, o jaguar de M_{273} age como se fosse um morcego, enquanto em M_{310}, o morcego tem, em relação ao jaguar, um comportamento correlativo e inverso daquele que adotaria se o jaguar fosse um ser humano.

Ora, M_{273} pertence ao mesmo grupo de transformações que os mitos sobre a origem do mel. M_{310}, por sua vez, pertence ao mesmo grupo de transformações que os mitos sobre a origem do tabaco. Passando do mel ao tabaco verificamos, assim, a equação:

a) *(sangue menstrual)*   *(excrementos)*
      [jaguar : jovem menstruada] : :   [morcego : jaguar]

e com ela encontramos o que, de maneira independente, poderia nos ensinar a comparação de M_{273} com M_{24} (mito sobre a origem do tabaco, no qual uma mulher-onça envenena o marido com seu sangue menstrual):

---

8. Existe na Austrália a crença de que o morcego nasce do prepúcio cortado por ocasião da iniciação e de que este animal conota a morte (Elkin, 1961, p. 173, 305).

436 Parte IV

b) (*origem do mel*)   (*origem do tabaco*)

[sangue menstrual : alimento] : :   [sangue menstrual :
excremento]

ou, dito de outra forma: se o mel é um conjuntor dos extremos, o tabaco é um disjuntor dos termos intermediários pela consolidação dos próximos.

Após esse intermezzo do morcego, podemos retornar ao bebê chorão.

Os dois mitos tukuna, M_{304} e M_{310}, possuem em comum o tema do canibalismo e o da sujeira; em M_{304}, a avó-onça tenta fazer passar o fígado de seu filho morto — víscera congruente ao sangue e mais especificamente ao sangue menstrual — por um cogumelo, que também seria um antialimento (*cc*, pp. 230, 241-2); em M_{310}, um jaguar que usurpou o lugar de uma mãe obriga a criança a inalar os gases que saem de seu traseiro emporcalhado. Alimentando-se de carne humana ou de sangue menstrual ou, inversamente, fornecendo substâncias no lugar de comida, os jaguares warrau e tukuna pertencem à grande família dos animais atraídos pelos berreiros infantis, que inclui também a raposa e a rã. Esta última também é ávida por carne fresca, mas tomada no sentido metafórico, pois para além do bebê chorão, ela cobiça o adolescente que tornará seu amante.

Através desse viés reencontramos a equivalência, já verificada de outro modo (pp. 354-5) entre os gritos — isto é, a algazarra — e a sujeira: termos mutuamente conversíveis conforme o mito escolha um código acústico, alimentar ou sexual para se exprimir. O problema colocado pelo motivo do bebê chorão consiste, portanto, em indagar por que um determinado mito prefere codificar em termos acústicos um mitema — o personagem do rapaz enclausurado — codificado em outros mitos por meio do incesto real (M_1) ou simbólico (M_5).

O problema subsiste para mitos como M_{243}, M_{245} e M_{273}. Mas, no caso que estamos considerando, entrevê-se uma resposta possível. Com efeito, os dois mitos tukuna relativos ao jaguar canibal colocam igualmente em evidência instrumentos musicais, um deles imaginário e o outro, real, mas que, por sua função semântica e seu tipo organológico, formam um par de oposições. O instrumento de M_{304}, que aproximamos do /parabara/ bororo, é um tronco de árvore naturalmente oco, talhado em parte de

A algazarra e o mau cheiro

seu comprimento e que se faz vibrar, batendo obliquamente no solo ou jogando-o no chão. O barulho resultante afasta da sociedade dos humanos um ser que é também humano, mas que se transformou em demônio. O instrumento de M310, bastão de ritmo manejado pelo jaguar prisioneiro, consiste numa vara de bambu (gramínea que os índios sul-americanos, assim como os botânicos, não classificam no grupo das árvores), também naturalmente oca, e que se faz ressoar batendo-a verticalmente no chão, sem soltá-la. O emprego desse bastão garante ao jaguar um resultado simétrico àquele que acabamos de atribuir à matraca. O bastão de ritmo reúne um ser demoníaco, que se tinha transformado em ser humano, com outros demônios: atrai estes últimos para perto dos homens, em vez de afastar dos homens o primeiro.

Isso não é tudo. O próprio bastão de ritmo apresenta uma dupla oposição e correlação com outro instrumento musical, que tem nos acompanhado discretamente desde o começo deste livro e que vimos surgir nos bastidores dos mitos sobre a origem do mel. Estamos nos referindo ao tambor, também feito com um tronco oco, ao qual os mitos atribuem funções muito diversas: tronco oco onde enxameiam as abelhas, tronco oco que serve de cocho para o hidromel, tambor de madeira (transformação do cocho, segundo M214), refúgio para as vítimas do jaguar canibal e armadilha para esse mesmo jaguar, assim como para a moça louca por mel... O tambor de madeira e o bastão de ritmo são, ambos, cilindros ocos: um curto e largo, o outro, comprido e estreito. Um deles recebe passivamente os golpes de uma baqueta ou de um bastão, o outro ganha vida nas mãos de um executante, cujo gesto amplia e prolonga, conduzindo até o chão inerte o toque que o fará ressoar. Se o chicote se opõe, portanto, ao mesmo tempo ao bastão de ritmo e ao tambor — pois estes são ocos em todo o seu comprimento, enquanto o chicote é fendido pelo exterior, transversalmente e apenas em parte de seu comprimento — o tambor e o bastão de ritmo se opõem um ao outro, na medida em que são respectivamente mais largo ou mais estreito, mais curto ou mais comprido, paciente ou agente.

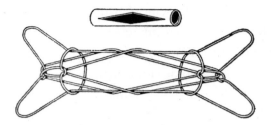

17. O mel ou a árvore oca. Figura do jogo de fios, índios Warrau.

O fato de a oposição maior, nesse sistema triangular, ocorrer entre o tambor e o chicote resulta indiretamente de um mito warrau, do qual bastará extrair um episódio.

M317 WARRAU: UMA AVENTURA DE KOROROMANNA

Um índio chamado Kororomanna matou, certo dia, um guariba. Voltando para a aldeia, ele se perdeu e teve de passar a noite num abrigo improvisado. Logo se deu conta de que tinha escolhido mal seu acampamento, bem no meio de um caminho frequentado pelos demônios. Tais caminhos são reconhecidos devido ao barulho que os demônios, empoleirados nas árvores que os margeiam, não param de fazer durante a noite inteira, batendo nos galhos e troncos, produzindo assim todo tipo de estalos secos.

Kororomanna sentiu-se muito incomodado, ainda mais pelo fato de que o cadáver do macaco começava a inchar, devido aos gases que se acumulavam dentro dele. Temendo que os demônios roubassem sua caça, Kororomanna, armado com um bastão, viu-se obrigado a ficar com o macaco morto perto dele, apesar do mau cheiro. Dormiu, finalmente, mas foi despertado pelo barulho dos demônios que batiam nas árvores. Então sentiu vontade de caçoar deles e respondeu a cada golpe batendo na barriga do macaco com seu bastão. Com isto ouviam-se muitos bum, bum, que soavam como um tambor (os Warrau utilizam em seus tambores o couro do guariba).

Inicialmente intrigados com aquele barulho, que superava o que eles faziam, os demônios acabaram descobrindo Kororomanna, que gargalhava ao ouvir um animal morto peidar com tamanho vigor. O chefe dos demônios ficou desolado por não conseguir fazer um barulho tão belo. Porém, diferentemente dos mortais, os demônios têm uma mancha vermelha no lugar do ânus; assim, são tapados embaixo. Mas não seja por

A algazarra e o mau cheiro

isso: Kororomanna concorda em furar o traseiro do demônio. Enfia o pau de seu arco com tamanha força que atravessa o corpo inteiro e o faz sair pela cabeça do demônio, que amaldiçoa Kororomanna por matá-lo e jura que seus companheiros o vingarão. Em seguida desaparece (Roth, 1915, pp. 126-7).

Esse episódio de um mito bastante longo confirma a existência de uma oposição entre o tambor, instrumento humano (aqui, inclusive dotado de uma natureza orgânica), e o ruído "demoníaco" de bastões percutidos ou batidos um contra o outro.[9] É preciso, portanto, que o bastão de ritmo se situe entre os dois: instrumento ritual e chamador de demônios, à semelhança dos trajes de casca que M304 situa em oposição à matraca do tipo /parabara/.

Abramos agora um parêntese a propósito do bastão de ritmo.

Os Guarani meridionais concebem uma oposição maior entre o bastão de comando, símbolo do poder, atributo masculino, talhado no cerne da árvore *Holocalyx balansae* e o bastão de ritmo, feito de bambu, atributo feminino (Cadogan, 1958, pp. 95-6). O instrumento musical masculino é, nesse caso, o chocalho. Essa oposição, registrada com frequência na literatura, é ilustrada de modo particularmente convincente por uma prancha da obra de Schaden, *Aspectos fundamentais da cultura guarani* (1954, prancha XIV da primeira edição), na qual se vê uma fileira de cinco índios Kayowá (entre os quais um menino) segurando numa das mãos uma cruz e, na outra, o chocalho, seguidos por quatro mulheres, sendo que cada uma delas bate no chão com um pedaço de bambu.[10] Para os Apapocuva, bem como para os Guarani mais ao norte, o uso do bastão de ritmo teria tido uma função especial, a de facilitar a ascensão ao céu do herói civilizador ou da tribo inteira (Métraux, 1928b, p.

---

9. A descrição do ruído provocado pelos demônios, no mito warrau, lembra aquele que os bons observadores atribuem ao jaguar: "Característico é o estalido seco e repetido com que a onça se trai, ao mover nervosamente as orelhas, que então produzem como que o som abafado das castanholas" (Ihering, art. "onça"). Segundo um conto da região do Rio Branco, o jaguar faz barulho à noite porque anda calçado, enquanto o tapir caminha descalço e silenciosamente (Rodrigues, 1890, pp. 155-6).

10. Os Tacana da Bolívia denominam "fêmea" a flecha de bambu (oco) e "macho" a de madeira de palmeira (cheia) (H&H, 1961, p. 338).

216). Assim, tudo indica a existência, entre os Guarani meridionais, de um sistema ternário de instrumentos, dos quais apenas dois são instrumentos musicais e dotados de funções complementares: o bastão de comando, para reunir os homens (que é também a função social do tambor de madeira no norte amazônico), o chocalho, para fazer com que os deuses baixem para perto dos homens e o bastão de ritmo, para elevar os homens para perto dos deuses. Já mencionamos a hipótese de Schaden, segundo a qual a cruz de madeira guarani poderia representar dois bastões, outrora distintos e batidos um no outro. Finalmente, a oposição guarani entre o bastão maciço, insígnia do comando masculino, e o tubo oco, instrumento litúrgico feminino, evoca a oposição (p. 398) que certas tribos amazônicas utilizam para fins sociológicos, entre os cilindros de pedra dura que servem como pendentes, conforme sejam perfurados longitudinalmente (ocos) ou transversalmente (cheios).

Vemos assim desenvolver-se uma dialética entre cheio e vazio, na qual várias modalidades ilustram cada termo. Nós nos limitamos a assinalar certos temas e algumas direções que a investigação poderia tomar, sobretudo na intenção de melhor ressaltar o modo pelo qual essa dialética opera no interior dos mitos. Ora, esses mitos fazem muito mais do que opor, em suas respectivas conclusões, instrumentos musicais redutíveis a um tubo oco ou a um bastão fendido. O instrumento que cada um dos mitos introduz no final possui uma relação original com um "modo da árvore" que o mito define numa outra etapa da narrativa.

Com efeito, M_{304} e M_{310} submetem uma ou várias árvores a operações bem distintas. Em M_{304}, árvores (mas, inicialmente, uma só) são despojadas de sua casca; em M_{310} uma árvore é furada. A um tronco descascado longitudinalmente opõe-se, portanto, um tronco perfurado transversalmente. Se completarmos essa oposição com a que já notamos entre os instrumentos musicais constantes dos dois mitos e que também são "feitos de troncos", obteremos um sistema com quatro termos:

	M_{304}:	M_{310}:
árvores:	tronco descascado	tronco perfurado
instrumentos de percussão:	tronco fendido	tronco oco

Fica claro que tais relações formam um quiasma. O tronco perfurado e o tronco fendido se correspondem, na medida em que ambos apresentam uma abertura perpendicular ao eixo do tronco, mas num caso mediana e no outro terminal, e interna ou externa. A relação de simetria que une o tronco descascado e o tronco oco é mais simples, pois que se reduz a uma inversão entre dentro e fora: a árvore despojada de sua casca permanece no estado de cilindro interior pleno, no exterior do qual não existe mais nada, enquanto o bambu consiste de um envoltório exterior cheio, dentro do qual existe apenas o oco, isto é, nada:

TRONCO DESCASCADO BAMBU

Essa dupla oposição entre *vazio externo/cheio interno* e *vazio interno/cheio externo* é uma propriedade invariante do grupo, como bem mostra a maneira pela qual M₃₁₀ procede para inverter a "verdadeira" origem das máscaras de casca, tal como é contada pelos Tukuna num terceiro mito:

M318 TUKUNA: A ORIGEM DAS MÁSCARAS DE CASCA DE ÁRVORE

Antigamente, os demônios moravam numa gruta. Para fazer a festa, atacaram durante a noite uma aldeia, roubaram as provisões de carne moqueada e mataram todos os habitantes, cujos cadáveres arrastaram até seu antro para comê-los.

Nesse meio-tempo, um grupo de visitantes chegou à aldeia. Surpresos por encontrá-la deserta, eles seguiram as pegadas do transporte macabro, que os conduziram à entrada da gruta. Os demônios tentaram atacar os importunos, mas sem sucesso. Os índios não insistiram e voltaram para casa.

Outro grupo de viajantes acampava na floresta. Havia entre eles uma mulher grávida, que pariu. Seus companheiros decidiram permanecer por ali mesmo até que ela estivesse em condição de seguir adiante. Mas não havia caça e todo mundo dormiu de barriga vazia. No meio da noite, ouviu-se o rilhar característico de um roedor. Era uma enorme paca (*Coelogenys paca*) que foi cercada e morta.

Todos comeram a carne, com exceção da parida e de seu marido. No dia seguinte, os homens foram caçar, deixando no acampamento a mãe e o bebê. Então, a mulher viu um demônio que se aproximava. Ele disse que a paca morta na noite anterior era seu filho e que os demônios viriam vingá-lo. Aqueles que não tinham consumido a carne da paca deveriam, para salvar a vida, trepar numa árvore de determinada espécie, arrancando-lhe a casca à medida que avançassem.

Quando os caçadores voltaram, ninguém acreditou no que a mulher contou e chegaram até mesmo a caçoar dela. E quando, ao ouvir o chamado da trompa e os urros dos demônios, ela quis alertar seus companheiros, estes dormiam tão profundamente que ela não conseguiu despertá-los nem mesmo os queimando com sua tocha de resina. Ela mordeu o marido, que acabou se levantando e seguiu-a como um sonâmbulo. Segurando a criança, os dois treparam na árvore, que a mulher já tinha tratado de localizar, e eles subiram arrancando a casca atrás de si. Quando o dia nasceu, eles desceram de seu refúgio e retornaram ao acampamento. Lá não havia mais ninguém, pois os demônios tinham massacrado os dorminhocos. O casal regressou à aldeia e contou o que tinha acontecido.

Seguindo o conselho de um velho feiticeiro, os índios plantaram muitas pimentas. Quando elas amadureceram, eles as colheram e levaram-nas para perto da gruta dos demônios, fechando sua entrada com troncos de paxiúba barriguda (palmeira de tronco abaulado: *Iriartea ventricosa*), com exceção de uma fenda, onde fizeram uma grande fogueira. Ali jogaram enormes quantidades de pimenta, para que a fumaça penetrasse na gruta.

Logo se ouviu um terrível alarido. Os índios deixaram sair os demônios que não tinham participado do banquete canibal. Mas todos os que tinham comido carne humana morreram na gruta; até hoje eles são reconhecidos pela lista vermelha que atravessa suas máscaras. Quando o barulho cessou e depois que um escravo yagua, enviado para iluminar a gruta, encontrou a morte nas mãos de alguns demônios sobreviventes, os Tukuna nela penetraram e notaram cuidadosamente o aspecto característico das diversas espécies de demônios, que as roupas de casca reproduzem hoje em dia (Nim., 1952, pp. 80-1).

Visto que a análise detalhada desse mito nos afastaria demais de nosso tema, nós nos limitaremos a chamar a atenção para o episódio da casca arrancada. Uma jovem mãe (≠ velha avó de M_{304}), respeitadora, bem como

A algazarra e o mau cheiro

seu marido, dos interditos alimentares que ambos devem observar após o nascimento da criança (Nim., 1952, p. 69) (≠ velho casal dado ao canibalismo, M304), conseguiu escapar dos demônios canibais (≠ transformar-se em demônios canibais, M304), descascando uma árvore à medida que sobe nela *e, portanto, de baixo para cima*, ao passo que os humanos transformados em demônios de M304 alcançam esse resultado descascando uma árvore *de cima para baixo*. A principal oposição da página 440 continua inalterada e a simetria invertida de M304, M318 (demônios, enfurecidos ou domesticados pelo uso de roupas de casca) é função de uma oposição suplementar, manifestamente introduzida por necessidade: a do sentido do descasque, realizado de cima para baixo ou então de baixo para cima.

Como se trata de uma técnica real, pode-se investigar como os índios procedem para descascar os troncos. Segundo o testemunho de Nimuendaju, que observou e descreveu os Tukuna, isto não se faz nem num sentido nem no outro. Eles derrubam a árvore, cortam uma seção de comprimento conveniente e martelam a casca para desprendê-la da madeira. Em seguida, retiram a casca, revirando-a como uma luva ou, mais frequentemente, fendem-na em todo o seu comprimento para obter uma peça retangular, menos difícil de trabalhar do que um tubo (Nim., 1952, p. 81).[11] A técnica parece ser exatamente a mesma entre os Arawak da Guiana (Roth, 1924, pp. 437-8) que talvez tenham sido seus iniciadores (Goldman, 1963, p. 223). Em relação à infraestrutura técnico-econômica, os dois mitos estão em pé de igualdade. Um não é mais "verdadeiro" do que o outro, mas tendo de considerar duas implicações complementares de um ritual que, se for levado a sério, expõe os espectadores (e os próprios oficiantes) a um perigo certo — pois o que aconteceria se os demônios personificados pelos dançarinos mascarados retomassem de repente sua virulência? — foi preciso que eles concebessem uma técnica imaginária mas que, à diferença da técnica real, pode admitir procedimentos opostos.

---

11. Nimuendaju assinala, entretanto, uma técnica de descascar de cima para baixo, limitada à árvore /matamatá/ (*Eschweilera* sp.), que M304 estende ao /tururi/ (*Couratari* sp.?). Cf. Nim., 1952, pp. 127 e 147, n. 5.

RECORRENDO A INSTRUMENTOS REAIS ou imaginários, os mitos, convenientemente ordenados, parecem desdobrar, diante de nós, um vasto grupo de transformações que reúne diversos modos de um tronco de árvore ou um bastão *ser oco*: cavidade natural ou artificial, orifício longitudinal ou transversal, colmeia, cocho, tambor, bastão de ritmo, tubo de casca, chicote, canga... Nessa série, os instrumentos musicais ocupam uma posição intermediária entre formas extremas que remetem a um abrigo, como a colmeia, ou a uma armadilha, como a canga. Mas, de fato, as máscaras e os instrumentos de música são, cada um a sua maneira, abrigos ou armadilhas, algumas vezes até mesmo ambos ao mesmo tempo... O chicote de M304 desempenha o papel de armadilha para o demônio-jaguar; o demônio-jaguar de M310, prisioneiro de uma canga, obtém, graças ao bastão de ritmo, a proteção de seus congêneres. Os trajes-máscaras de casca, cuja origem M318 traça, são abrigos para os dançarinos que os vestem, permitindo-lhes captar a potência dos demônios.

Desde o início deste livro, estivemos às voltas com árvores ocas servindo de abrigo ou de armadilha. A primeira função predomina nos mitos sobre a origem do tabaco, pois os personagens perseguidos pelo jaguar canibal se refugiam no oco de uma árvore. A segunda função prevalece nos mitos sobre a origem do mel, nos quais ora o raposo, ora a moça louca por mel, ou ainda a rã, ficam presos em semelhante cavidade. No entanto, para estes últimos, a árvore oca só se tornará armadilha porque inicialmente era refúgio das abelhas. Inversamente, se a árvore oca oferece um refúgio providencial para as vítimas do jaguar, nos mitos sobre a origem do tabaco, ela se transformará em armadilha onde perecerá a fera que procura forçá-la.

Portanto, seria mais exato dizer que o motivo da árvore oca opera a síntese de dois aspectos complementares. Esse caráter invariante ressalta ainda mais ao observarmos que os mitos sempre utilizam árvores do mesmo gênero ou árvores de gêneros diferentes que, no entanto, apresentam entre si semelhanças significativas.

Todos os mitos do Chaco que passamos em revista se referem à árvore /yuchan/, cujo tronco oco abriga os filhos ou os conterrâneos da mulher transformada em onça, que serve para preparar o primeiro cocho de hidromel e torna-se o primeiro tambor; onde o demônio morcego empilha as cabeças cortadas de suas vítimas, onde o raposo louco por mel fica preso ou na qual é estripado etc. A árvore /yuchan/, em espanhol *paio borracho*, é, em português do Brasil, a barriguda. Trata-se de uma bombacácea (*Chorisia insignis* e espécies vizinhas), caracterizada triplamente por seu tronco abaulado, que lhe confere o aspecto de uma garrafa, pelos espinhos compridos e rijos que a cobrem e, finalmente, pela penugem branca e macia que se recolhe em suas flores.

A árvore que desempenha o papel de armadilha para a moça louca por mel é mais difícil de identificar. Sabemos precisamente qual é apenas no caso limite em que a rã arborícola cunauaru encarna a heroína: esse batráquio habita o tronco oco da *Bodelschwingia macrophylla* Klotzsch (Roth, 1915, p. 125), que não é uma bombacácea, como as *Ceiba* e *Chorisia*, mas, salvo engano, uma tiliácea. Na América do Sul, essa família compreende árvores de madeira leve e de tronco frequentemente oco, como as bombacáceas; os Bororo utilizam uma de suas espécies (*Apeyba cimbalaria*) para fazer os tapa-sexo femininos de casca batida (Colb. & Albisetti, 1942, p. 60). Parece, portanto, que a etnobotânica indígena engloba numa grande família árvores que têm em comum a madeira leve e o fato de serem frequentemente transformadas em cilindros ocos, seja naturalmente e por dentro, seja artificialmente e por fora, graças ao engenho humano que esvazia, por assim dizer, um tubo de casca de seu tronco.[12]

Nessa grande família, as bombacáceas merecem nossa atenção, especialmente na medida em que figuram em primeiro plano em mitos guianenses que se ligam ao grupo a que pertencem todos os que examinamos até agora.

---

12. Claudine Berthe, especialista em etnobotânica, teve a gentileza de nos informar que vários botânicos modernos classificam conjuntamente as bombacáceas e as tiliáceas, ou muito próximas umas das outras.

446   *Parte IV*

M319 KARIB: AS MOÇAS DESOBEDIENTES

Duas moças se recusam a acompanhar os pais, convidados para uma festa de bebida. Sozinhas na casa da família, elas recebem a visita de um demônio que mora no tronco oco de uma árvore vizinha. A árvore é uma /ceiba/. O demônio mata um papagaio com uma flechada e pede às moças que o preparem, o que elas fazem de bom grado.

Após o jantar, o demônio pendura sua rede e convida a irmã mais jovem a deitar-se com ele. Mas ela não tem a menor vontade e manda a irmã mais velha em seu lugar. Durante a noite, ela ouve barulhos estranhos e grunhidos que acredita, inicialmente, serem sinais de amor. No entanto, o barulho aumenta; a jovem atiça o fogo e vai verificar o que está acontecendo. O sangue escorre da rede onde sua irmã jaz morta, perfurada pelo amante. Então ela adivinha quem ele é de fato e, para escapar do mesmo destino, se esconde debaixo de um monte de espigas de milho cobertas com bolor, que apodrecem num canto. Para se garantir, ela ameaça nunca mais dar milho ao Espírito da Podridão se ele acaso a trair. Na verdade, o Espírito estava tão ocupado em devorar o milho que não respondeu ao interrogatório do demônio. Incapaz de descobrir onde a moça se escondia, quando amanheceu o demônio teve de voltar para seu abrigo.

A moça só ousou sair de seu abrigo ao meio-dia e foi correndo ao encontro de sua família, que voltava da festa. Ao tomarem conhecimento do que havia acontecido, os pais encheram vinte cestos com pimenta, derramaram o conteúdo em torno da árvore e puseram fogo na pilha. Asfixiados pela fumaça, os demônios foram saindo da árvore um por um, sob o aspecto de guaribas. Finalmente, o assassino apareceu e os índios o liquidaram. A partir de então, a moça sobrevivente nunca mais desobedeceu a seus pais (Roth, 1915, p. 231).

Percebemos facilmente na armação desse mito a dos mitos guianenses relativos à jovem que é deixada sozinha no acampamento, enquanto sua família vai caçar ou visitar os vizinhos (M235, M237). No entanto, em vez de o Espírito visitante ser casto, provedor e respeitador do sangue menstrual, aqui se trata de um demônio libidinoso, sanguinário e assassino. Nos mitos desse grupo que têm um herói masculino, o bolor desempenha um papel nefasto e disjunge o caçador de sua caça. No presente mito, em que a principal protagonista é uma mulher (que se encontra ela mesma

A algazarra e o mau cheiro

na posição de caça em relação ao demônio), o bolor, que se tornou protetor, encobre o corpo da vítima e não mais do perseguidor. A heroína de M235 escolhe o isolamento porque está menstruada e, portanto, é fonte de podridão. Sua atitude demonstra seu respeito pelas conveniências, ao contrário das duas heroínas de M319, que, sem nenhum motivo legítimo, se recusam a acompanhar seus pais e são movidas unicamente por um espírito de insubordinação. Portanto, em vez de narrar a história de uma moça bem-educada, recompensada pelo mel, M319 conta a história de uma moça mal-educada, que será vingada pela fumaça urticante da pimenta.[13] Ora, nesse grupo, do qual acabamos de evocar os termos extremos, caracterizados por uma inversão radical de todos os motivos, um outro mito também encontra seu lugar, mas dessa vez em posição intermediária:

M320 KARIB: A ORIGEM DO TABACO

Um homem viu um índio com patas de cutia que desaparecia numa árvore /ceiba/. Era um Espírito da floresta. Juntou-se em torno da árvore lenha, pimenta e sal e então se tocou fogo. O Espírito apareceu para o homem num sonho e disse-lhe que fosse até o lugar onde ele tinha morrido depois de três meses. Uma planta cresceria nas cinzas. Com suas largas folhas maceradas preparar-se-ia um licor que proporcionaria transes. Foi durante seu primeiro transe que o homem conheceu todos os segredos da arte de curar (Goeje, 1943, p. 114).

Um mito da mesma proveniência (M321; Goeje, 1943, p. 114) sugere que o homem visitado pelo Espírito não quis participar da montagem da fogueira e que, em recompensa por sua compaixão, ele recebeu tabaco. No entanto, devendo ou não abrir um espaço para o Espírito socorrido entre o Espírito benéfico de M235 e o Espírito hostil de M319, fica claro que o mito karib sobre a origem do tabaco fecha um ciclo, pois o personagem

---

13. Segundo os Tukuna, o Espírito da árvore /ceiba/ fere as mulheres menstruadas com flechas e os banhos com água apimentada constituem o melhor antídoto contra a contaminação devida ao sangue menstrual (Nim., 1952, pp. 92, 101).

masculino com patas de cutia (roedor vegetariano e caça perfeitamente inofensiva), de cujas cinzas nasce o tabaco destinado a ser bebido, depois que ele próprio caiu na armadilha, no tronco oco de uma /ceiba/, remete diretamente ao personagem feminino de M24, cuja cabeça, antes do corpo, assume o aspecto do jaguar, animal carnívoro e ofensivo, de cujas cinzas nasce o tabaco que se fuma, após uma vã tentativa de matar suas vítimas, refugiadas no tronco oco de uma bombacácea. Se a cadeia se fecha é, contudo, mediante certas transformações que cabe examinar.

A árvore desempenha sempre o papel de termo invariante e esse fascínio exercido sobre o pensamento mítico, desde a Guiana até o Chaco, pelas árvores da família das bombacáceas, não se deve apenas a certas características objetivas e dignas de atenção, como o tronco abaulado, a madeira leve, a presença frequente de uma cavidade interna. Os Karib não abatem a /ceiba/ (Goeje, 1943, p. 55) porque, não apenas entre eles, mas desde o México até o Chaco, essa árvore possui uma contrapartida sobrenatural: árvore do mundo, que contém em seu tronco oco a água primordial e os peixes, ou árvore do paraíso... Fiel a nosso método, não abordaremos esses problemas de etimologia mítica, que nos obrigariam, aliás, nesse caso particular, a estender a pesquisa aos mitos da América Central. Já que a árvore /ceiba/ ou árvores aparentadas constituem termos invariantes de nosso grupo, bastar-nos-á, para determinar seu sentido, confrontar os conjuntos contextuais a que elas são convocadas a comparecer.

Nos mitos do Chaco sobre a origem do tabaco, o tronco oco de uma bombacácea serve como refúgio; nos mitos guianenses sobre a origem do tabaco, serve de armadilha. No entanto, o papel reservado à árvore oca é misto nos mitos guianenses, cuja heroína é uma moça louca por mel (seja de maneira direta ou transformada): ora é refúgio, ora é armadilha e, algumas vezes, ambos, no interior do mesmo mito (cf., por exemplo, M241). Por outro lado, surge uma oposição secundária entre o mel, que se encontra no interior da árvore, e a fumaça das pimentas, que se levanta em torno dela.

A partir dessa primeira série, poderemos elaborar uma segunda. Em M24, o mel que se tornou picante devido ao acréscimo de filhotes de cobra mantém com o tabaco fumado a mesma relação que, em M320, a fumaça picante da pimenta entretém com um "mel" de tabaco.[14]

Ao mesmo tempo que uma cadeia se fecha, a transferência do tabaco, da categoria do queimado à do molhado, cria um quiasma. Duas consequências resultam daí. Inicialmente, pressentimos que a mitologia do tabaco é dupla, podendo tratar-se de tabaco fumado ou bebido e seu consumo apresentar um aspecto profano ou sagrado, da mesma forma como observamos, a propósito da mitologia do mel, uma dualidade ligada à distinção entre o mel fresco e o mel fermentado. Em segundo lugar, constatamos mais uma vez que, quando a armação se mantém, é a mensagem que se transforma: M320 reproduz M24, mas fala de um outro tabaco. A dedução mítica apresenta sempre um caráter dialético: ela não progride em círculo, mas em espiral. Quando acreditamos ter voltado ao ponto de partida, jamais estamos nele de modo absoluto e total, mas apenas sob determinado aspecto. Seria mais exato afirmar que passamos na vertical pelo lugar de onde partimos, mas a possibilidade de essa passagem se fazer mais no alto ou mais embaixo supõe uma diferença, na qual se situa o afastamento significativo entre o mito inicial e o mito terminal (tomando esses termos num sentido relativo a um trajeto). Finalmente, de acordo com a perspectiva adotada, essa distância se situa no nível da armação, do código ou do léxico.

Consideremos agora a série dos animais. Não retornaremos à questão da correlação e oposição entre os termos extremos, rã e jaguar, que já foi elucidada (p. 286). Mas o que se pode dizer do par intermediário, formado pelos guaribas de M319 e pela cutia de M320? Este último animal é um roe-

---

14. De cujo preparo o sal participa, daí sua menção em M321.

450   *Parte IV*

dor (*Dasyprocta aguti*) e, nos mitos guianenses, o dono egoísta dos frutos da árvore primordial (acima, p. 304). O guariba (*Alouatta* sp.), por sua vez, é um gerador de sujeira, metaforicamente, em virtude da assimilação entre algazarra e corrupção, que demonstramos por outros caminhos (pp. 354-5), e realmente, pois o guariba é um animal incontinente, que deixa seus excrementos caírem do alto das árvores, à diferença do bicho-preguiça, que pode retê-lo durante vários dias e toma o cuidado de descer até o chão para defecar sempre no mesmo lugar (Tacana, M322-M323; H&H, 1961, pp. 39-40; cf. *cc*, p. 408.[15] Nas danças que acompanham seu festival Shodewika, os Waiwai, povo Karib que vive na fronteira da Guiana inglesa e do Brasil, personificam diversos animais. Os dançarinos vestidos de guaribas sobem nas vigas da casa coletiva e se agacham, fingindo evacuar cascas de bananas na cabeça dos espectadores (Fock, 1963, p. 181). Assim, podemos admitir que a cutia e o guariba se opõem, como monopolizador de alimento e dispensador de excremento.

Ora, o papel de caça demoníaca dado ao guariba nos mitos guianenses se encontra praticamente inalterado num importante mito karajá (M177), ao qual, até o momento, apenas fizemos breves alusões. É especialmente oportuno retornar a esse mito, cujo herói pertence à família dos "caçadores malditos" de M234-M240, o que o liga ao grupo da moça louca por mel, na medida em que, inesperadamente, nos levará de volta ao problema da matraca.

M177A KARAJÁ: AS FLECHAS MÁGICAS

Viviam na mata dois grandes guaribas, que matavam e comiam os caçadores. Dois irmãos resolveram destruí-los. Encontraram no caminho uma mulher-sapo, que prometeu ensinar-lhes como vencer os monstros, contanto que a tomassem como esposa. Os irmãos caçoaram dela e foram em frente. Logo depois, avistaram os macacos, armados com lanças, como eles. Iniciou-se o combate, mas os dois irmãos foram feridos nos olhos e morreram.

Um terceiro irmão morava com eles. Seu corpo era coberto de chagas e úlceras. Somente sua avó aceitava cuidar dele. Um dia, ele estava caçando pássaros, perdeu uma

---

15. A oposição entre o guariba e o bicho-preguiça foi tema de um de nossos cursos no Collège de France em 1964-5, cf. *Annuaire*, 65º ano, 1965-6, pp. 269-70.

A algazarra e o mau cheiro

flecha e foi procurá-la. Ela tinha caído num buraco de cobra. O dono do lugar saiu, interrogou o rapaz e tomou conhecimento de sua infelicidade. Para curá-lo, presenteou-o com um unguento preto, sobre o qual ele deveria guardar segredo.

Logo o herói ficou curado e resolveu vingar a morte de seus irmãos. A cobra lhe deu uma flecha mágica e recomendou-lhe que não recusasse as propostas da mulher-sapo. Para satisfazê-la, bastaria simular o coito entre os dedos e os artelhos da pobre criatura.

Assim agiu o herói, que em troca recebeu um conselho: primeiro deveria deixar os macacos atirarem e, quando chegasse a vez dele, deveria visar seus olhos. Os animais mortos ficaram pendurados nos galhos pelo rabo. Foi preciso enviar um lagarto para desenganchá-los.

O herói então foi agradecer à cobra, que lhe deu flechas mágicas, capazes de matar e trazer todos os tipos de animais e até mesmo de colher frutos da floresta, mel e muitas outras coisas. Havia tantas flechas quantas espécies de animais e produtos e também, numa cabaça, uma substância com a qual era preciso untar as flechas para que elas não retornassem com excessiva força ao caçador.

Graças às flechas da cobra, agora o herói conseguia obter toda a caça e peixes que queria. Ele se casou, construiu uma casa e abriu uma roça. Mas embora tivesse recomendado a sua mulher que não entregasse as flechas a ninguém, ela se deixou abusar pelo próprio cunhado. Este, inicialmente, flechou com sucesso porcos-do-mato e peixes, mas se esqueceu de untar a flecha de mel. Retornando a ele, ela se transformou numa cabeça monstruosa com muitas bocas cheias de dentes. A cabeça foi para cima dos homens e os matou.

Alarmado com os gritos, o herói veio correndo da roça e conseguiu afastar o monstro. Metade da aldeia tinha morrido. Quando soube do drama, a cobra julgou que não havia nada a fazer. Convidou seu protegido para irem pescar pirarucu (*Arapaima gigas*) e recomendou-lhe que ele não deixasse de alertá-la, caso uma de suas filhas o empurrasse. Foi o que aconteceu, mas o herói se esqueceu da recomendação da cobra. Então esta transformou-se em pirarucu, e o homem também. Quando os índios pescaram os dois, a cobra conseguiu escapar por um dos furos da rede, mas o homem-peixe foi arrastado até a margem do rio, onde um pescador tentou matá-lo a pauladas. A cobra veio socorrê-lo, ajudou-o a sair da rede e devolveu-lhe a forma humana. Explicou-lhe que ele tinha sido castigado por não ter dito nada quando a jovem o tocou (Ehrenreich, 1891, pp. 84-6).

Krause (1911, pp. 347-50) recolheu duas variantes desse mito (M177B,C). O episódio da pesca ao pirarucu não consta delas ou, se constar, é sob uma forma praticamente irreconhecível. Nós nos contentaremos, portanto, em remeter o leitor à interessante discussão de Dietschy (1965), assinalando, para quem quiser realizar um estudo completo sobre esse mito, a conclusão análoga de M78. Outras diferenças dizem respeito à composição da família do herói, abandonado por seus pais e entregue ao avô, que o alimenta com cascas de frutos e espinha de peixe. Em M177B, ele casa com a tia. As duas variantes duplicam a vitória sobre os macacos com uma outra, sobre duas aves de rapina que o herói provoca batendo na água: tu, tu... (cf. M226-M227). Esse elemento, comum aos mitos dos Jê orientais, sugere que nos dois casos estamos diante de um mito fundador da iniciação dos rapazes que, entre os Karajá, também se desenvolvia em várias etapas (Lipkind, 1946-59, p. 187).

O interesse do mito reside em suas múltiplas referências, que remetem aos Jê e às tribos guianenses (M237-M239, M241-M258), e especialmente aos Kachúyana, pois, como já observamos, M177 inverte o mito de origem do curare destes últimos (M161), introduzindo (mas também por ocasião de entreveros com guaribas cheios de intenções hostis) o conceito de um *veneno ao inverso*: unguento destinado a enfraquecer as flechas prodigiosas, para que seu excesso de força não vire contra o caçador. É interessante notar que essas superflechas fazem passar para o lado da caça a coleta de produtos selvagens e do mel, que o mito assimila, assim, a uma caça. Os atuais conhecimentos sobre os Karajá não permitem tentar uma interpretação que só poderia ser especulativa. Tratando os interstícios dos dedos e artelhos como se fossem verdadeiros orifícios, M177 remete, ainda, a mitos do Chaco cuja heroína é uma abelha (M175) — mas uma abelha que, como vimos (acima, p. 121), é a transformação de um batráquio — e a um mito tacana (M324) que também contém esse motivo.

As versões Krause modificam a versão Ehrenreich num ponto que, para nós, é de importância capital. Em vez de flechas mágicas (que, na verdade, são lanças curtas), a cobra (ou o protetor com forma humana de M177B,C) dá ao herói dois instrumentos igualmente mágicos, um projétil de madeira chamado /obiru/ e um objeto feito com duas varinhas de cana brava (uma anonácea), uma delas clara, a outra escura, coladas uma à outra com cera em todo o comprimento e enfeitadas com penas pretas numa de suas extremidades. Esse instrumento tem o nome de /hetsiwa/.

O herói bate (*schlägt*) esses objetos ou agita-os no ar, provocando uma ventania. Cobras /uohu/, termo que também significa "vento", "flecha", surgem e penetram no /hetsiwa/. Então o vento traz peixes, porcos-do--mato e mel, que o herói distribui a todos, consumindo o resto em companhia de sua mãe. Certo dia em que ele está pescando, uma criança apodera-se do /obiru/ e conjura as cobras, mas não sabe como fazê-las voltar para dentro do /hetsiwa/. As cobras (ou os ventos) se enfurecem e matam toda a população da aldeia, inclusive o herói, que não pode dominar os monstros sem o auxílio do /obiru/. Esse massacre põe um fim à humanidade (Krause, 1911).

Diferentemente do chicote de M304 para os Tukuna, o /obiru/ e o /hetsiwa/ têm, entre os Karajá, uma existência real e um uso registrado. O primeiro é uma zagaia lançada por meio de um propulsor. M177 sugere que essa arma pode ter sido utilizada outrora na caça aos macacos, mas, no início do século xx, era apenas um artefato esportivo e, sob a forma pela qual foi observada, provavelmente emprestada das tribos do Xingu (Krause, 1911, p. 273 e ilust. 127). O /hetsiwa/, objeto puramente mágico que serve para afastar a chuva, coloca problemas de interpretação muito complexos devido à diferença de tamanho e de cor das duas varetas e também no plano linguístico. A vareta mais grossa, pintada de preto, chama--se /kuoluni/, /(k)woru-ni/, termo que designa o peixe-elétrico, segundo Krause e Machado, mas nesse caso específico, Dietschy (1965) inclina-se a ligá-lo ao termo geral: /(k)o-woru/, "magia". O nome da vareta fina e clara, /nohõdémuda/, é duvidoso, exceto quanto ao termo /nohõ/, que designa o pênis.

Segundo Krause, denomina-se também /hetsiwa/ um objeto mágico de cera que serve para lançar feitiços e representa uma criatura aquática, na qual esse autor reconhece o peixe-elétrico. Dietschy estabeleceu de modo muito convincente que se tratava do boto. Hesitamos, entretanto, em rejeitar totalmente a hipótese de uma afinidade simbólica entre o /hetsiwa/ do primeiro tipo, ou a vareta preta que o compõe, e o peixe-elétrico. Este, em karajá, tem o mesmo nome que o arco-íris, ou seja, um fenômeno meteorológico que, como o objeto mágico, põe fim à chuva. O manejo do /hetsiwa/, que evoca curiosamente o da borduna-lança dos Nambikwara, utilizada para cortar e afastar para longe as nuvens que trazem a tempestade, remete também a um mito arawak mais ao norte, no qual um peixe-elétrico exerce a mesma função:

M325 ARAWAK: O CASAMENTO DO PEIXE-ELÉTRICO

Um velho xamã tinha uma filha tão bela que ele se mostrava muito exigente quando se tratava de dar-lhe um marido. Recusou sucessivamente o jaguar e muitos outros animais. Finalmente, apareceu Kasum, o peixe-elétrico (*Electrophorus electricus*, um gimnotídeo), que se gabou de sua força. O velho caçoou dele, mas ao tocar no pretendente e sentir a violência do choque, mudou de opinião e aceitou-o como genro, com a missão de controlar o trovão, o relâmpago e a chuva. Quando a tempestade se aproximou, Kasum dividiu as nuvens à esquerda e à direita e afastou-as respectivamente em direção ao sul e ao norte (Farabee, 1918b, pp. 77-8).

O interesse da aproximação se explica pelo papel reservado aos peixes na mitologia dos Karajá, que tiram da pesca quase toda a sua subsistência. Vimos aparecer o pirarucu no final de M177A. Esse peixe enorme, o único que os Karajá pescam com rede (Baldus, 1950b, p. 26), se opõe, nesse ponto, a todos os outros, pescados com veneno, assim como à cobra que, segundo M177A, passa facilmente pelas malhas da rede. A essa primeira dicotomia entre a cobra e o pirarucu corresponde uma segunda. Um mito karajá (M177D) atribui a origem do pirarucu a dois irmãos desgostosos com suas mulheres e que se transformaram em peixes *Arapaima gigas*. Um deles foi comido pelas cegonhas, porque era mole (e portanto podre; ver M331) e o outro, duro como pedra, sobreviveu e tornou-se a máscara /lateni/, que aterroriza as mulheres e as crianças (Baldus, 1952-53, pp. 213-5; Machado, 1947, pp. 43-5). Esses dois homens, decepcionados em relação ao amor com

A algazarra e o mau cheiro

humanas, transformados em pirarucu, invertem a ou as mulheres do ciclo do tapir sedutor, apaixonadamente envolvidas com um animal e que se transformaram em peixes, os quais se opõem, em seu conjunto, à categoria especial que constituem os pirarucus.

Mas voltemos ao /hetsiwa/. Se compararmos as versões Ehrenreich e Krause de M177, constataremos que quase sempre se trata de dois tipos de objetos. O ou os /obiru/ servem, em M177A,B, para "chamar" a caça e o mel, enquanto cabe ao unguento mágico, segundo M177A, e ao /hetsiwa/, segundo M177B, neutralizar os perigos inerentes a esse chamado. Se deixarmos de lado M177C (versão muito abreviada, na qual o /hetsiwa/ acumula as duas funções), resulta que o /hetsiwa/ de M177B exerce o mesmo papel que o unguento de M177A, que é um veneno invertido.

Ora, o próprio /hetsiwa/ é um instrumento invertido em relação ao chicote de M304 ou ao /parabara/. Os dois bastões de que é feito, colados juntos em todo seu comprimento, *não podem* ser batidos um no outro. O caso não é único. Uma forma muito próxima o ilustra entre os Xerente, cuja cultura, sob certos aspectos, apresenta singulares afinidades com a cultura dos Karajá. Nimuendaju (1942, pp. 68-9 e prancha III) descreve e reproduz um objeto ritual denominado /wabu/, que os índios fabricam em quatro exemplares, dois grandes /wabu-zauré/ e dois pequenos /wabu-rié/ para a festa do tamanduá-bandeira (acima, p. 158). Cada um deles consiste em duas nervuras de palmeira buriti (*Mauritia*), pintadas de vermelho e fixadas uma na outra por cavilhas salientes. Das duas extremidades da cavilha superior pende um pingente muito comprido, feito de fibras de casca. Os quatro portadores de /wabu/ acompanham os dançarinos mascarados até o lugar da festa e depois se separam em pares, dos quais um se posiciona a leste e o outro a oeste do pátio de dança.

Infelizmente, não temos informações acerca do significado dos /wabu/ ou de sua função no ritual, mas sua semelhança material com o /hetsiwa/ é especialmente digna de nota na medida em que existem dois tipos de /wabu/, um grande e um pequeno, e Krause reproduz (1911, ilustr. 182 a, b) dois tipos de instrumentos rituais karajá formados por bastões ligados.

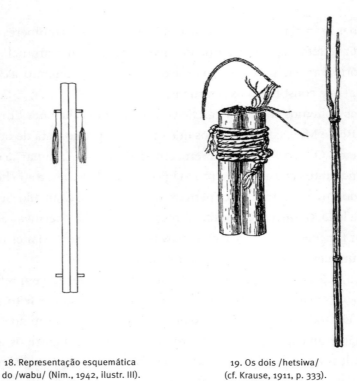

18. Representação esquemática do /wabu/ (Nim., 1942, ilustr. III).

19. Os dois /hetsiwa/ (cf. Krause, 1911, p. 333).

No atual estágio de nossos conhecimentos, a hipótese de que o /hetsiwa/ e o /wabu/ seriam como chicotes paralisados, por assim dizer, deve ser aventada com extrema prudência. No entanto, a existência de conceitos análogos entre os antigos egípcios lhe confere uma certa credibilidade. Não ignoramos que o testemunho de Plutarco é frequentemente suspeito. Assim, não pretendemos recuperar crenças autênticas, pois pouco nos importa que as representações a que vamos nos referir tenham sua origem em eruditos egípcios dignos de fé, em alguns informantes de Plutarco ou neste mesmo autor. O único ponto digno de atenção, ao nosso ver, é que, tendo notado várias vezes que os procedimentos intelectuais verificados na obra de Plutarco apresentavam um curioso paralelismo com aqueles que nós mesmos recuperamos a partir de mitos sul-americanos e que, por conseguinte, a despeito da distância no tempo e no espaço, deveríamos admitir que aqui e lá, espíritos humanos tinham trabalhado da mesma

A algazarra e o mau cheiro

maneira, surja uma nova convergência a propósito de uma hipótese que, se não fosse a aproximação que ela autoriza, nós, sem dúvida, não teríamos ousado propor.

Eis o texto de Plutarco:

> Afirma ainda Manethus que os egípcios fazem crer, de Júpiter, que suas duas coxas se prenderam e se uniram de tal modo que ele já não conseguia mais andar, e assim, de vergonha, mantinha-se na solidão, mas Ísis as cortou e as dividiu, de tal modo que ela o fez caminhar com facilidade. Essa fábula dá a entender veladamente que o juízo e a razão de Deus caminham invisivelmente e procedem secretamente à geração através do movimento: o que mostra e dá tacitamente a entender o Sistro, que é a matraca de bronze, usada nos sacrifícios a Ísis, é que é preciso que as coisas se agitem e não parem jamais de se movimentar, e que quase despertem e caiam, como se dormissem ou languescessem; pois dizem eles que afastam e repelem Tifão com os Sistros, entendendo que se a corrupção ata e detém a natureza, o movimento volta a desatá-la, levantá-la e incitá-la pela geração. (§ XXXII)

Não é notável que os Karajá, cuja magia e os problemas que ela coloca nos levaram a Plutarco, tenham elaborado uma narrativa perfeitamente simétrica à sua? Eles contam que outrora foi preciso amarrar os braços e pernas de seu demiurgo Kanaschiwué para evitar que, estando com os movimentos livres, ele destruísse a terra, provocando inundações e outros desastres (Baldus, 1950b, p. 29).[16]

Apesar de sua obscuridade, o texto antigo introduz uma clara oposição, de um lado entre o silêncio e a imobilidade, simbolizados por dois

---

16. Conviria igualmente retomar, sob esta perspectiva, o exame do célebre episódio de Aristeu (Virgílio, *Geórgicas*, L. IV) no qual Proteu (que corresponde ao Tifão de Plutarco) deve ser amarrado durante a estação seca: *"Iam rapidus torrens sitientis Sirius Indos"*, para que ele consinta em revelar ao pastor o modo de reencontrar o mel perdido, em consequência do desaparecimento de Eurídice, que, se não é dona do mel, como a heroína de M233-M234, o é indiscutivelmente da lua de mel! Engolida por uma cobra aquática monstruosa (id. ibid., v. 459), Eurídice inverte a heroína de M326A, gerada por uma cobra-d'água e que se recusa à lua de mel, no tempo em que os animais, dotados da palavra, dispensavam um Orfeu.

membros normalmente distintos e no entanto soldados um ao outro e, do outro, o movimento e o ruído simbolizados pelos sistros. Diferentemente do primeiro termo, e como ocorre na América do Sul, apenas o segundo termo é um instrumento musical. Também como na América do Sul, esse instrumento musical (ou seu inverso) serve para "afastar ou repelir" uma força da natureza (a menos que sirva para atraí-la, com más intenções): aqui temos Tifão, isto é, Seth; ali, o tapir ou a cobra sedutora, a cobra arco-íris ligada à chuva, a própria chuva ou os demônios ctônicos.

O SISTRO PROPRIAMENTE DITO é um instrumento musical pouco difundido na América do Sul. Recolhemos, entre os Kadiwéu, sistros que se conformam à descrição que dele já haviam feito outros observadores: bastão bifurcado, com os dois braços ligados por uma corda, na qual são enfiados alguns discos, feitos outrora de ossos ou de conchas e atualmente de metal. Existe um instrumento semelhante entre os Yaqui do norte do México. Não se conhecem outros exemplos americanos (Izikowitz, 1935, pp. 150-1).

Na falta do sistro, dispomos de uma outra base para comparar as representações míticas do Novo e do Velho Mundo. Pois o leitor já terá certamente notado que existe uma estranha analogia entre os meios empregados pelo chamado percutido nos mitos sul-americanos — cabaça ou tronco de árvore nos quais se bate, bastões que se entrechocam, chicote — e um complexo litúrgico do Velho Mundo, conhecido sob o nome de instrumentos das trevas. A origem desses instrumentos e de seu emprego na Páscoa, entre a quinta-feira e o sábado da Semana Santa, coloca vários problemas. Não temos a intenção de intervir em um debate difícil e que escapa à nossa competência. Evocaremos, assim, apenas alguns pontos em relação aos quais existe um acordo.

Ao que parece, os sinos fixos apareceram tarde nas igrejas, por volta do século VII. Seu mutismo obrigatório entre a quinta-feira e o sábado da Semana Santa é registrado (e mesmo assim, apenas em Roma) somente por volta do século VIII. No fim do século XII e início do XIII, a proibição ter-se-ia estendido a outros países europeus, mas o motivo do silêncio dos sinos

A algazarra e o mau cheiro

e de sua substituição temporária por outras fontes de ruído não é claro. A pretensa viagem a Roma, responsável pela ausência momentânea dos sinos, poderia ser apenas uma explicação a posteriori, que repousa, aliás, em todo tipo de crenças e representações a respeito dos sinos: seres animados dotados de voz, capazes de sentir e agir, aptos a receber o batismo. Além de seu papel de convocar os fiéis, os sinos desempenham uma função meteorológica e até mesmo cósmica. Ao vibrarem, afastam tempestades, dissipam as nuvens e a geada, destroem os malefícios.

Segundo Van Gennep, que estamos seguindo até o momento (1946-58, t. I, v. 3, pp. 1209-14), os instrumentos das trevas que substituem os sinos compreendem o *martelet*, a cegarrega, o *claquoir* ou a aldrava com punho, uma forma de castanhola denominada "livre", a matraca (duas placas móveis dispostas de cada lado de uma pequena tábua que a percutem, quando ela é agitada), o sistro de madeira sobre cordel ou anel. Outros dispositivos, como o *batelet* e enormes chicotes, constituíam verdadeiros instrumentos mecânicos. Todos eles exercem funções teoricamente distintas, mas frequentemente misturadas na prática: fazer barulho dentro ou fora da igreja; convocar os fiéis na ausência dos sinos; acompanhar as crianças, quando elas saem para pedir óbolos. Segundo certos testemunhos, os instrumentos das trevas também serviriam para recordar os prodígios e os ruídos terríveis que marcaram a morte de Cristo.

Na Córsega (Massignon, 1959), são mencionados instrumentos de sopro (trompa marinha, assobio de madeira ou, mais simplesmente, assobios emitidos com o auxílio dos dedos), ao lado de diversos instrumentos ou técnicas de percussão: altar e bancos de igreja batidos com um bastão, pranchas destroçadas a marteladas, aldravas com punho, chicotes, vários tipos de matracas, entre as quais uma denominada /raganetta/, "rã", e outra, de caniço, semelhante a um /parabara/, aperfeiçoado pela substituição de uma das lâminas de bambu por uma roda dentada de madeira. A denominação "rã" é encontrada em outras regiões.

Na França, os dispositivos das trevas compreendiam objetos de uso corrente: batia-se em caldeirões ou panelas de metal, com tamancos de madeira no chão; batiam-se macetes de madeira, bastões com extremidade fendida ou molhos de varas, no chão e em vários objetos, palmas e, finalmente, instrumentos musicais de vários tipos: de corpo sólido vibrante, de madeira (aldrava, matraca, chicote, prancha martelada por um dispositivo, sistro), de metal (sinetas, guizos, chocalhos), de membrana (tambor de fricção giratório); ou instrumentos de sopro (apitos de boca e de água, corno, búzio, trombeta, trompa, oboé).

Nos Altos Pireneus, o autor dessa classificação estudou a confecção e a utilização de um tambor de fricção giratório denominado /toulouhou/ (Marcel-Dubois, 1960, pp. 55-89). Uma velha lata de conserva sem fundo ou um cilindro de cortiça forma o ressoador, que é uma caixa aberta de um lado, com uma membrana de couro de carneiro ou de bexiga estendida do outro, e amarrada. Dois furos no centro da membrana permitem a passagem de uma argola de corda, cujas extremidades livres são fixadas por um nó corredio, em torno de uma baqueta com uma ranhura que serve para manipular o instrumento. O músico passa saliva na ranhura, segura o cabo e faz girar o instrumento. A corda vibra e emite um "zunido", quando é feita de barbante, ou um "rangido", quando é feita de crina. No sentido próprio, o termo /toulouhou/ designa o zangão e o vespão. Em outros lugares, o mesmo instrumento tem o nome de outros animais, insetos (cigarra, gafanhoto) ou batráquios (rã, sapo). O termo alemão *Waldteufel*, "diabo do bosque", evoca o mesmo mito warrau M_{317}, no qual diabos da mata se preocupam com a falta de instrumentos musicais.

Embora o ritual ordene que os sinos fiquem mudos a partir da coleta da missa da quinta-feira santa até o momento do Glória da missa do sábado seguinte (Van Gennep op. cit., pp. 1217-37; Marcel-Dubois, 1960, p. 55), a Igreja parece sempre ter-se mostrado hostil aos instrumentos das trevas, procurando restringir seu uso. Por esse motivo, Van Gennep admite sua origem folclórica. Não nos perguntaremos se o alarido das trevas sobrevive como um vestígio de costumes neolíticos ou até paleolíticos, ou se sua recorrência em regiões muito afastadas apenas mostra que, confrontado aqui e lá com as mesmas situações, o homem reage por meio de expressões simbólicas que lhe são propostas — ou até mesmo impostas — por mecanismos profundos que sempre regulam seu pensamento. Apenas aca-

A algazarra e o mau cheiro

taremos a tese prudente de Van Gennep e invocaremos um paralelo como confirmação: "Na China [...] no início do mês de abril, certos funcionários denominados Sz'hüen percorriam outrora o país, munidos com chicotes de madeira... para reunir a população e ordenar-lhe que apagasse todos os fogos. Esse rito marcava o início de uma estação dita Han-shih-tsieh ou 'do comer frio'. Durante três dias, os fogos permaneciam apagados, até que fosse aceso o fogo novo, rito solene que acontecia no quinto ou sexto dia do mês de abril, mais precisamente no 105º dia após o solstício de inverno. Com grande pompa, os mesmos funcionários celebravam essa cerimônia, durante a qual obtinham do céu o fogo novo, concentrando no musgo seco raios de sol, por meio de um espelho de metal ou de um pedaço de cristal. Os chineses denominam esse fogo 'celeste', e é ele que usam obrigatoriamente para os sacrifícios, ao passo que o fogo obtido por fricção de dois pedaços de madeira, dito 'terrestre', é o que se utiliza na cozinha e em outras atividades domésticas [...] Esse rito de renovação do fogo remonta a uma época muito antiga [...] (ao menos) 2 mil anos antes de Cristo" (Frazer, 1926-36, citando diversas fontes: v. 10, p. 137). Granet (1926, pp. 283, 514) evoca brevemente esse rito em duas passagens, referindo-se ao *Tcheou li* e ao *Li ki*.

Se nos reportamos a um antigo costume chinês (que possui paralelos no Oriente e no Extremo Oriente), é porque ele nos interessa por vários motivos. Antes de mais nada, ele parece inspirar-se num esquema relativamente simples e fácil de se perceber: para que possa ser captado *cá embaixo* o fogo *lá de cima*, é preciso que, todo ano, se realize uma conjunção entre o céu e a terra, conjunção perigosa, contudo, e quase sacrílega, já que o fogo celeste e o fogo terrestre são regidos por uma relação de incompatibilidade. A extinção dos fogos terrestres, anunciada ou comandada pelos chicotes, desempenha portanto o papel de condição necessária. Ela cria o vazio necessário para que a conjunção entre o fogo celeste e a terra possa ocorrer sem perigo.

A inquietação que não podemos evitar, ao buscarmos tão longe um termo de comparação, encontra alguns motivos para se apaziguar, graças a uma aproximação que se impõe, entre o rito chinês arcaico e uma cerimônia recente dos Xerente, que já analisamos e cuja importância demonstramos para nossos problemas (*cc*, pp. 377-81, 408). Ali também se trata de um rito do fogo novo, precedido pela extinção dos fogos domésticos e por um período de mortificações. Esse fogo novo deve ser obtido do sol, apesar do perigo ao qual os homens se expõem, aproximando-se dele ou aproximando-o a si. Também encontramos aí o mesmo contraste entre o fogo celeste, sagrado e destruidor, e o fogo terrestre, profano e construtor, pois é o do lar. Para que a comparação seja completa, seria preciso encontrarmos chicotes de madeira entre os Xerente. Sua presença não foi verificada, mas pelo menos constatamos que eles possuem um instrumento ritual, o /wabu/, no qual considerações muito diferentes das que estamos fazendo no momento nos levaram a ver um chicote invertido (p. 456). Acima de tudo, o ritual xerente do Grande Jejum dá grande destaque a um outro tipo de zunidor: as vespas sobrenaturais, que se manifestam aos oficiantes por um zumbido característico: ken!-ken!--ken-ken-ken! (*cc*, pp. 408-9, n. 17). Ora, se a tradição chinesa menciona somente o chicote e a tradição xerente as vespas, vimos que, na Europa, o tambor de fricção giratório — que os habitantes dos Pireneus designam por um termo que significa "vespão" ou "zangão" — figura, ao lado do chicote, entre os instrumentos das trevas e pode até mesmo substituí-lo.

Continuemos nossos esforços para elucidar um esquema mítico e ritual que, como começamos a desconfiar, pode ser comum a culturas muito distantes umas das outras e a tradições muito diversas. Assim como a China arcaica e certas sociedades ameríndias, a Europa comemorou, até recentemente, um rito de extinção e de renovação dos fogos domésticos, precedido por jejuns e pelo emprego de instrumentos das trevas. Esse conjunto ocorria pouco antes da Páscoa, de tal modo que as "trevas" que reinavam na igreja durante o ofício do mesmo nome podiam simbolizar tanto a extinção dos fogos domésticos como a noite que caiu sobre a terra no momento da morte de Cristo.

Em todos os países católicos, era costume, no sábado véspera da Páscoa, apagar as luzes nas igrejas e acender um fogo novo, com uma pederneira ou por meio de uma lupa. Frazer reuniu numerosos exemplos que mostram que esse fogo servia para renovar os fogos domésticos. Ele cita um poema latino do século XVI, em sua tradução no inglês da época, do qual extraímos alguns versos significativos:

On Easter Eve the fire all is quencht in every place,
And fresh againe from out the flint is fecht with solemne grace

Then Clappers ceasse, and belles are set againe at libertée,
And herewithall the hungrie times of fasting ended bée

Na Inglaterra, os sinos permaneciam em silêncio desde a quinta-feira santa (*Maundy Thursday*) até o domingo de Páscoa, ao meio-dia, e eram substituídos por matracas de madeira (Frazer, op. cit., p. 125). Em muitas regiões da Europa, o retorno da abundância tinha igualmente por símbolo "jardins de Adônis" preparados quando a Páscoa se aproximava (Frazer, 1926-36, v. 5, pp. 353ss).

Ora, essa abundância que retorna não tinha desaparecido apenas na quinta-feira santa, mas bem antes, na quarta-feira de cinzas. Do ponto de vista dos símbolos acústicos e de sua referência alimentar, é preciso, portanto, distinguir três momentos. Os instrumentos das trevas acompanham o último período da Quaresma, isto é, aquele em que, tendo durado mais tempo, seu rigor atinge o paroxismo. O retorno do repicar dos sinos no dia de Páscoa marca o encerramento da Quaresma. Entretanto, antes mesmo que ela se iniciasse, um uso excepcional e exagerado dos sinos tinha convidado a população a aproveitar o último dia da abundância: o sino tangido na manhã da terça-feira gorda era conhecido, na Inglaterra, pelo nome de *pancake bell*, "sino das panquecas". Os excessos culinários que sinalizava e que tornava praticamente obrigatórios encontram uma ilustração tão pitoresca quanto intraduzível numa poesia popular de 1684:

But hark, I hear the pancake bell,
And fritters make a gallant smell;
The cooks are baking, frying, boyling,

464   *Parte IV*

Carving, gormandising, roasting,
Carbonading, cracking, slashing, toasting.
(Wright & Lones, 1938, p. 9; cf. pp. 8-20)

Em relação à França, Van Gennep insiste, com razão, no aspecto culinário cerimonial do ciclo Carnaval-Quaresma, indevidamente desconsiderado pelos teóricos, mas que o pensamento popular julga suficientemente importante para nomear a terça-feira gorda e o primeiro domingo da Quaresma a partir de seus pratos característicos, um deles *jour des crêpes* ("dia das panquecas") ou dos *crozets* e o outro *dimanche des beignets* ("domingo dos sonhos"), dos *bugnes* ou dos *poisfrits*. Assim, em Montbéliard, os pratos da terça-feira gorda compreendiam, pela manhã, o *pelai* (painço) ou o *paipai* (arroz com leite) e, à noite, carne de porco, presunto, bochecha ou *bon-jésus* (intestino grosso recheado com carne e tripas picadas), acompanhada de um prato de chucrute. Em outros lugares a refeição da terça-feira gorda se diferenciava habitualmente das outras pela abundância de toda espécie de carne, sendo certos pedaços reservados para aquele dia e temperados segundo receitas mais complexas do que as de outras refeições. O caldo grosso, que também servia para aspersões rituais, os cozidos, as panquecas feitas numa frigideira untada, os sonhos fritos na gordura ou no óleo são pratos típicos da terça-feira gorda. O preparo obrigatório das panquecas só se verifica, na França, no terço do território situado mais ao norte (Van Gennep, 1946-58, I.I, v. 3, pp. 1125-30 e mapa XII).

Se reconhecermos a hostilidade da Igreja em relação a costumes que ela sempre condenou como pagãos, para retirar deles o verniz cristão que a Europa se esforçou, em vão, por lhes dar, e se procurarmos chegar à forma comum aos exemplos americanos, chineses e europeus, escolhidos entre outros que poderiam igualmente nos servir, e que Frazer inventariou, desembocaremos, em resumo, no seguinte:

Uma ampla investigação acerca do lugar e do papel da mitologia do mel na América tropical impôs à nossa atenção um uso acústico à primeira vista inexplicável: o entrechoque barulhento das solas das sandálias pelo coletor de mel de M24.[17] Buscando termos de comparação, encontramos inicialmente o chicote de madeira de M304, instrumento imaginário sem dúvida, mas que nos colocou na pista de instrumentos reais do mesmo tipo e cuja existência na América do Sul tinha passado quase despercebida. Reais ou imaginários, esses instrumentos oferecem, sob o duplo ponto de vista organológico e simbólico, o equivalente daquilo que são os instrumentos das trevas da tradição europeia, cuja presença na China também é testemunhada por um rito arcaico.

Antes de irmos mais longe, abramos um parêntese relativo a uma questão de organologia. Os dispositivos europeus das trevas compreendem instrumentos de percussão e instrumentos de sopro. Assim, está resgatada a hipoteca que pesava sobre nossas interpretações, relativas ao chamado feito ao animal sedutor pela heroína de muitos mitos sul-americanos, chamados percutidos na parede côncava de uma meia cabaça, colocada na superfície da água, num tronco de árvore ou no chão, ou chamados assobiados, imitando o grito de um animal. A própria etnografia europeia admite a mesma ambiguidade, algumas vezes num único lugar e numa ocasião bem determinada. Na Córsega, "as crianças batem com toda força bastões nos bancos da igreja ou então colocam dois dedos na boca e assobiam com toda força. Representam os judeus perseguindo Cristo" (Massignon, 1959, p. 276). Retornaremos a essa observação (p. 468).

Isso não é tudo. No decorrer de nosso trabalho, constatamos que o pensamento indígena associava os mitos sobre a origem do mel à estação seca ou então — na falta de estação seca — a um período do ano que conotava igualmente a escassez. A essa codificação sazonal acrescenta-se

---

17. Poderíamos, sem dúvida, pensar no charivari para impedir a debandada das abelhas, registrado na Antiguidade por vários autores elencados por Billiard (1928, pp. 382-3) e que talvez ainda seja praticado em algumas regiões. Entretanto, Billiard observa que "alguns julgavam que esse barulho agradava as abelhas e outros, ao contrário, que ele as assustava". Como Layens & Bonnier (s.d., pp. 148-9), ele é de opinião "que ele não tem utilidade alguma" ou é útil apenas para afirmar publicamente os direitos do perseguidor: "o que constitui, talvez, a única explicação plausível para este costume, velho de tantos séculos" (Billiard, 1898-99, n. 3, p. 115). Na sequência, compreenderemos melhor que o charivari em relação às abelhas só pode ser interpretado como uma aplicação dos instrumentos das trevas a um caso particular.

uma outra, de natureza acústica, da qual agora temos condição de precisar certas modalidades.

A conjunção entre o coletor de mel e o objeto de sua busca — substância situada inteiramente do lado da natureza, já que não precisa ser submetida ao cozimento para ser consumida — ou entre a mulher e um animal sedutor, cuja posição semântica é a mesma do mel, alimento sedutor, correm ambas o risco de disjungir totalmente o personagem humano da cultura e, portanto, da sociedade. Sublinhemos que o conceito de conjunção disjuntiva não é contraditório, pois remete a três termos, dos quais o segundo se une ao primeiro pelo mesmo movimento que o disjunge do terceiro. Essa captação de um termo por um outro, às custas de um terceiro (cf. *cc*, pp. 375-9), encontra em M_{24} uma expressão acústica, sob a forma do choque entre as solas das sandálias, assim como um outro mito do Chaco (M_{301}) assinala a operação inversa, de disjunção conjuntiva, por meio de um barulho exatamente oposto, o brrrumbrrrmmbrum! da cobra que se prepara para engolir os coletores de mel depois do mel que deles extorquiu.

Citando esse mito (p. 384), observamos que o silvo da cobra evoca o zumbido dos zunidores. Os mitos sul-americanos certamente não são os únicos em que se observa uma relação de congruência entre a cobra e o pênis, mas eles exploram metodicamente todos os seus recursos, por exemplo quando ilustram a correlação e a oposição entre a cobra "toda pênis" e sua amante humana "toda útero", mulher que pode abrigar em seu ventre o amante ou o filho já crescidos e cujos outros orifícios corporais são escancarados, deixando escapar o sangue menstrual, a urina e até gargalhadas (*cc*, pp. 178ss). O tapir, "grande pênis", e a sarigueia, "grande útero" (sob a forma direta de uma boa nutriz ou sob a forma figurada de uma mulher adúltera), ilustram somente uma variante combinatória desse par fundamental em que os termos são menos marcados (cf. *cc*, pp. 330-1).

O fato de dados melanésios e australianos terem levado a propor independentemente uma interpretação fálica do simbolismo dos zunidores (Van Baal, 1963) reforça ainda mais nossa convicção de que o chamado percutido do coletor de mel terena e o silvo da cobra toba formam um par de termos contrastados. Com efeito, partimos da hipótese de que um deles

A algazarra e o mau cheiro

era congruente ao chamado percutido ou assobiado da amante do tapir e o outro, congruente ao som produzido pelos zunidores. Agora essa hipótese se encontra fundamentada pela assimilação do primeiro a um chamado, feito por uma mulher "de vagina grande" (num sentido metafórico), a um animal realmente provido de um grande pênis e pela assimilação do segundo a um alerta feito às mulheres (mas que então só são buscadas para serem expulsas) pelo zunidor, que é um pênis figurado. Por conseguinte, num dos casos o poder da natureza une os sexos, em prejuízo da cultura: a amante do tapir é perdida por seu esposo legítimo e, algumas vezes, todas as mulheres são perdidas pela sociedade. No outro caso, o poder da cultura desune os sexos, em prejuízo da natureza que prescreve sua união; pelo menos temporariamente, os laços familiares são rompidos, para permitir que a sociedade dos homens se forme.

Retornemos por um instante aos Pireneus. O /toulouhou/ gira em torno de um eixo, como o zunidor, e os dois instrumentos se assemelham quanto à sonoridade, embora sejam muito diferentes do ponto de vista organológico. Entretanto, na prática ritual, o /toulouhou/ desempenha um papel análogo àquele que acabamos de reconhecer no zunidor, procedendo de maneira puramente dedutiva mas que, de seu lado, a observação etnográfica verifica através de inúmeros exemplos na América do Sul (Zerries, 1953a), na Melanésia e na Austrália (Van Baal, 1963) e na África (Schaeffner, 1951). O uso do /toulouhou/ é reservado aos rapazes, que dele se servem antes e durante a missa da sexta-feira santa, para aterrorizar as mulheres e as moças.

Ora, o zunidor existe nas sociedades dos Pireneus, mas nunca como instrumento das trevas. São instrumentos de Carnaval no Labourd e no Béarn ou servem para afastar as éguas dos pastos dos carneiros (Marcel-Dubois, 1960, pp. 70-7). No plano organológico, mantém-se portanto a oposição entre o zunidor e os instrumentos das trevas, embora, no plano simbólico, a função reservada ao zunidor pelas sociedades sem escrita esteja, numa sociedade europeia, dissociada do zunidor e ligada ao instrumento das trevas que mais se lhe assemelha. Apesar dessa diferença menor, sobre a qual gostaríamos de conhecer a opinião dos especialistas, o contraste fundamental subsiste e pode ser formulado nos mesmos termos. Utilizado fora da igreja e antes da missa, com exclusão dos outros instrumentos das trevas, o /toulouhou/ funciona como um zunidor: visa separar as mulheres (assim ligadas à natureza) da sociedade dos homens (cultura), então livre para se reunir em separado no recinto sagrado. Entretanto, quando utilizado na igreja e durante a missa, juntamente com os outros instrumentos das trevas, o papel do /toulouhou/ se confunde com o deles, que é — caso se possa generalizar a interpretação dos dados corsos feita por G. Massignon — simbolizar a conjunção dos inimigos de Cristo (natureza) com o Salvador, que então se encontra disjunto da cultura.

Deixemos de lado provisoriamente o zunidor para examinarmos novamente a dupla codificação sazonal e acústica do conjunto que estávamos discutindo. Comecemos pela codificação sazonal. Ela é discernível em todos os lugares, seja sob sua forma real, na América do Sul, com a oposição objetiva entre dois períodos do ano, um marcado pela escassez e o outro pela abundância; seja sob sua forma convencional (mas certamente ritualizando uma experiência real) na Europa, onde se pode assimilar a Quaresma a uma escassez instaurada; finalmente, sob uma forma quase virtual, na China arcaica, onde a estação do "comer frio" durava apenas alguns dias. Porém, por mais virtual que seja, a oposição chinesa é conceitualmente a mais forte, pois que se estabelece entre o fogo ausente e o fogo presente, e o mesmo ocorre entre os Xerente. Em outros lugares, na América do Sul, a oposição se situa entre um período de abundância e um período de escassez, vivido duradouramente, sem ser necessariamente encenado durante um lapso de tempo variável. É a mesma oposição que encontramos na Europa, transposta sob a forma de um contraste entre os dias em que se come muito e o período da Quaresma. Consequentemente, quando passamos da China para a Europa, a oposição maior se enfraquece:

[fogo presente / fogo ausente] $\longrightarrow$ [(alimento) gordo / (alimento) magro]

e passando do Novo Mundo (com alguns exemplos à parte, como o dos Xerente) ao Velho, a oposição se minimaliza, pois os cinco ou seis dias do "comer frio" chinês, ou aqueles ainda menos numerosos do tríduo cristão, reproduzem de maneira resumida um período mais longo que se estende, na Europa, por todo o período da Quaresma, desde o fim da terça-feira gorda até o domingo de Páscoa. Se desconsiderarmos tais diferenças e as eventuais duplicações, o sistema subjacente se reduz a três pares de oposições, de amplitude decrescente, que se ordenam logicamente, sem que se apaguem as correspondências entre seus respectivos termos:

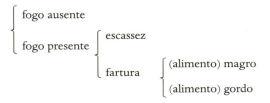

Quer se trate da ausência do fogo entre os antigos chineses e entre os Xerente, e do período de escassez, em outras regiões da América do Sul, ou da ausência do fogo, coincidindo com a Quaresma em seu paroxismo, na tradição europeia, fica claro que todas essas conjunturas apresentam características comuns: a cozinha é abolida de maneira real ou simbólica; durante um período que varia de alguns dias a uma estação inteira, restabelece-se um contato imediato entre a humanidade e a natureza, como na época mítica em que o fogo ainda não existia e os homens deviam consumir seu alimento cru ou exposto apressadamente aos raios do sol, que então se encontrava mais próximo da Terra. Mas essa conjunção imediata entre o homem e a natureza pode, por sua vez, assumir dois aspectos: ou a natureza se retrai e algumas privações, antes suportáveis, agravam-se até chegar à fome; ou, sob uma forma natural e não cultural (que somente a cozinha autorizaria), ela propicia alimentos substitutos, frutos selvagens e mel. Essas duas eventualidades, ambas função de um imediatismo concebido no modo negativo ou positivo, correspondem àquilo que, em *O cru e o cozido*, denominamos mundo podre e mundo queimado. E, com efeito, o mundo é queimado simbolicamente ou corre teoricamente o risco de sê-lo quando, por meio de uma lupa ou de um espelho (Velho Mundo) ou pela apresentação de fibras ao mensageiro piróforo do sol (Novo Mundo), os homens tentam trazer para a terra o fogo celeste, para acender os fogos domésticos apagados. Comparavelmente, o mel superlativo que seria o mel cultivado, alimenta, onde se encontra, um calor intolerável (M_{192}). Inversamente, vimos que o mel selvagem, portanto natural, e seu correspondente metafórico, o animal sedutor, trazem em si uma ameaça de corrupção.

Nesse estágio da demonstração, deveríamos verificar se existe uma correlação unívoca entre o chamado percutido (ou assobiado) e o ruído dos zunidores, de um lado, e entre mundo queimado e mundo podre, do outro. Com efeito, tudo o que antecede parece estabelecer não somente a pertinência de cada um desses pares de oposição em si mesmo, mas também sua conformidade recíproca. Contudo, veremos que aqui as coisas se complicam seriamente.

TOMEMOS O EXEMPLO DOS BORORO. Eles conhecem um instrumento das trevas, o /parabara/, e possuem também o zunidor. Não há dúvida de que este último conota o mundo podre. O zunidor, denominado /aigé/ pelos Bororo, imita o urro de um monstro do mesmo nome, que se supõe habitar os rios e os lugares pantanosos. Esse animal aparece em certos ritos sob o aspecto de um dançarino coberto de lama da cabeça aos pés. O futuro sacerdote descobre sua vocação durante um sonho no qual o /aigé/ o abraça, sem que ele sinta temor ou nojo, nem do cheiro do monstro, nem do de cadáveres decompostos (Colb. & Albisetti, 1942, pp. 130, 163; *EB*, v. I, art. "aije", "aroe et-awaraare"). É muito mais difícil opinar quanto ao simbolismo do /parabara/, do qual quase nada se sabe. O instrumento imaginário de M_{304}, que pertence à mesma família, serve para atrair um demônio para fora da casa, portanto a afastá-lo da aldeia habitada, para aproximá-lo da fogueira em que morrerá. Baseados nas observações que expusemos (p. 421), seríamos tentados a atribuir o mesmo significado ao rito bororo do /parabara/, pois ele se insere em práticas cujo objetivo parece ser garantir que a alma deixou definitivamente a sepultura provisória, cavada no centro da aldeia. Entretanto, é apenas nos mitos que acontece aos Bororo de acabarem numa fogueira. Na realidade, os ossos dos mortos, lavados para a retirada da carne, são submersos na água.

A oposição entre o zunidor e o /parabara/ reflete, portanto, menos a oposição entre mundo podre e mundo queimado do que dois procedimentos possíveis em relação ao mundo podre. O /aigé/ anunciado pelo ruído dos zunidores vem da água, enquanto a alma, dirigida pelo ruído dos /parabara/, a ela se dirige. Mas não se trata da mesma água nos dois casos. Aquela em que o /aigé/ mora é lamacenta e exala o cheiro de cadáveres decompostos, enquanto os ossos limpos, pintados e enfeitados com penas, não turvarão a limpidez do lago ou do rio onde serão imersos.

Para os Xerente, cujos mitos apresentam grande simetria com os dos Bororo (cc, pp. 260-4) e colocam em termos de fogo o que os mitos bororo traduzem em termos de água, o zunidor não é a voz de um Espírito que surge, mas é o chamado que o invoca. Esse Espírito é celeste e não aquático. Ele personifica o planeta Marte, companheiro da lua, assim como Vênus e Júpiter são companheiros do sol (Nim., 1942, p. 85). Parece, portanto, que o zunidor xerente está associado ao modo menos "abrasado" do céu e o zunidor bororo ao modo mais "putrificado" da água. Com efeito, os Xerente também qualificam em relação à água os dois modos do céu, um deles diurno e o outro, noturno. Durante os ritos do Grande Jejum, os sacerdotes de Vênus e de Júpiter oferecem aos oficiantes água limpa em recipientes de cabaça, respectivamente *Lagenaria* e *Crescentia*, enquanto os sacerdotes de Marte oferecem água turva numa cabaça enfeitada com penas (Nim., 1942, p. 97). Temos, então, as equivalências:

BORORO
(água suja : água limpa) : : XERENTE $\left[\text{(noite : dia) :: (água suja : água limpa)}\right]$

A fórmula é reveladora na medida em que a "longa noite", evocada por tantos mitos sul-americanos, certamente remete ao mundo podre, assim como os mitos sobre o incêndio universal remetem ao mundo queimado. Mas, diante disso, não seríamos obrigados a concluir que é o zunidor e não o chicote que exerce o papel de instrumento "das trevas" na América e que o outro instrumento pertence a uma categoria oposta, que não pudemos identificar? Passando do Velho Mundo ao Novo, somente a forma da oposição permaneceria constante e os conteúdos seriam invertidos.

No entanto, essa solução não nos pode satisfazer, pois um mito amazônico conecta as trevas a um instrumento sem dúvida imaginário mas, sob o ponto de vista organológico, mais próximo do chicote e da matraca do que do zunidor:

M326A TUPI AMAZÔNICO: A ORIGEM DA NOITE

Antigamente, a noite não existia. Era sempre dia. A noite dormia no fundo das águas. E os animais também não existiam, pois as próprias coisas falavam.

A filha do Cobra Grande tinha casado com um índio, senhor de três fiéis servidores. "Afastem-se", disse-lhes ele um dia, "pois minha mulher se recusa a dormir comigo." Não era, porém, a presença deles que constrangia a mulher. Ela só queria fazer amor à noite. Ela explicou ao marido que seu pai era o detentor da noite e que era preciso enviar seus servidores para pedi-la.

Quando eles chegaram de canoa aos domínios de Cobra Grande, ele lhes entregou um coquinho da palmeira tucumã (*Astrocaryum tucuman*) hermeticamente fechado e recomendou que eles não o abrissem sob pretexto algum. Os servidores embarcaram na canoa e logo ficaram surpreendidos ao ouvir barulho dentro do coquinho: tem, tem, tem... xi..., como fazem hoje os grilos e os sapinhos que coaxam à noite. Um servidor quis abrir o coquinho, mas os outros se opuseram. Após muita discussão, e quando eles já estavam bem longe da morada de Cobra Grande, eles se juntaram no meio da canoa, fizeram uma fogueira e fundiram a resina que tampava o coquinho. Imediatamente caiu a noite e todas as coisas que estavam na floresta se transformaram em quadrúpedes e em aves; todas as que estavam nos rios, em patos e peixes. O cesto transformou-se em jaguar, o pescador e sua canoa tornaram-se peixe: a cabeça do homem ganhou um bico, a canoa tornou-se o corpo e os remos, as patas...

A escuridão que reinava levou a filha de Cobra Grande a entender o que tinha acontecido. Quando surgiu a estrela d'alva, ela decidiu separar a noite do dia. Para isso, ela transformou dois novelos de fio em aves, respectivamente o cujubim e o inhambu [um cracídeo e um tinamídeo, que cantam a intervalos regulares durante a noite ou para saudar a alvorada; em relação a essas "aves-relógio", ver *cc*, p. 274, n. 3]. Para punir os servidores desobedientes, ela os metamorfoseou em macacos (Couto de Magalhães, 1940, pp. 231-3. Cf. Derbyshire, 1965, pp. 16-22).

Esse mito suscita problemas complexos. Os que dizem respeito à tríade de servidores serão discutidos no próximo volume. No momento, examinaremos sobretudo a tripla oposição que constitui a armação do mito. A que se estabelece entre o dia e a noite é patente. Ela subentende outras duas. Em primeiro lugar, a oposição entre conjunção e disjunção dos sexos, pois o dia impõe a disjunção, enquanto a noite é condição da conjunção; em seguida, entre conduta linguística e conduta não linguística: quando o dia era contínuo, tudo falava, até mesmo os animais e as coisas, e foi no exato momento em que a noite apareceu que as coisas se tornaram mudas e os animais passaram a se exprimir unicamente através de gritos.

Essa primeira aparição da noite resulta, no mito, da imprudência dos servidores, ao manipularem um instrumento que é literalmente um dispositivo das trevas, pois que as contém e elas escapam de seu orifício destampado para se espalharem sob a forma de animais noturnos e barulhentos — insetos e batráquios — que são precisamente aqueles cujo nome designa os instrumentos das trevas no Velho Mundo: rã, sapo, cigarra, gafanhoto, grilo etc. A hipótese segundo a qual uma categoria correspondente à de nossos instrumentos das trevas existiria entre as representações míticas do Novo Mundo encontra uma confirmação decisiva na presença, entre tais representações, de um dispositivo que é, efetivamente, um deles e que o é no sentido próprio, ao passo que, entre nós, dispositivos similares só merecem tal acepção de maneira figurada.

Mas se o dispositivo das trevas de M326A diz respeito à noite e se esta última aparece no mito como condição necessária para a união dos sexos,[18] segue-se que o instrumento encarregado de sua desunião, o zunidor, deve

---

18. Mas não de qualquer jeito. Se a noite é uma condição necessária para a comunicação sexual, por um movimento inverso, que serve para restabelecer o equilíbrio, ela parece proibir a comunicação linguística entre esses mesmos parceiros. Pelo menos é o caso entre os Tukano, entre os quais interlocutores de sexos diferentes podem conversar durante o dia, mas à noite só podem conversar interlocutores do mesmo sexo (Silva, 1962, pp. 166-7, 417). Indivíduos de sexo oposto trocam entre si palavras ou carícias, mas não ambas ao mesmo tempo, o que constituiria um abuso de comunicação.

estar implicitamente ligado ao dia, que preenche a mesma função. Teríamos, portanto, uma quádrupla correlação entre a noite, a união dos sexos, as condutas não linguísticas e o instrumento das trevas, que se opõe termo por termo à que existe entre o dia, a desunião dos sexos, uma conduta linguística generalizada e o zunidor. Além de não percebermos com clareza como o zunidor poderia conotar uma conduta linguística, essa maneira de colocar o problema só faria inverter a dificuldade com que nos deparamos, a propósito dos Bororo e dos Xerente. Pareceu-nos que, entre esses índios, o zunidor se ligava à noite, o que, do ponto de vista de uma interpretação geral, remeteria os instrumentos das trevas (que, como já havíamos constatado, se opõem ao zunidor) para o lado do dia. E agora a ligação mais normal dos instrumentos das trevas à noite corre o risco de nos obrigar a situar o zunidor do lado do dia, em contradição com tudo aquilo que tínhamos admitido. É, preciso, portanto, examinar as coisas mais de perto.

M_{326A} não menciona o zunidor, mas evoca um tempo em que a noite era detida por uma cobra grande (entre os Toba, seu silvo assemelha-se ao ruído do zunidor), quando ela dormia "no fundo das águas" (como o monstro aquático que os Bororo denominam /aigé/, "zunidor", que serve para imitar seu urro). Sabemos também que quase em todas as regiões onde o zunidor existe, ele serve para apartar o sexo feminino e rejeitá-lo para o lado da natureza, fora do mundo sagrado e socializado. Ora, M_{326A} provém dos Tupi setentrionais, isto é, de uma cultura e de uma região em que os mitos descrevem a cobra grande como um ser fálico, que concentra em si todos os atributos da virilidade, numa época em que os próprios homens não a possuíam. Não podiam, portanto, copular com suas mulheres, reduzidas a solicitar os serviços da cobra. Esse estado de coisas cessou quando o demiurgo cortou o corpo da cobra em pedaços, e os utilizou para dotar cada homem do membro que lhe faltava (M_{80}). Por conseguinte, a mitologia tupi faz da cobra um pênis (socialmente) disjuntor, noção que a função e o simbolismo do zunidor já nos tinham imposto. E é também essa função que o Cobra Grande assume em M_{326A}, como pai abusivo em vez de sedutor depravado: ele cede a filha, mas detém a noite, sem a qual o casamento não pode ser consumado. Por esse viés, M_{326A} se liga a um grupo de mitos examinados anteriormente (M_{259}-M_{269}), no qual um outro monstro aquático dá ao homem que aceita como genro — e que, em certas versões, é precisamente o sol, isto é, a luz do dia — uma esposa incompleta, portanto impossível de ser penetrada: moça sem vagina, simétrica aos homens sem pênis de M_{80} e inversa da heroína de vagina grande demais (simbolicamente falando) do ciclo do tapir sedutor, animal de pênis grande que, como mostramos (p. 466), é uma variante combinatória da cobra grande "toda pênis", o que nos leva de volta ao nosso ponto de partida.

Deixaremos a outros a tarefa de explorar esse elo pois, a partir do momento em que nos detemos nas ligações míticas, descobrimos que a rede desenha um grafo de "conexidade" tão intensa que, ao querer esgotar todos os seus detalhes, o pesquisador perde a esperança de prosseguir. Em seu estado atual, a análise estrutural dos mitos é por demais inepta para que uma corrida, ainda que precipitada e incerta quanto a seu objetivo, não seja preferível — pois ainda é preciso escolher — a um avanço lento e seguro, que permitirá um dia refazer pausadamente, inventariando todas as suas riquezas, um itinerário que apenas pretendemos balizar.

Se as aproximações acima forem legítimas, talvez possamos entrever a saída para nossas dificuldades. Situemos o zunidor do lado da noite, da qual ele é o dono, sob o aspecto da cobra; reconheçamos que o instrumento das trevas também se encontra nela. Porém, não se trata exatamente da mesma noite nos dois casos pois, semelhantes somente no excesso, a noite do zunidor se furta ao dia, enquanto a do instrumento das trevas o invade. Por conseguinte, na verdade, nem uma nem outra se opõe ao dia, mas sim à alternância, empiricamente verificada, na qual, longe de se excluírem, o dia e a noite estão unidos por uma relação de mediação recíproca: o dia mediatiza a passagem da noite à noite e a noite, a passagem do dia ao dia. Se retirarmos dessa cadeia periódica dotada de uma realidade objetiva os termos "noite", só restará o dia, culturalizando, por assim dizer, a natureza, sob a forma de uma extensão abusiva das condutas linguísticas aos animais e às coisas. Inversamente, se os termos "dia" forem expelidos da corrente, só haverá a noite, naturalizando a cultura pela transformação dos produtos do engenho humano em animais. O problema que nos bloqueou encontra sua solução assim que reconhecemos o valor operatório de um sistema de três termos: dia isolado, noite isolada e a alternância regular de ambos. Esse sistema compreende dois termos simples e um termo complexo, que consiste numa relação harmoniosa entre os primeiros. Ele fornece o esquema dentro do qual os mitos de origem, quer seja a do dia ou a da noite, se repartem em duas espécies distintas, segundo situem o dia ou a noite no começo da atual alternância. Distinguiremos, portanto, mitos de preliminar noturno e os mitos de preliminar diurno. M_{326A} pertence à segunda categoria. Essa escolha inicial acarreta uma consequência importante, pois concede obrigatoriamente a precedência a um dos dois termos. No caso que nos interessa exclusivamente aqui, dos mitos de preliminar diurno, inicialmente só havia o dia e se a noite existia, estava separada do dia e, de certo modo, nos bastidores. A partir de então, a outra eventualidade não pode mais se realizar sob uma forma exatamente simétrica. Outrora o dia estava onde a noite não estava e quando a noite o substitui — antes de instalar-se sua alternância regular — só pode ser reinando onde o dia estava *antes dela*. Compreendemos assim por que, nessa hipótese, o "longo dia" resulta de um *estado inicial* de disjunção e a "longa noite", de um *ato subsidiário* de conjunção.

No plano formal, as duas situações correspondem, portanto, àquelas que distinguimos anteriormente sob as designações de mundo podre e mundo queimado. Entretanto, desde que concebemos essa distinção, algo aconteceu nos mitos. Imperceptivelmente — ou quase — eles evoluíram de um domínio espacial para um registro temporal e, sobretudo, da noção de um espaço absoluto para a de um tempo relativo. Nosso terceiro volume será quase inteiramente dedicado à teoria dessa transformação capital. Aqui consideraremos apenas um aspecto restrito.

No espaço absoluto a que se referem os mitos sobre a origem da cozinha, a posição elevada é ocupada pelo céu ou pelo sol, e a posição baixa, pela terra. Antes que o fogo da cozinha surgisse como termo mediador entre esses extremos (unindo-os e, ao mesmo tempo, mantendo-os a uma distância razoável), suas relações só poderiam ser desequilibradas: demasiado próximos um do outro ou então demasiado afastados. A primeira eventualidade remete ao mundo queimado, que conota o fogo e a luz. A segunda remete ao mundo podre, que conota a escuridão e a noite.

A algazarra e o mau cheiro 477

Mas M326A se inscreve num tempo relativo, no qual o termo mediador não é um ser ou um objeto distinto que se interpõe entre termos extremos. A mediação consiste antes no equilíbrio entre termos aos quais o caráter de extremos não é inerente, mas pode somente resultar da alteração da relação que os une. Se o mito considerado for de preliminar diurno, o afastamento da noite, isto é, sua disjunção do dia, garante o reino da luz e sua aproximação (ou conjunção com o dia) o da escuridão. A depender de o mito se colocar na hipótese de um espaço absoluto ou de um tempo relativo, portanto, os mesmos significados (conjunção e disjunção) exigirão significantes opostos. No entanto, essa transposição não é mais pertinente do que seria a do nome das notas da escala em razão de uma mudança da clave. Em casos como esses, o mais importante não é a posição absoluta das notas sobre ou entre as linhas, mas a figura da clave inscrita no início da pauta.

Zunidor e instrumento das trevas são os significantes rituais de uma disjunção e de uma conjunção não mediatizadas, que, transpostas para uma outra tessitura, têm como significantes conceituais o mundo podre e o mundo queimado. O fato de esses mesmos significados, por mais que consistam de relações entre objetos, poderem, quando os objetos não são mais os mesmos, admitir significantes opostos, não implica que esses significantes opostos estejam, entre si, numa relação de significante e de significado.

Ao formularmos essa regra, não fazemos nada além de estender ao domínio do pensamento mítico o princípio saussuriano do caráter arbitrário do signo linguístico, com a única diferença de que o campo de aplicação do princípio adquire uma dimensão suplementar, devido ao fato para o qual chamamos a atenção alhures (Lévi-Strauss, 1962b, p. 3) de que, na ordem do mito e do ritual, os mesmos elementos podem desempenhar indiferentemente o papel de significado e significante, e substituir um ao outro em cada função.

Apesar dessa complicação ou devido a ela, o pensamento mítico mostra-se tão respeitoso do princípio que ele tem o cuidado de destinar ao zunidor e ao instrumento das trevas (que, formalmente falando, formam um par) campos semânticos bem distintos. Por que, praticamente no mundo todo, o zunidor tem como função privilegiada expulsar as mulheres? Não seria porque é praticamente impossível para ele significar a disjunção entre a noite e o dia — reino do dia em plena noite — diferentemente do instrumento das trevas, que os conjuga? O eclipse proporciona ao menos uma ilustração empírica dessa conjunção, e quando são encaradas sob essa perspectiva, as "trevas" surgem como uma espécie particular de eclipse, que uma espécie particular de charivari conota (*cc*, pp. 375-8). O emprego do zunidor não se limita a inverter essa relação; ele a transpõe, expulsando todos os termos femininos da cadeia periódica das alianças matrimoniais. Mas não será justamente pelo fato de que essa oferece, no plano sociológico, um equivalente da cadeia cosmológica formada pela alternância regular entre o dia e a noite?

$$\left(\triangle = \bigcirc \quad \triangle = \bigcirc \quad \triangle = \bigcirc \quad \triangle = \bigcirc \, \text{etc.} \right) \equiv \left(\text{dia-noite, dia-noite, dia-noite, dia-noite etc.} \right)$$

Pode-se portanto afirmar que a sociedade, temporariamente reduzida pelo zunidor a seus elementos masculinos, depois que os elementos femininos foram isolados e rejeitados, é como o curso do tempo reduzido ao dia. Inversamente, os Kayapó, que aparentemente não conhecem o zunidor (Dreyfus, 1963, p. 129), utilizam os bastões que se entrechocam para significar uma conjuntura simétrica àquela alhures associada ao zunidor, pois que, entre eles, trata-se da instauração do laço conjugal entre um homem e uma mulher, e de ritos de promiscuidade (acima, p. 422). Finalmente, se os instrumentos das trevas podem conotar a conjunção entre o dia e a noite e também entre os sexos, já sabemos que eles conotam a união entre o céu e a terra. Quanto a este último aspecto, seria interessante estudar o papel destinado a matracas e chicotes nas festas que saúdam o retorno das Plêiades. Retornaremos adiante às cerimônias do Chaco e nos limitaremos a assinalar, no litoral noroeste do Pacífico, a substituição dos chicotes pelos chocalhos (reservados aos rituais de inverno), por ocasião da festa da primavera /meitla/ durante a qual os Kwakiutl exibem um ornamento que representa as Plêiades (Boas, 1895, p. 502; Drucker, 1940, pp. 205, 211, 218; cf. também Olson, 1940, pp. 175; e Boas, 1916, pp. 552-3).

2. A harmonia das esferas

RESULTA, do que foi exposto, que o zunidor e o instrumento das trevas não são os operadores de uma conjunção ou de uma disjunção pura e simples. Antes se deveria dizer que os dois instrumentos operam uma conjunção *com* a própria conjunção ou disjunção. Eles conjugam o grupo ou o mundo à eventualidade de uma ou outra dessas relações, que têm por característica comum excluir a mediação. Se o código acústico forma um sistema, é preciso então que exista um terceiro tipo de instrumento, que conota o ato de mediação.

Sabemos qual é esse instrumento na tradição europeia. Com efeito, esta estabelece uma rede complexa de relações entre os instrumentos das trevas e os sinos, conforme estes estejam ausentes ou presentes e, nesse último caso, marcados e não marcados:

	INSTRUMENTOS DAS TREVAS / (SINOS	
Marcados / não marcados	ausentes	/ presentes)
terça-feira gorda / *quaresma*	*(triduum)*	/ *domingo de Páscoa*

Nós nos propomos a mostrar primeiramente que, na América do Sul, o ou os chocalhos de cabaça (pois habitualmente eles se apresentam aos pares) representam o instrumento da mediação; e em seguida que, de maneira comparável aos instrumentos das trevas que apareceram ligados ao mel, excelente alimento dessa quaresma tropical que a estação seca representa, os chocalhos mantêm uma relação simétrica com o tabaco.

M327 WARRAU: ORIGEM DO TABACO E DOS PODERES XAMÂNICOS (1)

Já fazia muito tempo que um homem tinha uma mulher muito hábil na confecção de redes, mas que permanecia estéril. Tomou, assim, uma segunda esposa, com a qual teve um filho chamado Kurusiwari. Este não parava de importunar a tecedora de redes e de atrapalhá-la em seu trabalho. Um dia, ela o afastou de modo rude. O menino caiu e chorou; em seguida saiu da casa sem que ninguém notasse, nem mesmo seus pais que, deitados numa rede, tinham sem dúvida outras ideias.

Era tarde quando começaram a se preocupar com ele. Seus pais foram procurá-lo e o encontraram numa casa vizinha, onde ele brincava com outras crianças. Os recém-chegados se explicaram e mantiveram uma conversa animada com os donos da casa. Quando o casal resolveu despedir-se, seu filhinho havia desaparecido novamente, assim como o menino da casa, que se chamava Matura-wari. O episódio repetiu-se em outra casa, com idêntico resultado. Os dois meninos tinham ido embora, dessa vez na companhia de um terceiro, chamado Kawai-wari.

Eis agora seis pais à procura de três meninos. Passa-se um dia e o terceiro casal desiste. No dia seguinte, o segundo casal faz o mesmo. Os meninos, que já estavam muito longe, tinham feito amizade com as vespas. Naquele tempo, elas falavam e não picavam. Foram aqueles mesmos meninos que ordenaram às vespas pretas que picassem e às vermelhas que fizessem o mesmo e, além disso, provocassem a febre.

Finalmente, o primeiro casal chegou até os meninos na beira do mar. Eles tinham crescido. Quando lhes pediram que voltassem, o primeiro rapaz, que era o chefe deles, recusou, argumentando que tinha sido maltratado por sua madrasta e negligenciado por seus pais. Estes choraram e suplicaram, mas só obtiveram do filho a promessa de aparecer quando eles construíssem um templo e o "chamassem" com tabaco. Dito isto, os três rapazes atravessaram o oceano e os pais regressaram à aldeia, onde o pai construiu o templo prescrito. Mas foi em vão que ele queimou folhas de mamoeiro, algodoeiro e cafeeiro, não adiantou, porque essas folhas não eram suficientemente "fortes". Naquela época, os homens não possuíam o tabaco, que crescia numa ilha, no meio do oceano. Chamavam-na a "ilha sem homens", pois era habitada apenas por mulheres. O pai, aflito, mandou uma ave pernalta [*"gaulding bird"*: *Pilerodius*] buscar sementes, mas ela não voltou e o mesmo aconteceu com as outras aves marinhas que ele expediu em seguida. A guardiã da plantação de tabaco tinha matado todas elas.

A harmonia das esferas

O homem pediu conselho ao irmão, que conseguiu a ajuda de um grou. Este foi dormir na praia, a fim de partir bem cedo. Um colibri indagou qual era sua missão e propôs-lhe realizá-la sozinho. Apesar dos esforços do grou para dissuadi-lo, ele levantou voo ao nascer do sol. Quando o grou, menos apressado, o alcançou, viu que o colibri tinha caído no mar e estava se afogando. Pegou-o e colocou-o entre suas coxas. Agora tudo ia bem para o colibri, que viajava confortavelmente, mas quando o grou se aliviou, sua cara ficou toda emporcalhada [cf. M310]. Então ele resolveu voar sozinho e chegou bem na frente. O grou concordou em esperá-lo, enquanto ele pegava as sementes. O colibri era tão pequenino e rápido que a guardiã do tabaco não conseguiu matá-lo.

As duas aves, que agora voavam juntas e a favor do vento, chegaram até a aldeia, onde o colibri entregou as sementes ao dono do grou, que as deu ao irmão, ensinando-o a plantar o tabaco, tratar as folhas e escolher a casca para enrolar cigarros. Ordenou-lhe também que colhesse cabaças e guardou apenas a que tinha crescido do lado leste do tronco [cf. p. 394]. O homem começou a cantar com acompanhamento de chocalho. Seu filho e os dois outros rapazes apareceram. Eles tinham se tornado os três Espíritos do tabaco, que sempre respondem ao chamado do chocalho. Pois o pai havia se tornado o primeiro xamã, de tanto chorar a perda de seu filho e de tanto sofrer (Roth, 1915, pp. 334-6).

Pode-se tratar como variante um outro mito warrau sobre o mesmo tema:

M328 WARRAU: ORIGEM DO TABACO E DOS PODERES XAMÂNICOS (2)

Um índio chamado Komatari queria tabaco, que naquele tempo crescia numa ilha, no meio do mar. Procurou primeiramente um homem que morava sozinho numa praia e que ele, por engano, acreditava ser o dono do tabaco. Um colibri intrometeu-se na conversa e se ofereceu a ir procurar as folhas de tabaco, mas enganou-se e em vez disso trouxe flores. Então, o homem da praia foi até a ilha, conseguiu se esquivar da vigilância dos guardiães e retornou com sua canoa repleta de folhas e sementes, com as quais Komatari encheu seu cesto. O desconhecido separou-se de Komatari, e não disse qual era o seu nome. Ele é que deveria adivinhar, quando se tornasse um xamã.

Komatari se recusou a partilhar o tabaco com seus companheiros. Pendurou as folhas nas vigas de sua casa e encarregou as vespas de vigiarem. Elas se deixaram subornar por um visitante, que lhes ofereceu peixe e roubou uma parte das folhas de tabaco. Komatari

482   *Parte IV*

percebeu e despediu as vespas, com exceção de uma espécie, que designou para ser a guardiã. Em seguida, desmatou um canto da floresta para plantar as sementes.

Quatro Espíritos que encontrou sucessivamente, e que se recusaram todos a lhe dizer seus nomes, deram-lhe a cabaceira, as penas e a rede que guarneceriam o primeiro chocalho, bem como as pedrinhas que o fariam ressoar. Avisados pelo herói de que o chocalho, ao ser terminado, serviria para destruí-los, os Espíritos se vingaram provocando as doenças. Tudo em vão: graças à cabaça, Komatari curou todos os doentes, exceto um, gravemente enfermo. Sempre será assim: o xamã-curandeiro terá sucessos e fracassos. Naturalmente Komatari agora sabia o nome de todos os Espíritos. O primeiro a quem encontrou, que lhe dera o tabaco, chamava-se Wau-uno (Anura, em arawak), "grou branco" (Roth, 1915, pp. 336-8).

Dedicados à origem dos poderes xamânicos, esses dois mitos os encaram manifestamente sob dois aspectos complementares: comparecimento dos Espíritos tutelares ou expulsão dos Espíritos maléficos. A ave *Pilerodius*, que, em M327, não consegue trazer o tabaco, é a encarnação de um dos Espíritos responsáveis pelas doenças (Roth, 1915, p. 349). Nos dois casos, a conjunção ou a disjunção se faz graças à mediação dos chocalhos e do tabaco. Já se vê que, conforme anunciamos, esses dois termos estão ligados.

Nos dois mitos, o grou e o colibri formam um par e o respectivo valor de cada ave se inverte, segundo o mito encare o xamanismo sob um ou outro aspecto. O colibri é superior ao grou em M327 e lhe é inferior em M328. Essa inferioridade se manifesta na ingênua preferência que, em conformidade com sua natureza, dá às flores, em detrimento das folhas e das sementes. Em compensação, a superioridade que ele demonstra em M327 somente é adquirida à custa do desrespeito a sua própria natureza. Normalmente associado à seca (*cc*, pp. 274-5) e ao odor agradável (Roth, 1915, p. 371), o colibri de M327 corre o risco de afogar-se e sua cara fica emporcalhada com fezes. O "caminho do tabaco" passa pela sujeira. Ao recordar esse fato, M327 testemunha a realidade objetiva da trajetória que, partindo do mel (ele próprio no limite do excremento e do veneno), nos conduziu ao tabaco. Em resumo, o caminho do colibri foi o nosso e a gradual transformação de mitos sobre a origem do mel em mitos sobre

A harmonia das esferas

a origem do tabaco, cujas etapas descrevemos ao longo deste livro, projeta-se duplamente e em miniatura, nos mitos guianenses que metamorfoseiam o menor dos pássaros de *consumidor de mel* em *produtor de tabaco*.

Dos dois mitos warrau, M327 é certamente o mais complexo e nós o seguiremos, de preferência ao outro. Nele, duas mulheres exercem um papel importante: uma delas é hábil artesã, mas estéril, e a outra é fértil. Na mitologia dos Tacana, que aproximamos várias vezes da mitologia das regiões setentrionais da América do Sul, as mulheres preguiçosas, casadas com humanos, são as melhores tecelãs (M329; H&H, 1961, p. 287). A mesma indicação transparece do mito waiwai sobre a origem da festa Shodewika (M288): outrora, somente os índios e o bicho-preguiça (*Choloepus*) sabiam confeccionar os trajes de fibras (Fock, 1963, p. 57 e n. 39, p. 70).

Como explicar um talento para o qual os hábitos desse animal não parecem predispô-lo? É, sem dúvida, porque a posição habitual do preguiça, pendurado pelas patas, de cabeça para baixo, num galho, evoca a imagem da rede. Mitos sobre a origem do preguiça confirmam que essa semelhança não passou desapercebida: dizem que esse animal é uma rede transformada ou um homem deitado em sua rede (M330, Mundurucu, Murphy, 1958, p. 121; M247, Baré, Amorim, 1928, p. 145). Dois traços significativos de M327 permitem avançar em direção a uma interpretação: por um lado, o preguiça não é designado expressamente; por outro lado, a mulher que o substitui no papel de tecelã competente forma um par com uma outra, qualificada como fértil, sem outras indicações.

Indicamos acima (p. 450) que o preguiça é um animal que come pouquíssimo e defeca somente uma ou duas vezes por semana, no chão e sempre no mesmo lugar. Tais hábitos não poderiam deixar de chamar a atenção dos índios, que dão muita importância ao controle das funções de excreção. Comentando o costume dos índios que provocam o vômito, ao despertarem, para eliminar todo alimento que ficou durante a noite no estômago (cf. cc, p. 321), Spruce (1908, v. 2, p. 454) observa que "os índios não demonstram essa pressa de liberar seu estômago pela manhã em relação a defecar. Muito pelo contrário, em todas as regiões da América do Sul notei que o índio, que tem uma árdua jornada de trabalho diante

484   *Parte IV*

de si e não muito para comer, prefere retardar a evacuação até a noite. Com efeito, sabe controlar suas funções naturais melhor do que o homem branco e parece respeitar a mesma máxima que um índio de San Carlos formulou-me num espanhol aproximativo, dizendo: *Quien caga de mañana es guloso*". Os Tukano dão a essa relação um sentido mais amplo e metafórico, quando proíbem que o fabricante de canoas ou de redes vá defecar antes de ter finalizado seu trabalho, que pode ficar furado por isso (Silva, 1962, pp. 368 e passim).

Nesse domínio, como em outros, ceder à natureza é mostrar-se um mau membro da sociedade. Daí ser possível, pelo menos no plano do mito, que o ser mais capaz de resistir à natureza seja ipso facto o mais apto em termos culturais. A retenção que, na hábil artesã de M327, se torna manifesta por sua esterilidade, transpõe num outro registro — o da função reprodutora — a retenção que caracteriza o preguiça no plano das funções de evacuação. Genitalmente constipada, mas boa tecelã, a primeira mulher se opõe à segunda, cuja fecundidade parece ter como contrapartida a indolência, pois a vemos folgar em pleno dia com o marido.[19]

Essas observações suscitam duas outras. Em primeiro lugar, já notamos que, em relação à defecação, o preguiça se opõe ao guariba, que se alivia a todo momento no alto das árvores. Como indica seu nome [em francês, *"singe hurleur"*, "macaco roncador"], esse macaco ronca, sobretudo quando o tempo vai mudar:

Guariba na serra
Chuva na terra,

é o que afirma o ditado popular (Ihering, art. "bugio"), em consonância com a crença bororo, segundo a qual esse macaco é um Espírito da chuva

---

19. Os antigos acreditavam igualmente que havia uma relação entre o estado de tecelã e as aptidões amorosas, mas a concebiam como proporção em vez de inversão: "Diziam os gregos que as tecelãs eram mais quentes do que as outras mulheres, devido ao ofício sedentário que praticam, sem grande exercício do corpo [...] Das nossas eu também poderia dizer que a agitação que sua obra lhes dá, assim sentadas, as desperta e excita [...]" (Montaigne, *Essais*, L. III, cap. XI).

A harmonia das esferas

(*EB*, v. I, p. 371). Ora, é igualmente um esfriamento súbito que leva o preguiça a descer ao chão para fazer suas necessidades: "Quando o vento sopra, o preguiça anda", dizem os Arawak (Roth, 1915, p. 369), e um naturalista conseguiu obter de um desses animais em cativeiro fezes regulares, a cada cinco dias, molhando seu traseiro com água fria (Enders, 1940, p. 7). O guariba e o preguiça são, portanto, animais "barométricos", que manifestam essa capacidade um com suas excreções e o outro com seus roncos. Como modo da algazarra, os últimos são uma transposição metafórica da sujeira (acima, p. 241, n. 7, p. 353).

Isso não é tudo. O guariba grita barulhentamente e em bando, na alvorada e no crepúsculo. Solitário, o preguiça emite durante a noite um grito débil e musical, "semelhante a um assobio, mantendo um ré sustenido durante alguns segundos" (Beebe, 1926, pp. 35-7). Segundo um autor antigo, o preguiça grita "ha, ha, ha, ha, ha, ha" durante a noite (Oviedo y Valdes, in Britton, 1941, p. 14). Todavia, a descrição leva a pensar que, nesse caso, talvez se trate do *Choloepus* e não do *Bradypus*, isto é, do preguiça grande e não do pequeno, ao qual se refere a outra observação.

Se considerarmos que, segundo os mitos tacana (M322-M323), toda violência feita contra o preguiça enquanto ele está ocupado em suas funções normais de evacuação acarretaria um incêndio universal — crença cujo eco encontramos na Guiana (cf. *cc*, p. 409, n. 18), mas pela exposição da humanidade aos perigos resultantes da conjunção entre o fogo celeste e a terra —, seremos tentados a reconhecer, por detrás do aspecto acústico da oposição entre o guariba e o preguiça, um deles dotado de um grito "aterrorizante", segundo os Akawai (Brett, 1880, pp. 130-2) e o outro limitado a um discreto assobio, segundo um mito baré (Amorim, 1928, p. 145), que a mesma oposição ocorre entre o zunidor, dispositivo "que grita", e os instrumentos das trevas.

Passemos agora ao segundo ponto, que nos conduzirá ao próprio texto dos mitos guianenses sobre a origem do tabaco. Tal como acabamos de elucidá-la, a natureza da oposição entre as duas mulheres de M327 coloca a primeira, estéril e dotada unicamente do ponto de vista da cultura, em contraste com a moça louca por mel dos mitos do Chaco e da Guiana. Esta parece ser homóloga à outra mulher, pois também se mostra lasciva e fértil (cf. M135). Em compensação, e como normalmente acontece quando se passa dos mitos sobre a origem do mel aos mitos sobre a origem do tabaco, a posição do bebê chorão, termo comum aos dois grupos, se inverte radicalmente. Num, a criança é expulsa porque chora e no outro, ela chora porque é expulsa. No primeiro caso, é a mulher assimilável à moça louca por mel que o expulsa, incomodada por seu choro; no outro caso, é a mulher cujo papel se opõe ao da moça louca por mel a responsável, enquanto aquela que desempenha esse papel permanece indiferente aos gritos da criança. Finalmente, enquanto o bebê chorão "normal" permanece perto da casa, chamando pela mãe, até que um animal congruente à moça louca por mel — raposa ou rã — o rapta, seu simétrico de M327 afasta-se deliberadamente e vai fazer amizade com as vespas /marabunta/.

Essa designação genérica é por demais vaga para que se possa afirmar que as espécies em questão são produtoras de mel e que se opõem, assim, aos animais raptores, que os mitos declaram ser gulosos por mel. Mas a demonstração é possível de uma outra maneira. Notemos inicialmente que M327 e M328, em que as vespas desempenham papéis pouco diferentes, tratam da origem do xamanismo. Ora, o feiticeiro guianense possui um poder especial sobre as vespas, que ele dispersa, sem que elas o piquem, batendo no vespeiro com a ponta dos dedos (Roth, 1915, p. 341).[20] Entre os Kayapó, mais ao sul, já detectamos a existência de um combate ritual contra as vespas.

Segundo M327 e M328, as vespas se tornaram venenosas em consequência das relações particularmente íntimas que elas haviam estabelecido com os xamãs ou com seus Espíritos tutelares. Essa transformação, operada pelo bebê chorão de M327 e pelo herói de M328, reproduz a que um mito

---

20. Mas somente depois de ter esfregado os dedos sob as axilas. Os Tukano fazem o mesmo quando descobrem um vespeiro: "O cheiro afugenta as vespas e os índios se apossam do vespeiro repleto de larvas; o vespeiro serve de prato, derrama-se nele farinha, que se come com as larvas" (Silva, 1962, p. 222, n. 53). Os Cubeo (Goldman, 1963, p. 182, n. 1) associam em sua língua os pelos e o tabaco: "pelo" é /pwa/ e os pelos das axilas são denominados /pwa butci/, "pelos-tabaco". Os mesmos índios procedem à incineração ritual dos cabelos cortados; queimam-nos, portanto, assim como se queima o tabaco para fumar.

A *harmonia das esferas* 487

botocudo (M₂₀₄) atribui à irara, animal que é grande apreciador de mel. Por esse viés, encontramos uma oposição entre as vespas — transformadas por um personagem que ocupa a posição da irara do mito botocudo — e os animais raptores, além do mais consumidores de mel, isto é, congruentes à irara sob certas condições que já mencionamos (p. 286).

ESSA APROXIMAÇÃO NOS FAZ VOLTAR bem para trás. Nem tanto, contudo, quando notamos que M₃₂₇ imputa a falta de tabaco, de que padecem os homens, a mulheres solteiras que o detêm numa ilha, amazonas, portanto, e "loucas por tabaco". Ora, vários mitos guianenses e alguns mitos jê ligam a origem das amazonas à separação dos sexos que se seguiu à morte do jaguar ou do jacaré (variantes combinatórias do tapir sedutor), que as mulheres tomaram como amante (M₁₅₆, M₂₈₇). Estabelecemos que essas mulheres representavam uma variante da moça louca por mel, transposta em termos de código sexual. Os mitos que estamos analisando confirmam essa demonstração: ao deixarem seus maridos, as amazonas apinayé levam os machados cerimoniais; as dos mitos warrau monopolizam o tabaco, que, como os machados, é um símbolo cultural. Para se unirem ao tapir, ao jacaré ou ao jaguar — isto é, à natureza —, as mulheres adúlteras recorrem ou à cabaça *percutida* ou ao *nome* próprio do animal, que *divulgam* imprudentemente. Simetricamente, o poder sobrenatural do xamã warrau se exprime através do chocalho, que é uma cabaça *sacudida*, e pelo *nome* dos Espíritos, cujo segredo *descobrem*.

Os mitos warrau sobre a origem do tabaco contêm um episódio que nos leva ainda mais longe, para o início de nossa investigação. Com efeito, a busca do colibri, que atravessa uma grande extensão de água para apropriar-se do tabaco numa ilha sobrenatural, e para que este possa ser associado aos chocalhos, remete a M₁, no qual encontramos pela primeira vez o mesmo motivo, sob a forma de uma busca, que cabe igualmente ao colibri e que também o leva até uma ilha sobrenatural para nela procurar, não o tabaco, mas os próprios chocalhos, instrumentos musicais que o herói deverá abster-se de fazer soar, para separar-se com sucesso dos Espíritos, ao passo que aqui fazer os chocalhos soarem é a condição para que os homens possam convocar os bons Espíritos, quando assim o desejarem, e expulsar os maus Espíritos.

Um exame superficial levaria a crer que a busca do colibri constitui o único elemento comum a M_1 e M_{327}. Na verdade, a analogia entre os dois mitos é muito mais profunda.

Resulta, com efeito, da interpretação que já propusemos do personagem do bebê chorão que em termos de código acústico, este reproduz o herói de M_1. Ambos se recusam a separar-se da mãe, embora exprimam seu apego por meios diferentes, conduta vocal ou conduta erótica, uma delas passiva e a outra ativa. Ora, o menino de M_{327} é uma criança chorona, mas invertida, e podemos, portanto, esperar dele uma conduta inversa daquela do herói de M_1. Este se recusa a ir para a casa dos homens e, portanto, a tornar-se um membro adulto da sociedade. O outro demonstra um interesse precoce pelas obras da cultura, e mais precisamente por aquelas que cabem às mulheres, pois a confecção das redes, em que ele se intromete indiscretamente, é um trabalho feminino.

Os dois heróis são meninos, um deles já grande, mas que demonstra sua infantilidade moral com seu comportamento incestuoso, e o outro ainda pequeno, mas que atingirá rapidamente a maturidade física por seu espírito de independência. O pai do menino tem, em ambos os casos, duas esposas, a mãe do menino e uma madrasta. Em M_1, o menino une-se à primeira, e em M_{327} ele é afastado pela segunda. Ao par incestuoso de M_1 corresponde o casal de M_{327}; às queixas do pai, lesado em seus direitos conjugais pelo filho, correspondem as do filho, lesado em seus direitos filiais pelo pai. Notaremos que se, no mito bororo, o pai se queixa de que seu filho o tenha suplantado amorosamente (como um adulto, portanto) perante sua esposa, no mito warrau o filho se queixa de que seus pais, por demais ocupados amorosamente um com o outro, não tenham prestado atenção a seu choro infantil.

O pai ofendido de M_1 procura inicialmente acabar com o filho do lado da água; três animais prestativos ajudam o menino e correspondem aos três meninos de M_{327}, que atravessam voluntariamente o mar. Objetar-se-á que o herói de M_{327} é um dos três meninos, ao passo que o herói de M_1 obtém a ajuda de três animais sem confundir-se com nenhum deles. Teríamos, num dos casos, quatro personagens e no outro, três. Mas é porque sua simetria invertida coloca uma dupla dificuldade para que os dois mitos sigam trajetórias paralelas. Por um lado, o herói de M_1 retornará fisicamente para junto dos seus, mas o de M_{327} só retornará "em espírito". Por outro lado, o primeiro *trará* a chuva e a tempestade, que serão portanto a *consequência* de seu regresso, enquanto o tabaco *procurado* longe será a *causa* do regresso do outro. Para manter a simetria, é portanto preciso que, em M_{327}, o mesmo personagem esteja simultaneamente ausente (pois trata-se de fazer com que ele retorne) e presente (pois ele tem uma missão a cumprir).

M_{327} resolve a dificuldade desdobrando os papéis. Na primeira parte, o papel do herói é desempenhado por um menino pequeno e, na segunda, por um pássaro pequeno. Porém, se, como sugerimos, o colibri é um duplo do herói, compreende-se que, desde a primeira parte, na qual um único personagem assume virtualmente os dois papéis, aos três meninos (dos quais um irá transformar-se em colibri) devam corresponder os quatro personagens de M_1, isto é, um menino e três animais (entre os quais um colibri) pois, em relação a M_{327}, o menino e o colibri são o mesmo:

$$M_1: \text{(menino)} \quad \overbrace{\text{colibri} \qquad \text{pombo} \qquad \text{gafanhoto}}$$

$$M_{327}: \underbrace{\text{menino}^1 \quad \text{(colibri)}} \quad \text{menino}^2 \quad \text{menino}^3$$

Na sequência da narrativa, o herói de M_1 passa por uma disjunção vertical, enquanto está ocupado em desaninhar as araras que (M_7-M_{12}) o cobrirão de excrementos. Durante sua disjunção horizontal, o herói de M_{327} se alia com as vespas e ele as tornará venenosas. Temos, então, uma quádrupla oposição:

(*araras/vespas*), (*hostilidade/amizade*), (*herói* = OBJETO *da sujeira/* SUJEITO *do veneno*)

A oposição entre insetos peçonhentos e aves poluidoras já nos tinha permitido (*cc*, pp. 408-9, n. 17) transformar um mito parintintin (M_{179}) nas variantes jê do mito do desaninhador de pássaros (M_7-M_{12}), que dizem respeito à origem do fogo (terrestre) de cozinha, enquanto M_1, ele próprio transformação desses mitos, diz respeito à origem da água (celeste). Agora acabamos de transformar em M_1 um outro mito e constatamos que a torção primitiva de M_1 em relação a M_7-M_{12} está preservada do seguinte modo na nova transformação:

a) M_7-M_{12} (origem do fogo) $\longrightarrow$ M_1 (origem da água)

b) M_{179} (objeto do veneno) $\longrightarrow$ M_7-M_{12} (objeto da sujeira)

c) M_1 (inimigo das araras) $\longrightarrow$ M_{327} (amigo das vespas)

d) M_{327} (sujeito do veneno) $\longrightarrow$ M_7-M_{12} (objeto da sujeira)

Considerando o deslocamento que assinalamos acima, e que produz em M_{327}, como consequência, a superposição parcial de dois episódios consecutivos de M_1, examinemos agora a sequência de M_{327} dedicada à viagem do colibri.

Essa sequência se subdivide em três partes: 1) o colibri parte sozinho, cai na água e quase se afoga; 2) o grou o salva, acomoda-o entre suas coxas, onde ele viaja com toda a segurança, mas fica com a cara suja de excremento; 3) o colibri parte sozinho novamente e conquista finalmente o tabaco.

Primeiramente, uma palavra a respeito do grou. Apesar da incerteza em que nos encontramos sobre a espécie assim designada pelos mitos guianenses, pudemos estabelecer acima (p. 283) que se trata de um pernalta aquático de pio estridente, emissor de algazarra e, metaforicamente, de sujeira, como confirma, a seu modo, seu papel em M_{327}. Porém, se os pernaltas aquáticos são fontes de barulho e portanto produtores metafóricos de sujeira, na realidade eles mantêm com a sujeira uma relação correlata e inversa, na qualidade de aves carniceiras, grandes apreciadoras de peixes mortos (cf. p. 280). Associados à *absorção oral* da sujeira, eles também são intimamente associados ao preguiça, animal

A *harmonia das esferas*

desdentado que, como sabemos, se caracteriza pela *retenção anal* nos mitos em que aparece. Os Ipurina, que acreditam ter como antepassado o preguiça, narram que, na origem dos tempos, as cegonhas ferviam numa panela solar e comiam todas as sujeiras e coisas podres que iam recolhendo mundo afora. A panela transbordou, espalhando uma água fervente que destruiu todos os seres vivos, com exceção do preguiça, que conseguiu trepar no alto de uma árvore e repovoou a terra (M_{331}, Ehrenreich, 1891, p. 129; cf. Schultz, 1961-62a, pp. 230-1).[21] Essa história esclarece um episódio do mito de origem dos Jivaro, no qual o preguiça tem o mesmo papel de ancestral da humanidade. Se nele a garça rouba os dois ovos — de um deles nascerá Mika, futura esposa do preguiça Unushi (M_{332}, Stirling, 1938, pp. 125-6), não seria porque para os Jivaro, assim como para as tribos do noroeste da Amazônia e da Guiana, os ovos das aves constituem um alimento proibido, devido a "seu caráter fetal e, portanto, impuro" (Whiffen, 1915, p. 130; cf. Im Thurn, 1883, p. 18), que os torna congruentes à sujeira? Uma variante aguaruna (M_{333A}) parece confirmar tal suposição. Nela, o sol nasce de um ovo, extraído pelo ogro Agempi do cadáver da mulher que ele matou e que, subsequentemente, foi roubado por um pato (Guallart, 1958, p. 61). Dos quatro ovos retirados das entranhas da irmã do herói Lua, dois são podres, segundo um mito maquiritare (M_{333B}; M. Thomson, s.d., p. 5).

Sendo carniceiras, as aves aquáticas desempenham, em relação à água, um papel estreitamente homólogo ao que os mitos atribuem aos abutres, em relação à terra. Podemos portanto admitir que existe uma correspondência entre os três episódios da viagem do colibri em M_{327} e os três momentos da aventura do herói de M_1, ou seja:

---

21. Essa árvore é uma malvácea, parente próxima das tiliáceas e das bombacáceas, segundo a botânica moderna (cf. p. 445, n. 12); daí a transformação da água interna benéfica em água externa maléfica, que não discutiremos para não alongar a demonstração.

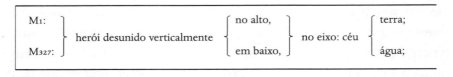

No CONJUNTO PARADIGMÁTICO formado pelos mitos M₁-M₁₂, inventariado no início de nossa investigação, existem portanto duas mitologias do tabaco. A que os exemplos provenientes do Chaco, principalmente, nos permitiram ilustrar procura o meio do tabaco na noção de um fogo terrestre e destruidor, em correlação e oposição com o fogo de cozinha, igualmente terrestre mas construtor, cuja origem narram os mitos jê (M₇-M₁₂). A outra mitologia do tabaco, que encontramos entre os Warrau, procura o meio do tabaco na noção de uma água terrestre dominada (o oceano, que as aves conseguem atravessar), ela própria em correlação e oposição com uma água celeste e dominadora (a chuva e a tempestade), a cuja origem se refere o mito bororo (M₁).

Em relação ao conjunto paradigmático inicial, as duas mitologias do tabaco ocupam, portanto, posições simétricas (fig. 20), mas com uma diferença: a relação dos mitos warrau com M₁ supõe uma transformação com duas torções — água terrestre/celeste, dominada/dominadora — enquanto a relação dos mitos do Chaco com o conjunto M₇-M₁₂ é mais simples — fogo terrestre dominado/dominador — e requer somente uma torção. Detenhamo-nos um momento nessa questão:

---

22. Pois o colibri cheira naturalmente bem, ao passo que em M₁, os urubus foram atraídos pelo cheiro de podridão que emanava dos lagartos mortos que cobriam o herói. O redobramento lagartos, urubus, em M₁, como modos respectivamente passivo e ativo da podridão, tem seu equivalente em M₃₂₇ no redobramento *"gaulding bird"*, grou, isto é, dois pernaltas ligados à podridão e que fracassam em sua missão, um passivamente e o outro, ativamente.

A harmonia das esferas

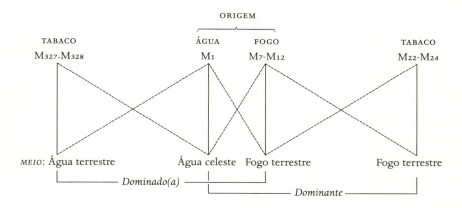

20. Sistema das relações entre mitos do tabaco fumado (*à direita*) e mitos do tabaco bebido (*à esquerda*).

No início deste livro, analisamos e discutimos um mito dos Irantxe, geograficamente vizinhos dos Bororo, que transformava de maneira muito simples um mito sobre a origem da água (M1) em mito sobre a origem do tabaco (M191). Nos mitos warrau deparamo-nos com uma transformação de segundo grau. Essa disparidade se explica, se levarmos em conta fatores culturais. Toda a América tropical ao sul da Amazônia, incluindo portanto os territórios dos Irantxe, dos Bororo e das tribos do Chaco, ignorava o consumo do tabaco sob a forma de infusão ou de decocção. Se desconsiderarmos o uso esporádico do tabaco mascado, podemos dizer que, naquela região, o tabaco era somente fumado, o que o coloca em congruência com o fogo, não com a água. No seio da subcategoria do tabaco fumado, detectamos, entretanto, um desdobramento que se manifesta, no plano dos mitos, na distinção entre um "bom" e um "mau" tabaco (M191), ou entre um bom e um mau uso do tabaco (M26, M27). M191 apresenta-se essencialmente como um mito sobre a origem do tabaco ruim.

M27, por sua vez, é um mito sobre a origem do mau uso do tabaco que, nesse caso (e em oposição a M26), provém da água. Ao contraste entre a natureza do tabaco e seu emprego (que é da ordem da cultura) corresponde, portanto, um contraste entre dois tipos de relação que o tabaco pode manter com a água, uma delas metafórica (transformação que afeta mitos) e a outra metonímica (proveniência aquática do tabaco, segundo o mito). A relação com a água constitui o aspecto invariante, como se mitos originários de uma região onde o tabaco não é bebido confirmassem a realidade do costume ausente reconhecendo duas espécies de tabaco para fumar ou duas maneiras de fumá-los, das quais, por diferentes caminhos, uma é sempre congruente à água.

Essas observações não possuem um interesse puramente formal. Elas certamente contribuem de modo considerável para o empreendimento de redução a que nos propusemos, pois que permitem reconduzir mitos a outros mitos e, portanto, empregando um pequeno conjunto de regras que são sempre as mesmas, simplificar um quadro cuja complexidade e desordem pareciam desencorajantes. Mas, para além da ilustração suplementar de um método cujo campo o leitor talvez julgue que nos obstinamos inutilmente em ampliar, acedemos a uma visão mais clara da história dos povos americanos e das relações concretas que os unem. Pois, se os mitos de tribos muito diversas revelam um vago conhecimento de costumes constatados unicamente fora de seu habitat tradicional, isso prova que a distribuição e a condição recentes dessas tribos não nos ensinam nada ou quase nada de seu passado. A análise dos mitos sul-americanos mostra que, sem dúvida, inconscientemente, essas populações "sabem" coisas demais umas sobre as outras para que não admitamos que sua atual distribuição seguiu outras distribuições, produto de inúmeros cruzamentos que se sucederam ao longo do tempo. As distâncias que podemos observar entre as culturas e a separação geográfica entre os habitantes não constituem fatos significantes em si e menos ainda provas para fundamentar uma reconstituição histórica. Essas diferenças superficiais refletem somente a imagem empobrecida de um devir muito antigo e muito complexo, no instante em que a descoberta do Novo Mundo o congelou subitamente.

As considerações acima ajudarão a superar uma dificuldade colocada pela análise dos mitos warrau. De acordo com sua proveniência geográfica, situamos tais mitos no domínio mítico do tabaco bebido. Limitada ao sul pelo Amazonas, a área de distribuição desse modo de consumo apresenta um aspecto descontínuo, com fronteiras nitidamente marcadas: "Os índios

A *harmonia das esferas*

do Uaupés fazem charutos enormes, mas ao sul do Japurá o tabaco não é fumado, e sim lambido" (Whiffen, 1915, p. 143). Trata-se, nesse caso, do tabaco macerado, triturado e engrossado com amido de mandioca, formando uma espécie de xarope. O tabaco realmente bebido após a maceração ou a ebulição é encontrado desde os Jivaro até os Kagaba (Preuss, 1919-26, n. 107, 119), na Montana e em três zonas guianenses, o Baixo Orinoco, o curso superior do rio Branco e a região do Maroni.

Na realidade, é ao tabaco fumado que parecem se referir os mitos warrau. M327 sublinha esse fato em dois momentos: inicialmente, quando o pai do herói queima, em vão, folhas de diversas plantas, no lugar do tabaco que não possui; em seguida, quando seu irmão o ensina a confeccionar um cigarro com o tabaco trazido pelo colibri. Sabe-se que a posição cultural dos Warrau constitui uma espécie de enigma. A existência entre eles de templos e de um culto verdadeiramente religioso, de uma hierarquia de sacerdotes e de feiticeiros-curandeiros, parece remeter a influências andinas. Os grupos da parte central do delta do Orinoco, ao contrário, possuem uma cultura muito rudimentar, que os aproxima das tribos chamadas "marginais", e eles não usam tabaco (Whiffen, 1915, pp. 246-7). Se escolhêssemos encará-los como regressivos ou remanescentes de uma condição arcaica, ainda assim teríamos de lidar com discordâncias que convidam a procurar fora dessa região, nas tribos da Guiana central, um termo de comparação possível com os mitos warrau.

M334 AREKUNA: ORIGEM DO TABACO E DAS OUTRAS DROGAS MÁGICAS

Um menino tinha levado seus quatro jovens irmãos à floresta. Lá eles encontraram aves /djiadjia/ (não identificadas) cujo grito quer dizer: "mais longe! mais longe!". Embora eles tivessem levado provisões, os meninos não tinham comido e resolveram matar as aves, que se deixavam aproximar facilmente. Mesmo assim eles erravam o alvo. Perseguindo sua caça, eles se afastaram cada vez mais e acabaram chegando a uma roça, onde trabalhavam os servidores de Piai'man, o dono do tabaco. Assustados com as flechas, eles pediram aos meninos que prestassem atenção, para não furarem seus olhos. Eles, que eram aves, transformaram-se em seres humanos, para que os meninos os aceitassem como parentes e concordassem em viver com eles.

Piai'man, entretanto, reivindicou os meninos, porque as aves /djiadjia/, que os tinham levado até lá, lhe pertenciam. Cuidou de torná-los feiticeiros-curandeiros e dia após dia lhes deu bebidas eméticas. Isolados numa pequena cabana, onde as mulheres não podiam vê-los, os meninos vomitavam na água de uma cascata, "para absorver seus ruídos" e numa grande canoa. Após ingerirem toda espécie de preparados à base de casca ou "almas" de diversas árvores, os meninos, que tinham emagrecido muito e perdido a consciência, receberam finalmente instilações nasais de sumo de tabaco e submeteram-se a uma prova dolorosa, que consistia na passagem de cordões feitos de cabelos, enfiados pelas narinas e retirados pela boca, através do nariz e do fundo da garganta.

Quando a iniciação estava para acabar, dois dos meninos violaram um interdito, perderam os olhos e foram transformados em Espíritos noturnos. Os outros três se tornaram grandes xamãs e envelheceram junto a seu mestre. Estavam completamente carecas quando este os mandou de volta a sua aldeia. Foram reconhecidos com dificuldade por seus parentes. Aborrecidos porque uma jovem que desejavam os achou velhos demais, eles a petrificaram e transformaram os membros de sua própria família em Espíritos. São esses Espíritos que hoje fazem crescer em dez dias o tabaco dos feiticeiros-curandeiros, sem que seja necessário plantá-lo.[23] Distinguem-se três variedades desse tabaco, que é muito forte (K.G., 1916, pp. 63-8).

Esse mito faz surgir o motivo da água sob uma forma bastante discreta — absorção, pelos noviços, das vozes da cascata, que parecem emanar de três cantores, devido a sua altura desigual —, mas em todo o resto da Guiana a associação do tabaco e dos chocalhos com a água é constante, tanto entre os Arawak como entre os Karib. Os primeiros contam (M335) como o chefe Arawânili obteve de Orehu, deusa das águas, a cabaceira, os pequeninos seixos do fundo do mar (para colocar no chocalho) e o tabaco, graças aos quais ele poderia combater Yauhahu, o Espírito maligno responsável pela morte (Brett, 1880, pp. 18-21). Segundo os Karib (M336), o primeiro feiticeiro-curandeiro, Komanakoto, ouviu certo dia vozes que vinham do rio; mergulhou nele e viu mulheres encantadoras, que lhe ensinaram seus

---

23. Entre esses espíritos /mauari/ se encontram as amazonas que, em M327, são as donas do tabaco (cf. K.G., 1916, p. 124).

A harmonia das esferas

cantos e lhe deram tabaco e o chocalho de cabaça inteiramente pronto, com as pedrinhas e o cabo (Gillin, 1936, p. 170). Os Kalina colocam em seus chocalhos pedrinhas brancas e pretas encontradas na água (Ahlbrinck, art. "püyei", § 38).

Quanto ao resto, a analogia com M327 é indubitável. Três meninos ou cinco meninos reduzidos a três separam-se voluntariamente de seus pais e se encaminham para a terra do tabaco, conduzidos ou substituídos pelas aves. A terra do tabaco, quando é uma ilha situada em pleno oceano, é vigiada por guardiães; quando é uma clareira na floresta, é cultivada por escravos. O dono do tabaco se mostra acolhedor, quando é homem, ou hostil, quando é (um grupo de) mulher(es). É preciso assinalar que, no primeiro caso, o homem tem uma esposa que procura contrariar seu zelo de iniciador: "ela não queria cuidar dos meninos". Se dependesse unicamente dela, o dono do tabaco jamais teria conseguido dá-lo aos meninos. Com efeito, toda vez que ele tenta ir colher o tabaco na montanha, ela dá um jeito de obrigá-lo a voltar antes que ele alcance seu objetivo. Mais adiante na narrativa, uma outra mulher demonstra a mesma hostilidade em relação aos heróis envelhecidos, recusando-lhes dessa vez não o tabaco (que eles possuem), mas a água.

Fica claro que o mito arekuna se refere ao tabaco bebido e a outros narcóticos absorvidos por via oral. Embora seu número seja considerável (o mito enumera uns quinze), é tentador reduzi-los a uma tríade fundamental correspondente à das crianças, pois vários especialistas da Guiana concordam em distinguir três tipos de feiticeiros-curandeiros, associados respectivamente ao tabaco, à pimenta e à arvore /takina/ ou /takini/ (Ahlbrinck, art. "püyei", § 2; Penard, in Goeje, 1943, pp. 44-5). Essa árvore poderia ser a *Virola* sp., uma miristicácea de que se extraem várias substâncias narcóticas (cf. Schultes, 1963a, b). Segundo um informante kalina, o princípio ativo do /takini/ se encontra na seiva leitosa dada ao noviço, que provoca um delírio assustador (Ahlbrinck, ibid., § 32). Por conseguinte, apesar de sua única referência ao tabaco fumado, que se poderia explicar pelo efeito de uma distorção resultante da posição particular dos Warrau no conjunto das culturas guianenses, a presença de três meninos em M327 e de uma pluralidade de demônios em M328 permite, aparentemente, ligar esses dois mitos a um grupo guianense relativo à origem das bebidas narcóticas, de que faz parte o tabaco macerado na água.

É nesse mesmo sentido que fazemos uma terceira ordem de considerações. Os heróis dos mitos guianenses sobre a origem do tabaco são meninos. Separados de seus pais, iniciadores do xamanismo pelo exemplo que eles dão (M328, M334) ou pelas exigências que formulam (M327), eles finalmente tornam-se Espíritos aos quais, para obter sua presença, os homens deverão fazer oferendas de tabaco. Reconhecemos um esquema já encontrado no início do volume anterior, com o célebre mito kariri sobre a origem do tabaco (M25). Nele, crianças separadas verticalmente (para o céu, e não mais horizontalmente, na terra ou na água) vivem daí por diante junto de um Espírito Tabaco, que antes convivia com os humanos e que estes só poderão invocar se lhe fizerem oferendas de tabaco. Se o Espírito warrau do tabaco é um menino, seu congênere kariri é um velho. Entre os dois, o Espírito arekuna ocupa uma posição intermediária: menino que cresceu, envelheceu e ficou careca.

O mito kariri diz respeito ao mesmo tempo à origem do tabaco e à dos porcos-do-mato, em que o Espírito Tabaco transformou os meninos. Explicamos essa ligação mostrando que ela se inseria em um conjunto paradigmático sobre a origem dos porcos-do-mato, no qual o papel instrumental cabe à fumaça do tabaco (acima, p. 39). No seio dos mitos da América tropical, pudemos assim isolar uma série ordenada, que formava um grupo relativamente fechado: as cinzas de uma pira dão origem ao tabaco (M22-M24, M26); o tabaco incinerado determina o surgimento da carne (M15-M18); para que essa carne seja consumível, é preciso que os homens obtenham o fogo de um jaguar macho (M7-M12), cuja contrapartida feminina é aquela mesma que morreu na fogueira (M22-M24).

Aqui trata-se exclusivamente do tabaco fumado, como mostram tanto a etnografia — os povos dos quais provêm esses mitos consomem o tabaco dessa maneira — como a análise formal, pois os mitos, para serem ordenados assim, devem ser lidos, por assim dizer, "em clave de fogo". Em *O cru e o cozido* (pp. 157-8), enunciamos as regras que permitem transpor o grupo em "clave de água", mas assim procedendo, apenas forneciamos um meio

A harmonia das esferas

de traduzi-lo, sem estabelecermos a existência real de um segundo grupo fechado, no qual a água ocuparia, em relação ao fogo, um lugar simétrico ao do tabaco.

Supondo que semelhante grupo exista, ele deverá oferecer o reflexo do outro do lado "água" de M7-M12, isto é, na direção de M1, devido à relação de transformação que une esses mitos:

(Origem da cozinha) [M7-M12: FOGO] ⟶ [M1: ÁGUA]

Essa água, cuja origem M1 narra, é a água celeste, mais precisamente a que provém da tempestade e da trovoada e que apaga os fogos de cozinha: a "anticozinha" ou o "antifogo". Ora, sabemos que os mitos concebem uma relação íntima entre a tempestade, a trovoada e os porcos-do-mato. O trovão vela por esses animais; manifesta-se quando os homens abusam da caça e matam mais animais do que têm necessidade. Já demos vários exemplos dessa ligação (cc, pp. 277-81) e, sem grandes dificuldades, encontraríamos muitos outros, dispersos na literatura.

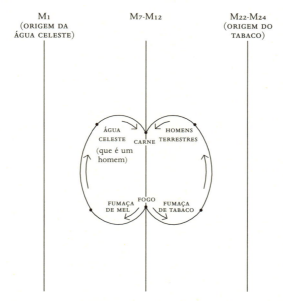

21. Sistema das relações entre mitos sobre a origem da água, do fogo e do tabaco.

500 *Parte IV*

Se os porcos-do-mato, que fornecem a melhor carne, matéria-prima por excelência da culinária, são protegidos contra os abusos dessa mesma culinária pela tempestade e pela trovoada, que intervêm no sistema a título de "anticozinha", para que exista o grupo simétrico que buscamos, é preciso e basta que descubramos um termo que corresponda simetricamente à fumaça do tabaco e que mantenha com a tempestade e a trovoada uma relação inversa da que existe entre a fumaça de tabaco e os porcos-do-mato. Já que essa fumaça é a causa do surgimento dos porcos-do-mato, sua contrapartida deve ser a causa do desaparecimento da tempestade e da trovoada.

A etnografia corrobora essa exigência dedutiva. Sabemos que entre os Kayapó setentrionais uma divindade chamada Bepkororoti personifica a trovoada (*cc*, pp. 278-81). Certos indivíduos chamados /Bebkororoti mari/ intercedem junto a ele em nome da tribo. Para isso empregam cera de abelha queimada, que acalma a tempestade (Diniz, 1962, p. 9). O exemplo não é único, pois se conhece a invocação guayaki: "Ele fez fumaça com cera de abelhas /choá/ para expulsar o jaguar celeste. Bateram nas árvores com seus arcos, fenderam a terra a machadadas, fizeram subir ao céu o cheiro da cera /choá/" (Cadogan, s.d.). Quando troveja, dizem os Umutina, é um Espírito que desce à terra para buscar o mel destinado ao povo celeste, mas ele mesmo não o come (Schultz, 1961-62a, p. 224). Sem dúvida trata-se, num caso, do eclipse solar e não da trovoada, mas essa é uma forma fraca daquele e o texto guayaki oferece o interesse suplementar de associar a fumaça de cera de abelha a procedimentos acústicos, aos quais deveríamos acrescentar a explosão dos bambus secos jogados no fogo (Métraux & Baldus, 1946, p. 444), que, como realização forte de instrumentos do tipo /parabara/, conjugam a "fumaça de mel" aos instrumentos das trevas, da mesma forma que a fumaça do tabaco é conjugada aos chocalhos.

Para não alongar nossa exposição, nós nos absteremos de discutir um mito witoto (M_{337}) cujas dimensões e complexidade justificariam um estudo especial. Assinalemos apenas que esse mito remete ao tabaco, ao custo de uma dupla torção: a água do tabaco e não a fumaça provoca a transformação dos humanos em porcos-do-mato; e essa transformação sanciona uma conduta hostil em relação ao relâmpago que, naquele tempo, era uma bela e pequenina criatura domesticada (Preuss, 1921-23, pp. 369-403). Deixaremos também de lado — mas dessa vez por serem muito fragmentárias — as indicações de Tastevin (1925b, p. 27; 1926, p. 170) sobre os mitos cashinaua relativos à transformação dos homens em porcos-do-mato, depois que eles ingeriram o sumo de tabaco, despeitados porque uma jovem não quis casar com nenhum deles. Sozinha a partir de então, ela recolheu e criou o Espírito do tabaco, com quem mais tarde se casou e do qual descendem os Cashinaua (M338A; cf. M19, *cc*, p. 153). Simetricamente, um mito shipaya (M338B) transforma em porcos-do-mato um casal que ficou colado num ninho de abelhas /irapuã/, cujo mel não conseguiram consumir (Nim., 1919-22, pp. 1011-2).

Em compensação, devemos nos deter num mito warrau que, ao substituir a fumaça do tabaco pelos chocalhos, inverte ao mesmo tempo a origem dos porcos-do-mato e sua perda. Esse mito já havia chamado nossa atenção (*cc*, p. 132, n. 2).

M17 WARRAU: POR QUE OS PORCOS-DO-MATO SÃO RAROS

(*cc*, índice de mitos: origem dos porcos-do-mato)

Um homem, uma mulher e seus dois filhos foram a uma festa de bebedeira, deixando em casa duas filhas, que quiseram ficar para preparar cauim de mandioca e de batatas (caxiri). Elas receberam a visita de um Espírito, que as abasteceu e passou a noite na casa delas sem incomodá-las.

Os pais voltaram e as filhas não conseguiram guardar segredo sobre sua aventura. Ainda bêbedo devido aos excessos da véspera, o pai exigiu a volta do visitante, ao qual, sem mesmo certificar-se de sua identidade, ofereceu a filha mais velha em casamento. O Espírito instalou-se na casa dos sogros e revelou-se bom genro e bom marido. Trazia caça todos os dias e inclusive ensinou seus afins a caçar porcos-do-mato, cujo aspecto eles ignoravam. Até então, eles matavam apenas aves, achando que eram porcos-do-mato. Bastava que o Espírito agitasse seu chocalho e os porcos-do-mato acorriam.

O tempo passou. O jovem casal teve um filho e o marido completou sua mudança. Entre os objetos que ele guardava no mato estavam quatro chocalhos enfeitados com penas, que ele usava para caçar. Cada par se destinava a uma espécie de porcos-do-

502

Parte IV

-mato, uma delas feroz e a outra mansa e, em cada par, um chocalho servia para atrair a caça e o outro para afugentá-la. Somente o Espírito tinha o direito de tocar nos chocalhos; caso contrário, dissera ele, ocorreria um desastre.

Certo dia em que o Espírito estava na roça, um de seus cunhados cedeu à tentação de pegar nos chocalhos, mas aquele que ele agitou era destinado a chamar os porcos-do--mato ferozes. Os animais apareceram, reduziram o bebê a pedaços e o comeram. Os outros membros da família, que se refugiaram nas árvores, gritaram por socorro. O Espírito acorreu e agitou o chocalho especial, para afastar os bichos. Furioso com a desobediência do cunhado e a morte do bebê, decidiu ir embora. Desde então, caçar é difícil (Roth, 1915, pp. 186-7).

Esse mito sobre a perda dos porcos-do-mato respeita a armação dos mitos tenetehara (M_{15}), mundurucu (M_{16}) e kayapó (M_{18}), que dizem respeito a sua origem, mas invertendo todos os termos. Um marido de irmã alimenta irmãos de esposa, em vez de estes lhe recusarem comida. Em todos os casos, o ou os cunhados necessitados são caçadores de aves, incapazes de obter sozinhos os dois tipos de porcos-do-mato existentes (M_{17}) ou o único dos dois que existia naquele tempo — nesse caso, o mais manso. Absoluto ou relativo, o surgimento da espécie feroz resulta de um abuso cometido, num caso, pelos irmãos da mulher e no outro, pelos maridos das irmãs: abuso acústico (cultural) dos chocalhos ou abuso sexual (natural) das esposas. Em consequência disso, a criança é morta pelos porcos-do--mato, afastada ou transformada; os porcos-do-mato ferozes aparecem ou desaparecem, a caça torna-se proveitosa ou difícil.

Todavia, o mito warrau explora mais metodicamente do que os mitos do mesmo grupo o princípio dicotômico que opunha originariamente as duas espécies de porcos-do-mato. Uma delas é a recompensa do caçador, a outra é seu castigo, quando ele abusa dos meios que deveria usar com parcimônia. Como esse aspecto não se encontra presente nos mitos tenetehara e mundurucu, pode-se dizer que, entre os Warrau, os porcos-do-mato ferozes punem o caçador desmedido, papel que as outras duas tribos destinam à tempestade e à trovoada, que são as vingadoras dos porcos-do-mato. A dicotomia se prolonga no plano dos chocalhos, de que existem dois pares,

A harmonia das esferas

sendo que os termos de cada par exercem funções opostas. Mas as duas espécies de porcos-do-mato possuem elas mesmas atributos contrastados e os quatro chocalhos formam um quiasma funcional: os que servem para atrair a espécie mansa ou para afastar a espécie feroz têm uma conotação positiva, que se opõe à conotação negativa dos outros dois, que servem para afastar a espécie mansa (embora não haja por que temê-la) ou para atrair a espécie feroz, com os resultados que se conhecem. Em termos de chocalhos, esses valores antitéticos reproduzem aqueles que outras tribos atribuem respectivamente à fumaça de tabaco e à fumaça de mel, sendo que uma delas faz com que os porcos-do-mato apareçam (e provoquem a tempestade e a trovoada) e a outra afasta a tempestade e a trovoada (permitindo, portanto, abusar dos porcos-do-mato).

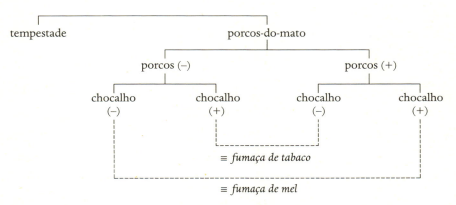

($-$): *espécie má de porcos-do-mato, chocalho mau (serve para atrair a espécie má e para repelir a boa).* (+): *o inverso.*

Finalmente — e essa será nossa terceira observação — o enredo do mito warrau se liga a um conjunto paradigmático que já discutimos e cujo termo inicial nos tinha sido fornecido por mitos sobre a perda do mel (M_{233}-M_{239}). Ao transformar-se de mito sobre a origem dos porcos-do-mato em mito sobre sua perda, M_{17} efetua duas operações. Uma delas substitui por modos do chocalho (opostos entre si) modos igualmente opostos da fumaça, isto é, ela opera uma transferência do código culinário para o código acústico.

Por outro lado, no próprio interior do código culinário, o mito warrau transforma um mito sobre a perda do mel em mito sobre a origem da carne (que, devido a isso, torna-se um mito sobre sua perda). Liberado pela primeira operação, o tabaco fumado torna-se apto, pela segunda (transformação interna do código culinário), a ocupar na mitologia warrau, como mostra M327, o lugar reservado em outros contextos ao tabaco bebido. Com efeito, a oposição entre o tabaco fumado e o tabaco bebido reproduz, no interior da categoria do tabaco, a que existe entre o tabaco e o mel, pois em lugares diferentes do norte da Amazônia, ou o tabaco bebido ou o mel tóxico servem para as mesmas purificações.

O MITO WARRAU CONFIRMA PORTANTO, a sua maneira, isto é, por preterição, a união entre a fumaça de tabaco e o chocalho. Examinamos a primeira e resta-nos mostrar como o último desempenha, em relação aos instrumentos das trevas, um papel análogo ao dos sinos na tradição europeia, onde eles são instrumentos de mediação.

Não se trata de uma novidade, pois os missionários desde cedo perceberam a analogia. Cardus (1886, p. 79) descreve os chocalhos de cabaça "de que eles (os índios) se servem ao modo de sinos". Mais de dois séculos antes, o protestante Léry (1880, v. 2, p. 71) zombava dos sacerdotes tupinambá que agitavam seus chocalhos: "No estado em que então eles se encontravam, eu só poderia compará-los aos falsos beatos, tangedores de sinos, que abusam de nossos pobres, levando de um lugar a outro os relicários de Santo Antônio e São Bernardo e outros semelhantes instrumentos de idolatria". Se nos reportarmos a nossas considerações da página 457, convieremos que Lafitau, por sua vez, não se enganava quando, mais interessado nos paralelos pagãos, aproximava os chocalhos dos sistros.

Os chocalhos não tinham por função apenas chamar a atenção dos fiéis e convocá-los. Através de sua voz, os Espíritos se exprimiam e revelavam seus oráculos e vontades. Certos exemplares eram confeccionados e decorados para representar um rosto, outros tinham até uma mandíbula articulada. Chegou-se inclusive a indagar se, na América do Sul, o chocalho derivava do ídolo ou o contrário (cf. Métraux, 1928a, pp. 72-8; Zerries,

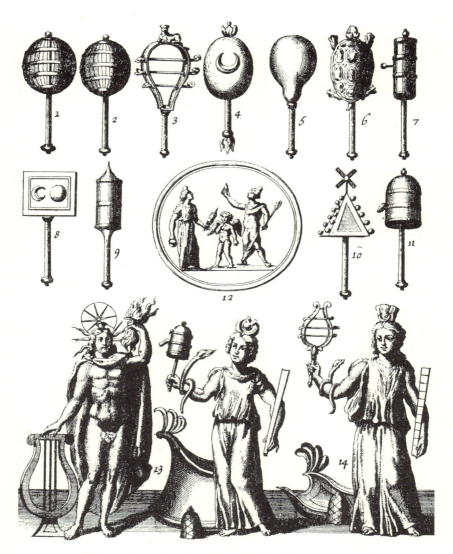

22. Sistros antigos e chocalhos americanos (cf. Lafitau, 1724, t. I, p. 194).

1953b). Bastar-nos-á reter que tanto do ponto de vista linguístico como em razão de sua personalização, os chocalhos se aparentam com os sinos, qualificados como *signa* por Gregório de Tours, apresentados na Igreja do mesmo modo que as crianças recém-nascidas, dotados de padrinhos e madrinhas e que recebiam um nome, de tal forma que a cerimônia de benção pôde ser comumente assimilada ao batismo.

Não temos necessidade de ir até o Popol Vuh para averiguar a generalidade e a antiguidade da ligação entre o chocalho feito de cabaça e a cabeça humana. Várias línguas sul-americanas formam as duas palavras a partir de uma mesma raiz: /iwida-/ em arawak-maipure, /-kalapi-/ em wayana (Goeje, 1943, p. 35). Nas máscaras cubeo, uma meia cabaça representa o crânio (Goldman, 1963, p. 222) e Whiffen certamente acompanhava o pensamento indígena ao comparar os "crânios-troféus que brilhavam ao sol a cabaças enfiadas numa corda" (1915, p. 122). O Espírito do trovão cashinaua, que é careca (Tastevin, 1925b, p. 21), tem como homólogo o Tupã dos antigos Tupi, que costumava expressar-se por intermédio do som do chocalho: "Fazendo-o soar, eles pensam que é Tupã que lhes fala", ou seja, "aquele que faz trovejar e chover" (Thevet, 1575, t. II, pp. 953a, 910a). Cabe lembrar aqui o papel dos sinos como "amansadores" de calamidades atmosféricas.

O chocalho sagrado, portador de mensagens, parece estar bem longe da meia cabaça emborcada sobre a água e percutida, protótipo do instrumento das trevas que a heroína mítica usa para chamar o animal sedutor. Está bem longe, de fato, considerando que um dos instrumentos garante a conjunção mediatizada e benéfica com o mundo sobrenatural e o outro, a conjunção não mediatizada e maléfica com a natureza ou ainda (pois a ausência de mediação sempre apresenta esses dois aspectos complementares, cf. *cc*, p. 385) a disjunção brutal em relação à cultura e à sociedade. A distância que separa os dois tipos de instrumento não exclui, contudo, sua simetria; implica-a, até. Com efeito, a sistemática indígena contém uma imagem invertida do chocalho, que o torna apto a desempenhar a outra função.

Segundo testemunhos dos primeiros missionários, os peruanos acreditavam (M$_{339}$) que o demônio, para seduzir e capturar os homens, utilizava cabaças, que fazia dançar em cima da água e mergulhava alternadamente. O

A *harmonia das esferas*

infeliz que quisesse apoderar-se delas, movido por um desejo poderoso, era atraído para longe da margem e acabava se afogando (Augustinos, 1918, p. 15). É notável que essa estranha concepção, que parece refletir uma alucinação ou um fantasma, se encontra também no antigo México. No livro xi de sua *História geral*, que trata das "coisas terrestres", isto é, da zoologia, da botânica e da mineralogia, Sahagun descreve (M340), sob o nome de /xicalcoatl/, uma cobra-d'água provida de um apêndice dorsal em forma de cabaça ricamente enfeitada, que lhe serve para atrair os homens. O animal deixa a cabaça decorada emergir sozinha "ainda mais desejável na medida em que parece ser joguete das ondas". Mas pobre do infeliz que, levado por uma concupiscência ávida, achar que o destino, tendo colocado aquela bela cabaça diante dele, o convida para apropriar-se dela! Pois assim que entrar na água, o objeto de seu desejo lhe escapará. Ele o seguirá até as profundezas, onde há de morrer, enquanto a água se fecha sobre ele, gorgolejando. O corpo da cobra todo é negro, exceto o dorso, coberto com uma ornamentação complexa como a que decora os recipientes de cabaça (Sahagun, parte xii, pp. 85-6).

Entre México e Peru o motivo reaparece esporadicamente. Um mito tumupasa (M341) narra que um jovem surdo-mudo, injustamente castigado pelo pai, partiu em direção ao rio levando uma cabaça para pegar água pendurada nas costas. Tentou mergulhar, mas a cabaça fazia com que flutuasse na superfície. Então se livrou dela, foi ao fundo e metamorfoseou-se em cobra (Nordenskiöld, 1924, p. 291). Um mito witoto (M342) evoca um conflito entre os Espíritos das cabaceiras e a primeira humanidade, que foi aniquilada num dilúvio do qual ninguém escapou, nem mesmo dois pescadores que, querendo pegar um pequeno pote de cerâmica que flutuava na água e sempre escapava, foram levados pela correnteza. Segundo outro mito (M343), esse conflito originador do dilúvio ocorreu por ocasião do casamento de um Espírito das águas com uma jovem arisca, filha do "Homem-das-cabaças" e que se chamava "Cabaça-debaixo-d'água" (Preuss, 1921-23, v. i, pp. 207-18).[24]

---

24. Um rito colombiano antigo se liga, sem dúvida, ao mesmo grupo, mas infelizmente não sabemos qual teria sido o seu contexto mítico: "Eles recorriam à seguinte superstição para saber se as crianças seriam felizes ou infelizes durante sua vida. No momento do desmame preparava-se um pequeno rolo de esparto e, no meio dele, punha-se um pouco de algodão umedecido com o leite

Quer se trate de mitos antigos ou contemporâneos, todos estabelecem uma relação de incompatibilidade entre as cabaças e a água. Assim como o chocalho sagrado, a cabaça está, por sua natureza, "no ar" e, portanto, "fora da água". A união entre a cabaça e a água, simbolizada pelo apêndice da cobra aquática ou pela união de uma moça-cabaça com o Espírito das águas, confronta-se com a noção contraditória — pois uma cabaça normalmente flutua (M_{341}) — de um receptáculo *cheio de ar* e *na água*. Isso diz respeito, é claro, à cabaça seca, com a qual se pode fazer um chocalho. Em relação à água, a oposição entre cabaça fresca e cabaça seca é posta em evidência por um mito jê que, assim como o mito witoto, incumbe o demiurgo Sol de proteger as cabaças ou os homens-cabaça, seja quando ele tenta fazer com que eles escapem do dilúvio, fornecendo-lhes peixe destinado aos Espíritos das águas (M_{343}), seja (M_{344A}) quando impede seu irmão Lua de colher as cabaças plantadas na roça aberta pela lesma antes de amadurecerem.[25] Segundo esse mito, que provém dos Apinayé, os demiurgos Sol e Lua jogaram suas cabaças (*frescas*) na água, onde elas se transformaram instantaneamente em seres humanos. Quando sobreveio o dilúvio, uma parte destes conseguiu manter-se numa jangada equipada com cabaças *secas*, usadas como flutuadores: eram os ancestrais dos Apinayé. Levados pelas águas, outros homens deram origem a diversos povos. Os que se haviam refugiado nas árvores tornaram-se abelhas e cupins (Oliveira, 1930, pp. 69-71; cf. Nim., 1939, pp. 164-5). Já encontramos em outro mito (M_{294}) a oposição entre cabaça fresca e chocalho.[26]

---

da mãe. Seis rapazes, todos eles bons nadadores, iam jogá-lo no rio. Em seguida mergulhavam na água. Se o rolo desaparecesse nas águas antes que eles o pegassem, dizia-se que a criança para quem isto aconteceu seria infeliz. Se, porém, os rapazes o recuperassem sem dificuldade, então achavam que a criança teria muita sorte" (Fr. P. Simon, in Barradas, 1951, v. II, p. 210).

25. "Quando as índias plantam uma cabaceira, elas dão palmadas nos seios para que os frutos se tornem grandes como eles. Quando a árvore cresce, as índias canela penduram em seus galhos conchas de caramujo do mato, para que ela dê frutos grandes e em quantidade" (Karsten, 1935, p. 142).

26. Pode-se indagar se o mito apinayé não inverte, por sua vez, a versão mais difundida na América do Sul e da qual os Maipure do Orinoco oferecem um bom exemplo (M_{344B}), ao fazerem a humanidade renascer dos frutos da palmeira *Mauritia*, jogados do alto da árvore pelos sobreviventes do dilúvio. Obter-se-ia então um par de oposições *cabaça/fruto* (de palmeira), congruente, no plano acústico, ao par organológico *chocalho/guizo*.

A harmonia das esferas

A oposição entre cobra e recipiente de cabaça à qual os mitos atribuem um valor de antinomia, é, assim, primeiramente, entre úmido, comprido, cheio, mole e seco, redondo, oco, duro. Não é só isso, pois a cabaça seca é a matéria-prima de um instrumento musical, o chocalho, enquanto a cobra (como mostramos nas pp. 474-5) é a "matéria-prima" do zunidor que reproduz seu silvado. Nesse sentido, a cobra-cabaça ilustra a união contraditória entre o zunidor e a cabaça ou, mais precisamente, ela é o zunidor sob a aparência da cabaça. Ora, quando comparado ao mito terena M_{24} — no qual o herói faz soar um chicote, instrumento das trevas, para encontrar mel mais facilmente —, um outro mito do Chaco parece sugerir a mesma relação de incompatibilidade entre chocalho e instrumento das trevas. Nesse mito toba, que já utilizamos (M_{219B}), Raposo aproveita a ausência dos moradores da aldeia, que foram coletar mel, para incendiar as casas. Enfurecidos, os índios matam Raposo e cortam seu corpo em pedaços. O demiurgo Carancho apossa-se do coração para ir "lá onde ele espera encontrar mel". O coração protesta e declara que se tornou um chocalho ritual, pula como uma bola e os índios desistem de procurar mel (Métraux, 1946a, p. 138). Por conseguinte, assim como o instrumento das trevas de M_{24} ajuda a encontrar mel, a transformação do coração em chocalho acarreta o efeito oposto.

Existe um grupo de mitos guianenses que não examinaremos em detalhe, para não entrarmos no tema da "cabeça que rola", cujo estudo exigiria, por si só, um volume inteiro. Esses mitos (M_{345}-M_{346}) se ligam ao grupo do cunhado azarado, que já analisamos. Maltratado pelos irmãos de sua mulher pelo fato de não trazer caça, um caçador consegue objetos mágicos que fazem dele um dono da caça e da pesca, contanto que use esse poder com moderação. Seus cunhados o espionam, roubam os objetos, utilizam-nos com excesso ou desajeitadamente e provocam uma inundação, na qual morre o filho do herói; o peixe e a caça desaparecem. Em algumas versões, o herói se transforma em "cabeça que rola", a qual se fixa no pescoço do urubu, que se torna assim uma ave com duas cabeças, ou ele se torna o pai dos porcos-do-mato (K.G., 1916, pp. 92-104).

Os dois primeiros objetos mágicos de que o herói se apodera apresentam um interesse particular para nossa investigação. Um deles é uma cabaça pequena, que ele deve encher de água só até a metade. Então o rio seca e é possível recolher todos os peixes. Basta esvaziar o conteúdo da cabaça no leito do rio para que este volte ao nível normal. Os cunhados roubam a cabaça e cometem o erro de enchê-la completamente. O rio transborda e carrega a cabaça e o filho do herói, que morre afogado. As alusões do texto levam diretamente aos mitos tumupasa e witoto já citados e, para além deles, às crenças peruanas e mexicanas que, segundo outra versão de que dispomos, afirma que a cabaça pertencia primeiramente à lontra, que é um Espírito das águas. Nessa versão, a cabaça perdida é engolida por um peixe, e se torna sua bexiga natatória, ou seja, um órgão simétrico, interno em vez de externo, ao apêndice dorsal da cobra mexicana.

O segundo objeto mágico é um remo, que mais tarde se tornará um artigo da pinça do caranguejo. O herói o utiliza para agitar a água perto da margem, e o rio seca a jusante do lugar mexido. Os cunhados imaginam que obterão melhor resultado agitando a água profunda. Como da vez anterior, o rio transborda e carrega o objeto mágico. Do ponto de vista organológico, os dois objetos se aparentam, um deles a um receptáculo feito de cabaça, isto é, um chocalho, e o outro, a um chicote ou uma pá de madeira, ou seja, um instrumento das trevas. Entretanto, cada um deles admite apenas uma utilização limitada dentro de sua respectiva categoria. A cabaça não deve ser completamente preenchida, ou seja, em outros termos, a água *que ela contém* deve ser pouco profunda, como também deve sê-lo a água em que o remo mergulha, isto é, a água *que o contém*. Caso contrário, os instrumentos, que são benéficos, tornar-se-ão maléficos. Em vez de a linha de demarcação passar entre o chocalho e o instrumento das trevas, ela passa entre duas maneiras possíveis de empregar cada tipo de instrumento:

	CHOCALHO (*mediação presente*)	INSTRUMENTO DAS TREVAS (*mediação ausente*)
Uso moderado de um ou do outro (*mediação presente*)		
Uso imoderado de um ou do outro (*mediação ausente*)		

A harmonia das esferas

Diferentemente do chocalho, a cabaça com água até a metade só é cheia de ar pela metade; diferentemente do chicote, o remo é um bastão que se bate, não em outro bastão, mas na água. Em relação à água, os dois objetos mágicos de M_{345}-M_{346} representam, portanto, um compromisso do mesmo tipo que aquele que preside a sua utilização. Essa observação nos leva a considerar um outro ponto.

Conforme a cabaça esteja mais ou menos cheia, a água que ela contém se espalhará pelo rio de maneira mais ou menos barulhenta. Do mesmo modo, o remo fará mais ou menos barulho conforme seja agitado mais ou menos longe da margem. Os mitos não se mostram explícitos quanto a esse aspecto acústico das condutas em relação à água, mas ele ressalta muito bem das crenças amazônicas encontradas até as Guianas. "Cuidado [...] para não deixar sua cabaça virada dentro na canoa: o glu-glu que o ar faz ao sair por debaixo da cabaça quando a água entra tem o dom de chamar o Boyusu (grande cobra aquática), que se apresenta imediatamente; e esse é um encontro que, em geral, está muito longe de ser desejado" (p. 173). Diante do que dissemos em *O cru e o cozido* (p. 384) a respeito do termo /gargote/ e de sua conotação acústica antes de ser culinária, não há de causar surpresa o fato de as mesmas consequências poderem resultar, assim, de uma cozinha pouco asseada: "Não se deve [...] jogar pimenta n'água, nem tucupi apimentado, nem restos de comida temperada com pimenta.[27] A Boyusu certamente produziria ondas, provocaria uma tempestade e afundaria a canoa. Por isso, quando um pescador abica na margem para passar a noite em sua canoa, ele não lava os pratos naquele momento, pois seria perigoso demais" (id. ibid.).

Do mesmo modo, na Guiana, para evitar provocar chuvas torrenciais, não se deve derramar água fresca na canoa, lavar a colher no rio, mergulhar nele diretamente a panela para tirar água ou para limpá-la etc. (Roth, 1915, p. 267).

---

27. "Ou aguardente [...] feita com a carapaça queimada da tartaruga" (pp. 182-3), portanto tudo o que tem cheiro ou sabor forte. Agir assim equivaleria a "jogar pimenta nos olhos (da Boyusu). Daí seu furor e as formidáveis tempestades, acompanhadas por chuvas diluvianas, que são o castigo imediato de um ato tão repreensível" (Tastevin, 1925a, pp. 182-3).

Essas proibições culinárias, que também são proibições acústicas,[28] têm seu equivalente no plano do discurso, o que confirma a homologia da oposição metalinguística entre sentido próprio e sentido figurado com as que remetem a outros códigos. Segundo os índios da Guiana, não há meio mais seguro de ofender os Espíritos e de provocar tempestades, naufrágios e afogamentos do que pronunciar certas palavras, em geral de origem estrangeira. Assim, em vez de /arcabuza/ "fuzil", o pescador arawak deve dizer /kataroro/ "pé", e em vez de /perro/ "cachorro", /kariro/ "o dentuço". Evita-se também (o que dá no mesmo) empregar o nome próprio, substituído obrigatoriamente por uma perífrase, como "o duro" para o rochedo ou "o animal de língua comprida" para o lagarto. Os nomes das pequenas ilhas e dos pequenos rios são igualmente proibidos (Roth, 1915, pp. 252-3). Se, como tentamos demonstrar ao longo deste livro, o sentido próprio conota a natureza e a metáfora conota a cultura, pode ser declarado coerente um sistema que situa do mesmo lado a metáfora ou a perífrase, a cozinha cuidadosa, o barulho moderado ou o silêncio, e, do outro lado, a palavra "cru", a falta de asseio e a algazarra. Tanto mais que a cabaça, que subsume todos esses aspectos, serve ao mesmo tempo como locutor (em sua qualidade de chocalho), utensílio culinário (colher, prato, tigela ou moringa) e fonte de barulho intencional ou voluntário, quando serve de ressoador para o chamado percutido ou quando o ar penetra nela bruscamente, assim que é esvaziada da água que continha.

Fomos, portanto, reconduzidos à cabaça que, em *O cru e o cozido*, surgiu diante de nós pela primeira vez com um papel muito particular. Um mito warrau (M_{28}) põe em cena uma ogra com a cabeça coberta por uma meia cabaça, que ela tira frequentemente para jogá-la na água, imprimindo-lhe um movimento de rotação. Então, ela fica absorta na contemplação da cabaça, que rodopia como um pião.

---

28. E que, nesse sentido, remetem diretamente ao bebê chorão, por um atalho muito mais curto do que aqueles que preferimos seguir: "As mulheres grávidas se esforçam por não fazer barulho, quando trabalham; evitam, por exemplo, que a cuia feita de cabaça se mexa ruidosamente dentro do pote, quando vão pegar água. Caso contrário, a criança chorará o tempo inteiro" (Silva, 1962, p. 368).

A harmonia das esferas 513

Ao analisarmos o mito (*cc*, pp. 161-4, 169-73 e passim) passamos por esse detalhe, que agora adquire maior importância. Notemos primeiramente que, pelo menos em certas tribos, ele reflete parcialmente um uso real. As mulheres apinayé "sempre levam um recipiente de cabaça quando vão ao cerrado. Quando está vazio, o recipiente costuma ser colocado sobre a cabeça, como uma calota, e serve para conter tudo aquilo que vale a pena ser guardado. Os homens nunca fazem isso [...] Uma criança nova perderia seus cabelos caso seus pais consumissem carne de cutia ou se sua mãe levasse na cabeça uma cabaça do gênero *Crescentia*, em vez do gênero *Lagenaria*, que não oferece perigo" (Nim., 1939, pp. 94, 99).

Já nos deparamos, entre os Xerente, com uma oposição entre *Crescentia* e *Lagenaria*, subsidiária àquela existente entre recipiente feito de cabaça e recipiente de matéria-prima indeterminada — e não de cerâmica, como escrevemos por descuido (*cc*, p. 380) —, talvez de madeira, pois taças de madeira de *Spondias* fazem parte dos emblemas distintivos da metade Sdakran (Nim., 1942, p. 22), a que está ligado o planeta Marte, personificado por um oficiante que oferece água turva numa taça. Dois gêneros de cabaças contêm água limpa; as *Lagenaria* são associadas ao planeta Vênus, e as *Crescentia* a Júpiter. Esses dois planetas se opõem como "grande" (sufixo /zauré/) e macho (M_{138}), "pequena" (sufixo /-rié/) e fêmea (M_{93}), respectivamente. O mito de Júpiter descreve esse planeta sob o aspecto de uma mulher em miniatura que seu marido esconde, justamente, numa cabaça. A oposição entre Marte, por um lado, Vênus e Júpiter, por outro, corresponde, entre os Xerente, à oposição entre a lua e o sol (Nim., 1942, p. 85). Ora, os Apinayé distinguem os dois demiurgos assim denominados pelo uso, mau ou bom, que eles fazem das cabaças (M_{344}), no caso as *Lagenaria* (Oliveira, 1930, p. 69). Consolidando as crenças apinayé e xerente, obtemos um esboço de sistema:

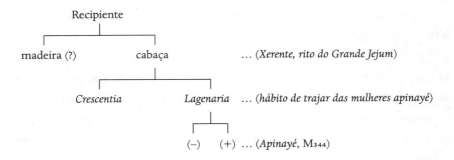

Com efeito, os recipientes usados no ritual xerente do Grande Jejum contêm respectivamente água ruim (que é recusada) e água boa (que é aceita); as cabaças das mulheres apinayé podem servir tanto de recipiente como de chapéu, no caso da *Lagenaria*, e apenas como recipiente, no caso da *Crescentia*; estas são, portanto, inaceitáveis enquanto chapéu, assim como a água turva é inaceitável enquanto bebida. E, nas mãos do Sol e da Lua, as cabaças *Lagenaria* jogadas na água transformam-se em seres humanos bem-sucedidos ou seres humanos fracassados. Logicamente, todos os termos situados na diagonal esquerda deveriam possuir uma conotação lunar e noturna, e os situados na diagonal direita, uma conotação solar e diurna, o que implica, para o único caso em que essa relação não é verificada independentemente:

Crescentia : *Lagenaria* : : (lua, noite) : (sol, dia)

Para levar mais adiante a reconstrução, seria preciso saber mais sobre a posição respectiva da *Crescentia* e da *Lagenaria* na tecnologia e no ritual e poder interpretar, com maior propriedade do que nos sentimos capazes de fazer, os termos apinayé que, a partir de um radical /gó-/ (timbira / kō), designam a *Crescentia* /gócráti/, a *Lagenaria* /gôrôni/ e o chocalho ritual /gôtôti/. Com a possível exceção do Chaco, em quase todas as regiões da América do Sul os chocalhos rituais parecem ter sido feitos outrora de *Crescentia*, mas a questão não é clara, pois a origem americana da *Lagenaria* é discutível.

A harmonia das esferas

Consideramos, assim, a proibição do uso da cabaça como chapéu de um ponto de vista mais geral e tal como ela ainda pode ser observada no folclore amazônico: "As crianças costumam lavar-se em casa, derramando no corpo, com uma cabaça, a água contida num balde. Mas se acaso tentam cobrir a cabeça com ela, as mães imediatamente as previnem, pois diz-se que aquele que assim agisse seria mal-educado, inapto ao estudo e não cresceria. O mesmo preconceito inclui o cesto de farinha vazio" (Orico, 1937, p. 71). A coincidência é ainda mais curiosa na medida em que o segundo uso da cabaça, descrito por M_{28}, também existe entre os caboclos amazônicos: "Quando alguém engole uma espinha de peixe e engasga, é preciso girar os pratos (normalmente cabaças); isto basta para eliminar o inconveniente" (id. ibid., p. 95). Ora, a heroína de M_{28} é uma glutona que devora peixes crus. Em relação a esse ponto preciso, o costume folclórico e a alusão mítica convergem. No outro caso, antes se nota uma relação de simetria: se um moleque da Amazônia puser uma cabaça na cabeça, não irá crescer; se a mãe de uma criança apinayé cometer o mesmo erro, a criança fica careca, isto é, fica velha antes do tempo. Sendo a calvície algo muito raro entre os índios, sem dúvida mostrar-nos-íamos mais respeitosos da sistemática indígena ao dizer que a primeira criança permaneceria "crua", enquanto a outra "apodreceria". São numerosos, com efeito, os mitos que explicam desse modo a perda dos pelos ou dos cabelos.[29]

Para ordenar todas as transformações da cabaça dispomos, portanto, de uma dupla codificação, culinária e acústica, e que frequentemente acumula os dois aspectos. Comecemos por considerar o chocalho ritual e sua forma invertida, à qual demos o nome de "cabaça diabólica". Ele é sonoro e ela, silenciosa. Ele torna os homens capazes de captar os Espíritos, que baixam no chocalho e falam através dele; ela torna os Espíritos capazes de capturar

---

29. Homem que fica careca por ter permanecido na barriga da cobra grande que o engoliu (Nordenskiöld, 1912a, p. 110, Choroti; 1924, p. 145, Chimane) ou devido ao contato com cadáveres apodrecidos nas entranhas do monstro (Preuss, 1921-23, pp. 219-30, Witoto). Anões ctônicos, calvos de tanto receberem dejetos humanos na cabeça (Wilbert, 1962, pp. 864-6, Yupa). O motivo da pessoa engolida que fica careca persiste até a costa noroeste da América do Norte (Boas, 1916, p. 688).

os homens. Isso não é tudo. O chocalho é um continente de ar, contido no ar, a cabaça diabólica é um continente de ar, contido na água. Os dois objetos se opõem, portanto, quanto ao continente, que é ou o ar ou a água. Um deles introduz o sobrenatural no mundo da cultura e o outro, sempre descrito como ricamente ornamentado, parece fazer a cultura emergir da natureza, então simbolizada pela água:

(CHOCALHO)

(CABAÇA DIABÓLICA)

Seguem-se quatro modalidades que, sempre por intermédio da cabaça, ilustram operações lógicas, que dizem respeito ao mesmo tempo ao ar e à água. Ao chamado percutido sobre um recipiente emborcado e colocado na superfície da água, realizando portanto uma inclusão do ar pela água, opõe-se o gorgolejo da cabaça cheia de água que se esvazia, acarretando a exclusão da água pelo ar:

(CHAMADO PERCUTIDO)

(CABAÇA GORGOLEJANTE)

Embora invertidas uma em relação à outra, essas duas operações são ruidosas, devido ao ar ou à água. As duas outras operações, igualmente invertidas, são silenciosas, de maneira relativa (muito pouca água vertida suavemente, perto da margem) ou absoluta (rodopio da cabaça). A primeira operação inclui na cabaça uma metade de água e uma metade de

A harmonia das esferas

ar (M345-M346), a segunda exclui dela toda a água e não inclui ar algum na água, o que se pode representar esquematicamente da seguinte maneira:

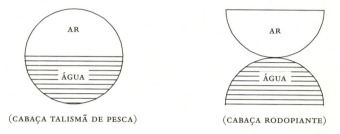

Apesar de seu aspecto formal, que quase autorizaria a aplicação de uma álgebra de Boole-Venn, essas operações estabelecem relações precisas com a mitologia da cozinha e sempre desprovidas de ambiguidade. Consideremos as quatro últimas que acabamos de enumerar. A primeira cabe à amante do tapir ou da cobra sedutora que, ansiosa por unir-se ao amante, negligencia seus deveres de nutriz e de cozinheira e, por conseguinte, reduz a arte da cozinha a nada. A segunda operação, também conjuntiva à cobra — mas nesse caso monstro devorador, em vez de animal sedutor —, resulta de uma cozinha que manifesta abusivamente sua presença espalhando sua sujeira sem consideração ou precauções. Temos então a oposição:

a) *cozinha inexistente/cozinha exorbitante*

A terceira operação permite àquele que a realiza encher de provisões uma panela, que estava vazia por sua culpa. Ela, portanto, confere existência prática ao peixe e à carne, eles mesmos condições da existência prática da cozinha. Igualmente benéfica, a quarta operação anula uma incidência nefasta da cozinha, a que resulta do engasgo do guloso. As duas operações ruidosas ligam-se, portanto, à anticozinha, assim designada por escassez ou por excesso; e as duas operações silenciosas ligam-se à cozinha, em relação à qual uma delas proporciona o meio cobiçado e a outra evita um efeito previsto e temido:

b) *meio positivo da cozinha, proporcionado/efeito negativo da cozinha, suprimido*

Resta interpretar um último uso da cabaça, permitido às mulheres pelos Apinayé quando a cabaça é uma *Lagenaria* e proibido quando é uma *Crescentia*, mas proibido nos dois casos às crianças, entre os caboclos amazônicos, e que M$_{28}$ atribui a uma criatura sobrenatural.

À primeira vista, esse emprego da cabaça como chapéu não tem lugar num sistema em que não detectamos outros símbolos ligados à vestimenta. Será muito mais tarde, no quarto volume destas *Mitológicas*, que estabeleceremos a homologia entre esse novo código e o código culinário e que proporemos regras de conversão recíproca. Agora bastará enfatizar a conotação *anticulinária* da utilização de um utensílio como vestimenta, último detalhe no retrato de uma ogra, que se fosse imitado pelos seres humanos, os faria passar da categoria de consumidores de alimento cozido e preparado à categoria das coisas cruas que se põem na cabaça, para comê-las posteriormente. De ambos os lados da categoria central do cozido e em dois eixos, as crenças e os mitos exprimem, portanto, por meio da cabaça, várias oposições que dizem respeito ou à cozinha *presente*, fazendo então contrastar suas condições positivas (carne e peixe) e seus efeitos negativos (engasgo devido à comida ingerida); ou à cozinha *negligenciada* por carência (negativa) ou por excesso (positiva); ou, finalmente, na *ausência* da cozinha ou em consequência de sua rejeição simbólica, aos dois modos da anticozinha, que são o cru e o podre.

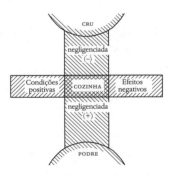

23. Sistema das operações culinárias.

A harmonia das esferas

POR CONSEGUINTE, à medida que se amplia a investigação e novos mitos se impõem à atenção, mitos examinados há tempos sobem à superfície, projetando detalhes deixados de lado ou inexplicados que, como se percebe então, se assemelham às peças de um quebra-cabeça que se coloca à parte até que a obra, quase completamente acabada, delineie em vazio os contornos das peças que faltam, revelando assim onde elas devem ser colocadas. Daí resulta — como uma dádiva inesperada e de uma benesse suplementar — o sentido, que permaneceu indecifrável até o derradeiro gesto de inserção de uma forma vaga ou de um colorido esmaecido, cuja relação com as formas e as cores vizinhas desafiava o entendimento, apesar de todos os esforços para imaginá-lo.

Talvez seja esse o caso de um detalhe de um mito (M_{24}) ao qual tivemos de nos referir com frequência no decorrer deste livro. Um detalhe tão ínfimo que sequer aparece no resumo que dele fizemos (*cc*, p. 150). O herói, um Terena coletor de mel, é vítima das manobras da mulher, que o envenena lentamente, misturando seu sangue menstrual com a comida que lhe prepara: "Depois de comer, ele andava mancando e não tinha gosto pelo trabalho" (Baldus, 1950a, p. 220). Inteirado da causa de seu incômodo pelo filho, o homem parte em busca de mel e é então que ele tira suas sandálias de couro de tapir e bate as solas uma na outra, "para encontrar o mel mais facilmente".

O herói de M_{24} é, portanto, manco. O detalhe poderia parecer insignificante, não fosse o fato de a ação de mancar ocupar, entre os mesmos Terena, um lugar bem marcado no ritual. A mais importante de todas as cerimônias terena acontecia no início do mês de abril, para comemorar a aparição das Plêiades e conjurar os perigos da estação seca, que se iniciava naquele momento. Após reunir os participantes, um velho, que inicialmente ficava de frente para o leste, em seguida para o norte, o oeste e o sul, proclamava-se o ancestral dos chefes dos quatro pontos cardeais. Em seguida, fitava o céu e suplicava às Plêiades que enviassem a chuva e poupassem seu povo da guerra, das doenças e das picadas de cobra. Quando terminava sua oração, os assistentes se entregavam a uma grande algazarra, que se prolongava até a alvorada. No dia seguinte, ao pôr do sol, os músicos se instalavam em quatro ou seis casas especialmente construídas no pátio de dança, tendo em vista festividades que duravam a noite inteira. Lutas frequentemente brutais ocupavam todo o dia seguinte, entre adversários que pertenciam a metades opostas. Quando elas terminavam e todo mundo se reunia na casa do chefe, um músico ricamente paramentado, segurando na mão direita uma galhada de veado, dirigia-se mancando para uma casa previamente designada. Ele batia a galhada nos batentes da porta e, sempre mancando, voltava ao lugar de onde tinha saído. O dono da casa saía e perguntava o que queriam dele. Pediam-lhe um boi, vaca ou touro, que tinha sido adquirido mediante cotização. Então ele entregava o animal, que era imediatamente morto, assado e comido (Rhode, 1885, p. 409; Colini, in Boggiani, 1945, pp. 295-6; cf. Altenfelder Silva, 1949, pp. 356, 364-5; Métraux, 1946b, pp. 357-8).

É fingindo mancar que, na Ilha de Vancouver, uma velha vai jogar no mar as espinhas dos primeiros salmões consumidos ritualmente pelas crianças (Boas, in Frazer, 1926-36, v. 8, p. 254). Sabe-se que os salmões, principal fonte de alimento dos índios na costa noroeste do Pacífico, chegam todos os anos na primavera (Lévi-Strauss, 1958-59, p. 5). Todos os mitos dessa região da América setentrional associam o ato de mancar a fenômenos sazonais. Uma moça manca é a única que consegue vencer o inverno e fazer a primavera chegar (M347: Shuswap, Teit, 1909, pp. 701-2). Uma criança de pernas tortas põe fim à chuva (M348: Cowlitz, Jacobs, 1934, pp. 168-9) ou faz o sol reinar (M349: Cowlitz e outras tribos salish da costa, Adamson, 1934, pp. 230-3, 390-1). Um aleijado traz a primavera (M350: Sanpoil-Nespelem, Ray, 1954, p. 199). A filha manca de Lua desposa a lua nova; a partir de então, não fará mais tanto calor, porque o sol se moverá (M351: Wishram, Sapir, 1909, p. 311). Para terminar essa breve lista, um outro mito wasco praticamente nos leva de volta ao nosso ponto de partida (cf. M3), pois evoca um enfermo, o único capaz de ressuscitar dentre os mortos e permanecer entre os vivos; desde aquela época, os mortos não podem mais reviver como as árvores na primavera (M352: Spier & Sapir, 1930, p. 277).

Os Ute setentrionais da região de Whiterocks (Utah) praticavam uma "dança claudicante" /sanku'-ni'tkap/, cujo simbolismo já se tinha perdido

A harmonia das esferas

quando suas figuras características, seu acompanhamento e seus cantos foram observados. Essa dança, exclusivamente feminina, imitava o andar de um indivíduo manco da perna direita, arrastando-a para que ela se alinhasse com a perna esquerda, sempre que esta desse um passo adiante. As dançarinas, por volta de cem, formavam duas linhas paralelas, afastadas por uma dezena de metros, de frente para o oeste, onde estavam os tocadores de tambores e, atrás deles, os cantores. Cada fila se dirigia até os músicos e, em seguida, descrevia um arco e voltava atrás. Os tambores marcavam um ritmo próprio dessa dança, em que cada nota tamborilada era ligeiramente deslocada em relação à nota cantada. Observa-se um contraste entre as "batidas dos tambores, que se realizam com regularidade mecânica, e o canto, que varia quanto ao acento e ao ritmo" (Densmore, 1922, pp. 20, 105, 210).

O mancar ritual também foi registrado no Velho Mundo, igualmente ligado às mudanças sazonais. Na Inglaterra, denominava-se "cabra manca" o ramalhete feito com o produto das colheitas que o agricultor depositava nos campos de seu vizinho menos adiantado, assim que terminava sua colheita (Frazer, 1926-36, v. 7, p. 284). Em certas regiões da Áustria, era costume dar o último feixe a uma velha, que devia levá-lo para sua casa mancando (id. ibid., pp. 231-2).

O Antigo Testamento descreve uma cerimônia que tinha por finalidade vencer a seca, em que dançarinos mancando circundavam o altar. Um texto talmúdico sugere que no século II de nossa era, em Israel, a dança claudicante ainda era praticada para chamar a chuva (Caquot, 1963, pp. 129-30). Assim como entre os Terena, portanto, tratava-se de pôr termo a um período de seca — "*tardis mensibus*" no dizer de Virgílio (*Geórgicas*, I, v. 32) —, o que também desejam os camponeses europeus, quando finda a colheita.

A China arcaica reúne, em torno da dança claudicante, todos os motivos que encontramos sucessivamente ao longo deste livro. A começar pelo caráter sazonal, ressaltado admiravelmente por Granet. A baixa estação,* que é também a estação dos mortos, começava com as geadas, que punham

---

* *Morte-saison*, "estação morta", em francês. (N. C. T.)

fim às atividades agrícolas, na previsão da seca do inverno, período em que se permanecia nas aldeias, em que tudo devia ficar fechado, para evitar pestilências. O grande No, festa de inverno, de caráter principalmente ou exclusivamente masculino, tinha o tambor como instrumento. Era também a festa dos fantasmas, celebrada em homenagem às almas "que, não mais recebendo culto, haviam se tornado Seres malfazejos" (Granet, 1926, pp. 333-4). Esses dois aspectos também se encontram entre os Terena, cujos ritos funerários tinham por principal objetivo cortar os laços entre os vivos e os mortos, para evitar que estes últimos voltassem para atormentar os vivos ou até levá-los com eles (Altenfelder Silva, 1949, pp. 347-8, 353). No entanto, a festa do início da estação seca era também um convite aos mortos, chamando-os para que viessem visitar seus parentes (id. ibid., p. 356).

Os antigos chineses acreditavam que, com a chegada da estação seca, a terra e o céu deixavam de comunicar-se (Granet, 1926, p. 315, n. 1). O Espírito da seca tinha o aspecto de uma pequena mulher careca[30] com olhos no alto da cabeça. Em sua presença, o Céu parava de fazer chover para não machucá-la (id. ibid., n. 3). O fundador da primeira dinastia real, Yu, o Grande, inspecionou os pontos cardeais e suscitou o retorno do trovão e da chuva. Assim como os sinos anunciam o outono e a geada (id. ibid., p. 334), os instrumentos das trevas, a que já nos referimos (p. 462) pressagiam os primeiros ribombos do trovão e a chegada da primavera (id. ibid., p. 517). A dinastia Chang pôde ser fundada graças a Yi Yin, que nasceu de uma amoreira oca, árvore do leste e do sol nascente. A árvore oca, talvez inicialmente um pilão, serve para fazer o mais precioso dos instrumentos musicais, um tambor em forma de cocho, percutido com um bastão. A amoreira e a pauwlonia oca (ou seja, uma morácea — como os *Ficus* americanos — e uma escrofulariácea) eram árvores cardeais, associadas respectivamente ao leste e ao norte (id. ibid., pp. 435-44 e 443,

---

30. Montes e rios são os primeiros a ser atingidos pela seca. Esta faz com que os montes percam as árvores, que são seus cabelos, e os rios percam os peixes, que são seu povo (Granet, 1926, p. 455). Temos aí uma inversão simétrica da concepção dos mitos sul-americanos quanto à calvície (ver acima, p. 515, n. 29). Uma única palavra, /wang/, conota bobo, enganador, demente, enfermo, corcunda, careca e Espírito da seca (Schafer, 1951).

A harmonia das esferas

n. 1). Fundador da dinastia Yin, T'ang, o vitorioso, lutou contra a seca. Fundador da dinastia Chang, Yu, o Grande, em compensação triunfou da inundação que seu pai Kouen não conseguira vencer. Os dois heróis eram semiparalisados, portanto hemiplégicos, e mancavam. Denomina--se "passo de Yu" um modo de andar em que "os passos (de cada pé) não ultrapassam um ao outro" (id. ibid., pp. 467, n. 1 e 549-54; Kaltenmark, 1963, pp. 438, 444).

A lenda chinesa lembra um mito bororo que resumimos no início do volume anterior e que acabamos de evocar (M3). Seu herói, que é manco, escapa do dilúvio e repovoa a terra devastada pela malignidade do sol, percutindo um tambor pisciforme /kaia okogeréu/, isto é, um pilão de madeira entalhado a fogo e com base ovoide (*EB*, v. 1, art. "kaia", "okogeréu").[31] Segundo um mito karajá (M353), cujo parentesco com os mitos anteriores (M347-M352) é evidente, apesar da distância geográfica, foi preciso quebrar a perna do sol, da lua e das estrelas para que mancassem e se deslocassem lentamente, caso contrário faltaria tempo aos homens e o trabalho seria demasiado duro (Baldus, 1950b, pp. 31-2).

Até onde sabemos, os fatos americanos nunca tinham sido aproximados aos que acabamos de evocar brevemente, provenientes do Velho Mundo. Vemos que tanto aqui como lá trata-se de bem mais do que uma simples recorrência do claudicar. Este é associado à mudança da estação por toda parte. Os fatos chineses parecem tão próximos daqueles que estudamos neste livro que seu rápido inventário nos permitiu recapitular diversos temas: a árvore oca, cocho e tambor, ora refúgio, ora armadilha; a disjunção entre céu e terra, bem como sua conjunção, mediatizada ou não mediatizada; a calvície como símbolo de um desequilíbrio entre o elemento seco e o elemento úmido; a periodicidade sazonal; finalmente,

---

31. Talvez também fosse o caso de aproximar Yu, o Grande, nascido de uma pedra, de um dos deuses Edutzi da mitologia tacana (M196). Esse Edutzi, inicialmente prisioneiro de uma caverna de pedra "no tempo em que a terra ainda era mole", e, mais tarde, libertado por um esquilo que roeu sua parede, desposou uma humana, com a qual teve um filho semelhante a uma pedra. Após ter assumido a forma humana, esse filho se casou e pendurou nas costas de sua mulher um tambor de madeira, que ressoava sempre que ele batia nela (H&H, 1961, p. 109). Esse motivo parece ser de origem arawak (cf. Ogilvie, 1940, pp. 68-9).

a oposição entre os sinos e os instrumentos das trevas, que simbolizam respectivamente o paroxismo da abundância e o da escassez.

Sempre que tais fatos se manifestam, juntos ou isolados, não parece possível interpretá-los a partir de causas particulares. Por exemplo, ligar a dança claudicante dos antigos judeus ao andar manco de Jacó (Caquot, 1963, p. 140) ou explicar o de Yu, o Grande, dono do tambor, pela base única sobre a qual se apoiavam os tambores chineses da era clássica (Granet, 1926, p. 505). A menos que se admita que o rito da dança claudicante remonte ao paleolítico e que o Velho e o Novo Mundo outrora a tenham compartilhado (o que resolveria a questão de sua origem, mas deixaria intacta a de sua sobrevivência), somente uma explicação estrutural pode dar conta da recorrência de um costume cuja estranheza lança um desafio à especulação em regiões e épocas tão diversas, mas sempre no mesmo contexto semântico.

É precisamente devido a seu distanciamento, que torna improvável a hipótese de uma conivência obscura com costumes alheios, que os fatos americanos ajudam a renovar semelhantes debates. No caso que aqui nos interessa, eles são, infelizmente, demasiado raros e fragmentários para permitir que se chegue a uma solução. Contentar-nos-emos com um esboço, reconhecendo que ele permanecerá vago e precário enquanto não dispusermos de outras informações. Mas se, sempre e por toda parte, o problema consiste em *encurtar* um período do ano em proveito de um outro — quer seja a estação seca para apressar a chegada das chuvas ou o contrário — não se poderá ver na dança claudicante a imagem, ou melhor dizendo, o diagrama desse desequilíbrio desejado? Um caminhar normal, em que o pé esquerdo e o pé direito se movimentam em alternância regular, oferece uma representação simbólica da periodicidade das estações. Supondo que se queira desmenti-la, para alongar uma das estações (os meses do salmão, por exemplo) ou para encurtar a outra (rigor do inverno, meses "parados" do verão, seca excessiva ou chuvas diluvianas), um caminhar claudicante, resultante de uma desigualdade de comprimento entre as duas pernas, proporciona, em termos de código anatômico, um significante apropriado. Foi, aliás, a propósito de uma

A harmonia das esferas

reforma do calendário que Montaigne empreendeu discorrer sobre os mancos. "Há dois ou três anos que, na França, encurta-se de dez dias o ano. Quantas mudanças deveriam seguir essa reforma! Foi propriamente mover o céu e a terra ao mesmo tempo...".[32]

Ao invocar Montaigne para apoiar uma interpretação de costumes dispersos pelos quatro cantos do mundo, que ele ignorava, tomamos uma liberdade que, como bem sabemos, poderia lançar descrédito sobre nosso método aos olhos de certas pessoas. Convém nos determos um momento nessa questão, ainda mais que o problema da comparação e de seus limites legítimos foi colocado com rara lucidez por Van Gennep, justamente a propósito do ciclo Carnaval-Quaresma, que se situa no centro desse debate.

Após insistir sobre a necessidade de situar os ritos e costumes, a fim de resistir melhor à tentação de reduzi-los a mínimos denominadores hipotéticos — o que ele certamente nos teria censurado por fazer —, Van Gennep prossegue: "Acontece, justamente, que esses costumes pretensamente compartilhados não o são". Coloca-se então o problema das diferenças. "Admitindo que a maior parte dos costumes carnavalescos remonte apenas à alta Idade Média, com muito poucas sobrevivências greco-romanas e galo-celtas ou germânicas, nós nos perguntamos por que — já que a Igreja proibiu, em todos os lugares, as mesmas licenças e ordenou as mesmas abstinências — nossos camponeses não adotaram as mesmas atitudes por toda parte." Seria preciso admitir que elas desapareceram? Mas nos lugares em que já não eram mais encontradas no início do século XIX, as fontes antigas raramente registram sua presença anteriormente. O argumento das sobrevivências enfrenta uma dificuldade do mesmo tipo: "Por que costumes antigos, pagãos clássicos ou pagãos bárbaros, teriam sido transmitidos e mantidos em certas regiões e não em outras, tendo a Gália sido inteiramente submetida à mesma administração, às mesmas religiões e às mesmas invasões?".

---

32. *Essais*, L. III, cap. XI. O saudoso Brailoiu dedicou um estudo a um ritmo da música popular de larga distribuição, bicrono, baseado numa relação de 1 a 2/3 ou 3/2, irregular e denominado "manco", "entravado" ou "sacudido". Tais epítetos e o comentário de Montaigne remetem a nossas considerações das pp. 455-8.

Não nos sentimos mais à vontade com a teoria agrária de Mannhardt e Frazer: "Em toda a França, em momentos que variam segundo a altitude e o clima, cessa o inverno e renasce a primavera: os normandos, os bretões, os gascões e os povos do Poitou, da Aquitânia e da Guiana teriam porventura perdido o interesse por essa renovação que, de acordo com tal teoria, seria a causa determinante das cerimônias do Ciclo?".

"Finalmente, a teoria geral de Westermack, que insiste no caráter sagrado e, portanto, profilático e multiplicador de certos dias, tampouco nos faz avançar: basta transpor os termos da questão anterior, perguntando por que o povo francês não considerou da mesma forma, em todos os lugares, os dias próximos ao equinócio de primavera como dias alternativamente malfazejos ou benfazejos." E Van Gennep conclui: "Existe certamente uma solução. Aquela com que nos contentamos habitualmente é a de que a data anual não tem importância e a de que os povos escolheram aleatoriamente, para realizar suas cerimônias, ora o equinócio, ora o solstício. Isto significa fazer a dificuldade recuar, mas não a resolve" (Van Gennep, 1946-58, t. I, v. 3, pp. 1147-9).

Pode parecer que o método que seguimos, ao aproximar costumes originários do Velho e do Novo Mundo, nos situa muito aquém dos predecessores de Van Gennep. Não seriam eles até menos condenáveis, quando procuravam a origem comum de costumes franceses e tentavam remetê-los a um modelo arcaico, porém muito mais próximo deles, no tempo e no espaço, do que aqueles com os quais ousamos compará-los? Não acreditamos, porém, ter errado, pois assimilar-nos aos teóricos corretamente criticados pelo mestre francês seria desconhecer que não apreendemos os fatos no mesmo nível. Quando, no final de análises sempre localizadas no tempo e no espaço, integramos fenômenos entre os quais não se percebia nenhuma relação, nós lhes conferimos dimensões suplementares. E, sobretudo, esse enriquecimento, que se manifesta pela multiplicação de seus eixos de referência semântica, os faz mudar de patamar. À medida que seu conteúdo se torna mais rico e complexo e aumenta o número de suas dimensões, a realidade mais verídica dos fenômenos se projeta para além de qualquer um desses aspectos, com os quais tivemos inicialmente a tentação de confundi-la. Ela se desloca do conteúdo em direção à forma ou, mais exatamente, em direção a um novo modo de apreender o conteúdo que, sem negligenciá-lo ou empobrecê-lo, o traduz em termos de estrutura. Esse procedimento confirma, pela prática, que, como escrevemos outrora, "não é a comparação que fundamenta a generalização, mas o contrário" (Lévi-Strauss, 1958, p. 28).

Os abusos denunciados por Van Gennep decorrem todos de um método que desconsidera ou desconhece esse princípio, mas quando ele é aplicado sistematicamente e se toma o cuidado de extrair todas as consequências de cada caso particular, constata-se que nenhum dos casos é redutível a um ou outro de seus aspectos empíricos. Se a distância histórica ou geográfica entre os casos considerados for muito grande, seria vão querer ligar um aspecto a outros aspectos do mesmo tipo e pretender explicar por um empréstimo ou uma sobrevivência uma analogia superficial entre determinados aspectos cujo sentido não tivesse sido aprofundado por uma crítica interna, em cada caso e de maneira independente. Pois até mesmo a análise de um caso único, contanto que seja bem conduzida, ensina a desconfiar de axiomas como aquele enunciado por Frazer e endossado por Van Gennep (id. ibid., p. 993, n. 1): "A ideia de um período de tempo é por demais abstrata para que sua personificação possa ser primitiva". Sem nos determos aos fatos particulares que esses autores tinham em mente, e atendo-nos à proposição geral, diremos que nada é abstrato demais para ser primitivo e que quanto mais fundo avançamos em direção às condições essenciais e comuns do exercício de todo e qualquer pensamento, mais elas assumirão a forma de relações abstratas.

BASTARÁ TERMOS COLOCADO O PROBLEMA, pois não pretendemos abordar aqui o estudo das representações míticas da periodicidade, que será objeto do próximo volume. Para nos encaminharmos à conclusão deste, aproveitemos o fato de o motivo chinês da amoreira oca ter dirigido nossa atenção para a árvore igualmente oca que ocupa um lugar tão importante nos mitos do Chaco sobre a origem do tabaco e do mel, que discutimos longamente no início. A árvore oca se-nos apresentou inicialmente como a colmeia natural das abelhas sul-americanas, a "coisa oca" (diziam os antigos mexicanos), que o chocalho também é, a seu modo. Mas a árvore oca foi também o receptáculo primordial que continha toda a água e todos os peixes do mundo e o cocho de hidromel transformável em tambor. Receptáculo cheio de ar, cheio de água ou cheio de mel puro ou diluído na água, a árvore oca, em todas essas modalidades, serve como termo mediador para uma dialética entre o continente e o conteúdo, cujos termos polares, em modalidades equivalentes, derivam uns do código culinário e outros, do código acústico. E sabemos que esses códigos estão ligados.

Raposo é o personagem que mais põe em evidência essas múltiplas conotações. Preso numa árvore oca (M_{219}), o raposo é como o mel; empanturrado de mel, que, portanto, está incluído nele, ele é como a árvore (M_{210}); sedento e enchendo de água seu estômago, logo transformado em melancia, ele inclui em seu corpo uma víscera, que inclui a água (M_{209}). Na série de alimentos ilustrados por esses mitos, peixe e melancia não são simétricos somente devido a sua respectiva pertença aos reinos animal e vegetal: ambos alimentos da estação seca, o peixe é um alimento incluído na água e a melancia (sobretudo na estação seca) é água incluída num alimento. Ambos se opõem às plantas aquáticas, que estão *sobre* a água e que, preservando uma relação de contiguidade entre o elemento seco e o elemento úmido, os definem por exclusão mútua, em vez de inclusão.

Encontramos, a propósito da árvore oca, um sistema homólogo e igualmente triangular. À árvore naturalmente esvaziada opõe-se a árvore cuja casca foi retirada. Mas como uma delas consiste num vazio incluído longitudinalmente num cheio e a outra, num vazio excluído longitudinalmente por um cheio, ambas se opõem à árvore perfurada e esburacada transversalmente, assim como é fendido transversalmente o bastão-chicote do tipo /parabara/. Diante disso, não surpreende que sejam postos em correlação e oposição dois instrumentos musicais, por sua vez opostos da mesma maneira que a árvore oca e a árvore descascada: o tambor, ele próprio uma árvore oca, relativamente curta e larga com uma parede grossa, e o bastão de ritmo, também oco sem ser uma

A *harmonia das esferas* 529

árvore, relativamente mais comprido e menos largo, com uma parede fina; e prepostos, um deles a uma conjunção sociológica e horizontal (convocar os convidados das aldeias vizinhas) e o outro, a uma conjunção cosmológica e vertical (provocar a ascensão da comunidade dos fiéis em direção aos Espíritos), enquanto o bastão-chicote serve para disjungir horizontalmente os Espíritos, afastando-os dos humanos.

Os seis principais modos da cabaça, que inventariamos, reúnem essas oposições culinárias e acústicas em torno de um objeto que é um recipiente, como a árvore oca, igualmente transformável em instrumento musical e que, como a árvore oca, é apto a servir de colmeia. O quadro abaixo dispensará um longo comentário:

tríades culinárias:		*tríade da árvore oca:*	*tríades acústicas:*	
cabaças:	*alimentos:*		*instrumentos:*	*cabaças:*
talismã de pesca (M345)	peixe	árvore esvaziada	tambor	chocalho
cabaça diabólica (M339-M340)	melancia	árvore descascada	bastão de ritmo	cabaça gorgolejante
cabaça rodopiante (M28)	plantas aquáticas	árvore perfurada	bastão--chicote	cabaça percutida

Graficamente, o sistema da cabaça, com seus seis termos, pode ser representado de modo mais satisfatório do que fizemos de modo parcial e provisório, às páginas 515-7 (ver fig. 24).

Os três termos à esquerda implicam o silêncio, os três termos à direita implicam o ruído. A simetria entre os dois termos em posição mediana é evidente. Os quatro termos em posição extrema formam um quiasma, estando unidos horizontalmente por pares. Os termos 1 e 2 conferem à parede da cabaça uma função pertinente, seja para instaurar em seu interior uma união do ar com a água, seja uma desunião entre o ar de dentro e o ar de fora. Em 5, essa parede não impede a união entre o ar (interno) e o ar (externo). Em 6, onde a parede desempenha, em relação ao ar, o mesmo papel que em 2, ela não intervém para assegurar a mesma união entre o ar e a água que realiza em 1. Por conseguinte, em 2 e 5, o ar é separado ou unido em relação ao ar; em 1 e 6, o ar é unido à água graças à parede, ou sem ela.

Esse diagrama, ponto de chegada deste livro, exige algumas observações. Em *O cru e o cozido*, tomamos como tema os mitos sul-americanos sobre a origem da cozinha e desembocamos em considerações de ordem mais geral, relativas ao charivari enquanto modo de algazarra, e aos eclip-

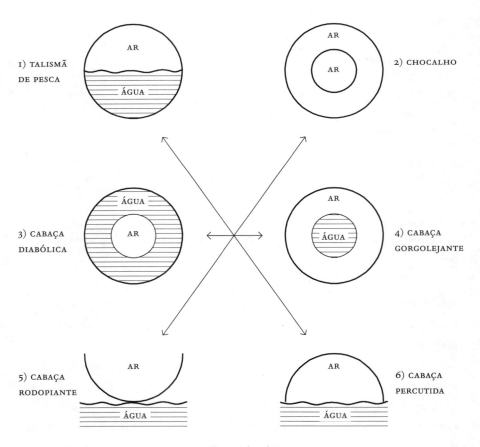

24. Sistema da cabaça.

ses como equivalentes, no plano cosmológico, à subversão dos laços de aliança, que são laços sociais. Dedicado à mitologia do mel e do tabaco, o presente livro distancia-se da cozinha para inspecionar seus entornos — pois o mel e o tabaco situam-se, um aquém da cozinha, na medida em que a natureza o fornece ao homem no estado de prato já preparado e de alimento concentrado que basta diluir, e o outro além da cozinha, pois o tabaco fumado deve ser mais do que cozido: queimado, para que se possa consumi-lo. Ora, assim como o estudo da cozinha nos tinha conduzido ao do charivari, o estudo dos entornos da cozinha, que também obedece àquilo que chamaríamos de curvatura do espaço mitológico, teve de infletir seu trajeto no sentido de um outro uso, cuja generalidade também surgiu diante de nós: o dos instrumentos das trevas, que constituem uma modalidade acústica da algazarra e que possuem igualmente uma conotação cosmológica pois, em todos os lugares onde existem, eles intervêm por ocasião de uma mudança de estação.

A ligação com a vida econômica e social também é evidente nesse caso. Em primeiro lugar, porque os mitos de cozinha dizem respeito à presença ou à ausência do fogo, da carne e das plantas cultivadas *no absoluto*, enquanto os mitos sobre os entornos da cozinha tratam de sua presença ou ausência *relativa*, ou em outras palavras, da abundância e da escassez, que caracterizam determinado período do ano. Em seguida e sobretudo, conforme mostramos (p. 345), os mitos sobre a origem da cozinha se referem a uma fisiologia da aliança matrimonial, cujo funcionamento harmonioso é simbolizado pela arte culinária, enquanto nos planos acústico e cosmológico o charivari e o eclipse remetem a uma patologia social e cósmica que, num outro registro, inverte o significado da mensagem trazida pela instauração da cozinha. De maneira simétrica, os mitos sobre os entornos da cozinha desenvolvem uma patologia da aliança, cujo germe as fisiologias culinária e mitológica contêm simbolicamente, pois assim como a aliança matrimonial está perpetuamente ameaçada "nas pontas" — do lado da natureza, pela atração física do sedutor, do lado da cultura, pelo risco de desavenças entre afins que vivem debaixo do mesmo teto —, a cozinha, pelo encontro do mel ou pela conquista do tabaco, também corre o risco de pender completamente para o lado da natureza ou para o lado da cultura, embora, por hipótese, ela devesse representar a união de ambas.

Ora, essa condição patológica da cozinha não se liga apenas à presença objetiva de certos tipos de alimentos. Ela é também função da alternância das estações que, trazendo consigo a abundância ou a escassez, permitem à cultura afirmar-se ou obrigam a humanidade a aproximar-se temporariamente do estado de natureza. Consequentemente, se num caso a fisiologia culinária se inverte em patologia cósmica, no outro caso é a patologia culinária que busca sua origem e seu fundamento objetivo numa fisiologia cósmica, na medida em que, à diferença dos eclipses, que são acidentes aperiódicos (ao menos no pensamento indígena), a periodicidade sazonal, marcada pelo selo da regularidade, pertence à ordem das coisas.

Teria sido impossível desenredar essa problemática se não a tivéssemos apreendido simultaneamente em todos os níveis. Dito de outra maneira: se, como o decifrador de um texto, a partir de uma inscrição em várias línguas, não tivéssemos compreendido que os mitos transmitem a mesma mensagem por intermédio de vários códigos, dentre os quais os principais são o culinário — isto é, técnico-econômico —, o acústico, o sociológico e o cosmológico. Esses códigos, entretanto, não são rigorosamente equivalentes e os mitos não os equiparam. O valor operacional de um deles é maior do que o dos outros, pois o código acústico oferece uma linguagem comum, na qual se podem traduzir as mensagens dos códigos técnico-econômico, sociológico e cosmológico. Mostramos, em *O cru e o cozido*, que a cozinha implica o silêncio, a anticozinha a algazarra e que o mesmo sucedia em relação a todas as formas que a oposição entre a relação mediatizada e a relação não mediatizada podia assumir, independentemente do caráter conjuntivo ou disjuntivo dessa última. As análises do presente livro confirmam essa constatação. Se os mitos sobre a origem da cozinha estabelecem uma oposição simples entre o silêncio e o ruído, os mitos que dizem respeito aos entornos da cozinha aprofundam essa oposição e a analisam, distinguindo várias modalidades. Não se trata mais da algazarra pura e simples, mas de contrastes internos à categoria do ruído, tais como aqueles que se dão entre ruído contínuo e descontínuo, ruído modulado e não modulado, conduta linguística e conduta não linguística. À medida que os mitos ampliam e especificam a categoria da cozinha, definida primitivamente em termos de presença ou ausência, eles ampliam e especificam o contraste fundamental entre silêncio e ruído, e dispõem uma série de conceitos intermediários entre esses dois polos. Tais conceitos balizam uma fronteira que apenas passamos em revista, sem pretendermos ultrapassá-la para um lado ou para o outro, para evitar nos aventurarmos em dois campos alheios, o da filosofia da linguagem e o da organologia musical.

Finalmente, e acima de tudo, convém insistir numa transformação de ordem formal. Se, extenuado pela leitura dos dois primeiros volumes destas *Mitológicas*, o leitor vier a atribuir a alguma mania obsessiva o fascínio que parecem exercer mitos que, afinal de contas, dizem todos a mesma coisa, e cuja análise minuciosa, em vez de abrir um novo caminho, apenas obriga o autor a girar em círculos sem chegar a lugar algum, ele não terá percebido que, graças à ampliação do campo da investigação, um novo aspecto do pensamento mítico aflorou.

Para construir o sistema dos mitos de cozinha, tivemos de lançar mão de oposições entre termos que eram todos, ou quase todos, da ordem das qualidades sensíveis: cru e cozido, fresco e podre, seco e úmido etc. Eis que a segunda etapa de nossa análise faz surgirem termos também opostos por pares, mas cuja natureza se diferencia na medida em que eles remetem menos a uma lógica das qualidades do que a uma lógica das formas: cheio e vazio, continente e conteúdo, interno e externo, incluído e excluído etc. No entanto, nesse novo caso, os mitos procedem da mesma maneira, isto é, pelo estabelecimento de uma correspondência simultânea entre vários códigos. Se representações sensíveis como a da cabaça e do tronco oco desempenham o papel axial que lhes reconhecemos, é, afinal de contas, porque esses objetos desempenham, na prática, várias funções, e tais funções são homólogas entre si: enquanto chocalho ritual, a cabaça é um instrumento de música sacra, utilizado conjuntamente com o tabaco, que os mitos concebem sob a forma de uma inclusão da cultura na natureza; mas, enquanto recipiente de água e de comida, a cabaça é um utensílio de cozinha profana, um continente destinado a receber produtos naturais e, portanto, apropriado para ilustrar a inclusão da natureza na cultura. O mesmo ocorre com a árvore oca que, enquanto tambor, é um instrumento musical cujo papel convocatório é social por excelência e, enquanto recipiente de mel, pertence à natureza, no caso do mel fresco contido em sua cavidade, ou à cultura, no caso de mel posto para fermentar no tronco de uma árvore, não naturalmente oca, mas escavada artificialmente, para transformá-la em cocho.

Todas as nossas análises demonstram — e é a justificativa de sua monotonia e de sua quantidade — que os afastamentos diferenciais explorados pelos mitos consistem menos nas próprias coisas do que num conjunto de propriedades comuns, exprimíveis em termos geométricos e transformáveis umas nas outras, por meio de operações que já constituem uma álgebra. Se essa marcha em direção à abstração pode ser atribuída ao pensamento mítico e não à reflexão do mitólogo — como talvez nos objetem —, conviremos que chegamos ao ponto em que o pensamento mítico ultrapassa a si mesmo e contempla, para além de imagens ainda coladas à experiência concreta, um mundo de conceitos libertos dessa servidão e cujas relações se definem livremente: entenda-se, não mais por referência a uma realidade externa, mas de acordo com as afinidades ou as incompatibilidades que elas manifestam umas perante as outras na arquitetura do espírito. Ora, sabemos onde se situa uma reviravolta semelhante: nas fronteiras do pensamento grego, quando a mitologia capitula em favor de uma filosofia que emerge como condição prévia da reflexão científica.

Mas, no caso a que nos dedicamos, não se trata de um progresso. Em primeiro lugar, porque a passagem que realmente ocorreu na civilização ocidental não se deu, como se sabe, entre os índios sul-americanos. Em seguida e sobretudo porque a lógica das qualidades e a lógica das formas, que distinguimos de um ponto de vista teórico, pertencem na verdade aos mesmos mitos. Sem dúvida introduzimos neste segundo volume um grande número de novos documentos. Entretanto, eles não são de uma espécie diferente daqueles que analisamos anteriormente. São mitos do mesmo tipo e que provêm dos mesmos povos. O progresso que eles nos permitiram realizar, de uma lógica para outra lógica, não resulta, portanto,

A harmonia das esferas 535

de algum aporte que deva ser considerado novo e diferente. Esses materiais antes agiram sobre os mitos já estudados à maneira de um revelador, evidenciando propriedades latentes, mas ocultas. Ao nos obrigarem a ampliar nossa perspectiva para englobar mitos cada vez mais numerosos, os mitos posteriormente introduzidos substituíram um sistema de ligações por um outro, que não abole o primeiro, pois bastaria efetuar a operação inversa para vê-lo reaparecer. Assim como o observador que manipula seu microscópio para obter uma ampliação maior, veríamos então ressurgir a antiga rede, ao mesmo tempo que se estreitaria o campo.

O ensinamento dos mitos sul-americanos apresenta, portanto, um valor tópico, para resolver problemas que dizem respeito à natureza e ao desenvolvimento do pensamento. Pois se mitos provenientes das culturas mais primitivas do Novo Mundo nos colocam francamente nesse limiar decisivo da consciência humana que, entre nós, marca seu acesso à filosofia e, em seguida, à ciência, ao passo que nada de comparável parece ter acontecido entre os selvagens, será preciso concluir dessa diferença que a passagem não era, nem aqui nem lá, necessária e que estados do pensamento que estão encadeados entre si não se sucederam espontaneamente e devido ao efeito de uma causalidade inelutável. Sem dúvida os fatores que presidem à formação e às respectivas taxas de crescimento da planta estão contidos na semente, mas a "dormência" desta, isto é, o tempo imprevisível que decorrerá antes que o mecanismo passe a operar, não deriva de sua estrutura, mas de um conjunto infinitamente complexo de condições que dizem respeito à história individual de cada semente e todos os tipos de influências externas.

O mesmo acontece com as civilizações. Aquelas que denominamos primitivas pouco se diferenciam das outras pelo equipamento mental, mas somente no fato de que nada, em nenhum equipamento mental, prescreve que ele deva fazer uso de seus recursos em determinado momento e deva explorá-los numa certa direção. O fato de um esquema de desenvolvimento ao qual, talvez arbitrariamente, ligamos desenvolvimentos posteriores — com pouca certeza, na medida em que faltam e faltarão sempre termos de comparação — ter-se imposto uma única vez na história humana e em um único lugar não autoriza a tomar uma ocorrência histórica, que nada significa, a não ser que ela aconteceu naquele lugar e naquele momento, por comprovação de uma evolução que haveria de ser obrigatória em todos os lugares e em todas as épocas. Nesse caso, seria demasiado fácil concluir por uma enfermidade ou uma carência das sociedades e dos indivíduos, em todos os casos em que a mesma evolução não ocorreu (Lévi-Strauss, 1949).

Ao afirmar suas pretensões tão resolutamente quanto o fez neste livro, a análise estrutural não recusa, portanto, a história. Muito ao contrário, concede-lhe um lugar de destaque: aquele que cabe, por direito, à contingência irredutível, sem a qual não se poderia sequer conceber a necessidade. Pois, na medida em que, aquém da diversidade aparente das sociedades humanas, a análise estrutural visa remontar a propriedades fundamentais e comuns, ela renuncia a explicar, não as diferenças particulares, das quais sabe dar conta, especificando em cada contexto etnográfico as leis de invariância que presidem sua geração, mas o fato de essas diferenças virtualmente dadas como compossíveis não serem todas elas verificadas pela experiência e que apenas algumas se tenham tornado atuais. Para ser viável, uma investigação inteiramente voltada para as estruturas começa por curvar-se diante do poder e da inanidade do evento.

Paris, maio de 1964 — Lignerolles, julho de 1965

Bibliografia

Abreviações

ARBAE   *Annual Report of the Bureau of American Ethnology*

BBAE   *Bulletin of the Bureau of American Ethnology*

CC   C. Lévi-Strauss, *O cru e o cozido (Mitológicas 1)*

Colb.   Antonio Colbacchini

EB   C. Albisetti e A. J. Venturelli, *Enciclopédia Bororo*

H&H   Karen Hissink e Albert Haran

HSAI   *Handbook of South American Indians*

JAFL   *Journal of American Folklore*

JSA   *Journal de la Société des Américanistes*

K.G.   Theodor Koch-Grünberg

L.N.   Robert Lehmann-Nitsche

Nim.   Curt Nimuendaju

RIHGB   *Revista do Instituto Histórico Geographico Brasileiro*

RMDLP   *Revista del Museo de la Plata*

RMP   *Revista do Museu Paulista*

SWJA   *Southwestern Journal of Anthropology*

UCPAAE   *University of California Publications in American Archaeology and Ethnology*

ABREU, João Capistrano DE. *Rã-txa hu-ni-ku-i. A língua dos caxinauas*. Rio de Janeiro: Typographia Leuzinger, 1914.

ADAMSON, Thelma. "Folk-Tales of the Coast Salish". *Memoirs of the American Folk-Lore Society*, v. XXVII, 1934.

AHLBRINCK, W. "Encyclopaedie der Karaiben". In: *Verhandelingen der Koninklijke Akademie van Wetenschappen te Amsterdam, afdeeling Letterkunde Nieuwe Reeks Deel* v. 27, n. 1. Trad. fr. de Doude van Herwijnen. Paris, 1956 [1931] (mimeografado).

ALBISETTI, César; VENTURELLI, Ângelo J. *Enciclopédia Bororo*, v. 1. Campo Grande, 1962.

ALTENFELDER SILVA, Fernando. "Mudança cultural dos Terena". *RMP*, n.s., 1949, v. 3.

ALVAREZ, José. "Mitologia... de los salvajes huarayos". *27ᶜ Congrès International des Américanistes*, Lima, 1939.

AMORIM, Antônio Brandão de. "Lendas em nheêngatu e em português", *RIHGB*, 1100, v. 154. Rio de Janeiro, 1928.

ARMENTIA, Nicolás. "Arte y vocabulario de la lengua cavinena" (Org. S. A. Lafone Quevedo). *RMDLP*, 1906, T. 13. t. 11.

ASTON, William George (Org.). "Nihongi. Chronicles of Japan from the Earliest Times to A.D. 697". In: *Transactions and Proceedings of the Japan Society*, 2 v. Londres, 1896.

AUFENANGER, Henry. "How Children's Faeces are Preserved in the Central Highlands of New Guinea". *Anthropos*, t. 54, 1-2, 1959.

AUGUSTINOS. "Relación de idolatria en Huamachuco por los primeiros", *Informaciones acerca de la Religión y Gobierno de los Incas* (Colección de libros y documentos referentes a la Historia del Peru), t. 11. Lima: [s.n.], 1918.

AZA, José Pio. "Vocabulario español-machiguenga". *Boletín de la Sociedad Geográfica de Lima*, t. XLI, 1924.

BALDUS, Herbert. *Lendas dos índios do Brasil*. São Paulo: Brasiliense, 1946.

_____. "Lendas dos índios Tereno". *RMP*, n.s., v. 4, 1950a.

_____. "Kanaschiwã und der Erwerb des Lichtes. Beitrag zur Mythologie der Karaja Indianer". *Sonderdruck aus Beiträge zur Gesellungs-und Völkerwissenschaft, Festschrift zum achtzigsten Geburtstag von Prof. Richard Thurnwald*. Berlim, 1950b.

_____. "Karaja-Mythen", *Tribus, Jahrbuch des Linden-Museums*. Stuttgart, 1952-53.

_____. (Org.). *Die Jaguarzwillinge. Mythen und Heilbringersgeschichten Ursprungssagen und Märchen brasilianischer Indianer*. Kassel, 1958.

BANNER, Horace. "Mitos dos índios Kayapó". *Revista de Antropologia*, v. 5, n. 1. São Paulo, 1957.

_____. "O índio Kayapó em seu acampamento". *Boletim do Museu Paraense Emilio Goeldi*, n.s., n. 13. Belém, 1961.

BARRADAS, J. Perez de. *Los Muiscas antes de la Conquista*, 2 v. Madri, 1951.

BARRAL, Basilio María de. *Guarao Guarata, lo que cuentan los indios Guaraos*. Caracas, 1961.

BATES, H. W. *The Naturalist on the River Amazonas*. Londres, 1892.

BECHER, Hans. "Algumas notas sobre a religião e a mitologia dos Surára". *RMP*, n.s., v. 11. São Paulo, 1959.

_____. "Die Surára und Pakidái. Zwei Yanomámi-Stämme in Nordwestbrasilien". *Mitteilungen aus dem Museum für Völkerkunde in Hamburg*, v. XXVI, 1960.

BECKWITH, Martha Warren. "Mandan-Hidatsa Myths and Ceremonies". *Memoirs of the American Folk-Lore Society*, v. 32. Nova York, 1938.

BEEBE, William. "The Three-toed Sloth". *Zoologia*, v. VII, n. 1. Nova York, 1926.

BILLIARD, Raymond. "Notes sur l'abeille et l'apiculture dans l'antiquité". *L'Apiculteur*, anos 42-43. Paris, 1898-9.

_____. *L'Agriculture dans l'Antiquité d'après les Géorgiques de Virgile*. Paris, 1928.

BOAS, Franz. "The Social Organization and the Secret Societies of the Kwakiutl Indians". *Reports of the United States National Museum*. Washington D.C., 1895.

_____. "Tsimshian Mythologie". *31st ARBAE*. Washington, D.C., 1916.

BOGGIANI, Guido. Os *Caduveo*. Trad. Amadeu Amaral Jr. São Paulo: Biblioteca Histórica Brasileira, XIV, 1945.

Bibliografia

BORBA, Telêmaco M. *Actualidade Indígena*. Curitiba, 1908.

BRAILOIU, Constantin. *Le Rythme aksak*. Abbeville, 1952.

BREHM, Alfred Edmund. *La Vie des animaux, les mammifères*, v. 1. Paris: s.d. [1891].

BRETT, William Henry. *The Indian Tribes of Guiana*. Londres, 1868.

_____. *Legends and Myths of the Aboriginal Indians of British Guiana*. Londres, s.d. [1880].

BRITTON, S. W. "Form and Function in the Sloth". *Quarterly Review of Biology*, v. 16, 1941.

BUNZEL, Ruth Leah. "Zuni Katcinas". *47th ARBAE (1929-1930)*. Washington D.C., 1932.

BUTT, Audrey. "Réalité et idéal dans la pratique chamanique". *L'Homme — Revue française d'anthropologie*, v. 2, n. 3, 1962.

CABRERA, Angel. "Catálogo de los mamíferos de América del Sur". *Revista del Museo Argentino de Ciencias Naturales, Zoologia*, v. 4, 1957-61.

CABRERA, Angel. L.; YEPES, J. *Mamíferos Sud-Americanos*. Buenos Aires, 1940.

CADOGAN, León. "Some Animals and Plants in Guarani and Guayaki Mythology", ms., s.d.

_____. "El culto al árbol y a los animales sagrados en la mitologia y las tradiciones guaranies". *America Indígena*. México, D.F., 1950.

_____. *Breve contribuición al estudio de la nomenclatura guarani en botánica*. Assunção, 1955.

_____. "The Eternal Pindó Palm, and Other Plants in Mbyá-Guarani Myths and Legends". *Miscellanea P. Rivet, Octogenário Dicata*, v. II, México, D.F., 1958.

_____. *Ayvu Rapita. Textos míticos de los Mbyá-Guaraní del Guairá*. São Paulo, 1959.

_____. "Aporte a la etnografia de los Guaraní del Amanbás Alto Ypané". *Revista de Antropologia*, v. 10, n. 1-2. São Paulo, 1962.

CAMPANA, Domenico del. "Contributo all'Etnografia dei Matacco". *Archivio per l'Antropologia e l'Etnologia*, v. 43, fasc. 1-2. Florença, 1913.

CAQUOT, André. "Les Danses sacrées en Israel et à l'entour". *Sources orientales VI: Les Danses sacrées*. Paris, 1963.

CARDUS, José. *Las misiones Franciscanas entre los infieles de Bolivia*. Barcelona, 1886.

CASCUDO, Luís da Câmara. *Geografia dos mitos brasileiros*. Coleção Documentos Brasileiros, n. 52. Rio de Janeiro, 1947.

CASPAR, Franz. "Some Sex Beliefs and Practices of the Tupari Indians". RMP, n.s., v. 7. São Paulo, 1953.

CHERMONT DE MIRANDA, Vicente de. "Estudos sobre o nheêngatú". *Anais da Biblioteca Nacional*, v. 54. Rio de Janeiro, [1942] 1944.

CHIARA, Vilma. "Folclore Krahó". RMP, n.s., v. 13. São Paulo, 1961-2.

CHOPARD, L. "Des Chauves-souris qui butinent les fleurs en volant". *Science-Progrès La Nature*, n. 3335, mar. 1963.

CIVRIEUX, Marc de. *Leyendas Maquiritares* (Separata de Memoria de la Sociedad de Ciencias Naturales La Salle, t. 20, n. 56). Caracas, 1960.

CLASTRES, Pierre. *La Vie sociale d'une tribu nômade: Les Indiens Guayaki du Paraguay*. Paris, 1965 (mimeografado).

COLBACCHINI, Antonio. *A tribo dos Boróros*. Rio de Janeiro: Papelaria Americana, 1919.

_____. *I Boróros Orientali "Orarimugudoge" del Matto Grosso, Brasile*. Contributi Scientifici delle Missioni Salesiane del Venerabile Don Bosco (I), Turim, s.d [1925].

COLBACCHINI, Antonio; ALBISETTI, César. *Os Boróros orientais*. São Paulo/Rio de Janeiro, 1942.

CORRÊA, M. Pio. *Diccionario das plantas uteis do Brasil*, 3 v. Rio de Janeiro, 1926-31.

COUMET, Ernest. "Les Diagrammes de Venn". *Mathématiques et Sciences humaines* (Centre de Mathématique sociale et de statistique E.P.H.E.), n. 10, 1965.

COUTO DE MAGALHÃES, José Vieira. O *selvagem* (4ª ed. completa com Curso etc.). São Paulo/Rio de Janeiro, 1940.

CRÉQUI-MONFORT, Georges de; RIVET, Paul. "Linguistique bolivienne. Les afiinités des dialectes Otukè". *JSA*, n.s., v. 10.

CREVAUX, Jules. *Voyages dans l'Amérique du Sud*. Paris, 1883.

CRUZ, M. "Mitologia bororo". *Revista do Arquivo Municipal*, v. 91. São Paulo, 1943.

DANCE, Charles Daniel. *Chapters from a Guianese Log Book*. Georgetown, 1881.

DEBRIE, René. "Les Noms de la crécelle et leurs dérivés en Amiénois". *Nos Patois du Nord*, n. 8. Lille, 1963.

DELVAU, Alfred. *Dictionnaire de la langue verte* (nova ed.). Paris, 1883.

DENSMORE, Frances. "Northern Ute Music". *BBAE*, v. 75. Washington D.C., 1922.

DERBYSHIRE, Desmond. *Textos Hixkaryâna*. Belém, 1965.

DICTIONNAIRE DES PROVERBES. Paris, 1821.

DIETSCHY, Hans. "Der bezaubernde Delphi von Mythos und Ritus bei den Karaja--Indianern". *Festschrift Alfred Bühler, Basler Beiträge zur Geographie und Ethnologie. Ethnologische Reihe*, v. 2. Basileia, 1965.

DINIZ, Edson Soares. "Os Kayapó-Gorotire, aspectos socioculturais do momento atual". *Boletim do Museu Paraense Emilio Goeldi*, Antropologia, n. 18. Belém, 1962.

DIXON, Roland B. "Words for Tobacco in American Indian Languages". *American Anthropologist*, v. 23, 1921.

DOBRIZHOFFER, Martin. *An Account of the Abipones, an Equestrian People* (trad. do latim), 3 v. Londres, 1822.

DORNSTAUDER, João. "Befriedigung eines wilden Indianerstammes am Juruena, Mato Grosso". *Anthropos*, t. 55, 1960.

DORSEY, George Amos. *The Pawnee; Mythology* (Part I). Washington D.C., 1906.

DREYFUS, Simone. *Les Kayapo du Nord. Contribution à l'étude des Indiens Gé*. Paris/ Haia, 1963.

DRUCKER, Philip. "Kwakiutl Dancing Societies". *Anthropological Records*, v. 11. Berkeley, 1940.

EHRENREICH, Paul. "Beiträge zur Völkerkunde Brasiliens". *Veröffentlichungen aus dem Kgl. Museum für Völkerkunde*, t. 11. Berlim, [1891] 1948 (trad. portuguesa de E. Schaden, in *RMP*, n.s., v. 2).

ELKIN, Adolphus Peter. *The Australian Aborigines* (3ª ed.). Sydney, 1961.

ELMENDORF, William W. "The Structure of Twana Culture". *Research Studies, Monographic Supplement*, n. 2. Pullman: Washington State University, 1960.

Bibliografia 541

ENDERS, R. K. "Observations on Sloths in Captivity at Higher Altitudes in the Tropics and in Pennsylvania". *Journal of Mammalogy*, v. 21, 1940.

ERIKSON, Erik H. "Observations on the Yurok: Childhood and World Image". *UCPAAE*, v. 35. Berkeley, 1943.

EVANS, Ivor H. N. *The Religion of the Tempasuk Dusuns of North Borneo*. Cambridge, 1953.

FARABEE, William C. "The Amazon Expedition of the University Museum". *Museum Journal University of Pennsylvania*, v. 7, 1916, pp. 210-44; v. 8, 1917, pp. 61-82, 126-44.

_____. "The Central Arawak". *Antropological Publications of the University Museum*, v. 9. Filadélfia, 1918a.

_____. "The Marriage of the Electric Eel". *Museum Journal, University of Pennsylvania*. Filadélfia, 1918b.

_____. "Indian Tribes of Eastern Peru". *Papers of the Peabody Museum*, v. 10. Cambridge, 1922.

FOCK, Niels. *Wawai, Religion and Society of an Amazonian Tribe*. Copenhague, 1963.

FOSTER, G. M. "Indigenous Apiculture among the Popoluca of Veracruz". *American Anthropologist*, v. 44, n. 3, 1942.

FRAZER, James G. *Folk-Lore in the Old Testament*, 3 v. Londres, 1918.

_____. *The Golden Bough. A Study in Magic and Religion*, 13 v. (3ª ed.). Londres, 1926-36.

GALTIER-BOISSIÈRE, J.; DEVAUX, P. *Dictionnaire d'argot*. Le Crapouillot, 1952.

GARCIA, Secundino. "Mitologia... machiguenga". *Congrès International des Américanistes*, 27ª sessão. Lima, 1939.

GATSCHET, Albert Samuel. "The Klamath Indians of Southwestern Oregon". *Contributions to North American Ethnology*, II, 2 v. Washington D.C., 1890.

GILLIN, John. "The Barama River Caribs of British Guiana". *Papers of the Peabody Museum...*, v. 14, n. 2. Cambridge, Mass., 1936.

GILMORE, Raymond. M. "Fauna and Ethnozoology of South America". In: HSAI, v. 6, BBAE, v. 143. Washington D.C., 1950.

GIRAUD, R. "Le Tabac et son argot". *Revue des Tabacs*, n. 224, 1958.

GOEJE, Claudius Henricus de. "Philosophy, Initiation and Myths of the Indian of Guiana and Adjacent Countries". *Internationales Archiv für Ethnographie*, v. 44. Leiden, 1943.

GOLDMAN, Irving. "The Cubeo. Indians of the Northwest Amazon". *Illinois Studies in Anthropology*, n. 2. Urbana, 1963.

GOLDSCHMIDT, Walter. "Nomlaki Ethnography". UCPAAE, v. 42, n. 4. Berkeley, 1951.

GOUGENHEIM, Georges. *La Langue populaire dans le premier quart du XIXᵉ siècle*. Paris, 1929.

GOW-SMITH, Francis. *The Arawana or Fish-Dance of the Caraja Indians, Indian Notes and Monographs,* Museum of the American Indian, Heye Foundation, v. II, n. 2, 1925.

GRAIN, J. M. "Pueblos primitivos — Los Machiguengas". *Congrès international des Américanistes*, 27ª sessão. Lima, 1939.

GRANET, Marcel. *Danses et légendes de la Chine ancienne*, 2 v. Paris, 1926.

GREENHALL, Arthur M. "Trinidad and Bat Research". *Natural History*, v. 74, n. 6, 1965.

GRUBB, W. Barbrooke. *An Unknown People in an Unknown Land*. Londres, 1911.

GUALLART, José Maria. "Mitos y leyendas de los Aguarunas del alto Marañon". *Peru Indigena*, v. 7, n. 16-7. Lima, 1958.

GUEVARA, Padre José. "Historia del Paraguay, rio de la Plata y Tucumán". *Anales de la Biblioteca* etc., t. 5. Buenos Aires, 1908.

GUMILLA, José. *Historia natural... del rio Orinoco*, 2 v. Barcelona, 1791.

HENRY, Jules. *Jungle People. A Kaingáng Tribe of the Highlands of Brazil*. Nova York, 1941.

_____. "The Economics of Pilagá Food Distribution". *American Anthropologist*, n.s., v. 53, n. 2, 1951.

HÉROUVILLE, Pierre d'. *A La Campagne avec Virgile*. Paris, 1930.

HEWITT, John N. B. Art. "Tawiskaron", in *Handbook of American Indians North of Mexico. BBAE*, n. 30, 2 v. Washington D.C., 1910.

HISSINK, Karin; HAHN, Albert. *Die Tacana*, v. I. *Erzählungsgut*. Stuttgart, 1961.

HOFFMAN, B. G. "John Clayton's 1687 Account of the Medicinal Practices of the Virginia Indians". *Ethnohistory*, v. II, n. I, 1964.

HOFFMAN, Walter James. "The Menomini Indians". *14th ARBAE*. Washington, 1893.

HOFFMANN-KRAYER, Eduard. *Handwörterbuch des deutschen Aberglaubens*, 10 v. Berlim/Leipzig, 1927-42.

HOHENTHAL JR., William. "As tribos indígenas do médio e baixo São Francisco", *RMP*, n.s., v. 12. São Paulo, 1960.

HOLMBERG, Allan R. "Nomads of the Long Bow. The Siriono of Eastern Bolivia". *Smithsonian Institution, Institute of Social Anthropology*, n. 10. Washington D.C., 1950.

HOLMER, Nils. M.; WASSEN, Henry. "Nia-Ikala. Canto mágico para curar la locura". *Etonologiska Studier*, v. 23. Gotemburgo, 1958.

HUDSON, William Henry. *The Naturalist in La Plata*. Londres, 1892.

IHERING, Hermann von. "As abelhas sociaes indigenas do Brasil". *Lavoura — Boletim da Sociedade Nacional Agricultura Brasileira*, v. 6, 1902.

_____. "As abelhas sociaes do Brasil e suas denominações tupis". *Revista do Instituto Historico e Geográfico de São Paulo*, v. 8, [1903] 1904.

IHERING, Rodolpho von. *Dicionário dos animais do Brasil*. São Paulo, 1940.

IM THURN, Everard F. *Among the Indians of Guiana*. Londres, 1883.

IZIKOWITZ, Karl Gustav. "Musical and Other Sound Instruments of the South American Indians. A Comparative Ethnographical Study". *Göteborgs Kungl-Vetenskaps-och Vitterhets-Samhälles handligar Femie Följden*, Ser. A, v. 5, n. I. Gotemburgo, 1935.

JACOBS, Melville. "Northewest Sahaptin Texts". *Columbia University Contributions to Anthropology*, v. XIX, parte I, 1934.

KALTENMARK, Max. "Les Danses sacrées en Chine". *Sources orientales VI: Les Danses sacrées*. Paris, 1963.

KARSTEN, Rafael. "The Head-Hunters of Western Amazonas". *Societas Scientiarum Fenica. Commentationes Humanarum Litterarum*, t. 7, n. I. Helsingfors, 1935.

KENYON, K. W. "Recovery of a Fur Bearer". *Natural History*, v. 72, n. 9, 1963.

KESES M., P. A. "El Clima de la región de rio Negro Venezolano (Territorio Federal Amazonas)". *Memoria, Sociedad de Ciencias Naturales La Salle*, t. XVI, n. 45, 1956.

Bibliografia

KNOCH, K. "Klimakunde von Südamerika". *Handbuch der Klimatologie,* 5 v. Berlim, 1930.

KOCH-GRÜNBERG, Theodor. *Von Roroima zum Orinoco.* v. 2: *Mythen und Legenden der Taulipang und Arekuna Indianer.* Berlin, 1916.

KOZÁK, Vladimir. "Ritual of a Bororo Funeral". *Natural History,* v. 72, n. 1. Nova York, 1963.

KRAUSE, Fritz. *In den Wildnissen Brasiliens.* Leipzig, 1911.

KROEBER, *Alfred L.* "Handbook of the Indians of California". BBAE, v. 78. Washington D.C., 1925.

KRUSE, A. "Erzählungen der Tapajaz-Mundurukú". *Anthropos,* t. 41-4, 1946-9.

_____. "Karusakaybë, der Vater der Mundurukú". *Anthropos,* t. 46-7, 1951-2.

LABRE, Antonio R. P. "Exploration in the Region between the Beni and Madre de Dios Rivers and the Purus". *Proceedings of the Royal Geographical Society,* v. XI, n. 8. Londres, 1889.

LAFITAU, Joseph-François *Mœurs des sauvages américains comparées aux mœurs des premiers temps,* 4 v. Paris, 1724.

LAFONT, Pierre-Bernard. *Tóló i Djvat, Coutumier de la tribu Jarai* (Publicação da École française d'Extrême-Orient). Paris, 1961.

LAGUNA, Frederica de. "Tlingit Ideas about the Individual". SWJA, v. 10, n. 2. Albuquerque, 1954.

LAUFER, Berthold. "Introduction of Tobacco in Europe". *Leaflet,* v. 19, Anthropology, Field Museum of Natural History. Chicago, 1924.

LAYENS, Georges de; BONNIER, GASTON. *Cours complet d'apiculture.* Paris: Librérie Général de l'Enseignement, s.d.

LEACH, Edmund R. "Telstar et les aborigènes ou 'la Pensée sauvage' de Claude Lévi--Strauss". *Annales,* 1964.

LE COINTE, Paul. *A Amazônia brasileira: Árvores e plantas úteis.* Belém, 1934.

LEEDS, Anthony. *Yaruro Incipient Tropical Forest horticulture. Possibilities and Limits.* Ver: WILBERT (Org.), *The Evolution of Horticultural Systems,* 1961.

LEHMANN-NITSCHE, Robert. "La constelación de la Osa Mayor". RMDLP, t. 28 (3ª série, t. 4). Buenos Aires, 1924-25a.

_____. "La astronomia de los Tobas (segunda parte)", RMDLP, t. 28 (3ª série, t. 4). Buenos Aires, 1924-25b.

_____. "La astronomia de los Mocovi". RMDLP, t. 30 (3ª sér., t. 6). Buenos Aires, 1927.

_____. "Coricancha. El Templo del Sol en el Cuzco y las imágenes de su altar mayor". RMDLP, t. 31 (3ª s., t. 7). Buenos Aires, 1928.

_____. "El caprimúlgido y los dos grandes astros". RMDLP, t. 32. Buenos Aires, 1930.

LÉRY, Jean de. *Histoire d'un voyage fait en la terre du Brésil.* Org. Gaffarel, 2 v. Paris, 1880.

LÉVI-STRAUSS, Claude. "Contribution à l'étude de l'organisation sociale des Indiens Bororo". *Journal de la Société des Américanistes,* n.s., t. XVIII, fasc. 2. Paris, 1936.

_____. *Les Structures élémentaires de la parenté.* Paris, [1949] 1957.

_____. *Race et histoire.* Paris, 1952.

LÉVI-STRAUSS, Claude. *Tristes tropiques*. Paris, 1955.

_____. *Anthropologie structurale*. Paris, 1958.

_____. "La Geste d'Asdiwal". *École Pratique des Hautes Études, Section des Sciences religieuses*, Annuaire (1958-59). Paris, 1958.

_____. *Le Totémisme aujourd'hui*. Paris, 1962a.

_____. *La Pensée sauvage*. Paris, 1962b.

_____. *Mythologiques 1: Le Cru et le cuit*. Paris: Plon, 1964.

_____. "Le triangle culinaire". *L'Arc*, n. 26. Aix-en-Provence, 1965.

_____. "The Deduction of the Crane". In: MARANDA, P.; KÖNGÄS MARANDA, E. (Orgs.). *Structural Analysis of Oral Tradition*. Filadélfia: University of Pennsylvania Press, 1971.

LIPKIND, William. "The Caraja". In: *HSAI*, v. 3; *BBAE*, n. 143. Washington D.C., 1946-59.

LOEB, Edwin. "Pomo Folkways". *UCPAAE*, v. 19, n. 2. Berkeley, 1926.

LORÉDAN LARCHEY. *Nouveau Supplément au dictionnaire d'argot*. Paris, 1889.

MACHADO, Othon X. de Brito. "Os Carajás". *Conselho Nacional de Proteção aos índios*, n. 104, anexo 7. Rio de Janeiro, 1947.

MARCEL-DUBOIS, Claudie. "Le Toulouhou des Pyrénées centrales". *Congrès et colloques universitaires de Liège*, v. 19, Ethno-musicologie, II, 1960.

MASSIGNON, Geneviève. "La Crécelle et les instruments des ténèbres en Corse". *Arts et Traditions Populaires*, v. 7, n. 3-4, 1959.

MCCLELLAN, Catharine. "Wealth Woman and Frogs among the Tagish Indians". *Anthropos*, t. 58, n. 1-2, 1963.

MEDINA, José Toribio. "The Discovery of the Amazon" (trad. ing. B. T. Lee). *American Geographical Society Special Publication*, n. 17. Nova York, 1934.

MEGGITT, M. J. "Male-Female Relationships in the Highlands of Australian New Guinea". In: WATSON, J. B. (Org.). *New Guinea, the Central Highlands, American Anthropologist*, n.s., v. 66, n. 4, parte 2, 1964.

MÉTRAUX, Alfred. *La Religion des Tupinamba*. Paris, 1928a.

_____. *La Civilisation matérielle des tribus Tupi-Guarani*. Paris, 1928b.

_____. "Les Indiens uro-Cipaya de Carangas: La Religion". *JSA*, v. XVII, n. 2. Paris, 1935.

_____. "Myths and Tales of the Matako Indians". *Ethnological Studies*, v. 9. Gotemburgo, 1939.

_____. "Suicide Among the Matako of the Argentine Gran Chaco". *America Indigena*, v. 3, n. 3, México, 1943.

_____. "Estudios de etnografia chaquense". *Anales del Instituto de Etnografia Americana*. Universidad Nacional de Cuyo, t. 5. Mendoza, 1944.

_____. "Myths of the Toba and Pilagá Indians of the Gran Chaco". *Memoirs of the American Folklore Society*, v. 40. Filadélfia, 1946a.

_____. "Ethnography of the Chaco". In: *HSAI*, v. I; *BBAE*, n. 143. Washington D.C., 1946B.

_____. "Tribes of Eastern Bolivia and Madeira". In: *HSAI*, v. 3; *BBAE*, n. 143. Washington D.C., 1946c.

_____. "Mythes et contes des Indiens Cayapo (Groupe Kuben-Kran-Kegn)". *RMP*, n.s., v. 12. São Paulo, 1960.

Bibliografia

MÉTRAUX, Alfred; BALDUS, Herbert. "The Guayakí". In: *HSAI*, v. I; *BBAE*, n. 143. Washington D.C., 1946.

MONTOYA, Antonio Ruiz de. *Arte, vocabulario, tesoro y catacismo de la lengua Guarani* (1640). Leipzig, 1876.

MOONEY, James. "Myths of the Cherokee". *19th* ARBAE. Washington D.C., 1898.

MOURA, José de, S. J. "Os Münkü, 2ª Contribuição ao estudo da tribo Iranche". *Pesquisas, Antropologia*, n. 10. Porto Alegre: Instituto Anchietano de Pesquisas, 1960.

MURPHY, Robert F. "Mundurucú Religion". *UCPAAE*, v. 49, n. 1. Berkeley/Los Angeles, 1958.

MURPHY, Robert F.; QUAIN, Buell. "The Trumaí Indians of Central Brazil". *Monographs of the American Ethnological Society*, v. 24. Nova York, 1955.

NIMUENDAJU, Curt. "Die Sagen von der Erschaffung und Vernichtung der Welt als Grundlagen der Religion der Apapocúva-Guarani". *Zeitschrift für Ethnologie*, v. 46, 1914.

_____. "Sagen der Tembé-Indianer". *Zeitschrift für Ethnologie*, v. 47, 1915.

_____. "Bruchstücke aus Religion und Uberlieferung der Sipaia-Indianer". *Anthropos*, v. 14-7, 1919-22.

_____. "The Apinayé". *The Catholic University of America, Anthropological Series*, n. 8. Washington D.C., 1939.

_____. "The Šerente". Publ. of the Frederick Webb Hodge Anniversary Publication Fund, v. 4. Los Angeles, 1942.

_____. "Šerente Tales", *JAFL*, n. 57, 1944.

_____. "The Eastern Timbira". *UCPAAE*, v. 41. Berkeley/Los Angeles, 1946a.

_____. "Social Organization and Beliefs of the Botocudo of Eastern Brazil". *SWJA*, v. 2, n. 1, 1946b.

_____. "The Tukuna". *UCPAAE*, v. 45. Berkeley/Los Angeles, 1952.

NINO, Bernardino de. *Etnografía chiriguana*. La Paz, 1912.

NORDENSKIÖLD, Erland. *Indianerleben, El Gran Chaco*. Leipzig, 1912a.

_____. "La Vie des Indiens dans le Chaco" (trad. Beuchat). *Revue de Géographie*, v. 6, parte 3, 1912b.

_____. *Forschungen und Abenteuer in Südamerika*. Stuttgart, 1924.

_____. "L'Apiculture indienne". *JSA*, t. XXI, pp. 169-82, 1929.

_____. "Modifications in Indian Culture through Inventions and Loans". *Comparative Ethnographical Studies*, v. 8. Gotemburgo, 1930.

Normais Climatológicas (Ministério da Agricultura, Serviço de Meteorologia). Rio de Janeiro, 1941.

Normais Climatológicas da área da Sudene (Presidência da República, Superintendência do Desenvolvimento do Nordeste). Rio de Janeiro, 1963.

OGILVIE, John. "Creation Myths of the Wapisiana and Taruma, British Guiana". *Folk-Lore*, v. 51. Londres, 1940.

OKBERG, K. "Indian Tribes of Northern Mato Grosso, Brazil". *Smithsonian Institution, Institute of Social Anthropology*, n. 15. Washington D.C., 1953.

OLIVEIRA, Carlos Esteban de. "Os Apinayé do Alto Tocantins". *Boletim do Museu Nacional*, v. 6, n. 2. Rio de Janeiro, 1930.

OLSON, Ronald L. "The Social Organization of the Haisla of British Columbia". *Anthropological Records*, v. II. Berkeley, 1940.

ORBIGNY, Alcide d'. *Voyage dans l'Amérique méridionale*, v. 2. Paris/Estrasburgo, 1839-43.

ORELLANA, F. de. Testemunho. Citado em MEDINA, José Toribio. "The Discovery of the Amazon" (trad. ing. B. T. Lee). *American Geographical Society Special Publication*, n. 17. Nova York, 1934.

ORICO, Osvaldo. *Mitos ameríndios* (2ª ed.). São Paulo, 1930.

_____. *Vocabulário de crendices amazônicas*. São Paulo/Rio de Janeiro, 1937.

OSBORN, Henry. "Textos Folklóricos em Guarao". *Boletín Indigenista Venezolano*, anos III-IV-V, n. 1-4. Caracas, [1956-57] 1958.

_____. "Textos Folklóricos em Guarao II". *Boletín Indigenista Venezolano*, ano VI, n. 1-4, 1958.

_____. "Textos Folklóricos Guarao". *Anthropologica*, n. 9. Caracas, 1960.

PALAVECINO, Enrique. "Takjuaj. Un personaje mitológico de los Mataco". *RMDLP*, n.s., n. 7 (*Antropologia*, t. I). Buenos Aires, 1936-41.

PARSONS, Elsie C. "Kiowa Tales". *Memoirs of the American Folk-Lore Society*, v. XXVII. Nova York, 1929.

PAUCKE, Florian. *Pelo rio mar: Missões salesianas do Amazonas*. Rio de Janeiro, 1933.

_____. *Hacia allá y para acá: Una estada entre los índios Mocobies, 1749-1767*, 4 v. (trad. esp.). Tucumán/Buenos Aires, 1942-4.

PETITOT, Émile. *Traditions indiennes du Canada nord-ouest*. Paris, 1886.

PETRULLO, Vicenzo. "The Yaruros of the Capanaparo River, Venezuela". *Anthropological Papers*, n. 11, Bureau of American Ethnology. Washington D.C., 1939.

PIERINI, Francisco. "Mitología de los Guarayos de Bolivia". *Anthropos*, v. 5, 1910.

PLUTARCO. "De Ísis e Osíris". In: *Les Œuvres morales de Plutarco* (trad. Amyot), 2 v. Paris [1584].

POMPEU SOBRINHO, Thomaz. "Lendas Mehim". *Revista do Instituto do Ceará*, v. 49. Fortaleza, 1935.

PREUSS, Konrad Theodor. *Religion und Mythologie der Uitoto*, 2 v. Göttingen, 1921-3.

_____. "Forschungsreise zu den Kagaba". *Anthropos*, t. 14-21, 1919-26.

RAY, Verne F. "The Sanpoil and Nespelem". Reimpresso por *Human Relations Area Files*. New Haven, 1954.

REICHARD, Gladys A. "Wiyot Grammar and Texts". *UCPAAE*, v. 22, n. 1. Berkeley, 1925.

REICHEL-DOLMATOFF, Gerardo. *Los Kogi*, 2 v. Bogotá, 1949-51.

REINBURG, P. "Folklore amazonien. Légendes des Zaparo du Curaray et de Canelos". *JSA*, v. 13, 1921.

RHODE, E. "Einige Notizen über den Indianerstamm der Terenos". *Zeit. D. Gesell. F. Erdkunde zu Berlim*, v. 20, 1885.

RIBEIRO, Darcy. "Religião e mitologia Kadiueú". *Serviço de Proteção aos Índios*, n. 106. Rio de Janeiro, 1950.

RIBEIRO, Darcy. "Notícia dos Ofaié-Chavante". *RMP*, n.s., v. 5. São Paulo, 1951.

RIGAUD, Lucien. *Dictionnaire d'argot moderne*. Paris, 1881.

ROBERT, M. "Les Vanniers du Mas-Gauthier (Feytiat, près de Limoges) depuis un siècle". *Ethnographie et Folklore du Limousin*, n. 8. Limoges, 1964.

ROCHEREAU, Henri J. (com RIVET, P.). "Nociones sobre creencias, usos y costumbres de los Catios dei Occidente de Antioquia". *JSA*, v. 21, Paris, 1929.

RODRIGUES, João Barbosa. "Lendas, crenças e superstições". *Revista Brasileira*, t. x, 1881.

_____. "Tribu dos Tembés. Festa da Tucanayra". *Revista da Exposição Anthropologica*. Rio de Janeiro, 1882.

_____. "Poranduba amazonense". *Anais da Biblioteca Nacional de Rio de Janeiro (1886-1887)*, v. 14, fasc. 2. Rio de Janeiro, 1890.

_____. *O Muyrakytã e os idolos symbolicos. Estudo da origem asiática da civilização do Amazonas nos tempos prehistóricos*, 2 v. Rio de Janeiro, 1899.

RONDON, Cândido Mariano da Silva. "Esboço gramatical e vocabulário da língua dos índios Borôro". *Publ n. 77 da Comissão Rondon. Anexo 5, etnografia*. Rio de Janeiro, 1948.

ROSSIGNOL. *Dictionnaire d'argot*. Paris, 1901.

ROTH, Walter Edmund. "An Inquiry into the Animism and Folklore of the Guiana Indians". *30th ARBAE* (1908-1909). Washington D.C., 1915.

_____. "An Introductory Study of the Arts, Crafts, and Customs of the Guiana Indians". *38th ARBAE (1916-1917)*. Washington D.C., 1924.

ROYDS, Thomas Fletcher. *The Beasts, Birds and Bees of Virgil*. Oxford, 1914.

ROYS, R. L. "The Ethno-botany of the Maya". *Middle Amer. Research Ser. Tulane University*, v. 2., 1931.

_____. "The Indian Background of Colonial Yucatan". *Carnegie Institution of Washington*, v. 548, 1943.

RUSSELL, Frank. "The Pima Indians". *26th ARBAE (1904-1905)*. Washington D.C., 1908.

SAAKE, Wilhelm. "Die Juruparilegende bei den Baniwa des Rio Issana". *Proceedings of the 32nd Congress of Americanists (1956)*. Copenhague, 1958.

_____. "Dringende Forschungsaufgaben im Nordwestern Mato Grosso". *34e Congrès International des Américanistes*. São Paulo, 1960.

SAHAGUN, Bernardino de. *Florentine Codex. General History of the Things of New Spain*, 13 partes (trad. A. J. O. Anderson e Ch. E. Dibble). Santa Fé, 1950-63.

SAINEAN, Lazare. *Les Sources de l'argot ancien*. Paris, 1912.

SAINT-HILAIRE, Augustin François de. *Voyages dans l'intérieur du Brésil*. Paris, 1839-51.

SALT, G. "A Contribution to the Ethology of the Meliponinae". *The Transactions of the Entomological Society of London*, v. LXXVII. Londres, 1929.

SAPIR, Edward. "Wishram Texts". *Publications of the American Ethnological Society*, v. II, 1909.

SCHADEN, Egon. "Fragmentos de mitologia Kayuá". *RMP*, n.s., v. 1. São Paulo, 1947.

_____. *Aspectos fundamentais da cultura guarani*. Boletim n. 188, Antropologia, n. 4. São Paulo: Universidade de São Paulo, 1962.

SCHADEN, Egon. "Caracteres específicos da cultura Mbüá-Guarani". n. 1- 2. Revista de Antropologia, v. II. São Paulo, 1963.

SCHAEFFNER, André. "Les Kissi. Une société noire et ses instruments de musique". L'Homme, cahiers d'ethnologie, de géographie et de linguistique. Paris, 1951.

SCHAFER, Edward H. "Ritual Exposure in Ancient China". Harvard Journal of Asiatic Studies, v. 14, n. 1-2, 1951.

SCHOMBURGK, Robert. Travels in British Guiana (1840-1844) (trad. e org. W. E. Roth), 2 v. Georgetown, 1922.

SCHULLER, Rudolph. "The Ethnological and Linguistic position of the Tacana Indians of Bolivia". American Anthropologist, n.s., v. 24, 1922.

SHULTES, Richard Evans. "Botanical Sources of the New World Narcotics". Psychedelic Review, v. I, 1963a.

_____. "Hallucinogenic Plants in the New World". Harvard Review, v. I, 1963b.

SCHULTZ, Harald. "Lendas dos índios Krahó". RMP, n.s., v. 4. São Paulo, 1950.

_____. "Informações etnográficas sobre os Umutina (1943, 1944 e 1945)". RMP, n.s., v. 13. São Paulo, 1961-62a.

_____. "Informações etnográficas sobre os Suyá (1960)". RMP, n.s., v. 13. São Paulo, 1961-62b.

SCHWARTZ, H. B. "The Genus Melipona". Bull. Amer. Mus. Nat. Hist., v. LXIII. Nova York, 1931-2.

_____. "Stingless Bees (Meliponidae) of the Western Hemisphere". Bull. Amer. Mus. Nat. Hist., v. 90. Nova York, 1948.

SÉBILLOT, Paul. "Le Tabac dans les traditions, superstitions et coutumes". Revue des Traditions Populaires, t. 8., 1893.

SETCHELL, William Albert. "Aboriginal Tobaccos". American Anthropologist, n.s., v. 23, 1921.

SILVA, Alcionílio Brüzzi Alves da. A civilização indígena do Uaupès. São Paulo, 1962.

SIMONOT, D. "Autour d'un livre: 'Le Chaos sensible', de Theodore Schwenk". Cahiers des Ingénieurs agronomes, n. 195, abr. 1965.

SPEGAZZINI, Carlos. "Al través de Misiones". Rev. Facultad Agr. Veterinaria, Univ. Nac. de La Plata, ser. 2, v. 5, 1905.

SPIER, Leslie. "Southern Diegueño Customs". UCPAAE, v. 20, n. 16. Berkeley, 1923.

_____. "Klamath Ethnography". University of Washington Publications in Anthropology, v. III, 1930.

SPIER, Leslie; SAPIR, Edward. "Wishram Ethnography". University of Washington Publications in Anthropology, v. III, 1930.

SPRUCE, Richard. Notes of a Botanist on the Amazon and Andes, 2 v. Londres, 1908.

STAHL, Günther. "Der Tabak im Leben Südamerikanischer Völker". Zeit. Für Ethnol, v. 57, 1924.

STEWARD, Julian Haynes; FARON, Louis C. Native Peoples of South America. Nova York/ Londres, 1959.

STIRLING, Matthew W. "Historical and Ethnographical Material on the Jivaro Indians". BBAE, v. 117. Washington D.C., 1938.

STRADELLI, Ermano. "L'Uaupés e gli Uaupés. Leggenda dell'Jurupary". *Bolletino della Società geografica Italiana*, v. III. Roma, 1890.

_____. "Vocabulário da língua geral portuguez-nheêngatu e nheêngatu-portuguez etc.". *RIHGB*, t. 104, v. 158. Rio de Janeiro, 1929.

SUSNIK, Branislava J. "Estudios Emok-Toba. Parte I: Fraseario". *Boletin de la Sociedad cientifica del Paraguay*, v. VII, Etno-linguística 7. Assunção, 1962.

SWANTON, John R. "Tlingit Myths and Texts". *BBAE*, n. 39. Washington D.C., 1909.

TASTEVIN, Constantino. *La Langue Tapïhïya dite Tupï ou N'eêngatu etc.* (Schriften der Sprachenkommission, Kaiserliche Akademie der Wissenschaften, v. II). Viena, 1910.

_____. "Nomes de plantas e animaes em lingua tupy". *RMP*, t. 13. São Paulo, 1922.

_____. "La Légende de Bóyusú en Amazonie". *Revue d'Ethnographie et des traditions Populaires*, ano 6, n. 22. Paris, 1925a.

_____. "Le Fleuve Murú. Ses habitants — Croyances et mœurs kachinaua". *La Géographie*, v. 43, n. 4-5, 1925b.

_____. "Le Haut Tarauacá". *La Géographie*, v. 45, 1926.

TEBBOTH, Tomás. "Diccionario Toba". *Revista del Instituto de Antropologia de la Univ. Nac. de Tucumán*, v. 3, n. 2. Tucumán, 1943.

TEIT, James Alexander. "The Shuswap". *Memoirs of the American Museum of Natural History*, v. 6, 1909.

TESCHAUER, Carlos S. J. *Avifauna e flora nos costumes, superstições e lendas brasileiras e americanas* (3ª ed.). Porto Alegre, 1925.

THEVET, André. *La Cosmographie Universelle*, 2 v. Paris, 1575.

THOMPSON, D'Arcy Wentworth. *On Growth and Lorm*, 2 v., nova ed. Cambridge, Mass., 1952.

THOMPSON, John Eric. "Ethnology of the Mayas of Southern and Central British Honduras". *Field Mus. Nat. Hist. Anthropol. Ser.*, v. 17. Chicago, 1930.

THOMSON, M. "La Semilla del Mundo". In: *Leyendas de los índios Maquiritares en el Amazonas Venezolano* (recompiladas e apresentadas por James Bou). s.d., mimeografado.

THOMSON, sir Arthur Landsborough (Org.). *A New Dictionary of Birds*. Londres, 1964.

THORPE, William H. *Learning and Instinct in Animals* (nova ed.). Londres, 1963.

VAN BAAL, Jan. "The Cult of the Bull-roarer in Australia and Southern New-Guinea". *Bijdragen tot de taal-, land- en Volkenkunde*, v. 119, n. 2. Haia, 1963.

VAN GENNEP, Arnold. *Manuel de Folklore français contemporain*, 9 v. Paris, 1946-58.

VELLARD, Jean Albert. *Histoire du curare*. Paris, 1965.

VIANNA, Urbino. "Akuen ou Xerente". *RIHGB*, t. 101, v. 155 (1 de 1927). Rio de Janeiro, 1928.

VIMAITRE, Charles. *Dictionnaire d'argot fin-de-siècle*. Paris, 1894.

VIRGÍLIO. *Géorgiques* (texto estabelecido e traduzido por E. de Saint-Denis, 3ª reimp.). Paris, 1963.

WAGLEY, Charles. "World View of the Tapirapé Indians". *JAFL*, v. 53, 1940.

WAGLEY, Charles; GALVÃO, Eduardo. "The Tenetehara Indians of Brazil". *Columbia Univ. Contributions to Anthropology*, n. 35. Nova York, 1949.

WALLACE, Alfred Russel. *A Narrative of Travels on the Amazon and Rio Negro*. Londres, 1889.

WATERMAN, Thomas Talbot. "The Religious Practices of the Diegueño Indians". *UCPAAE*, v. 8, n. 6. Berkeley, 1910.

WEISER, Francis X. *Fêtes et coutumes chrétiennes. De la liturgie au folklore*. Paris, 1961. (trad. fr. de Christian Feasts and Customs, Nova York, 1954).

WELTFISH, Gene. *The Lost Universe*. Nova York, 1965.

WHIFFEN, Thomas. *The North-West Amazons*. Londres, 1915.

WILBERT, Johannes. "Problemática de algunos métodos de pesca etc.". *Memorias, Sociedad de Ciencias Naturales La Salle*, v. 5, n. 41. Caracas, 1956a.

_____. "Los instrumentos musicales de los Warrau". *Antropológica*, n. 1. Caracas, 1956b.

_____. "Rasgos culturales circun-caribes entre los Warrau y sus inferencias". *Memorias, Sociedad de Ciencias Naturales La Salle*, t. XVI, n. 45, 1956c.

_____. "Mitos de los indios Yabarana". *Antropológica*, n. 5. Caracas, 1958.

_____. "Puertas del Averno". *Memorias, Sociedad de Ciencias Naturales La Salle*, t. XIX, n. 54, 1959.

_____. "Erzählgut der Yupa-Indianer". *Anthropos*, t. 57, n. 3-6, 1962.

_____. *Indios de la región Orinoco-Ventuari*. Caracas, 1963.

_____. "Warao Oral Literature". *Instituto Caribe de Antropologia y Sociologia, Fundación La Salle de Ciencias Naturales*, Monografia n. 9. Caracas, 1964.

WILBERT, Johannes (Org.). *The Evolution of Horticultural Systems in Native South America. Causes and Consequences, a Symposium*. Caracas, 1961.

WILLIAMSON, Robert W. *The Mafulu. Mountain People of British New Guinea*. Londres, 1912.

WIRTH, D. Mauro. "A mitologia dos Wapixana do Brasil". *Sociologia*, v. 5, n. 3. São Paulo, 1943.

_____. "Lendas dos índios Wapixana". *RMP*, n.s., v. 4. São Paulo, 1950.

WRIGHT, Arthur Robinson; LONES, Thomas East. *British Calendar Customs. England*, v. II. *Fixed Festivals, Jan.-May Inclusive* (Publ. da Folklore Society, CII). Londres, 1938.

ZERRIES, Otto. "Kürbisrassel und Kopfgeister in Südamerika". *Paideuma*, v. 5, n. 6. Bamberg, 1953a.

_____. "The Bull-roarer among South American Indians". *RMP*, n.s., v. 7. São Paulo, 1953b.

Tabela de símbolos

△   homem

○   mulher

△ = ○   casamento (disjunção: #)

△ ○   irmão e irmã (disjunção: ⌐//⌐)

△ ○   pai e filho, mãe e filha etc.

T   transformação

$\longrightarrow$ se transforma em...

$\longleftrightarrow$ se transforma em...

:   está para...

::   assim como...

/   oposição

≡   congruência, homologia, correspondência

≢   não congruência, não homologia, não correspondência

=   identidade

≠   diferença

≈   isomorfismo

∪   união, reunião, conjunção

//   desunião, disjunção

ƒ   função

$x^{(-1)}$ x invertido

+ , −   estes sinais são utilizados com conotações variáveis em função do contexto: mais, menos; presença, ausência; primeiro, segundo termo de um par de oposições.

Índice de mitos

Nas páginas indicadas em **negrito** encontra-se a descrição dos mitos; nas demais, referências a eles.

a) Mitos deste volume

M188 Tenetehara: origem da festa do mel, **52**, 57, 66, 96, 133, 286, 418-9, 427

M189 Tembé: origem da festa do mel, **53**, 57-8, 66, 96, 133, 286, 418-9, 427

M189B etc. Tacana: o macaco e o vespeiro, 53

M190 Munducuru: o pajem insubordinado, **79**

M191 Irantxe (Munku): origem do tabaco, **81**, 82-6, 161, 493

M192 Ofaié: origem do mel, **91**, 94-6, 104, 181, 247, 470

M192B Kadiwéu: origem do mel, 95

M193 Tacana: a mancha amarela da pelagem da irara, 108

M194 Tacana: o casamento dos dióscuros (1), 108-9, 381, 412, 424

M195 Tacana: o casamento dos dióscuros (2), 109, 381, 412, 425, 434

M196 Tacana: o casamento dos dióscuros (3), 109, 381, 412, 523

M197 Tacana: o casamento dos dióscuros (4), 109, 381, 412, 434

M198-M201 Tacana: o combate dos animais, 108

M202 Amazônia: o ogro e a irara, 109, 113, 123, 187

M203 Botocudo: origem da água, **110**, 111

M204 Botocudo: origem dos animais, **110**, 111, 133, 486-7

M205 Mataco: origem das cobras venenosas, 112

M206 Toba: origem das cobras venenosas, 112

M207 Toba: o casamento de Raposo, **115-6**, 118, 123, 129, 131, 175

M208 Toba: Raposo em busca de mel, 116-7, 120-3, 228, 304, 528

M209A Mataco: origem das plantas selvagens (1), 117, 121, 123, 228, 304, 528

M209B Mataco: origem das plantas selvagens (2), 117

M210 Toba: Raposo entupido de mel, **121**, 123, 187, 304, 528

M211 Toba: Raposo doente, **129**, 346

M212 Toba: a moça louca por mel (1), **130-1**, 141, 143, 176

M212B Toba: o raposo e o cangambá, 131-2

M213 Toba: a moça louca por mel (2), **132**, 138, 143-4, 164-5, 169, 176, 188, 388

M214 Mataco: origem do hidromel, **132-3**, 375, 437

M215 Mataco: o mel e a água, 133

M216 Mataco: a moça louca por mel (1), **133-4**, 137-8, 141, 143, 175, 259, 262, 265

Índice de mitos

M217 Mataco: a moça louca por mel (2), 134, 141, 259

M218 Mataco: a moça louca por mel (3), **135**, 138, 141, 145

M218B Pima: o coiote enamorado de sua cunhada, 138

M219 Mataco: o enganador tapado e aprisionado, **136**, 137, 144, 305, 528

M219B Toba: o enganador incendiário e a origem do chocalho, 305, 509

M220 Munducuru: o raposo e o jaguar, 136-7

M221 Mundurucu: o raposo e o urubu, 137

M222 Mataco: a moça louca por mel (4), 138, 140

M223 Warrau: origem das capivaras, 139, 388

M224 Mocovi: origem das capivaras, **139**, 160, 176, 388

M225 Krahô: a moça louca por mel, **148**, 150, 153, 155, 157-8, 162-5, 320, 324, 399-400, 402, 405

M226 Krahô: a ave assassina, **149-51**, 154-8, 162-5, 169, 172, 400-2, 452

M227 Timbira: a ave assassina, 147, **151-2**, 156-9, 161, 163-5, 172, 400, 452

M228 Krahô: a velha transformada em tamanduá, **158-9**, 160, 400-2

M229 Xerente: origem dos tamanduás, 159, 400

M230 Toba: origem das estrelas e dos tamanduás, 160, 400

M231 Tukuna: o tamanduá e o jaguar, 161

M232A Kayapó: o tamanduá e o jaguar, 161, 400

M232B Bororo: o tamanduá e o jaguar, 161, 400

M233 Arawak: por que o mel é tão raro nos dias atuais, **182**, 184-5, 187-8, 192, 195, 203-4, 207, 210, 226, 296-7, 326, 351, 457, 503

M233B,C Warrau: por que o mel é tão raro nos dias atuais, 183

M234 Warrau: abelha e as bebidas adoçadas, **183-4**, 185, 187-9, 192, 195, 203-4, 296, 326, 351, 450, 457

M235 Warrau: abelha vira-se genro, **189-90**, 191-4, 200, 203-4, 207, 214, 220, 222, 227, 230, 272, 287, 291, 293, 297, 346, 411, 446-7

M236 Amazônia: o caçador recomposto, 190, 199-200, 203-7

M237 Arawak: a história de Adaba, **195-6**, 197-8, 200, 202-4, 206-7, 220, 222, 247, 297, 393, 399, 402, 446, 450, 452

M237B Karib: a história de Konowaru (cf. M230), 196-7, 450

M238 Warrau: a flecha partida, **200-2**, 203-7, 214, 226, 243, 248, 450, 452

M239 Kalina: a história de Kunawaru (cf. M237B), 202-7, 220, 222, 247, 297, 393, 399, 402, 450, 452, 503

M240 Tukuna: o caçador louco, **208-9**, 450

M241 Warrau: a história de Haburi (1), **210-3**, 215, 220, 222-5, 228-31, 233, 235-40, 242-7, 251, 254-9, 263, 266, 269, 272, 281, 287, 292, 297, 319, 341, 355, 362, 416, 448, 452

M242 Arawak: origem da bigamia, **215**, 222

M243 Warrau: a história de Haburi (2), 218, 230, 233, 254, 257, 268, 272, 341, 362, 436

M244 Warrau: a história de Haburi (3), 218-9, 230, 233, 246, 268, 341, 362

M244B Warrau: o povo canibal, 219

M245 Tukuna: origem dos poderes xamânicos, **227**, 231, 247, 291-2, 319, 341, 355, 436

554   *Do mel às cinzas*

M246   Mataco: o jaguar canibal, 228-9, 292, 362, 416, 427

M247   Baré: gesta de Poronominare, 232, 354, 363, 365, 483

M247B   Shipaya: origem dos botos, 232

M248   Mundurucu: a cura pelas ariranhas, 232-3, 236, 238-9

M249   Tacana: o dono dos peixes, 234

M250   Tacana: o povo dos anões sem ânus, 235

M251   Trumai: o povo sem ânus, 235

M252   Waiwai: o primeiro coito, 235, 245

M253   Yabarana: origem da menstruação, 235-6

M254A   Yupa: a ariranha ferida, 236, 246

M254B   Catio: o homem engravidado pelo miocastor, 236

M255   Mundurucu: origem dos sóis do verão e do inverno, 233, **237-8**, 239-40

M256   Tacana: o amante da lua, **239-40**, 388

M257   Mataco: origem das manchas da lua, **240-1**

M258   Warrau: Aboré, o Pai das invenções, 246-7, 254, 272, 297, 341, 362, 452

M259   Warrau: a noiva de madeira (1), 248-50, 251, 254, 260-2, 266, 271-5, 278-9, 281, 287, 303, 306, 332, 475

M260   Warrau: a noiva de madeira (2), 250-1, 260, 263, 266, 291, 475

M261   Tlingit: a noiva de madeira, 250, 475

M262   Tacana: a noiva de madeira, 250-1, 475

M263A,B   Warrau: a noiva de madeira (3), 251, 266, 269, 297, 475

M264   Karib: a rã, mãe do jaguar, **252-3**, 254, 267-9, 271, 273, 275, 277-80, 297, 303, 315, 342, 475

M264B   Amazônia: a mãe dos jaguares, 277, 475

M265   Wapixana: a moça louca por mel, **253**, 254, 305, 475

M266   Macuxi: a noiva de madeira, **254-5**, 256-9, 262-3, 266, 269, 271, 273, 277-81, 287, 297, 303, 305, 475

M267   Arawak: a noiva de madeira, 257-8, 475

M268   Cubeo: a noiva de madeira, **257**, 258, 263, 475

M269   Cubeo: o jacaré castrado, 149, 257-9, 263-5, 475

M270   Mundurucu: o jacaré sem língua, 262

M271   Waiwai: as ariranhas e a cobra (cf. M288), 263, 349

M272   Taulipang: a origem do fogo, **281-2**, 283

M273   Warrau: a criança roubada, **287-8**, 289-94, 297, 341, 412, 435-6

M274   Arawak: o jaguar transformado em mulher, **294-5**, 296-7

M275   Amazônia (Tupi): origem do culto de Jurupari, **312**, 315-6, 343

M276A   Amazônia (Tariana, Tukano): origem do culto de Bokan ou Izy, 313, 316, 327, 363

M276B   Baniwa: origem do culto de Jurupari, 346, 354, 398

M277   Anambé: a ogra Ceucy, **314**, 315, 321

M278   Warrau: história do homem que se transformou em ave, **320-1**, 322-3, 339

M279A,B,C   Kalina: a origem da constelação de Orion, 321-3

M279D   Warrau: a guerra fratricida, 321, 328

Índice de mitos

M279E Cavina: o menino escaldado, 323

M280 Machiguenga: a senhora-sal, 326

M281 Rio Negro: o sariguê e as Plêiades, 331

M282 Amazônia: o jabuti e o tapir, 333-5

M283A Amazônia (região de Tefé): o jabuti e o sariguê, **333-4**, 335-6, 363

M283B Amazônia: o jabuti e o jacaré, 335-6, 363

M284 Amazônia (região de Tefé): o jabuti e o jaguar, **334**, 363

M285 Karib (?): o tapir sedutor, **344**, 349-50

M286 Mundurucu: o preguiça-fêmea sedutor, 349

M287 Karib: o jaguar sedutor, 225, 349-50, 487

M288 Waiwai: a cobra alimentada (cf. M271), 263, 349, 483

M289 Karajá: o jacaré sedutor, 349-50

M290 Mundurucu: a cobra sedutora, 350

M291 Guiana (Arawak-Karib): o tapir sedutor, 350

M292A Bororo: origem do nome das constelações, **352-3**, 354-5, 359-61, 363, 375

M292B Bororo: origem da arraia com ferrão, 353, 360-1, 363

M292C Shipaya: o marido da arraia, 354, 360-1, 363

M292D Yurok: a senhora-arraia, 354, 360-1, 363

M293 Bororo: por que as espigas de milho são murchas e mirradas, **356**, 258-9, 263-4, 366, 368, 370, 375-6

M294 Tembé: por que a mandioca cresce lentamente, **356-7**, 358-9, 364, 370, 375, 508

M295A Guarayo: origem das plantas cultivadas, 357

M295B Chimane e Mosetene: a origem dos animais selvagens, 357

M296 Tenetehara: origem das plantas cultivadas, 357

M297 Tukuna: da conflagração ao dilúvio, 357

M298 Machiguenga: origem dos cometas e dos aerólitos, 341, **359-60**, 361-4, 369-70, 376

M299 Machiguenga: origem das plantas cultivadas, **365-6**, 368-70, 432-3

M300A Tacana: história do desaninhador de pássaros, **382-3**, 384, 389, 391, 393-4, 411

M300B Tacana: o hóspede dos tatus, 386, 411

M301 Toba: a cobra que come mel, 384, 466

M302 Tacana: a mulher louca por carne, 139, **387-8**, 289-90, 396, 401

M303 Tacana: a educação dos rapazes e das moças, 386, 391, **394-7**, 399-402, 404-7, 411

M304 Tukuna: a família que se transformou em jaguares, **413-4**, 415-20, 425-30, 435-6, 439-40, 442-4, 453-5, 465, 470

M305A Wapixana: a descoloração do tucano, 418

M305B Chiriguano: o coletor de mel salvo pelo tucano, 418-9

M306 Mataco: a primeira árvore, 423

M307 Tacana: o pica-pau tamborileiro, 424

M308 Guarani: os grãos queimados, 424

M309 Zuñi: o sal queimado, 424

M310 Tukuna: o jaguar devorador de crianças, **425-6**, 427-30, 434-7, 440-1, 444, 481

M311 Japão: o "bebê" chorão, **431**

M312 Chimane-Mosetene: o bebê chorão, 432

M313 Cashinaua: o bebê chorão, **432**

M314 Witoto: a mulher louca por morcegos, 434

M315A Xerente: a origem dos morcegos, 434

M315B Aguaruna: a origem dos morcegos, 434

M316 Mataco: os morcegos canibais, 434

M317 Warrau: uma aventura de Kororomanna, **438-9**, 460

M318 Tukuna: a origem das máscaras de casca de árvores, 419, **441-2**, 443-4

M319 Karib: as moças desobedientes, **446**, 447, 449

M320 Karib: a origem do tabaco, **447**, 449

M321 Karib: o espírito agradecido, 447-9

M322 Tacana: os excrementos do preguiçoso, 450, 485

M323 Tacana: o guariba e o preguiça, 450, 485

M324 Tacana: o Espírito e a mulher humana, 452

M325 Arawak: o casamento do peixe-elétrico, **454**

M326A Tupi amazônico: origem da noite, 243-4, 314, 457, **472-3**, 474, 476-7

M326B,C Karajá: origem dos patos, 244

M327 Warrau: origem do tabaco e dos poderes xamânicos (1), 280, **480-1**, 482-93, 495-8, 504

M328 Warrau: origem do tabaco e dos poderes xamânicos (2), 280, **481-2**, 486, 493, 498

M329 Tacana: a mulher-bicho-preguiça, 483

M330 Mundurucu: origem do preguiça, 483

M331 Ipurina: as cegonhas e a podridão, 280, 454, 491

M332 Jivaro: a garça ladra, 491

M333A Aguaruna: o pato ladrão, 491

M333B Maquiritare: os ovos podres, 491

M334 Arekuna: origem do tabaco e das outras drogas mágicas, **495-6**, 498

M335 Arawak: a origem do tabaco e do chocalho, 496

M336 Karib (Barama): origem do tabaco e do chocalho, 496

M337 Witoto: origem dos porcos-do-mato, 500

M338A Cashinaua: origem dos porcos-do-mato, 40, 501

M338B Shipaya: origem dos porcos-do-mato, 40, 501

M339 Peru (Huamachuco): a cabaça diabólica, 506, 529

M340 Nahuatl: a cobra-cabaça, 507, 529

M341 Tamupasa: a cobra-cabaça, 507-8

M342 Witoto: o pote diabólico, 507

M343 Witoto: a senhorita denominada Cabaça-debaixo-d'água, 507-8

M344A Apinayé: origem das cabaças e da humanidade, 508, 513-4

M344B Maipure: origem dos frutos da palmeira e da humanidade, 508, 513-4

M345 Taulipang: os objetos mágicos, 509, 511, 517, 529

M346 Arekuna: os objetos mágicos, 234, 509, 511, 517

M347 Shuswap: a manquitola, 520, 523

Índice de mitos

M348 Cowlitz: a criança de pernas tortas, 520, 523
M349 Salish: a criança de pernas tortas, 520, 523
M350 Sanpoil-Nespelem: o enfermo senhor da primavera, 520, 523
M351 Wishram: a manquitola filha da lua, 520, 523
M352 Wasco: o enfermo ressuscitado, 520, 523
M353 Karajá: os astros manquitolas, 523

b) Complemento de mitos parcialmente resumidos no primeiro volume

M17 Warrau: por que os porcos-do-mato são raros, **501-2**, 503
M47 Kalapalo: a esposa do jaguar, 271, 424
M62 Kayowá [Kayuá]: os donos do fogo (detalhe), **110-1**
M86A Amazônia: o bebê chorão, **432**
M97 Mundurucu: o sariguê e seus genros (trecho), **106**
M98 Tenetehara: o sariguê e seus genros (trecho), **106**
M99 Wapixana: o sariguê e seus genros (trecho), **107**
M109B Guarani do Paraná: o mel nutridor (trecho), 331, **332**
M135-M136 Taulipang-Arekuna: a origem das Plêiades (trecho), 109, 303-6, 315, **316-7**, 341, 362, 486
M142 Apinayé: a ave assassina (continuação), **145-7**, 148, 150-3, 155-8, 162-5, 169-70, 320, 324, 400, 405
M157B Mundurucu: a origem da agricultura, **76**, 77-8, 127
M177A,B,C Karajá: as flechas mágicas, 247, 400, **450-1**, 452-5
M177D Karajá: a origem dos peixes pirarucu, 247, 400, 450, 454

c) Remissão a outros mitos do primeiro volume

M1-M12, 492
M1-M20, 345
M1, 37, 39, 82-7, 384, 387-8, 487-93, 499
M2, 329, 353-5, 360-1
M3, 329, 520, 523
M5, 427-30, 433, 436
M7-M12, 37-9, 44, 83, 281, 289-90, 347, 380-2, 384, 391-3, 399, 402, 407, 489-90, 492-3, 498-9
M14, 37
M15, 37-44, 46-7, 353, 380, 399, 402, 498, 502
M16, 37-43, 46-7, 62-4, 343, 347, 353, 380, 502
M18, 39-40, 47, 353, 399, 402, 498, 502
M19, 347, 501
M20, 41-6, 292, 324, 345

M21, 40, 45-6, 61-4, 246, 388-90

M22, 49, 380, 393, 399, 402, 415-6, 419, 493, 498-9

M23, 49, 61, 228, 362, 380, 393, 399, 415-6, 419, 427, 493, 498-9

M24, 49, 61, 292, 324, 361-2, 380-1, 393, 399, 402, 411-2, 415-6, 419-20, 423, 427, 435, 448-9, 466, 493, 498-9, 509, 519

M25, 40, 380, 498

M26, 47, 60-4, 87, 371, 493, 498

M27, 60-4, 86-7, 235, 216, 493

M28, 315-6, 321, 345, 512, 515, 518, 529

M34-M35, 77-8, 159

M40, 434

M46, 113, 424

M49, 349

M55, 335

M56, 104

M58, 398

M70, 53

M75, 99, 102

M78, 452

M80, 350, 474-5

M87-M92, 94, 269, 330, 347

M93, 269, 513

M96, 270, 337

M100-M102, 333

M103, 131, 142-4, 337

M108, 94

M110-M118, 94

M111, 127

M114, 342

M115, 244

M117, 396, 399, 402

M124, 82-3, 102

M131, 139, 141, 160

M131B, 345

M134, 303-6, 316-7

M138, 513

M139, 403

M144-M145, 319, 346

M150, 148-9, 342-3, 349

M151, 343, 350

M153, 343, 349

M154, 343

M155, 350
M156, 148, 323, 349-50, 487
M156-M160, 323
M158, 323, 346
M159, 148, 323, 343, 350
M161, 393, 399, 402, 452
M172, 251
M175, 121, 136, 252, 452
M179, 490
M183, 350

Por tribo

Aguaruna M315B, 333A
Amazônia e Rio Negro M202, 236, 264, 275, 276, 281, 282, 283A, 283B, 284, 326A
Anambé M277
Apinayé (M142), M344A
Arawak M233, 237, 242, 267, 274, 291, 325, 335
Arekuna M334, 346
Baniwa M276B
Baré M247
Bororo M232B, 292A, 292B, 293
Botocudo M203, 204
Cashinaua M313, 338A
Catio M254B
Cavina M279E
Chimane e Mosetene M295B, 312
Chiriguano M305B
Cowlitz M348, 349
Cubeo M268, 269
Guarani (M109B), M308
Guarayo M295A
Ipurina M331
Irantxe M191
Japão M311
Jivaro M332
Kadiwéu M192B
Kalapalo (M47)
Kalina M239, 279A, 279B, 279C
Karajá (M177A-D), M289, 326B, 353
Karib M237B, 264, 285, 287, 291, 319, 320, 321, 336
Kayapó M232A

Kayowá [Kayuá] (M62)
Krahô M225, 226, 228
Machiguenga M280, 298, 299
Macuxi M266
Maipure M344B
Maquiritare M333B
Mataco M205, 209A, 209B, 214, 215, 216, 217, 218, 219, 222, 246, 257, 306, 316
Mocovi M224
Mundurucu (M97, 157B), M190, 220, 221, 248, 255, 270, 286, 290, 330
Nahuatl M340
Ofaié M192
Peru (Huamachuco) M339
Pima M218B
Sanspoil-Nespelem M350
Shipaya M247B, 292C, 338B
Shuswap M347
Tacana M189B etc., 193, 194, 195, 196, 197, 198, 199, 200, 201, 249, 250, 256, 262, 300A, 300B, 302, 303, 307, 322, 323, 324, 329
Taulipang (M135, 136), M272, 326C, 345
Tembé M189, 294
Tenetehara (M98), M188, 296
Timeira M227
Tlingit M261
Toba M206, 207, 208, 210, 211, 212, 212B, 213, 219B, 230, 301
Trumai M251
Tukuna [Tikuna] M231, 240, 245, 297, 304, 310, 318
Tumupasa M341
Tupi amazônico *ver* Amazônia
Witoto M314, 337, 342, 343
Waiwai M252, 271, 288
Wapixana (M99), M265, 305A
Warrau (M17), M223, 233B, 233C, 234, 235, 238, 241, 243, 244, 244B, 258, 259, 260, 263A, 263B, 273, 278, 279D, 317, 327, 328
Wishram-Wasco M351, 352
Xerente M229, 315A
Yabarana M253
Yupa M254A
Yurok M292D
Zuñi M309

Índice de figuras

p. 54 O caçador de araras (desenho de Riou, segundo Crevaux, 1883, p. 263) [1]

p. 74 Abelha mandaçaia (*Melipona anthidioides quadrisfasciata*) (cf. Ihering, 1940, art. "mandaçaia") [2]

p. 89 Cauim, hidromel e bebida de tabaco na América do Sul (redesenhado a partir de *Handbook of South American Indians,* 1940, v. 5, pp. 533, 540) [3]

p. 106 O lobo-do-mato ou guará (cf. Ihering, art. "guará") [4]

p. 111 Irara (*Tayra barbara*) (cf. A. E. Brehm [1891] s.d., v. 1, p. 601) [5]

p. 112 Tabaco, pimenta, mel [6]

p. 117 Uma raposa sul-americana (cf. Ihering, 1940, art. "cachorro-do-mato") [7]

p. 122 O carancho (*Polyborus plancus*) (cf. Ihering, 1940, art. "carancho") [8]

p. 124 O carcará (*Milvago chimachima*) (cf. Ihering, op. cit., art. "caracará") [9]

p. 162 A luta entre o jaguar e o tamanduá (redesenhado a partir de Nim., 1952, fig. 13, p. 142) [10]

p. 186 Sistema das oposições entre bebidas fermentadas e bebidas não fermentadas [11]

p. 229 Bombacácea. Figura do jogo de fios, índios Warrau (cf. Roth, 1924, p. 533, fig. 300) [12]

p. 309 Regime pluvial na Guiana e na bacia do rio Negro (cf. Knoch, 1930, p. G85) [13]

p. 353 Arraia com ferrão. Figura do jogo de fios, índios Warrau (cf. Roth, 1924, pp. 543, 318) [14]

p. 374 Estrutura do código acústico [15]

p. 417 Tucanos (desenho de Valette, a partir de Crevaux, 1883, p. 82) [16]

p. 438 O mel ou a árvore oca. Figura do jogo de fios, índios Warrau (cf. Roth, 1924, pp. 525, 288) [17]

p. 456 Representação esquemática do /wabu/ (cf. Nim., 1942, ilustr. III) [18]

p. 456 Os dois /hetsiwa/ (cf. Krause, 1911, p. 333) [19]

p. 493 Sistema das relações entre mitos do tabaco fumado (*à direita*) e do tabaco bebido (*à esquerda*) [20]

p. 499 Sistema das relações entre mitos sobre a origem da água, do fogo e do tabaco [21]

p. 505 Sistros antigos e chocalhos americanos (cf. Lafitau, t. 1, p. 194) [22]

p. 518 Sistema das operações culinárias [23]

p. 530 Sistema da cabaça [24]

Para esta edição as figuras foram redesenhadas por Anna Ferrari.

Índice remissivo

Para as tribos citadas com mais frequência, veja-se o índice de mitos, segunda parte ("por tribo"). Os nomes de pessoas (em versalete) remetem aos autores citados ou discutidos no texto, excetuando-se as referências etnográficas, que, sendo tantas vezes repetidas, julgamos iriam alongar inutilmente o índice, complicando a consulta em vez de simplificá-la.

Abacate, abacateiro, 344
abelha, 19, 34, 53-4, 71-6, 78-9, 92-5, 97, 102-4,
    109, 121, 130, 133-8, 142, 144-6, 148, 150, 152,
    156, 164-5, 174, 182-4, 188-95, 197-8, 203-4,
    213, 220, 222, 230, 264, 286, 291, 295-6, 302,
    311, 325-6, 332-3, 336-7, 380, 410, 434, 437,
    444, 452, 465, 500-1, 508, 528
Abipones, 73
Aboré ou Haburi, 210-3, 217-8, 222-3, 226,
    230-1, 233, 236-40, 242, 244-7, 254, 297, 336
Acacia aroma, 126
acústica *ver* barulho, silêncio; canto;
    linguagem, linguística; música
Adônis, 463
aerolito, cometa, 359-63, 369
agrário (rito), 363-4
água celeste, terrestre, 85-6, 98, 119, 127-8,
    194, 258, 286-9, 492-3, 499; *ver também*
    corrente, estagnada (água)
agudo, grave, 398
aigé, 422, 426, 470-1, 474
alcatraz, 251
Aldebarã, 344
algarobo, 90, 116, 125-6, 131, 423
algazarra, 13-4, 353-5, 359, 363, 368, 411-78,
    485, 490, 512, 519, 530-2
algodão, 41, 44, 59, 76, 80, 182, 187, 239, 252-3,
    280, 287, 303, 360, 480, 507
alongado, arredondado, 233, 238, 304, 397
alouatta sp, 450; *ver também* guariba (maca-
    co)
amargo, doce, 10-1, 18, 75, 185-6, 325-6
Amaterasu, 431
amazonas, 349, 487, 496
América do Norte, 36, 87, 117, 138, 221, 233-4,
    242-4, 250-1, 284, 349, 353-4, 515

amoreira, 522, 527
Amuesha, 364
anacardiácea, 266-7
ananás, 336
Angelica, 395
Anodorhynchus hyacinthinus, 99, 146;
    ver também arara
anões sem ânus, 234-5; *ver também* tapado,
    furado
Anona montana, 105
anonácea, 60, 105, 453
Apapocuva, 331, 439
Apocinácea, 158
apolo, 98
aranha, 129, 326, 396
Arapaima gigas, 451, 454; *ver também*
    pirarucu
arapuã (mel), 148; *ver também* irapuã
arara, 49, 52-8, 60, 93, 98-100, 108, 146, 157,
    239, 381-3, 391-2, 411-2, 416-9, 427, 434,
    489-90
araticum, 91-105
arco-íris, 102-3, 134, 141, 321, 329, 331, 350,
    432-3, 454, 458
Áries (constelação), 139-40, 161, 307
ariranha, lontra, 61-4, 86-7, 114, 212, 231-40,
    242, 245-6, 256-8, 262-4, 266, 389, 510
Aristeu, 457
arraia, 352-4
arroz selvagem, 387
Astrocaryum, 150, 216
Attalea sp. (palmeira), 397
Austrália, 435, 466-7
Áustria, 521
aves, cor das, 251, 263, 272, 291
azywaywa (árvore), 53; *ver também* laurácea

Índice remissivo

baixo, alto *passim*

bambu, 335, 360, 363, 391, 420-2, 426-7, 437, 439-41, 459

banana, 76, 357, 366, 382, 397, 450

Banisteriopsis, 90

Baniwa, 346, 354, 398

barulhento, 284, 464

barulho, silêncio, 51, 133, 196, 201, 211, 221, 242, 283-4, 359, 363, 368, 378, 382-4, 397, 413-4, 424, 426, 437-9, 442, 446, 457-9, 463-6, 472, 490, 511-2, 515-7, 529, 532-3

bastão de ritmo, 415, 426, 428, 437-41, 444, 528-9

batata, 150-2, 366, 501

Baudelaire, c., 341

bebê chorão, 227, 231-2, 293, 319, 355, 430-6, 486-8, 512

Beethoven, l. van, 299

beija-flor, 92, 102, 107, 120, 326; *ver também* colibri

Berthe, c., 29, 445

bigamia, 215

Billiard, R., 465

Boa constrictor, 382

Bodelschwingia macrophylla, 228, 445

Bokan, 313

bolor, 196, 201-3, 207-9, 446-7; *ver também* podre

bombacácea, 128, 213, 228-30, 253, 445, 448, 491

Bombax ceiba, globosum ver bombacácea

borá (mel), 93, 152, 156, 165

Bornéu, 242

Boro, 378

boto, 232, 354, 453

Boyusu, 511

bromeliácea, 126

bunia (ave), 249-51, 260, 273-4, 278

buriti (palmeira), 455; *ver também Mauritia flexuosa*

cabaça, 20, 44, 51, 53, 74, 91-3, 95, 106-7, 120, 134, 142, 183, 349-51, 357, 360, 364, 375, 377, 451, 458, 465, 471, 479, 481-2, 487, 497, 504, 506-18, 529-30, 533

cabeça que rola, 509

caça, rito de, 149-78, 181, 394-7

cachorro, 114, 117, 172, 233, 288, 294, 512

caga-fogo (mel), 93, 102

caipotá (mel), 332

Calophyllum callaba, 230

camaleão, 331

camapu, 356-8

Campa, 364

cana-de-açúcar, 76, 151, 182

Canela, 147, 170, 508

canga, 430, 444

cangambá, 99, 102-3, 131

canibal, 55-6, 84-5, 109, 145-6, 149-51, 155, 202-3, 205, 219, 222, 226-9, 270, 281, 292, 294, 340, 388, 393, 400, 419, 427, 433-4, 436-7, 442-4

Canis jubatus, 105

canoa, 213, 220, 229-30, 240, 243-7, 255-6, 279, 320, 336, 472, 481, 496, 511

canoeiro, 85

canto, 363, 374-5, 377, 410, 426, 446, 481-2, 520-1

capivara, 132, 138-41, 144, 160-4, 176, 188, 305, 307, 388-90, 400-1

Capparis retusa, 125

Capparis salicifolia, 125; *ver também sacha sandía*

Capparis speciosa, 126

Caprimulgus sp. *ver* curiango

caraguatá, 126

carancho, 121-3, 509

caranguejo, 280, 510

carcará (ave), 123-4, 321

careca, 143, 496, 498, 506, 515, 522

caripé (árvore), 396

Carnaval, 464, 467, 525; *ver também* Quaresma, terça-feira gorda

Carneiro (constelação) *ver* Áries (constelação)

carnívoro, 55-7, 108, 418, 448

cassiri, 182-3

castanheira, 394

Catio, 236, 242, 397

cauim, 75, 88-90, 116, 119, 125-6, 131, 174-5, 182, 184-5, 187, 192, 210-1, 252, 316, 325-6, 360, 366, 375, 412, 501

Cavia aperea, 104; *ver também* preá

cegonha, 314, 454, 491

Ceiba, 445-8; *ver também* bombacácea

Ceophloeus lineatus, 142

cera, mel, 73-4, 88, 97, 116, 137, 173, 190-1, 197, 199-200, 211, 213, 229-30, 247, 335-7, 453, 500

cervídeo, 84, 114, 138; *ver também* veado

céu, terra *passim*

Ceucy, 311-5, 327-30, 343

chamado assobiado, 350-3, 255-6, 358-9, 363-84, 465, 467, 470, 512, 513
chamado percutido, 352, 363-84, 398, 400, 411-13, 458, 465-7, 470, 512, 516
chanar, 125
Charrua, 88
Cherokee, 222
Chibute, 394-7
China, 284, 461-2, 465, 468, 521
Chippewa, 284
chocalho, 13-4, 18, 20, 211, 237, 274-9, 439-40, 460, 478-82, 487-8, 496-7, 500-16, 528-30, 533
Chorisia insignis 116, 228, 445; *ver também* yuchan
Choroti, 515
Chrysocion brachiurus jubatus, 105
chuva *ver* sazonal (ciclo)
cilindro de pedra, 399, 440
Cinosteron scorpioides, 334; *ver também* tartaruga
Cinta Larga, 85
Citrullus sp., 123; *ver também* melancia
Clastres, Pièrre, 85, 97, 363
clusiácea, 230
cobra, 60-1, 64, 86, 110, 112, 232, 239-40, 247, 249, 253, 263-4, 274, 292, 305, 310-1, 313-4, 329, 349-50, 362, 380-5, 390-2, 394, 400, 411, 432, 448-9, 451-4, 457-8, 466, 472, 474-5, 507-11
cobra-cabaça, 509
cobra de fogo, 232
cobra-papagaio, 382, 390
coca, 80
cocho, 133, 174-5, 215-7, 375, 427, 437, 444-5, 522-3, 528, 534
Cocos sp. (palmeira), 92
cogumelo, 76, 94, 209, 414, 436
coiote, 138
colibri, 83, 106-7, 110, 280, 481-2, 487-92, 495; *ver também* beija-flor
colmeia, 36, 95, 106-8, 138, 148, 150, 156, 305, 332, 444, 528-9
Colômbia, 74, 113, 434
concha, 41, 44
conjunção, disjunção *passim*
constelações, 98, 139-41, 161, 277-8, 280, 303, 306-7, 310-3, 315, 321-2, 329-30, 339, 343-4, 352-3, 355, 360
continente, conteúdo, 125, 127, 136-7, 217, 220, 230, 250, 276, 304, 446, 510, 516, 526-8, 533-4

contínuo, descontínuo, 310-1, 317, 329, 371, 377, 384, 424, 473, 494, 532-3
corrente, estagnada (água), 220-3
Corvo (constelação), 98, 277-8
corvo (zoologia), 98, 143, 252, 424
cozinha, 10-3, 22, 34, 36-8, 42-9, 55, 59-60, 77, 82, 86, 221, 241, 289-94, 297, 346-7, 368, 380-2, 393, 461, 469, 476, 490, 492, 499-500, 511-2, 517-8, 530-4
Crax sp., 110, 195, 208, 252, 321; *ver também* mutum
Crax tomentosa, 322
crisobalanácea, 396
Crocodilus babu, 265
cromatismo, 329
Crotophaga ani, 321
cru, cozido *passim*
cruz, 53, 423, 435, 439-40
Cruzeiro do Sul, 322
Cucurbita sp., 423
cujubim (ave), 472
cultura, natureza *passim*
Cuna, 395
cunauaru (rã), 109, 113, 196-8, 202, 226-8, 230, 233, 236, 248, 287, 445
cupim, 158
curare, 85, 452
curiango, 152
curto, longo, 105, 109, 114-5, 152, 238-41, 272, 325, 398, 436-7, 445, 455, 509, 512, 529
curupira, 109, 123
cutia, 114, 201-2, 304-5, 317, 447-50, 513

Dasyprocta, 449-50; *ver também* cutia
Datura, 90
Deavoavai, 382-3, 394
dedução (empírica, transcendental), 57, 282-3, 287, 343, 390, 396, 406, 449, 467, 500
Dendrocygna viaduta, 420
dentado, desdentado, 159-60, 164, 305, 400, 426
Desmodus sp., 434
Dicotyles labiatus, 38; *ver também* queixada, porco-do-mato
Diegueño, 361
Dietschy, H., 452-3
Dinari, 313
doce, enjoativo, 185-7
doenças, 126, 164, 166, 310, 329, 395, 428, 433, 482, 519

Índice remissivo

Dyai, 425-6
Dyori, 418

eclipse, 13, 368, 478, 500, 531-2
educação, 176, 327, 340, 394-7, 400, 405-8
Electrophorus electricus, 454; *ver também* peixe-elétrico
ema, 111, 126, 157, 167-8
embaúba (árvore), 414-5, 420
embira (árvore), 414-5, 418
entrecasca, 127-8, 396, 415
enxame, 34, 74, 138, 183, 413, 437
epíteto, 221, 374, 376-7, 525
Eschweilera sp., 443
Escorpião (constelação), 161-2
escrofulariácea, 522
espaço, 35, 172-3, 177-8, 476-7
esperma, 435
esquilo, 523
Esquimó, 251
estrela d'alva, 218, 239-40, 310, 472
Estrela, esposa de um mortal, 269, 330
estruturalismo, 147, 153, 392, 403-4, 407, 475, 524, 536, 570
euforbiácea, 126
Eurídice, 457
excremento, 72, 121-2, 212, 218, 231, 234-5, 238, 240-2, 245, 256, 258, 272-3, 280, 293, 297, 326, 334, 342, 355, 406, 412, 435-6, 450, 482, 489-90

faca, facão, 106, 131, 201, 218, 230, 255, 356-7, 362-4, 375, 391
falconídeo, 95, 123, 143, 167, 400
feijão, 424
fermentado, 11, 14, 75-6, 88, 90, 133, 175, 185-6, 210, 325-6, 339, 366, 449; *ver também* cauim
fervido, assado, 72, 80, 90, 92, 227, 352, 386, 393, 396, 520
feto, 174, 292
Ficus, 393, 414, 522
fígado, 320, 396-7, 414-6, 436; *ver também* víscera
flauta, 212, 230, 238, 302, 313, 333-6, 363-4, 371, 374-8, 391
floresta, cerrado, 98-101, 106, 146, 148, 157-8, 167-9
flutuação, 395
fogo (técnica de produção), 275-90, 364, 461-3
formiga, 52-3, 132-5, 209, 226, 314, 360, 391

fraco, forte, 63, 81, 87, 90, 160, 184-6, 187, 511
França, 394, 459, 464, 525, 526
Frazer, James G., 461, 463-5, 521, 526-7
fumaça, 10, 34-5, 39-40, 43, 45-8, 61-3, 80-1, 86, 112, 235, 419-20, 442, 446-9, 498-501, 503-4
funerário, rito, 280, 365, 421-2, 522

gafanhoto, 83, 140, 150, 152, 157, 168-9, 460, 473, 489
galináceo, 144, 321
gallineta (ave), 143-4
ganso selvagem, 420
gato selvagem, 114
gêmeos (mito tupi), 270-1, 273, 278, 331-3, 337, 342
Genipa americana, 397
gimnotídeo, 454
Goajiro, 122
Golaud e Mélisande, 151
Gourleia decorticans, 125
grilo, 108-9, 473
grou, 255, 278-81, 283-4, 481-2, 490, 492
Gualtheria uregon, 250
Guarani, 199, 221, 311-3, 331-2, 335-8, 390, 399, 423-4, 439-40
Guarayo, 112, 357
guariba (macaco), 107, 247, 396, 438, 446, 449-50, 452, 484-5
Guayaki, 85, 97, 363, 500
guizo, 374, 377-8, 426, 460, 508
gutífera, 230

Haida, 237
Hesíodo, 53
hetsiwa, 453-6
Híades, 253, 277, 303, 315, 344-5
hidromel, 11, 88-90, 97, 116, 118, 128, 132-3, 173-5, 182-3, 185, 217, 325-7, 375, 427, 437, 445, 528
Holocalyx balansae, 439
Hyla venulosa, 196; *ver também* cunauaru
Hymenea courbaril, 146; *ver também* jatobá

Ibycter americanos, 314, 321
Icticyon venaticus, 105
imaginário, simbólico, 193, 198-9, 229-30, 282-3, 340, 381, 392, 396, 398, 420, 428, 436, 444, 465, 467, 470-2
inajé (ave), 143
incerteza, relação de, 403

incesto, 45, 82, 236, 264, 360-2, 433, 436, 488

infraestrutura, 128, 326, 443

Inglaterra, 36, 372, 463, 521

inhambu (ave), 472

inhame, 151

Inia geoffrensis, 232; *ver também* boto

iniciação (rito), 151-73, 327, 391, 401, 407, 419, 426, 435, 452, 496

irapuã (mel), 78-9, 150, 156-7, 165, 501

irara, 108-115, 133, 286, 381, 412, 487

irerê (ave), 420-1

Iriartea ventricosa (palmeira), 442

Israel, 521

Izanagi, 431

Izanami, 431

Izy, 313

jabuti, 91-2, 101, 104-5, 114, 267, 333-7, 363, 397

jacamim (ave), 114

jacaré, 61, 134, 160, 254-9, 261-6, 269, 287, 320, 333, 336, 349-50, 426, 487

jaguar, 10, 37-61, 82-4, 108-9, 113-4, 136-7, 161-2, 173, 200-7, 211, 220-9, 244, 248-99, 333-4, 347-51, 362, 380-3, 387-92, 396, 400, 411-9, 425-30, 432-7, 439, 444, 448-9, 454, 472, 487, 498, 500

jaguatirica, 109, 114

Japão, 431

jati (mel), 93, 142

jatobá (árvore), 146, 150, 157, 169, 353-4

jejum (rito), 462, 471, 514

judeus, 35, 465, 524

Júpiter (astronomia), 513

Júpiter (mitologia), 111, 410, 457, 471

Jurupari, 311-3, 338, 354

Kachúyana, 452

Kadiwéu, 73, 95, 123, 332, 458

Kaingang, 75, 152, 159, 174-5, 185, 398

Kalapalo, 271, 424

Kanaschiwué, 244, 457

Kariri, 39, 45, 498

Kiowa, 117

Klamath, 422

Kogi (Kagaba), 298, 390, 434

Korumtau, 343

Kuwai, 257

Kwakiutl, 478

Lachesis muta, 314

Lafitau, Joseph-François, 304-5

lagarta, 108-9

lagarto, 116-7, 119, 123, 146, 152, 157, 168-9, 250, 254, 451, 492, 512

Lagenaria sp., 471, 513-4, 518

Lagostomus maximus ver viscacha

lança, 134, 150-1, 171, 218, 228, 414, 416, 428-9, 450, 452-4

laurácea, 53

Leach, Edmund R., 112

Lecheguana colorada, 73

Léry, Jean de, 504

lesma, 508

Lilly, W., 35

linguagem assobiada, 352-3, 355, 358-9, 363-4, 367-70, 374-8; *ver também* chamado assobiado

linguagem, linguística, 13, 34, 117, 186, 284, 323, 325-6, 332, 348, 350-1, 355, 359, 363-4, 368-79, 399, 407, 413, 434, 473-4, 475, 512, 532-3

lobo, 105-6, 111, 114

longitudinal, transversal, 399, 440, 444, 528

loucura, 209, 318, 320

louva-a-deus, 397

lua, 135-6, 138, 140-1, 233, 236-42, 244-5, 310, 365-6, 368, 395, 397, 424, 431, 433, 471, 513-4, 520, 523

Lua, 491, 508, 514, 520

lua de absinto, 186, 325

lua de fel, 15, 186, 325

lua de mel, 15, 186, 325, 341, 457

Luiseño, 361

Lule, 120

Lutra brasiliensis ver ariranha, lontra

Lutrafelina ver ariranha, lontra

macaco, 53, 81-3, 106-9, 120, 146, 150, 157, 314, 323, 334, 396-7, 438, 450-3, 473, 484; *ver também* guariba

macauã (ave), 314

Mafulu, 241

magia, 206 e *passim*

Maia, 54, 128, 238

Maidu, 422

Maíra, 356-7

maitaca (ave), 99-100

Makunaima e Piá, 249-50, 252-5, 260, 279, 303, 342

malvácea, 491

mancar, manco, claudicante, 519-25

mandaçaia (mel), 74, 93, 332

Índice remissivo

mandaguari (mel), 93
Mandan, 221
mandioca, 11, 51, 74, 76-8, 88, 90, 118, 123-4,
    152, 157, 168, 178, 182-3, 185, 211, 213, 253,
    268, 281, 305, 316, 325, 356-8, 360, 366, 382,
    397, 495, 501
mangaba, 93, 98
marabunta (vespa), 486
marsupial *ver* sariguê
Marta, 116
Marte (astronomia), 471, 513
martim-pescador, 280
máscara, 373, 415, 426, 441-4, 454-5, 506
matraca, 437, 439, 450, 457, 459-60, 463, 472,
    478
Mauria juglandifolia, 267; *ver também*
    taperebá
Mauritia flexuosa (palmeira), 267, 269, 455
Mboitatá *ver* cobra
Meênspuin, 313
mel passim
mel, festa do, 51-3, 57-9, 65-7, 88, 91, 96, 97-8,
    133, 173, 178, 427
melancia, 76-7, 122-3, 125, 127, 304, 528-9
Melanésia, 467
melípona, 71-5, 78, 103, 197; *ver também* abelha
Melipona quadrifasciata, 74, 332
Menomini, 117
menstruação, 134, 189, 194, 220, 235, 236, 241-3,
    287, 291-4, 338, 361, 365, 380, 399, 411-2, 416,
    425, 428, 434-6, 446-7, 466, 519
metáfora, 33, 62, 67, 115, 138, 149, 160, 215, 221,
    223-4, 233, 261, 264-5, 284-5, 290, 315, 318,
    324, 339-40, 342, 373, 379, 436, 450, 467, 470,
    484-5, 490, 493, 512
método, metodologia, 17-8, 29, 39, 74, 100,
    105, 153-4, 186, 282, 313, 320, 386, 398, 401,
    430, 448, 494, 525-7
metonímia, 62, 67, 284-5, 290, 315, 324, 339,
    379, 494
México, 75, 87, 108-9, 231-2, 234, 448, 458, 507,
    510, 528
Micmac, 521
Milho, 11, 76, 88-90, 94, 125, 167, 183, 305, 325,
    330, 356-8, 366-7, 382, 446
Milvago chimachima, 123-4
Mimusops balata, 250
miristicácea, 497
mistol, 125, 136
Mocovi, 139, 161, 173, 388

Montaigne, 484, 525
morácea, 312, 522
morcego, 426, 434-6, 445
Moronobea. sp., 230
Morrenia odorata ver tasi
mosquito, 107, 110, 120
muirapiranga (árvore), 425-6
Mura, 372
Musa normalis ver banana
música, 10, 13, 21, 66, 212, 311, 327, 335, 353, 363,
    371-9, 413, 415, 423, 426-7, 436-40, 444, 458,
    460, 485, 487, 509, 522, 525, 528-9, 533-4
mustelídeo, 102, 108, 114-5
mutum, 110, 195, 208, 321-2
Myrmecophaga jubata ver tamanduá

Nambikwara, 80, 84, 199, 372, 454
Nasua socialis ver quati
Nectarina lecheguana, 73
Nectarina melifica, 311
neolítico, 348, 460
Nicotiana rustica, 80
Nicotiana tabacum, 36, 60
Nihongi, 432
nome próprio, 203, 312, 315, 339, 349-50, 371,
    373, 376-7, 379, 487, 512
Nomlaki, 422

obiru, 453, 455
oco, cheio *ver* continente, conteúdo
Ojibwa, 117, 233
Okaina, 378
Opisthocomus ver bunia (ave)
Opuntia, 125
Orcus sp. (palmeira), 150; *ver também* pati
Orfeu, 457
Orion (constelação), 253-4, 277-8, 280, 303-4,
    307, 310-1, 315, 321-2, 344-5
ornamento, 41-3, 355, 361, 417, 425, 478, 507,
    516
Ostinops sp., 251; *ver também* bunia
Otuké, 366
ovo, 491
Oxytrigona, 102

paca, 151, 201, 442
paiwarri, 182; *ver também* cauim
palavra, 371-9
paleolítico, 348, 430, 460, 524
Pano, 391, 407

papagaio, 49, 55, 98-100, 159, 213, 380, 400, 411, 416-8, 427, 446

parabara *ver* matraca

paradigmático, sintagmático, 108, 225, 271, 324, 386, 404-5, 427-8, 492, 498, 503

Páscoa, 458, 462-3, 469, 479

pati (palmeira), 150, 157

pato, 213, 240-1, 243-6, 251, 291, 472

patologia, fisiologia, 88, 236, 238, 241-3, 293-4, 324, 346, 398, 531-2

Pawnee, 117, 361, 424

paxiúba (palmeira), 442

Peba, 432

pecari, 125; *ver também* porco-do-mato

Peirce, C. S., 376

peixe, 45-6, 61-3, 77, 86, 104, 109, 121-2, 126-8, 134, 139, 141-2, 149, 157, 166, 168-9, 211-2, 219-22, 224, 230, 233-8, 245-6, 250, 256, 259, 261-5, 269, 271, 280, 304, 307, 314-5, 324, 326, 328-9, 331, 343, 352, 362, 365-6, 383, 389-90, 397, 448, 451-5, 472, 481, 490, 508-10, 515, 517-8, 522, 528-9

peixe-elétrico, 453-4

Penan, 242

penas, 39-47, 52, 137, 150, 249-50, 252, 291, 296, 417-8, 426, 453, 471, 482, 501

Penelope sp., 208; *ver também* jacu

pênis, 74, 134, 217, 232-3, 236-41, 257-8, 263, 323, 340, 342, 354, 388, 391, 453, 466-7, 474-5

periodicidade, 124, 140, 275, 401, 475, 478, 523, 524, 527, 532

periquito, 93, 99-100, 158-9, 427

pernalta, 280, 480, 490, 492

Persea gratíssima, 344

Perseu (constelação), 310

Peru, 326, 364, 391, 506-7, 510

Piapoco, 232

picante, 11, 47, 63, 362, 416, 448-9

pica-pau (ave), 92, 102, 110, 130-6, 142-4, 163-4, 181, 187-8, 194, 224, 255, 259-62, 264-5, 278, 286, 397, 424

Pilerodius, 480, 482

Pima, 138

pimenta, 112, 317, 331, 366, 417-20, 442, 446-9, 497, 511

pindó (palmeira), 92

Pinon, 313

piolho, 132, 134-5, 249, 387-8

Piptadenia, 80, 90

piranha (peixe), 86, 271, 354, 388

Piro, 364

Plêiades, 77-8, 109, 139-40, 159-60, 253-4, 269, 277-8, 303-17, 328-31, 339, 343-5, 362-4, 478, 519

Plutarco, 16, 262, 456-7

podre, 10, 34, 77-8, 84, 94, 96, 102-3, 137, 143-4, 209-10, 267-70, 284-5, 334, 443, 446, 454, 469, 470-1, 476-7, 491, 515, 518, 533

Polyborus plancus, 122-3

pombo, 83, 106-7, 489

porco-do-mato, 201, 296, 351, 380, 396-7, 414

Pourouma cecropiaefolia, 312

preá, 92, 101, 104

preguiça (zoologia), 349, 363, 450, 483-5, 490-1

Propércio, 91

Propp, Vladimir, 143

propulsor, 453

Prosopis sp., 90, 125, 423; *ver também* algarobo

Proteu, 457

Protium heptaphyllum, 197

psicanálise, 8-9, 237

Psidalia edulis ver camapu

Pteroneura brasiliens ver ariranha, lontra

pucarara, 397

Pueblo, 251

Quaresma, 301-408, 463-4, 468-9, 479, 525

quati, 125, 157, 396

Quechua, 147, 391

queimado, 10, 35, 56, 85, 90, 96-7, 102, 155, 284-5, 352, 423, 433, 449, 469-71, 476-7, 531

queixada, 10, 38-9; *ver também* porco-do-mato

rã, 109, 113, 116, 118-21, 179-299, 303, 319, 342, 362, 382, 393, 436, 444-5, 449, 459-60, 473, 486; *ver também* cunauaru

raposa, 105-44, 227-8, 242, 264, 319, 338, 436, 486

rato, 114, 139, 146, 157, 201-2, 417

Rauwolfia bahiensis, 158

remo, 20, 213, 244, 272, 510-1

retórica, 18, 100, 193-4, 200, 213, 264, 282, 322, 339-40, 343

revolta dos objetos, 244

Rhea americana ver ema

Rigel (astronomia), 344

riqueza metálica, 232

roedor, 114, 138-9, 160, 263, 390, 442, 448-50; *ver também* cutia, capivara, paca, preá, rato, viscacha

Índice remissivo

Rollinia exalbida, 105
Roraima, 255, 277
Rousseau, Jean-Jacques, 12, 348

sabiá (ave), 208-9
sacha sandía, 116, 123, 125-6, 130
saco de carvão (astronomia), 161
sal, 326, 424, 447, 449
salmão, 524
sapo, 334, 365-6, 460, 473
sapucaia (noz), 146, 157, 169
sariguê, 102-8, 120, 131, 143, 242, 270, 331-8, 418
sazonal (ciclo), 99, 139-41, 165, 178, 216, 267, 275-7, 306-7, 329, 465, 468, 521, 523, 532
seriema (ave), 146, 150, 152, 157, 167-8
significante, significado, 20, 66-7, 477, 524-5
sinal, 374-8
sinédoque, 66-7, 264-5
sino, 13, 18, 283, 363, 458-60, 463, 479, 504, 506, 522, 524
Siriono, 97, 242, 265, 352, 365
Sistro, 457-60
sol, 233, 238, 240, 245, 261, 273-6, 310, 321, 365, 367-8, 424, 431-3, 462, 469, 471, 475-6, 513-4, 520, 522-3
Sol, 133-8, 141, 144, 163, 175, 237, 239-40, 248-9, 252, 254-7, 259, 261-6, 274-6, 310-2, 338, 367, 508, 514
solanácea, 357
sorte, 123, 182, 191, 194-6, 200-2, 206
Sosa-no-wo, 431-3
Spondias lutea ver taperebá
Stradelli, Ermano, 54, 99, 197, 267, 311-2, 332, 357, 363, 414-5
sudeste asiático, 263
suicídio, 125
sujeira, 221, 234, 243, 251, 272, 280, 289, 292-4, 354-5, 361, 433, 436, 450, 482, 485, 489-91, 517
Surára, 248
Suyá, 174
Symphonia sp., 230

tabaco, 10-4, 18, 33-7, 39-40, 43, 45-9, 55-6, 60-7, 76, 79-90, 96, 112-3, 161, 228, 235, 271, 280-1, 292, 298, 346, 362, 380-1, 411, 415-6, 419-20, 427-8, 435-6, 444, 447-9, 479-83, 485-504, 527, 531-2, 533
Tagish, 231
tamanduá, 81, 84, 86, 148, 152, 155, 158-65, 172, 177, 209, 305, 381-2, 394, 398, 400-1, 406, 455

tambor, 109, 284, 371, 374-8, 381, 398, 412, 415, 421, 423-4, 426-7, 437-40, 444-5, 460, 462, 521-4, 528-9, 534
Tantalus americanos, 314
tapado, furado, 52, 86, 119, 121, 136, 235-6, 281, 386, 438
taperebá, 248, 253, 255-6, 266-70, 333-6, 342
tapir, 61, 148-9, 157, 201-3, 221, 237, 253-4, 267-9, 303-5, 323, 333-4, 339-46, 349-54, 361, 364, 366, 374, 376, 382, 411, 439, 455, 458, 466-7, 475, 487, 517, 519
tartaruga, 104, 334, 511
tasi, 117, 123, 125-6, 130
tatu, 74, 109, 126, 235, 386, 390, 429
Tawiskaron, 117
Tawkxwax, 117, 121, 134-5
Tayra barbara ver irara
tecelagem, 215, 396, 483-4
tempo, 35, 173, 177, 456-7
terça-feira gorda, 463-4, 469, 479
Terena, 97, 292, 361, 380-4, 411-3, 422, 466, 509, 519, 521-2
Testudo tabulata, 334; *ver também* tartaruga
Thevet, André, 418, 506
Tíbulo, 16, 301
tição, pedra, 211, 257, 265, 290
Tifão, 457-8
tiliácea, 228, 445, 491
timbó (veneno de pesca), 77-8, 97, 113
tinamídeo, 321-2, 472
Tlingit, 231, 250
toulouhou, 460, 467-8
tóxico, 75-6, 78, 163, 198, 292, 293, 311, 313, 317, 325, 328, 333, 339, 504
trevas, instrumentos das, 13, 16, 20, 458-79, 485, 500, 504, 506, 509-10, 522, 524, 531
Trigona (Hypotrigona) ceophlei, 142
Trigona (Tetragona) jati, 142
Trigona clavipes, 152; *ver também* borá
Trigona cupira, 74
Trigona duckei, 71
Trigona ruficrus, 78, 148
Trigona sp., 71-2, 74, 78, 103, 142; *ver também* abelha
trompa, 51, 371, 415, 442, 459-60
Trumai, 235-6
Tsimshian, 231
tucum (palmeira), 146, 157, 472
tuiuiú (ave), 314

Tukano, 113, 313, 371, 413, 473, 484, 486
Tunebo, 395
Tupã, 506
Tupari, 350
Tupi *ver* gêmeos (mito tupi)
tururi (entrecasca), 413-5, 443
tusca, 126
Twana, 221

Umutina, 47, 53, 175, 280, 398, 500
Ursa Maior, 141, 278, 280
urso, 349
urubu (abutre), 81-3, 137, 143, 161, 386, 492, 509
Urubu, 350
urucum, 41, 44
Ute, 520
utensílios (que trabalham sozinhos para seu dono), 244

vagina dentada, 232, 235, 271, 354
veado, 152, 173, 201, 387-90, 395, 520
vegetariano, 56-7, 270, 448
veneno, 11, 71-9, 81, 87-8, 92, 111-3, 122-3, 127, 129, 132-3, 152, 166, 175, 198, 209, 237, 243, 247, 249, 251, 293, 311, 314, 328-9, 353-4, 360-2, 383, 397, 412, 452, 454-5, 482, 486, 489-90
Vênus (astronomia), 310, 365, 471, 513
vespa, 53, 71-5, 92, 101-4, 109, 116, 121, 136-8, 249, 311, 313-4, 325, 332-3, 377, 460, 462, 480-2, 486-7, 489-90
Via Láctea, 77, 161, 321, 329
Vilela, 120
Virgílio, 16, 34, 54, 69, 111, 179, 347, 409, 457, 521

viscacha, 138, 141
víscera, ossos, 120, 123, 128, 303-7, 362, 388, 396, 436, 528
vitácea, 147
vômito, 75-6, 81, 112-3, 122-3, 134, 208, 242, 282-3, 304, 311, 313, 483

Wabanaki, 244
wabu, 455-6, 462
Warens, Madame de, 214
Wau-uta, a rã arborícola, 190, 201-3, 211-3, 218, 226, 230
Wayana, 248, 506
Witoto, 365, 377, 423-4, 434, 500, 507-8, 510, 515

Xylopia, 414

Yamamadi, 242
Yamana, 110
Yaqui, 458
Yaruro, 265, 279
yuchan (árvore), 116-7, 119, 127-8, 228-30, 444-5
Yuki, 422
Yuracaré, 396
Yurok, 221, 354, 394

zangão, 460, 462
zapallo (árvore), 423
Zaparo, 332
Zizyphus mistol, 125, 136
Zuñi, 424
Zunidor, zumbido, 20, 422, 460, 462, 466-8, 470-9, 485, 509

Sobre o autor

CLAUDE LÉVI-STRAUSS nasceu em Bruxelas em 28 de novembro de 1908, durante uma estada de seus pais, pintores franceses, na cidade. Nos anos de guerra, entre 1914 e 1918, sua família viu-se obrigada a mudar para Versalhes, onde o avô materno era rabino. Completou os anos escolares em Paris, ingressando em 1927 na faculdade de Direito (Place du Panthéon) e, ao mesmo tempo, no curso de Filosofia da Sorbonne. Formado em ambas, logo assumiu seu primeiro cargo de professor no liceu de Mont--de-Marsan (sudoeste da França), em 1932.

Dois anos depois, recebia o convite para participar da missão francesa ao Brasil para a criação da Universidade de São Paulo: aos 26 anos seria professor na Faculdade de Filosofia, Ciências e Letras junto com Georges Dumas, Roger Bastide, Fernand Braudel, entre outros, ocupando a cadeira de sociologia. Seus cursos incluíam um amplo leque de temas, de sociologia primitiva a antropologia urbana, passando por linguística e antropologia física. Durante sua permanência no país, fez expedições ao interior, entre os Bororo, os Kadiwéu (1935) e os Nambikwara (1938), recontadas anos mais tarde em *Tristes trópicos*, seu livro mais difundido. Delas extraiu também o material para o seu primeiro artigo de peso, sobre os Bororo, publicado pela Société des Américanistes em 1936, considerado seu cartão de entrada para o círculo dos americanistas, entre os quais estavam Robert Lowie e Alfred Métraux. Foi durante a estada brasileira, e sobretudo devido à experiência de campo que o legitimou, que o professor de filosofia de liceu se tornou um etnólogo.

No retorno à Europa em 1939, Lévi-Strauss encontrou-se com o ambiente hostil que antecedeu a Segunda Guerra e, em pouco tempo, teve que se exilar nos Estados Unidos:

Métraux e Lowie o convidaram — dentro do programa da Fundação Rockefeller que ajudava intelectuais europeus ameaçados pelo nazismo — a assumir o posto de professor na New School for Social Research de Nova York, no curso de sociologia contemporânea da América do Sul. Essa viagem teve implicações fundamentais em sua obra. Na New York Public Library, onde passava as manhãs, descobriu a etnologia americana de Boas, Kroeber, Mead, Linton etc., a muitos dos quais teve acesso pessoal, graças ao seu reconhecimento como etnólogo americanista. A estada nova-iorquina rendeu-lhe ainda a convivência com alguns dos surrealistas históricos também exilados — como André Breton, Marcel Duchamp, André Masson e Max Ernst.

Mas foi a oportunidade de conhecer Roman Jakobson, e assistir a suas conferências sobre linguística estrutural, o ponto-chave para todo o desenvolvimento futuro de sua obra. Jakobson tornou-se para ele uma espécie de tutor, incentivador e comentador das provas d'*As estruturas elementares do parentesco*, que começava a escrever em 1943 em forma de comunicações, e que defenderia como tese de doutorado na França, quando retornou em 1948. Ali se encontravam as origens do estruturalismo, pensamento que dominaria a cena francesa nos anos 1960, ao qual Lévi-Strauss seria para sempre associado.

As *Mitológicas* — sua obra maior, em quatro volumes, na qual põe em prática seus preceitos teóricos — foram escritas entre as décadas de 1950 e 1960. Já com vários livros publicados — entre eles *O pensamento selvagem* e *Antropologia estrutural* —, Lévi-Strauss absorveu-se então nessa imensa empreitada: "A série mobilizou meu espírito, meu tempo, minhas forças durante mais de vinte anos. Eu acordava todo dia às cinco ou seis da manhã [...]. Eu realmente vivi em um outro mundo".

Sua trajetória profissional foi pontuada a partir de então pelos mais prestigiosos cargos concedidos a um intelectual francês: foi Maître de pesquisa no Centre National de Recherche Scientifique (CNRS), subdiretor do Musée de l'Homme, um dos fundadores da renomada revista de antropologia *L'Homme* (1961), secretário-geral do Conselho Internacional de Ciências Sociais; em 1959, foi eleito, com apoio de Merleau-Ponty, para a cadeira de Antropologia Social do Collège de France; em 1973, sua eleição para a Academia Francesa terminou de consagrá-lo. Em 1960, fundou o Laboratoire d'Anthropologie Sociale, onde trabalharia o resto de sua vida.

Em 2008, ano de seu centenário, Lévi-Strauss viu parte de sua obra incluída na prestigiosa coleção Pléiade da editora Gallimard. Ele faleceu em 31 de outubro de 2009, pouco antes de completar 101 anos.

Livros

La Vie familiale et sociale des indiens Nambikwara. Paris: Société des Américanistes, 1948.
Les Structures élémentaires de la parenté. Paris: PUF, 1949; nova edição revista Haia/Paris: Mouton, 1967.

Sobre o autor

Race et Histoire. Paris: Unesco, 1952.

Tristes tropiques. Paris: Plon, 1955; nova edição revista e corrigida, 1973.

Anthropologie structurale. Paris: Plon, 1958; nova edição revista, 1974.

Entretiens avec Claude Lévi-Strauss (com Georges Charbonnier). Paris: Plon, 1961.

Le Totémisme aujourd'hui. Paris: PUF, 1962.

La Pensée sauvage. Paris: Plon, 1962.

Mythologiques I: Le Cru et le cuit. Paris: Plon, 1964.

Mythologiques II: Du miel aux cendres. Paris: Plon, 1967.

Mythologiques III: L'Origine des manières de table. Paris: Plon, 1968.

Mythologiques IV: L'Homme nu. Paris: Plon, 1971.

Anthropologie structurale deux. Paris: Plon, 1973; nova edição, 1996.

La Voie des masques. Genève: Skira, 1975; edição revista e aumentada: Plon, 1979.

L'Identité. Paris: Grasset, 1977.

Myth and Meaning: Five Talks for Radio. Toronto: Univesity of Toronto, 1978.

Le Regard éloigné. Paris: Plon, 1983.

Paroles données. Paris: Plon, 1984.

La Potière jalouse. Paris: Plon, 1985.

De près et de loin (com Didier Eribon). Paris: Odile Jacob, 1988.

Des symboles et leurs doubles. Paris: Plon, 1989.

Histoire de Lynx. Paris: Plon, 1991.

Regarder, écouter, lire. Paris: Plon, 1993.

Saudades do Brasil. Paris: Plon, 1994.

Saudades de São Paulo. São Paulo: Companhia das Letras, 1996.

Loin du Brésil: entretien avec Véronique Mortaigne. Paris: Chandeigne, 2005.

Claude Lévi-Strauss — Œuvres. Paris: Gallimard Bibliothèque de la Pléiade, 2008.

Ensaios não reunidos em livro

"Contribution à l'étude de l'organisation sociale des indiens Bororo". *Journal de la Société des Américanistes*, 1936.

"Guerre et commerce chez les Indiens de l'Amérique du Sud". Nova York: *Rennaissance*, v. 1, fasc. 1, 1943.

"Introduction à l'œuvre de Marcel Mauss", in Marcel Mauss, *Sociologie et anthropologie*. Paris: PUF, 1950.

"Le Père Noël supplicié". *Les Temps Modernes*, n. 77, 1952.

"Diogène couché". *Les Temps Modernes*, n. 110, 1955.

"'Les Chats' de Charles Baudelaire" [com Roman Jakobson]. *L'Homme – Revue française d'Anthropologie*, v. 11, n. 1, 1962.

"Le Triangle culinaire". *L'Arc*, n. 26. Aix-en-Provence: 1965.

"Retours en arrière". *Les Temps Modernes*, n. 598, 1988.

No Brasil

Totemismo hoje. São Paulo: Abril, Os Pensadores, 1976.

Antropologia estrutural dois, trad. Maria do Carmo Pandolfo. Rio de Janeiro: Tempo Brasileiro, 1976; nova edição: trad. Beatriz Perrone-Moisés. São Paulo: Ubu, 2017.

As estruturas elementares do parentesco, trad. Mariano Ferreira. Petrópolis: Vozes, 1982.

Minhas palavras, trad. Carlos Nelson Coutinho. São Paulo: Brasiliense, 1986.

A oleira ciumenta, trad. Beatriz Perrone-Moisés. São Paulo: Brasiliense, 1986.

Entrevistas com Claude Lévi-Strauss (a Georges Charbonnier), trad. Nícia Adam Bonatti. Papirus, 1989.

História de Lince, trad. Beatriz Perrone-Moisés. São Paulo: Companhia das Letras, 1993.

Saudades do Brasil. São Paulo: Companhia das Letras, 1994.

Saudades de São Paulo. São Paulo: Companhia das Letras, 1996.

Tristes trópicos, trad. Rosa Freire d'Aguiar. São Paulo: Companhia das Letras, 1996.

Olhar, escutar, ler, trad. Beatriz Perrone-Moisés. São Paulo: Companhia das Letras, 1996.

O pensamento selvagem, trad. Tânia Pellegrini. Campinas: Papirus, 1997.

Mitológicas 1: O cru e o cozido, trad. Beatriz Perrone-Moisés. São Paulo: Cosac Naify, 2004; nova edição: Rio de Janeiro: Zahar, 2021.

Mitológicas 2: Do mel às cinzas, trad. Carlos Eugênio Marcondes de Moura e Beatriz Perrone-Moisés. São Paulo: Cosac Naify, 2005.

De perto e de longe (entrevistas a Didier Eribon), trad. Lea Mello. São Paulo: Cosac Naify, 2005.

Mitológicas 3: A origem dos modos à mesa, trad. Beatriz Perrone-Moisés. São Paulo: Cosac Naify, 2006.

Antropologia estrutural, trad. Beatriz Perrone-Moisés. São Paulo: Cosac Naify, 2008; nova edição: São Paulo: Ubu, 2017.

O suplício do Papai Noel. São Paulo: Cosac Naify, 2008.

Mitológicas 4: O homem nu, trad. Beatriz Perrone-Moisés. São Paulo: Cosac Naify, 2011.

Longe do Brasil, trad. Jorge Villela. São Paulo: Unesp, 2011.

A antropologia diante dos problemas do mundo moderno, trad. Rosa Freire d'Aguiar. São Paulo: Companhia das Letras, 2012.

A outra face da lua, trad. Rosa Freire d'Aguiar. São Paulo: Companhia das Letras, 2012.

"O triângulo culinário", in *Lévi-Strauss*. São Paulo: L'Arc Documentos, 1968.

"Sempre haverá o inacessível" [Entrevista a Manuela Carneiro da Cunha]. *Folha de S.Paulo*, Caderno Mais!, 16 nov. 1991.

"Lévi-Strauss nos 90: voltas ao passado". *Mana*, v. 4, n. 2, 1998.

"Lévi-Strauss nos 90, a antropologia de cabeça para baixo" [Entrevista a Eduardo Viveiros de Castro]. *Mana*, v. 4, n. 2, 1998.

"Claude Lévi-Strauss aos 90" [Entrevista a Beatriz Perrone-Moisés]. *Revista de Antropologia*, v. 42, n. 1-2, 1999.

"Introdução à obra de Marcel Mauss", in Marcel Mauss, *Sociologia e antropologia*. São Paulo: Cosac Naify, 2003; nova edição: São Paulo: Ubu, 2017.

Sobre a obra de Claude Lévi-Strauss (seleção)

ALMEIDA, Mauro W. "Simmetry and entropy: mathematical metaphors in the work of Lévi-Strauss". *Current Anthropology*, n. 31, 1990.

ARAGÃO, Luiz T. "O inconsciente em Claude Lévi-Strauss, ou a dimensão inconsciente nos fenômenos culturais". *UnB – Trabalhos em Ciências Sociais, Série Antropologia*, n. 91, 1990.

AUGÉ, Marcel. *The anthropological circle. Symbol, function, history*. Paris: Cambridge University Press / Maison des Sciences de l'Homme, [1979] 1982.

BADCOCK, C. R. *Lévi-Strauss: Structuralism and Sociological Theory*. Londres: Hutchinson, 1975.

BELLOUR, Raymond; CLÉMENT, Catherine (orgs.). *Lévi-Strauss* [textos de B. Pignaud, J. Pouillon, P. Clastres, R. Barthes, J. Lyotard, C. Lévi-Strauss, L. de Heusch, A. Glucksmann, C. Ramnoux, J. le Goff, P. Vidal-Naquet, B. Bucher, M. Zéraffa, C. Clément]. Paris: Gallimard, 1979.

BERTHOLET, Denis. *Claude Lévi-Strauss* [biografia]. Paris: Plon, 2003.

BERTING, J; PHILIPSEN H. "Solidarity, stratification, and sentiments: the theory of unilateral cross-cousin marriage according to the theories of Lévi-Strauss, Leach, and Homans & Schneider". *Bijdragen tot de Taal-, Land- en Volkenkunde*, n. 116, 1960.

BONTE, Pierre. "L'Échange est-il un universel?" *L'Homme*, n. 154-5, 2000.

BOON, James A. *From Symbolism to Structuralism: Lévi-Strauss in a Literary Tradition*. Oxford: Basil Blackwell, 1971/ Nova York: Harper & Row, 1973.

_____. *Other Tribes, Other Scribes: Symbolic Anthropology in the Comparative Study of Cultures, Histories, Religions, and Texts*. Cambridge: Cambridge University Press, 1982.

_____. "Review article: structuralism routinized, structuralism fractured". *American Ethnologist*, n. 11, 1984.

_____. "Lévi-Strauss, Wagner, romanticism: a reading back", in *Romantic motives: essays on anthropological sensibility* (org.) G. S. Jr. History of Anthropology. Madison: University of Wisconsin Press, 1989.

BOON, J; SCHNEIDER, D. "Kinship vis-à-vis myth: contrasts in Lévi-Strauss' approaches to cross-cultural comparison". *American Anthropologist*, n. 76, 1974.

BOURDIEU, Pierre. "Esquisse d'une théorie de la pratique", in *Esquisse d'une théorie de la pratique (précédé de trois études d'ethnologie kabyle)*. Genebra: Librairie Dorz, 1972.

BRETON, Stéphane. "De l'illusion totémique à la fiction sociale". *L'Homme*, n. 151, 1999.

CAIXETA DE QUEIROZ, Ruben; FREIRE NOBRE, Renarde (orgs.). *Lévi-Strauss: leituras brasileiras*. Belo Horizonte: Editora UFMG, 2008.

CARNEIRO DA CUNHA, Manuela. "Um difusionismo estruturalista existe? Lévi-Strauss e a interface", in *Cultura com aspas*. São Paulo: Cosac Naify, 2009.

CAZIER, Jean-Philippe. *Abécédaire de Claude Lévi-Strauss* (org. Jean-Philippe Cazier). Paris: Sils Maria, 2008.

CLÉMENT, Catherine. *Lévi-Strauss ou la structure et le malheur*. Paris: Seghers, 1970.

_____. *Claude Lévi-Strauss*. Paris: PUF, 2002.

COLLARD, Chantal. "Femmes échangées, femmes échangistes: à propos de la théorie de l'alliance de Claude Lévi-Strauss". *L'Homme*, n. 154-55, 2000.

COSTA LIMA, Luiz. *O estruturalismo de Lévi-Strauss* [textos de L. Costa Lima, E. Paci, E. Renzi, P. Ricœur, N. Ruwet]. Petrópolis: Vozes, 1968.

COURTÈS, Jean. *Claude Lévi-Strauss et les contraintes de la pensée mythique. Une lecture sémiotique des "Mythologiques"*. Tours: Mame, 1973.

DEBAENE, Vincent. "Preface" a *Claude Lévi-Strauss — Œuvres*. Paris: Bibliothèque de la Pléiade, Gallimard, 2008.

DELEUZE, Gilles. *Logique du sens*. Paris: Minuit, 1969. *Différence et répétition*. Paris: PUF, [1968] 1981.

DELRIEU, Alain. *Lévi-Strauss lecteur de Freud (le droit, l'inceste, le père, et l'échange des femmes)*. Paris: Point Hors Ligne, 1993.

DELRUELLE, Edouard. *Lévi-Strauss et la philosophie*. Bruxelas: Éditions Universitaires, 1989.

DESCOMBES, Vincent. *La Denrée mentale*. Paris: Minuit, 1995. *Les institutions du sens*. Paris: Minuit, 1996.

DÉSVEAUX, Emmanuel. "Du dénicheur à la potière", in *Anthropologie: état des lieux (L'Homme 97-98)*. Paris: Navarin / Le Livre de Poche, 1986.

_____. *Quadratura americana, essai d'anthropologie lévi-straussienne*. Genève: Georg, 2001.

DUARTE, Luiz F. D. "Classificação e valor na reflexão sobre identidade social", in *A aventura antropológica: teoria e pesquisa* (org.) R. C. L. Cardoso. Rio de Janeiro: Paz e Terra, 1986.

DUCHET, Michèle. *Le Partage des savoirs: discours historique, discours ethnologique*. Paris: Editions La Découverte, 1984.

FLEISCHMANN, E. "L'Esprit humain selon Claude Lévi-Strauss". *Archives Européennes de Sociologie*, n. VII, 1966.

GEORGIN, Robert. *De Lévi-Strauss à Lacan*. Petit Roeulx: Écrits/Cistre 1983.

GEERTZ, Clifford. *A interpretação das culturas*. Rio: Guanabara, [1967] 1989.

_____. *Obras e vidas: o antropólogo como autor*. Rio de Janeiro, UFRJ, [1988] 2003.

GODELIER, Maurice. *L'Énigme du don*. Paris: Fayard, 1996.

GOLDMAN, Marcio. *Alguma antropologia*. Rio de Janeiro: Relume-Dumará, 1999.

HAWKES, Terence. *Structuralism and Semiotics*. Londres: Methuen, 1977.

HAYES, Nelson; HAYES, Tanya (orgs.). *Claude Lévi-Strauss: The Anthropologist as Hero* [textos de S. de Gramont, H.S. Hughes, E. Leach, F. Huxley, H. Nutini, B. Scholte, D. Maybury-Lewis, C.M. Turnbull, R.F. Murphy, G. Steiner, S. Sontag, P. Caws, R.L. Zimmerman, L. Abel]. Cambridge, Mass.: MIT press, 1970.

HÉNAFF, Marcel. *Claude Lévi-Strauss*. Paris: Belfond, 1991.

HÉRITIER, Françoise. *L'Exercice de la parenté*. Paris: Gallimard/Le Seuil, 1981.

HERZFELD, Michael. "Lévi-Strauss in the Nation-State". *Journal of American Folklore*, v. 98, 1985.

IZARD, Michel; SMITH, Pierre (orgs.). *La Fonction symbolique*. Paris: Gallimard, 1979.

JOSSELIN DE JONG, J. P. B. *Lévi-Strauss's Theory on Kinship and Marriage*. Leiden, Brill, 1952.

KORN, Francis; NEEDHAM, Rodney. *Lévi-Strauss on the Elementary Structures of Kinship: a Concordance to Pagination*. Londres: RAI, 1969.

KORN, Francis. *Elementary Structures Reconsidered. Lévi-Strauss on Kinship*. Berkeley: University of California Press, 1973.

LEACH, Edmund (org.). *The Structural Study of Myth and Totemism*. Londres: Tavistock Publications, 1967.

_____. *Lévi-Strauss*. Chicago: University of Chicago Press, 1970.

_____. *Ideias de Lévi-Strauss*. São Paulo: Cultrix, 1973.

LÉPINE, Claude. *O inconsciente na antropologia de Lévi-Strauss*. São Paulo: Ática, 1979.

LOYER, Emmanuelle. *Lévi-Strauss*, trad. André Telles. São Paulo: Sesc, 2018.

MACKSEY, Richard; DONATO, Eugenio (orgs.). *The Structuralist Controversy: The Languages of Criticism and the Sciences of Man*, 1970.

MAKARIUS, Raoul; MAKARIUS, Laura. *Structuralisme ou ethnologie; pour une critique radicale de l'anthropologie de Lévi-Strauss*. Paris: Éditions Anthropos.

MARANDA, Pierre (org.). *The Double Twist: From Ethnography to Morphodynamics*. Toronto: University of Toronto Press, 2002.

MANIGLIER, Patrice. "L'Humanisme interminable de Claude Lévi-Strauss". *Les Temps Modernes*, n. 609, juin-août 2000.

_____. *Le Vocabulaire de Lévi-Strauss*. Paris: Ellipses, 2002.

_____. "Des us et des signes. Lévi-Strauss : philosophie pratique". *Revue de Métaphysique et de Morale*, 2005/1, n. 45.

_____. *La Vie énigmatique des signes: Saussure et la naissance du structuralisme*. Paris: Scheer, 2006.

MARC-LIPIANSKY, Mireille. *Le Structuralisme de Lévi-Strauss*. Paris: Payot, 1973.

MARQUEZ, Luis V. Abad. *La Mirada distante sobre Lévi-Strauss*. Madri: Siglo XXI, 1995.

MERLEAU-PONTY, Maurice. "De Mauss a Claude Lévi-Strauss", in *Merleau-Ponty*. São Paulo: Abril Cultural, Os Pensadores, 1980.

MERQUIOR, José Guilherme. *A estética de Lévi-Strauss*, trad. Juvenal Hahne Jr. Rio de Janeiro: Tempo Brasileiro, 1975.

_____. *De Praga a Paris: o surgimento, a mudança e a dissolução da idéia estruturalista*. Rio de Janeiro: Nova Fronteira, 1991.

MOORE, Tim. *Lévi-Strauss and the Cultural Sciences*. Birmingham: University Centre for Contemporary Cultural Studies. Occasional studies, n. 4, 1971.

MOSKO, Mark. "The canonic formula of myth and nonmyth". *American Ethnologist*, 1990.

MURPHY, Robert. *The dialectics of social life: alarms and excursions in anthropological theory*. Nova York: Columbia University Press, [1971] 1980.

PACE, David. *Claude Lévi-Strauss, o guardião das cinzas*, trad. Maria Clara Fernandes. Rio de Janeiro: Bertrand Brasil, 1992.

PANNOF, Michel. *Les Frères ennemis: Roger Caillois et Claude Lévi-Strauss*. Paris: Payot, 1993.

PANDOLFO, Maria do Carmo Peixoto; MELLO, Celina Maria Moreira de. *Estrutura e mito: introdução a posições de Lévi-Strauss*. Rio de Janeiro: Tempo Brasileiro, 1983.

PAZ, Octavio. *Deux transparents. Marcel Duchamp et Claude Lévi-Strauss*. Paris: Gallimard, 1970.

_____. *Claude Lévi-Strauss ou o festim de Esopo*, trad. Sebastião Uchoa Leite. São Paulo: Perspectiva, 1997.

PEIXOTO, Fernanda. "Lévi-Strauss no Brasil: a formação do etnólogo". *Mana*, n. 4, v. 1, 1998.

_____. "O nativo e o narrativo – os trópicos de Lévi-Strauss e a África de Michel Leiris", in *Antropologia francesa no século xx*. Motta, Antonio; Cavignac, Julie A.; Grossi, Miriam P. (orgs.). Recife: Fundação Joaquim Nabuco/Editora Massangana, 2006.

PINGAUD, Bernard. *Claude Lévi-Strauss*. Paris: Gallimard, 1979.

PONTES, Heloisa. "Os mistérios do número 8 e a aula inaugural de Lévi-Strauss no Collège de France", in CATANI, A.; MARTINEZ, P. (orgs.), *Sete ensaios sobre o Collège de France*. São Paulo: Cortez, 1999.

POUILLON, Jean; MARANDA, Pierre (orgs.). *Échange et communications: mélanges offerts à Claude Lévi-Strauss à l'occasion de son 60ᵉ anniversaire* [coletânea de textos]. Haia: Mouton: 1970.

PRADO JÚNIOR, Caio. *O estruturalismo de Lévi-Strauss [e] o marxismo de Louis Althusser*. São Paulo: Brasiliense, 1971.

ROSSI, Ino. *The Logic of Culture: Advances in Structural Theory and Methods*, 1982.

ROSSI, Ino (org.). *The Unconscious in Culture. The Structuralism of Claude Lévi-Strauss in perspective* [coletânea de textos]. Nova York: E.P. Dutton & Co., 1974.

_____. *Structural Sociology*. Nova York: Columbia University Press, 1982.

SCHEFFLER, Harold. "The Elementary Structures of Kinship by Claude Lévi-Strauss: a Review Article". *American Anthropologist*, n. 72, 1970.

SCHOLTE, Bob. "The Structural Anthropology of Claude Lévi-Strauss", in HONIGMANN, J. (org.), *Handbook of Social and Cultural Anthropology*. Chicago: Rand McNally, 1973.

SCHWARCZ, Lilia K. Moritz. "História e etnologia. Lévi-Strauss e os embates em região de fronteira". *Revista de Antropologia*, v. 42, 1999.

SCUBLA, Lucien. *Lire Lévi-Strauss: le déploiement d'une intuition*. Paris: Odile Jacob, 1998.

SHANKMAN, Paul. "Le Rôti et le bouilli: Lévi-Strauss' Theory of Cannibalism". *American Anthropologist*, n. 71, 1969.

SIMONIS, Yvan. *Claude Lévi-Strauss, ou la passion de l'inceste — introduction au structuralisme*. Paris: Aubier-Montaigne, 1968; nova edição: Champs-Flammarion, 1980.

SPERBER, Dan. *Le Structuralisme en anthropologie*. Paris: Seuil, 1968.

_____. *Le Savoir des anthropologues: trois essais*. Paris: Hermann, 1982.

_____. *Le Symbolisme en general*. Paris: Hermann, 1974.

STEINMETZ, R. "Le Matérialisme biologique de Lévi-Strauss". *Revue Philosophique*, n. 4, 1984.

SZTUTMAN, Renato. "Lévi-Strauss e o desafio americanista". *Novos Estudos Cebrap*, n. 61, 2001.

Sobre o autor

VIVEIROS DE CASTRO, Eduardo. "As categorias de sintagma e paradigma nas análises míticas de Claude Lévi-Strauss". *Revista Tempo Brasileiro*, n. 32, 1973.
_____. "Une mauvaise querelle". *L'Homme*, n. 129, 1994.
WILCKEN, Patrick. *Claude Lévi-Strauss, o poeta no laboratório*, trad. Denise Bottman. Rio de Janeiro: Objetiva, 2011.

Publicações dedicadas a Lévi-Strauss e sua obra (seleção)

Annales Économies, sociétés, civilisations, n. 6, 1964.
L'Arc. "Claude Lévi-Strauss" [textos de P. Clastres e outros], n. 26, 1965.
Bastidiana. "Roger Bastide: Claude Lévi-Strauss — du principe de coupure aux courts-circuits de la pensée", n. 7-8, jul.-dez. 1994.
Cahiers de l'Herne: Claude Lévi-Strauss. Paris: Éditions de l'Herne, n. 82, 2004.
Critique. "Claude Lévi-Strauss" [textos de M. Abeles, A. Cohen-Solal, M. Deguy, F. Héritier, J. Jamin, F. Mâche, J. Petitot, E. Roudinesco, E. Terray, N. Watchtel], t. LV, n. 620-1, 1999.
Esprit: "La Pensée sauvage et le structuralisme", n. 322, 1963; "Structuralisme: idéologie et méthode", n. 360, 1967; "Le Mythe aujourd'hui", n. 402, 1971; "Claude Lévi-Strauss: une anthropologie bonne à penser", n. 301, 2004.
Magazine Littéraire: "Claude Lévi-Strauss", n. 58, 1971; "Claude Lévi-Strauss", n. 223, 1985; "Claude Lévi-Strauss: esthétique et structuralisme", n. 311, 1993; "Lévi-Strauss — l'ethnologue ou la passion des autres", hors-série, 2003. "Claude Lévi-Strauss, le penseur du siècle", n. 475, 2008.
Le Nouvel Observateur. "Lévi-Strauss et la pensée sauvage", (hors-série) 2003. "Lévi-Strauss — le dernier des géants", mai. 2008.
Revue Internationale de Philosophie. "La Notion de structure", n. 73-74, 1965.
Revista de Antropologia, número dedicado aos 90 anos de Lévi-Strauss, v. 42. São Paulo: FFLCH-USP, 1999.
Le Siècle de Lévi-Strauss. Paris: Le Nouvel Observateur/CNRS Éditions/Saint-Simon, 2008. (Introdução de Jean Daniel e textos de P. Maniglier, E. Viveiros de Castro e outros).
Les Temps Modernes. "Problèmes du structuralisme", n. 246, 1966; "Claude Lévi-Strauss", n. 628, 2004.
Yale French Studies. "Structuralism", n. 36-37, 1966.

ESTA OBRA FOI COMPOSTA POR MARI TABOADA EM DANTE PRO E
IMPRESSA EM OFSETE PELA LIS GRÁFICA SOBRE PAPEL PÓLEN SOFT
DA SUZANO S.A. PARA A EDITORA SCHWARCZ EM JUNHO DE 2022

A marca FSC® é a garantia de que a madeira utilizada na fabricação do papel deste livro provém de florestas que foram gerenciadas de maneira ambientalmente correta, socialmente justa e economicamente viável, além de outras fontes de origem controlada.